Handbook of Moral Development 2

도덕성 발달 핸드북

도덕성 발달 핸드북_ 2

Handbook of Moral Development

멜라니 킬렌/쥬디스 스메타나 엮음 | 김태훈 옮김

인간사랑

Handbook of Moral Development
by Melanie Killen & Judith Smetana

서문

도덕성 발달에 관한 연구는 감정, 인지, 정서, 행동의 측면에서 고찰되었든 혹은 신경과학의 측면에서 고찰되었든 간에 그의 교육 혹은 임상적 상황에 대한 적용과 더불어 지난 20여 년 동안 엄청나게 확장되어 왔다. 그러나 현재 여러 형식의 도덕성에 관한 다양한 연구와 학문적 성과를 함께 묶은 단일 서적은 없었다. 그런데 학자, 연구자, 그리고 교육자들은 도덕성이 아동기, 청소년기, 성인기를 통해 어떻게 발달하는지 이해하는 데 여전히 몰두하고 있다. 이 핸드북은 도덕성 발달의 다양한 측면에 관하여 26개 장에서 44명 학자들의 이론화와 연구를 한데 묶어 이러한 간극을 메우고 있다.

이 핸드북의 편집자들로서 우리는 이 프로젝트에 착수하고자 약 2년 전에 (주)로렌스 엘바움 어소시에이트(Lawrence Erlbaum Associates, Inc.,)의 수석 편집자인 빌 웨버(Bill Webber)를 피아제 학회(Jean Piaget Society : The Society for the Study of Knowledge and Development)에서 만났다. 이 프로젝트에 대한 빌(Bill)의 열정은 전염성이 강했으며, 우리는 이것을 도덕성에 관한 오늘날의 연구와 학식을 함께 묶을 수 있는 절호의 기회라고 생각했다. 각 장의 저자들은 이 책의 다른 장들을 상호 참조함으로써 영역들을 아우르는 통합을 보여주었다. 우리는 그 결과에 대해 매우 만족하고 있다. 이 핸드북은 문화, 정서, 공감, 양심, 사회화, 집단 간 관계, 교육, 권리, 가치, 자연, 이타주의, 공격성, 성, 청소년 범죄, 생물학, 영장류 동물학, 상호성, 인격교육, 지역봉사, 그리고 청소년 발달 등의 영역을 다루는 다양한 장을 포함하고 있다.

이 핸드북은 학자, 전문가, 그리고 학부 및 대학원생들을 위한 하나의 자료로서 의도된 것이다. 우리의 관점에서 볼 때 아동기와 청소년기에서 그 근원을 이해하지 않고서는 도덕성의 그 모든 다양한 면을 결코 이해할 수 없다. 따라서 우리는 심리학(발달, 인지, 임상, 지역사회, 교육, 비교), 교육학(인간 발달, 교육과정), 인류학(문화), 사회학, 철학(윤리학), 그리고 정치학(사회정의, 윤리학) 등 각기 다른 분야의 학자들과 학생들이 이 핸드북이 유용한 교육적인 자료임을 발견하게 될 것으로 기대한다.

커티네스(W. Kurtines)와 게위츠(J. Gewirtz)가 편집한 최근의 『도덕성 발달 핸드북』은 1991년에 발간되었으며, 이는 1980년대 후반의 주요 연구를 반영하였다. 따라서 『도덕성 발달 핸드북』이 발간된 이래 거의 20년이 흘렀다. 이번에 발행하는 『도덕성 발달 핸드북』은 도덕성 발달분야의 세계적 전문가들에 의해 집필되었으며, 다양한 관점에서 기본 이론, 개념구조, 최첨단 연구를 제시해 주는 새롭고 포괄적인 개정판이 되도록 설계되었다.

편집자 킬렌_Melanie Killen과 스메타나_Judith G. Smetana

차례

제5부

사회적 상호작용, 사회문화, 그리고 비교 접근

제5부는 도덕성이 가족과의 초기 상호작용으로부터 담론, 문화적 교환, 이데올로기, 그리고 모든 영장류에 이르기까지 사회적 삶의 모든 측면에 스며들어 있다는 것을 입증한다. 도덕성이 광범위한 영역에 미치고 연구가 복잡한 사회적 삶의 영역을 깊이 파고드는 방식은 인상적이다. 던(Judy Dunn)은 제12장에서 어린 아동들이 가정에서 가족들과 교류하는 상호작용의 방법을 자세히 분석함으로써 도덕적 이해를 위한 창구를 제공해 준다. 그녀는 펜실베니아, 케임브리지, 런던에 있는 가족들을 대상으로 그녀의 잘 알려진 종단적 연구를 이용했는데, 거기에는 자연스러운 가족 간 상호작용의 광범위한 모습을 비디오테이프로 담은 것도 포함되어 있다. 던(Dunn)은 도덕발달에서 개인적

차이뿐만 아니라 그의 획득에 초점을 두었다. 그녀는 도덕적 개념의 획득에 이바지하는 가족 상호작용의 복잡한 형식을 기술한다. 제13장에서 타판(Mark Tappan)은 도덕적 담론을 검증하고 도덕 이론을 사회문화적 관점과 통합시키는 논증을 제시한다. 또한 그는 도덕적 담론이 개인의 도덕적 정체성을 드러내는 방식을 입증하고자 그의 이론적 모델을 이용한다. 그는 도덕적 정체성이란 각기 다른 관점을 가진 개인들을 의미한다는 것을 예증하기 위해 길리간(Carol Gilligan)과 워취(James Wertsch)의 연구결과를 활용하고 있으며, 도덕성과 도덕발달에 관한 사회문화적 관점을 개관한다.

밀러(Joan Miller)는 제5부의 초점을 문화의 수준으로 옮기고 있으며, 제14장에서 도덕성이 보편적 · 문화적으로 특수한 것이란 점을 입증하고자 연구결과들을 고찰한다. 그녀의 목적은 도덕적 견해에서 변화 가능성을 두드러지게 하는 데 있으며, 그녀는 그것이 도덕적 보편주의 관점에서 조절될 수 있고 또한 그래야만 한다고 믿는다. 그녀는 흔히 도덕적 상대주의 대 보편주의 논쟁에서 도덕성의 문화적 특수성이 무시되고 있다는 데에 관심을 갖고 이를 입증하고자 인도와 미국에서 수행했던 자신의 연구를 활용했다. 밀러는 두 가지 광범위한 접근—도덕성에 대한 문화심리 접근과 인지발달 접근—이 각각 어떻게 도덕성과 문화의 다원주의 관점에 이바지하는지를 입증하고자 이들을 조심스럽게 비교 · 종합한다.

인류학자 프라이(Douglas Fry)는 제15장에서 상호성에 관한 연구를 기술하는바, 그는 그것을 도덕성의 토대로서 평가한다. 다윈(Darwin)의 상호성 원리에 관한 이론을 바탕으로 프라이는 광범위한 문화에서 개인들에 의해 수행된 선한(정의) 그리고 악한(복수) 행위의 상호성에 관하여 보고한다. 또한 그는 정의 원리와 갈등 해결에 관한 인류학적 연구를 기술한다. 광범위한 문화에서 관습과 의식에 관한 그의 매력적이고 상세한 관찰은 도덕성과 상호성이 사회적 삶의 많은 측면에서 어떻게 서로 엮이게 되는지에 대한 수많은 통찰을 제공한다. 제16장에서 버빅(Peter Verbeek)은 사회성에 관한 비교 연구를 기술하면서 진화론적 구조를 사용한다. 그는 프란스 드 발(Frans de Waal)과 함께 연구를 이끌어내고 있다. 또한 그는 헤이트(Jonathan Haidt)의 사회제도적 모델과 더불어 피스크(Alan Fiske)의 사회적 삶의 네 가지 본질적 측면에 관한 이론(상호 공유하기, 권위 등급 매기기, 균등 대응하기, 그리고 시장가격 정하기)을 채택하여 도덕성의 기원에 대한 증거를 제시한다. 사회심리학, 발달심리학, 그리고 영장류 생물학의 개념을 활용하는 그의 학제적 모델은 도덕성에 대한 비교 접근을 하는 데 있어서 풍부한 데이터베이스를 제공해 준다. 마지막으로 제17장에서 칸(Peter Kahn)은 도덕적 상호작용의 매개변수를 자연과 환경을 포함하여 확장시킨다. 그의 연구는 인간이 어떻게 동물, 식물, 수역, 풍경, 그리고 지구와의 관계를 개념화시키는지 검토했다. 칸의 새로운 연구 프로그램은 아동들과 성인들을 대상으로 오염, 재활용, 그리고 자연과 더불어 사는 삶에 관한 그들의 관점을 발견하는 것이며, 그것이 도덕적 관점에서 어떤 의미를 지니고 있는가 검토하는 것이다. 칸의 연구는 도덕성을 사회적 삶의 모든 측면에까지 확장한다. 따라서 제5부는 가족 내부, 문화, 인간 이외의 영장류 간의, 그리고 인간과 자연세계 간의 상호작용에 관한 개념화를 포함하도록 도덕성의 영역을 효과적으로 확장시킨다.

제12장

유아기의 도덕발달과 가정에서의 사회적 상호작용

던_Judy Dunn(정신의학연구소_Institute of Psychiatry)

아동들은 삶의 매우 이른 시기부터 가족들과의 관계를 통해 도덕적 이슈에 직면하게 된다. 아동 자신의 욕망 및 필요와 통제의 이슈, 훈육, 상호성, 정의와 권리, 의무, 그리고 타인들의 복지라는 여러 가지 문제 사이에서 일어나는 긴장은 일상적으로 경험되며 다른 가족 구성원들과 함께 논의된다. 어린 아동의 부모와 형제자매는 날마다 아동에게 그리고 서로 간에 왜 사람들은 그런 방식으로 행동하고 느끼는지, 즉 어떤 것이 허용되고 어떤 것은 그렇지 않은지에 관하여, 복지, 공정, 그리고 재산권과 관련되는 도덕적 문제에 관하여, 그리고 그 아동이 성장하고 있는 특정한 사회체계의 인습적 교훈을 반영하는 사회규칙에 관하여 대화를 주고받는다. 그리고 두 살이 되면 아동은 그러한 대화에 점차 빈번하게 참여한다(그리고 사실 주도한다. Bartsch & Wellman, 1995 ; Dunn, 1988 ; Tizard & Hughes, 2002). 이러한 가족 논의 중에는 상대적으로 별로 중요치 않은 사회규칙에 관한 것도 있고, 타인의 복지와 권리의 절박한 문제에 관한 것도 있으며, 범문화적인 것도 있고 가족 내의 보다 사소한 관습에 관한 이슈도 있다. 매우 이른 시기의 아동조차도 행동의 허용 가능성에 관한 관점을 지니고, 또한 자신의 관점에 대한 정당성을 제시하며, 도덕성과 인습의 각기 다른 영역 사이를 구분할 줄 안다(Much & Schweder, 1978 ; Slomkowski & Killen, 1992 ; Smetana, 1989 ; Turiel, 2002).

여러 유력한 논증들은 가족을 아동들로 하여금 점차적으로 문화, 도덕판단, 그리고 도덕적 민감성에 관하여 보다 넓은 측면들을 이해하고 또한 인식하게 하는 매체로 평가한다(Hinde, 2002). 가족과 어떤 경험을 하느냐에 따라 아동 간에 도덕적 민감성과 행동에서 주목할 만한 차이가 나타난다는 증거 또한 존재한다. 이 장에서 우리는 두 가지 폭넓은 의문을 중심으로 가족 상호작용과 아동들의 초기 도덕발달의 문제를 고찰한다. 첫째, 어린 아동들이 가정에서 가족들과 갖는 상호작용은 어린 아동들의 도덕적 이해와 민감성, 그리고 그의 발달의 본질에 유용한 창을 제공하는가? 둘째, 아동들이 가족들과 맺는 경험에서의 개인적인 차이는 어떻게 아동들의 도덕발달에서의 차이와 관련되는가? 이 두 가지 폭넓은 의문을 중점적으로 다루기 전에 먼저 도덕발달과 아동들이 가정에서 갖는 경험 사이의 관계에 대한 다양한 이론적 접근을 살펴볼 필요가 있다.

가족 상호작용과 아동들의 도덕발달에 관한 관점

아동 도덕발달에 관한 여러 이론적 접근에서 가족 상호작용의 측면은 발달 이야기에 중요한 공헌자로 평가된다. 비록 가족 경험의 중요성에 관하여 여러 관점의 가설들이 존재하지만, 특히 도덕발달에서 개인적 차이의 발달과 관련한 강조점이 이론에 따라 각기 서로 다르다. 가족 경험의 어떤 특징이 강조되는가는 학자의 이론적 관점에 따라 다르며, 특히 연구되고 있는 도덕발달의 측면에 따라 다르다. 따라서 어떤 학자들은 사회인지적 측면을 강조하며 사회적 · 정서적 이해의 발달을 도덕적 추론 및 판단 발달의 핵심 부분으로 간주한다(예컨대 Arsenio, 이 책 제21장 ; Dunn, Brown & Maguire, 1995 ; Killen & Nucci, 1995 ; Smetana & Braeges, 1990 ; Turiel, 2002). 이들 접근의 경우 가정에서의 사회적 상호작용은 관련된—예를 들면 가족 논의가 어떻게 사회적 · 정서적 이해의 발달과 관련되는가에 관한 연구(예컨대 Dunn, Brown, Slomkowski, 외 1991 ; Laible & Thompson, 2002)—사회적 이해의 발달에 영향을 미치는 증거가 된다.

다른 학자들은 자아발달과 도덕발달에서의 양심의 성장을 중점적으로 논의한다(예컨대 Hinde, 2002 ; Kochanska, 1994). 곧 양심발달에 관심을 가지고 있는 여러 학자들은 가족 훈육 그리고 가족 경험의 한 측면이라 할 수 있는 부모-자녀 갈등에서 자녀들의 반응에 초점을 두었다. 부모의 훈육방법을 강조하는 이러한 입장과는 대조적으로 또 다른 사람들은 자녀 교육보다는 부모-자녀 관계의 중요성을 강조한다(예컨대 Dunn, Hinde, Kochanska). 이러한 관계구조에서는 사회적 이해의 발달을 위한 관계의 동기적 힘과 더불어 관계 내 상호성의 중요성이 강조되어 왔다(예컨대 Dunn, 1988). 친사회적 발달에 주요 초점을 두고 있는 그 밖의 다른 연구자들(예컨대 Eisenberg & Fabes, 1998)은 아동들의 보호 행동과 연관된 가족 경험을 중점적으로 다루고 있는데, 거기에는 자녀 교육 방법, 관계 평등성, 그리고 감정 이해에 미치는 가족 영향 등이 포함될 수 있다.

정서와 인지가 도덕발달에 어떻게 연루되는가라는 광범위한 이슈는 다양한 이론적 설명에서 핵심적인 주제가 되어왔다. 비록 도덕발달에 관한(특히 도덕추론) 고전적 저작의 대부분이 인지과정을 강조해 왔지만 [콜버그(1984) 이후에], 가족 구성원들과의 정서적 관계가 도덕적 행위와 이해의 발달에서 핵심적이라는 점은 이제 많은 사람들로부터 인정받고 있다(예컨대 Hinde, 2002 ; Hoffman, 2000 ; Kagan, 1984). 물론 이론가에 따라 정서에 관한, 그리고 중요한 것으로 평가되는 특정 정서에 관한 강조는 정도의 면에서 각기 차이를 보이는 것이 사실이다. 친사회적 발달을 연구하는 학자들은 공감을 강조하는 반면에 카간(Kagan)과 호프만(Hoffman)은 비난 혹은 처벌에 관한 불안, 수치심, 그리고 죄의식을 강조했다. 카간(Kagan)은 또한 옳은 일을 하는 것으로부터 발생하는 자기 만족에 주목했다. 오늘날 도덕발달에 관한 이러한 다양한 이론적 접근들 간의 수렴 지점에서 인지적 과정뿐만 아니라 정서적 과정의 중요성을 부각시키는 논증들이 늘어나고 있다. 이 장에서는 다양한 이론들이 상호 공유하고 있는 관점과 이론적 접근에서의 차이점이 상세히 고찰된다.

우리는 아동들이 가정에서 가족과 교류하는 상호작용에 초점을 둠으로써 아동들의 도덕발달을 좀 더 잘 이해할 수 있는가라는 첫 번째의 일반적 이슈로부터 시작한다.

아동 도덕발달의 본질 :
가족 상호작용 연구로부터의 교훈

어린 아동들이 지니게 되는 도덕적 이해의 본질 및 그의 발달과 연루된 사회적 과정에 관한 핵심적인 지혜는 아동들이 가정에서 가족들과 갖는 상호작용에 관한 연구들로부터 도출되었다. 이하에서는 이들 핵심 원리 가운데 몇 가지를 요약해 본다. 우리는 매우 이른 도덕적 민감성의 단계로 시작한다.

다른 사람들의 감정에 관한 인지와
다른 사람들에 대한 위해의 인식

첫 번째 요점은 친숙한 사회세계에서의 아동들에 관한 연구가 아동들이 유아기와 보행기 기간 동안 다른 사람들의 정서에 대한 관심과 더불어 그에 관한 이해가 성장한다는 것을 입증해 왔다는 것이다(Bretherton, Fritz, Zahn-Waxler & Ridgeway, 1986 ; Harris, 1994 ; Thompson, 1998). 타인들의 감정을 이해한다는 것은 도덕적 민감성의 중심적인 핵—도덕발달의 배려 차원—을 형성한다. 아동들이 가족과 갖는 상호작용 가운데에서 다음과 같은 타인들의 심리적 상태와 감정에 관한 이해가 두드러진다. 첫째, 공감적 · 친사회적 행동(Carlo, 이 책 제20장 참조 ; Hastings & Zahn-Waxler, 이 책 제18장 ; Thompson and Meyer, 이 책 제10장)은 이른 두 살 때부터 점차 자주 등장하게 된다. 아동들은 자신들의 이해를 언어로 또렷하게 표현할 수 있기 훨씬 이전에 타인들의 고통을 완화시키고자 시도하며, 그들은 놀라거나 걱정이 있는 다른 사람에 관하여 관심을 보인다(Dunn, 1988 ; Eisenberg & Fabes, 1998 ; Radke-Yarrow, Zahn-Waxler & Chapman, 1983). 둘째, 그들은 격려를 하기도 하고 짓궂게 괴롭혀(다른 사람들을 성가시게 하고 방해하거나 혹은 웃기게 하고자 하는 고의적인 시도) 고통을 악화시키기도 하며 기만수단에 의해 다른 사람들의 심리상태를 변경하고자 시도하는데(Reddy, 1991), 이는 그들이 행위가 어떻게 다른 사람들의 정서상태에 영향을 미칠 수 있는가를 이해하고 있다는 것을 보여주는 것이다. 셋째, 언어로 명확히 표현하기 시작하면서 그들은 자기 자신과 다른 사람의 감정상태 및 그 밖의 다른 심리적 상태, 이들 내적 상태의 원인, 그리고 내적 상태와 행동 간의 연계에 관하여 가족 구성원들과 논쟁하게 되는데, 이런 경우는 세 살 정도에 이르러 점차 등장하게 된다(Bartsch & Wellman, 1995 ; Harris, 1994).

가족과 함께 지내고 있는 아동들을 관찰한 결과는 그들이 고통받는 타인들의 안녕에 관심을 기울이며, 또 다른 고통에 대한 공감적 반응을 보이기 시작한다는 것뿐만 아니라, 사람들이 다른 사람에게 고통을 야기시킬 수 있다는 것을 이해하고 있다는 것을 분명하게 보여준다(Eisenberg & Fabes, 1998 ; Hoffman, 2000). 두 살과 세 살 무렵부터 나타나는 그러한 현상은 다른 사람들에게 미치는 해악에 관한 폭넓은 이해나 어떤 차별적인 이해를 의미하는 것은 아니다. 그러나 비록 한계가 있다 하더라도 그것은 다른 사람들에 대한 위해의 인식, 그리고 다른 사람들의 안녕과 관련되는 도덕적 이슈에 대한 민감성에서 가장 기본적인 토대를 형성한다(Dunn, 1988).

성인들의 표준과 사회적 규칙에 관한 인지 : 책임의 개념

가정 내에서의 아동들에 관한 관찰은 또한 그들이 두 살과 세 살 동안에 성인들의 표준, 그리고 사회적 규칙에 관한 인식—무엇이 받아들일 만한 행동이고 무엇이 받아들일 수 없는 행동인가—이 증가하고 있음을 보여준다(Dunn, 1988). 그들은 금지된 행위(그들 자신 또는 다른 사람들의 행위)를 함으로써 부모의 관심을 끌며, 두 살과 세 살 동안에 점차 성인의 관심을 피하거나 혹은 성인을 속이고자 시도한다. 가정에서 무엇이 허락되며 무엇이 허락되지 않는가에 대한 관심은—카간(Kagan, 1981)이 그의 책 『두 살』에서 입증했듯이—아동들이 정상적인 혹은 수용된 표준으로부터 벗어난 행동이나 목적을 보이는 보다 넓은 관심 가운데 하나의 주제이다. 가정에서 그러한 일탈은 흥미와 놀이의 원천이자 자주 부모나 형제자매와 다투는 원천이기도 하다. 아동들이 이러한 교환에 참여하는 것은 수용 가능한 질서관계의 위배에 관한(Douglas, 1966) 그들의 이해, 공유된 이들 표준의 본질에 관한 그들의 이해를 입증할 뿐만 아니라, 표준들에 관한 이러한 지식이 어떻게 관계에서 사용될 수 있는지—즉 공유된 유머의 원천으로서, 그리고 다른 가족 구성원들과의 갈등에서 하나의 유용한 전략으로서 사용되는—에 관한 그들의 이해를 입증해 준다. 가정에서 아동들은 또한 누구나 다른 사람에게 해악을 끼치거나 혹은 수용 가능한 행동의 파괴와 같은 그러한 금지된 행위에 대해 그 원인을 다른 사람들에게 해명할 의무가 있다는 책임의 개념을 이해하기 시작한다. 그들이 세 살에 이르러 해명 의무에 관한 이해가 발달한다는 것은 그들이 다른 사람(흔히 형제자매)을 책망하고 자신의 과실을 부정한다는 것으로써 예증된다(Dunn, 1988).

가정에서 가족들과 관계하는 아동들을 관찰한 결과가 보여주는 것은 그들이 하는 변명, 정당화—그리고 그들의 농담—의 토대가 특정 가족의 특유한 관습뿐만 아니라, 가족 밖에 존재하는 광대한 문화의 몇 가지 핵심 원리—소유의 원리, 적극적 정의, 불능 혹은 의도가 없음을 이유로 하는 변명—와 관련된다는 것이다. 이들 원리 가운데 몇 가지는 고도의 맥락에 따른 특수한 방식에서가 아니라 훨씬 더 넓게 이해되고 있는 것으로 보인다. 아동들은 또한 학령 전기에 도덕적 영역과 사회인습적 영역에 속하는 위반을 각기 구분하는데, 그 이슈는 우리가 문화적 위반에 대해 가족 상호작용에 내포된 정서를 고려할 때 중점적으로 다루어진다. 물론 이러한 구분의 초기 단계에 대해서는 충분한 증거가 확보된 것은 아니다. 예컨대 우리는 그러한 구분이 두 살 때 시작되는지 어떤지에 대해서는 잘 알지 못한다.

도덕발달의 양식

가정에서의 아동들에 관한 연구로부터 도출된 세 번째 핵심적인 지혜는 도덕발달이 반드시 원활하게 진행되는 것은 아니라는 것, 그리고 한 아동이 어떤 가족관계 내에서 공감적 행동, 도덕적 위반에 관한 이해, 그리고 보상하고자 하는 노력을 입증할 수 있으나 또 다른 관계의 맥락에서는 그러한 민감성을 보여주지 못할 수도 있다는 것이다. 요컨대 한 아동이 여러 가족 구성원들과의 상호작용의 맥락에서 위반의 허용 가능성에 대해 서로 다른 정당화를 제시할 수 있다. 즉 하트(Hart)와 킬렌(Killen, 1995)은 아동들이 행위에서 도덕적 민감성을 보이느냐 그렇지 않느냐, 그들이 어떻게 문화적 규칙의 위반을 정당화하고자 시도하는가는 그 아동이 상호작용하고 있는 특정한 관계에 따라 달라진다고 지적했다. 이것은 무엇이 도덕적 행위, 도덕적 추론, 그리고 허용 가능성의 관점에 영향을 미치는가라는 의문을 불러일으키는데, 그것은 서로 분리하여 고찰될 필요가 있다. 런던에서의 한 연구에서 우리는 다양한 사회적 위반(욕하기, 친구의 장난감 빼앗기, 놀이에서 친구 배제하기)의 허용 가능성에 대한 4세 아동들의 관점과 그들의 관점에 대한 정당화를 각각 서로 분리하여 사정했다(Dunn, Cutting & Demetriou, 2000). 친구를 대상으로 한 이런 행위의 허용 가능성에 관한 아동들의 선택은 희생자나 침해자의 복지, 감정, 혹은 관계를 숙고하는 차원의 정당화와 연결되지 않았으며, 도덕적 이해에 관한 이들 두 가지 특징은 우리가 다음 절에서 고찰하는 개인적 차이에서 나타나듯이 아주 다른 상관관계를 지니고 있다. 우리는 위반의 허용 가능성에 관한 관점이 학습된 규칙에 대한 반응을 반영하며, 그리고 정당화는 거기에 내포된, 보다 넓게는 감정에 관한 그들의 이해와 연결된 감정 및 관계에 대한 아동들의 민감성을 반영한다고 주장했다. 도덕적 민감성에 관한 이들 서로 다른 측면의 발달을 고려할 때, 가족 구성원이나 친구와 같이 밀접한 관계에서의 아동들에 관한 연구는 발달을 설명하는 데 있어서 정서가 매우 중요하다는 점을 분명하게 해준다.

정서와 도덕발달

도덕적으로 내면화하고 행동하는 아동들의 능력은 언어의 사용, 공감(Hoffman, 2000)과 동정의 발달, 정서 조절능력의 성숙(Eisenberg 외, 1995), 다른 사람의 정신적 · 정서적 상태가 자신의 것과 다를 수 있다는 이해와 함께 마음에 관한 이해의 발달(Astington, 1993), 인과관계의 이해(Dunn & Brown, 1993)를 포함한 여러 가지 측면의 기초적인 인지적 · 정서적 발달에 의존한다. 이들 각각의 능력은 그 나름의 발달과정을 지니고 있으며, 도덕적 이해와 행동의 성장에 대해서 뿐만 아니라 발달의 여러 측면에서 매우 중요하다. 비록 도덕발달에 대한 대부분의 연구가 이들 능력의 인지적 토대에 초점을 두어왔지만, 가정에서의 도덕발달에 관한 연구는 정서적 관계의 역할과 이들 발달에서의 정서 이해를 강조했는데, 특히 유아기의 중요성을 부각시켜 주었다. (이들 광범위한 발달에서 정서적 관계의 역할을 강조하는 것은 추론과 추상작용이 도덕적 이해의 핵심적인 토대를 마련해 준다는 도덕발달의 사회인지 이론에 대한 논증들이 적절치 않다는 것을 말하는 것이 아니다. 오히려 그러한 정서적 관계—최소한 유아기에서—가 도덕발달의 사회인지 이론에서 핵심으로 평가되는 사회적 이해의 발달에 핵심적인 역할을 수행한다는 점을 강조하는 것이다).

여기에서 세 가지 점에 주목해야 한다. 첫째, 예컨대 위반이나 도덕적 침해의 문제로 아동들, 그들의 엄마, 그리고 형제자매가 갈등을 빚는 동안 표현되는 감정들이 중요한데, 한 연구결과는 아동들이 자신들의 행위를 일찍이 그들이 최고의 고통과 분노를 보여주었던 그러한 논쟁들로부터 더 자주 추론하고 정당화한다는 것을 지적한다(Brown & Dunn, 1996 ;

Dunn, 1988). 고통, 분노, 그리고 재미(맨 나중 것은 위반에 관한 많은 가족 분란 가운데 아동들에 의해 보여진다)는 아동들에게 분란의 요점과 규칙의 위반을 두드러지게 하며, 그리고 이들 정서는 그러한 대립으로부터 발생하는 학습을 촉진시킨다. 가정에서의 정서적으로 긴박한 상호작용에는 특별한 잠재력이 존재할 수 있다. 우리가 도덕발달에서 개인적 차이를 고려할 때 보듯이 갈등이 빚어질 경우 정서에 대해 가족들이 벌이는 논의는 초기의 양심발달 및 친사회적 관계 개념과 관련을 맺고 있다(Laible & Thompson, 2000).

두 번째 요점은 호프만(Hoffman, 1983)과 카간(Kagan, 1984, 1998)에 의해 명료화된 바와 같은 초기의 도덕발달에 관한 몇 가지 모델에서 아동들의 도덕발달에 대한 열쇠로 평가되는 것은 부모에 의해 설정된 표준에 따라 생활하지 못할 때 그들이 경험하는 죄의식과 두려움의 정서라는 것이다. 이 관점에 따르면 무엇이 도덕적 행동인가에 관한 아동들의 이해는 일차적으로 부모의 사회화 기술로부터 나오며, 이러한 규범의 내면화는 아동들로 하여금 도덕적 행동을 자생적으로 산출할 수 있도록 이끈다. 아동들이 부모로부터의 훈육과정에서 경험하는 죄의식, 두려움, 불안은 후속적인 도덕적 행동을 동기화하는 데 있어서 핵심적인 것으로 간주된다. 이들 모델은 정서, 자각, 그리고 표준 사이의 관련성을 매우 강조하고 있다. 그러나 가족 관찰은 죄의식과 두려움을 넘어서는 더 넓은 범위의 정서가 중요함을 알려준다. 최근에 이르러 부모-자녀 관계에서 갖게 되는 긍정적인 경험이 도덕발달에 매우 중요하다는 점이 강조되고 있다(Hinde, 2002 ; Laible & Thompson, 2000, 2002).

이와 함께 가정에서의 관찰은 아동들이 규칙을 위반하고, 그러한 위반에 형제자매와 협력하면서, 마주보고 짓궂게 괴롭히면서—즉 가정에서 힘을 행사하면서—경험하는 쾌락과 흥분을 보여준다. 가족관계의 정서적인 역동성은 아동들이 도덕적 이슈와 인습적 규칙들—바라는 것 얻기, 놀이 함께하기, 곤경에서 벗어나기—을 이해하는 강력한 동기를 제공한다. 유아기의 아동들에게 있어서 강력한 힘을 지닌 자기 이익과 그들의 가족관계 사이의 긴장은 무엇이 수용 가능한 행동이며 무엇이 수용 가능하지 않은 행동인지에 관한 그들의 이해를 발달시키는 데 이바지한다(예컨대 Dunn, 1988은 성장하는 이해에 대한 결정적인 맥락으로서 사회적 관계를 강조하고 있음). 아동들이 자신들의 문화세계의 도덕적 · 사회적 규칙들을 이해하고자 하는 동기가 가족과 같은 긴밀한 관계에서 필요하기 때문에 나온다는 주장은 브루너(Bruner, 1983)가 언어를 사용하고자 하는 동기를 그 문화의 요구에 따르고자 하는 필요로부터 비롯된다고 하였던 주장과 유사하다. 호프만(Hoffman)과 카간(Kagan)에 의해 명료화된 도덕발달 모델과는 대조적으로, 이러한 사회적 관계 모델의 경우 아동들의 관계의 역동성은 그들의 도덕적 이해를 포함한 사회적 이해의 성장에 결정적이다.

정서에 관한 세 번째 요점은 문화적 관습의 도덕적 영역과 인습적 영역 사이의 중요한 구분과 관련한다. 학령 전기 아동들조차 한편으로 도덕적 이슈(타인들의 복지, 공정, 적극적 정의)와 또 다른 한편으로 인습적 규칙의 위반(Smetana, 이 책 제5장 참조 ; Turiel, 이 책 제1장) 사이를 구분한다는 것은 이제 널리 인정되고 있다. 그들은 문화적 위반의 두 가지 유형을 서로 다르게 판단한다. 도덕적 이슈는 권위에 의존하거나 혹은 일반적으로 받아들여진 규범이나 동의에 의해 결정되는 것이 아닌 것으로 간주한다(Turiel, 2002). 인습은 규칙, 권위, 그리고 동의된 규범에 의존하여 판단된다. 연구는 또한 각기 다른 정서가 도덕적 사건과 인습적 사건에 관련된다고 지적한다(Arsenio, Gold & Adams, 이 책 제21장 ; Arsenio & Fleiss, 1996). 아르세니오(Arsenio)의 연구를 예로 들어보면 아동들에게 인습적 위반과 관련된 시나리오를 검토하도록 요구했을 때 그들은 참여자들에게 중립적인 혹은 다소 부정적인 정서를 귀인시켰다. 그러나 타인들에 대한 해악과 관련된 위반의 경우에 아동들은 위반의 수용자들과 입회인들에게 매우 부정적인 정서를 귀인시켰다(비록 가해자들에게 약간의 긍정적인 정서—"행복한 가해자들"—를 귀인시켰지만).

그러나 가정에서의 관찰은 이들 두 영역 사이의 적절한 구분이 흔히 가족 상호작용 과정에서 흐려질 수 있다고 지적한다. 요컨대 부모는 인습적 행동의 위반(예컨대 좋지 않은 식사예절 혹은 긴 의자 위에 진흙투성이의 신발을 신고 뛰어오르기)과 관련된 사건들을 정서적으로 뒤집어엎는, 그들을 개인적으로 고통스럽게 만드는 행위로 다룬다. 사회적 인습의 위반은 가족생활의 맥락에서 볼 때 개인적 안녕의 침해로 취급될 수 있다. 그러나 이 이슈에 특별히 역점을 두고 유아들의 표본을 대상으로 연구했던 스메타나(Smetana, 1989)가 이에 관한 증거를 발견하지 못했다는 점은 주목받을 만하다. 부모가 수용 가능한 행동의 위반을 어떻게 다루는가는 도덕적 민감성과 판단, 그리고 도덕적 행동에서 개인적 차이의 발달에 깊은 영향을 미친다.

자아, 자기 이익, 그리고 도덕발달

가정에서의 도덕발달에 관한 연구는 또한 타인들과 사회세계를 이해하는 동력이 어린 시기의 아동들이 갖는 긴밀한 관계의 성격과 어떻게 밀접하게 연관되는지 밝혀주고 있다. 아동들이 자신들에 관한 보다 정교한 의식과 계획을 세우는 능력을 발달시킴에 따라 가정에서 힘 있는 사람들과 직면할 때 자기 이익(self-interest)에 맹렬한 관심을 갖게 되는데, 이는 어린 시기의 아동들이 부모 및 형제자매와 상호작용하는 여러 측면들을 특징짓게 만든다. 이러한 자기 이익은 다른 사람들에 관한, 그리고 가족세계의 사회적 규칙에 관한 이해를 특별히 두드러지게 한다. 가족관계를 통해 아동들은 다른 사람들과 협동하는 방법과 다른 사람들의 감정을 이해하는 방법, 편안함을 제공하는 방법, 그리고 논쟁을 관리하는 방법을 발견하게 된다. 자기 이익은 그들의 이해가 발달하는 데 있어서 하나의 중요한 동기 요소이다. 이와 함께 자기 효능감(이기심과는 아주 다른)은 이러한 사회적 문제를 해결하는 과정을 통해 상당한 정도로 나타날 수 있다.

이러한 자기 효능감은 반드시 타인들에 관한 관심과 정반대의 위치에 있는 것은 아니다. 예컨대 브룸(Blum, 1987)은 타인들 혹은 자신과 긴밀한 일체감이 있는 공동체에 대해 관심을 갖는다는 것은 자기 자신의 일부를 공유하는 누군가 혹은 무엇인가에 다가가는 것이며, 그런 과정에서 자아와 자기 정체성이 형성된다고 말한다. 여기에서 자기 이익은 이기적으로 된다는 것과 타인들에 대한 관심이 부족하다는 것과는 구별되어야 한다. 다른 가족 구성원에 대하여 동정적인 관심을 갖는다는 것은 사회적 이해의 발달에서 자아에 대한 관심이 주요한 역할을 한다는 설명과 결코 대립되지 않는다. 가족이라는 사회세계에서 효과적으로 살아가기 위해서는 자기 자신에 대한 다른 사람들의 반응, 그들의 승인 혹은 불승인, 만족, 즐거움, 혹은 불만족을 관리할 수 있어야 한다. 아동들이 이 영역에서 무엇이 허용되고 금지되는가에 관하여 보여주는 관심과 흥미는 가정에서 그들의 가상놀이, 그들의 이야기와 익살, 그리고 그들의 질문을 통하여 분명하게 나타난다. 비록 어린 아동들은 타인들이 그들을 바라보는 것처럼 아직 그렇게 자신들을 바라볼 수는 없지만, 그리고 중기 아동기 때까지는 자신에 관한 관찰자로서 뒤로 한 발 물러나 서 있을 수는 없지만 두 살과 세 살 정도에 이르면 수치심, 당황, 그리고 죄의식을 나타내 보이기 시작하며, 어느 수준에서 그들에 대한 다른 사람들의 반응을 관리한다는 것은 분명하다.

아동들이 규칙을 위반하면서 가족 구성원들을 귀찮게 굴고 또한 그들과 대결하면서 보이는 쾌락과 흥분은 널리 알려져 있다. 그들이 가족세계 내에서 힘을 행사하는 것 또한 협동과 공유된 즐거움이 그런 것처럼 그들에게는 쾌락의 원천이다. 일반적으로 아동들은 가정에서 가족과의 상호작용에 적극적으로 참여하고 있으며, 이러한 참여는 그들의 도덕발달과 자아감에서 중심적인 역할을 수행한다고 지적되고 있다. 힌드(Hinde)는 이에 대해 "아동들은 들은 그대로 동화하지 않는다. 그들은 도덕률을 자신들의 경험의 토대 위에서 적극적으로 구성한다. 또한 아동들은 처벌의 두려움뿐만 아니라 자긍심에 대한 욕망으로 인해 동기화된다" (2002, p. 52)고 말하고 있다. 부모가 자녀를 교육시키는 훈육대면(disciplinary encounters)은 적절히 생활하는 방식에 관한 메시지들이 전달되는 하나의 중요한 맥락이다. 그러나 그것은 여러 가지 맥락 중 단지 하나일 뿐이다. 힌드(Hinde)가 강조했듯이 도덕성을 획득한다는 것은 "단순히 일련의 해야 할 일과 하지 말아야 할 일을 선택하는 문제가 아니다. 그것은 특정한 문화적 맥락에서 발달하는 자아의 일부이다" (Hinde, 2002, p. 48). 힌드는 도덕발달을 자아와 정체성 발달의 본질적인 것으로 간주하며, 도덕성은 자기 체계(self-system)의 부분으로서 혹은 그와 병행하여 발달한다고 강조한다(Blasi, 1993 참조).

가족 구성원으로서의 아동

가족 사회화와 도덕발달에 관한 거의 대부분의 경험적 연구들은 어머니와 자녀에 초점을 맞추어 왔다. 비록 이론들이 부모에 대해 언급하지만 사실상 초기의 도덕발달에 관한 대부분의 연구는 어머니에게 집중되어 왔다(예컨대 Thompson, 1998이 언급한 연구들 참조). 그러나 아동들은 가족세계의 구성원으로 성장하며, 첫해 이후로 그들은 다른 가족 구성원들 간에 일어나는 일에 대해 관심을 보인다. 놀랍게도 아동들은 다른 가족 구성원들 간의 대화에 끼어들기 시작하며, 대화의 주제를 그들 자신의 관심으로 되돌리는 능력을 발달시킨다(Dunn & Shatz, 1989). 부모와의 갈등은 아동들에게 중요한 영향을 발휘하며(Cummings & Davies, 1994 ; Grych & Fincham, 2001), 부모와 형제자매 간의 논쟁 또한 매우 중요하다(Dunn & Munn, 1985). 어린 아동들의 주의를 붙잡는 것은 무엇인가, 그리고 타인들의 갈등에 대한 그들의 반응을 연구하는 것은 그들의 도덕적 인식에 관한 우리의 이해에 보탬이 되는가?

18개월과 24개월 된 아동들이 어머니와 형제자매 간의 갈등사건에 반응한 것을 고찰해 본다. 우리는 케임브리지에서 가족들에 관한 비구조화된 자연스러운 관찰연구를 실행했다. 관찰연구에서는 가족 간의 대화를 녹음하였고 아동들, 그들보다 나이가 위인 형들, 그리고 어머니 사이의 상호작용에 관한 서술기록 또한 수집하였다. 초점은 어머니와 나이가 위인 형들이 상호작용할 때 유아들이 어떻게 행동하는가에 있었으며, 다른 가족 구성원들 간의 갈등, 익살, 그리고 대화에 대한 그들의 반응을 관찰·기록하는 것이었다(Dunn, 1988 ; Dunn & Munn, 1985). 어머니와 형들 간에 갈등이 생겼을 때에는 무엇보다도 논쟁의 주제가 아동들에게 중요했다. 사회적 규칙과 공격성에 관한 논쟁은 별로 무시되지 않은(각각, 단지 사건들의 16%와 17%만) 반면 어머니와 형들 간의 지배력에 관한 논쟁의 경우 37% 정도 무시되었다. (이것은 형들이 반복적으로 어머니의 요구를 거절했던 갈등을 포함했다. 즉 반복적으로 어머니의 행동을 고의적으로 방해하거나 어머니가 거절당했던 어떤 것을 계속적으로 요구하는 것을 포함했다). 형들이 어머니에게 공격적으로 행동하는 경우, 아동들은 그 논쟁이 인습적 규칙 위반에 관한 것이었을 때(여기에서 아동들은 보통 재미있어 하거나 혹은 형들을 모방했다)보다 훨씬 더 형들을 책망하거나 응징하는 경향이 있었다.

아동들은 논쟁의 주제에 따라 극적으로 다르게 반응했다. 경쟁자들의 정서 또한 중요했다. 형들 혹은 어머니가 화가 나거나 당황해 하는 사건에서 아동들은 바라보거나 혹은 한쪽의 경쟁자를 지원하려고 시도하는 경향이 많았으며, 상대적으로 어머니와 형들 간의 상호작용을 무시하는 경향은 없었다. 아동들은 그런 상황의 경우에 거의 흥미를 유발하지 않았다. 이와는 대조적으로 그들의 형들이 재미있어 하는 갈등사건의 경우 아동들 또한 형들의 행위를 재미있어 하거나 모방했다. 경쟁자들이 정서적으로 중립적이었을 때 아동들은 훨씬 더 무시하거나 혹은 단순히 바라보는 경향이 있었다. 따라서 이 연령의 아동들은 가족 구성원들 간의 정서와 논쟁의 주제 두 가지 모두에 민감했다. 사실 이 두 가지는 상호 관련되는 것으로 보였다. 아동들은 두 가지 중요한 특징이 혼합된 사건들을 목격한 것이다. 곧 규칙의 위반에 관한 명백한 논의가 있었으며,

정서 또한 아동들이 긴밀하고도 복잡한 관계를 맺고 있는 가족 구성원들에 의해 표현되었다. 이러한 반응은 그들이 어떻게 겨우 두 살 때에 일상적인 가족 드라마에 적극적으로 참여하게 되었는가를 예증해 주는 것이다.

가족 과정과 도덕발달에서의 개인적 차이

부모-자녀 관계

이미 지적한 바와 같이 양심의 내면화에 관한 이론적 설명에서는 부모의 사회화가 주로 각광을 받아왔다. 부모의 따뜻한 온정 및 정서의 열린 표현과 더불어 심리적으로 정향된 부모의 훈육전략은 아동들의 내면화된 죄의식 감정의 발달을 조장하는 반면, 엄하고 처벌적인 훈육방법은 이러한 발달을 저해하는 것으로 여겨져 왔다(Grusec & Goodnow, 1994a, 1994b). 그러나 코찬스카(Kochanska, 1991)는 유력한 연구들 가운데 하나에서 비교적 최근까지 이러한 개념이 기초가 되었던 부모의 사회화와 도덕발달에 관한 많은 증거들은 과거 회귀적이었다고 지적했다. 그녀의 개척적인 연구 이래 최근의 여러 연구들은 초기 이후의 도덕발달에 대한 부모-자녀 관계의 중요성을 탐구했으며, 이것은 우리가 관심을 가져도 좋을 만한 수많은 이슈에 대해 밝혀놓았다.

상호관계. 이 가운데 첫 번째는 부모의 사회화를 자녀 교육에 관한 초기의 연구에서처럼(예컨대 Sears, Maccoby & Levin, 1957) 아동들의 도덕발달에 관한 일방향적 · 직접적인 영향으로서 간주하기보다는 부모-자녀 관계가 상호적인 성격임을 인정하는 것이 중요하다는 데 관심을 갖는 것이다. 아동들은 부모가 하는 행동의 여러 측면을 해석하고 평가하며 내면화한다. 역으로 그들은 부모의 행동에 영향을 미치며(Grusec, 이 책 제9장 ; Grusec & Goodnow, 1994a, 1994b ; Kuczynski & Navara, 이 책 제11장), 자녀와 부모 간 관계의 질은 영향의 정도와 방향 모두에 효과를 미친다(Hinde, 2002 ; Laible & Thompson, 2000). 아동들은 그들이 관심을 갖고 있는 사람들에 대해 모방하고 순종하는 경향이 있다.

아동들의 개인적 특성. 아동들의 개인적 특성(예컨대 기질적 특성, 정서와 정신적 상태의 이해, 언어적 능력, 정서를 조율하는 능력)은 부모-자녀 관계의 성격에 공헌하며 도덕발달에 대한 부모-자녀 관계의 중요성에서 핵심적인 역할을 한다. 이것은 어머니-자녀 관계와 이후의 도덕발달에 관한 코찬스카(Kochanska)의 유력한 몇 가지 연구에서, 그리고 아동들의 사회적 이해와 그들의 나중의 도덕적 이해 간의 관련에 관한 최근의 연구들에서 분명하게 입증되고 있다(Clark, Kochanska & Ready, 2000 ; Kochanska, 1991 ; Kochanska, Gross, Lin & Nichols, 2002 ; Kochanska & Murray, 2000 ; Kochanska, Tjebes & Forman, 1998 ; 그리고 Thompson and Meyer, 이 책 제10장 참조).

요컨대 코찬스카는 학령 전기 동안 지배력의 사용을 강조하지 않으면서 순종을 획득하고자 하는 어머니의 사회화 기법들이 8살 아동들의 내면화된 양심의 발달과 관련된다는 것을 보여주었다(Kochanska, 1991). 그러나 이것은 단지 기질적인 면에서 비교적 불안해하는 그런 아동들에게 해당될 뿐이다. 이후에 수행된 연구결과는 학령기에서의 양심 발달을 위해서는 유아기와 학령 전기 연령에서 어머니와 자녀 간에 이루어지 상호 반응적인 정향이 중요하다는 점을 밝혀주었다(Kochanska & Murray, 2000). 특히 유아기에서 상호 반응적인 어머니와 자녀 간의 상호 작용—공유된 협력과 공유된 긍정적 정서—은 아동들의 미래 양심을 예견해 주는데, 이는 양심척도의 발달 연속성과 대조해 볼 때 장기적인 도덕적 결과에 대한 관계 접근의 가치를 확인해 준다.

다양한 여러 이론적 모델에서 강조되고 있는 바와 같이(예컨대 Hinde, 2002 ; Kagan, 1984), 아동들에게 점차 등장하는 자아에 관한 관점이 도덕발달에서 중요한 역할을 수행한다는 개념 또한 이 연구 프로그램에서 지지를 받고 있다. 14개월부터 56개월 된 아동들을 대상으로 순종과 저항을 연구한 종단 연구에서 코찬스카(Kochanska, 2002)는 어머니에 대한 헌신적인 순종이 아동들의 도덕적 내면화를 증진시킨 반면, 그들의 저항은 도덕적 자아에서 그러한 발달을 저해시키고 역으로 도덕적 행위에 영향을 미친다는 개념을 추적했다. 도덕적 자아는 9가지 항목의 도덕적 차원(자백, 용서, 보상, 표준의 파괴에 대한 민감성, 내면화된 행위, 공감, 타인들의 잘못에 대한 관심, 죄의식, 그리고 부모와의 좋은 감정에 관한 관심)을 반영하는 측면에서 기술된 두 개의 커다란 꼭두각시 인형과 아동들이 대화하는 기법을 중심으로 사정되었다. 각 항목에서 한 꼭두각시 인형은 그 자체를 척도의 낮은 끝에 있는 것으로 기술했고, 또 다른 꼭두각시 인형은 높은 끝에 위치한 것으로 그 자체를 기술했다. 아동들에게 "자신과 더 닮은" 꼭두각시 인형을 가리키도록 요구했다. 내면화는 금지된 장난감들과 함께 홀로 남겨졌을 때 그 아동이 보인 행동 차원에서 사정되었다.

몇 가지 지지가 소년들에 대한 이 중재모형으로부터 발견되었다(이하 Baron & Kenny, 1986의 모형). 기질적으로 보다 덜 두려워하고, 보다 지배력을 행사하는 훈육에 의존하는 어머니를 둔 아동들은 보다 낮은 죄의식을 나타내며, 반면에 죄의식은 56개월 때에 도덕적 자아발달과 긍정적으로 관련되며 행동규칙을 덜 파괴하는 것과도 긍정적으로 연관된다고 보고되었다. 그 논증은 두려워하는 기질이 죄의식 경향성으로 이끌며, 그리고 이러한 죄의식을 통해 보다 낮은 규칙들의 파괴로 이어진다는 것이었다.

부모-자녀 관계에서 갈등의 조정. 그 밖의 다른 연구는 어머니가 유아기와 2살짜리 아동들을 어떻게 통제하며 논쟁하는가는 학령기에서 아동들의 도덕적 위반에 대한 반응과 연관된다는 많은 증거를 제시하고 있다. 펜실베니아에서 시행된 한 종단 연구는 아동들이 가정에서 어머니, 형제자매와 함께 지내는 모습을 오랜 시간 동안 자연스럽게 관찰했다(Dunn, Brown & Maguire, 1995). 그리고 그들이 유치원생과 1학년 학생이 되었을 때 그들의 도덕적 정향과 정서 이해를 사정했다(Dunn, 1995). 어머니가 33개월 된 자녀와 어떤 갈등이 빚어졌을 때 자녀의 입장을 고려하여 상세한 이유를 들어 설명하면서 다루었던 아동들은 유치원과 1학년 때에 가설적인 도덕적 위반에 대해 어머니가 그러한 상세한 이유를 설명해 주지 않았던 아동들과 다르게 반응했다. 특히 어머니가 들었던 상세한 이유가 가미된 이성적 설명을 받아들인 아동들은 그렇지 않은 아동들에 비해 보다 성숙한 도덕적 정향과 위반의 희생자에 대한 보상의 문제에 더 많은 관심을 보였다.

유사한 연구결과 또한 라이블(Laible)과 톰슨(Thompson, 2002)에 의해 보고되었는데, 그들은 30개월 된 자녀들과의 갈등에서 구성주의적 태도를 보였던 어머니의 행동이 아동들이 3세가 되었을 때 그들의 사회도덕적 능력과 사회정서적 이해를 예견할 수 있다는 것을 보여주었다. 어머니들이 갈등과 갈등 해결 과정에서 사용한 전략은 아동들의 도덕발달을 예견할 수 있는 가장 강력한 요인이다. 예컨대 도덕적 이슈를 중심으로 실험실에서 이루어진 갈등상황에서 정서에 대해 자주 이야기했던 어머니를 둔 아동들은 유혹에 대한 저항 과제에서 행동 내면화에 높은 점수를 받았다. (이 과제는 다음과 같이 실행되었다. 아동들을 실험실 방에 홀로 남겨놓는다. 그들의 어머니는 자기 자녀들에게 상당히 매력적인 장난감을 만지지 말라고 말한다. 혼자 남겨졌을 때 그들의 행동은 비디오로 녹화되었으며, 금지된 장난감을 만지고 노는, 혹은 자체 수정하는 것과 연관된 행동의 견지에서 코드화된다). 연구자들은 갈등이 빚어지는 동안 정서를 담은 논의를 할 때 공감 및 죄의식과 같은 도덕적 정서가 발달될 수 있기 때문에 아동들의 초기 양심발달에 긍정적인 결과를 초래할 수 있다는 결론을 내렸다. 비록 훈육과정에서 어머니들이 보인 추론 및 설명과 아동들의 사회도덕적 발달 간에 관련이 있다는 점은 이전에도 보고되어 왔지만(예컨대 Hart, Ladd & Burleson, 1990 ; Zahn-Waxler, Radke-Yarrow & King, 1979), 라이블(Laible)과 톰슨(Thompson, 2000, 2002)은 논쟁과정에서 어머니가 아동들에게 가하는 설명이 지니는 이점은 부모와 자녀들이 논쟁하는 매우 다양한 범위의 이슈—사실적 이슈, 사람들의 행동에 관한 설명, 사회적 규칙들로부터 심각한 공격성과 개인적 해의 문제에 이르기까지(그리고 4살 아동이 어머니와 논의하는 이슈의 범위에 관한 증거에 대해서는 Tizard & Hughes, 2002 참조)—를 포함할 만큼 훈육 갈등을 초월한다는 것을 자신들의 연구가 보여주고 있다고 강조한다.

정서에 관한 대화

아동들이 정서에 관한 가족 대화에 참여하는 것이 정서 이해에서 개인적 발달의 차이를 보이게 되는 중요한 역할을 한다는 증거는 많은 연구로부터 축적되어 왔다(Brown & Dunn, 1996 ; Denham & Auerbach, 1995 ; Dunn, Brown & Beardsall, 1991 ; Dunn, Brown, Slomkowski, Tesla & Youngblade, 1991 ; Howe, 1991 ; Laible & Thompson, 1998, 2000 ; Meins 외, 2002 ; Thompson, 1998). 그러한 정서적 이해가 거꾸로 공감의 발달 및 초기 양심발달과 연결된다는 생각은 라이블(Laible)과 톰슨(Thompson, 2000)이 4세 아동들을 대상으로 한 연구에 의해서도 지지를 받는다. 그 연구에서 어머니들과 아동들은 선한 행동과 악한 행동에 관한 실생활 사건에 관하여 이야기를 나누며, 아동들의 양심발달은 유혹에 대한 저항상황과 어머니의 질문지로 사정되었다. 감정과 도덕적 평가에 대해 자주 언급했던 어머니를 둔 아동들은 보다 큰 행동 내면화를 보였으며, 비행 이후에 죄의식을 더 표현하는 경향이 있었다. 여기에서 결과 측정은 도덕적 행동과 죄의식이었다는 점에 주목할 필요가 있다. 감정에 관한 대화를 다룬 또 다른 연구는 가설적 시나리오에 대한 반응에 반영된 도덕적 판단과의 연계에 초점을 두었다(예컨대 Dunn 외, 1995). 이들 연구에 따르면 도덕적 행동과 도덕적 판단 두 가지 모두는 어머니의 대화 정도와 연관되어 있다.

그 외 세 가지 중요한 요점이 라이블(Laible)과 톰슨(Thompson, 2000)의 연구에서 나왔다. 첫째, 자녀가 행한 어떤 행동의 물질적 결과와 사회적 규칙이나 가족 규칙에 대한 어머니의 언급은 아동들의 양심발달의 그 어떤 차원과도 연결되지 않았다. 이것은 어머니와 자녀 간의 정서 대화가 도덕발달에서 핵심적으로 중요하다는 것을 나타내 주고 있다. 둘째, 내면화의 발달과 관련하여 감정에 대한 어머니의 언급과 자녀-부모 간 애착의 질 사이에는 상호작용이 존재했다. 어머니에 대해 불안정적으로 애착을 가진 혹은 어머니-자녀 관계가 공유된 긍정적 정서에서 낮은 정도를 보인 아동들의 경우, 보다 높은 빈도의 정서가 함유된 논의는 특히 초기 양심 성장과 강력하게 관련되었다. 어머니와의 관계가 정상적으로 안정적이며 평균 정도의 공유된 긍정적 감정을 지닌 아동들의 경우, 감정과 도덕적 평가에 대한 보다 높은 수준의 어머니의 언급은 보다 높은 수준의 내면화와 관련되었다. 그러나 어머니에 대한 애착이 매우 안정적이며 공유된 긍정적인 감정에서 높은 정도를 보인 아동들의 경우, 감정과 평가적 비평에 대한 어머니의 언급은 보다 높은 내면화 수준과 연관되지 않았다. 자유롭게 감정과 가치에 관해 대화하는 어머니를 둔다는 것은 양심의 초기 성장에 도움이 되며, 특히 불안정한 애착 때문에 어머니와 감정을 공유하는 데 있어서 문제를 지닐지도 모르는 그런 아동들에게 도움이 되는 것으로 나타났다.

셋째, 그 연구는 초기 양심발달의 복잡한 성격을 강조했는데, 그것은 그 중의 어떤 것은 관련되며(헌신적 순종과 행동 내면화) 어떤 것은 그렇지 않은(헌신적 순종과 죄의식) 여러 구성요소들의 획득과 관련되었다. 양심은 포괄적인 특질로 고려될 것이 아니라 서로 다른 발달 이력을 지닌, 분리된 기능들의 조합으로 고려되어야 하는 것으로 보인다. 그러나 온정적이며 지지적인 어머니-자녀 관계와 감정, 가치, 그리고 행동에 관한 초기의 대화가 양심의 초기 발달을 조장한다는 일반적인 요점은 잘 확립된 것으로 보인다.

파괴적인 아동들에 관한 연구로부터의 증거

부모-자녀 관계에서 온정, 감정에 관한 대화, 아동들의 발달하는 도덕적 인식 및 그들의 정서적 조정, 그리고 반응 사이의 관련은 또한 파괴적인 아동들을 대상으로 한 연구에서도 탐구되어 왔다(예컨대 Eisenberg 외, 2001 ; Hughes & Dunn, 2000). 파괴적인 아동들은 오랫동안 도덕적 딜레마에 대하여 공감적 태도를 잘 보이지 않는 것으로 여겨져 왔지만, 상이한 이론적 설명들은 이를 뒷받침하고 있는 과정을 언어적 추론에서의 일반적 문제, 사회적 이해에서의 특수한 지체, 불완전한 정서적 조정과 반응, 그리고 부정적인 부모의 사회화 유형을 포함하는 아주 다른 문제에 귀인시킨다(Hughes & Dunn, 2000).

휴즈(Hughes)와 동료들은 4세와 6세 아동들을 대상으로 다루기 어려운 아동들의 도덕적 행동, 사회적 상호작용, 그리고 반성적 자각을 연구했다(임상용 표본이라기보다는 공동체에서). 그 결과 파괴적인 아동들은 사회도덕적 추론에서 다면적인 문제들과 언어와 사회적 이해에서 몇 가지 일반적인 문제들을 나타내 보이며, 부모-자녀 관계에서는 상대적으로 부족한 온정과 증가된 비판을 보인다는 것을 발견했다. 관찰을 하는 동안 높은 수준의 분노와 고통을 보였던 아동들은 이야기 형식(story format)에서 도덕적 위반과 관련하여 공감적 정당화를 덜 제시하는 경향이 있었으며, 일반적으로 그 연구는 정서적 조정이 도덕적 행동의 발달에서 핵심 역할을 수행한다는 개념에 대한 지지를 제공했다. 분명히 친구와 단 둘이 놀이를 하는 아동들에 대한 영상관찰 동안 침착하지 못하고 주의력이 떨어지는 아동들은 특히 다른 사람들에 대한 고통 및 폭력과 관련되는 환상놀이에 개입하고자 하는 경향이 있었으며—반면에 그 밖의 다른 4세 아동들은 자녀들을 교육하는 등 가정적인 주제와 관련되는 위장놀이에 개입했다—, 그들이 이러한 폭력에 전념하는 정도는 그들의 이후 도덕적 이해에서의 개인적 차이에 의미 있는 독특한 공헌을 했다 (Dunn & Hughes, 2001).

부모 교육 및 사회적 배경

어머니의 교육 및 사회적 배경은 또한 아동들의 초기 도덕발달과 연관되어 왔다(Dunn, Cutting & Demetrious, 2000). 위반의 허용 가능성에 관한 아동들의 관점과 그들이 그러한 관점을 어떻게 정당화하는가 간에 중대한 구분이 이루어져야 할 필요가 있다는 것은 오래 전에 지적되었다. 비록 어린 아동이 다른 아동으로부터 장난감을 가져가는 행위를 위반으로 고려하는 것은 성숙하다고 간주될 수 있을지 모르지만, 아동은 또한 친구가 장난감을 가져가는 것은 허용 가능하다고 말할 수도 있다. 왜냐하면 그들은 서로 좋아하며, 그 친구는 상대방이 개의치 않는다는 것을 알기 때문이다. 이것은 그 행위를 허용 가능한 것으로 간주하는 비교적 복잡한 정당화 근거이다. 어떤 행위가 허용 가능하지 않다는 판단은 모든 경우에 있어서 단순히 학습된 인습일 수 있다. 그처럼 아동들이 위반에 대한 자신들의 관점을 정당화하는 것은 무엇이 허용 가능한가에 관한 설명보다 오히려 그들의 도덕적 이해에 관한 보다 분명한 창을 제공해 줄 것이다. 왜냐하면 그런 설명은 단순히 학습된 인습을 반영할 수 있기 때문이다.

가정 경험의 유의도와 배경은 두 연구에서 아동들의 허용 가능성에 관한 관점과 그들의 관점을 정당화하는 방식에서 서로 차이가 있는 것으로 밝혀졌다. 두 연구에서 높은 수준의 교육을 받고 전문직 혹은 관리직에 종사하는 부모를 둔 가정 출신의 아동들은 위반을 허용 가능하지 않은 것으로 판단하는 경향이 더 있었다(Dunn 외, 2000 ; Hughes & Dunn, 2000). 그러한 연계는 도덕적 문제에 관한 기대와 그에 대한 논의에서 가정에 따라 나타나는 차이, 무엇이 허용되고 승인되는가에 대한 정향, 혹은 통제와 훈육의 관리에서 나타나는 차이를 반영할 수 있다. 이러한 가족 상호작용의 많은 측면들이 가정 배경에 따라 서로 다른 것으로 알려지고 있다(이에 대한 검토를 위해서는 Hoff-Ginsberg & Tardif, 1995 참조). 오늘날 도덕적 이해의 차이와 관련한 과정들은 연구의 대상이 되고 있다(Vinden, 1997 참조).

그러나 아동들의 정당화에 반영된 도덕적 정향과 상호 관련된 것은 그들의 사회적 · 교육적 배경이라기보다는 오히려 내적 상태에 관한 그들의 이해에서의 차이였다. 연루된 사람들의 복지나 대인 간 관계의 견지에서 위반에 관한 자신들의 관점에 대해 정당화를 제시한 아동들은 정서와 내적 상태에 관한 보다 큰 이해를 보여주었다. 기질 또한 중요했다. 부정적 정서성(쉽게 화가 나거나 혹은 고통을 받는)에서 높은 비율을 보였던 아동들은 다른 아동들보다 대인 간 이유를 덜 제시하는 도덕적 관점을 보이는 경향이 있었으며, 반면에 매우 사교적인 아동들은 훨씬 대인 간 이유를 제시하는 도덕적 관점을 보이는 경향이 있었다.

형제관계와 도덕적 이해에서의 사회적 과정

가족이 도덕발달에 미치는 영향에 대한 연구자들의 관심은 거의 배타적으로 어머니에 관한 것—그들의 훈육전략과 갈등 조정, 그들의 사회화 방법, 그리고 그들의 정서에 관한 대화—이었다. 그러나 다른 가족 구성원들—아버지, 형제자매, 조부모, 사촌—또한 당연히 아동들의 도덕발달에 영향을 미치는 경험에 이바지할 것이다. (정서에 관한 아버지들의 대화에 관한 연구결과에 대해서는 Fivush, Brotman, Bucknev & Goodman, 2000 ; Jenkins, Turrell, Kogushi, Lollis & Ross, 2003 참조. 아버지들의 온정과 아동들의 공감과 관련된 반응에 관한 연구결과에 대해서는 Zhou 외, 2002 참조). 도덕적 행동과 형제자매 관계 간의 관련은 피아제(1932/1965)의 초기 입장을 지지하고 있다는 점에서 특히 흥미롭다. 즉 아동들이 다른 아동들과 갖는 협동적 경험과 논쟁은 도덕적 추론 발달에 특별한 의미를 지니고 있으며, 여기에서 평등의 관계는 아동들이 공정의 개념을 구성하는 데 필요한 것으로 여겨진다.

형제자매 관계의 질과 아동들의 도덕발달 간의 관련은 미국, 캐나다, 영국에서의 연구를 통해 입증되어 왔다. 예를 들면 펜실베니아에서의 종단 연구는 학령 전기 아동들이 형제자매와 가정에서 함께 지내는 모습을 관찰했으며, 이후 그들이 유치원생과 1학년 아동이 되었을 때 그들의 도덕적 정향과 정서 이해를 사정했다(Dunn 외, 1995). 6세 정도의 아동들을 대상으로 위반과 관련된 이야기에 대한 반응을 사정한 결과 어머니의 훈육 및 사회화 방법보다는 보다 이른 시기의 광범위한 사회적 과정과 개인적 특성이 그들의 도덕적 개념과 관련되는 것으로 나타났다.

아동들이 2살 때 그들의 어머니가 통제 및 논쟁을 다루는 방식뿐만 아니라 40개월 때 정서에 관한 아동들의 이해와 그들보다 나이가 많은 형들과의 긍정적인 관계의 경험, 그리고 그들의 언어능력이 중요했다. 관찰 기간 동안 2살 때 형들과 특히 친밀하게 지냈던 아동들은 그들의 형들과 그렇게 친밀하지 못했던 아동들보다 시나리오 속의 위반자들을 죄가 있는 혹은 나쁜 사람으로 기술하는 경향이 더 많았으며, 보다 성숙한 도덕적 정향을 보여주었다. 형제자매 관계 변수는 다른 변수들과는 독립적으로 도덕적 이해에 공헌했다.

그러한 상관관계 자료로 아동들이 어머니 및 형제자매와 갖는 경험과 그들의 나중의 도덕적 민감성 혹은 효과의 방향 간의 관련에 관한 인과관계 추론은 도출될 수 없다. 어떤 과정들이 그 관련을 뒷받침하고 있는지에 관한 이슈는 시간이 경과하면서 더 연구될 필요가 있다. 그러나 가정 관찰이 실행되었을 때 아동들은 아직 3세가 되지 않았기 때문에 그 연령 아동들의 도덕적 정향에서의 차이가 다른 가족 구성원들 행동에서의 차이를 이끌어내는 것으로 보이지는 않는다. 그러나 아동들의 사회적 · 정서적 행동의 그 밖의 다른 차이들은 형들의 친절한 행동과 어머니의 통제전략에 분명히 기여하는 것으로 보인다. 정서적 이해에서 비교적 성숙한 2살 아동은 나이가 많은 형과의 놀이에서 같이 지낼 만한 가치가 있는, 그리고 만족을 주는 동료가 되기 쉬우며, 그는 거꾸로 초기 아동기 기간 동안에 특히 친절하고 협력적이 된다. 그리고 이러한 친절함 그 자체는 희생자에게 민감하게 되는 그 아동의 경향성 형성에 기여한다. 그 밖의 다른 사회적 과정들도 당연히 관련될 것이며 또한 연구할 가치가 있다. 특히 친절한 형들은 민감한 도덕적 행위의 모델링인가? 혹은 그들의 형제자매와 긴밀하고 애정적인 아동들은 형제자매 관계가 보다 냉담하거나 경쟁적인 아동들보다 그들의 감정을 이해하고자 동기화되며, 보다 타인정향적인 관점을 발달시키는가? 여기에서 일반적으로 수렴되는 요점은 아동들 자신의 행동과 민감성은 당연히 어머니의 행동과 형제자매의 행동 모두에 기여할 수 있다는 점이다.

형제자매 간의 긍정적인 관계에 대한 또 다른 사회적 관계 요소—즉 공유된 공상놀이—가 도덕발달에 미치는 의미는 유아기의 긴밀한 우정에 관한 연구에 의해 제시되었다. 어린 친구들을 대상으로 한 세 가지 종단 연구(하나는 미국에서, 둘은 영국에서)는 특별히 긴밀하면서도 친밀한 우정을 지니고 있는 아동들이 도덕적 이슈와 관련하여 대인관계적으로 정향된 정당화를 제시하는 경향이 더 많다는 것을 보여주었다(Dunn 외, 1995 ; Dunn 외, 2000 ; Hughes & Dunn, 2000). 특히 영국의 연구들은 학령 전기 아동들의 공유된 공상놀이와 몇 년 후 그들의 도덕적 정향 간의 관련을 두드러지게 했다. 반면에 결과의 방향은 분명치 않았다. 친구들과의 상호작용이 도덕적 민감성 발달에 기여한다는 것, 혹은 만약 아동들이 친구의 도덕적 관심에 민감하다면 우정이 친밀성에서 더욱 깊어진다는 것은 있을 수 있다. 주목할 만한 것은 긴밀한 우정과 더불어 긴밀한 형제자매 관계를 특징짓는 그러한 공유된 가상놀이이며(Brown, Donelan-McCall & Dunn, 1996 ; Dunn, 1999 ; Dunn & Cutting, 1999 ; Gottman, 1983, 1986 ; Howes, 1996), 그러한 공유된 가상은 많은 서로 다른 연구에서 마음읽기의 발달에 중요한 것으로 강조되어 왔다는 것이다(Astington & Jenkins, 1995 ; Howe, Rinaldi, Jennings & Petrakos, 2002 ; Youngblade & Dunn, 1995).

도덕발달에 있어서 공유된 가상의 의미가 함축하고 있는 과정은 무엇인가? 아마도 핵심에 해당하는 과정 가운데에는 있음직한 사회세계에 관한 아동들의 탐구, 그리고 일어날 가능성이 있는 위반과 그의 결과, 도덕적 이슈를 내포하는 극적인 담화의 상호 구성, 공동 가상놀이 내에서 일어나는 감정의 탐구 혹은 공동 가상놀이 동안 특히 높은 내적 상태에 관한 논의 등이 여기에 해당할 수 있으며, 아니면 이 과정 모두가 해당할 수도 있다(Brown 외, 1996 ; Hughes & Dunn, 1997). 내적 상태에 관한 논의는 형제자매 간에 비교적 빈번히 일어나며—자녀와 부모 간보다 더 자주 일어난다(Brown 외, 1996)—이후의 사회적 이해와 관련된다는 것이 일관되게 밝혀져 왔다. 더군다나 나이가 많은 형을 가진 4살 아동들은 형이 없는 아동들보다 정신적 상태 이야기에 노출되며 그런 이야기를 더 많이 사용하는 것으로 보고되고 있다(Jenkins 외, 2003).

문화적 차이

가족 상호작용과 어린 아동들의 도덕발달에 관한 거의 대다수의 연구들은 유럽이나 북미에서 이루어져 왔다. 그러나 가족 상호작용, 도덕률, 그리고 자녀 교육 방법은 문화마다 광범위하게 다르다(Miller, 이 책 제14장 참조 ; Turiel, 이 책 제1장 ; 보다 상세한 고찰을 위해서는 Wainryb, 이 책 제8장). 문화적 차이에 관한 상세한 논의는 이 장의 범위를 넘어선다. 다만 여기에서는 한 가지 예로서 인도에 있는 힌두 가족과 미국 가족의 비교에서 드러난 가족 가치의 차이를 고찰해 보고자 한자(Miller & Bersoff, 1995). 인도 가족의 경우 전체 가족의 안녕과 연결된 개인적 욕망의 중요성을 강조하는 반면에 미국 가족은 감정에 관한 의사소통에, 그리고 개인적 자유에 높은 우선권을 부여했다. 인도 가족은 대인 간 이슈를 사회적으로 강제할 수 있는 도덕적 의무로 취급하는 경향이 있었다. 이와는 대조적으로 미국의 표본 가족에게 있어서 사람들 간의 긴밀한 관계는 도덕적 문제로서 보다 덜 고려되었다.

지금까지 고찰한 아동들의 초기 발달 측면에서 보면 두 가지 요점을 강조할 만하다. 첫 번째 요점은 아동들이 매우 이른 시기에 그들의 특정한 문화의 규칙과 관습에 호기심과 관심을 보인다는 일반적인 지적은 광범위하게 다양한 문화의 아동들을 대상으로 한 연구들에 의해 지지를 받고 있다. 이것은 어떤 하나의 문화에 특별한 것이 아니다. 오크스(Ochs, 1987)가 연구한 사모아 아동들은 생후 2년 6개월이 되기 이전에 익숙한 사람과 덜 익숙한 사람에게 말을 거는 언어 사용역(speech register)을 적절하게 교환하는 기능을 발휘했다. 몽고 아동들은 두 살이 되면 자신들이 가족 텐트의 어떤 자리에 앉아야 한다는 것을 이해했다(Humphrey, 개인적 교신). 20개월에 이르러서야 솔로몬 섬 아동은 그의 문화에서 매우 중요한 환대와 예의의 동작으로 친숙하지 않은 방문자들을 환영한다(Watson-Gegeo & Gegeo, 1987). 즉 솔로몬 섬의 어린 아동들은 형 보호자들이 어떤 경우에서는 불복종하며 착취당할 수 있고 다른 경우에서는 그렇지 않다는 것을 안다. 낱낱의 항들은 다르나 무엇이 허용되고 승인되지 않는가, 그리고 다른 사람들은 어떻게 그들의 행동에 반응할 것인가를 아는 것은 모든 가정의 아동들에게 공통적으로 중요하다.

두 번째 요점은 아동들에 대한 서로 다른 문화적 메시지들은 유럽과 북아메리카 아동들에 대해 여기에서 기술되었던 가족 상호작용의 그런 측면들에 의해—직접적 교수뿐만 아니라 이야기, 정서적 메시지, 서로 다른 가족 구성원들 간 상호작용의 사례에 의해(예컨대 미국과 영국 가정에서 3세 아동들에게 미치는 도덕적 메시지들의 비교 참조. Dunn & Brown,

1991)—가정 내에서 조정되기 쉽다는 것이다. 도덕적 추론의 세부사항에 초점을 맞춘 이론은 문화적 차이를 예견한다. 그러나 도처에서 가족에 대한 정서적 관심에서의 유사성을 가정한다면 그들의 가정세계를 공유하는 감정, 목적, 그리고 반응에 대한 아동들의 관심에서 공통적인 특징들이 기대된다(Dunn, 1988).

유전적 특징

유전학적으로 민감한 구조에서 가족관계 및 경험과 아동들의 도덕발달 간의 관련에 대한 연구가 수행된 경우는 거의 없다. 이것은 심각한 한계이다. 즉 만약 부모 행동의 어떤 양식이 아동들의 도덕발달에서 나중의 개인적 차이와 관련된다 하더라도 이것이 유전적 연관을 반영한다는 가능성은 검증될 수 없다. 그러나 몇 가지 증거는 이것이 추구할 만한 가치가 있다는 것을 제시하고 있다. 첫째, 힌드(Hinde, 2002)가 지적하고 있는 바와 같이 초기의 외관 모습과 친사회적 경향의 편재는 그것들이 부분적으로는 그 아동의 생물학적 유산으로부터 도출된다는 관점과 조화를 이룬다(침팬지의 공유하기, 동정, 그리고 갈등에서의 제3자 개입, 그리고 갈등 이후 화해로 이끄는 행동에 관한 증거에 대해서는 de Waal, 1996 참조. 힌드, Hinde, 2002가 지적하듯이 침팬지는 우리의 진화론적 조상과 관련되며, 그러한 행동을 보여주는 능력은 인간의 도덕적 행동에 대한 몇 가지 기본원칙을 제공했을 것이다. 그러나 이것은 그 자체로 침팬지가 인간의 도덕적 감각과 비교할 만한 어떤 것을 지니고 있다는 증거는 아니다).

둘째, 도덕발달의 개인적 차이에 대하여 유전학이 끼친 공헌의 보다 직접적인 증거는 두 가지 연구로부터 나온다(거기에서 유전적으로 동일한 일란성 쌍둥이는 완전한 형제자매인 경우와 같은 유전적으로 50%가 비슷한 이란성 쌍둥이와 비교된다). 이들 연구는 친사회적 행동과 공감에서 나타나는 차이의 상당 비율이 유전적 요소 때문이라고 하면서 도덕발달에서 일란성 쌍둥이가 이란성 쌍둥이보다 더 유사함을 보인다고 지적하고 있다(Eisenberg & Fabes, 1998 ; Zahn-Waxler, Robinson & Emde, 1992). 아동들의 마음읽기와 정서적 능력의 개인적 차이도 유전학적으로 영향을 받는다는 증거 또한 쌍둥이 연구로부터 나왔다(Ronald, Happé, Hughes & Plomin, 출판을 위해 제출됨). 정신병성 행동에서의 불일치에 대한 유전학적 공헌들에 관한 유사한 증거 또한 점차 확보되고 있다(Viding, Blair, Moffitt & Plomin, 인쇄 중). 이들 연구결과는 우리가 가족관계와 도덕적 이해 간의 관련을 뒷받침해 주는 메커니즘을 이해하고자 시도할 때 마음 속에 간직하고 있을 필요가 있다. 물론 유전학에 대한 증거가 가정에서 가족들과의 경험이 중요하지 않다는 것을 의미하는 것은 아니다. 오히려 유전율은 만약 우리가 도덕발달을 이해하는 데 있어서 진전을 이루고자 한다면 연구에 포함되어야 하는 가족 이야기의 한 부분이라는 것을 입증하는 것이다. 이러한 거대하고 또한 급속하게 성장하는 분야에 관심을 가진 연구자로는 프로민(Plomin)과 맥구핀(McGuffin, 2003)을 들 수 있다.

요약 및 미래 방향

가정에서의 아동들에 관한 연구는 다른 사람들의 정서에 관한 아동들의 자각, 그들의 공감과 관심, 타인들에 대해 행하는 위해의 성격에 관한 이해, 그리고 표준과 사회적 규칙에 관한 그들의 이해 등에 대한 초기 발달을 예증하고 있다. 아동들은 학령 전기에 도덕적 및 인습적 이슈, 책임과 의무에 관한 지식이 어떻게 관계에서 공유된 유머와 갈등전략의 원천으로 사용될 수 있는지를 이해한다. 친밀한 관계는 도덕적 이해와 행동의 표준적인 발달에서, 그리고 개인적 차이의 성장에서 분명히 매우 중요하다. 타인들과의 관계, 특히 부모와의 관계는 도덕적 이해에서 표준적 · 개인적인 차이 모두에서 핵심적인 역할을 한다. 인지적 과정과 정의적 과정 모두 이들 발달과 관련되어 있다. 그리고 일상생활에서 도덕적 이슈에 관한 추론과 판단은 특정한 관계에 맞춰지며, 그럼으로써 당연히 관계 맥락에 따라 다를 것이다(Hart & Killen, 1995).

이 장에서 우리는 유아기의 가족관계와 도덕발달 간의 관련을 고찰해 왔다. 가정이 이후의 아동기와 청소년기의 도덕발달에 어떤 역할을 할 것인가에 관한 의문은 호기심을 자극하는 것이다. 초기 아동기와 관련하여 이 장에서 논의되었던 주제 가운데 정서 및 정서적 관계가 초기 아동기 이후 도덕발달에서 그 중요성이 감소될 가능성이 제기되어 왔다(Hinde, 2002). 이것은 바로 우리가 초기부터 후기 아동기에 이르는 발달 연구들을 충분히 확보하지 못한 몇 가지 주제 가운데 하나이다. 도덕적 · 인습적 이슈에 관한 부모의 권위는 중기 아동기에서 분명하며, 청소년기에 청소년과 부모 간의 다툼과 갈등은 도덕적 이슈보다는 인습적 이슈에서 더 그러는 경향이 있다고 주장되어 왔다.

어떤 사회적 과정들이 가족 경험/관계와 도덕발달 간의 연관과 관련되는지에 관한 이슈는 보다 많은 연구가 필요하다. 곧 도덕적 · 인습적 이슈에 관한 논의에 참여하는 것이 중요하다는 것은 분명하다. 그러나 우리는 정서적 경험의 역할에 관한 더 많은 연구를 필요로 한다.

도덕발달에서의 개인적 차이가 발달하는 견지에서 볼 때 어머니에 관한 초점은 아동들의 가정세계의 핵심 구성원들인 아버지와 형제자매에 관한 체계적인 정보를 포함할 수 있도록 확대될 필요가 있다.

파괴적 행동에 대한 위험에서 성장하고 있는 아동들에 대한 도덕적 인식의 중요성은 더 많은 주목을 받을 만하다. 즉 보다 일반적으로 말해서 일상의 삶에서 도덕적 딜레마에 직면했을 때 아동들의 행위와 도덕적 이해에 관한 평가의 관계는 특히 종단적·발달적 구조 내에서 체계적인 주목을 받을 만하다.

마지막으로 가족 및 친구들과의 일상적 삶 내에서 아동들의 도덕적 행위와 상호작용을 증명하기 위해서는 유전학적으로 섬세한 구조 내에서의 연구가 필요한 것처럼 도덕적 추론을 넘어서는 문화 간 연구가 필요하다.

참고문헌

Arsenio, W., & Fleiss, K.(1996). Typical and behaviourally disruptive children's understanding of the emotional consequences of socio-moral events. *British Journal of Developmental Psychology, 14*, 173-186.

Arsenio, W. F.(1988). Children's conceptions of the situational affective consequences of sociomoral events. *Child Development, 59*, 1611-1622.

Astington, J. W.(1993). *The child's discovery of the mind*. Cambridge, MA : Harvard University Press.

Astington, J. W., & Jenkins, J. M.(1995). Theory of mind development and social understanding. *Cognition and Emotion, 9*, 151-165.

Baron, R. M., & Kenny, D. A.(1986). The moderator-mediator variable distinction in social psychological research : Conceptual, strategic, and statistical considerations. *Journal of Personality and social Psychology, 51*, 1173-1182.

Bartsch, K., & Wellman, H. M.(1995). *Children talk about the mind*. Oxford : Oxford University Press.

Blum, L.(1987). Particularity and responsiveness. In J. Kagan & S. Lamb(Eds.), *The emergence of morality in young children* (pp. 306-337). Chicago : University of Chicago Press.

Blasi, A.(1993). The development of identity : *Some implications for moral functioning*. In G. G. Noam & T. E. Wren(Eds.), The moral self(pp. 99-122). Cambridge, MA : MIT Press.

Bretherton, I., Fritz, J., Zahn-Waxler, C., & Ridgeway, D.(1986). Learning to talk about emotions : A functionalist perspective. *Child Development, 57*, 529-548.

Brown, J. r., Donelan-McCall, N., & Dunn, J.(1996). Why talk about mental states? The significance of children's conversations with friends, siblings, and mothers. *Child Development, 67*, 836-849.

Brown, J. R., & Dunn, J.(1996). Continuities in emotion understanding from 3-6

yrs. *Child Development, 67,* 789–802.
Bruner, J.(1983). *Child's talk.* Oxford : Oxford University Press.
Clark, L. A., Kochanska, G., & Ready, R.(2000). Mothers' personality and its interaction with child temperament as predictors of parenting behavior. *Journal of Personality and Social Psychology, 79,* 274–285.
Cummings, E. M., & Davies, P.(1994). *Children and marital conflict : The impact of family dispute and resolution.* New York : Guilford Press.
de Waal, F.(1996). *Goodnatured.* Cambridge, MA : Harvard University Press.
Denham, S., & Auerbach, S.(1995). Mother–child dialogue about emotions and preschoolers' emotional competence. *Genetic, Social and General Psychology Monographs, 121,* 313–337.
Douglas, M.(1966). *Purity and danger : An analysis of the concepts of taboo.* New York : Praeger.
Dunn, J.(1988). *The beginnings of social understanding.* Cambridge, MA : Harvard University Press.
Dunn, J.(1995). Children as psychologists : The later correlates of individual difference in understanding of emotions and other minds. *Cognition and Emotion, 9,* 187–201.
Dunn, J.(1999). Siblings, friends, and the development of social understanding. In W. A. Collins & B. Laursen (Eds.), *Relationships as developmental contexts : The Minnesota Symposia on Child Psychology*(Vol. 30, pp. 263–279). Mahwah, NJ : Lawrence Erlbaum Associates.
Dunn, J., Brown, J.(1991). Becoming American or English? Talking about the social world in England and the United States. In M. Bornstein (Ed.), *Cross–cultural approaches to parenting*(pp, 155–172). Hillsdale, NJ : Lawrence Erlbaum Associates.
Dunn, J., Brown, J., Beardsall, L.(1991). Family talk about feeling states and children's later understanding of others' emotion. *Developmental Psychology, 27,* 448–455.
Dunn, J., Browm, J., Slomkowski, C., Tesla, C., & Youngblade, L.(1991). Young children's understanding of other people's feelings and beliefs : Individual differences and their antecedents. *Child Development, 62,* 1352–1366.
Dunn, J., & Brown, J. R.(1993). Early conversations about causality : Content, pragmatics and developmental change. *British Journal of Developmental Psychology, 11,* 107–123.
Dunn, J., Brown, J. R., & Maguire, M.(1995). The development of children's moral sensibility : Individual differences and emotion understanding. *Developmental*

Psychology, 31, 649–659.

Dunn, J., & Cutting, A.(1999). Understanding others, and individual differences in friendship interactions in young children. *Social Development, 8*, 201–219.

Dunn, J., Cutting, A., & Demetriou, H.(2000). Moral sensibility, understanding other, and children's friendship interactions in the preschool period. *British Journal of Developmental Psychology, 18*, 159–178.

Dunn, J., & Hughes, C.(2001). "I got some swords and you're dead!" : Violent fantasy, antisocial behavior, friendship and moral sensibility in young children. *Child Development, 72*, 491–505.

Dunn, J., & Munn, P.(1985). Becoming a family member. Family conflict and the development of social understanding in the second year. *Child Development, 56*, 764–774.

Dunn, J., & Shatz, M.(1989). Becoming a conversationalist despite(or because of) having and older sibling. *Child Development, 60*, 399–410.

Eisenberg, N., & Fabes, R.(1998). Prosocial development. In W. Damon(Ed.), *Handbook of child psychology*(Vol. 3, pp. 701–778). New York : Wiley.

Eisenberg, N., Fabes, R. A., Murphy, M., Maszk, P., Smith, M., & Karbon, M.(1995). The role of emotionality and regulation in children's social functioning : A longitudinal study. *Child Development, 66*, 1239–1261.

Eisenberg, N., Loyosa, S., Fabes, R. A. , Guthrie, I. K., Reiser, M., Murphy, B. C., Shepard, S., Poublin, R., & Padgett, S. J.(2001). Parental socialization of children's dysregulated expression of emotion and externalizing problems. *Journal of Family Psychology, 15*, 183–205.

Fivush, R., Brotman, M. A., Bucknev, J. P., & Goodman, S. H.(2000). Gender differences in parent–child emotion narratives. *Sex Roles, 42*, 233–253.

Gottman, J. M.(1983). How children become friends. *Monographs of the Society for Research in child Development, 48*, Serial no. 201.

Gottman, J. M.(1986). The world of coordinated play : same–and cross–sex friendship in young children. In J. M. Gottman & J. G. Parker(Eds.), *Conversations among friends*(pp. 139–191). Cambridge : Cambridge University Press.

Grusec, J., & Goodmow, J.(1994a). Impact of parental discipline methods on the child's internalization of values : A reconceptualization of current point of view. *Developmental Psychology, 30*, 4–19.

Grusec, J. E., & Goodnow, J. J.(1994b). Summing up and looking to the future. *Developmental Psychology, 30*, 29–31.

Grych, J. H., & Fincham, F. D.(Eds.).(2001). *Child development and inter–parental conflict*. Cambridge, UK : Cambridge University Press.

Harris, P. (1994). The child's understanding of emotion : Developmental change and the family environment. *Journal of Child Psychology & Psychiatry, 35*, 3–28.
Hart, C. H., Ladd, G. W., & Burleson, B. R. (1990). Children's expectations of the outcomes of social strategies ; relations with sociometric status and maternal disciplinary styles. *Child Development, 61*, 127–37.
Hart, D., & Killen, M. (1995). Perspectives on morality in everyday life. In M. Killen & D. Hart (Eds.), *Morality in everyday life* (pp. 1–20). Cambridge, UK : Cambridge University Press.
Hinde, R. A. (2002). *Why good is good : The sources of morality*. London/New York : Wiley.
Hoff–Ginsberg, E., & Tardif, T. (1995). Socioeconomic status and parenting. In M. H. Bornstein (Ed.), *Handbook of parenting* (Vol. 2, pp. 161–188). Mahwah, NJ : Lawrence Erlbaum Associates.
Hoffman, M. J. (1983). Affective and cognitive processes in moral internalization. In E. T. Higgins, D. Ruble, & W. W. Hartup (Eds.), *Social cognition and social development : A sociocultural perspective* (pp. 236–274). Cambridge, UK : Cambridge University Press.
Hoffman, M. L. (2000). *Empathy and moral development : Implications for caring and justice*. Cambridge, UK : Cambridge University Press.
Howe, N. (1991). Sibling directed internal state language, perspective–taking, and the sibling relationship. *Child Development, 62*, 1503–1512.
Howe, N., Rinaldi, C. M., Jennings, M., & Petrakos, H. (2002). "No! the lambs can stay out because they got cozies" : Constructive and destructive sibling conflict, pretend play, and social understanding. *Child Development, 73*, 1460–2473.
Howes, C. (1996). The earliest friendships. In W. M. Bukowski, A. F. Newcomb, & W. W. Hartup (Eds.), *The company they keep : Friendship in childhood and adolescence* (pp. 66–86). Cambridge, UK : Cambridge University Press.
Hughes, C., & Dunn, J. (1997). "Pretend you didn't know" : Preschoolers' talk about mental states in pretend play. *Cognitive Development, 12*, 477–499.
Hughes, C., & Dunn, J. (2000). Hedonism or empathy? : Hard–to–manage children's moral awareness, and links with cognitive and maternal characteristics. *British Journal of Developmental Psychology, 18*, 227–245.
Jenkins, J., Turrell, S. L., Kogushi, Y., Lollis, S., & Ross, H. S. (2003). A longitudinal investigation of the dynamics of mental state talk in families. *Child Development, 74*, 905–920.
Kagan, J. (1981). *The second year*. Cambridge, MA : Harvard University Press.
Kagan, J. (1984). *The nature of the child*. New York : Basic Books.

Kagan, J.(1998). *Three seducive ideas*. Cambridge, MA : Harvard University Press.

Killen, M., & Nucci, L. P.(1995). Morality, autonomy, and social conflict. In M. Killen and D. Hart(Eds.), *Morality in everyday life : Developmental perspectives* (pp. 52–86). Cambridge, UK : Cambridge University Press.

Kochanska, G.(1991). Socialization and temperament in the development of guilt and conscience. *Child Development, 62*, 1379–1392.

Kochanska, G.(1994). Beyond cognition : Expanding the search for the ealry foots of internalization and conscience. *Developmental Psychology, 30*, 20–22.

Kochanska, G.(2002). Committed compliance, moral self, and internalization : A mediational model. *Developmental Psychology, 38*, 339–351.

Kochanska, G., Gross, J. N., Lin, M. H., & Nichols, K. E.(2002). Guilt in young children : development, determinants, and relations with a broader system of standards. *Child Development, 73*, 461–82.

Kochanska, G., & Murray, K. T.(2000). Mother–child mutually responsive orientation and conscience development : From toddler to early school age. *Child Development, 71*, 417–431.

Kochanska, G., Tjebes, T. L., & Forman, D. R.(1998). Children's emerging regulation of conduct : restraint, compliance and internalization from infancy to the second year. *Child Development, 69*, 1378–1389.

Kohlberg, L.(1984). *Essays on moral development : 2. the psychology of moral development*. San Francisco : Harper and Row.

Laible, D. J., & Thompson, R.(1998). Attachment and emotional understanding in preschool children. *Developmental Psychology, 34*, 1038–1045.

Laible, D. J., & Thompson, R. A.(2000). Mother–child discourse, attachment seurity, shared positive affect, and early conscience development. *Child Development, 71*, 1424–1440.

Laible., D. J., & Thompson, R. A.(2002). Mother–child conflict in the toddler years : Lessons in emotion, morality, and relationships. *Child Development, 73*, 1187–1203.

Meins, E., Fernyhough, C., Wainwright, R., Das Gupta, M., Fradley, E., & Tuckey, M.(2002). Maternal mind–mindedness and attachment security as predictors of theory of mind understanding. *Child Development, 73*, 1715–1726.

Miller, J. G., & Bersoff, D. M.(1995). Development in the context of everyday family relationships : culture, interpersonal morality and adaptation. In M. Killen & D. Hart(Eds.), *Morality in everyday life*(pp. 259–282). Cambridge, UK : Cambridge University Press.

Much, N., & Shweder, R.(1978). Speaking of rules : The analysis of culture in the breach. In W. Damon (Ed.), *New directions in child development* (Vol. 2, pp. 19–39). San Francisco : Jossey–Bass.

Ochs, E. (1987). *Culture and language acquisition : Acquiring communicative competence in a Samoan village*. Cambridge, UK : Cambridge University Press.

Piaget, J. (1932). *The moral judgment of the child*. New York : Free Press, 1965.

Plomin, R., & McGuffin, P. (2003). Psychopathology in the postgenomic era. *Annual Review of Psychology, 54*, 205–228.

Radke–Yarrow, M., Zahn–Waxler, C., & Chapman, M. (1983). Children's prosocial dispositions and behavior. In P. H. Mussen (Ed.), *Handbook of child Development, Vol. 4 : Socialization, personality, and social development* (pp. 469–546). New York : Wiley.

Reddy, V. (1991). Playing with others' expectations : Teasing and mucking about in the first year. In A. Whiten (Ed.), *Natural theories of mind*. Oxford : Blackwell.

Ronald, A., Happé, F., Hughes, C., & Plomin, R. (in press). The nature and nurture of nice and nasty theory of mind. *Developmental Science*. Manuscript submitted for publication.

Sears, R. R., Maccoby, E. E., & Levin, H. (1957). *Patterns of child rearing*. Evanston, IL : Row, Peterson.

Slomkowski, C. L., & Killen, M. (1992). Young children's conceptions of transgressions with friends and nonfriends. *International Journal of Behavioral Development, 15*, 247–258.

Smetana, J. (1989). Toddlers' social interactions in the context of moral and conventional judgments. *Merrill–Palmer Quarterly, 36*, 329–346.

Thompson, R. A. (1998). Early sociopersonality development. In W. Damon (Ed.), *Handbook of child psychology. Vol. 3 : Social, emotional and personality development* (pp. 25–104). New York : Wiley.

Tizard, B., & Hughes, M. (2002). *Young children learning*. Oxford : Blackwell.

Turiel, E. (2002). *The culture of morality*. Cambridge, UK : Cambridge University Press.

Viding, E., Blair, R. J. R., Moffitt, T. E., & Plomin, R. (in press). Psychopathic personality indexes strong genetic risk for antisocial behaviour in 7–year–old children. *Journal of child Psychology and Psychiatry*.

Vinden, P. G. (1997, April). *Parenting and theory of mind*. Paper presented at the Biennial Meeting of the Society for Research in Child Development, Washington, DC.

Watson–Gegeo, K. A., & Gegeo, D. (1987). The social world of Kwara'ae children : Acquisition of language and values. *Manuscript submitted for publication*.

Youngblade, L. M., & Dunn, J.(1995). Individual differences in young children's pretend play sith mother and sibling : Links to relationships and understanding of other people's feelings and beliefs. *Child Development, 66*, 1472–1492.

Zahn Waxler, C., Radke–Yarrow, M., & King, R. A.(1979). Child–rearing and children's prosocial initiations towards victims of distress. *Child Development, 50*, 319–330.

Zahn–Waxler, C., Robinson, J. L., & Emde, R. N.(1992). The development of empathy in twins. *Developmental Psychology, 28*, 1038–1047.

Zhou, Q., Eisenberg, N., Loyosa, S. H., Fabes, R., Reiser, M., Guthrie, I. K., Murphy, B. C., Cumberland, A. J., & Shepard, S. A.(2002). The relations of parental warmth and positive expressiveness to child's empathy–related responding and social functioning : A longitudinal study. *Child Development, 73*, 893–915.

제13장

매개 도덕성

도덕발달에 관한 사회문화적 접근

타판_Mark B. Tappan (콜비 대학_Colby College)

이 장의 목적은 도덕발달 연구에 관한 사회문화적 관점을 제시하고 이 관점의 제목 하에서 수행되어 왔던 도덕발달에 관한 이론적·경험적 연구를 재검토하는 것이다. 이 관점은 널리 유행하고 있는 도덕발달 이론들에 대한 다양한 도전에 답하여—특히 정의추론 발달에 관한 콜버그(1963, 1969, 1976, 1981, 1984)의 단계 이론에 대한 도전—지난 10여 년을 거치면서 등장했다. 파란만장한 인간의 도덕적 경험을 이해하는 데 관심을 가진 연구자들과 종사자들은 도덕발달 연구를 발달심리학과 교육심리학의 주류로 이끈 콜버그에 전적으로 은혜를 입고 있다는 것에 대해서는 의심할 여지가 없으며, 그의 연구는 아직까지는 가장 잘 알려진 도덕발달 이론으로 남아 있다. 그러나 구조적으로 정의된, 범문화적으로 보편적인 정의추론의 6단계 계열을 이용하여 도덕판단을 내리는 능력의 개체발생을 형식적으로 재구성하고자 하는 콜버그의 인지발달 시도는 메타 이론적 · 이론적 · 방법론적 측면에서 한계가 있다는 인식이 지난 25년 동안 꾸준히 제기되어 왔다.

콜버그의 프로젝트에 대한 다양한 비판과 도전 가운데(예컨대 Coles, 1986 참조 ; Cortese, 1990 ; Flanagan, 1991 ; Packer, 1985, 1992 ; Shweder, 1982 ; Sullivan, 1977 ; Turiel, 1983, 2002) 가장 중요한 것은 콜버그의 접근이 다차원적이고 뜻이 다양한 도덕적 영역의 본질을 충분히 인정하지 않고 있다고 주장해 온 사람들로부터 나왔다. 이와 관련하여 길리간(Gilligan, 1977, 1982)이 도덕발달의 고전적 이론들—프로이트의 연구(1923/1960), 피아제의 이론(1932/1965), 그리고 가장 중요한 것으로 콜버그의 이론—은 소녀들과 여성들의 경험을 기초적인 이론 확립 연구에서 체계적으로 배제했기 때문에 결점이 있다고 비판한 것은 가장 널리 알려진 것이다. 길리간은 어떤 사람들에게 있어서는 콜버그가 남성들만을 대상으로 한 종단 연구 표본에 기초해 입안했던 "정의 목소리"와는 다른 정향이 도덕추론과 도덕행위에서 일차적인 초점을 제공한다고 주장했다. 특히 그녀는 자신과 동료들이 "배려 목소리"라 명명했던 것을 확인했는데, 그것은 흔히 소녀들과 여성들로부터 가장 잘 드러나며, 그것은 연구자들이 콜버그의 정의 가설에 기초를 두었던 가설적 도덕 딜레마를 채택하고 있는 면담 전형으로부터 실제 생활의 도덕적 갈등과 선택상황에 관해 담고 있는 이야기들을 탐구하는 맥락에서 그들 자신의 언어로 사람들에 관한 조심스런 추적을 강조하는 개방형식으로 전환할 때 가장 분명하게 나타난다(Gilligan & Attanucci, 1988 참조 ; Gilligan, Ward & Taylor, 1988 ; Gilligan & Wiggins, 1987).

비록 도덕발달에서의 성차에 관한 길리간의 논증은 상반되는 경험적 연구결과뿐만 아니라 가장 빈번한 토론과 논쟁을 불러일으켰지만(Baumrind, 1986 참조 ; Brabeck, 1983 ; Gilligan & Attanucci, 1988 ; Gilligan & Wiggins, 1987 ; Pratt, Golding & Hunter, 1984 ; Walker, 1984, 1986), 일상적인 도덕언어(도덕적 인지의 "심층구조들"이 아닌)가 결국에는 가장 흥미를 유발하는 도덕적 경험과 도덕적 발달을 이해할 수 있는 열쇠를 지니고 있다는 것이 그녀의 핵심적인 통찰이다. 인간의 도덕적 삶에서 담론의 낱말, 언어, 그리고 형식—특히 이야기(스토리텔링)—의 중심적 역할에 관한 사회문화적 탐구에 대한 길을 열어놓았다는 것은 바로 그것이다. 그러므로 이 관점은 도덕적 사고, 감정, 그리고 행위가 기호적으로 매개된다는, 따라서 사회문화적으로 정치(定置)해 있다는 것을 가정한다. 그 결과로 그것은 인지적 표상과 내적으로 갖추어진 원리의 패러다임—여기에서 자아는 현실에서 유리된, 초월적인 인식의 주체인 것으로 가정된다(Kohlberg, 1984 참조)—으로부터 사회적 구성과 간주관적으로 가능한 담론 형식의 패러다임—여기에서 자아는 사회적 관계와 의사소통 관습의 공유된 그리고/혹은 분배된 산물인 것으로 가정된다(Day & Tappan, 1966 참조)—으로의 전환에 의해 생성된 도덕적 자아의 개념, 즉 도덕적 자아에 관한 명백한 대화적 개념을 반드시 수반한다.

이 관점은 지난 10년 동안 점차 정교화되어 왔으며, "사회문화적" 전통—특히 비고츠키(Vygotsky, 1934/1987, 1978, 1981a, 1981b)[1]의 연구—에서 주요한 학문적 근간을 중점적으로 차용해 왔다. 최근 몇 년 동안 비고츠키의 통찰에 의해 영감을 받은 많은 학자들은 사회세계에 적절한 "매개수단"인 물리적 도구와 "심리적"·"기호적" 도구(주로 언어)가 필연적으로 인간의 정신기능 작용을 형성하는 방식에 초점을 맞추어 지속적으로 관심을 기울여 왔다(Wertsch, 1985, 1991, 1998 참조 ; Bruner, 1986도 볼 것 ; Cole, 1996 ; Rogoff, 1990). 이를 출발점으로 하여 사회문화적 관점은 인간 발달과 교육에서 여러 가지 특수한 이슈와 문제에 적용되어 왔다(Berk & Winsler, 1995 ; Diaz & Berk, 1992 ; Forman, Minick & Stone, 1993 ; Martin, Nelson & Tobach, 1995 ; Moll, 1990 ; Rogoff & Wertsch, 1984 ; Tharp & Gallimore, 1988 ; Wertsch, 1986). 이러한 노력의 일부는 인간의 발달과정, 역동성, 그리고 최종 목적지가 보편적—문화 초월적이며 역사와 무관한—이라고 가정하는 이론들을 넘어서 사회적·문화적·역사적·제도적 맥락이 인간 행위와 상호작용을 낳는 데 발휘하는 역할을 분명히 고려하는 방향으로 나아가게 하는 것이었다(Bruner, 1986, 1990 참조 ; Cole, 1988 ; 1996 ; Jahoda, 1992 ; Packer & Tappan, 2001 ; Rogoff, 1990 ; Rogoff & Chavajay, 1995 ; Rogoff & Lave, 1984 ; Shweder, 1991 ; Stigler, Shweder & Herdt, 1990 ; Turiel, 2002 ; Valsiner, 1998 ; Wertsch, del Rio & Alvarez, 1995 ; Winegar & Valsiner, 1992).

이와 비슷하게 다양한 학문분야의 학자들이 담론의 모든 낱말과 언어, 형식의 대화적 특성, 또한 근본적으로는 자아의 대화적 성격(Clark & Holquist, 1984 참조 ; Emerson, 1986 ; Hermans & Kempen, 1993 ; Hermans, Kempen & van Loon, 1992 ; Holquist, 1990 ; Morson & Emerson, 1990 ; Sampson, 1993a ; Wertsch, 1991 ; Wortham, 2001)을 입증하기 위해 박틴(Bakhtin, 1981, 1984, 1986, 1990)의 연구로 방향을 바꾸었다. 박틴은 비고츠키와 동시대의 인물로, 비록 그들이 서로 만난 경험이 있는지에 대해서는 의문의 여지가 있지만, 그들의 연구는 근본적으로 많은 유사성을 보이고 있다(Wertsch, 1991 참조). 더군다나 테일러(Taylor, 1991)가 주장하듯이 박틴의 통찰은 정확하게 일상 삶의 대화적 실체를 포착하는 자아의 개념에 있어서 매우 중요하다.

> 아동들은 살아가는 데 한계가 있기 때문에 성인으로 성장하며 유도되기 위해서는 분명히 인정, 격려, 그리고 사랑이 필요하다. 그러나 이것은 그들이 마치 음식을 타인들에게 의존하듯이 타인들로부터 받아야만 하는, 그러나 오로지 대화를 통해서만 조건적으로 나올 수 있는 하나의 위안이자 하나의 일방적 필요로 생각될 수 있다. 혹은 그것은 본질적으로 어떤 대화 그 자체의 형식에서 충족되는 필요로 간주될 수 있다. 이 후자의 이해는 우리가 인간의 삶을 이해하는 데 있어서 대화를 그 중심부에 위치시킨다. 곧 대화를 우리가 삶을 이해하는 데 없어서는 안 될 열쇠로 자리매김해 준다. 또한 언어에 관한 변형된 이해를 요구한다. 이러한 사고의 노선을 따르기 위해서는 우리는 미드(Mead)와 그의 부류들이 아니라 박틴과 같은 그런 사람이 필요하다. 인간은 대화를 통해 형성되는 존재이다. 그러므로 성숙한 주체에 내면화되는 것은 타인들의 반응이 아니라 그 목소리의 상호 활성화와 함께 이루어지는 대화 전체이다. 이런 유형의 이론이야말로 자아의 대화적 성격을 올바로 평가할 수 있을 것이다(pp. 313-314).

사회문화적 · 대화적 관점 또한 일반적으로 사회과학, 특히 현재 잠시 동안 진행 중인 심리학 분야에서 소위 말하는 광범위한 전환과 더불어 일어나고 있으며 또한 그것을 반영하고 있다(예컨대 Billig, 1987 참조 ; Bruner, 1986, 1990 ; Edwards & Potter, 1992 ; Gergen, 1982, 1985, 1991, 1994 ; Harre, 1984 ; Parker, 1992 ; Sampson, 1993a, 1993b ; Shotter, 1990 ; Shotter & Gergen, 1989). 인간이 일상 삶에서 말하기와 관련된 모든 것을 **담론**(discourse)으로 규정하고(Parker, 1992) 또한 말하기, 이야기하기, 대화하기가 인간의 삶에서 발휘하는 중심적인 역할에 초점을 맞추면서 담론 이론가들[또한 "사회적 구성주의자들"(Gergen, 1985, 1994 참조)로 불린다]은 "말하기는 이전의, 담론과 무관한 실재를 표현하는 것이라기보다는 우리가 살고 있는 실재를 구성하는 것이라고 주장한다"(Sampson, 1993b, p. 1221). 이 관점에서 보면 언어와 의사소통은 우리가 일상 삶에서 직면하게 되는 다양한 실재들을 낳는 필수불가결한 공유된 관습이다. 담론은 개인 한 사람의 소유가 아니라, 항상 두 당사자 상호 간에 오가는 낱말들의 의미에 대해 서로 일치하는 사회적·의사소통적 관계의 산물이어야만 하기 때문에 "우리가 [우리가 사는 세계에 관하여] 소유하는 그 모든 확실성을 제공하는 것은 한 개인의 마음이 아니라 상호 의존의 관계"(Gergen, 1994, p. viii)라는 말이 뒤따라 나온다.

이렇게 풍부하고 늘 변화하는 학문적·지적 맥락에 유념하여 이 장은 도덕발달 연구에 관한 사회문화적·대화적 관점의 중심 요소를 요약하고 지난 10여 년 이상을 거치면서 그의 비교적 광범위한 영역 아래서 등장한 다양한 이론적·경험적 접근을 재검토하는 데 그 목적이 있다. 이 책에서 이들 접근을 도덕발달 분야가 새로운 시대로 넘어가는 표지로 간주하고 있는 것은 또한 적절하다.

도덕발달에 관한 사회문화적·대화적 접근은 비고츠키의 사회문화 심리학의 기본 가정들을 포착하는 다음과 같은 세 가지 주장으로 시작한다.

1. 고등정신기능(생물학적 혹은 본능적으로 동기화되지 않는 의사결정, 문제 해결, 심사숙고한 기억과 같은 정신기능)은 우리가 오로지 그것들을 유전학적·발달적으로 분석하고 해석할 때만 이해가 가능하다는 주장
2. 고등정신기능 작용은 담론—정신행위를 촉진하며 변형하는 "심리적 도

구"로서 기능한다—의 낱말, 언어, 형식에 의해 매개된다는 주장

3. 고등정신기능 작용의 형식은 사람들 사이의 "정신 간"(intermental) 과정들이 사람들 각자의 "정신 내"(intramental) 과정들로 점차 내면화되어 가는 것처럼 그 기원을 사회적 관계에 두고 있다는 주장(Wertsch, 1985, pp. 14–16 ; Berk & Winsler, 1995도 볼 것 ; Kozulin, 1990 ; van der Veer & Valsiner, 1991)

이들 주장이 확장되고 정교화되면서 도덕발달 연구에 대한 다양한 사회문화적·대화적 접근을 특징짓는 다음과 같은 네 가지 원리 혹은 가설—비고츠키(Vygotsky)와 박틴(Bakhtin) 두 사람의 이론적·경험적 연구의 중심적 측면을 확고히 하며 확장하는 가설들—이 등장한다.

1. 도덕적 기능작용(모든 "고등심리기능 작용"과 같은)은 필연적으로 담론의 낱말, 언어, 형식에 의해 매개된다.
2. 그러한 매개는 일차적으로 사적 혹은 내적 언어, 내적인 도덕적 대화의 형식에서 일어난다.
3. 사회적 의사소통과 사회적 관계의 과정은 필연적으로 도덕적 기능작용을 낳는다.
4. 도덕발달은 항상 그것이 발생하는 특정한 사회적·문화적·역사적 맥락에 의해 형성된다(Tappan, 1997 참조).

이 장은 이들 네 가지 원리 혹은 가정의 각각을 중심으로 구성되며, 각각의 원리 혹은 가정을 요약하고 관련된 이론적·경험적 연구를 재검토한다. 그런 다음 더 깊은 이론적·경험적 탐구와 연구를 위해 몇 가지

의문을 제시하면서 이 장을 마무리한다.

도덕적 기능작용의 기호 매개

아마도 비고츠키(Vygotsky, 1934/1987, 1978)의 이론적 관점의 중심 아이디어는 우리가 마음을 이해하기 위해서는 마음의 기능작용을 매개하며 형성하는 "도구"를 이해해야 한다는 생각일 것이다(Wertsch, 1985 참조). 비록 물리적("기술적") 도구도 이 과정에서 중요하지만 비고츠키는 "심리적 도구" 혹은 "기호"(signs)가 인간의 정신생활에서 수행하는 역할에 가장 많은 관심을 기울였다. 결국 비고츠키는 가장 중요한 심리적 도구로서 언어에 관심을 집중시켰다. 비고츠키는 언어와 같은 심리적 도구가 단순히 현존하는 정신적 과업의 작동을 촉진시키지 않는다고 주장한다. 그 대신에 새로운 심리적 도구의 소개(예컨대 새로운 낱말이 학습될 때)가 정신기능 작용을 근본적으로 변형시키고 재조직한다는 것이다.

이러한 변형은 특히 유아기에 결정적이다. 이 시기는 자기중심적 언어(내적 언어를 향한 중간단계로서)가 출현하여 언어가 그의 본래적 기능인 "사고의 도구"로, 즉 그 아동으로 하여금 활동을 계획하고 문제를 해결하도록 돕는 "도구"로 사용되기 시작한다.

> 지적 발달 과정에서 가장 중요한 순간—이는 실제적이고 추상적인 지성의 순수하게 인간적인 형식을 탄생시킨다—은 서로 다른 발달 노선을 따르는 담화와 실제적 활동이 한데 어우러질 때 일어난다(Vygotsky, 1978, p. 24).

따라서 비고츠키의 기호 매개의 개념은 발달과정에 관한 그의 관점의 토대를 이룬다. 곧 그는 개체발생을 일련의 증가하는 양적 변화로서보다는 개인이 접근하는 심리적 도구에서의 변화와 연합된 일련의 근본적인 질적 변형 혹은 "혁명"으로 보고 있다(Wertsch, 1985).

도덕적 기능작용(모든 "고등심리기능 작용"과 같은)이 필연적으로 담론의 낱말, 언어, 그리고 형식에 의해 매개된다는 가정은 도덕발달의 과정에 관한 사회문화적 관점에서 중심을 차지하고 있다. 도덕적 기능작용이란 도덕적 결정과 도덕적 행동을 요구하는 특수한 문제, 갈등, 딜레마—즉 우리가 "무엇이 지금 이 상황에서 해야 할 '옳은' 혹은 '도덕적'인 일인가?"라는 의문에 직면할 때—를 자극하고 해결하는 고등 심리과정(비고츠키의 용어로)이다.

매개의 개념은 여기에서 중요하다. 왜냐하면 어떤 행위가 행위자나 혹은 관찰자로부터 "도덕적"으로 간주되기 위해서는 어떤 특별한 의미가 그 행위와 연합되어야 하기 때문이다. 이것은 그 행위가 아무 생각 없이 놀고 있는 아동을 구하기 위해 교통이 혼잡한 도로로 뛰어드는 것과 같은 "본능적"인 것, 혹은 낙태에 대해 찬성 혹은 반대를 평가하는 것과 같은 "숙고적"인 것 등을 포함한다. 이 두 가지 중 하나의 경우와 그 밖의 많은 다른 경우에서 "도덕적"이란 의미는 문제의 행위에 관한 해석인데, 그 해석이 문화를 구성하는 공유된 가정들과 이해로부터 나오기 때문에 도덕적 기능작용은 결코 매개되지 않을 수 없다. 오히려 어떤 사람으로 하여금 특정한 방식—즉 그녀의 특정한 사회문화적 맥락에서 볼 때 "도덕적", "옳은", "선한" 등등으로 이해되는 방식—으로 생각하고, 느끼고, 행동하도록 가능하게 하는 것은 항상 비고츠키가 명명했던 "심리적 도구들"(가장 중요한 것으로 도덕적 담론의 낱말, 언어, 그리고 형식)의 사용으로 인해 성취된다.

여기에서 사회문화적 관점에서 볼 때 결정적인 요소는 도덕성과 언어—즉 단순히 도덕적 의미를 표현하기 위해 사용되는 것이 아니라, 일차적으로 애초에 도덕적 의미를 창조하기 위해 사용되는 언어—간의 연결이다. 이것은 철학자 오크쇼트(Oakeshott, 1975 ; Bellah, Madsen, Sullivan, Swindler & Tipton, 1985도 볼 것 ; MacIntyre, 1981 ; Stout, 1988)에 의해 명백하게 이루어진 연결이다. 오크쇼트는 도덕성이란 근본적으로 인간의 상호작용을 촉진시키는 "관습" 혹은 "행위"의 형식이라고 주장한다. 곧 "도덕적 관습을 구성하는 조건은 인간 행위에 관한 원리나 계율이 아니며, '가치의 공유된 체계'와 같은 그런 특수한 어떤 것을 구성하지도 않는다. 그 조건은 **담화적 교제의 일상 언어**(vernacular language of colloquial intercourse)를 구성한다"(1975, p. 63 ; 내가 강조한 것임). 오크쇼트는 따라서 근본적으로 이 언어가 실용적이라고 주장한다.

> 그것은 그 밖의 모든 다른 언어와 같은 도구이다. 그것은 행위자들이 그들의 상황을 진단하거나 그들의 반응을 선택하는 데 있어서 사용하는 자기 공개의 도구이다. 또한 그것은 그것을 사용할 수 있는 사람들로 하여금 그들 자신과 서로를 이해하고 서로에 대해 그들의 복잡한 개인적 특성을 드러내도록, 그리고 어떤 명칭을 가진 관계 혹은 소위 말하는 '도덕적 가치들'의 평범한 수용이 허락할 관계보다 관계를 훨씬 더 다양하고 흥미롭게 탐구하도록 허용하는 자기 실연(self-enactment)의 언어이다(1975, p. 63).

그러므로 오크쇼트(1975)의 관점에서 볼 때 도덕성 그 자체는 그것을 사용하는 사람들로 하여금 어떤 일을 성취하도록 가능하게 해주는 하나의 문화적 도구이다.

> 그때 도덕성은 일반적 원리들의 체계나 규칙들의 규범이 아니라 하나의 일상 언어(口語)이다. 아마도 일반 원리들, 심지어 규칙들은 그로부터 도출되어 나오겠지만 그러나 (다른 언어들처럼) 그것은 문법학자들의 창조물이 아니다. 즉 그것은 화자들에 의해 만들어진 것이다. [그러므로] 도덕교육을 통해 학습해야만 하는 것은 선한 행동은 공정하게 행동하는 것 혹은 관용을 베푸는 것과 같은 원리나 '항상 진실을 말하라'와 같은 규칙이 아니라 언어를 이성적으로 말하는 방법이다(pp. 78-79).

던칸(Duncan, 2001)은 도덕성의 본질과 관련하여 이러한 가설을 반영하고 있는 비고츠키(1934/1987)의 개념 형성 이론에 근거해 도덕발달의 개념을 기술했다. 그의 주요 논증은 비고츠키의 개념 형성 이론—이 이론에서는 아동이 "혼합더미"를 사용하는 것으로부터 "복합체"에서 사고하는 "잠재적 개념들"의 사용으로 이동한다—이 도덕적 능력의 발달을 이해하기 위한 하나의 모델로서 활용될 수 있다는 것이다. 그러나 던칸의 관점에서 볼 때 도덕적 능력은 "규칙을 따르는" 행동으로 이해되지 않는다. 오히려 그는 도덕적 능력을 개념 형성처럼 "의미를 창출하기 위한 현재 중심의 성향"(p. 113)으로 정의한다. 이와 같이 그는 비고츠키의 관점에 입각한 개념적 사고와 도덕적 능력이란 모두 "이들 도구에 의해 결정되지 않는 어떤 것을 창조하기 위해 개인적 지성과 대인간 담론(사고와 언어)의 도구를 사용하는"(p. 118) 활동들이라고 주장한다.

비록 원래는 사회문화적으로 영감을 받은 연구 프로그램으로 착수되지는 않았지만 길리간(Gilligan, 1982, 1983)과 그녀의 동료들은 도덕적 언어와 도덕적 담론의 형식이 사람들의 삶에서 도덕적 문제와 갈등, 그리고 딜레마에 대한 그들의 반응을 매개하고 형성하는 방식들과 관련하여 매우 움직일 수 없는 증거를 제시해 왔다. "정의"와 "배려"라는 두 가지 서로 다른 도덕적 목소리를 확인하면서 길리간과 그녀의 동료들은 이 두 가지 목소리가 인간관계의 세계에 관한 서로 다른 담화의 방식, 도덕적 문제를 기술하고 이해하는 다른 방식, 그리고 그러한 문제를 해결하기 위한 서로 다른 접근과 전략을 어떻게 나타내는지 보여주었다(Gilligan, 1982, 1983 참조 ; Gilligan, Ward & Taylor, 1988 ; Gilligan & Wiggins, 1987).

길리간과 그녀의 동료들은 또한 사람들의 실생활의 도덕적 갈등과 선택에 관한 이야기를 통해 이들 목소리를 확인하는 방법—"청취 안내"—을 개발했다(Brown, Debold, Tappan & Gilligan, 1992 참조 ; Brown & Gilligan, 1991 ; Brown, Tappan, Gilligan, Miller & Argyris, 1989). 이와 함께 길리간(Gilligan)과 애타누치(Attanucci, 1988)는 연구 대상자들에게 최근에 직면했던 도덕적 문제나 갈등을 기술하도록 요청했을 때, 미국에 살고 있는 성인들과 80명의 교육적 혜택을 받은 청소년들의 2/3 이상이 그들의 면담 이야기에서 정의와 배려 두 가지 모두의 목소리를 나타냈다고 보고했다. 이 연구결과와 더불어 길리간과 애타누치에 의해 보고된 다른 연구결과들은 (a) 정의와 배려는 두 가지의 근본적으로 서로 다른 도덕적 언어 혹은 도덕적 담론의 형식을 나타낸다. (b) 사람들은 정의와 배려 두 가지의 언어로 말할 수 있다. (c) 그러므로 사람들은 도덕적 기능작용의 과정을 매개하기 위해, 그들로 하여금 그들의 삶에서 도덕적 문제와 갈등에 대하여 반응하도록 돕기 위해 두 목소리를 사용할 수 있으며, 또 사용한다고 제시했다.

타판(Tappan, 2003)은 도덕적 기능작용이 그의 인지적 · 정의적 · 행동적 차원에서 근본적으로, 그리고 더 이상 단순화할 수 없는 매개된 행위로 이해되어야 한다는 것을 주장하고자 워취(Wertsch, 1998)의 연구를 확장해 왔다. 워취(1998)에 따르면 매개된 행위는 두 가지 중심적인 요소를 수반한다. 하나는 "행위자"(행위를 하고 있는 사람), 또 하나는 특수한 "문화적 도구들" 혹은 "매개수단"[사회세계로부터 전유된, 그런 후에 행위자에 의해 문제의 행위를 성취하고자 사용되는 도구, 수단, 기구 (물리적 · 심리적)]이 그것이다. 따라서 매개된 행위의 형식으로서 간주되는 도덕적 기능작용은 행위자, 그리고 그 사람이 바로 가까이에 있는 도덕적 문제, 갈등, 딜레마에 반응하면서 채택하는 문화적 도구/매개수단 그 두 가지에 초점을 맞추는 것을 수반한다.

뿐만 아니라 타판(1999, 2000, 2005)은 정체성 발달을 "이념적 형성" 과정으로 기술했던 바흐친(Bakhtin), 그리고 매개된 행위의 개념을 정체성 발달의 영역으로 확장시켰던 페뉴엘(Penuel)과 워취(Wertsch, 1995)의 연구를 도덕적 정체성의 사회문화적 · 대화적 개념을 분명하게 하고자 이끌어냈다. 타판에 따르면 도덕적 정체성은 일차적으로 자신의 "진정한" 혹은 "본질적인" 자아(Blasi, 1984 참조 ; Damon & Hart, 1988)에 대한 접근 또는 그에 관한 숙고로부터 나오는 도덕적 자아로서의 자기 자신에 관한 심리적 이해로 간주되어서는 안 되며, 오히려 "매개된 도덕적 행위"—특수한 문화적 도구들과 자원들에 의해 형성되는 행위—의 형식을 취하는 사회문화적 과정으로 간주되어야 한다. 이들 도구와 자원 가운데 핵심은 담론의 낱말, 언어, 그리고 형식에 의해 운반되고 전달되는 도덕적 정향 혹은 이념이다. 그러므로 우리는 도덕적 정체성을 우리가 개입하는 이념적으로 매개된 도덕적 행위에서 발견하는 것이지, 우리의 내적인 도덕적 자아에 관한 숙고과정에서 발견하는 것이 아니다. 이러한 관점에서 보면 도덕적 정체성의 발달은 "이념형성" 과정을 수반하는데, 그것에 따라 우리는 대화를 나누는 사람들의 담론의 낱말, 언어, 그리고 형식을 선택적으로 전유하며, 그렇게 하는 과정에서 담론의 "권위 있는" 형식과 "내적으로 설득력 있는" 형식 사이의 건전한 균형을 이루고자 노력한다(Bakhtin, 1981 참조).

라이트풋(Lightfoot, 1997, 2002a, 2002b, 2003)은 또한 청소년 위험 감수(risk taking)의 현상, 특히 그의 도덕적 차원을 분석하기 위해 바흐친(Bakhtin, 1981)의 권위 있는 담론과 내적으로 설득력 있는 담론 사이의 구분을 활용했다. 라이트풋(Lightfoot, 1997)은 특히 청소년 위험 감수는 서로 다른 도덕적 담론과 관점이 그를 통해 대화 접촉을 하게 되는 일종의 교재구성으로 간주되어야 한다고 주장한다. 이처럼 다른 사람의 담론에 대한 몰입은 직접적으로 우리가 도덕적 결과의 사회적 정체성을 갖는다는 자각뿐만 아니라, 사회적 정체성에 관한 더 깊은 발달과 명확한 표현에 이바지한다. 그러므로 라이트풋은 청소년 위험 감수는 그들이 자신들을 부모와 구분하고자, 그리고 분리된, 독특한, 그리고 "자율적인" 도덕적 정체성으로 서서히 나아가고자 노력할 때 흔히 권위 있는 담론의 다양한 형식 사이의 투쟁을 나타낸다고 제시하고 있다. 결과적으로 권위 있는 담론의 다양한 형식 간의 이러한 투쟁은 요컨대 흔히 "이념적 의식"(즉 정체성)에 관한 보다 내면적으로 설득력 있는 형식의 형성으로 나아가게 한다.

비록 청소년들의 위험 감수가 다른 사람의 권위 있는 담론과의 투쟁 측면에서 이해될 수 있다 하더라도 그것은 또한 바흐친(Bakhtin)이 내적으로 설득력 있는 것으로 기술했던 담론, 즉 그들 자신의 담론을 창조하는 메커니즘이다. 이에 비추어 볼 때 새롭게 나타난 반성적 자각, 그러한 투쟁의 결과로 뒤따르는 이념적 의식으로의 진입은 사회문화적 동일시 과정과 논리적으로 연결된다. 풀림과 얽힘, 곧 다른 사람의 관점에의 몰입은 마음의 원천이다(pp. 113-114).

만약 도덕적 기능작용과 활동(모든 "고등심리기능 작용"과 같은)이 정말로 담론의 낱말, 언어, 그리고 형식에 의해 매개된다면 그때 내적 언어와 내적 대화는 그 과정에서 일차적인 역할을 수행하는 것이 분명하다. 이 점은 도덕발달에 대한 다양한 사회문화적 · 대화적 접근들에 의해 중점적으로 다루어져 왔다.

내적인 도덕적 대화에서의 기호 매개

비고츠키(1934/1987, 1978)는 정신생활이 기호적으로 매개되는 다양한 수단을 탐구했다. 지적한 바와 같이 그는 결국에는 주요 관심의 초점을 언어가 하나의 심리적 도구로서 기능하는 방식, 특히 내적 언어의 형식에 맞추었다. 그러므로 아동들이 머리 속에서 숫자를 셀 수 있기 이전에 손가락, 블록, 혹은 다른 물체를 이용하여 최초로 숫자 세는 것을 학습하는 것과 같이 그들은 자신들에게 사적인, 내적 언어로 말하는 것을 배우기 이전에 다른 사람들과 먼저 말하는 것을 학습한다. 그러나 일단 이것이 성취되면 언어적 사고가 가능해지기 시작하고, 발달은 생물학적으로 결정된 것으로부터 사회문화적으로 형성되어 가는 것으로 그 성격이 변하며, 의식은 풍부해지고 복잡해짐으로써 근본적인 변화를 겪게 된다(Vygotsky, 1934/1987 ; Diaz & Berk, 1992도 볼 것 ; Kohlberg, Yaeger & Hjertholm, 1968 ; Zivin, 1979).

비록 비고츠키가 독백이나 대화를 내적 언어의 근본적인 특징으로 간주했는지는 불분명하지만, 바흐친(Bakhtin, 1981)과 그의 동료 볼로시노프(Volosinov, 1929/1986)의 연구가 내적 언어의 대화적 성격에 초점을 분명하게 맞추고 있기 때문에 비고츠키의 통찰을 확장하는 데 활용될 수 있다(Emerson, 1986도 볼 것 ; Morson & Emerson, 1990). 바흐친과 비고츠키에 있어서 내적 언어는 결코 순수한 독백으로 이루어지지 않는다. 독백에서는 한 사람이 단순히 단 하나의, 혼자만의 "목소리"로 말을 한다고 하지만 오히려 최소한 두 목소리 간의 대화—심원한 방식에서 인간의 정신적 기능작용을 매개하고 형성하는 대화—가 항상 존재한다.

바흐친(1981)은 모든 언어가 지니고 있는 근본적으로 대화적인 특성에 초점을 맞춘다.

> 사회적 인간에 의해 언급된 거의 모든 언설의 구성—인과관계적인 대화의 짧은 반응으로부터 주요한 언어적 · 이념적 저술(문학, 학문 그리고 기타)에 이르기까지—에서 상당히 많은 수의 낱말이 어느 누군가의 것으로서 묵시적 혹은 명시적으로 공인된, 다양한 서로 다른 수단에 의해 전달되는 것으로 확인될 수 있다. 거의 모든 언설영역 내에서 자기 자신의 낱말과 다른 사람의 낱말 간에 강렬한 상호작용이 일어나고 있는바, 그것은 일종의 그들이 서로 반대하거나 혹은 대화로 서로에게 활기를 불어넣는 과정이다(pp. 354–355).

볼로시노프(Volosinov, 1929/1986)는 명시적으로 내적 언어의 대화적 특성에 초점을 맞춘다.

> 치밀한 분석은 내적 언어가 구성되는 단위들이 대화의 교차 선(alternating lines of a dialogue)을 닮는다는 것을 보여줄 것이다. 고대의 사상가들이 내적 언어를 내적 대화로서 인식했을 만한 충분한 이유가 있었다(p. 38 ; 원래 강조되어 있음).

타판(1997)은 내적 언어와 사고 사이의 관계에 관한 비고츠키(1934/1987)의 일반적 관점을 도덕발달의 영역으로 확장했다. 그는 어떤 사람(아동, 청소년, 성인)이 도덕적 문제, 갈등, 딜레마에 직면하게 되면 그 사람은 내적인 도덕적 대화로서의 내적 언어를 통해 그것에 반응—마치 사람이 직면하는 그 밖의 다른 모든 문제나 과업에 대해 반응하듯이—한다고 주장한다. 더 나아가 비고츠키와 마찬가지로 타판 또한 그러한 내적인 도덕적 대화는 똑같은 내적 언어의 "특이한" 통사론적 · 의미론적 특징을 보일 것이라고 예견한다. 따라서 내적인 도덕적 대화는 주로 술어와 그 밖의 다른 축약된 문장구조로 이루어진다. 더 나아가 이러한 특징은 분명 내적인 도덕적 언어에 대한 주요 매체, 따라서 내적인 도덕적 대화가 수행되는 수단—이는 오크쇼트(Oakeshott, 1975)의 일상 언어 혹은 구어(口語)로서의 도덕성에 관한 개념과 유사하다—을 구성하는 특유한 도덕적 언어 형성에 이바지한다.

더구나 대부분의 사람들은 도덕적 갈등과 선택에서 정의와 배려 두 가지 도덕적 목소리 모두를 나타낸다는 길리간(Gilligan)과 애타누치(Attanucci, 1988)의 연구결과는 이들 두 가지 구어적인 도덕적 목소리 간에 존재하는 것으로 보이는 근본적인 대화적 관계를 잘 예증한다. 또한 많은 사람들은 이들 두 가지 목소리—어떤 한편의 해결책을 공정과 평등의 언어로 말하고 옹호하는 정의 목소리, 그리고 다른 한편의 해결책을 관계와 책임의 언어로 말하고 옹호하는 배려 목소리—간의 계속적인 내적 대화에 참여하게 된다고 설명한다. 시간이 잠시 흐른 후, 그리고 대화가 어떻게 진행되어 가는가에 따라 그 사람은 작금의 도덕적 문제에 대해 결정을 내리며 반응한다. 이것은 사람들이 하는 도덕적 언설이 언제나 뜻이 다양하거나 운율 변화가 있을 뿐만 아니라(Bakhtin, 1981) 사람들이 삶에서 도덕적 문제, 갈등, 그리고 딜레마에 반응하고 이를 해결할 때 이 목소리에서 저 목소리로 왔다갔다 할 수 있으며, 자주 그렇게 한다는 것을 의미한다(Brown 외, 1992도 볼 것 ; Brown & Gilligan, 1991 ; Brown 외, 1989).

데이(Day, 1991)는 다양한 목소리와 다양한 추론양식이 각자 그들이 구성하는 공동체의 도덕적 삶을 특징짓는다는 관점을 지지하는 또 다른 경험적 증거를 제공하고 있다. 도덕적 삶이란 이야기로 구성될 뿐만 아니라 분명 연극 같은 것이라고 주장하면서 그는 "도덕적 관객"의 현상—아동들, 청소년들, 성인들이 그들의 도덕적 경험에 관하여 이야기하는 과정에서 그들 앞에서 연기하고, 그들에 의해 판단되는 "내면화된" 관객을 구성하는 타인들(실제의, 상상의, 살아 있는 그리고 이미 죽은)을 동일시하는 방식—을 탐구한다. 데이의 연구에서 보면 도덕적 행위는 항상 다른 사람들과의 관계에서 일어난다. 그러므로 행위는 항상 관객인 이 사람들의 각도에서 수행되고 해석된다. 도덕적 행위의 일관성은 따라서 그러한 행위가 상연되는 관객의 일관성과 많은 관련이 있다. 도덕적 원리는 그런 관객을 구성하는 사람들과의 관계에서 개발되고 유지 · 변화되며, 도덕적 행위는 정신적으로 그들 앞에서 시연된다. 도덕적 행위는 그때 똑같은 관객의 각도에서 회고적으로 분석 · 평가된다. 그러므로 데이는 우리가 배우와 관객(들) 간 관계의 성격을 파악할 수 있을 때에 비로소 도덕적 판단과 도덕적 행위를 이해할 수 있다고 주장한다. 그는 또한 도덕발달은 일생을 통해 도덕적 배우의 경험 속에서 일어나는 도덕적 관객들의 형성과 변형 차원에서 이해되어야 한다고 강조한다.

길리간과 그녀의 동료들, 데이, 그리고 그 밖의 다른 사람들의 연구 또한 인터뷰에 응하는 사람들이 실생활의 도덕적 갈등과 딜레마에 대한 반응으로 그들의 내적인 도덕적 대화를 표현하는 자기 보고에서 이야기가 결정적으로 중요하다는 점을 밝혀주고 있다. 수많은 연구자들은 사람들이 그러한 딜레마에 직면할 때 채택하는 행위에 대해 그 방향을 설정하고 실행 · 평가하며 정당화하기 위해 이야기와 스토리텔링에 의존하는 여러 가지 방법을 탐구해 왔다(Attanucci, 1991 ; Day & Tappan, 1996 ; Johnston, 1991 ; Lyons, 1983 ; Tappan, 1991a, 1991b ; Tappan & Brown, 1989 ; Tappan & Packer, 1991 ; Ward, 1991 ; Witherell & Edwards, 1991 ; Witherell & Noddings, 1991). 사실 도덕적 경험은 모든 살아 있는 생생한 경험이 그런 것처럼 항상 바로 적절한 때에 관계 속에서 발생하기 때문에(이야기의 근본적 차원들, Gilligan, Brown & Rogers, 1990 참조), 개인이 "실제로 일어난 것"을 전달해야만 할 때마다 자연적으로 일종의 시간의 연속에 따른 행위와 사건의 줄거리를 말하고 이야기를 구성하고자 하는 충동이 일어난다는 것에 대해 의견일치가 점차 많아지고 있다(Bruner, 1986도 볼 것 ; Mischler, 1986 ; Polkinghorne, 1988 ; Sarbin, 1986, 1990).

최근에 음키제(Mkhize, 2003)는 이러한 대화 및 이야기 통찰을 경험적으로 탐구하고 정교화시켰다. 남아프리카의 토착 이시줄루(isiZulu) 언어를 사용하는 사람들의 도덕성 개념을 연구하기 위해 음키제는 쿠아줄루 나탈(KwaZulu-Natal) 주의 도시, 교외, 그리고 농촌에 살고 있는 52명의 참여자(여성과 남성)와 면담했다. 참여자들에게 그들의 삶에서 경험했던 도덕적 갈등이나 딜레마에 관해 이야기하도록 요청했다. 그리고 길리간과 그녀의 동료들에 의해 개발된 '경청지침' (Listening Guide) (Brown & Gilligan, 1991 참조)을 변형하여 그 이야기들을 분석했다. 이를 통해 음키제는 도덕성 개념이 참여자들의 자아에 관한 이해와 관련되어 있다는 것을 발견했다. 도덕성이 관계에 의해 특징지어진다는 관점은 음키제가 "공동사회적" 혹은 "가족적" 자아라고 부르는 바와 주로 연관되는데, 그것은 이시줄루의 문화적 맥락에서 가장 흔한 자아 개념이었다. 그러나 음키제는 또한 그 사람들 각자 내부에서 경쟁하는 자아 개념 사이에 긴장—즉 공동사회의 자아와 독립된 자아 사이의 긴장—이 존재한다는 것을 확인했다. 더욱이 이들 대화의 긴장은 참여자들이 일상의 삶에서 당면하는 도덕적 갈등과 딜레마에 대해 복잡한 반응을 하도록 이끌었다.

이들 다양한 접근은 도덕적 기능작용이 내적인 도덕적 대화로서의 내적 언어를 통해 주로 매개되고 이야기에 표현되는 방식을 잘 예증해 준다. 그러나 그런 접근들은 또한 사회적 의사소통과 사회적 관계의 과정이 언어의 매개를 통해 최초로 도덕적 기능작용을 불러일으키는 방법과 관련하여 여러 의문을 불러일으키고 있다.

도덕적 기능작용의 사회적 기원

모든 고등정신기능 작용이 의사소통 과정과 사회적 관계에 그 기원을 두고 있다는 관념은 비고츠키의 이론적 뼈대의 또 다른 핵심 요소이다(Wertsch, 1985). 여기에 있는 비고츠키의 관점은 워취(Wertsch, 1985)가 그의 "문화적 발달에 관한 일반 유전법칙"이라 부르는 바에 가장 압축적으로 포착되어 있다.

> 아동의 문화적 발달에서의 모든 기능은 두 번 혹은 두 국면으로 나타난다. 첫째로 그것은 사회적 국면으로 나타나며, 그후엔 심리적 국면으로 나타난다. 첫째로 그것은 개인 간 심리적[정신 간] 범주로서 사람들 사이에서 나타나고, 이후에 개인 내 심리적[정신 내] 범주로서 아동 내에서 나타난다. 이것은 의도적인 관심, 논리적 기억, 개념 형성, 그리고 의지의 발달과 관련해서도 똑같이 적용된다. 우리는 이러한 입장을 한 마디로 법칙으로서 간주할 수 있지만 내면화가 과정 그 자체를 변형시키고 그의 구조와 기능을 변화시킨다는 것은 말할 필요조차도 없다. 사회적 관계 혹은 사람들 간의 관계는 유전학적으로 모든 고등 기능들과 그들의 관계를 뒷받침한다(Vygotsky, 1981a, p. 163).

이 과정의 핵심은 **내면화**의 현상인데, 거기에서 "최초로 외적 활동을 나타내는 조작이 재구성되며 내적으로 등장하기 시작한다"(Vygotsky, 1978, pp. 56–57). 그처럼 비고츠키의 접근은 사고, 추론, 기억, 그리고 의

지와 같은 그러한 고등정신기능이 언어와 기타 기호 메커니즘에 의해 매개되는 방식뿐만 아니라, 그러한 기능이 어떻게 필연적으로 인간의 사회적 삶을 구성하는 대인관계에 그 기원을 두는가에 관한 발달적 관점을 제공해 준다.

사회문화적 관점에서 볼 때 도덕발달은 마치 외적 언어가 내적 언어로 되는 것—즉 공개적 · 외적 대화가 암묵적 · 내적 대화가 되는 것처럼—과 같이 기호적 · 언어적으로 매개된 사회적 관계의 내면화를 수반해야 한다. 이 과정은 바티아(Bhatia, 2000)에 의해 훌륭하게 예증되었는데, 바티아는 보호자들에 의해 채택된 언어 중심의 사회화 전략과 양식이 아동들이 개념을 구성하는 데 있어서—그는 "사회도덕적 의미"라 부르고 있다—수행하는 결정적 역할을 탐구함으로써 이 과정을 분명히 밝힌 것이다. 바티아(Bhatia)는 힌디(Hindi) 말을 사용하는 인도의 보호자들과 그들 자녀의 상호작용을 연구했다. 그는 아동들이 대화와 이야기에 참여하는 것이 어떻게 그들로 하여금 도덕성의 문화적 개념을 이해하도록 하게 하는지에 특별히 관심을 집중했다. 바티아에 따르면 선언적 · 지시적 · 의문적 의사소통 양식과 담론형식은 모두 이 과정에서 중심적인 역할을 수행한다.

> 힌디 말을 쓰는 보호자들은 그들의 사회도덕적 질서의 어떤 측면을 전면에 내세우기 위해 사회적 행위를 활용한다. 보호자들은 "적당히 행동해라" 혹은 "시를 아주머니에게 암송해 보거라"와 같은 지시적인, 그리고 "이것은 나쁜 말이다"와 같은 선언적인 담론을 통해 … 오크스(Ochs, 1996)가 자신의 문화에 관한 인식적 입장으로서 언급했던 바를 나타내고 있다. 이들 인식적 입장은 역할, 지위, 사회적 책무 및 의무와 관련된 중요한 맥락

적 정보를 수반하며 사회도덕적 의미의 구성이 발생하는 재료를 제공해 준다(p. 64).

마지막으로 바티아(Bhatia, 2000)는 도덕발달에 관한 사회문화적 관점의 핵심을 형성하는 언어, 인간 발달, 그리고 도덕성 간의 관계에 대하여 다음과 같은 의견으로 결론을 맺고 있다.

> 하나의 상징적 형식으로서의 언어는 인간 존재로 하여금 그의 경험을 의미 있는 방식으로 조율하기 시작하도록 허용해 준다. 우리는 어떤 수준에서는 이들 형식을 "상징과 지시대상"의 차원에서 인식할 수 있다. 그러나 보다 깊은 수준에서 일상의 문화적 담론은 고상한 언어, 곧 아동들이 인간이 된다는 것이 무엇을 의미하는지 이해하게 되는 도덕과 윤리의 언어를 제공한다(p. 164).

이와 비슷하게 던(Dunn, 1987)은 자신의 연구에서 아동들은 2살 때에 부모, 조부모, 돌봐주는 사람들, 심지어 형이나 누나로부터 사회적 규칙, 행동 표준, 그리고 그들의 행위가 다른 사람들의 감정에 미치는 영향에 관하여 학습하기 시작한다고 밝히고 있다. 더 나아가 이러한 학습은 성인들과 아동들이 상호 간에 "옳음"과 "그름", "선"과 "악", "해야만 하는 일"과 "해서는 안 되는 일"에 관하여 말하기 시작하면서 주로 대화의 맥락에서 이루어진다(Snow, 1987). 던(Dunn, 1987)은 또한 18개월 된 아동들에게 어머니가 감정에 관하여 이야기해 주는 빈도 수와 24개월에 이르러 이들 아동이 지니게 되는 내적 상태 간에는 높은 상관관계가 있다고 보고한다.

그러므로 사회문화적 관점에서 보면 처음에는 규칙, 표준, 그리고 그의 위반에 따른 결과와 관련하여 다른 사람들과 의사소통하지만 점차적으로 어떤 주어진 상황에서 자신이 해야만 하는 일과 해서는 안 되는 일과 관련하여 자기 자신과 의사소통하기 시작한다. 곧 "언어 및 추론의 형식이 문화적으로 규정된 내적 언어 안에서 개별적으로 성취된다. … 문화적으로 승인된 상징적 체계들이 개별화된 언어적 사고 안으로 개조되는 것[처럼]" (Kozulin, 1986, p. xxxvi). 그러므로 아동들은 비고츠키가 예언했듯이 한때는 외적이었던 것을 내적으로 만들 뿐만 아니라 사회세계에서의 경험을 토대로 도덕적 사고, 감정, 그리고 행동의 내적인 국면을 창조하고 변형해 나간다.

학령 전기 정황에서 일어나는 이러한 과정은 또한 부첼리(Buzzelli)와 존스톤(Johnston)에 의해 분명하게 기술되었다(Buzzelli, 1993 ; Buzzelli & Johnston, 2001, 2002 ; Johnston & Buzzelli, 2002). 부첼리와 존스톤은 아동들이 도덕적 규범을 내면화하고, 그런 이후에 이들 규범을 그들 자신의 행동을 안내하기 위해 활용하는 방법을 연구했다. 이 연구에서 부첼리와 존스톤은 아동과 교사 간의 개인 상호 간 대화가 어떻게 아동들이 "자기 규제"에 활용하는 내적 대화로 변형되는가를 예증하는 데 명백한 사회문화적 구조를 채택하고 있다.

> 아동들의 도덕적 이해에서 중요한 부분은 그들 자신의 독특한 관점을 반영하는 도덕적 맥락 내에서 사건과 규칙을 해석하고 틀을 짜는 성인들과의 대화를 통해 형성된다. … 이러한 과정은 성인이 아동과의 대화에서 사용하는 낱말에 의해 영향을 받는 사회적 과정이다. … 예를 들면 교사는 아동에게 "그 장난감이 네 것이니?" "그것은 누구 것이니?" "네가 그것

을 가져갔니?" "남의 물건을 가져가는 것과 관련한 규칙은 무엇이니?" 라고 물을 수 있을 것이다. 또 다른 교사는 "너는 어디에서 그 장난감을 얻었니?" "너는 그것을 발견했니?" "그것은 다른 아이 것이니?" "다른 사람의 장난감을 가진다는 것은 무엇을 의미하니?" "너는 다른 아동이 어떻게 느낄 것이라고 생각하니?" 라고 물음으로써 다르게 그 상황에 접근할 수 있을 것이다. 두 번째 예의 각 질문은 이전의 질문에 대한 아동의 반응을 근거로 하고 있다. 두 예는 성인과 아동 간의 대화에서 각기 다른 유형의 질문을 나타낸다. 성인과 아동이 행동의 공유된 의미—그것은 행동과 관련한 아동의 도덕적 규범에 대한 토대로서 작용한다—를 창조하는 것은 질문하고 대답하는 바로 그러한 상호작용을 통해서이다(Buzzelli, 1993, p. 383).

부첼리 또한 바흐친(Bakhtin, 1981)의 뒤를 이어 아동들로 하여금 도덕규칙을 그들 자신의 언어로 "다시 말하도록" 격려하는 것(내적으로 설득력 있는 담론을 사용하는 것)은 단순히 그들로 하여금 마음으로 규칙을 "암송하도록" 요구하는 것(성인—부모 혹은 교사—의 권위 있는 언어를 사용하는 것)보다 더 긍정적인 도덕적 자기 규제의 토대를 제공한다고 주장한다(Tappan, 1991a도 볼 것).

도덕발달에 관한 이들 사회문화적 관점은 사회적 의사소통 및 사회적 관계의 과정이 필연적으로 도덕적 기능작용을 불러일으킨다고 말하고 있다. 그러나 사회적 상호작용은 항상 문화의 맥락에서 발생한다. 따라서 도덕발달은 필연적으로 그것이 일어나는 특정한 사회적·문화적·역사적 맥락에 의해 이루어진다.

도덕발달의 사회문화적 맥락

인간의 정신적 기능작용과 그것이 발생하는 사회적·문화적·역사적 맥락 간에는 근본적으로 연관이 있다. 이러한 가정은 직접적으로는 비고츠키의 이론적 구조를 이루고 있는 핵심적인 원리들을 따른다(Wertsch, 1985, 1991). 예컨대 "사고발달은 언어에 의해, 즉 사고의 언어적 도구와 그 아동의 사회문화적 경험에 의해 결정된다"(p. 94)는 비고츠키(1934/1987)의 주장을 검토해 보자. 비고츠키는 초기 아동기에 내적 언어와 언어적 사고가 시작되면서 발달의 성격이 "생물학적으로부터 사회역사적으로" 극적인 변화가 생기게 되는데, "[왜냐하면] 언어적 사고는 행동의 내적·자연적인 형식이 아니라 역사적·문화적 과정에 의해 결정되며, 사고와 언어의 자연적 형식에서는 발견될 수 없는 특수한 특성과 법칙을 지니고 있기 때문"(p. 94)이라고 주장한다.

자신의 연구 프로그램에서 이러한 가정과 주장, 그리고 논증이 중요함에도 불구하고 비고츠키는 그것들이 불러일으키는 수많은 중요 이슈를 결코 직접적으로 역점을 두고 다루지는 않았다. 특히 비고츠키는 정신 간 과정(intermental process)의 수준을 넘어서는 분석을 하지 않았기 때문에, "그는 특수한 역사적·문화적·제도적 환경이 다양한 매개된 행위의 형식과 어떻게 연결되는지에 대해 거의 자세하게 설명하지 않았다"(Wertsch, 1991, p. 46). 그럼에도 불구하고 진정한 "마음에 대한 사회문화적 접근"은 비고츠키의 이론적 통찰을 바탕으로 아주 쉽게 발달될 수 있다.

> 정신적 기능작용에 대한 보다 포괄적인 사회문화적 접근을 공식화하고자 한다면 우리는 매개된[정신 간] 행위가 역사적·문화적·제도적으로 위치해 있는 형식을 확인해야 하며, 그들의 지배가 어떻게 정신 내 국면에서 특별한 매개된 행위의 형식으로 나아가게 하는지를 확인해야 한다. 이것은 비고츠키의 개념을 정신 간 국면에서 매개된 행위의 사회문화적 정황성을 전면으로 가져오도록 확장하는 것에 상당한다. 한편으로 문화적·역사적·제도적 환경과 또 다른 한편으로 개인의 정신적 기능작용 간의 본질적 연관을 제공하는 것은 매개된 행위의 사회문화적 정황성이다(Wertsch, 1991, p. 49).

그러므로 도덕적 기능작용의 발달은 모든 고등정신기능 작용 형식의 발달처럼 필연적으로, 그리고 불가피하게 사회문화적으로 위치하게 된다. 그처럼 도덕적 기능작용의 정신 내 과정을 불러일으키는 다양한 정신 간 기능작용의 형식이 이와 비슷하게 형성되며, 맥락화된 담론의 낱말, 언어, 형식에 의해 매개되기 때문에 도덕발달은 사회적 · 문화적 · 역사적 · 제도적 힘에 의하여 형성된다. 앞절에서 재검토되었던 연구들이 잘 예시해 주듯이 자녀들에게 어떤 행위가 "옳다" 혹은 "그르다", "좋다" 혹은 "나쁘다"라는 것을 이해하도록 돕기 위해 활용하는 낱말들은 특수한 사회적 · 문화적 · 언어적 환경에서 나온다. 요컨대 부모와 자녀들이 표준과 그의 위반에 끌어들이는 대화와 상호작용의 유형은 항상 문화적 · 역사적으로 결정된다(Bhatia, 2000 참조 ; Dunn, 1987 ; Snow, 1987).

미국인들이 삶의 공적 · 사적 영역에서 도덕적 이슈와 도덕적 관심에 관하여 이야기하는 방식을 탐구하는 데 초점을 두었던 벨라(Bellah)와 동료들(1985)은 도덕발달이 사회문화적으로 위치하게 된다(기호적으로 매개될 뿐만 아니라)는 주장을 지지하는 또 다른 증거를 제시해 주고 있다. 그들의 분석에서 핵심은 다른 사회문화 이론가들에 의해 활용된 것과 유사한 언어의 개념이다.

> 우리는 [언어]라는 용어를 도덕적 추론의 독특한 어휘와 특징적인 양식을 포함하는 도덕적 담론방식에 대해 언급할 때 사용한다. 우리는 제1언어(first language)를 도덕적 · 사회적 · 정치적 문제에 관한 지배적인 미국적 담론형식인 개인주의적 방식에 대해 언급할 때 사용한다. 우리는 제2언어(second language)라는 용어를 많은 미국인들의 도덕적 담론의 어느 일부를 제공하는 다른 형식—주로 성서와 공화제로부터 나오는—에 대해 언급할 때 사용한다(p. 334).

이런 맥락에서 보면 길리간(1982)과 그녀의 동료들의 연구, 그리고 벨라(Bellah)와 그 동료들(1985)의 연구를 연관시키는 것은 유용하다. 그렇게 하는 과정에서 정의와 배려의 도덕적 목소리가 우리 역사상 현 시점의 미국 문화에서 두 가지의 유명한 사회적 · 도덕적 언어를 대표한다는 것이 분명해지게 된다. 정의, 공정, 그리고 개인적 권리에 관한 담론은 미국에서 유력한 도덕적 언어—우리의 "제1언어"—가 되어왔고, 아직도 지속되고 있다. 그것은 우리의 가장 중요한 역사적인 도덕적 기록을 작성했던 언어이며(예컨대 독립선언문, 헌법, 권리장전) 오늘날의 법적 체계를 구성하는 언어이다. 그처럼 도덕성과 도덕적 의사결정에 관한 우리의 대부분의 공적 담론—낙태(자유로운 선택에 대한 어머니의 "권리"는 살고자 하는 태아의 "권리"보다 더 중요한가?)에 관한 담론으로부터 안락사에 관한 담론(죽고자 하는 환자의 "권리"는 생명을 유지시키고자 하는 의사의 "책무"보다 더 중요한가?)—을 구성하는 것은 언어이다.

이와는 대조적으로 관계에서의 배려, 열정, 그리고 책임의 담론은 우리의 "제2의 언어"의 하나가 되어왔으며, 지금도 지속되고 있다. 역사적으로 그것은 우리의 공적인 도덕적 담론에서 지배적인 위치를 차지하지 못했고, 그것이 공적 국면으로 들어섰을 때 그것은 흔히 모욕을 당하고 저평가되어 왔다(예컨대 Kohlberg & Kramer, 1969 참조). 그러나 배려의 언어는 항상 미국인들의 사적인 삶의 관계에서 특히 보호자 그리고 아동보호에 책임이 있는 어머니들과 그 밖의 다른 사람들—그 다른 사람 중에서는 간호사, 사회사업가—이 말하는 배려 노동(caregiving)의 언어를 통해서 지배적인 위치를 차지해 왔다. 그러나 길리간과 그녀 동료들의 연구가 지닌 중요성 가운데 하나는 배려 목소리를 여성들, 그리고 여성들의 경험과 전형적으로 연관된 도덕적 언어로서 확인하는 것이었을 뿐만 아니라, 그것을 공적인 도덕적 · 정치적 · 법적 담론을 변형하는 데 있어서 중요한 역할을 지니고 있는 언어로 정당화하는 것이었다(Blum, 1980 도 볼 것 ; Noddings, 1984 ; Ruddick, 1989).

그러므로 이러한 관점은 정의와 배려의 도덕적 목소리가 확실하게 보편적이라는 것이 아니라 오히려 사회문화적으로 정치(定置)된다는 것, 곧 그것들은 지난 20여 년의 미국 문화(길리간과 그녀의 동료들, 그들이 면담을 했던 아동들, 청소년들, 성인들이 살아온 문화)에서 등장해 온 사회적 · 도덕적 언어라는 것을 제시한다. 요컨대 이들 도덕적 언어가 특수한 사회문화적 맥락에서 등장해 왔기 때문에 또 다른 사회적 · 문화적 · 역사적 맥락에서 비슷한 노력은 매우 다른 도덕적 목소리와 도덕적 언어, 그리고 도덕적 담론의 유형을 당연히 확인했을 것이다.

정의와 공정에 관한 콜버그(1981, 1984)의 6단계 추론 계열이 범문화적으로 보편적인(문화적으로 특수적이라기보다는) 정도에 관한 이와 비슷한 의문, 따라서 도덕판단에서 관찰된 문화적 차이가 내용(콜버그에 의해 허용된) 혹은 구조(콜버그에 의해 보편적인 것으로 추정되는)에서의 차이를 나타내는지 여부는 지난 수십여 년 동안 수없이 회자되어 왔다(Blasi, 1987 참조 ; Boyes & Walker, 1988 ; Dien, 1982 ; Shweder, Mahapatra & Miller, 1987 ; Shweder & Much, 1987 ; Snarey, 1985 ; Turiel, 1983). 디엔(Dien, 1982)의 콜버그에 관한 논증은 이들 비판을 예증하고 있는데, 콜버그의 이론과 방법은 "인간[원문 그대로]을—선택을 자유롭게 하며 자신의 운명을 결정할 자유가 있는—자율적인 존재로서 보는 등 서구 사회에서 널리 유행하는 개념"(p. 339)을 채택하고 있기 때문에 그의 이론은 토착 중국인의 도덕적 경험을 이해하는 데 활용될 수 없다는 것이다. 디엔은 콜버그의 접근이 "인간을 질서 있는 우주의 통합적 부분 요소로서 조화를 유지하기 위한 선천적인 도덕적 의식을 지니고 있는 존재로 보는 유교적 관점"을 포괄하지 않을 뿐더러—"개인적 선택, 서약, 책임보다는 화해와 협동적 의사결정"(p. 331)에 초점을 두는—중국에서의 갈등 해결에 관한 선호된 양식을 포괄하지도 않고 있다고 주장한다.

여기에서 디엔의 비판이 콜버그의 이론과 연구방법을 특별히 겨냥하고 있다는 것을 분명히 하는 것은 중요하다. 보다 넓은 인지발달 패러다임과 공동전선을 펴는 그 밖의 많은 연구자들이 존재하는데, 그들은 콜버그의 접근에 비해 지역적인 문화적 의미, 메시지, 상호작용, 그리고 전통에 훨씬 더 민감한 문화 간(cross-cultural) 연구를 수행해 왔다. 이 연구의 대부분은 이 책에 제시되었다(Helwig, 제7장 참조 ; Killen, Margic & Sinno, 제6장 ; Nucci, 제24장 ; Smetana, 제5장 ; Turiel, 제1장 ; 그리고 Waniryb,

제8장).

이런 점에서 보면 휴브너(Huebner)와 가로드(Garrod, 1991, 1993)의 연구는 이와 특히 관련이 있다. 휴브너와 가로드는 네팔의 티베트인 불교 수도원에 있는 청소년과 청년 수도승들을 대상으로 도덕적 추론을 연구했다. 그들은 20명의 수도승을 대상으로 콜버그의 가설적 도덕판단 면담(Colby & Kohlberg, 1987)을 "문화적으로 적절하게 개작한" 형식을 활용하여 면담을 했다. 이 면담결과를 기록·번역하고 분석한 결과 휴브너와 가로드(1993)는 수도승들의 도덕판단에서 연령과 관련된 발달적 진보의 표준을 구분할 수 있었다(콜버그의 발달 계열에 토대를 둘 때 어린 청소년 집단의 평균 2 혹은 3단계로부터 청년들의 평균 3 혹은 4단계에 이르기까지의 변화). 그러나 그들은 수도승들의 도덕적 추론을 콜버그의 구조에 따른 점수 범주를 활용하여 해석하기에는 상당한 어려움이 있다는 것을 발견했다. 왜냐하면 **인과응보**(karma) 개념—그것은 불교철학에서, 그리고 그들이 대화를 나눴던 수도승들의 세계관에서 핵심적인 것이었다—이 당연히 도덕판단력 검사 점수편람(Standard Issues Scoring Manual, Colby & Kohlberg, 1987)에는 빠져 있었기 때문이다. 그 결과를 토대로 휴브너와 가로드(1991)는 도덕발달 연구에서 사회문화적 민감성이 매우 중요하다는 점을 강력하게 강조한다.

> 한 문화의 도덕적 영역을 그리기 위해서는 무엇보다 먼저 그 문화를 … [그 자체의] 역사, 철학, 그리고 언어를 통해서 이해해야만 한다. 사실 언어의 중요성은 도덕추론 연구자들에 의해 철저히 무시당해 왔다. 단순히 피험자들의 고유 언어에서 자료를 수집하는 연구자의 능력, 심지어는 사전에 하나의 새로운 단어를 부가함으로써 우리의 체계 속으로 편입될 수 있는

"생소한" 개념(인과응보와 같은)에 관한 이해 그 이상이 필요한 것이다. 당연히 우리는 직접적인 낱말 대 낱말의 번역에서 포착될 수 없는 개념을 이해하고자 노력해야만 한다(p. 350).

보다 최근에 가로드와 그의 동료들은 정의와 배려(Gillian, 1982)의 두 가지 도덕적 목소리의 존재에 관한, 그리고 보스니아(Bosnia)와 헤르체고비나[Herzegovina, 역자 주 : 유럽 남부의 터키의 옛 주(15-19세기)]에 살고 있는 아동들을 대상으로 정치적 폭력 및 윤리적 갈등과 이들 목소리와의 연관에 관한 문화 간 탐구를 수행해 왔다(Garrod 외, 2003). 가로드와 그의 동료들이 면담했던 아동들(6-12세)은 정의 관점에서보다는 배려 관점에서 구성된 동물 주인공(Johnston, 1988 참조)과 인간 주인공을 담고 있는 딜레마에 대한 해결책을 제시하고자 하는 경향이 더 많았다. 비록 이들 목소리와 관련된 양식이 거의 대부분 북아메리카에 살고 있는 아동들을 대상으로 한 연구(Garrod, Beal & Shin, 1990)에서 나온 양식과 공통점이 많지만, 두 가지 형식의 도덕적 딜레마에 대한 보스니아 아동들의 반응 내용은 정치적 배제와 관련한 그들의 경험 그리고 갈등 해결에서 힘의 역할, 물리적 힘, 폭력에 관한 그들의 관심을 반영하고 있었다.

아동: 소는 개가 짖고 있었기 때문에 집에 들어갈 수 없었어요. 소는 어떤 해도 끼칠 수가 없잖아요. 나는 어떻게 해야 할지 모르겠어요.

면접원: 너는 어떤 해결책도 생각할 수가 없니?

아동: 만약 소가 강한 다리를 가지고 있다면 그녀석을 발로 걷어찰 수 있을 텐데 ….

면접원: 그것이 좋은 방법일까?

아동 : 예, 왜냐하면 그곳은 소의 집이고 또한 소는 힘을 사용할 수 있기 때문이에요.

면접원 : 너는 그 문제를 해결할 수 있는 다른 방법을 생각해 볼 수 없니?

아동 : 소는 개에게 그곳은 내 집이니 너는 떠나야 한다고 개를 설득할 수 있겠죠. 내가 생각하기에는 개가 떠나야 해요. 왜냐하면 사람들도 누구나 자기 집에서 다른 사람을 내쫓을 수가 있잖아요(Garrod 외, 2003, p. 143).

이 연구결과를 토대로 가로드와 그의 동료들은 다음과 같은 경고로 결론을 삼고 있는데, 그 경고는 그들의 연구뿐만 아니라 보다 광범위하게 적용되고 있다. 그것은 "제시된 해결책에 나타나 있는 특정한 도덕적 정향—정의 혹은 배려—뿐만 아니라, 최소한 부분적으로는 아동들이 폭력을 통해 겪었던 경험과 이전의 교전집단들이 같이 생존하고자 벌였던 투쟁으로부터 이끌려져 나온, 아동들의 반응 내용과 그들의 해결책에 대한 동기에 관해서 초점을 맞추는 것이 중요하다"(p. 146)는 것이다.

사회문화적 관점에서 볼 때 불교 전통에서의 인과응보 개념, 그리고 보스니아 아동들이 겪은 폭력과 정치적 배제("추방")의 경험은 모두 사회문화적으로 중요하다. 왜냐하면 그것들은 특수한 종교적 · 도덕적 · 정치적 의미를 지닌 외적 상징을 표현할 뿐만 아니라 도덕적 사고, 감정, 그리고 행위를 매개하며 형성하는 기호적 자원으로서 기능(Tappan, 2003 참조)하기 때문이다. 요컨대 그것들은 의미가 똑같은 문화적 활동을 공유하는 사람들이 함께 사용하는 그 지역 고유의 도덕적 언어의 일부인 것이다. 따라서 가로드와 그의 동료들의 연구는 도덕성이 한편으로는 어떻게 문화에 의해 형성되고, 또 다른 한편으로는 도덕적 언어와 도덕적 담론형식이 어떻게 대화적으로 형성되는지 아주 분명하게 보여주고 있다.

그러므로 매개에 관한 사회문화적 가정, 내적인 도덕적 대화, 도덕적 기능작용의 사회적 기원, 그리고 도덕발달의 사회문화적 맥락은 결국 서로 통한다. 만약 도덕성이 자연적으로 발생하는 보편적 개념이 아니라 사회문화적으로 특수한 사회적 상호작용의 형식 및 양식과 더불어 담론의 낱말, 언어, 그리고 형식에 의존하는 것이라면 결국 도덕발달은 선험적 인식 주체자(콜버그의 관점)에 의해 채택된 구성적 과정의 결과로서 이해될 수가 없다. 오히려 도덕발달은 실제의, 살아 있는, 말을 하는 사람들[상상의 "입장", "독창적인" 혹은 그 밖의 다른 방법으로 점유한 자들이 아닌(Rawls, 1970 참조 ; Kohlberg, 1981, 1984)] 사이의 대화, 사회적 의사소통, 그리고 사회적 상호작용의 결과—요컨대 특수한 사회적 · 문화적 · 역사적 맥락과 환경에서 발생하는 대화, 의사소통, 그리고 상호작용—로 이해되어야 한다.

결론

이 장은 도덕발달 연구에서 명백하게 사회문화적 · 대화적 접근들이 공유하고 있는 공통 특징을 요약했다. 고등정신기능 작용의 발달에 관한 비고츠키(1934/1987, 1978)의 경험적 · 이론적 연구에 근거를 두고 또한 모든 담론의 대화적 성격에 대해 바흐친(Bakhtin, 1981)이 제시한 개념으로 더욱 세련된 이들 접근은 내적 언어(그리고 내적 대화)를 통한 정신기능 작용의 기호적 매개, 고등심리적 기능작용의 사회적 기원, 그리고 인간 발달의 사회문화적 정황성 등에 관한 비고츠키의 통찰을 도덕발달 영역으로 확장시키고 있다. 그와 같이 이 관점은 도덕발달의 과정과 역동성에 새로운 설명을 제시할 뿐만 아니라 수많은 중요한 의문 또한 불러일으키고 있다.

도덕발달에서의 차이에 관한 여러 의문—성적 · 인종적 · 사회계층적적 · 문화적 차이—은 오늘날 도덕발달 분야에서 수많은 논쟁의 중심에 놓여 있다. 따라서 비록 자세히는 아니지만 그러한 의문들에 간략하게나마 초점을 맞추고 사회문화적 · 대화적 관점이 그것들을 다루는 몇 가지 방식을 예시하는 것은 아마도 유용할 것이다.

비고츠키는 분명히 사람들 간의 차이—예컨대 추론이나 혹은 문제 해결 능력에서의 차이—를 발달적으로 성공했거나 혹은 실패한 지표로서가 아니라, 오히려 정신기능 작용에 관한 사회문화적 환경에 따라 특별한, 그리고 필연적으로 나타날 수밖에 없는 서로 다른 결과를 나타내는 것으로 이해했다(Wertsch, 1991). 그러므로 사회문화적 · 대화적 관점에서 보면 도덕발달은 지구상의 모든 사람들에게 있어서 똑같은 계열을 따르는, 똑같은 방식에서 일어나는 것이 아니라 오히려 그것은 개별적인 사회적 · 문화적 · 역사적 맥락에 따라 특이하다. 요컨대 이들 독특한 사회문화적 환경은 비슷한 경험과 가치, 사회적 · 정치적 · 경제적 가정을 공유하는 사람들로 이루어진 환경, 곧 보다 큰 사회영역 내에서 발생할 것이다(Bellah 외, 1985 참조 ; Cortese, 1990 ; Walker, 2000). 따라서 이 관점에서 보면 도덕발달과 도덕적 기능작용 형식에서 서로 다른 사회 집단 구성원들로부터 나타나는 성, 인종, 문화, 사회경제적 차이는 발달상 결핍의 문제나 지표, "통제"되어야 하는 변수들의 함수가 아니다. 오히려 그것들은 예상될 수 있는 것이며, 연구자와 종사자는 그것을 편차(deviation)가 아닌 차이(difference)로 다루어야 한다. 도덕발달의 연구에 관한 사회문화적 · 대화적 접근은 또한 많은 다른 중요한 의문을 불러일으킨다. 한 가지 부류의 경험적 의문은 한편으로 인간의 내적인 도덕적 대화와 그로부터 나오는 외적 상호작용 및 담화, 또 한편으로 그것들이 불러일으키는 도덕적 이야기들 간의 상응 정도와 관련이 있다. 또 다른 부류의 의문은 보다 교육적 · 응용적인 것으로 비고츠키(1978)의 "근접발달지대"(ZPD) 개념이 도덕교육 노력을 위한 유용한 모델을 제공하는지 여부와 관련이 있다. 이 관점에 따르면 성인과 보다 유능한 동료의 어떤 활동들은 아동들과 청소년들로 하여금 근접발달지대를 통해 그들의 실제적인 도덕적 기능작용의 수준으로부터 그들의 잠재적 수준으로 나아갈 수 있도록 격려할 수 있다(Tappan, 1998a, 1998b 참조 ; 또한 Moll, 1990 ; Rogoff & Wertsch, 1984 ; Tharp & Gallimore, 1988). 이 맨 마지막 의문은 말할 필요도 없이 발달적 진보를 분류하고자 전통적으로 사용해 왔던 보편적 기준을 피하면서도 도덕적 기능작용의 서로 다른 유형/형식/표명을 구별할 수 있는 몇 가지 수단(기술한 바와 같이 아직까지 사회적 집단 간의 차이를 존중하고 있다)을 제공하는 방식에서 도덕적 기능작용의 발달 수준을 어떻게 평가할 것인가와 관련하여 더 많은 이론적 · 경험적 연구를 분명히 필요로 하고 있다.

이것은 물론 도덕발달에 관한 모든 논의에서 항상 중요한 문제인 도덕적 상대주의의 문제를 일으킨다. 비록 이 이슈를 여기에서 자세하게 탐구할 수는 없지만 사회문화적 · 대화적 관점은 도덕적 기능작용의 모든 유형/형식/표명에 열려 있고자 하며, 따라서 콜버그(1981, 1984)와 달리 표준적인 도덕판단이 도덕발달 이론에서 중심을 차지하고 있어야 한다고 가정하지 않는다. 다른 한편으로, 예컨대 분화와 위계적 통합을 개체발생적 진보의 증거로 사용하는 발달 타당성에 관한 판단들(Werner & Kaplan, 1956)은 확실히 이론적 · 경험적 · 응용적 노력의 적절하고 필요한 부분이다.

마지막으로 그리고 아마도 가장 중요한 것으로, 사회문화적 · 대화적 접근은 마음의 기호적 매개와 사회적 기원에 관한 비고츠키의 통찰을 대화적인 도덕적 자아에 관한 바흐친(Bakhtin)의 개념과 연결시킴으로써 도덕발달에 관한 광범위하고도 공유된 시각(지난 세기 혹은 그 즈음 동안 그 분야를 지배해 왔던 개인주의적 · 심리적 관점과 대조적으로)을 제공해 준다. 무엇보다 이 시각은 도덕적 공동체에 관한 새로우면서도 강력한 이해의 발판을 마련한다. 곧 도덕발달을 증진시키는 공동체는 분리된, 자급자족적인, 격리된 개인들로 이루어지지 않는다. 오히려 성공적인 도덕 공동체는 계속되는 해석과정에 개입하고 필연적으로 서로 차이가 있는 사람들과 대화, 토론, 그리고 상호 교환을 나누는 대화적 인간들로 구성된다(Burbules, 1993 참조 ; Oakeshott, 1975 ; Sandel, 1982 ; Walzer, 1987). 이와 함께 도덕적 공동체에 관한 그러한 관점은 21세기에 도덕발달 분야에서 역점을 두고 다루어야 하는 "도덕성"과 "발달"에 관한 중요한 의문들에 대답하는 열쇠를 제공해 준다. 이러한 관점에서 보면 **도덕성**(morality)은 공동체에서 인간 상호작용을 촉진하는 다방면에 걸쳐 매개된 하나의 관습 혹은 활동으로서 이해되어야 한다. 그리고 **발달**(development)은 개인적 성취로서가 아니라 그의 핵심에 있어서 관계적 · 공동 사회적 · 정치적, 심지어는 문화적 변형을 수반하는 하나의 과정으로 이해되어야 한다.

참고문헌

Attanucci, J.(1991). Changing subjects : Growing up and growing older. *Journal of Moral Education, 20*, 317-328.

Bakhtin, M.(1981). *The dialogic imagination*, ed. M. Holquist, & trans. C. Emerson & M. Holquist. Austin : University of Texas Press.

Bakhtin, M.(1984). *Problems of Dostoevsky's poetics*, ed. & trans. C. Emerson. Minneapolis : University of Minnesota Press.

Bakhtin, M.(1986). *Speech genres and other late essays*, ed. C. Emerson & M. Holquist, & trans. V. McGee. Austin : University of Texas Press.

Bakhtin, M.(1990). *Art and answerability*, ed. M. Holquist & V. Liapunov, & trans. V. Liapunov. Austin : University of Texas Press.

Baumrind, D.(1986). Sex differences in moral reasoning : Response to Walker's (1984) conclusion that there are none. *Child Development, 57*, 511-521.

Bellah, R., Madsen, R., Sullivan, W., Swindler, A., & Tipton, S.(1985). *Habits of the heart : Individualism and commitment in American life*. Berkeley : University of California Press.

Berk, L., & Winsler, A.(1995). *Scaffolding children's learning : Vygotsky and early childhood education*. Washington, DC : NAEYC Press.

Bhatia, S.(2000). Language socialization and the construction of socio-moral meanings. *Journal of Moral Education, 29*, 149-166.

Billig, M.(1987). *Arguing and thinking : A rhetorical approach to social psychology*. Cambridge, UK : Cambridge University Press.

Blasi, A.(1984). Moral identity : Its role in moral functioning. In W. Kurtines & J. Gewirtz(Eds.), *Morality moral behavior, and moral development*(pp. 128-139). New York : Wiley.

Blasi, A.(1987). The psychological definitions of morality. In J. Kagan & S. Lamb (Eds.), The emergence of morality in young children(pp. 83-90). Chicago :

University of Chicago Press.
Blum, L.(1980). *Friendship, altruism, and morality*. Boston : Routledge & Kegan Paul.
Boyes, M., & Walker, L.(1988). Implications of cultural diversity for the universality claims of Kohlberg's theory of moral reasoning. *Human Development, 31*, 44–59.
Brabeck, M.(1983). Moral judgment : Theory and research on differences between males and females. *Developmental Review, 3*, 274–291.
Brown, L., Debold, E., Tappan, M., & Gilligan, C.(1992). Reading narratives of conflict and choice for self and moral voice : A relational method. In W. Kurtines & J. Gewirtz(Eds.), *Handbook of moral behavior and development, Vol. 2 : Research*(pp. 25–61). Hillsdale, NJ : Lawrence Erlbaum Associates.
Brown, L., & Gilligan, C.(1991). Listening for voice in narratives of relationship. In M. Tappan & M. Packer(Eds.), *Narrative and storytelling : Implications for understanding moral development*(pp. 43–62). San Francisco : Jossey–Bass.
Brown, L., Tappan, M., Gilligan, C., Miller, B., & Argyris, D.(1989). Reading for self and moral voice : A method for interpreting narratives of real–life moral conflict and choice. In M. Packer & R. Addison(Eds.), *Entering the circle : Hermeneutic investigation in psychology*(pp. 141–164). Albany : State University New York Press.
Bruner, J.(1986). *Actual minds, possible worlds*. Cambridge, MA : Harvard University Press.
Bruner, J.(1990). *Acts of meaning*. Cambridge, MA : Harvard University Press.
Burbules, N.(1993). *Dialogue in teaching : Theory and practice*. New York : Teachers College Press.
Buzzelli, C.(1993). Morality in context : A sociocultural approach to enhancing young children's moral development. *Child and Youth Forum, 22*, 375–386.
Buzzelli, C. A., & Johnston, B.(2001). Authority, power, and morality in classroom discourse. *Teaching and Teacher Education, 17*, 873–884.
Buzzelli, C. A., & Johnston, B.(2002). *The moral dimensions of teaching : Language, power, and culture in classroom interactions*. New York : Routledge/Falmer Press.
Clark, K., & Holquist, M.(1984). *Mikhail Bakhtin*. Cambridge, MA : Harvard University Press.
Colby, A., & Kohlberg, L.(1987). *The measurement of moral judgment*(vols. 1&2). New York : Cambridge University Press.
Cole, M.(1988). Cross–cultural research in the sociohistorical tradition. *Human Development, 31*, 137–152.
Cole, M.(1996). *Cultural psychology : A once and future discipline*. Cambridge, MA :

Harvard University Press.
Coles, R.(1986). *The moral life of children*. Boston : Houghton–Mifflin.
Cortese, A.(1990). *Ethnic ethics : The restructuring of moral theory*. Albany : State University of New York Press.
Damon, W., & Hart, D.(1988). *Self–understanding in childhood and adolescence*. New York : Cambridge University Press.
Day, J.(1991). The moral audience : On the narrative mediation of moral 'judgment' and moral 'action'. In M. Tappan & M. Packer(Eds.), *Narrative and storytelling : Implications for understanding moral development*(pp. 27–42). San Francisco : Jossey–Bass.
Day, J., & Tappan, M.(1996). The narrative approach to moral development : From the epistemic subject to dialogical selves. *Human Development, 39*, 67–82.
Diaz, R., & Berk, L.(Eds.).(1992). *Private speech : From social interaction to self–regulation*. Hillsdale, NJ : Lawrence Erlbaum Associates.
Dien, D.(1982). A Chinese perspective on Kohlberg's theory of moral development. *Developmental Review, 2*, 331–141.
Duncan, P.(2001). Educating for moral ability : Reflections on moral development based on Vygotsky's theory of concept formation. *Journal of Moral Education, 30*, 113–129.
Dunn, J.(1987). The beginnings of moral understanding : Development in the second year. In J. Kagan & S. Lamb(Eds.), *The emergence of morality in young children*(pp. 91–112). Chicago : University of Chicago Press.
Edwards, D., & Potter, J.(1992). *Discursive psychology*. London : Sage.
Emerson, C.(1986). The outer word and inner speech : Bakhtin, Vygotsky, and the internalization of language. In G. Morson(Ed.) *Bakhtin : Essays and dialogues on his work*(pp. 21–40). Chicago : The University of Chicago Press.
Flanagan, O.(1991). *Varieties of moral personalty : Ethics and psychological realism*. Cambridge, MA : Harvard University Press.
Forman, E., Minick, N., & Stone, C. A.(Eds.).(1993). *Contexts for learning : sociocultural dynamics in children's development*. New York : Oxford University Press.
Freud, S.(1923/1960). *The ego and the id*. New York : W. W. Norton.
Gorrod, A., Beal, C., Jaeger, W., Thomas, J., Davis., Leiser, N., & Hodzic, A.(2003). Culture, ethnic conflict, and moral orientation in Bosnian children. *Journal of Moral Educational, 32*, 131–150.
Gorrod, A., Beal, C., & Shin, P.(1990). The development of moral orientation in elementary school children. *Sex Roles, 22*, 13–27.

Gergen, K.(1982). *Toward transformation in social knowledge*. New York : Springer-Verlag.

Gergen, K.(1985). The social constructionist movement in modern psychology. *American Psychologist, 40*, 266–275.

Gergen, K.(1991). *The saturated self : Dilemmas of identity in contemporary life*. New York : Basic Books.

Gergen, K.(1994). *Realities and relationships : Soundings in social construction*. Cambridge, MA : Harvard University Press.

Gilligan, C.(1977). In a different voice : Women's conceptions of self and morality. *Harvard Educational Review, 47*, 481–517.

Gilligan, C.(1982). *In a different voice : Psychological theory and women's* Gilligan, C.(1983). Do the social sciences have an adequate theory of moral development? In N. Haan, R. Bellah, P. Rabinow, & W. Sullivan (Eds.), *Social science as moral inquiry*. New York : Columbia University Press.

Gilligan, C., & Attanucci, J.(1988). Two moral orientations : Gender differences and similarities. *Merrill–Palmer Quarterly, 34*, 223–237.

Gilligan, C., Brown, L., & Rogers, A.(1990). Psyche embedded : A place for body, relationships, and culture in personality theory. In A. I. Rabin, R. Zucker, R. Emmons, & S. Frank (Eds.), *Studying persons and lives*. New York : Springer.

Gilligan, C., Ward, J., & Taylor, J.(Eds.).(1988). *Mapping the moral domain : A contribution of women's thinking to psychological theory and education*. Cambridge, MA : Harvard University Press.

Gilligan, C., & Wiggins, G.(1987). The origins of morality in early childhood relationships. In J. Kagan & S. Lamb (Eds.), *The emergence of morality in young children* (pp. 277–305). Chicago : University of Chicago Press.

Harre, R.(1984). *Personal being : A theory for individual psychology*. Cambridge, MA : Harvard University Press.

Hermans, H., & Kempen, H.(1993). *The dialogical self : Meaning as movement*. New York : Academic Press.

Hermans, H., Kempen, H., & van Loon, R.(1992). The dialogical self : Beyond individualism and rationalism. *American Psychologist, 47*, 23–33.

Holquist, M.(1990). *Dialogism : Bakhtin and his world*. London : Routledge.

Huebner, A., & Garrod, A.(1991). Moral reasoning in a karmic world. *Human Development, 34*, 341–352.

Huebner, A., & Garrod, A.(1993). Moral reasoning among Tibetan monks : A study of Buddhist adolescents and young adults in Nepal. *Journal of Cross–Cultural Psychology, 24*, 167–185.

Jahoda, G.(1992). *Crossroads between culture and mind.* New York : Harvester Wheatshaft.

Johnston, B., & Buzzelli, C. A.(2002). Expressive morality in a collaborative learning activity : A case study in the creation of moral meaning. *Language and Education, 16,* 37–47.

Johnston, D. K.(1988). Adolescents' solutions to dilemmas in fables : Two moral orientations?two problem–solving strategies. In C. Gilligan, J. Ward, J. Taylor, & B. Bardige(Eds.), *Mapping the moral domain*(pp. 49–71). Cambridge, MA : Harvard University Press.

Johnston, D. K.(1991). Cheating : Reflections on a moral dilemma. *Journal of Moral Education, 20,* 283–292.

Kohlberg, L.(1963). The development of children's orientation toward a moral order : Sequence in the development of moral thought. *Vita Humana, 6,* 11–33.

Kohlberg, L.(1969). Stage and sequence : The cognitive–developmental approach to socialization. In D. Goslin(Ed.), *Handbook of socialization theory and research* (pp. 347–480). Chicago : Rand McNally.

Kohlberg, L.(1976). Moral stages and moralization : The cognitive–developmental approach. In T. Lickona(Ed.), *Moral development and behavior*(pp. 31–53). New York : Holt, Rinehart & Winston.

Kohlberg, L.(1981). *Essays on moral development, Vol. I : The philosophy of moral development.* San Francisco : Harper & Row.

Kohlberg, L.(1984). *Essays on moral development. Vol. II : The psychology of moral development.* San Francisco : Harper & Row.

Kohlberg, L., & Kramer, R.(1969). Continuities and discontinuities in childhood and adult moral development. *Human Development, 12,* 93–120.

Kohlberg, L., Yaeger, J., & Hjertholm, E.(1968). Private speech : Four studies and a review of theories. *Child Development,* 691–736.

Kozulin, A.(1986). Vygotsky in context. In L. Vygotsky & A. Kozulin, Ed. & Trans. *Thought and language*(pp. xi–lvi). Cambridge, MA : The MIT Press.

Kozulin, A.(1990). *Vygotsky's psychology : A biography of ideas.* Cambridge, MA : Harvard University Press.

Lightfoot, C.(1997). *The culture of adolescent risk taking.* New York : Guilford Press.

Lightfoot, C.(2002a, October). *Adolescent risk–taking as moral dialogue.* Paper presented at the Second International Conference on the Dialogical Self, Ghent, Belgium.

Lightfoot, C.(2002b, November). *Adolescent risk–taking as moral discourse.* Paper presented at 28th Annual Conference of the Association for Moral Education,

Chicago, IL.

Lightfoot, C.(2003). Fantastic self : A study of adolescents' fictional narratives, and aesthetic activity as identity work. In C. Daiute & C. Lightfoot (Eds.), *Narrative analysis : Studying the development of individuals in society*. Thousand Oaks, CA : Sage.

Lyons, N.(1983). Two perspectives : On self, relationship, and morality. *Harvard Educational Review, 53*, 125–145.

MacIntyre, A.(1981). *After virtue : A study in moral theory*. Notre Dame, IN : University of Notre Dame Press.

Martin, L., Nelson, K., & Tobach, E.(Eds.).(1995). *Sociocultural psychology : Theory and practice of doing and knowing*. New York : Cambridge University Press.

Mischler, E.(1986). *Research interviewing : Context and narrative*. Cambridge, MA : Harvard University Press.

Mkhize, N.(2003). *Culture and the self in moral and ethical decision-making : A dialogical approach*. Unpublished doctoral dissertation, University of Natal, Pietermaritburg, South Africa.

Moll, L.(Ed.).(1990). *Vygotsky and education : Instructional implications and applications of sociohistorical psychology*. Cambridge, UK : Cambridge University Press.

Morson, G., & Emerson, C.(1990). *Mikhail Bakhtin : Creation of a prosaics*. Stanford, CA : Stanford University Press.

Noddings, N.(1984). *Caring : A feminine approach to moral education*. Berkeley : The University of California Press.

Oakeshott, M.(1975). *On human conduct*. Oxford : Clarendon Press.

Ochs, E.(1996). Linguistic resources for socializing humanity. In J. Gumperz & S. Levinson (Eds.), *Rethinking linguistic relativity* (pp.407–437). London : Cambridge University Press.

Packer, M.(1985). *The structure of moral action : A hermeneutic study of moral conflict*. Basel : S. Karger.

Packer, M.(1992). Toward a postmodern psychology of moral action and moral development. In W. Kurtines, M. Azmitia, & J. Gewirtz (Eds.), *The role of values in psychology and human development* (pp.30–62). New York : John Wiley.

Packer, M., & Tappan, M.(Eds.).(2001). *Cultural and critical perspectives on human development*. Albany : State University of New York Press.

Parker, I.(1992). *Discourse dynamics*. London : Routledge.

Penuel, W., & Wertsch, J.(1995). Vygotsky and identity formation : A sociocultural approach. *Educational Psychologist, 30*, 83–92.

Piaget, J.(1932/1965). *The moral judgment of the child*. New York : The Free Press.

Polkinghorne, D.(1988). *Narrative knowing and the human science*. Albany : SUNY Press.

Pratt, M., Golding, G., & Hunter, W.(1984). Does morality have a gender? Sex, sex role, and moral judgement relationships across the adult lifespan. *Merrill–Palmer Quarterly, 30*, 321–340.

Rawls, J.(1970). *A theory of justice*. Cambridge, MA : Harvard University Press.

Rogoff, B.(1990). *Apprenticeship in thinking : Cognitive development in social context*. New York : Oxford University Press.

Rogoff, B., & Chavahay, P.(1995). What's become of research on the cultural basis of cognitive development? *American Psychologist, 50*, 859–877.

Rogoff, B., & Lave, J.(Eds.).(1984). *Everyday cognition : Its development in social contexts*. Cambridge, MA : Harvard University Press.

Rogoff, B., & Wertsch, J.(Eds.).(1984). *Children's learning in the zone of proximal development*(New directions for child development, No. 23). San Francisco : Jossey–Bass.

Ruddick, S.(1989). *Maternal thinking : Toward a politics of peace*. Boston : Beacon Press.

Sampson, E.(1993a). *Celebrating the other : A dialogical account of human nature*. Boulder, CO : Westview Press.

Sampson, E.(1993b). Identity politics : Challenges to psychology's understanding. *American Psychologist, 48*, 1219–1230.

Sandel, M.(1982). *Liberalism and the limits of justice*. Cambridge, MA : Cambridge University Press.

Sarbin, T.(1986). The narrative as a root metaphor for psychology. In T. Sarbin (Ed.), *Narrative psychology : The storied nature of human conduct*. New York : Praeger.

Sarbin, T.(1990). The narrative quality of action. *Theoretical and Philosophical Psychology, 10*, 49–65.

Shotter, J.(1990). *Knowing of the third kind*. Utrecht : University of Utrecht Press.

Shotter, J., & Gergen, K.(Eds.).(1989). *Texts of identity*. London : Sage.

Shweder, R.(1982). Liberalism as destiny. *Contemporary Psychology, 27*, 421–424.

Shweder, R.(1991). *Thinking through cultures : Expeditions in cultural psychology*. Cambridge, MA : Harvard University Press.

Shweder, R., Mahapatra, M., & Miller, J.(1987). Culture and moral development. In J. Kagan & S. Lamb(Eds.), *The emergence of morality in young children*(pp. 1–82). Chicago : University of Chicago Press.

Shweder, R., & Much, N.(1987). Determinations of meaning : Discourse and moral socialization. In W. Kurtines & J. Gewirtz (Eds.), *Moral development through social interaction* (pp. 197–244), New York : John Wiley.

Snarey, J. (1985). Cross–cultural universality of social–moral development : A critical review of Kohlbergian research. *Psychological Bulletin, 97,* 202–232.

Snow, C. (1987). Language and the beginnings of moral understanding. In J. Kagan & S. Lamb (Eds.). *The emergence of morality in young children* (pp. 112–122). Chicago : University of Chicago Press.

Stigler, J., Shweder, R., & Herdt, G. (1990). *Cultural psychology : Essays on comparative human development.* Cambridge : Cambridge University Press.

Stout, J. (1988). Ethics after babel : *The languages of morals and their discontents.* Boston : Beacon Press.

Sullivan, E. (1977). A study of Kohlberg's structural theory of moral development : A critique of liberal social science ideology. *Human Development, 20,* 352–376.

Tappan, M. (1991a). Narrative, authorship, and the development of moral authority, In M. Tappan, M. Packer (Eds.), *Narrative and storytelling : Implications for understanding moral development* (New directions for child development, No. 54, pp. 5–25). San Francisco : Jossey–Bass.

Tappan, M. (1991b). Narrative, language, and moral experience. *Journal of Moral Education, 20,* 243–256.

Tappan, M. (1997). Language, culture, and moral development : A Vygotskian perspective. *Developmental Review, 17,* 78–100.

Tappan, M. (1998a). Moral education in the zone of proximal development. *Journal of Moral Education, 27,* 125–145.

Tappan, M. (1998b). Sociocultural psychology and caring pedagogy : Exploring Vygotsky's "hidden curriculum." *Educational Psycologist, 33,* 23–33.

Tappan, M. (1999). Authoring a moral self : A dialogical perspective. *Journal of Constructivist Psychology, 12,* 117–131.

Tappan, M. (2000). Autobiography, mediated action, and the development of moral identity. *Narrative Inquiry, 10,* 1–36.

Tappan, M. (2003). *Moral functioning as mediated action.* Manuscript submitted for publication.

Tappan, M. (2005). Domination, subordination, and the dialogical self : Identity development and the politics of "ideological becoming." *Culture and Psychology, 11,* 17–75.

Tappan, M., & Brown, L. (1989). Stories told and lesons learned : Toward a narrative approach to moral development and moral education. *Harvard Educational Review, 59,* 182–205.

Tappan, M., & Packer, M.(Eds.).(1991). *Narrative and storytelling : Implications for understanding moral development*(New directions for child development, No. 54). San Francisco : Jossey–Bass.

Taylor, C.(1991). The dialogical self. In D. Hiley, J. Bohman, & R. Shusternam (Eds.), *The interpretive turn : Philosophy, science, culture*(pp. 304–314). Ithaca, NY : Cornell University Press.

Tharp, R., & Gallimore, R.(1988). *Rousing minds to life : Teaching, learning, and schooling in social context*. Cambridge, UK : Cambridge University Press.

Turiel, E.(1983). *The development of social knowledge : Morality and convention*. C Cambridge, UK : Cambridge University Press.

Turiel, E.(2002). *The culture of morality : Social development, context, and conflict*. New York : Cambridge University Press.

Valsiner, J.(1998). *The guided mind*. Cambridge, MA : Harvard University Press.

Van der Veer, R., & Valsiner, J.(1991). Understanding Vygotsky : A quest for synthesis. Cambridge, MA : Blackwell.

Volosinov, V.(1929/1986). *Marxism and philosophy of language*(L. Matejka & I. R. Titunik, Trans). Cambridge, MA : Harvard University Press.

Vygotsky, L.(1934/1987). Thinking and speech. In L. S. Vygotsky, R. Rieber & A. Carton, Eds., N. Minick, Trans. *The collected works of L. S. Vygotsky, Vol. 1 : Problems of general psychology*(pp. 37–285). New York : Plenum Press.

Vygotsky, L.(1978). *Mind in society : The development of higher psychological processes*. Ed. M. Cole, V. John–Steiner, S. Scibner, & E. Souberman. Cambridge, MA : Harvard University Press.

Vygotsky, L.(1981a). The genesis of higher mental functions. In J. Wertsch(Ed.), *The concept of acticity in Soviet psychology*. Armonk, NY : M. E. Sharpe.

Vygotsky, L.(1981b). The instrumental method in psychology. In J. Wertsch(Ed.), *The concept of activity in Soviet psychology*. Armonk, NY : M. E. Sharpe.

Walker, J.(2000). Choosing biases, using power and practicing resistance : Moral development in a world without certainty. *Human Development, 43*, 135–156.

Walker, L.(1984). Sex differences in the development of moral reasoning : A critial review. *Child Development, 55*, 677–691.

Walker, L.(1984). Sex differences in the development of moral reasoning : A rejoinder to Baumrind. *Child Development, 57*, 522–526.

Walzer, M.(1987). *Interpretation and social criticism*. Cambridge, MA : Harvard University Press.

Ward, J.(1991). "Eyes in the back of your head" : Moral themes in African–American narratives of racial conflict. *Journal of Moral Education, 20*, 267–282.

Werner, H., & Kaplan, B.(1956). The developmental approach to cognition : Its relevance to the psychological interpretation of anthropological and ethnolinguistic data. *American Anthropologist, 58*, 866–880.

Wertsh, J.(1985). *Vygotsky and the social formation of mind*. Cambridge, MA : Harvard University Press.

Wertsh, J.(Ed.).(1986). *Culture, communication, and cognition : Vygotskan perspectives*. New York : Cambridge University Press.

Wertsh, J.(1989). A sociocultural approach to mind. In W. Damon(Ed.), *Child development today and tomorrow*. San Francisco : Jossey–Bass.

Wertsh, J.(1991). *Voices of the mind : A sociocultural approach to mediated action*. Cambridge, MA : Harvard University Press.

Wertsh, J.(1998). *Mind as action*. New York : Oxford University Press.

Wertsh, J., del Rio, P., & Alvarea, A.(Eds.).(1995). *Sociocultural studies of mind*. New York : Cambridge University Press.

Winegar, L. T., & Valsiner, J.(Eds.).(1992). *Children's development within social contexts : Metatheoretical, theoretical, and methodological issues*. Hillsdale, NJ : Lawrence Erlbaum Associates.

Witherell, C., & Edwards, C. P.(1991). Moral versus social–conventional reasoning : A narrative and cultural critique. *Journal of Moral Education, 20*, 293–304.

Witherell, C., & Nodding, N.(Eds.).(1991). *Stories lives tell : Narrative and dialogue in education*. New York : Teachers College Press.

Wortham, S.(2001). *Narratives in action : A strategy for research and analysis*. New York : Teachers College Press.

Zivin, G.(Ed.).(1979). *The development of self–regulation through private speech*. New York : Wiley.

주

1. 이 장에서 사회문화적이란 용어는 워취(Wertsch, 1985, 1989, 1991, 1998 ; Wertsch 외, 1995)의 뒤를 이어 등장하는 이들 접근을 기술하는 데 사용된다. 동일한 접근을 기술하는 데 현재 사용하고 있는 그 밖의 다른 용어로는 그 중에서도 특히 "문화 · 역사적 활동 이론"(Cole, 1996 참조), "문화 · 역사적 이론"(van der Veer & Valsiner, 1991), "사회역사적 이론"(Cole, 1988 참조 ; Rogoff, 1990), 그리고 "신비고츠키" 이론(Tharp & Gallimore) 등이 있다.

제14장

문화심리학 관점에서의 도덕발달에 대한 통찰

밀러_John G. Miller(뉴욕 사회과학대학_New School for Social Research)

보편주의에 관한 하나의 강력한 가정은 인지발달 이론의 사회적 구성주의 전통(예컨대 Piaget, 1932 ; Kohlberg, 1969, 1971)과 별개 영역 관점(예컨대 Turiel, 1983, 1988a)의 범위 내에서 도덕발달 심리학 이론들을 규정한다. 도덕성을 문화적 변수로 다루는 입장은 극단적인 도덕적 상대주의를 야기하고 개인을 단순히 사회적 기대에 순응시키는 존재로 보는 수동적 관점을 구체화시키는 것으로 가정되고 있다. 이러한 비난은 처음에는 사회적 구성주의 이론가들(예컨대 Kohlberg, 1971 ; Turiel, 1983)에 의해 도덕성과 사회적 인습을 구분하지 않는 사회학습 접근(예컨대 Berkowitz, 1964 ; Eysneck, 1961)을 향해 제기되었다. 그러나 보다 최근에는 똑같은 비판(예컨대 Turiel, 2002)이 사회학습 접근과는 대조적으로 도덕성을 사회적 표준 혹은 개인적 선호에 대한 순응보다는 지각된 자연법칙에 토대를 둔 것으로 다루는 문화심리학(예컨대 Miller, 1994 ; Shweder, Mahapatra & Miller, 1987) 관점에서 도덕발달을 연구하는 접근으로 향해왔다. 도덕발달에 대한 문화심리학적 접근은 문화에 관한 상투적 관점에 의해 정보를 제공받고 정황을 고려하는 데 무감각하다는 한층 더 한 비판을 받고 있다(예컨대 Turiel & Wainryb, 2000).

이 장은 도덕적 조망의 발달 과제와 관계가 있는 이론적 주장들에 초점을 맞추면서 문화심리학의 가정들을 개관하는 것으로 시작한다. 그런 이후에 도덕판단에서 어떤 보편성을 확립할 뿐만 아니라, 사회적 구성주의 전통 내에 현존하고 있는 보편적 심리학 모델과 잘 일치하지 않는 도덕적 조망에서의 변차를 또렷하게 밝혀주는 문화 간(cross cultural) 연구결과를 논의한다. 이어 세 번째 절은 미래의 이론과 연구를 위한 도전을 확인한다. 문화심리학 내의 도덕발달에 대한 접근들은 개인적 행위자에 관한 견해와 심리적 현상의 맥락 의존성에 관한 견해를 구체화하며, 도덕적 상대주의의 극단적 형식보다는 오히려 실용적 형식을 낳는다는 논증이 이루어진다. 여기에서는 도덕성에 관한 심리학 이론들의 문화적 민감성을 고양시키기 위해서는 사회적 구성주의 전통에 입각한 도덕발달에 관한 연구를 문화심리학 내의 도덕발달에 대한 접근(예컨대 Miller, 2001 ; Shweder, Much, Mahapatra & Park, 1997)과 연결시키는 것이 중요하다는 점이 주장된다.

문화심리학의 이론적 가정들

> 문화적·제도적·역사적 원동력은 한편으로는 문화적 도구들을 사용함으로써 개인들의 행위로 '이입' 되고, 다른 한편으로는 개인들이 매개수단을 사용함으로써 사회문화적 환경이 창조되거나 재창조된다. 결과적으로 보면 문화적 도구들이 매개된 행위에서 발휘하는 역할 때문에, 우리가 사회문화적으로 정치(定置)되지 않은 방식에서 행동한다는 것이 사실상 불가능하다는 것이다. … 거의 모든 인간의 행위는 매개된 행위이며, 그 유일한 예외는 아마도 매우 이른 개체발생 단계에서, 그리고 예기치 못한 소리에 본능적으로 반작용하는 것과 같은 자연반응에서 발견될 것이다(Wertsch, 1995, p. 97).

문화심리학 내의 접근들은 비교 연구 설계를 채택할 것인가 아니면 절대연구 설계를 채택할 것인지와 같은 그들의 방법론의 토대에 따라, 또는 문화적 차이를 인정할 것인지 그렇지 않을 것인지와 같은 그들의 연구결과에 의해 규정되지 않는다. 오히려 그들은 질적으로 그들의 형식에 영향을 미치는 문화적 과정들에 의존하는 것처럼 심리적 과정에 관한 그들의 견해가 어떤가에 따라 개념적으로 규정된다(Bruner, 1990 ; Cole, 1990, 1996 ; Fiske, Kitayama, Markus & Nisbett, 1998 ; Markus & Kitayama, 1991 ; Martin, Nelson & Tobach, 1995 ; Miller, 1994, 1997, 1999 ; Shweder, 1990 ; Shweder & Sullivan, 1990, 1993). 문화심리학의 견해는 심리적 기능작용이 항상 특수한 사회문화적 맥락 속에서 일어나며, 심리학 이론들은 사실 이러한 사회문화적 토대를 반영해야만 하며 늘 부분적으로 반영하고 있다고 가정한다.

지금의 논의는 광범위하게 공유된 문화심리학의 이론적 가정들에 초점을 맞추고 있는데, 그 가정들은 도덕적 견해에서 문화적 의미와 관습의 구성적 역할을 이해하는 것과 관련이 있다. 오늘날 문화심리학의 다양성을 고려하여 여기에서는 부각되고 있는 일련의 관점들 내에서 가장 중심적인 가정과 주장을 특히 도덕적 추론의 영역에서 연구하고 있는 문화이론가들에 초점을 맞춰 논의한다.

문화의 상징적 관점들

문화심리학의 관점에서 볼 때 **문화**(culture)란 의미와 관습으로서의 상징적 측면에서 이해되는 것이지 단순히 객관적인 적합한 행위 유발성과 구속으로서의 생태학적 측면만으로는 이해되지 않는다(D'Andrade, 1984 ; LeVine, 1984 ; Strauss & Quinn, 1997). 발달심리학은 맥락의 생태학적 측면에 오랜 동안 관심을 기울여 오고 있다(예컨대 Bronfenbrenner, 1979 ; Eccles 외, 1993). 이러한 접근유형은 가정, 학교, 그리고 보다 큰 공동체가 개인들에게 특정한 발달적 결과를 고양시키거나 혹은 방해하는 데 이바지하는 각기 다른 자원과 경험을 제공한다는 점을 인정한다.

문화에 관한 생태학적 관점은 도덕발달을 이해하고자 하는 접근들을 고려하고자 할 때, 그리고 환경의 객관적 특징에 관한 적절한 의의를 강조할 때 매우 중요하다. 예를 들면 생태학은 특정한 도덕적 견해의 유형이 얼마나 유용한가에 영향을 미칠 수 있다. 에드워드(Edwards, 1975,

1994)는 관찰을 통해 콜버그의 도덕추론 4단계에 반영된 “체계” 관점이 직업적 전문화 혹은 형식적 관료주의 제도의 사회에서 살고 있는 개인들에 비해 고립된 소작농 혹은 부족 공동체에서 살고 있는 개인들과 관련성이 더 떨어진다고 지적했다. 그와 동시에 생태학적 조건들은 도덕발달에 대해 각기 다르게 영향을 미치는 경험을 제공할 수 있는데, 이런 현상은 하트(Hart)와 애킨스(Atkins, Atkins & Hart, 2003 ; Hart & Atkins, 2002)가 가난한 도시의 청소년은 시민 참여의 기회를 더 자주 제공하는 생태적 환경에 살고 있는 교외의 청소년보다 도덕적 정체감을 발달시키기가 더 어렵다는 연구결과를 제시함으로써 밝혀졌다. 그러나 문화를 기능적인 생태학적 측면에서 이해하는 것뿐만 아니라 그의 상징적 특성들을 인정하는 것 또한 중요하다. 이 후자의 관점에서 볼 때 문화의 의미와 관습은 단순히 기능적으로 토대를 둔 것이라기보다는 적절한 구속과 열린 관계를 형성하고 있는 것으로 이해된다(LeVine, 1984 ; Shwederb, 1984 ; Tobin, Wu, Davidson, 1989). 예컨대 한 연구의 지적에 따르면, 일본의 교육자들은 한 교사에게 많은 아동을 배정하는 유치원 관습에 대해 아동들에게 집단의 훌륭한 구성원이 되는 방법에 대한 그들의 경험을 제공하며, 그에 대한 앎을 증진시키는 데 있어서 실용적이라고 생각하는 경향이 있다(Tobin 외, 1989). 이러한 상징적 가치가 미국의 경우에서는 별로 중요하게 여겨지지 않는다. 미국에서는 유치원 교사에게 더 적은 숫자의 아동을 배정하는 것이 더 유익하다고 생각하는 경향이 지배적이다. 그럼으로써 아동들은 더 많은 개별적 관심을 확보하며 개인적 의사결정을 행사할 기회를 더 많이 가질 수 있을 것으로 본다. 따라서 이러한 유치원 학급 관습에 관한 두 가지 유형은 모두 나름대로 적합한 것으로 간주될 수 있는 반면에 그들의 기능성의 토대는 단순히 교사 자원과 같은 객관

적 구속들을 참고로 이해될 수 있는 것이 아니라, 아동의 발달을 위한 목적과 관련된 교육적 관점과 같은 비기능적 가치 또한 고려할 것을 요구한다.

상징적 관점에서의 문화는 표상적 · 지시적 · 구성적 측면에서 이해된다(D'Andrade, 1984). 문화적 의미체계는 잘 알려져 있다시피 표상적 기능의 견지에서 보면 실재의 본질에 관한 정보를 제공하는 지식구조를 포함하는 반면에 지시적 기능의 견지에서 보면 사회적 규칙을 포함하고 있다. 그러나 문화적 의미들이 구성적 기능의 견지에서 볼 때 공유된 의미를 특정한 실체 혹은 경험과 일치하도록 한정하는 데 공헌하는 사회적 실재를 창조하는 기능을 발휘한다는 것에 대해서는 폭넓은 이해가 이루어지지 않고 있다(Searle, 1969 ; Shweder, 1984). 따라서 예를 들면 "신부"에 관한 문화적으로 구성된 개념은 특정한 의미와 제도적 관습을 이러한 사회적 역할과 연관시키는 공동체 내에서의 합의를 배경으로 의미를 지니게 된다. 오늘날의 고려는 낙태는 살인이라는 판단과 같은 그러한 해악에 관한 평가들이 단순히 생물학적 사실에만 토대를 두고 있는 것이 아니라는 것을 함축하고 있다. 오히려 그러한 평가는 태아가 위해로부터 보호받을 자격이 있는 한 인간으로서 대우받아야 하는 임신기간의 시점이 언제인가를 규정하는 것과 같은, 객관적 실재와 사건에 일치되도록 문화적으로 변동 가능한 의미의 정의에 따라 당연히 달라진다.

도덕판단에서의 문화 간 차이를 평가하는 것에 이를 적용해 보면, 현재의 가정들은 필연적으로 도덕적 추론을 내포하게 되는 지식 가정들(knowledge assumptions)의 상대적 타당성(예컨대 Turiel, Killen & Helwig, 1987 ; Wainryb, 1991)이 그와 관련된 위해가 어느정도인지와 같은 그러한 객관적 준거의 측면에서 충분히 비교 평가될 수 없다는 것을 암시한다.

오히려 그러한 지식 가정들은 경험에 의해 원인이 제공된 문화적으로 토대를 둔 가치들을 부분적으로 반영한다. 한 예를 든다면, 작은 곤란(가게를 어느 방향으로 찾아가야 하는지 모르는 것과 같은)을 겪고 있는 친구를 도와주는 것은 인도인들에게는 도덕적 책무로, 미국인들에게는 개인적 선택의 문제로 범주화되는 경향이 있다(Miller, Bersoff & Harwood, 1990). 그러나 이러한 문화 간 차이는 관련된 복지관계의 성격에 관한 개인들의 지식에서 비롯된 차이보다는 개인적 선택의 자유와 대인관계 의무를 균형잡는 것에 인도인들보다는 미국인들이 더 큰 가치를 부여한 것으로부터 발생한다(Miller 외, 1990). 따라서 도덕적 평가에서의 그러한 문화 간 차이는 지금 고려하고 있는 곤란의 크기나 도움의 지각된 바람직성에 대한 반응자들의 평가에서의 차이를 통제할 때조차도 여전히 목격되었다.

문화를 이해하는 데 있어 관심과 권력 그리고 관심과 의미 통합하기

최근의 포스트모던 인류학 연구(예컨대 Abu-Lughod, 1993 ; Appadurai, 1988)에서 두드러져 왔을 뿐만 아니라 별개 영역 전통을 따르는 이론가들(Tureil, 1998b ; Wainryb & Turiel, 1994)에 의해서도 강조되고 있는 통찰은 문화형식을 구성하는 데 있어서 권력 역학의 역할을 인정할 필요가 있다는 것이다. 이 관점에 따르면 개인들은 사회 내에서 권력의 대조적 위치를 당연한 일로 생각하며, 그리고 문화적 의미와 관습은 부분적으로는 불평등에 기초한 사회적 관계를 영속화하는 데 공헌한다. 따라서 예컨대 위계에 대한 문화적 관심은 남성들에 비해 여성들에게 더 적은 기회가 제공되는, 그리고 경우에 따라 여성들이 착취와 폭행의 고통을 겪는 사회제도와 연관되는 것으로 간주된다.

사회제도를 구조화하는 데 있어서 권력의 역할을 인지하는 것이 매우 중요하다는 점은 인정하지만, 문화심리학 관점은 문화가 오로지 그러한 고려의 측면에서만 관조되어서는 안 된다고 주의를 환기시키고 있다. 그보다는 오히려 권력 역학에 대한 관심과 문화의 상징적 측면들에 대한 관심을 통합하고자 하는 노력이 가해져야 한다고 주장한다. 이러한 유형의 통찰은 최근에 일본과 미국 출신 중년 여성들의 표본을 대상으로 일상의 가족 역할과 페미니즘에 관한 개념을 비교 검토한 연구에서 예증되고 있다(Schaberg, 2002). 비록 일본 여성들이 사회의 성 역할 관습에 이의를 표현하기는 했지만, 그들의 관심은 미국 반응자들로부터 높게 나타난 선택의 자유를 더 크게 추구하는 이슈로 직접적으로 집중되지는 않았다. 가족관계에서 상호 의존 양식에 가치를 부여할 때, 일본 여성들은 성 역할 기대에서 보다 큰 유연성과 조정을 요구하기는 했지만 미국 반응자들에 의해 강조된 부부관계의 평등주의 모델에 대해서는 부정적이었다. 이와 함께 일본 여성들은 보다 큰 사회 전체에 공헌하는 것에 대한 관심을 구체화시키는 페미니즘 형식을 받아들였으며, 미국 내에서 강조된 보다 개인주의적인 페미니스트 관점으로 평가되었던 특징들에 대해서는 거부했다. 요약하면, 각 개인은 자신의 문화적 관습에 대한 능동적 관점을 유지하면서도 대부분의 경우에 근본적인 문화적 의무의 완전한 폐기를 요구하지 않는, 그리고 단순히 문화 간에 한 점으로 수렴되지 않는 방식에서 이견을 체계화하는 경향이 있다는 것을 인정할 필요가 있다.

문화와 심리학의 역동적 관점들. 쉬웨더(Shweder)와 레빈(LeVine, 1984)에 의한 논의—이는 마르쿠스(Markus)와 키타야마(Kitayama, 1991)가 수행했던 문화와 자아에 관한 상당히 영향력 있는 비평 논문 그 이상으로 문화심리학 의제에 관한 최초의, 그리고 가장 유력한 진술 중의 하나로 간주될 수 있다—에서 반영된 바와 같이, 문화심리학의 범주에 있는 이론가들은 오랫동안 문화를 일정하지 않고 변화하는 것으로서의 역동적 관점에서 접근하는 것이 중요함을 인정해 왔다. 그러나 포스트모던 관점으로부터 나온 연구와 별개 영역 구조로부터 나온 다양한 주장과는 대조적으로 문화심리학 범주에 속한 연구는 문화적 견지에서 몇 가지 주제의 일관성이 목격될 수 있으며, 따라서 문화적 관점 간에 어떤 구분을 도출하는 것을 가능하게 만든다(Shweder, 1979a, 1979b도 볼 것 ; Miller, 1997).

문화의 주제적 성격을 과대평가하는 입장은 문화 공동체 간 또는 문화 공동체 내의 의미에 존재하는 이질성과 중복을 얼버무리는 것으로, 따라서 상투적 주장을 낳는 것으로 비판받을지도 모른다. 이런 유형의 입장은 특히 베네딕트(Benedict)의 『국화와 칼』(*Chrysanthemum and the Sword*, 1946)과 같은 문화와 퍼스낼리티를 다룬 고전적 연구들에서 보일 뿐만 아니라, 개인주의/집단주의 패러다임을 포용하고 있는 최근의 몇몇 문화·사회심리학 입장을 특징적으로 설명해 준다. 따라서 예컨대 주로 동아시아 문화 인구로부터 수집된 자료를 기초로 하여 분석적 사고 대 전체적 사고로 동서양 차이를 포괄적으로 주장하고자 하는 노력(예컨대 Nisbett, 2003 ; Nisbett, Peng, Choi & Norenzayan, 2001)은 집단 간 또는 집단 내의 중요한 차이를 얼버무리는 것으로 비판받을 수 있다. 비록 문화심리학으로 확인된 최근의 몇 가지 연구들이 개인주의/집단주의 패러다임의 범주 내에서 고안되었지만, 사실 이러한 구상유형은 문화집단 간 또는 문화집단 내의 가변성에 주의를 기울이지 않은 것으로 인해 다른 문화심리학자들로부터 도전을 받았으며, 문화심리학의 구성적 전제로 간주될 수 없다는 점에 주목해야 할 것이다(Miller, 2002, 2004 ; Strauss, 2000).

비록 문화심리학자들과 별개 영역 및 포스트모던 이론가들 간에 문화의 의미와 관습이 지니는 다면적·역동적·갈등적 성격을 인정해야 한다는 필요성에 대해서는 서로 일치하고 있지만, 문화심리학 범주에 속하는 접근들은 이러한 관심이 문화적 견해에서 어떠한 집단 차이를 발견하는 것이 불가능하다는, 그리고 문화는 단순히 맥락적 결과를 의미한다는 것을 함축하는 것으로 해석하는 입장에 대해 이의를 제기한다(Miller, 1997). 문화형식들의 혼합이 문화 간 구분을 불가능하게 만든다는 이러한 결론은 예컨대 포스트모던 이론가인 저겐(Gergen)이 문화적 견해의 상호 침투를 기술하면서 도출한 것이다.

> 우리는 여기에서 모든 것의 혼합, 곧 단일문화의 등장을 말하고 있는 것이 아니라 문화형식들에서 급속한, 그리고 끊임없는 변형을 말하고 있는 것이다. 그 형식들은 다양한 영향력에 예속되고 그들의 변화된 상태에서 다른 지역에서의 변화를 위한 추진력이 된다. … 만약 끊임없는 혼합, 전유, 분해, 그리고 그런 종류의 등등이 일어난다면 우리는 문화과정을 서로 간에 어떻게 구분할 수 있겠는가?(Gulerce, 1995, p. 149-150)

이와 관련된 관점에서 투리엘과 그의 동료들은 문화는 단순히 맥락적 결과로 간주될 수 있다는 결론을 제시했다(Turiel, 1998b ; Turiel & Neff, 2000). 최근에 『도덕성 발달 핸드북』의 한 장에서 투리엘은 사실 문화란 단순히 행동에 대한 상황적 영향력을 나타낼 뿐이라는 자신의 관점을 전달하고자 장의 하위 제목 하나를 "맥락으로서의 문화 혹은 맥락으로서의 맥락"으로 정했다(Turiel, 1998a).

문화형식들의 이질성이 문화 간에 어떠한 구분을 도출할 수 없게 한다는, 혹은 문화란 단순히 행동에 대한 맥락적 영향일 뿐이라는 결론을 도출하는 것과는 대조적으로 문화심리학자들은 문화적 관점에서 최소한 몇 가지의 주제 일관성을 확인하는 것이 가능하다는 점에 주목한다. 다음 절에서 보다 충분하게 논의되는 바와 같이 문화심리학자들 또한 심리적 과정들이 맥락상으로 의존적인 반면에 심리적 과정들에 관한 문화적 영향은 단순히 행동에 대한 맥락적 영향으로 축소될 수 있는 것이 아니라 오히려 맥락적 영향의 조정자, 그리고 맥락적 과정의 대신이라기보다는 그에 더하여 고려되어야 할 사항이라는 점에 주목한다. 예를 들면 기어츠(Geertz, Shweder, 1984a에서 인용된 바와 같이)는 주제 일관성의 이슈와 관련하여 다음과 같이 논평하고 있다.

> 지나치게 주제화하는 것도 가능하고 불충분하게 주제화하는 것도 가능하다 … . 문화의 요소들은 모랫더미와 같은 것이 아니며 거미의 줄과 같은 것도 아니다. 그것은 오히려 나쁘게 통합된 생물인 문어—통상 뇌라고 하는 것이 대체로 하나의 꼴사나운 전체를 움켜쥐고 있는—를 더 닮았다(Shweder, 1984a, p. 19).

문화심리학의 범주에서 문화적 관점 간에 차별을 이끌어내고자 채택한 입장은 발달심리학에서 다른 하위집단의 유형을 구분하기 위해 채택한 것과 종류에서 유사한 것으로 보일 수 있다. 따라서 예컨대 마음 이론 연구에서 5세 아동들은 거짓 신념의 이해를 유지하는 경향이 있는 반면에, 3세 아동들은 그러한 이해가 부족한 경향이 있다는 주장이 제기되고 있다(예컨대 Wellman, 1990). 이러한 주장은—비록 그것이 3세와 5세 아동들의 각기 다른 집단의 견해를 구분하는 이질성과 중복을 얼버무리지만—발달적 차이를 확인하는 데 유용한 정보이며, 따라서 아마도 거의 틀림없이 문화심리학 내에서 제시되었던 집단 일반화의 비슷한 유형들에 방향이 맞춰진 것과 같은 유형의 비판을 받기 쉬울 것이다. 비록 결이 별로 곱지 않은 분석 수준으로 인해 세밀한 구분들이 사라져 버리지만, 어떤 목적에서는 행동에서의 집단 차이에 관한 주장 또한 의미가 있다는 것이 다른 심리학 영역와 같이 문화심리학에서도 인정되고 있다. 사실 문화적 관점 간의 차별을 도출하는 것은 그렇게 하지 않았더라면 심리학 이론에서 애초의 중심 견해와 구분될 수 없었던 관점들을 지지하고자 하는 노력에서 중요한 것으로 여겨진다(Graham, 1992). 버틀러(Butler)가 문화적 관점 간에 어떤 차별도 도출하는 데 실패한 포스트모던 입장은 아이러니하게도 페미니스트 관심을 표명하는 것이 불가능하다는 입장을 낳는다고 주장하면서 다음과 같이 단언했다.

> 만약 그것이 페미니스트 정치학에 대한 규범적 모델을 제공하는 여성 주체가 아니라면 무엇인가? … 무엇이 페미니즘이 해방을 추구하고자 하는 그 "누구", 주체를 구성하는가?(1990, p. 327)

그때 문화심리학 이론가들의 입장은 고정관념을 피해야 할 필요에 대해서 뿐만 아니라, 문화적 신념과 관습에 위치될 수 있는 의미 있는 일관성들을 간과하는 입장을 피해야 할 필요에 대해서도 민감해진다. 이러한 입장은 기초 심리학 이론의 형성에서 오늘날 경시되거나 간과되는 문화적 견해들에 무게를 실어주는 것을 가능하게 해주는 결정적인 것으로 간주되며, 연령과 관련된 경향의 주장을 결정하는 데 있어서 발달심리학에서 보다 일반적으로 채택된 입장과 그 종류에 있어서 결코 다르지 않은 것으로 이해되고 있다.

문화적 영향의 맥락 의존적 성격

개인주의/집단주의 관점의 몇몇 연구는 행동에 관한 문화적 영향을 맥락과는 무관하게 의존적인 것으로 표현하는데(예컨대 Oyserman, Coon & Kemmelmeiser, 2002), 이것은 문화심리학 관점으로부터 나온 주장과 연구결과를 의미하는 것은 아니다. 오히려 문화심리학 관점으로부터 나온 연구는 심리적 현상이 맥락에 의존적이며, 따라서 심리적 현상에 관한 문화적 영향은 맥락에 또한 의존적이라고 본다.

이 점과 관련하여 일어나는 혼동은 문화심리학 연구에서 이루어진 주장들의 본질과 관련하여 이론가들이 제기하는 몇 가지 논란 가능한 오해 때문에 존재할 수도 있다. 예를 들면 투리엘(Turiel)과 네프(Neff, 2000)는 문화심리학자들의 몇몇 주장을 맥락과 무관한 문화 간 차이를 배태하고 있는 것으로 특징짓는다. 그 주장들은 아래와 같은 방식에서 공식화될 때 쉽게 논박당할 수 있다.

> 집단주의 사회 구성원들은 개인적 목적을 집단의 그것에 예속시키는 것으로, 의무에 바탕을 둔 도덕판단을 내리는 것으로, 그리고 자아에 관한

> 사회중심적 및 상호 의존적 관점을 지니는 것으로 전해진다. 개인주의 사회 구성원들은 개인적 목적을 무엇보다 우선시하여 결정하는 것으로, 권리에 바탕을 둔 도덕판단을 내리는 것으로, 그리고 자아에 관한 자기 중심적 및 독립적 관점을 지니는 것으로 전해진다. 그러나 … 개별적인 미국인들의 도덕적 추론이 지배적으로 개인주의적인 것으로 특징지어질 수 있는지는 그렇게 분명하지 않다. … 미국인들은 개인적 관계와 집단적 관계를 포함하는 사회세계에 관한 복잡한 사고방식을 소유하고 있으며, 그리고 이들 원리의 적용은 상황적 맥락에 따라 다양하다(Turiel & Neff, 2000, p. 287).

이러한 유형의 결론은 문화심리학 관점의 연구가 일상적으로 맥락적/맥락 변동을 내세우며 그리고 맥락과 무관한 집단 차이를 주장하지 않고 있다는 사실을 간과하는 "보잘 것 없는" 입장으로 비판받을 수 있다. 그것은 또한 문화심리학자들이 어떤 분류명칭(label)을 사용하는 것은 행동에서 탈맥락화된 집단 차이가 존재한다는 주장을 하고자 하는 노력이라기보다는 심리학 개념을 확장하는, 그리고 기초 심리학 이론에 공헌하는 수단을 나타낸다는 것을 끝내 인정하지 않고 마는 것이다. 한 가지 예를 든다면 "배려의 도덕성"에 대한 주장에서 길리간(Gilligan, 1977, 1982)은 소녀들과 여성들이 항상 배려의 견지에서 추론하며 그리고 정의 이슈에 대해 결코 중요성을 부여하지 않는다고 주장하고 있지 않았다. 오히려 그녀의 요점은 그녀가 정확하게 지적하고 있듯이 그때 당시에 "정의의 도덕성"에만 배타적으로 초점을 두고 있던 관계로 심리학 이론에 나타나지 않았던 도덕추론에 대한 질적으로 다른 접근을 확인하는 것이었다. 마찬가지로 내가 유럽계 미국인들과 비교하여 힌두교를 신봉하는 인도인들에 의해 강조되었던 대인 간 도덕성의 관점을 연구의 전반에서 목격했던 몇 가지 일관된 차이에 대해 언급하고자 "개인적으로 정향된 배려의 도덕성" 대 "의무에 토대를 둔 배려의 도덕성"이란 분류명칭을 사용했을 때(Miller, 1994) 나의 초점은 또한 도덕성에 관한 이론적 이해를 확장하는 것이었지, 문화적 차이를 고정관념화시키는 데 있었던 것이 아니다. 또 다른 예를 든다면 최근에 "개별화 분리"에 관해서보다는 "공생적 조화"에 초점을 맞춘 발달 모델에 대해 주장할 때 문화심리학자들인 로스봄(Rothbaum), 포트(Pott), 아주마(Azuma), 미야케(Miyake), 그리고 와이즈(Weisz, 2000)는 심리학 발달의 최종 지점에 관한 현재의 견해를 개념적으로 확장하고자 모색했다. 미국 청소년들은 항상 자율성을 강조한다는, 혹은 모든 경우에서 일본 청소년들보다 더 자율적이라는, 또는 일본 청소년들은 단지 다른 사람들과의 공생적 유대만을 형성한다는 그 어떤 주장도 제시되지 않았다.

심리적 결과는 항상 맥락에 의존적이라는 것을 인정하는 데 있어서, 그리고 문화는 단순한 맥락적 요소로 축소될 수는 없다는 것을 명문화하는 데 있어서 문화심리학 관점의 연구는 심리학적 설명에서 문화와 맥락 두 가지 모두에 관심을 기울이는 것이 중요하다는 것뿐만 아니라 또한 그들의 상호 구성적인 성격을 강조한다. 마치 맥락의 생태학적 차원들에 관한 고려 없이 문화의 상징적 측면들에 대한 주의만으로는 불충분하듯이, 생태학적 맥락에 대해 주의를 기울임으로써 충분한 것으로 여겨지는 것이 아니라, 그의 상징적 의미에 대해서도 또한 주의를 기울여야 하는 것이다. 예를 들면 푸에르토리코의 중산계층 및 노동계층 어머니들과 유럽계 미국인 어머니들을 대상으로 한 애착에 관한 비교 연구는 어머니들의 견해가 그들의 각 문화 공동체의 상징적 의미체계 혹은 사회경제적 지위의 생태학적인 맥락적 요소에 의해 영향을 받을 뿐만 아니라, 이들 두 가지 고려요소의 유형이 상호작용한다는 것을 밝혀 주었다(Harwood, Miller & Irizarry, 1995). 따라서 예컨대 보다 통제적인 아동교육 가치를 강조하는 경향성은 유럽계 미국인 어머니들 가운데 단지 낮은 사회경제적 지위와 연관되었으나 푸에르토리코 어머니들 가운데 낮은 사회경제적 지위와는 연관되지 않았다. 또 다른 예를 들면 미국과 일본 성인들을 대상으로 실시했던 자기 표현(self-description)에 관한 실험연구는 문화 간에 차이가 나는 문화 의존적인 양식들을 예견했고 또 목격했다(Cousins, 1989). 미국 반응자들은 맥락화된 자기 표현 절차보다는 탈맥락화된 보다 추상적인 자기 표현을 채택했던 반면에 일본 반응자들은 그 반대의 맥락적 결과를 나타내 보였다. 이러한 문화와 맥락의 상호작용은 각 문화에서 맥락적 조정의 서로 다른 의미를 반영하는 것으로 해석된다. 일본 반응자들은 맥락에 관한 아무런 정보를 제공하지 않는 조건에서 자기를 표현하는 것을 부자연스러운 것으로 경험하고 미국 반응자들은 탈맥락화된 과업을 가장 의미 있는 것으로 경험하는 것이다(Cousins, 1989). 요약하면 문화심리학 범주에서의 설명은 모든 심리학 설명에서 전형적으로 고려된 상황요소에 주목할 뿐만 아니라 맥락이 이해되는 방식에 영향을 미치는, 그리고 심리적 반응에 관한 그의 결과에 영향을 미치는 문화적 의미에 대해서도 주목한다.

실용적 상대주의

문화심리학의 핵심적인 이론적 전제는 절대적 보편주의 혹은 극단적 상대주의의 양 극 간에 중간 토대를 형성하는 입장으로서 실용적 상대주의의 채택이다. 이 입장을 선택할 때에 문화심리학 범주의 연구는 별개 영역 그리고 콜버그 관점의 도덕적 추론에 관한 연구취지와 일치하는 입장을 받아들인다.

이들 다양한 관점의 이론가들은 서로 다른 문화환경에서 행동에 주어지는 의미에 영향을 미치는 문화적으로 특수한 지식체계와 가치를 이해하고 친숙해지는 문화적 민감성이 필요하다는 데 동의한다. 따라서 도덕적 평가에서 문화적 의미에 어떠한 중요성을 부여하지 않는 보편주의 입장은 자민족 중심적이며 도덕적으로 논란거리일 수 있다는 데 동의한다. 이와 마찬가지로 모든 다양한 관점들은 순수하게 지역적 준거의 견지에서 관습을 평가할 것을 요구하는 극단적 상대주의를 회피한다. 이런 종류의 취지는 예컨대 사회적 위계에서 종속적 위치에 있는 사람들의 도덕적 견해를 탐구하고 그들의 견해가 지배적인 사회적 위치에 있는 사람들의 그것과 다른 경향이 있다는 것을 발견했던 투리엘과 그의 동료들에 의한 최근의 연구에서 강력하게 표명되고 있다(Turiel, 1998a, 1998 b ; Turiel & Wainryb, 1994, 2000). 특히 문화심리학의 견지에서 볼 때, 이런 종류의 감각은 선도해야 할 필요와 관련하여 브루너(Bruner)가 제시했던 논증에서 마치 사회적 관습을 평가할 때 가능한 것처럼 지역문화적 관점의 이해를 완성하는 것으로 간주될 수 있을 것이다.

> 구성주의의 기본적인 주장은 단순히 우리가 가정하기 위해 선택했던 관점에 비추어 지식이 "옳다" 혹은 "그르다"라는 것이다. 이런 종류의 옳고 그름—아무리 우리가 그것을 잘 검증할 수 있다 하더라도—은 절대적 진리와 거짓을 판단하지 못한다. 우리가 희망할 수 있는 최선은 우리의 주장에 관해 "옳음"과 "그름"을 판단할 때 우리 자신의 관점과 다른 사람들

의 그것을 지각하는 것이다(1990, p. 25).

이와 비슷하게 쉬웨더(Shweder)는 문화심리학을 극단적 상대주의보다는 문화적으로 근거를 둔 비교 도덕 평가의 형식과 연계한다.

> … 문화심리학에 관한 나의 견해는 선과 악, 옳음과 그름, 진실과 거짓, 유능과 무능에 관한 비판적 판단을 내리는 것을 회피할 방법이 없다는 것을 충분히 인정한다. … 존중할 가치를 지니는 모든 문화는 "외부"로부터의 비판에 직면하여 틀림없이 방어가 가능하다. 사실 나의 관점에서 볼 때 문화심리학의 독특한 특징 중 하나는 그것이 "외부" 관점으로부터 이해될 수 있는, 아마도 인정받을 수 있는, 혹은 최소한 묵인될 수 있는 그러한 방식에서 "내부" 관점을 표현하면서 기꺼이 그 방어를 하고자 노력한다는 것이다(2000, p. 216).

이러한 입장의 유형을 반영하여 쉬웨더(Shweder), 미노우(Minow), 그리고 마르쿠스(Markus, 2002)는 최근에 미국의 이민자들과 관련한 문화 갈등의 이슈들을 검증하는 책을 편집하면서 이민자들의 고유 관습이 문화적으로 민감하며 윤리적으로 건전한 공공정책을 달성하는 데 부적합한 경우에 발생하는 어려운 결정과 도덕적 감각의 영향력을 탐구했다. 만약 쉬웨더와 그 책의 그 밖의 다른 투고자들과 같은 이론가들이 극단적인 도덕적 상대주의에 동의했다면 그러한 탐구는 필요하지도 않았을 것이다. 왜냐하면 모든 경우에서 한 가정 내의 지역관습은 특권을 부여받을 것이기 때문이다.

그때 문화적 관습을 이해하는 데 있어서 도덕적으로 방어 가능한,

그러나 문화적으로 민감한 토대에 대한 이러한 탐색은 문화심리학에서의 연구와 개별 영역 및 콜버그 관점에서의 연구 모두에게 관점 간의 차이가 근본적 의제의 문제라기보다는 정도의 문제라는 점을 알려준다는 것을 인정하는 것이 중요하다. 문화심리학 범주의 연구자들은 무엇이 해악 혹은 권리 파괴로 간주되는가에 영향을 미치는 데 있어서 사회적 의미의 역할을 인정하고 있다. 그러나 그들이 채택한 입장은 극단적 상대주의를 나타내는 것이 아니라, 관습과 일치되는 의미가 그들의 함축에 작용하고 도덕적 지위에 영향을 미친다는 것을 인정하는 것이다. 따라서 예를 들면 스웨덴과 같은 그런 문화의 관점에서 보면, 볼기짝을 때리는 등의 체벌을 자녀 훈육수단으로 채택하고 있는 미국 부모들의 공통적 관습이 논란을 불러일으킬 수 있는 것으로 판단되는 경향이 있는 반면에 상당히 많은 미국 가정에서 그러한 관습은 긍정적 의미와 일치하며, 심지어 긍정적인 적응결과와 연관될 수도 있다(Baumrind, 1996). 이것은 보다 넓은 범위의 문화적 관습이 문화적으로 가치가 부여된 목표를 성취하는 데 받아들여질 수 있으며, 자민족중심주의를 피하려면 도덕적 평가가 심지어 전적으로 문화적으로 상대적이지 않는 표준을 적용할 때에도 이러한 가변성을 고려해야 한다는 것을 시사한다. 요약하면, 문화적 관습에 관한 평가는 도덕발달에 대한 개별 영역 혹은 인지발달 접근에서보다 문화심리학 범주에서 더 상대주의적으로 되는 경향이 있는 데 반하여, 이런 차이는 극단적인 도덕적 상대주의를 승인하거나 혹은 모든 접근에서 문화적으로 맹목적인 자민족중심주의를 반영하는 것이 아니다.

도덕적 견해에 관한 문화적 영향

도덕발달을 이해하고자 하는 데 있어서 문화심리학의 연구가 끼친 주요한 공헌은 현존하는 심리학 이론들에서 아직까지 충분히 고려되지 않고 있는 도덕적 추론의 차원들을 인정하는 것이다. 문화심리학 관점의 연구는 경험적으로 도덕성, 사회적 인습, 그리고 개인적 선택의 이슈 간의 구분에 관한 보편성뿐만 아니라 도덕적 견해에서 정의와 복지 관련의 보편성 또한 지지한다. 그러나 다음에 논의된 바와 같이 그것은 또한 도덕적 견해에서 정신적 관계 역할에서의 문화적 변차뿐만 아니라 위해와 부정의에 관한 관점, 배려 도덕성에서의 질적 차이에 관한 문화적 영향을 두드러지게 한다.

문화와 정의추론

정의 이슈에 대한 최소한 몇 가지 도덕적 관심의 보편성은 투리엘과 그의 동료들(예컨대 Miller & Bersoff, 1992 ; Shweder 외, 1987)에 의해 개발된 단답형(short answer) 방법론을 활용하는 문화심리학 연구에서 뿐만 아니라 콜버그 학파의 범문화적 연구(예컨대 Edwards, 1986 ; Snarey, 1985)에서 내용과 형식 수준 두 가지 모두에 관하여 확립되어 왔다. 내용 수준과 관련하여 이러한 보편성은 모든 잘 알려진 문화집단들에서의 해악이나 부정의와 관련한 몇몇 연구결과에서, 그리고 해악이나 부정의의 경우로서 간주된 이슈들의 유형에서 상당히—비록 완전히는 아니더라도—중복되어 나타나고 있다(예컨대 Bersoff & Miller, 1993 ; Miller & Bersoff, 1992 ; Snarey, 1985). 형식 수준과 관련하여 어떤 형식적 구분들이 또한 보편적으로 이루어진다. 따라서 쉬웨더(1982)가 말하듯이 정의에 관한 혹은 같은 경우에 같게 대우하는 평등에 관한 추상적 원리뿐만 아니라 해악을 회피하는 것에 관한 추상적 개념은 모든 도덕률에서 발견된다. 그러나 이러한 문화 간 공통성에도 불구하고 해악과 부정의의 행위에 관한 확인에서 문화적 변차가 존재하고, 또한 경쟁하는 도덕적 및 도덕과 무관한 관심과 관련한 정의 참작에 주어진 우선권에서도 문화적 변차가 존재한다.

해악과 권리 파괴에 관한 문화적 개념 구성. 문화적 의미체계는 위해나 권리 파괴를 포함한 행위에 관한 지각에 영향을 미치는 것으로 간주되고 있다. 이것은 특별한 경우에 위해와 부정의에 관한 추상적 개념을 예시하기 위해서는 자아의 경계뿐만 아니라 개인적 특성의 개념을 고려해야 하기 때문에 나타나는데, 여기에서 그 개념은 문화적으로 변화 가능한 방식에서 규정되고 문화적으로 변화 가능한 지식의 전제조건들을 근거로 설정된 것이다. 예를 들면 우리는 환경에서 어떤 실체들을 인간으로서 적격하다고 인정할 것인가, 그리고 자아의 경계를 얼마나 확장하여 규정할 것인가, 곧 해악으로부터 보호하는 권리는 비인간 실체들에게까지 확장할 것인가, 그리고 그것은 신념과 가치로까지 미치는지의 여부 등에 대한 몇 가지 준거를 지녀야만 한다(Shweder, 1982 ; Shweder 외, 1997). 이와 마찬가지로 특정한 행위가 차별적인지 혹은 불공정한지를 결정하기 위해서는 같은 경우는 같게, 다른 경우는 다르게 대우받도록 결정할 수 있는 내용 표준의 적용이 요구된다(예컨대 15세 청소년은 중년 성인과 다르게 대우받아야 하며, 운전면허가 허용되어서는 안 되는 반면에 80세 노인은 똑같게 대우받아야 하고 운전면허가 허용되어야 한다).

위해란 무엇인가에 관한 정의(definitions)뿐만 아니라 인간의 특질, 자아의 영역에 관한 관점에서도 서로 대조적인 정의(definitions)를 유지하고 있기 때문에 서로 다른 문화적 배경 출신의 개인들은 잠재적 정의 관심(potential justice concerns)과 관련되는 이슈들에 관한 구체적인 도덕 판단에서 매우 광범위하게 서로 다른 것으로 알려져 왔다. 예를 들면 바수데프(Vasudev)와 훔멜(Hummel, 1987)은 인도의 인텔리 계층 반응자들이 어떻게 미국 반응자들에게서 전형적으로 나타나거나 콜버그(1971)가 가정한 것 그 이상으로 인간의 삶에 관한 개념을 망라하여 콜버그의 도덕 딜레마에 반응하는지를 설명해 준다. 해악으로부터 인간을 보호하는 데 어떤 한계를 두기보다 해악으로부터의 보호가 모든 삶의 형식으로 확장되며, 채식주의를 도덕적 문제로서 다루는 입장도 이런 결과로 나온다. 하인즈(Heinz) 딜레마에 대해 하인즈가 그의 애완동물의 생명을 구하기 위해 도둑질을 해야 하는지의 여부를 묻자 인도 반응자는 다음과 같이 주장했다.

> 우리는 많은 생명의 형식 사이에서 선택을 한다. 그러나 전체적인 지침 혹은 정신적 원리는 모든 생명의 형식이 가치가 있다는 것이어야 한다. 예를 들면 영적 전통에서 부주의하게 혹은 별 필요도 없이 꽃잎을 따는 것 또한 폭력의 행위로서 이해된다. … 우리 인도인들은 채식주의자이다. 채식주의의 원리는 생명이 파괴되어서는 안 된다는 것이다(Vasudev & Hummel, 1987, p. 115).

그 연구는 또한 미국과 그 밖의 다른 서구 사람들에게서 유지되고 있는 해악과 권리에 관한 관점이 비서구 공동체에서 강조되는 것보다 더 망라하고 있는 경우들에 대해서도 지적하고 있다. 지금 말한 바와 같이 세속적인 미국의 성인들을 인도의 정통 종교인과 비교하여 대조한 연구에서 인도인들은 미국 반응자들보다 성 불평등과 관련되는 관습(예컨대 남성과 여성의 불평등 상속)에 대해 도덕적 논란거리라기보다는 도덕적으로 바람직한 것으로 다루는 경향이 있다는 것이 관찰되었다(Shweder 외, 1987). 이와 마찬가지로 개인적 차이와 관련한 예에서 미국 청소년들이 낙태를 개인적 의사결정의 문제와 비교하여 비도덕적인 것으로 생각하는 경향성은 개인적 특성에 관한 대조적인 규정들을 반영하는 것으로 목격되었고, 낙태가 해악의 행위를 구성하느냐 혹은 그렇지 않느냐에 관한 평가와 연관되었다(Smetana, 1981).

별개 영역 관점의 이론가들은 문화적 차이의 유형이 도덕률에서의 근본적인 가변성 때문이라기보다는 어떤 특정한 행동이 해악을 내포하는지 여부를 결정하는 데 있어서 배태하게 되는 실세계에 관한 지식 가정에서 서로 다르기 때문에 발생한다는 논증을 제시하고 있다(Turie 외, 1987 ; Wainryb, 1991). 이 관점에서 보면 장남이 아버지가 돌아가신 후 이틀 만에 머리카락을 자르고 닭고기를 먹는 행위에 대해 비도덕적으로 간주하는 인도 반응자들의 경향성(Shweder 외, 1987)은 그런 행동이 그의 영혼을 구원받지 못하게 함으로써 아버지에게 해악을 끼칠 것이라는 "비현실적인 신념이 매개된" 반응자들의 이해를 반영하는 것으로 간주된다(Turiel 외, 1987). 그때 이런 해석의 유형에 관한 관점으로 볼 때, 문화가 실재의 본질에 관한 개인의 해석에 영향을 미치는 지식 가정(knowledge assumption)을 제공하는 것으로 이해되는 반면에, 해악과 부정의의 행동을 비도덕적으로 바라보는 경향성에서의 근본적인 차이를 불러일으키는 것으로 이해되지는 않는다. 더 나아가 도덕적 견해에서의 차이는 대조적인 인식론적 가정의 상대적 타당성을 평가하는 합리적 분석을 통해서 해결될 수 있을 것으로 여겨진다.

비록 문화심리학 관점의 이론가들이 도덕적 견해에서의 문화적 차이를 해석할 때 문화적으로 토대를 둔 지식 가정을 고려하여 설명할 필요가 있다는 개별 영역 관점의 논증과 의견을 같이한다 하더라도(Wainryb, 1991), 그들은 도덕적 견해에서의 차이를 합리적 토대 위에서 완전하게 판결을 내리는 것이 가능하다는 가정에 대해서는 의견이 다르며, 문화적 지식이 도덕적 추론을 평가하는 동안에 이런 방식에서 충분히 지속적으로 유지될 수 있다고 가정하는 분석적 입장의 정보제공 성격을 의심한다. 논의된 바와 같이 문화적 의미체계는 표상적 지식뿐만 아니라 충분히 합리적·기능적으로 기초하지 않은 구성적 전제를 함유한다. 이것은 그때 경험의 범주화(예컨대 태아가 한 인간으로서 대우받을 자격이 있다고 결정하는 것)가 부분적으로 상황에 관한 보다 많은 사실을 수집함으로써 경험적으로 평가되지 않는 가치를 반영한다는 것을 암시한다. 그와 동시에 신념과 지식체계에서의 일정한 문화적 차이를 유지하면서 도덕적 견해에서의 문화적 차이를 평가하고자 시도하는 분석적 입장은 실질적으로는 분석적으로 그러한 차이를 일정하게 유지하면서 문화적 영향을 도덕적 관점에서 평가하고자 시도하는 입장으로 여겨진다. 도덕적 견해에서의 문화적 가변성에 공헌하는 것으로서 문화적으로 기초를 둔 대조적인 의미를 확인하는 것이 가치 있는 것으로 고려되는 반면에, "순수한" 도덕적 견해의 측정을 개발하는 그러한 영향을 분할하는 것은 결국은 환원적인 일상의 현상적 경험과 맞지 않는 것으로서 여겨진다.

요약하면, 문화는 해악과 부정의의 해석에 영향을 미침으로써 일상의 정의추론에서 중요한 역할을 수행한다. 이것이 함의하는 바는 정의추론은 단순히 행위들이 해악이나 권리 파괴를 내포하는 정도를 귀납적으로 평가하여 스스로 구성될 수 있는 것이 아니라, 사회적 실재의 성격에 관한 문화적으로 변화 가능한 인식론적 · 구성적 가정을 부분적으로 반영한다는 것이다.

정의를 고려할 때 주어지는 우선권에서의 문화적 변차. 문화적으로 토대를 둔 개인들의 지식 가정들이 비교할 만하고 또한 관련된 정의와 해악 이슈의 도덕적 지위에 관하여 그들이 서로 일치하는 경우에서조차도 문화적 변차는 경쟁하는 도덕적 관심과 비교하여 개인들이 정의에 대해 부여하는 우선권에 존재할 수 있다. 이런 경우에 문화적 변차의 원천은 도덕판단을 할 때 정의나 개인적 권리보다는 그 밖의 다른 이슈에 상대적으로 더 큰 중요성을 부여하는 문화집단에 존재한다.

이런 결과의 형태에 대한 간접적 증거는 콜버그식 도덕판단 측정 연구에서 관찰된 현저한 문화 간 차이에서 발견된다. 스나레이(Snarey, 1985)가 문화적으로 다양한 45명의 표본을 대상으로 콜버그식 연구에 관한 조사연구에서 보고한 바와 같이, 대부분의 사람은 인습 이후 차원에서 추론하는 것이 아니라 오히려 3단계 인습 추론을 강조하는 경향이 있다. 이와 같이 콜버그식 문화 간 연구에서 관찰된 반응자들의 단지 약 6%만이 인습 이후와 인습적 관심(단계 4와 5)의 혼합을 반영했고, 사실상 순수하게 인습 이후는 단지 2%에 불과했다. 3단계 추론을 강조하는 데 있어서 반응자들은 콜버그 딜레마에서 정의와 개인적 권리의 이슈에 대해서가 아니라 역할 책무와 관련한 문제에 대해 우선권을 부여하고 있었다. 정의 이슈에 대해 민감하면서도 경쟁하는 대인관계 주제에 우선권을 부여하는 것은 예컨대 아들이 자기 아버지의 명백하게 불공정한 요구를 거부할 것인지의 여부에 관한 이슈와 관련이 있는 콜버그의 "조 딜레마" (Joe Dilemma)에 대한 케냐 반응자에 의해 제시된 다음의 반응에 나타나 있다.

> (만약 아버지가 약속을 어긴다면) 그것은 증오를 유발할 것이다. 왜냐하면 아들이 화가 나서 "나는 내 자신의 뜻을 따르고자 했지만 아버지가 속였다. 그는 나를 방임했고 나를 거부했다"고 말할 것이기 때문이다. … 그래서 그것은 나쁘다. … (그러나) 아들이 더 나쁘다. 내 말에 복종하지 않는 자녀를 상상해 보라. 그가 진정으로 정상적인가?(Edwards, 1986, p. 425)

속였던 아버지에 대한 그의 언급에서 나타난 바와 같이 반응자는 정의 관심을 지각하고 있다. 하지만 아버지의 소망에 복종하는 자녀의 책무와 비교했을 때 보다 더 적은 우선권을 이 관심에 부여한다. 비록 이러한 반응형태는 콜버그에 의해 본질상 단순히 인습적인 것으로 점수계산이 되어왔다 하더라도 그것은 정의 이슈보다는 공동체 이슈에 더 많은 중요성을 부여하는 반응자의 증거를 제공해 준다(Snarey & Keljo, 1991).

정의 이슈와 관련하여 주어진 우선권에서 문화적 차이가 존재한다는 또 다른 증거는 가설적인 갈등상황—여기에서는 정의 이슈의 완성이 경쟁하는 대인관계 책임을 완성하는 것과 갈등한다—에 관한 추론을 개발한 미국과 인도의 성인 및 아동들을 대상으로 한 실험연구에서 나타난다(Miller & Bersoff, 1992). 개인들이 개인적 정의 및 관련된 대인관계 침해를 그들의 중대함에서 똑같은 것으로 간주한다는 것을 보증하기 위해 갈등상황을 구성할 때에 개별 기술적 절차(idiographic procedure)가 채택되었다. 콜버그식 연구에서 관찰되었던 양식과 일치하는 것으로, 인도 반응자들은 미국 반응자들이 생명에 지장이 없는 상황에서 했던 것보다 경쟁하는 대인관계 책무에 우선권을 더 부여하는 경향이 있었다. 요컨대 예를 들면 실제적으로 모든 미국 반응자들은 기차표를 훔치는 것이—비록 이것이 가장 친한 친구 결혼식에 참석하는 대인관계 책임을 완성하는 유일한 방법이라 하더라도—도덕적으로 나쁘다고 판단했던 반면에, 대다수의 인도 반응자들은 결혼식에 참여하는 것은—비록 이것이 기차표를 훔치는 정의 침해에 개입해야 하는 것을 의미한다 하더라도—도덕적으로 요구되는 것이라고 판단했다.

요약하면, 경쟁하는 도덕적 관심들과 비교하여 정의 이슈에 주어지는 도덕적 우선권에서 문화적 변차가 존재한다. 문화적 집단들이 특정한 경우에 정의 이슈의 도덕적 지위에 서로 동의한다 하더라도 그들의 판단은 그들이 소유한 경쟁하는 도덕적 의무의 기능작용으로서 서로 다를 수 있다.

책임판단에서의 문화적 변차. 비록 책임판단에 관한 연구가 도덕판단에 관한 연구와 독립적으로 진행되는 경향이 있지만, 책임판단은 이론적으로 도덕판단에 관련되고 일상적인 도덕추론에서 문화적 변차의 중요한 원천을 구성한다. 규칙이 지배하는 행동의 영역은 자발적 행동과 관련되며, 거기에서는 행위자가 그것을 수행하는 것에 대해 최소한 잠재적으로 책임을 질 수 있는 자신의 행동에 대한 충분한 통제력을 지니는 것으로 판단된다. 어떤 행동이 의도되지 않았고, 행위자가 자신의 행위 결과를 이해하거나 실행을 통제할 능력이 부족하고, 혹은 그 행동이 상황의 압력에 의해 영향을 받는 정도에 따라 그 행동에 대해 행위자에게 책임이 덜 있는 것으로 판단하는 경향이 있다(Darley & Zanna, 1982 ; Fincham & Jaspars, 1980 ; Heider, 1958).

책임판단이 도덕판단에서 문화적 변차의 원천이 될 수 있다는 증거는 잠재적으로 정상을 참작할 만한 상황 하에서 수행된 미국과 인도 성인들, 그리고 아동들의 정의 파괴에 관한 도덕적 평가를 타진했던 문화 간 연구에서 나타난다(Bersoff & Miller, 1993 ; Miller & Luthar, 1989도 볼 것). 미국 반응자들보다 더 많은 인도 반응자들이 행위자에게 상황적으로 유도된 정서적 협박에 대한 반응과 미성년자와 관련된 상황 하에서 취해졌던 정의 침해에 대한 책임을 면제하는 경향이 있는 것으로 목격되었다. 또한 미국 반응자들은 잠재적으로 정상을 참작할 만한 이러한 상황의 유형을 덜 자주 고려할 뿐만 아니라 그들은 또한 그러한 상황을 다른 방식으로 고려했다. 요컨대 아주 놀랍게도 미국 반응자들의 정의 침해에 관한 영역 범주화는 침해가 추상적으로 제시되는 경우에는 그 침해를 도덕적 위반으로 간주하던 것으로부터, 그러한 행위가 잠재적으로 정상을 참작할 만한 전후관계 상황의 맥락에서 제시되면 그 행위를 개인적 선택의 문제로 여기는 경향이 있었다(예컨대 어떠한 정상을 참작할 만한 상황이 제시되지 않은 경우에 잠겨진 집에 침입하여 들어가는 것은 도덕적 위반이지만, 그 행위자가 예상치 못한 소리에 소스라치게 놀란 상황 하에서 이런 행위를 하느냐 혹은 하지 않느냐는 그 행위자 자신의 개인적 결정이라고 주장한다). 이러한 관찰된 문화 간 차이는 서로 다른 연령과 서로 다른 상황적 압력 하의 행위자들이 상황적 영향에 취약한 것으로 간주되는 정도와 관련한 가정을 포함하는 문화적으로 토대를 둔 대조적인 지식 가정 및 가치로부터 발생한다.

요약하면, 도덕적 책임판단의 연구는 정의 침해에 관한 도덕적 범주화에서의 차이는 관련된 정의 이슈들의 도덕적 지위에 관한 문화 간 일치가 존재하는 경우에도 발생할 수 있다는 추가적인 증거를 제시한다. 일상적인 정의추론이 추상적 경우와 관련하여 일어나는 것이 아니라 거의 항상 맥락적 경우를 내포한다는 것을 가정한다면, 현재의 고려는 문화적으로 변화 가능한 배경 가정이 일상적인 도덕적 추론에서 현저한 구체적인 차이를 불러일으킬 수 있는 방식들을 돋보이게 해준다.

문화와 배려의 도덕성

타인들의 필요에 대한 반응성은 전통적으로 정의의 지위에 종속되는 도덕적 지위를 지닌 것으로 여겨져 왔다. 정의 도덕성의 소극적 명령과 대조적으로 긴밀한 관계에 있는 다른 사람들을 돕는 적극적 책무는 범위가 너무 넓어서 충분하게 실현될 수 없으며, 그래서 도덕적 의무로 간주될 수 없다고 주장되었다(Kohlberg, 1981 ; Nunner-Winkler, 1984). 이 관점에서 보면 친구에 대한 배려는 도덕적으로는 바람직하지만 궁극적으로는 개인의 의사결정 문제로 간주된다. 따라서 콜버그식 구조와 개별 영역 관점에서 보면 긴밀한 관계에 있는 타인들의 필요에 대해 반응해야 할 책무는 의무의 문제라기보다는 본질상 자유재량적인 초월적 기대로 간주된다(Kahn, 1992 ; Kohlberg, Levine & Hewer, 1983). 문화에 근거한 연구는 다양한 문화를 바탕으로 하는 배려 도덕성의 존재를 강조하는 데 있어서 뿐만 아니라, 도덕적 영역을 배려와 우정의 이슈를 포함하도록 확장할 필요를 강조하는 데 있어서 이들 가정에 도전한다.

콜버그식 구조에 대한 문화적 도전에서 길리간(Gilligan, 1977, 1982)은 긴밀한 관계에 있는 다른 사람들의 필요를 충족시키고자 하는 반응성을 충분히 도덕적인 것으로 대우하는 배려 도덕성의 존재를 주장했다. 길리간은 성에 토대를 둔 사회화 과정을 통해 소년들은 정의의 도덕성을 불러일으키는, 그리고 전체적인 문화의 개인주의와 양립할 수 있는 자율적인 자아의식을 발달시킨다고 주장했다(Gilligan & Wiggins, 1988). 이와는 대조적으로 소녀들은 배려 도덕성을 불러일으키는, 그러나 문화적으로 평가절하된 관계적 자아관을 발달시킨다. 비록 그 이후의 연구는 배려와 정의의 도덕성이 성과 관련된다는 주장에 이의를 제기했지만(Walker, 1984) 그것은 배려의 도덕성이 존재한다는 것, 그리고 정의 도덕성의 이론은 대인관계 책임을 함유하도록 확장되어야 할 필요가 있다는 주장을 지지해 왔다.

문화비평들은 길리간의 배려 도덕성 구조 그 자체가 문화적으로 제한된다는 또 다른 주장을 하면서 길리간의 연구를 확대해석했다. 요컨대 길리간의 모델에서 강조된 사회화 관점은 문화적 과정에 거의 중요성을 부여하지 않는 것으로 주장되어 왔다(Miller, 1994). 길리간의 접근에서 배려 도덕성은 전체적인 문화의 개인주의적 가치들의 발달하는 외면(outside)으로 묘사되며, 단지 정의 도덕성만이 문화적으로 토대를 둔 것으로서 간주된다. 그러나 배려 도덕성의 사회화는 항상 문화적 맥락 내에서 일어나며, 따라서 이 도덕성의 형식 또한 문화적으로 영향을 받는 것으로 가정되어야 한다.

우리는 문화 간 연구 프로그램을 통해 길리간에 의해 확인된 배려 도덕성에 대한 접근이 문화적으로 특수적이라는 것, 그리고 배려 도덕성에 대한 질적으로 다른 접근이 힌두교를 신봉하는 인도 사람들에게서 발견된다는 것을 입증했다. 일련의 연구에서 인도 반응자들은 미국의 반응자들과 비교했을 때, 긴밀한 관계에 있는 다른 사람들의 필요를 충족시키는 것을 개인적 선택의 문제라기보다는 도덕적 의무의 문제로 바라보고(Miller & Bersoff, 1995 ; Miller 외, 1992 ; Miller & Luthar, 1989) 맥락적 요소들을 그들의 도덕적 추론에서 보다 충분하게 고려하는(Bersoff & Miller, 1992 ; Miller & Luthar, 1989), 경쟁하는 정의 책무보다 대인관계 책임에 더 큰 비중을 두고(Miller & Bersoff, 1992) 대인관계 상호성을 개인적 선택의 견지에서보다는 도덕적 견지에서 다루는(Miller & Bersoff, 1994), 그리고 가족과 친구들에 대한 도덕적 반응성을 지속적인 개인적 친근함과 좋아함으로 간주하는(Miller & Bersoff, 1998) 경향이 크다는 것을 보여주었다. 중요하게도 이들 각각의 조사연구에서 개인들의 반응은 문화 간 차이와 더불어 관찰된 문화 간 공통성으로 조작되고 있는 맥락적 요소들에 따라 달랐다. 몇 가지 예를 제시한다면, 비록 인도 사람들이 미국 반응자들보다 다른 사람들을 돕는 것을 개인적 선택의 견지에서보다는 도덕적 견지에서 범주화하는 경향성을 더 보였지만, 미국 반응자들도 다른 사람들을 돕는 것을 극단적 필요와 관련한 경우들에서는 의무적인 것으로 생각했다(예컨대 Miller 외, 1990 ; Miller & Bersoff, 1992). 또한 비록 미국 반응자들이 인도 반응자들보다 개인적 선택 고려사항을 강조하는 경향이 더 있었지만, 인도 사람들도 복지관계 혹은 내집단(in-group) 연고와 관련되지 않은 어떤 경우들에서는 도움을 개인적 선택의 견지에서 범주화했다(예를 들면 Miller 외, 1990 ; Miller & Bersoff, 1994).

앞에서 논의된 연구들에서 미국 반응자들 가운데 관찰되었던 대인관계 의무에 대한 임의주의 접근(voluntaristic approach)은 길리간의 배려 도덕성 구조의 주장과 일치한다. 그러나 인도 사람들 가운데 관찰되었던 결과의 양식은 배려 도덕성 구조의 예견과 일치하지 않는다. 미국 반응자들 가운데 관찰되었던 결과의 양식에 대해서는 "개인주의적으로 정향된" 배려 도덕성을 반영하는 것으로 기술하고, 인도 반응자들 가운데 관찰된 것은 "의무에 토대를 둔" 배려 도덕성으로 기술한 이 두 가지의 광범위한 유형을 새로운 형용사들을 채택하여 각각 언급한 것은 바로 이런 이유에서였다(Miller, 1994). 이러한 주장을 하는 데 있어서 유일한 요점은 인도에서 관찰된 결과의 양식이 길리간의 배려 도덕성 구조로는 잘 포착되지 않는다는, 그리고 "배려 도덕성"이 취하는 것은 단 하나의 형식이라기보다는 다양한 형식이 존재한다는 것을 알리는 이론적 언어를 채택하는 것이다. 별개 영역 관점의 이론가들에 의해 제기된 비난에도 불구하고(예컨대 Neff, 2001 ; Turiel, 2002) 그러한 분류는 기초적인 심리학 이론을 보다 문화적 · 포괄적으로 만드는 데, 그리고 반응양식이 각 문화적 집단 내에서 단일하다는 주장을 하지 않도록 하는 데 공헌했다. 주목한 바와 같이 모든 연구들은 문화 간 반응에서의 중복과 문화 내에서의 맥락적 변차를 입증해 왔다. 사실 그 구별이 최초로 소개되었던 논문에서조차도 그 분류가 직접적으로 개인주의/집단주의라는 이분법을 그리고자 의도되지 않았고, 보다 치밀한 분석들이 대인관계 도덕성에 대한 그 밖의 다른 질적으로 독특한 접근을 드러낼 것이 기대되었다는 점을 주목할 필요가 있다(Miller, 1994).

실제적으로 다른 비서구 문화권에서 수행되었던 연구는 길리간의 배려 도덕성 구조의 개인주의적으로 정향된 접근에 의해서든 아니면 인도에서 확인된 의무에 토대한 접근에 의해서이든 둘 중의 하나에 의해 포착된 것과는 중요한 방식에서 차별되는 새로운 대인관계 도덕성 접근을 확인했다. 예컨대 일본에서의 연구는 자신의 내집단 내에서 연민

(omoiyari) 의식 혹은 공감에 기초한 배려 도덕성 접근이 존재함을 입증했다(Shimizu, 2001). 그러한 접근에서는 좋은 대인관계를 유지하는 것을 강조하는 경향이 있다. 다른 예를 들어보면 다양한 중국의 문화적 인물들에 대한 연구는 유교와 도교사상에 근거한 도덕적 견해를 뒷받침하는 대조적인 전제를 지적한다(Dien, 1982 ; Ma, 1988, 1989, 1992, 1997). 이들 견해에 중심적인 것은 **인**(仁, jen)의 개념으로서 이는 사랑, 자비, 효와 같은 관념을 포괄하는 정서에 근거한 개념이다. 게다가 또 다른 예를 들면 사회의 조화에 대한 관심은 폴란드 사람들(Niemczynski, Czyzowska, Pourkos & Mirsk, 1988), 영국령 온두라스의 흑인 카리브족(Gorsuch & Barnes, 1973)과 나이지리아의 이보(Igbo) 사람들(Okonkwo, 1997)에게서 관찰되고 있다. 실제적으로 콜버그식 문화 간 연구에 대한 비평에서 스내레이(Snarey)와 켈조(Keljo, 1991)는 인습 수준에서 점수가 잘못 부여된—이는 그들이 주장하는 것이다—또한 질적으로 독특하고 문화적으로 다양한 배려 도덕성의 형식을 나타내는 공동체의 **공동사회**(Gemeinschaft) 목소리가 존재하는 경우를 제시한다.

요약하면, 길리간에 의해 제시된 콜버그의 이론에 관한 비판은 도덕성에 관한 연구가 도덕성을 정의 고려로 제한하는 것보다는 가족과 친구들에 대한 대인관계 반응성을 충분히 도덕적 관계로서 포함할 수 있도록 확장할 필요를 지적하고 있다. 문화 간 연구가 이러한 통찰에 덧붙이고 있는 것은 길리간의 배려 도덕성 구조가 단지 하나의 문화적으로 특수한 대인관계 도덕성의 견해를 구성하며 대안적이고 문화적으로 변화 가능한 배려 도덕성들이 서로 다른 사회문화적 환경에서 발견되고 있다는 것을 강조하는 것이다.

문화와 신성(神性)의 도덕성. 마지막으로 문화적 연구의 주요 요점은 도덕률이 해악, 정의, 복지, 우정, 그리고 가족 유대의 이슈를 포괄할 뿐만 아니라 많은 경우에서 정신적 관심을 수반한다는 것을 인정하는 것이었다. 이러한 통찰은 쉬웨더(Shweder)와 그의 동료들로 하여금 "자율성" 혹은 정의에 대한 관심, "공동체" 혹은 배려에 대한 관심과 더불어 "신성"에 대한 관심을 망라하는 도덕성에 대한 세 갈래 접근이 존재한다고 주장하도록 이끌었다(Shweder 외, 1997).

도덕적 추론에서 정신적 고려가 매우 중요하다는 것에 대한 최초의 증거는 종교적 관심을 개인적 견해를 알려주는 것으로서 드러냈던 콜버그식 문화 간 반응들에서 나타났다. 예를 들면 나이지리아의 이보(Igbo) 사람들은 콜버그식 도덕 딜레마에 대한 그들의 반응을 세속적 견해보다는 그들이 신성한 존재의 계시 진리라고 생각하는 것에 토대를 두고 있으며, 알제리 반응자들의 도덕판단은 우주의 창시자이자 최고의 권위자로서 신에 대한 믿음을 전제로 하고 있다는 것이 관찰되었다(Bouhmama, 1984). 연구는 또한 영적 관심이 표본으로 참여한 불교 수도승들의 견해에서 **인과응보**(karma) 및 **법**(dharma)에 대한 관심을 뒷받침한다는 것뿐만 아니라, 정통 힌두교를 신봉하는 인도 반응자들은 서로 다른 행위의 과정들로부터 뒤따라 나온다고 믿는 고통과 영적 타락의 부정적 결과를 근거로 하인즈 딜레마에 대한 그들의 반응을 정당화한다는 것을 입증했다(Shweder & Much, 1987).

특히 정신적 고려에 대한 관심은 미국 사람들을 대상으로 한 연구에서도 그 증거가 축적되어 왔다. 예컨대 하이트(Haidt), 콜러(Koller), 디아스(Dias, 1993)는 하류계층의 아프리카계 미국인 아동들뿐만 아니라 하류계층의 브라질 아동들 또한 자신의 개를 잡아먹는 행위처럼 비록 어떤 행위가 해가 없다고 생각한다 하더라도 그런 행위를 도덕적 견지에서 메스꺼운 혹은 존중할 수 없는 것으로 간주하는 경향이 있다는 것을 입증했다. 이와 비슷하게 젠센(Jensen, 1997)은 존엄 및 숭고함에 대한 관심이 미국 남부 출신의 정통 침례교 성인들의 견해를 특징짓는다는 것을 관찰했다. 아래에 재생된 표본반응에서 나타나는 바와 같이 이혼과 같은 그러한 관습은 이 공동체 내에서 도덕적 모욕 혹은 신의 의지를 모독하는, 신성모독으로 간주되는 경향이 있다.

> 이혼은 나에게 있어 당신이 신의 뺨을 때린다(는 것)를 의미한다. 다른 말로 표현하면 당신은 신을 불명예스럽게 만든다. … 우리는 구원을 상실할 수 있을 것이다. … 그것은 내가 이혼이 불명예스런 것이라고 생각하는 이유이다(Jensen, 1997, p. 342).

세속적인 사람들 혹은 종교적 견해에서 최소한 정통파가 아닌 사람들에서조차 영적 고려는 도덕적 관점에 대한 정보를 알려주는 것으로 관찰되었다. 캐나다 청소년들과 성인들의 도덕적 개념에 관한 연구에서 워커(Walker), 피츠(Pitts), 헤니그(Hennig), 그리고 맞추바(Matsuba, 1995)는 "많은 사람들에게 있어 그들의 도덕적 구조와 이해는 어느 정도—비록 전적으로는 아니라 하더라도—그들의 종교와 신앙에 구체화되어 있다"(p. 403)는 결론을 내리면서 개인들의 도덕적 추론에서 종교, 신앙, 그리고 영성에 대한 관심의 중요성에 주목했다. 또 다른 예에서 인도주의자들과 사회활동가들에 관한 한 질적 연구는 이들 개인이 그들의 도덕률을 뒷받침해 주는, 그리고 부분적으로는 사회적 · 정치적 행위에 대한 그들의 관여를 고무하는 깊은 영적 책무를 간직하고 있다는 것을 입증했다(Colby & Damon, 1992).

도덕적 견해에서 영적 고려에 대한 강조가 함축하는 바를 해석할 때 종교적 관심은 특성상 도덕적이라기보다는 인습적이라는 주장이 제기되어 왔으며(Nucci & Turiel, 1993 ; Turiel & Neff, 2000), 이는 또한 콜버그(1981)에 의해 선호된 해석이기도 하다. 이러한 해석을 지지하는 것으로 누치(Nucci)와 투리엘(Turiel, 1993)은 아미쉬 메노나이트(Amish-Mennonite) 교도, 독일 종교개혁 칼빈주의자, 그리고 유대교 아동들을 대상으로 만약 그 행위에 관하여 성경에 아무런 언급도 없고 신이 그에 관하여 그 어떤 말도 하지 않았다면 종교적 이슈(예컨대 혼전 성교)나 아니면 위해(예컨대 때리는 것)와 관련된 특정한 행동을 하는 것이 옳은가 어떤가를 질문했을 때 아동들은 종교적 이슈를 하나님의 말씀에 관한 조건으로서, 그리고 위해의 문제를 조건과 무관한 것으로 다루고 있다는 것을 입증했다. 그러나 이러한 유형의 방법론은 틀림없이 종교적 명령에 관한 지각된 도덕적 지위를 개척하는 데 성공하지 못할 사후가정사고(事後假定思考, counterfactual)를 취한다. 남을 때리는 것과 같은 명백하게 해로운 결과를 낳는 행위와는 대조적으로 혼전 성교와 같은 영적 모독을 내포하는 행위들은 오로지 성서나 하나님 말씀과 같은 그러한 권위에 대한 의존을 통해서만 알려질 수 있으며, 해악의 결과에 토대를 두지 않는 도덕적 지위를 지닌다. 따라서 아동들은 남을 때리는 행위의 해악이, 비록 신이 그러한 행위에 관하여 그 어떤 말을 하지 않았다 하더라도 여전히 존속한다는 것을 관찰할 수 있는 반면에, 그들은 신이 혼전 성교에 관하여 그 어떤 말씀도 하지 않았다는 것을 혼전 성교와 같은 행동과 관련하여 그 어떤 그른 점도 존재하지 않는다는 것을 함축하는 것으로 해석할 수 있다. 이런 경우에 아동들은 신을 옳고 그름을 결정하는 임의적 힘을 가진 인습적 권위자로 간주—인습적 정향을 반영하는 입장—하는 것이 아니라, 신을 통해 도덕적으로 옳음이나 그름이 알려질 수 있는 전지전능한 계몽의 원천으로 간주—도덕적 입장—하는 것이 될 것이다.

요약하면, 지금의 연구는 영적 이슈들이 개인들의 실세계에 관한 지식 가정들에 작용함으로써 간접적으로 영향을 미치거나 혹은 도덕적 관심의 대안적 형태를 형성함으로써 직접적으로 도덕적 추론에 영향을 미친다는 것을 제시한다. 영적 관심은 해악이나 복지의 고려보다는 순수함 및 고결함과 같은 고려에 토대를 둔 도덕적 관심의 형태일 뿐만 아니라, 신앙의 수단을 통해 도덕성에 관한 지식의 원천을 구성하는 것으로 여겨진다.

미래의 방향과 결론

문화적으로 토대를 둔 도덕성에 관한 연구는 문화심리학과 연관된 연구자들에 의해서 뿐만 아니라 사회적 구성주의 관점과 연관된 연구자들에 의해서도(예컨대 Nucci, Saxe & Turiel, 2000 ; Turiel, 2002) 수행되고 있는 연구로 최근 몇 년 동안 활발하게 진행되고 있다. 이러한 점증하는 문화 간 이론의 저변과 연구결과를 확립하기 위해서는 다양한 관점들이 제공한 가치 있는 통찰들을 고려하고 있는 연구 문제들에 접근하는 것이 중요하다.

앞으로 도덕발달에 대한 이들 다양한 접근 간의 상호 교환과 관련한 하나의 가치 있는 영역은 문화에 대한 관심을 발달에 대한 관심과 통합하는 개념적 모델을 정립하는 것이다. 문화심리학 범주 내의 도덕발달 접근에 대해 제기될 수 있는 하나의 비판은 오늘날까지 잘 개발된 발달 모델을 제공하지 못하고 있다는 것이다. 비록 일상의 상호작용에서 도덕성의 사회화를 검증하는 문화에 근거한 연구가 착수되었지만(예컨대 Edwards, 1985 ; Fung, 1999), 아동들의 도덕적 견해에서 발생하는 발달적 변화를 포착하는 어떠한 체계적이면서도 문화에 근거를 둔 이론이 제시되지 못하고 있다. 문화심리학 범주의 이론가들은 문화화(enculturation)를 아동이 자신의 문화에 관한 이해를 단순하게 흡수하는 수동적 과정을 나타내는 것으로 간주하는 것이 아니라, 오히려 개인에게 영향을 미치는 것과 같이 의미들이 변형·창조되며 다시 변형되는 적극적 과정으로 간주한다. 또한 별개 영역 전통과 콜버그식 전통의 연구자들이 도덕성 발달 이론들을 제시했던 반면에 그들의 접근은 아동 발달의 과정, 방향, 그리고 최종 목적지에 관한 문화적 영향에 대해서는 거의 중요성을 부여하지 않았다. 그것은 본질상 동시에 문화적이자 발달적인 도덕성 모델을 공식화하는 데 성공하려면 이들 두 가지 전통의 통찰을 고려할 것을 요구한다(Schwartz, 1981).

이견 및 문화적 변화의 영역은 도덕발달에 대한 이들 다양한 접근 사이에 보다 큰 통합이 필요한 영역의 또 다른 예를 나타낸다. 비록 별개 영역 관점의 이론가들이 이견의 문제들에 초점을 맞춘 중요한 연구를 수행해 왔지만, 오늘날까지 이 연구는 이견이 문화적으로 변화 가능한 방식에서 표현되는 점에 제한된 관심을 보여주는 경향이 있었다. 이 연구에서는 사회 내에서 피지배적인 입장에 있는 개인들의 대조적인 견해를 밝히는 데, 그리고 보다 높은 지위의 어떤 개인들에게 주어진 특권이 복종적 지위에 있는 개인들에 대한 억압을 수반할 수 있다는 것을 입증하는 데 관심이 있어왔다. 그러나 이 연구의 한계는 문화적 민감성을 제한하는 방식들에서 연구 문제들을 구성하는 경향성에 있었다. 예컨대 가정에서 남성들의 책임(특히 여성들의 책임과 동일하지 않는 책임)을 직접적으로 묻는 조사를 하지 않고, 일상의 상호작용에서 반응자들 자신에 의해 자발적으로 적용되지 않는 경향이 있는 개념들로 문제를 구성한 것(인도 가정에서 서로 다른 역할 관계와 연합된 특권들에 대해 언급하는 권리의 개념을 사용하는 것과 같은)을 감안한다면, 남성은 주로 권리를 갖고 여성은 주로 의무를 갖는 배열을 반영하는 인도와 같은 문화의 가정생활을 묘사하는 연구 결론들은(Neff, 2001) 조심스럽게 해석되어야 한다. 또한 이견에 관한 정보를 알려주는 문화적 의미에 대한 관심은 문화심리학 내의 연구에서 더 두드러진다. 한 예를 들면 가족 상호작용에 관한 한 질적 연구에서 머취(Much, 1997)는 부모의 소망과 공동체의 문화적 신념에 대항하는 힌두교를 신봉하는 인도 청소년들이 힌두교도의 성스러운 종교적 상징인 성유[the Sacred Thread, 역자 주 : 브라만(Brahman), 크샤트리야(Kshatriya), 바이샤(Vaisya)의 상류 3카스트의 힌두교도가 왼쪽 어깨에서 오른쪽 겨드랑에 걸치는 끈]를 걸치는 것을 중단한 동기를 고찰했는데, 청소년들은 그것을 단순히 자신들을 브라만 계급의 한 구성원으로서 다른 사람들에게 확인시키는 데 공헌하는 상대적으로 중요하지 않은 사회적 관습일 뿐이라고 생각했다. 머취가 주목한 바와 같이, 비록 이 행위가 부모의 권위와 보다 큰 공동체의 권위 모두에 대한 심각한 도전을 구성하지만, 그것은 문화의 보다 깊은 전제들, 곧 근본적인 위계의 원리와 브라만 정체성의 중요성에 도전하지 않는 방식에서 구성되었다. 비록 문화심리학 연구자들이 그들의 분석에서 지역적 의미에 중요성을 부여하는 경향이 있지만, 오늘날까지 그들은 종속적인 사회적 위치에 있는 개인들의 관점에 대해 단지 상대적으로 제한된 관심을 기울였다. 그리하여 그것은 별개 영역 전통에 특권이 부여되어 왔던 종속적인 사회적 지위에 대한 관심과 이견에 관한 보편적이고 문화적으로 특수한 측면들에 관한 보다 충분한 이해를 달성하고자 하는 문화심리학에 특권이 부여되어 왔던 지역적 의미에 대한 관심을 서로 통합할 것을 요구한다.

보다 일반적으로 현재의 고려는 도덕발달에서 문화심리학 연구자들과 그 밖의 다른 오늘날의 전통을 대표하는 연구자들 간에 보다 큰 상호 교환에 대한 필요성을 강조하는 것이다. 이러한 목적을 이루기 위해서는 연구자들이 대조적인 관점의 미묘함을 인식하며 고정관념에 대한 경향성을 회피하거나 다른 전통에서 제기되고 있는 주장들을 버리는 것이 중요하다. 예컨대 비록 별개 영역 관점 내의 연구자들이 명백하게 개인주의/집단주의 이분법의 견지에서 구성된 문화심리학의 몇몇 연구의 한계를 비판하는 것이 타당하다 하더라도, 이러한 유형의 비판이 문화심리학의 모든 연구를 버리는 전면적 방식에서 적용된다면 그것은 진부한 생각이 된다(예컨대 Turiel, 2002). 이와 마찬가지로 문화심리학자들이 위계적으로 구조화된 특정한 사회 내에서 전통적인 성 역할에서의 삶의 만족에 관하여 밝힌 증거(예컨대 Menon & Shweder, 1998)는 그러한 공동체들에서 지각된 여성 억압에 관한 별개 영역 이론가들에 의해 제기되었던 주장들에 대해 타당성이 없다는 것을 암시하기 위해 끌어들여질 수 없다.

결론적으로 문화심리학 내의 도덕발달에 관한 연구는 많은 그의 주요한 가정, 목적, 그리고 의제를 도덕발달에 관한 연구의 다른 보다 보편적인 전통들과 공유하고 있다. 이러한 중복은 문화심리학에서의 연구가—그것들에 대한 정반대라기보다는—이들 대안적 접근을 보충하는 것으로 이해되어야 한다는 것을 암시한다. 도덕발달 연구에 대한 주요 도전은 그것이 도덕적 견해의 문화적으로 변화 가능한 차원뿐만 아니라, 공통성을 탐구하는 것으로 문화와 맥락 두 가지를 고려하는 것이라는 점은 인정되어야 한다.

참고문헌

Abu-Lughod, L.(1993). *Writing women's worlds : Bedouin stories*. Berkely : University of California Press.

Atkins, R., & Hart, D.(2003). Neighborhoods, adults, and the development of civic identity in urban youth. *Applied Developmental Science, 7*(3), 155-164.

Appaduari, A.(1988). Putting hierarchy in its place. *Cultural Anthropology, 3*, 36-49.

Baumrind, D.(1996). The discipline controversy revisited. *Family Relations : Journal of Applied Family and Child Studies, 45*(4), 405-414.

Benedict, R.(1946). *The chrysanthemum and the sword : Patterns of Japanese culture*. Boston : Houghton Mifflin.

Berkowitz, L.(1964). *Development of motives and values in a child*. New York : Basic Books.

Bersoff, D. M., & Miller, J. G.(1993). Culture, context, and the development of moral accountability judgments. *Developmental Psychology, 29*(4), 664-676.

Bouhmama, D.(1984). Assessment of Kohlberg' stages of moral development in two cultures. *Journal of Moral Education, 13*, 124-132.

Bronfenbrenner, U.(1979). *The ecology of human development : Experiments by nature and design*. Cambridge, MA : Harvard University Press.

Bruner, J.(1990). *Acts of meaning*. Cambridge, MA : Harvard University Press.

Butler, J.(1990). Gender trouble, feminist theory and psychoanalytic discourse. In L. Nicholson (Ed.), *Feminism/postmodernism* (pp. 324-340). London : Routledge & Kafan Paul.

Colby, A. & Damon, W.(1992). *Some do care : Contemporary lives of moral commitment*. New York : Free Press.

Cole, M.(1990). Cultural psychology : A once and future discipline? In J. J. Berman (Ed.), *Nebraska Symposium on Motivation, Vol. 38 : Cross-cultural perspective* (pp. 279-355). Lincoln : University Press.

Cole, M.(1996). *Cultural psychology : A once and future discipline*. Cambridge, MA : Harvard University Press.

Cousins, S. D.(1989). Cultural and self−perception in Japan and the United States. *Journal of Personality and Social Psychology, 56*, 124−131.

D'Andrade, R. G.(1984). Cultural meaning systems. In R. A. Shweder & R. A. LeVine(Eds.), *Culture theory : Essays on mind, self, and emotion*(pp. 88−119). New York : Cambridge University Press.

Darley, J., & Zanna, M.(1982). Making moral judgments. *American Scientist, 70*, 515−521.

Dien, D. S. −F.(1982). A Chinese perspective on Kohlberg's theory moral development. *Developmental Review, 2*, 331−341.

Eccles, J. S., Midgley, C., Buchanan, C. M., Wigfield, A., Reuman, D., & MacIver, D.(1993). Development during adolescence : The impact of stage/environment fit. *American Psychologist, 48*, 90−101.

Edwards, C. P.(1975). Societal complexity and moral development : A Kenyan study. *Ethos, 3*(4), 505−527.

Edwards, C. P.(1985). Another style of competence : The caregiving child. In A. D. Vogel & G. F. Melson(Eds.), *The origins of nurturance*(pp. 95−121). Hillsdale, NJ : Lawrence Erlbaum Associates.

Edwards, C.(1986). Cross−cultural research on Kohlberg's stages : The bias for consensus. In S. Modgil & C. Modgil(Eds.), *Kohlberg : Consensus and controversy*(pp. 419−430). Philadelphia : Falmer Press.

Edwards, C. P.(1994). Cross−cultural research on Kohlberg's stages : The bias for consensus. In *New research n moral development*(pp. 373−384). New York : Garland.

Eysenck, H. J.(1961). *Handbook of abnormal psychology : An experimental approach*. New York : Basic Books.

Fincham, F., & Jaspars, J.(1980). Attribution of responsibility : From man the scientst to man as lawyer. In L. Berkowitz(Ed.), *Advances in experimental social psychology*(Vol. 13, pp. 82−138). San Diego : Academic Press.

Fiske, A. P., Kitayama, S., Markus, H. R., & Nisbett, R. E.(1998). The cultural matrix of social psychology. In *The handbook of social psychology*(Vol. 2, 4th ed., pp. 915−981). New York : McGraw−Hill.

Fung, H.(1999). Becoming a moral child : The socialization of shame among young Chinese children. *Ethos, 27*(2), 180−209.

Geertz, C.(1973). *The interpretation of cultures*. New York : Basic Press.

Gilligan, C.(1977). In a different voice : Women's conceptions of self and of morality. *Harvard Educational Review, 47*(4), 481–517.

Gilligan, C.(1982). *In a different voice : Psychological theory and women's development*. Cambridge, MA : Harvard University Press.

Gilligan, C., & Wiggins, G.(1988). The origins of morality in early childhood relationships. In C. Gilligan, J. Ward, & J. Taylor(Eds.), *Mapping the moral domain : A contribution of women's thinking to psychological theory and education*(pp. 111–138). Cambridge, MA : Harvard University Press.

Gorsuch, R. L., & Barnes, M. L.(1973). Stages of ethical reasoning and moral norms of Carib youths. *Journal of Cross–Cultural Psychology, 4*, 283–301.

Graham, S.(1992). "Most of the subjects were White and middle class? : Trends in published research on Africans in selected APA journals, 1970–1989. *American Psychologist, 47*(5), 629–639.

Gulerce, A.(1995). Culture and self n postmodern psychology : Dialogu in trouble? (An interview with K. J. Gergen). *Culture and Psychology, 1*, 147–159.

Haidt, J., Koller, S. H., & Dias, M. G.(1993). Affect, culture, and morality, or is it wrong to eat your dog? *Journal of Personality and Social Psychology, 65*(4), 613–628.

Hart, D., & Atkins, R.(2002). Civic competence in urban youth. *Applied Developmental Science, 6*(4), 227–236.

Harwood, R. L., Miller, J. G., & Irizarry, N. L.(1995). *Culture and attachment : Perceptions of the child in context*. New York : Guilford Press.

Heider, F.(1958). The psychology of interpersonal relations. New York : Wiley.

Huebner, A., & Garrod, A.(1991). Moral reasoning in a Karmic world. *Human Development, 34*, 341–352.

Jensen, L. A.(1997). Different worldviews, different morals : America's culture war divide. *Human Development, 40*(6), 325–344.

Kahn, P. H.(1992). Children's obligatory and discretionary moral judgments. *Child Development, 63*, 416–430.

Kohlberg, L.(1969). Stage and sequence : The cognitive–developmental approach to socialization. In D. A. Goslin(Ed.), *Handbook of socialization theory*(pp. 347–380). Chicago : Rand McNally.

Kohlberg, L.(1971). From is to ought : How to commit the naturalistic fallacy and get away with it in the study of moral development. In T. Mischel(Ed.), *Cognitive development and epistemology*(pp. 151–236). New York : Academic.

Kohlberg, L.(1981). *The philosophy of moral development : Moral stages and the idea of justice*(Vol. 1). New York : Harper & Row.

Kohlberg, L., Levine, C., & Hewer, A.(1983). Moral stages : A current formulation and a response to critics. In J. A. Meacham (Ed.), *Contributions to human development*(Vol. 10, pp. 1–177). Basel, Switzerland : Karger.

LeVine, R. A.(1984). Properties of culture : An ethnographic view. In R. A. Shweder & R. A. LeVine (Eds.), *Culture theory : Essays on mind, self, and emotion*(pp. 67–87). New York : Cambridge University Press.

Ma, H. K.(1988). The Chinese perspective on moral judgment development. *International Journal of Psychology, 23,* 201–227.

Ma, H. K.(1989). Moral orientation and moral judgment in adolescents in Hong Kong, Mainland China, and England. *Journal of Cross–Cultural Psychology, 20,* 152–177.

Ma, H. K.(1992). The moral judgment development of the Chinese people : A theoretical model. *Philosophica, 49,* 55–82.

Ma, H. K.(1997). The affective and cognitive aspects of moral development : A Chinese perspective. In H. Kao & D. Singa (Eds.), *Asian perspective on psychology*(pp. 93–109). Thousand CA : Sage.

Markus, H. R., & Kitayaman, S.(1991). Culture and the self : Implications for cognition, emotion, and motivation. *Psychological Review, 98*(2), 224–253.

Martin, L. M. W., Nelson, K., & Tobach, E.(Eds.).(1995). *Sociocultural psychology : Theory and practice of doing and knowings*. New York : Cambridge University Press.

Menon, U., & Shweder, R. A.(1998). The return of the "white man's burden" : The moral discourse of anthropology and the domestic life of Hindu women. In R. A. Shweder (Ed.), *Welcome to middle age! : (And other cultural fictions)* (pp. 139–188). Chicago : University of Chicago Press.

Miller, J. G.(1994). Cultural diversity in the morality of caring : Individually oriented versus duty–based interpersonal moral codes. *Cross–Cultural Research : The Journal of Comparative Social Science, 28*(1), 3–39.

Miller, J. G.(1997). Theoretical issues in cultural psychology. In J. W. Berry, Y. H. Poortinga, & J. Pandey (Eds.), *Handbook of cross–cultural psychology, Vol. 1 : Theory and method*(2nd ed., pp. 85–128). Boston : Allyn & Bacon.

Miller, J. G.(1999). Cultural psychology : Implications for basic psychological theory. *Psychological Science, 10*(2), 85–91.

Miller, J. G.(2001). Culture and moral development. In D. Matsumoto (Ed.), The *handbook of culture and psychology*(pp. 151–169). New York : Oxford University Press.

Miller, J. G.(2002). Bringing culture to basic psychological theory : Beyond Individualism and collectivism : Comment on Oyserman et al.(2002). *Psychological*

Bulletin, 128(1), 97–109.

Miller, J. G.(2004). The cultural deep structure of psychological theories of social development. In R. J. Sternberg & E. L. Grigorenko(Eds.), *Culture and competence : Contexts of life success*(pp. 11–138). Washington, DC : American Psychological Association.

Miller, J. G., & Bersoff, D. M.(1992). Culture and moral judgment : How are conflicts between justice and interpersonal responsibilities resolved? *Journal of Personality & Social Psychology, 62*(4), 541–554.

Miller, J. G., & Bersoff, D. M.(1994). Cultural influences on the moral status of reciprocity and the discounting of endogenous motivation. *Personality and Social Psychology Bulletin : Special Issue : The self and the collective, 20*(5), 592–602.

Miller, J. G., & Bersoff, D. M.(1995). Development in the context of everyday family relationships : Culture, interpersonal morality, and adaptation. In M. Killen & D. Hart(Eds.), *Morality in everyday life : Developmental perspectives* (pp. 259–282). New York : Cambridge University Press.

Miller, J. G., & Bersoff, D. M.(1998). The role of liking in perceptions of the moral responsibility to help : A cultural perspective. *Journal of Experimental Social Psychology, 34*(5), 443–469.

Miller, J. G., & Bersoff, D. M., & Harwood, R. L.(1990). Perceptions of social responsibilities in India and in the United States : Moral imperatives or personal decisions? *Journal of Personality and Social Psychology, 58*(1), 33–47.

Miller, J. G., & Luthar, S.(1989). Issues of interpersonal responsibility and accountability : A comparison of Indias' and Americans' moral judgments. *Social Cognition, 7*(3), 237–261.

Much, N. C.(1997). A semiotic view of socialisation, lifespan development and cultural psychology : With vignettes from the moral culture of traditional Hindu households. *Psychology & Developing Societies : Special Issue : Cultural constructions and social cognition : Emerging themes, 9*(1), 65–106.

Neff, K. D.(2001). Judgments of personal autonomy and interpersonal responsibility in the context of Indian spousal relationships : An examination of young people's reasoning in Mysore, *India. British Journal of Developmental Psychology, 19*, 233–257.

Niemczynski, A., Czyzowska, D., Pourkos, M., & Mirski, A.(1988). The Cracow study with Kohlberg's moral judgment interview : Data pertaining to the assumption of cross–cultural validity. *Polish Psychological Bulletin, 19*(1), 43–53.

Nisbett, R. E.(2003). *The geography of thought : How Asians and westerners think differently?and why*. New York : Free Press.

Nisbett, R. E., Peng, K., Choi, I., & Norenzayan, A.(2001). Culture and systems of thought : Holistic versus analytic cognition. *Psychology Review, 108*(2), 291–310.

Nucci, L. P., Saxe, G. B., & Turiel, E.(Eds.).(2000). *Culture, thought, and development.* Mahwah, NJ : Lawrence Erlbaum Associates.

Nucci, L., & Turiel, E.(1993). God's word, religious rules, and their relation to Christian and Jewish children's concepts of morality. *Child Development, 64*(5), 1475–1491.

Nunner–Winkler, G.(1984). Two moralities? A critical discussion of an ethic of care and responsibility versus an ethic of rights and justice. In W. M. Kurtines & J. L. Geweirtz(Eds.), *Morality, moral behavior and moral development*(pp. 348–361). New York : John Wiley.

Okonkwo, R.(1997). Moral development and culture in Kohlberg's theory : A Nigerian(Igbo) evidence. *IFE Psychologia : An International Journal, 5*(2), 117–128.

Oyserman, D., Coon, H., & Kemmelmeier, M.(2002). Rethinking individualism and collectivism : Evaluation of theoretical assumptions and meta–analyses. *Psychological Bulletin, 128*(1), 3–72.

Piaget, J.(1932). *The moral judgment of the child.* London : Routledge & Kegan Paul.

Rothbaum, F., Pott, M., Azuma, H., Miyake, K., & Weisz, J.(2000). The development of close relationships in Japan and the United States : Paths of symbiotic harmony and generative tension. *Child Development, 71*(5), 1121–1142.

Searle, J. R.(1969). *Speech acts : An essay in the philosophy of language.* Cambridge, MA : Cambridge University Press.

Schaberg, L.(2002). *Toward a cultural broadening of feminist theory ; A comparison of everyday outlooks on social roles, dissent, and feminism among United States and Japanese adults.* Unpublished doctoral dissertation, University of Michigan, Ann Arbor.

Schwartz, T.(1981). The acquisition of culture. Ethos, 9, 4–17.

Shimizu, H.(2001). Japanese adolescent boys' senses of empathy(omoiyari) and Carol Gilligan's perspectives on the morality of care : A phenomenological approach *Culture and Psychology, 7*(4), 453–475.

Shweder, R. A.(1979a). Rethinking culture and personality theory part I : A critical examination of two classical postulates. *Ethos, 7*(3), 255–278.

Shweder, R. A.(1979b). Rethinking culture and personality theory part II : A critical examination of two more classical postulates. *Ethos, 7*(3), 255–278.

Shweder, R. A.(1982). Beyond self–constructed knowledge : The study of culture and morality. *Merrill–Palmer Quarterly, 28*(1), 41–69.

Shweder, R. A.(1984a). Preview : A co covy of culture theorists. In R. A. Shweder & R. F. Levine(Eds.), *Culture theory : Essays on mind, self, and emotion*(pp. 1–24). Cambridge, UK : Cambridge University Press.

Shweder, R. A.(1984b). Anthropology's romantic rebellion against the enlightenment, or there's more to thinking than reason and evidence. In R. A. Shweder & R. A. LeVine(Eds.), *Culture theory : Essays on mind, self, and emotion*(pp. 27–66). Cambridge, UK : Cambridge University Press.

Shweder, R. A.(1990). Cultural psychology?What is it? In J. W. Stigler, R. A. Shweder, & G. Herdt(Eds.), *Cultural psychology : Essays on comparative human development*(pp. 27–66). New York : Cambridge University Press.

Shweder, R. A.(2000). The psychology of practice and the practice of the three psychologies. *Asian Journal of Social Psychology, 3*, 207–222.

Shweder, R. A., & LeVine, R. A.(1984). *Culture theory : Essays on mind, self, and emotion*. Cambridge, UK : Cambridge University Press.

Shweder, R. A., Mahapatra, M., & Miller, J. G.(1987). *Cultural and moral development : The emergence of morality in young children*(pp. 1–83). Chicago : University of Chicago Press.

Shweder, R. A., Minow, M., & Markus, H.(Eds.).(2002). *Engaging cultural differences : The multicultural challenge in liberal democracies*. New York : Russell Sage Foundation.

Shweder, R. A., & Much, N. C.(1987). Determinants of meaning : Discourse and moral socialization. In W. M. Kurtines & J. L. Gewirtz(Eds.), *Moral development through social interaction*(pp. 197–244). New York : John Wiley & Sons.

Shweder, R. A., Much, N. C., Mahapatra, M., & Park, L.(1997). The "big three" of morality(autonomy, community, divinity) and the "big three" explanations of suffering. In A. M. Bradt(Ed.), *Morality and health*(pp. 119–169). New York : Routledge.

Shweder, R. A., & Sullivan, M. A.(1990). The semiotic subject of cultural psychology. In *handbook of personality : Theory and research*(pp. 399–416). New York : The Guilford Press.

Shweder, R. A., & Sullivan, M. A.(1993). Cultural psychology : Who needs it? *Annual Review of Psychology, 44*, 497–527.

Smetana, J.(1981). Reasoning in the personal and moral domains : Adolescent and young adult women's decision–making regarding abortion. *Journal of Applied Developmental Psychology, 2*(3), 211–226.

Snarey, J. R.(1985). Cross–cultural universality of social–moral development : A critical review of Kohlbergian research. *Psychological Bulletin, 97*(2), 202–232.

Snarey, J., & Keljo, K.(1991). In a Gemeinschaft voice : The cross–cultural expansion of moral development theory, *Handbook of moral behavior and development, Vol. 1 : Theory*(pp. 395–424). Hillsdale, NJ : Lawrence Erlbaum Associates.

Strauss, C.(2000). The culture concept and the individualism–collectivism debate : Dominant and alternative attributions for class in the United States. In L. Nucci & G. E. Saxe(Eds.), *Culture, thought, and development*(pp. 85–114). Mahwah, NJ : Lawrence Erlbaum Associates.

Strauss, C., & Quinn, N.(1997). *A cognitive theory of cultural meaning*. New York : Cambridge University Press.

Tobin, J. J., Wu, D. Y. H., & Davidson, D. H.(1989). *Preschool in three cultures : Japan, China, and the United States*. New Haven, CT : Yale University Press.

Turiel, E.(1983). *The development of social knowledge : Morality and convention*. Cambridge, UK : Cambridge University Press.

Turiel, E.(1997). Beyond particular and universal ways : Contexts for morality. In H. D. Saltzstein(Ed.), *Culture as a context for moral development : New perspectives on the particular and the universal*(Vol. 76, pp. 87–105). San Francisco : Jossey–Bass.

Turiel, E.(1998a). The development of morality. In N. Eisenberg(Ed.), *Handbook of child psychology : Social, emotional, and personality development*(Vol. 3, pp. 863–892). New York : Wiley.

Turiel, E.(1998b). Notes from the underground : Culture, conflict, and subversion. In J. Langer & M. Killen(Eds.), *Piaget, evolution, and development*(pp. 271–296). Mahwah, NJ : Lawrence Erlbaum Associates.

Turiel, E.(2002). *The culture of morality : Social development, context, and conflict*. New York : Cambridge University Press.

Turiel, E., Killen, M., & Helwig, C. C.(1987). Morality : Its structure, functions, and vagaries. In J. Kagan & S. Lamb(Eds.), *The emergence of morality in young children*(pp. 155–243). Chicago : University of Chicago Press.

Turiel, E., & Neff, K.(2000). Religion, culture, and beliefs about reality in moral reasoning. In K. S. Rosengren, C. N. Johnson, & P. L. Harris(Eds.), *Imaging the impossible : Magical, scientific, and religious thinking in children*(pp. 269–304). New York : Cambridge University Press.

Turiel, E., & Wainryb, C.(1994). Social reasoning and the varieties of social experiences in cultural contexts. In H. W Reese(Ed.), *Advances in child developmental and behavior*(Vol. 25, pp. 289–326). San Diego, CA : Academic Press.

Turiel, E., & Wainryb, C.(2000). Social life in cultures : Judgments, conflict, and subversion. *Child Development, 71*(1), 250–256.

Vasudev, J., & Hummel, R. C.(1987). Moral stage sequence and principled reasoning in an Indian sample. *Human Development, 30*(2), 105–118.

Wainryb, C.(1991). Understanding differences in moral judgments : The role of informational assumptions. *Child Development, 62*(4), 840–851.

Wainryb, C., & Turiel, E.(1994). Dominance, subordination, and concepts of personal entitlements in cultural contexts. *Child Development, 65*(6), 1701–1722.

Walker, L. J.(1984). Sex differences in the development of moral reasoning : A critical review. *Child Development, 55*(3), 677–691.

Walker, L. J., Pitts, R. C., Hennig, K. H., & Matsuba, M. K.(1995). Reasoning about morality and real-life moral problems. In M. Killen & D. Hart(Eds.), *Morality in everyday life : Developmental perspectives*(pp. 371–407). New York : Cambridge University Press.

Wellman, H.(1990). The child's theory of mind. Cambridge, MA : MIT Press.

Wertsch, J. V.(1995). Sociocultural research in the copyright age. *Culture and Psychology, 1*(1), 81–102.

제15장

상호성

도덕성의 초석

프라이_Douglas P. Fry(오부 아카데미 대학교와 애리조나 대학교_
ÅBO Akademi University and University of Arizona)

1871년에 최초로 발행되었던 『인류의 유래』(*the Descent of Man*)에서 찰스 다윈(Charles Darwin, 1871/1998, p. 131)은 다음의 글과 같이 **상호성**(reciprocity)이 도덕성의 초석이라는 결론에 도달했다 : "… 사회적 본능—인간의 도덕적 본질의 일차적 원리—은 능동적인 지성적 힘과 습관의 영향으로 자연스럽게 황금률, '남에게 대접받고자 하는 대로 너희도 남을 대접하라'에 이르며, 그리고 이것은 도덕성의 토대로 자리 잡는다." 그리스도 교의를 언급했다는 이유로, 다윈은 그저 자민족중심주의에 빠졌는가? 자기 문화의 신념체계가 그의 사고에 과도하게 영향을 미치고 있었는가? 아니면 역으로 이 그리스도의 의미가—다윈이 주장했듯이—실제적으로 도덕성의 진정한 초석을 반영하는가? 이 장은 많은 문화인류학적 자료가 상호성이 도덕성의 중심적인 특징을 구성한다는 다윈의 가설과 일치한다는 것을 제시한다. 이 개념은 **상호성 원리**(reciprocity principle)로 언급된다.

다윈의 소견에 입각하여 웨스터마크(Westermarck, 1906/1924)는 자연선택설과 일치하는 하나의 도덕적 정서 모델을 개발했다(Arnhart, 1998 ; de Waal, 2001 ; pp. 350-353 ; Ginsberg, 1982, p. 6 ; Takala & Wolf, 인쇄 중). 다윈처럼 웨스터마크는 상호적인 좋은 행위와 관련된 **응분의 친절한 정서**(retributive kindly emotions)나 혹은 나쁜 행위에 대한 **분개**(resentment)로서 "같은 방법으로 되돌려주기"와 연관된 감정을 언급하고자 **응분 정서**(retributive emotions)라는 용어를 사용했다. 이와 함께 웨스터마크의 모델은 **도덕적 승인**(moral approval), 비난의 존재 혹은 부재에 따른 각 정서의 유형을 두 가지 하위범주로 제안했다. 안하트(Arnhart)는 "도덕적 비난은 분개의 한 형식이며, 도덕적 승인은 응분의 친절한 정서의 한 형식이다. 그러나 도덕과 무관한 정서—예컨대 특정한 개인의 자기 이익적인 복수에 대한 열망이나 개인적 감사의 감정과 관련되는 정서—와는 대조적으로 도덕적 정서는 **무사심성**(disinterestedness)과 명백한 **불편부당성**(impartiality)을 보여준다"(1998, p. 4, 강조는 필자가 한 것임)고 지적하고 있다.

다윈이 황금률을 도덕성의 토대로 강조하고 웨스터마크가 그의 응분 정서 모델을 개발한 이래 전 세계의 사회로부터 축적된 인류학적 자료의 집적은 인간사에서 상호성의 보편성을 입증하고 있다. 예를 들면 브라운(Brown, 1991, p. 139)은 인간 보편성의 목록을 작성하면서 범문화적 환경에서 상호성이 도덕성의 핵심 측면이라고 지적한다. 마찬가지로 킬렌(Killen)과 드 발(de Waal, 2000)은 웨스터마크의 모델과 일치하여 상호성이 교역에서와 같은 명확한 교환 혹은 복수에서와 같은 적대적 교환과 관련될 수 있다는 것을 지적한다. 따라서 밑에 놓여 있는 도덕적 원리는 기본적으로 선한 행위는 또 다른 선한 행위를 받을 가치가 있고, 이와 비슷하게 어떤 나쁜 행위는 또 다른 나쁜 행위를 받을 가치가 있다는 것이다.

도덕체계에 관한 수많은 자료들이 인류학에 존재하긴 하지만 명백하게 도덕성과 관련된 자료는 거의 없다. 인류학자들은 **도덕적**(moral), **도덕성**(morality), **도덕률**(moral code)과 같은 단어를 사용하지 않은 채 교환관계, 상호 의무, 공유의 중요성을 오랫동안 강조해 왔다. 마찬가지로 민족지학적 설명(ethnographic accounts)은 전통, 법체계, 종교, 형식적·비형식적 사회통제, 비행자들에 대한 처벌, 그리고 자기 배상과 보상의 관행—도덕적 요소를 지닌 모든 주제들—을 기술하지만 흔히 도덕성과 명백하게 관련시키지는 않는다. 분명하게 알려지지 않은 이유로 인해 그러한 주제들과 도덕성과의 직접적 연관은 인류학의 터부가 되어왔던 것으로 보인다. 이런 상황은 도덕성과 관련된 인류학 자료를 논의할 때 다른 분야로부터 모델과 개념을 차용할 필요성을 낳았다. 도덕성에 관한 이러한 인류학적 소홀의 또 다른 불행한 함의는 도덕발달을 명백하게 고려한 것들이 거의 없다는 것이다.

이 장에서는 민족지학적 사례들, 비교민족지학 연구에 기초한 일반화들, 그리고 문화 간 연구들과 같은 개략적으로 범주화된 몇 가지 형태의 인류학적 정보가 사용된다. 다른 언급이 없으면 민족지학적 사례들은 전문 인류학자들이 보통 20세기에 직접 수행했던 현지 조사에 토대를 두고 있다. 비록 방법은 현지 조사자들에 따라 다소 다르지만 전체적인 접근은 문화 내에서 참여 관찰을 하고, 현지에서 관찰과 면담을 기록하며, 몇몇 서로 다른 원천으로부터 나온 정보의 타당성을 교차 검증한다. 물론 어느 정도의 문화 내적 변화가 일반적으로 개인들 간 혹은 똑같은 사회의 공동체들 간에 존재한다. 문화 내적 변화의 가능성은 한 지역의 연구결과를 다른 곳에 적용하는 것이 가능하지 않을 수도 있다는 것을 의미한다(예컨대 Fry, 1999a, p. 727 참조).

이 장에서 사용된 또 다른 인류학 자료의 형태는 민족지학적 문헌의 비교조사에 근거를 두고 있다. 예컨대 뵘(Boehm, 1999, 2000), 브라운(Brown, 1991), 호벨(Hoebel, 1967), 레이나(Reyna, 1994), 살린스(Sahlins, 1965), 그리고 서비스(Service, 1971b)와 같은 학자들은 여러 문화를 대상으로 광범위하게 조사한 민족지학적 자료로부터 문화 간 경향과 양식에 관한 일반화를 이끌어낸다. 마지막으로 이 장은 민족지학적 개체군으로부터 문화들을 표본추출하고, 어떤 변수들에 대한 민족지학적 자료를 코드화하며, 그리고 보통 가설검증을 위한 통계적 분석을 채택하는 체계적인 문화 간 연구들(예컨대 Ericksen & Horton, 1992 ; Leavitt, 1977 ; Otterbein & Otterbein, 1965)을 이용한다.

원칙적으로 이 장은 문화 간 자료와 관련된 상호성 원리를 탐구한다. 이 탐구는 좋은 행위의 상호성과 나쁜 행위(복수)의 상호성—상호성 원리의 두 측면—에 관한 고려를 수반한다. 다음과 같은 몇 가지 광의의 결론이 제시된다. 첫째, 상호성 원리가 "나타나는" 방식은 사회적 거리 및 사회적 조직 두 가지와 관련한다. 둘째, 사회적 조직의 고려와 상호성 원리의 결합은 가장 심각한 복수 추구의 형식, 곧 치명적 복수에 관한 통찰을 낳는다. 셋째, 치명적 복수를 추구하는 것은 인간에게 보편적인 것은 아니다. 정의의 개념이 모든 인간 사회에서 상호성 원리와 연결될 수 있는 반면에 정의에 이르는 특수한 길은 문화에 따라 극도로 다를 수 있다. 결론적으로 정의를 성취한다는 것은 항상 유혈사태와 관련되는 것은 아니다. 고려되어야 할 주요 주제는 공감, 동정 및 혐오와 관련된 사회적 거리, 사회적 규칙 및 의무의 도덕적 측면, 사회적 통제, 복수—치명적 복수를 포함하는—추구의 정의 그리고 갈등 해결을 포함한다.

친족관계 : 공감과 동정의 최초의 토대?

해밀턴(Hamilton, 1964)은 개인 간의 생물학적 관련성 정도가 그들이 각자 서로를 대우하는 방식에 영향을 미친다고 가정했다. 개인들이 서로 긴밀하게 연관되면 될수록 돕기, 공유하기, 배려하기가 더 많이 기대되는 반면에 심각한 공격과 같은 해로운 행동은 유전적 관계의 긴밀성에 따라 최소화된다는 것이다. 웨스터마크(1906/1924)의 용어를 빌린다면, 응분적인 친절한 정서 그리고 연합된 좋은 행위는 긴밀한 친족 간에 가장 빈번하고 가장 강력하게 나타날 것으로 기대된다. 해밀턴은 친족들이 공통적으로 일정 비율의 대립 유전자를 공유하기 때문에 친족을 돕는 행위는 자기 자신의 유전적 적합성을 고양시키는 간접적 방식이라고 추론했다. 또한 그는 "어떤 종의 사회적 행동은 행동을 유발하는 상황마다 개인이 그 상황에 적합한 관계방식 여하에 따라 그 자신보다는 친족들의 적합성에 가치를 부여할 것 같은 그런 방식으로 진화한다"(1964, p. 19)고 제안하면서 이러한 개념을 **포괄적 적합성**(inclusive fitness)이라 불렀다. 해밀턴은 개인이 다른 사람에게 친절하게, 온화하게, 해롭게 행동하기 전에 그들이 얼마나 서로 관련되는가를 의식적으로 계산한다고 제시한 것은 아니었다. 오히려 많은 세대에 걸쳐 자연선택이 이러한 진화론적 "비용 편익"(cost-benefit) 분석을 수행한다.

포괄적 적합성 개념은 또한 때때로 **형제 도태**(skin selection)라 불리는데, 다윈(1871/1998, p. 135)에 의해 오래 전에 언급되었던 진화 문제, 곧 위험으로부터 집단의 다른 사람들을 방어하는 것과 같은 이타적 행동이 그 행위자의 적합성에 불이익이 됨에도 어떻게 자연선택에 의해 진화될 수 있었는지와 관련하여 한 가지 대답을 제공한다. 이 문제에 대해 해밀턴(1964)은 친족들이 어떤 대립 유전자를 공유하기 때문에 개인의 적합성과 생물학적 친족들의 적합성을 포함하도록 개념적으로 확장시킨다고 대답한다. 따라서 어떤 개인이 가까운 친족을 보호하고 배려할 때 보호자는 그 자신의 포괄적 적합성을 증진시키고 있는 것이다. 이러한 개념은 배려하기와 공유하기에 이바지하는 동정, 공감, 그리고 그 밖의 다른 정서들의 기원에 대한 모델을 제공한다. 그들이 조장하는 그러한 정서와 선한 행위는 아마도 친족집단에서 최초로 진화되었을 것이다. 그것들은 흔히 도덕적 규범에 의해 어느 정도 먼 친족들과 친족이 아닌 사람들에게까지 확장되었다.

가까운 친족을 돕는 것은 규범적이고 자연적이어서 아주 당연하게 받아들여진 것으로 간주된다. 살린스(Sahlins, 1965)는 사회생활의 일차적 원리로서의 **친절**(kindness)이 **친족들**(kindred)과 잘 어울린다는, 이들 두 낱말의 공통적인 유래를 잘 반영한 19세기 인류학자 타일러(Edward Tyler)의 언명에 주의를 기울인다. 새더(Sather)가 말레이시아의 해안에 살고 있는 사마 디라우트(Sama Dilaut)인들에 관하여 "… 사람은 친족으로부터 도움을 기대할 권리를 가진다"(2004, p. 142)고 한 논평은 이러한 전형적인 문화 간 특질을 반영하고 있다.

살린스는 상호성이 세 가지 형식, 곧 일반적 · 균형적 · 적대적 형식으로 쓰이게 되었다고 제안하고 있다. 그의 구조에 따르면 소위 말하는 이들 상호성의 형식은 일반적 상호성의 "자유롭게 주어진 도움"으로부터 적대적 상호성의 "자기 이익적인 강탈, 속임수나 힘에 의한 전유"에 이르는 연속선을 형성한다(Sahlins, 1965, p. 144). 살린스(1965)는 세 가지 상호성 형태가 친족 거리감과 관련된다는 것을 입증하기 위해 무진장이라 할 만큼 많은 문화 간 사례들을 이용하고 있다. 즉 일반적 상호성은 가까운 친족 간에 전형적인 반면에 적대적 상호성은 친족이 아닌 사람 간에 가장 흔하다.

일반적 상호성(generalized reciprocity)은 "추정적으로 이타적인 거래, 주어진 도움의 선상에 있는, 만약 가능하고 또한 필요하다면 도움이 되돌아오는 거래 … '공유하기', '후대', '무료 선물', '도움', 그리고 '관대'에 대해 언급한다"(1965, p. 147). 살린스는 일반적 상호성—예를 들면 어머니에 의한 자녀의 양육—은 어떠한 직접적 상환의 기대가 부족하다고 지적한다. 일반적 상호성이 가까운 친족 간에 자연적이라는 사실은 이타주의, 관대함, 친절, 그리고 동정이 친족 간에 널리 존재하는 아프리카 칼라하리 사막의 쿵 부시맨(!Kung, 오늘날에는 Ju/'hoansi라 불린다)에 대한 마샬(Marshall, 1961, p. 231)의 관찰조사로 예증되고 있다.

균형적 상호성(balanced reciprocity)은 교역에서 나타나는 바와 같이 직접적이고 평등한 교환을 수반한다. 예를 들면 춋 와시(Ju/'hoansi) 인들은 "균형이 결국에는 잡히는"(Lee, 1993, p. 103) 동질적이지 못한 선물을 주고받는다. 사마 디라우트(Sama Dilaut) 인들 사이에서는 " … 친족과 집단 동맹가들 간에 교환된 헌혈은 보답의 언어적 서약과 함께 정식으로 받아들여진다. 따라서 상호성은 물질적 거래로 뿐만 아니라 언어로도 표현된다"(Sather, 2004, p. 133).

살린스의 적대적 상호성(negative reciprocity)은 훔정, 절도, 강탈, 기만, 기타 등등을 통해 아무 것도 주지 않고 무언가를 얻고자 하는 시도와 관련된다. 그것은 공격성과 관련될 수 있으며, 또 문화 간 자료는 적대적 상호성이 가장 먼 사회적 거리감에서 발생하는 경향이 있다고 지적한다. 살린스(1965, p. 149)가 "어린 아이에게 젖을 먹이는 행위로부터 대평원 인디언들의 말 기습행위에 이르는 기다란 길이다"라고 한 논평은 사회적 거리감 연속선을 따라서 이타적 행동으로부터 해로운 행동에 이르는 배열을 반영하고 있다.

살린스의 상호성 유형은 문화 간 양식으로서 해밀턴(1964)의 포괄적 적합성 개념과 상응하는 사회적 거리감에 따라 다르다(Alexander, 1979, p. 57 참조). 이 양식은 친족들이 친족이 아닌 사람들보다 서로에게 덜 해를 끼치는 경향이 있으며, 더 나아가 친족들은 서로에게 공감과 동정을 더 잘 느끼는 경향이 있고 정기적으로 서로에게 친절함과 연민의 행동을 한다는 것을 보여준다. 남을 돕고 또한 해를 끼치는 것과 관련하여 던바(Dunbar), 클락(Clark), 그리고 허스트(Hurst, 1995)의 연구는 행동 결정이 실제적으로 포괄적인 적합성 고려와 관련된다고 제시한다. 이 연구자들은 바이킹 사람들에 관한 역사적 자료를 분석했으며, 친족관계가 동맹 형성 및 복수 살인과 관련한 결정에 관련된다는 것을 발견했다. 바이킹 동맹은 관련이 없는 가문보다는 친족 간에 더 맺어졌으며, 친족에 토대를 둔 동맹은 친족이 아닌 사람 간의 동맹보다 지속성에 있어서도 더 오래 가고 훨씬 더 적은 전제조건을 내포하는 경향이 있었다. 더 나아가 던바(Dunbar)와 동료들(1995)은 살인행위가 포괄적인 적합성 이론과 비용 편익 비율 등 두 가지 모두를 반영한다는 결론을 내린다. 친족이 아닌 사람들은 경제적 이익이 없을 때—술김에 벌어진 격투에서와 같은—살해되는 반면에 친족들은 매우 드물게 먼저 죽임을 당한다. 그러나 친족이 죽임을 당하는 경우에는 항상 그 살인자에게 상당한 이득이 존재하는 경우였다.

혼란이 가능한 점에 대해서는 명백히 언급할 가치가 있다. 살린스의 정의에 의하면 단지 균형적 상호성만이 실제적으로 양 방향 교환을 필요로 하는 반면에 그 밖의 다른 상호성 유형들은 단일방향적이다. 물론 절도와 같은 적대적 상호성의 행위는 보복으로 나아가게 할 수 있으며, 따라서 양 방향적인 적대적 교환을 낳을 수도 있다. 그러나 적대적 상호성에 관한 살린스의 애초의 정의는 단지 아무 것도 주지 않고 가능한 대응책 없이 어떤 것을 얻고자 의도된 최초의 행위만을 다룬다. 상호성 원리 하에서의 주요 요점은 어떤 나쁜 행위는 또 다른 나쁜 행위로—복수로—나아가게 하거나 혹은 어떤 좋은 행위는 상호적인 긍정적 행위를 낳는다는 것이다. 살린스의 적대적 상호성은 마치 일반적 상호성이 명확한 갚음을 생각지 않는 것과 똑같이 복수를 고려하지 않는다. 그 둘의 어느 범주도 실제적으로는 상호성을 전혀 내포하지 않고 있다.

또 다른 개념인 **상호적 이타주의**(reciprocal altruism)는 도덕성의 기원과 발달에 관한 이해와 관련이 있다. 상호적 이타주의는 기본적으로 살린스가 **균형적 상호성**(balanced reciprocity) 혹은 직접적 및 평등한 교환이라 불렀던 바와 일치하지만 되갚음이 즉시적으로 일어나지 않을 것임을 강조한다. 상호적 이타주의 개념을 최초로 제시한 생물학자 로버트 트리버즈(Robert Trivers, 1985, p. 361 ; Trivers, 1971 참조)는 그 개념을 "이득이 비용보다 더 커서 시간이 지나면 양측이 순이득을 즐기는 이타적 행동의 교환"으로 설명한다. 요컨대 춧 와시(Ju/'hoansi)인들은 "고기 선물을 받는 사람은 미래 어느 때에 그에 상응하는 선물을 주어야 한다"(Marshall, 1961,

p. 239)는 점에서 한 가지 사례를 제공한다. 냉장고가 없는 세상에서 사냥하여 잡은 커다란 짐승을 보관하는 것은 부패한 고기를 양산하는 결과를 낳는 반면에 다른 사람들과 고기를 공유하는 것은 미래에 고기 선물을 반환받을 수 있도록 해준다. 마샬(Marshall, 1961, p. 236)은 그러한 체계, 곧 "우리가 함께 공유하는 사람은 그가 고기를 얻을 때 이번에는 거꾸로 공유할 것이며, 사람들은 상호 의무의 그물망으로 엮어지게 된다"에 내재해 있는 **상호적 의무**(reciprocal obligations)를 강조한다. 인류학 문헌은 상호 교환과 그러한 상호성에 의해 창출된 상호 의무의 그물망의 사례로 넘쳐나고 있다(예컨대 Berndt, 1972 ; Dentan, 1968, p. 49 ; Sather, 2004 ; Tonkinson, 2004).

사회적 상호 의무(mutual social obligations)라는 용어는 호의, 선물, 그리고 봉사가 되갚아질 것이라는 기대에 대해 언급하는 것이다. 의무는 관습과 특정한 친족관계의 성격에 의해 강화된다. 예를 들면 멕시코의 자포텍(Zapotec)인들 가운데 **대부모**(compadres)는 그들의 대자녀에게 어떤 의식적인 활동을 수행하며 특별한 선물을 줄 의무가 있다. 그리고 보다 일반적으로 의식이나 결혼식에 초대된 자포텍인은 사회적으로 이전의 빚을 되갚는 어떤 선물을 지참하여 참석할 의무가 지워진다. 의무는 한 세대에서 다음 세대로 전달될 수 있다. 비록 그 구체적인 것은 다르다 하더라도 사회적 책무와 상호 교환은 모든 문화에 존재한다.

트리버즈가 지적하는 바와 같이 포괄적 적합성과 상호적 이타주의는 양립 가능한 개념이다. 두 메커니즘은 동정 및 공감과 같은 정서, 그리고 그러한 감정으로부터 흘러나올 수 있는 연민이 있는, 도움이 되는, 그리고 때로 진정으로 이타적인 행위의 진화론적 발달과 관련될 수 있다. 다윈(1871/1998)은 사람들이 황금률을 광범위하게 고수하는 데에는 지력(intellect)과 습관(habit)이 공헌하는 것으로 간주했다. 분명히 사람들은 균형적 교환—상호적 이타주의—에 참여함으로써 나타나는 이득을 지적으로 파악한다. 곧 고찰될 민족지학적 스펙트럼의 전역에서 사회적 규칙은 어떤 사람의 바로 인접한 친족을 넘어서는 관대와 친절의 표현을 장려한다. 아동들은 사회적 의무를 공유하고 완수하도록 사회화된다. 그럴 의사가 없는 사람들은 그렇게 하도록 압력을 받는다. 따라서 대부분의 사람들은 다윈에 의해 지적되었듯이 친족관계를 넘어서는 친절한 행위를 확장하는 데 도움이 되는 친사회적 행위를 발달시킨다.

규칙과 의무 : 도덕 공동체 유지하기

웨스터마크(1906/1924)의 도덕적 정서들은 그 자체만으로는 도덕적이지 않았다. 플레처(Fletcher)는 웨스터마크의 구조에 따르면 어떤 응분 정서들이 "일반성, 무사심성, 불편부당성을 획득했을 때—사회가 그들이 언급했던 행동양식을 점차적으로 인정하고 승인하게 된 이후—도덕적이 되었다"(1982, p. 204)고 설명한다. 웨스터마크에 따르면, 응분 정서는 그것을 표현하는 개인에게 수여했던 생존가치 때문에 최초로 진화했다. 이어서 어떤 도덕적 정서들, 곧 어떤 행위에 관한 승인이나 비난을 표현한 그런 감정들은 사회로부터 허용되기 시작했으며, 이와 상응하여 비행에 대한 처벌이 불편부당하게 그리고 일반적으로 적용되었다. 달리 말하면 도덕적 승인과 비난은 더 이상 단순히 특정 개인의 자기 중심적 이익을 반영하지 않았으며, 오히려 공동체의 사심 없는 구성원들에 의해 광범위하게 느껴졌으며 공유되었다. 맥키(Mackie)는 "분노에서의 협력으로부터 도덕적 비난이나 분개로의 발걸음은 한 발짝 앞으로 나아간 것이지 결코 거대한 행보는 아니다. 그것은 어떤 **종류**의 행동이 협력적으로 함께 분개되고 반대되며 일반적으로 해로운 것으로 간주되어야 한다는 것을 요구한다"(1982, p. 154)고 제안한다.

어느 곳에 있는 사람들이든 사회적 의무를 완수하는 것과 관련된 적절한 행위의 규칙과 규범을 갖고 있다. 어느 곳에 있는 사람들이든 이들 규칙을 파괴하는 자와 의무를 기피하는 자를 처벌한다(Brown, 1991 참조). 뵘(Boehm, 1999, 2000)은 최근에 인류의 도덕성 진화에 관해 상당한 사고를 펼쳐왔다. 그는 평범한 유목 약탈자들이 인류의 조상집단에 대한 최고의 대리를 제공한다고 확신을 갖고 주장하며 도덕성을 주로 정치적 측면에서 개념화한다. 중심적인 특징은 평등주의이다. 유목 약탈자 무리의 구성원들은 매우 일관적으로 "어떤 개인이 지배 혹은 통제를 행사하고자 시도하면 이를 저지한다"(2000, p. 81). 뵘(1999, 2000)은 오늘날의 유목 약탈자들처럼 진화 이전의 유목 수렵 채집인들은 분명히 평등주의적인 도덕 공동체에서 살았을 것이라고 지적한다. 뵘(1999, p. 72)은 민족지학 문헌에 관한 광범위한 조사를 통해 도덕 공동체의 구성원들이 관대하고 협동적이며, 위세 부리지 않고 거만하지 않는 것으로 예상된다는 결론에 이르렀다. 게다가 유목무리들은 아주 일관적으로 협동적이며 사회의 상식을 벗어난 사람들을 도덕주의적으로 승인한다. "사실상 무리는 긍정적 · 부정적인 요점을 지적하고 있는 모든 개인에 관한 사건기록을 보관한다"(Boehm, 1999, p. 73). 유목수렵 채집사회의 가장 두드러진 도덕적 특징은 "가정에서 습득한 협동과 이타주의를 선택적으로 전체 집단으로 확장하는 공유의 윤리"(Boehm, 1999, p. 67)이다.

어느 유목수렵 채집사회에서든 서로 고기를 공유한다는 것은 분명하다(Boehm, 1999, p. 183 ; Ingold, 1999 ; Knauft, 1991, pp. 393–394 ; Lee & Daly, 1999, p. 3 ; Lee & DeVore, 1968, p. 12 ; 예컨대 Clastres, 1972 참조 ; Honigmann, 1954, p. 89 ; Leacock, 1954, pp. 7, 33 ; Lee, 1993 ; Marshall, 1961 ; Service, 1971a, p. 75 ; Woodburn, 1982). 남아메리카의 구아야키(Guayaki)족은 사냥꾼은 그가 잡은 동물의 고기를 결코 먹어서는 안 된다는 음식 터부로서 표명된 공유규칙을 유지하고 있다. 이 터부는 인간은 상호 의존적이며 함께 공유해야만 한다는 사실을 강화해 준다. 즉 사냥꾼 각자는 자신의 사냥감을 다른 사람들에게 주며 거꾸로 다른 사냥꾼들로부터 고기를 되받는다(Clastres, 1972, p. 169).

인도의 펠리안(Paliyan)인들은 수렵집단을 일반적으로 다섯에서 열 명의 가족으로 구성한다. 일반적인 사회적 관계에서와 같이 어느 누구도 의사결정을 지배하지 않는다. 수렵집단의 구성원들은 토론과 합의를 통해서 일을 처리한다(Gardner, 1972, p. 415). 수렵을 마친 후 사냥감은 같은 크기의 덩어리로 정확하게 서로 나누어진다. 고기의 몫이 동등할 뿐만 아니라 각각은 동일한 유형의 고기를 포함한다. “모든 사람이 고깃덩어리가 동등한 크기라고 동의했을 때 사냥꾼들은 사냥에서 자신의 역할이 무엇이었든 간에 한 덩어리를 집는다”(Gardner, 1972, pp. 415–416).

캐나다 북극의 이뉴잇(Netsilik Inuit)인들은 모든 사람이 사냥을 해야 한다고 강력하게 믿었고, 고기를 함께 공유하는 분명한 규칙을 가지고 있었다. 배릭키(Balikci, 1970, pp. 176–177)는 게으른 사람들이 어떻게 집단의 구성원들로부터 미움을 사고, 비판을 받으며, 때로 심지어 추방을 당하는지를 설명한다. 이와 대조적으로 만약 다른 사람들과 늘 함께 공유해 왔던 사냥꾼이 몸이 아프거나 사고로 인하여 일시적으로 사냥을 할 수 없을 때 그와 그의 가족은 헌혈로 도움을 받았다(Balikci, 1970, pp. 176-177).

이러한 사례들은 도덕성의 상호성 원리를 반영할 뿐만 아니라 도덕 공동체 내에서 공유에 대한, 그리고 다른 유형의 사회적 의무의 수행에 대한 몇 가지 특수한 사회적 규칙을 보여주고 있다. 이들 공동체에서 성장함으로써 아동들은 그들의 연장자들로부터 받는 사회화의 보상과 처벌을 통해서 뿐만 아니라 관찰을 통해서 사회적으로 옳은 도덕적 행동을 학습할 수많은 기회를 갖는다(Dentan, 1968, pp. 59-61 참조 ; Fry, 1999 a, pp. 724-727).

사회적 통제 : 도덕적 승인과 비난

> 원시인은 아주 오래 전의 시기에 그의 동료들의 칭찬과 책망에 의해 영향을 받았다. 같은 부족의 구성원들이 그들에게 일반적으로 좋은 결과를 가져올 것으로 보이는 행동은 승인하고 그렇지 않은 것으로 보이는 것에 대해서는 비난할 것이라는 것은 명백하다. … 그러므로 칭찬의 호의와 책망의 두려움에 관한 중요성을 과장한다는 것은 불가능하다(Darwin, 1871/1998, p. 136).

보편적으로 인간은 사회규칙을 파괴하는 사람들에 대해 도덕적 비난을 표현하고 제재를 가한다(Black, 1993 ; Brown, 1991, p. 138). 비난은 험상궂은 표정과 조롱, 빈정거림, 그리고 질책을 통한 악의적인 험담으로부터 상해, 추방, 심지어 처형에 이르기까지 다양하다(Boehm, 1999, 2000 ; Fry, 2006). 사회는 그러한 제재를 가할 중앙 권력자나 강력한 지도력 있는 지위를 확보할 필요가 없다. 집단 구성원들이 개인적으로 그리고 일제히 도덕적 비난을 효과적으로 표현하며 그 사회적 통제수단을 적용한다.

캐나다의 유목민 몽타네 나스카피(Montagnais-Naskapi)족 약탈자들에게서 사회적 통제는 긍정적 행동을 보상하고 격려함으로써, 즉 도덕적 승인을 보여주고 적대적인 여론을 반영한 조롱과 경멸을 가함으로써 유지되었다(Reid, 1991, p. 245 참조 ; Speck, 1935, p. 44). 그런 행동은 유목수렵 채집사회에서는 전형적인 일이다(Boehm, 1999 참조). 가장 심각한 위반, 예컨대 근친상간을 저지르고 끊임없이 문제를 일으키거나 살인(만약 살인자가 희생자의 친족에 의해 살해되지 않았다면)과 같은 위반에 대한 반응으로 죄를 범한 측은 무리로부터 추방당했다. 립스(Lips, 1947, p. 469)는 "나스카피 사회에서 추방은 곧 사형선고나 마찬가지다"라고 기록하고 다른 사람들의 사냥지역에서 반복적으로 사냥을 한 것으로 인해 약 1,870명이 그의 무리로부터 어떻게 추방당했는지 자세히 설명하고 있다. 그와 그의 가족은 이웃 집단과 유대를 맺고자 노력했지만 다른 무리들은 그를 받아들여 주지 않았다. 그의 평판이 명명백백하게 알려진 것이었다. 결국 그와 그의 가족은 굶어죽었다. 이러한 처벌은 선교사 르 죈(Le Jeune)이 1930년대에 원시생활의 관용적 · 협동적인 측면뿐만 아니라 그들이 심각한 비행자들에게 "공평한 복수"(getting even)를 가했던 중요성을 관찰한 방식을 떠올리게 한다. 그는 이에 대해 다음과 같이 기록했다 : "그들에게 해를 가한 모든 것에 대해 아주 격분되어 그들은 이와 그 밖의 다른 해충을 먹었는데, 그것은 그들이 그런 해충을 좋아해서가 아니라 단지 그들에게 복수하고 싶어서 그들을 먹었던 그 해충을 먹고자 한 것뿐이라고 말한다" (Leacock, 1981, p. 194). 따라서 상호성 원리는 이에게까지 적용되고 있는 것이다!

턴불(Turnbull, 1961)은 규칙과 의무를 유지하는 데 사용되었던 사회적 통제수단에 관한 또 다른 사례를 제시해 주고 있는데, 그는 이 시기에 아프리카 음부티(Mbuti)족 사회에서 일어났던 케퓨(Cephu)의 범죄에 관하여 기술했다. 케퓨는 서로 협동하여 사냥을 하고 고기를 서로 공유하는 사냥의 규칙을 무시하고 무리의 다른 사람들을 속이고자 했다. 무리의 구성원들은 도덕적 비난으로 대응했다. 그와 그의 가족은 최종적으로 무리를 떠날 수 있다는 제안을 하기 전에 케퓨를 질책하고, 비판하고, 꾸짖으며 조롱했다. 무리를 떠난다는 것은 그런 작은 집단이 효과적으로 사냥을 할 수 없었기 때문에 케퓨와 그의 가족에게는 엄청난 재앙이 될 수 있었던 처벌이다. 비판, 조롱, 추방의 위협에 직면했을 때 케퓨는 한없이 용서를 빌었고, 잘못 획득했던 모든 고기를 무리에게 나누어 주었다.

이와 같은 사건은 젊은이들의 도덕발달에 하나의 교훈으로 작용한다. 이런 현장을 목격했던 아동들은 케퓨와 같은 사람에 의한 도덕적 위반의 본질을 은연 중 전달받으며 직접적으로 집단에 의해 행사되는 강력한 사회적 통제를 경험한다.

보편적 · 도덕적으로 승인된 행위들—선한 행동들—은 가치를 인정받고 보상을 받는다. 대부분의 사회에서와 마찬가지로 유목수렵 채집인들에게 선한 행동은 전형적으로 관대함, 공유하기, 의무 완수하기, 그리고 과도한 폭력이나 반복되는 문제 야기 없이 다른 사람들과 잘 지내기 등을 포함한다. 사회적 규칙은 관용과 타인에 대한 존중 등 바람직한 행동을 증진시키는 경향이 있다. 예를 들면 츳 와시인들 사이에서 이상적인 사위는 "훌륭한 사냥꾼이어야 하고, 그는 싸움꾼으로 평판을 받아서는 **안 되며**, 그리고 그는 춧 와시인들의 전통적 교환형식인 **흑사로**(hxaro)를 행하는 것을 좋아하는 등과 같은 정신을 소유한 사람이어야 한다" (Lee, 1993, p. 81, 고딕체는 원본 그대로임). 사마 디라우트(Sama Dilaut)인들의 도덕적 이상은 의무에 대한 민감성, 연민, 타인들의 필요에 대한 관심, 그리고 관용과 관련이 있다(Sather, 2004, p. 135). 통킨슨(Tonkinson)은 이상적인 오스트레일리아의 마르두(Mardu)족 성인은 "상냥하고, 겸손하며, 자긍심이 있고, 이기적이지 않으며, 기꺼이 친족들과 함께 공유하고 또한 자기 중심적이 되거나 과도하게 자화자찬하기보다는 불평불만 없이 의식과 친족관계 의무를 완수한다" (2004, p. 94)고 기술한다. 사회적 이상과 그에 상응하는 사회적 규칙은 살린스(Sahlins, 1965)의 일반적 상호성과 연관된 친절을 직계가족을 넘어서서 확장하기 위한 처방으로 간주될 수 있다.

동시에 도덕적으로 승인되지 않는 행위들—나쁜 행동—에 대한 규칙들은 살린스가 적대적 상호성으로 분류하는 행위유형, 곧 전체적으로 케퓨의 탐욕스런 행동과 같이 다른 개인들이나 집단을 착취하는 행위를 금지하는 방향으로 발달한다. 어느 인간 사회에서나 승인되지 않은 행동은 전형적으로 절도, 인색, 강간, 습격, 살인 등을 포함한다(Boehm, 1999, 2000 참조 ; Brown 외, 1991, p. 138).

복수의 상호성 : 정의를 향한 하나의 길

상호성 원리의 복수 추구에 함축된 균형 맞추기 개념이 표현되는 방식은 앙갚음하기, 복수심 이끌어내기, 배상 요구하기, 공평하게 복수하기, 되돌려주기, 똑같게 하기, 같은 수단으로 보복하기 등 매우 많다. 기본적으로 나쁜 행위는 또 다른 나쁜 행위로 되받는다. 아마조니아의 징구 강(Xingu River) 상류 분지에서 원예농업을 하는 부족들에게 상호성 원리는 **야와리**(Yawari) 시합에서 분명하게 나타난다.

> 야와리(Yawari)는 적대적인 부족 구성원 간에 친족으로 짝을 맺는, 그러나 그리고 나서 서로를 심하게 모욕하고 이어서 서로 밀랍으로 처리된 창을 세게 던지는 의식이다. … 그 창은 밀랍으로 처리되고 허리 아래로 던져야만 한다. 행사의 규칙은 공격하는 사람과 그 목표에 해당하는 사람의 역할을 서로 바꾸도록 되어 있다. *만약 어떤 마을 사람이 너무 많은 해를 가한다면 그는 잠시 후에 그와 똑같이 해를 당한 자신을 발견할 것이다*(Gregor, 1994, pp. 250, 253, 이탤릭체는 첨가된 것이다).

미크로네시아(Micronesia)의 비폭력적인 이파룩 아톨(Ifaluk Atoll)인들은 되갚음에 해당하는 것으로 **팔루웬**(paluwen)이란 말을 갖고 있다. "어떤 여성(Ilefagomar)이 다른 여성의 출산 때 당연히 그곳으로 초대받았어야 했음에도 초대받지 못했다. 그녀는 나중에 이 여성에게 '되갚음'을 하는데, 그녀는 몇 개월 후에 그녀 자신의 노동과 출산 행사에 그녀를 부르지 않음으로써 되갚음을 한다”(Lutz, 1988, p. 175).

세 번째 예는 갈등해결 전문가가 미국의 공항 체크인 카운터(Check-in counter)에 있는 한 남자에 관해 쓴 소설에서 나온다. 그 남자는 체크인 직원에게 매우 이례적으로 거칠게 굴면서 모욕을 주고 있었다. 달갑지 않았던 승객이 일을 마치고 자기 갈 길을 간 후에 관찰자는 체크인 직원이 하는 일이 매우 어렵다는 점에 대해 공감을 표현했다. 공격적인 여행자의 일을 도와주고 있는 동안 냉정을 유지했던 그 직원은 그 남자가 뉴욕을 향해 가고 있지만 그의 체크된 수하물은 로스앤젤레스로 가고 있을 것이라고 털어놓았다.

이러한 사례들이 입증하듯이 나쁜 행동은 되갚음을 유발할 수 있다. 마지막 사례는 공항 직원이 작업환경의 한계 내에서 그의 복수를 완성시키는 현명하고 간접적인 수단이라는 점에서 흥미롭다(Björkqvist, Österman & Kaukiainen, 1992 참조). 이들 예에서 각 개인은 부정의를 균형 맞출 수 있는 주도권을 잡고 있다. 달리 말하면 그 사람들은 지각된 개인적 잘못을 시정했다. 그러나 다른 사람의 나쁜 행동을 처벌하는 데 있어서 그 보복자들 또한 어떤 행동에 관한 일반적이자 불편부당한 도덕적 비난을 반영하는 그들 공동체의 사회적 규칙을 유지하는 데 도움을 주는 정도에 따라 도덕적으로 행위하는 것으로 간주될 수 있었다. 그런 상황에서 보복자들은 웨스터마크(Westermarck, 1906/1924)가 도덕적 정서라 언급한 바를 경험할 것으로 예상된다. 게다가 그들의 처벌행위는 트리버즈(Trivers, 1971)가 **도덕주의적 공격**(moralistic aggression)—비행자들에게 그들의 비도덕적 행위에 대해 처벌을 가하는 반응—이라 부르는 바와 잘 어울릴 것이다.

다음의 사례에서 보듯이 마르두(Mardu)는 근친상간으로 사회적 규칙을 파괴한 한 남성을 벌한다(Tonkinson, 2004). 도덕적 비난과 아울러 제재의 적용은 이웃 무리들과 좋은 관계를 유지하는 데 도움을 준다. 따두(Djadu)라는 이름을 가진 20대 후반의 미혼 남자는 이웃 무리 출신의 두 젊은 여성과 성적 접촉을 갖는 것을 그만두라는 경고를 반복적으로 무시했다. 이 두 여성은 따두와 부적절한 성적 파트너 관계가 되었다. 따라서 따두의 행동은 비도덕적이었다. 두 집단의 구성원들은 그 문제를 논의하기 위해 몇 차례 모임을 가졌다. 회의에서 따두는 그의 행동을 정당화하고자 했다. 마지막으로 그의 세 형들은 그에게 일어서서 처벌을 받으라고 명령했다. 따두가 공개된 장소에 서자 분류상 그의 형에 속하는 자들 가운데 다섯 명이 따두의 허벅지를 손상시키려는 의도로 그에게 창을 던졌다. 대개 한 사람씩 차례로 창을 던지므로 그는 피할 기회를 가질 수 있었다. 그 목적은 그를 처벌하는 데 있었지 그를 죽이는 데 있었던 것은 아니다. 따두는 여러 차례 창을 피했지만 결국에는 두 허벅지에 손상을 입었다. 처벌자들은 여기에 한술 더 떠 몇 대의 강력한 곤봉 타격을 가했다.

젊은이들의 도덕발달 측면에서 보면 아동들은 그런 장면에 참석하고 그리고 목격한다. 그들은 그런 관찰로부터 어떤 행동이 도덕적으로 승인되며 어떤 행동이 도덕적으로 비난받는가를 인식하게 된다. 통킨슨(Tonkinson)은 이를 다음과 같이 설명한다.

> 어린 아동은 걷거나 혹은 말을 하기 이전에 다른 사람들과 함께 공유하는 것을 학습해야 한다. … 간청, 조롱, 위협, 지지 철회, 동료집단 압력, 기타 등등을 통해서 그 아동은 순응하는 것을 학습할 것이다. 직계가족과 무리 가운데 그를 둘러싸고 있는 모델들로부터 그 아동은 성 역할과 노동

의 분할에 관해 학습할 것이다. 그러나 자기 규제에 대한 핵심은 아동으로 하여금 관대하고 다른 사람들을 돌보게 해줄 강력한 연민의식(*nyaru*), 많은 반사회적 혹은 비도덕적 행동을 삼가게 해줄 수치심과 당혹스러움(*gurnda*), 그리고 방랑자로 하여금 그 자신의 전 생애를 통하여 되돌아오도록 작용할 가족에 대한 동경과 향수(*gudjil*)의 발달에 있다(1978, pp. 120-121).

상호성 원리를 반영하는 묘사는 인류학 문헌에 아주 폭넓게 기술되어 있어서 도덕성의 이러한 초석은 아마도 십중팔구 모든 사회환경에 적용될 수 있을 것이다. 사실 상호성 원리는 또한 인간이 아닌 몇몇 영장류와 그 밖의 다른 종에게도 작용될 수 있을 것이다(예컨대 de Waal, 2001, 제11장 참조 ; Flack & de Waal, 2000). 균형이라는 측면에서 볼 때 되갚는 행위는 어느 정도 애초의 행위와 동등해야 한다(Daly & Wilson, 1988). 작은 호의는 그 답례로 작은 호의를 불러오기 쉽다. 즉 심각한 비행은 규칙이나 사회적 의무의 사소한 위반보다는 보다 큰 되갚음을 이끌어내는 경향이 있다.

치명적 공격과 상호성 원리

일반적으로 인간 공동체에서 대부분의 갈등은 치명적이지 않으며, 대부분의 사람은 지각된 나쁜 행위에 대해 그들이 복수를 단행할지 혹은 그렇지 않을지를 고려하지 않고 어떠한 폭력을 행사하지 않는다. 생명에 대한 교환으로 생명을 취하는 것은 논란이 있는 가장 가혹한 보복정의 표명으로 그 개념은 웨스터마크의 다음 글에 잘 반영되어 있다.

> 우리가 동료들에게 빚을 지고 있는 가장 신성한 의무는 그들의 생명을 존중하는 것이다. 나는 감히 이것이 문명화된 민족뿐만 아니라 보다 낮은 인종에게도 당연히 유효하다고 믿는다. 또한 만약 어떤 야만인이 그의 이웃들에게 아무튼 어떤 도덕적 의무를 지고 있다는 것을 인정한다면, 그는 그들의 생명을 앗아가는 것이야말로 그들에게 가하는 그 어떤 종류의 해악보다도 더 나쁜 것으로 간주할 것이라고 믿는다(1906/1924, p. 328).

데일리(Daly)와 윌슨(Wilson, 1988)은 혈족이 피의 복수를 하고자 하는 열망은 인류의 보편성이라고 주장했다. "혈족에 의한 피의 복수의 의향은 모든 문화권의 사람이 경험한 것으로, 따라서 그 행위는 어느 곳에서도 '발견되지 않을' 그럴 성격이 아니다"(Daly & Wilson, 1988, p. 227). 그러나 문화 간 자료를 면밀히 검토해 보면 그들은 좀 더 신중하게 주장할 필요가 있다는 것을 알 수 있다. 요약하면, 그들의 주장은 민족지학적 자료가 지지할 수 있는 바를 넘어서고 있다. 뒤따르는 논의는 데일리와 윌슨(1988)이 고려하지 못했던 몇 가지 복잡한 것을 제기하고 있다. 첫째, **개인적인 자기 교정**(individual self-redress), **친족 간 불화**(feud), 그리고 **전쟁**(war)을 서로 구분하는 것이 유용하다. 둘째, 치명적 공격이 상호성 원리와 어떻게 연결되는가에 관한 보다 함축적인 의미는 **사회조직**(social organization)을 그 분석에 첨가함으로써 획득될 수 있다. 셋째, 상당수의 사회는 비폭력적 신념체계를 지닌 도덕률과 같은(Fry, 1999a, 2004, 2006 참조) 치명적 복수를 허용하지 않는 도덕률(Eriksen & Horton, 1992)을 가지고 있다. 그러므로 치명적 공격에 대한 어떤 사회의 도덕적 반응을 이해하고자 할 때 상호성 원리를 이와 관련된 유일한 도덕규칙으로 단순히 환기하기보다는 그 밖의 다른 사회 도덕률과 세계관의 측면 또한 고려해야 한다.

치명적 공격의 유형

모든 사회의 문화적 스펙트럼을 통해서 볼 때 혈족에 의한 피의 복수는, 만약 그것이 발생한다면 **개인적인 자기 교정**, **친족 간 불화**, 그리고 **전쟁**으로 불리는 어떤 양식에 들어맞는다. **개인적인 치명적 자기 교정**은 살인 희생자의 한 친족이 가해자에게 복수를 하는 경우이다. 실제 살인자는 선택된 복수의 표적이 된다. 개인적인 자기 교정의 변화는 보다 넓은 친족집단의 어떤 구성원이 아닌 형제와 같은 가해자와 생물학적으로 가까운 친족이 실제 살인자를 대신하여 표적이 되는 경우이다(Boehm, 1999, p. 80 참조).

뵘(1987)은 두 번째 치명적 복수의 유형인 친족 간 불화의 요소들을 간결하게 이끌어내고 있다. **친족 간 불화**는 "이전의 살인에 대한 복수로 신중하게 제한되고 조심스럽게 계산된 살인으로 이는 살인, 강화, 그리고 보상에 대한 특수한 규칙을 토대로 두 집단 간에 일어난다"(p. 194).

프로스터맨(Prosterman, 1972)의 전쟁에 관한 정의는 그 낱말에 관한 일상적 사용과 일치하며, 전쟁을 살인, 개인적인 자기 보복 살인, 공동 집단 간의 혈족에 의한 살인과는 구분한다. **전쟁**은

> 한 공동체의 구성원들이 다른 공동체의 구성원들에 대항하여 수행하는 집단행위로서, 일차적인 목적이 다른 공동체의 불특정 다수 구성원들

에게 심각한 상해나 죽음에 이르도록 하는 데에 있거나 혹은 심각한 상해나 죽음이 일차적 목적달성에서 그 공동체의 불특정 다수 구성원들에게 과해지도록 하는 데에 있다(Prosterman, 1972, p. 140).

프로스터맨(1972)의 정의는 전쟁이 집단행위이고, 공동체 간에 발생하며, 치명적인 자기 보복에서처럼 특정한 개인에게 초점을 맞추거나 혹은 그 사람의 공동집단—친족 간 불화에서 일어나는 것처럼 친족집단과 같은—에 대항하여 초점을 맞추는 것이 아니라, 오히려 다른 공동체의 불특정 다수 구성원들에게 초점이 맞춰진다는 것을 강조한다. 물론 복수는 전쟁과 관련될 수 있는 유일한 하나의 변수이다.

사회조직의 유형

치명적 공격의 유형은 사회조직과 관련하여 다양하다. 서비스(Service, 1971b ; Reyna, 1994도 볼 것)는 인간 사회조직의 네 가지 기본적인 범주, 곧 군집사회(bands), 부족사회(tribes), 족장사회(chiefdom), 국가(states)를 제안한다. 뵘(1999)은 이를 다음과 같이 보다 세련되게 구분하고 있다. 유목수렵 채집가들(서비스의 군집사회와 상응), 지도자 없는 부족들과 중요 인물사회(이는 대체적으로 서비스의 부족사회와 상응), 정착 유목민들과 족장사회(서비스가 족장사회라 칭함), 그리고 원시 왕국, 고대 문명, 그리고 근대 국가(서비스의 체계에서는 모든 형태의 국가).

서비스(1971b)의 네 요소 구조는 십중팔구는 치명적 공격의 상호성을 고찰하는 데 적절하다. **군집사회**(bands)는 규모가 작고 가변적이지만 어떤 일정한 시점에서 보통 25명 정도로 구성되고, 정치적으로 평등주의를 추구하며, 분명한 리더가 존재하지 않고, 유목이나 반유목생활을 하며, 생존전략으로 사냥을 하거나 채집에 종사한다. 개인은 서로 다른 군집을 쉽게 이동한다. 결론적으로 인류학자들은 군집사회 조직을 유연하며 유동적인 것으로 언급한다. 이와 함께 군집사회는 서열화 된 사회계층이 발달되어 있지 않으며, 친족관계나 다른 구분에 토대하여 공동하위집단으로 견고하게 나눠지는 경향이 없다. 이 마지막 특징은 비록 흔히 무시되고 있지만 군집사회에서 치명적 공격의 유형을 이해하는 데 결정적으로 중요하다. 부족사회, 족장사회, 그리고 국가와 대조적으로 평등주의적인 유목수렵 채집의 군집사회는 인류의 사회조직에서 가장 오래되고 가장 단순한 형태로서 과거 인류 진화의 최소한 100만 년 전으로 거슬러 올라간다.

유목 수렵채집 군집사회와 비교해 볼 때 **부족사회**(tribes)는 근래의 사회조직 형식으로 약 1만 년 전 농업혁명을 통해 등장했다. 부족사회는 정착생활을 하는 경향이 있고, 비록 약간의 사람들이 양을 치기도 했지만 전형적으로는 원예농업에 종사했다. 부족사회의 정착은 100명 혹은 그 이상의 사람을 포함하고 있다. 부족사회에서 리더십은 약하다. 그러므로 봄(1999)은 비록 지도자, "중요 인물"(big men), 그 밖의 다른 지도자의 역할이 부족사회에 등장할 수는 있으나 부족사회와 관련하여 **지도자 없는**(acephalous)이란 용어를 사용한 것이다. 부족사회 지도자들은 설득의 기술을 통하여, 그리고 모범을 통한 인도로써 그들의 의지를 행사하고자 한다. 왜냐하면 그들은 대부분 그 밖의 다른 강압적 형식의 힘이 부족하기 때문이다. 권위자가 약한 위상으로 존재한다는 것은 사실 부족사회 조직이 주로 평등주의로 유지되고 있다는 것을 의미한다. 그러나 군집사회와 달리 부족사회는 정치적으로 **혈통**(lineages)—공동 조상의 혈통을 바탕으로 한 공동체 의식을 가진 사회적 하위집단—과 씨족 혹은 그 밖의 다른 친족관계로 구분되는 경향이 있다.

족장사회(chiefdoms)는 비록 사회적 위계가 존재한다는 것이 특징이지만 매우 다양한 모습을 보인다. 어떤 족장사회는 족장에게 최소의 권위를 부여하는 반면에 다른 경우에서는 족장이 상당한 권위를 지닌다. 족장에게는 특수한 권한이 부여된다. 평민들은 족장에게 존경을 표하며, 족장은 그의 피지배자들에게 응분의 대가를 돌려준다. 족장의 수입은 농사, 낚시, 혹은 그 둘 모두에 의존하는 경우가 많다. 뵘(1999)의 구조는 정착 약탈자들, 혹은 대안적인 명칭을 사용한다면 복합 수렵채집 사회(Kelly, 1995)에 관하여 특수하게 언급한 것이다. 치명적 공격과 상호성 원리를 고려할 때 유목수렵 채집 군집사회를 흔히 하듯이 복합 수렵채집 족장사회와 똑같이 취급하지 않는 것이 절대적으로 중요하다(예컨대 Daly & Wilson, 1988 ; Ember, 1978 ; Gat, 2000). 정착한 복합 수렵채집 사회는 지배자와 피지배자를 가진, 때로는 당연히 노예를 가진 사회적으로 계급화된 사회이다. 복합 수렵채집 사회는 연어 떼와 같은 그러한 풍부한 자연자원을 약탈한다. 민족지학적으로 이러한 유형의 사회는 매우 드물며, 일본의 아이누(Ainu)인과 같은 몇몇 집단과 북아메리카의 북서 해안에 있는 몇몇 사회에 제한된다(Kelly, 1995, p. 302).

가장 최근의 5천 년에서 6천 년 전에 몇몇 초기 족장사회는 조직 변형을 겪었으며, 세계 최초의 **국가**(states)가 탄생되었다. 국가의 수입은 농업에 의존하며, 국가의 지배자들은 족장사회의 지배자들보다 훨씬 더 강력한 힘을 갖는다. 경제적 전문화, 사회적 계층 구분, 집중화된 정치 및 군사조직, 문자와 수의 사용, 도시화, 대규모 농업 관개수, 그리고 관료의 발달은 고대와 근대 국가의 특징을 이룬다(Boehm, 1999, p. 146 ; Service, 1971b, pp. 166–169).

요약하면, 중앙집중화되지 않은 군집사회와 부족사회에서 리더십과 정치적 힘은 약하고 흩어져 있었다. 족장사회에서, 그리고 특히 국가에서 정치적 힘은 사회적 위계의 정점에 집중화된다(Reyan, 1994). 군집사회와 부족사회의 사회적 관계는 족장사회와 국가의 그것에 비교하여 상대적으로 평등주의적이다(Boehm, 1999, 2000).

사회조직, 치명적 공격, 그리고 정의 추구

레이나(Reyna, 1994)는 서로 다른 사회조직의 수준에서 일어나는 투쟁에 대한 전형적인 이유를 개략적으로 제시하고 있다. 그는 공격이 군집사회에서 일어나는 경우 그것은 비교적 별 해가 없다고 말한다. 사람들은 때때로 싸우지만 원한은 개인적인 일이다. 군집사회에서 대부분의 싸움은 개인 간에 일어나고, 비록 살인이 발생하기도 하지만 그렇게 치명적이지는 않다. 말리노프스키(Malinowski)는 이에 관해 다음과 같이 지적하고 있다 : "후대로 전달이 가능한 부가 존재하지 않고 모든 개인적 소비의 양은 그가 생산하는 것과 정확히 똑같기 때문에 노예가 아무런 가치가 없는—힘은 부의 전달에 있어 무용한 수단이다—조건 하에 있다"(1941, p. 538).

부족사회로 돌아가서 레이나(1994)는 공격이 아직 개인적 원한으로부터 일어나고 있지만 이제 친족 민병대와 관련될 수 있다고 지적한다. 싸움집단은 부족 공동체가 친족집단을 토대로 조직되기 때문에 서로 관계되는 경향이 있다. **친족 민병대**(kin militia)라는 용어는 부족사회 수준에서 적절하다. 왜냐하면 싸움집단들이 친족관계 유대의 토대 위에서 일시적으로 규합될 수 있기 때문이다. 부족사회의 경우 전문적인 상비군대가 존재하지 않고 그 위계적 군대구조도 결코 존재하지 않는다. 싸움은 거의 대부분 친족집단 간의 말다툼이나 불법침입, 매복공격과 관련된다.

족장사회의 경우 족장 군대는 역할을 발휘한다(Reyna, 1994). 타히티(Tahiti), 통가(Tonga), 피지(Fiji), 그리고 하와이(Hawaii)와 같은 커다란 족장사회에서 예시된 바와 같이 지도자들과 군사전문가들은 계급상 복종을 명령할 권위를 가진다(Hickson, 1986, p. 284 ; Reyna, 1994, p. 44 ; Service, 1978, pp. 268–272). 족장사회에서 교전(battles)은 부족사회 조직에서보다 일상적이다. 여섯 가지 사회계층으로 이루어진 피지와 같은 어느 정도 규모가 큰 족장사회에서는 전투가 커다란 유혈교전을 수반했다(Carneiro, 1990, p. 200). 피지의 족장들은 가능한 한 많은 남자를 교전에 투입하고자 노력했다. 비록 상비군대는 존재하지 않았고 공식적인 징발은 없었지만 모든 남자는 추장이 전장으로 나갈 것을 명령하면 기꺼이 나가 싸울 것으로 기대되었다(Carneiro, 1990). 다시 보면 복합 수렵채집 사회는 족장사회 유형과 어울린다. 켈리(Kelly)는 "그 사회의 엘리트들은 노예를 소유하고, **전쟁에서 싸우며**, 명시적으로 명성을 추구하는 불평등한 사회"로서 복합 수렵채집 사회를 "규모가 작고 **평화로운** 유목무리들, 소유물이 거의 없고 부와 기회, 지위에서 평등한 남자와 여자"로 구성된 단순 수렵채집 사회와 비교하고 있다(1995, p. 293, 고딕체는 첨가된 것임 ; Binford, 2001, p. 432도 볼 것).

국가는 위계적 명령구조 내에서 작동하는 군사전문가들에 의해 유도된 규모가 큰 상비군대를 보유하는 경향이 있다(Reyna, 1994). 그러한 조건들 하에서 정교한 군대가 출정하며 장기적인 전쟁이 가능하다.

"정의는 내 손 안에 있다"라는 문구는 치명적이든 아니든 개인적 자기 보복의 성격을 담고 있다. 자기 보복과 관련한 한 가지 문제는 그 행위자의 정의에 관한 관념이 받아들이는 사람에 의해 불공정한 것으로서 정당하다고 인정될 수 없거나 지나친 공격으로 지각될 수 있다는 것이다. 자기 보복은 단계적으로 확대되는 갈등의 소용돌이로 나아갈 수 있다. 남부 이탈리아에서 현지조사를 수행했던 브뢰거(Brögger, 1968, p. 231)는 도미니코(Domenico)라는 이름을 가진 한 남자가 숯을 만들기 위해 나무 몇 그루를 베는 것으로 시작하는 일련의 사건을 자세히 설명하고 있다. 쥬세페(Guiseppe)는 그 나무의 부분적인 소유주로서 약간의 숯을 요구했지만 도미니코는 그에게 조금도 주지 않았다. 뒤이은 논쟁의 결과로 쥬세페는 격분해서 도미니코의 토끼 몇 마리를 훔쳤다. 이에 도미니코는 어느 날 늦은 밤에 쥬세페의 포도밭을 엉망으로 만들어 버림으로써 보복했다. 결국 쥬세페는 화가 잔뜩 나서 도미니코를 죽이게 되었다.

치명적인 자기 보복의 사용은 사회조직과도 관련이 되는가? 홉하우스(Hobhouse), 휘러(Wheeler), 그리고 긴스버그(Ginsberg, 1915)는 서로 다른 종류의 사회조직을 나타내는 650여 사회에서의 정의체계에 관한 주의 깊은 검토를 토대로 수많은 검증의 세월을 거쳐온 하나의 결론에 도달했다. 치명적 자기 보복은 수렵채집 사회의 생존체계 가운데 가장 공통적이며, 생존의 형태가 농업이나 양치기로 점차 변화함에 따라 꾸준히 그 사용이 감소된다는 것이다. 대규모 문화 간 표본을 근거로 홉하우스와 동료들(1915, p. 71)은 자기 보복이 가장 단순한 수렵채집 사회의 약 90%에서 나타나고 있지만 농경적으로 가장 자립한 사회에서는 15% 이

하에서만 나타난다는 것을 발견했다. 이들 연구자들은 "… 우리가 [경제적 · 사회적 조직] 규모를 크게 갖출수록 사회 안에 더 많은 통치와 더 많은 정의의 공적 집행이 존재한다 …" (Hobhouse 외, 1915, p. 254)고 결론을 내렸다.

반세기 후에 유명한 법인류학자 호블(E. Adamson Hoebel)은 광활한 사회조직의 화폭 위에 법과 정의가 어떻게 색칠해지게 되는가에 관하여 다음과 같은 하나의 비슷한 결론을 제시했다 : "… 그 경향성은 공소 제기와 법적 제재의 부과에 관한 특권이 **개인**[자기 보복에서처럼]과 그의 **친족집단**[친족 간 불화에서처럼]으로부터 [법원에서와 같은] 그러한 사회를 대표하는 뚜렷하게 그 한계가 정해진 공직자들로 움직이는 것이다" (1967, p. 327, 고딕체는 필자가 한 것임).

에릭센(Eriksen)과 호튼(Horton, 1992)은 세계에서 주요 문화지역을 대표하는 문화 간 표준표본(the Standard Cross-Cultural Sample : SCCS)이라 불리는 186개 사회의 표본을 활용하여 홉하우스(Hobhouse)와 그의 동료들(1915)이 제시했던 고전적 연구의 기본 결과들을 모사했으며, 호블(Hoebel)의 일반적 경향에 관한 해석의 정확성을 입증했다. 에릭센과 호튼(1992, pp. 73–74)은 치명적인 개인적 자기 보복이 그 어떤 다른 사회유형에서보다 수렵채집 군집사회에서 약 7배 정도 더 자주 일어난다는 것을 발견했다. 이와 더불어 에릭센과 호튼은 계층화되지 않은 혹은 평등주의적 사회—즉 중앙집중화되지 않은 군집사회와 부족사회에서 전형적으로 발견되는 유형—에서 자기 보복의 가능성과 계층화되거나 혹은 위계적인 사회—기본적으로 족장사회와 국가—에서의 그것을 비교한 후 계층화되지 않은 집단에서 자기 보복이 5배 이상 일어난다는 것을 발견했다. 마지막으로 에릭센과 호튼(1992, p. 74)은 가장 복잡한 정치경제의 유형에서 널리 행해지고 있는 심판을 발견했다. 달리 말하면 잘 발달된 족장사회와 국가는 개인과 친족집단으로부터 살인 이후에 정의를 행사하는 권리를 탈취한다. 높은 위치에 있는 사람들만이 판단할 권위와 그들의 판정을 집행할 힘을 갖는다. 근대 국가에서 살인은 거의 개인적인 자기 보복의 행위나 공동 친족집단 간의 혈족 간 보복을 초래하지 않는다. 그 대신에 대부분의 시민은 정의의 집행이 국가의 손에 달려 있다는 것을 받아들인다. 만약 어떤 시민이 법률을 자기 마음대로 집행한다면 국가의 재판체계는 그러한 자기 보복의 행위를 새로운 범죄로 취급하지 정의의 합법적 집행으로 다루지 않는다. 국가는 정의를 집행할 권리를 주장한다.

단순 유목 약탈자들에게서 되풀이하여 발생하는 양식을 강조하는 것은 중요하다. 곧 복수의 표적은 살인자 그 자신인 경향이 있다(예컨대 Kelly, 2000 ; Peterson, 1991, p. 375). 이는 춧 와시(Ju/'hoansi)인들의 살인 자료에서 확실히 명백하다(Lee, 1979, pp. 383-396). 22건의 살인 가운데 11건은 최초의 살인이었다. 살인자들 가운데 네 명에 대하여 복수가 모색되었고, 결국에는 11건의 보다 폭력적인 죽음으로 나아갔다. 여기에는 네 명의 살인자 그 자신들, 한 명의 살인자 친척, 그리고 몇 명의 복수 수색자들과 방관자들이 포함되어 있다. 유혈사태의 대부분은 악명 높게 폭력적인 남자들이었던 애초의 네 명의 살인자 가운데 두 명을 처형하고자 한 거듭된 시도를 둘러싸고 일어났다(Lee, 1979). 에릭센과 호튼의 복수에 관한 문화 간 연구는 또한 단순 유목 약탈자들 사이에 만약 복수가 모색된다면, 보다 넓은 범위의 친척집단이 아닌 희생자의 개인적인 가족 구성원들이 실제 살인자를 표적으로 삼는 경향이 있다는 일반화를 지지하고 있다(1992, 표 2, 사건번호 2, 13, 77, 79, 90, 91, 119, 122, 124-129, 137,

180, 186 참조 ; Fry, 2006도 볼 것).

에릭센과 호튼의 연구결과는 개인적 자기 교정이 위계적 사회에서보다는 군집사회에서 비교적 더 많이 나타나는 반면에 친족집단으로 하여금 친족집단에 대항하여 맞붙도록 하는 친족 간 불화는 군집사회에서 일반적이지 않은데, 그 이유는 대부분의 군집사회가 잘 발달된 응집력 있는 친족조직을 갖추지 못하고 있다는 단순한 이유 때문이다(Knauf, 1991, p. 405 참조). 예를 들면 군집사회는 모계사회 혹은 부계사회의 구분, 즉 공유된 여성 혹은 남성 조상으로부터 각각 이어져 내려오는 그들의 공통 혈통으로 간주하는 친족의 집단 구분이 거의 없다(Fry, 2006). 대신에 대다수의 단순 유목 약탈자 사회의 경우 각 개인은 그 자신의 독특한 친족사회의 견지에서 사고한다. 물론 유목 군집사회에서 두 사람의 친족관계가 중복될 수 있다. 그러나 심지어 두 형제도 보통 서로 다른 인척관계를 갖는 관계로 결혼 이후 각기 다른 친족관계를 갖게 된다. 이것은 직계가족 수준에서 개인적 자기 교정의 유형—보다 규모가 큰 친족집단 간에 일어나는 장기적인 친족 간 불화의 양식과 대조적인 것으로—이 단순 군집사회의 전형을 이루는 주요 이유이다. 군집사회 수준의 사회조직은 보다 복잡한 사회에서 잘 발달된 협동적 하위집단들의 유형이 부족한 경향이 있다(Kelly, 2000).

단순 유목 군집사회의 경우 복수 살인은 거의 항상 그 희생자의 가까운 친족에 의해 가족 구성원을 죽인 특정한 개인에 표적을 두고 이루어지는 반면에 이와 대조적으로 일단 사회적 분할이 일어나면 부족사회에 전형적인 것으로, 살인은 희생자의 직계가족에 대한 손실일 뿐만 아니라 보다 일반적으로는 같은 부계사회, 하위씨족 등등의 구성원들에 대한 손실로 지각된다. 복수를 모색하는 경우 희생자가 속한 보다 큰 규모의 친족조직은 살인자의 친족집단에 소속하는 그 어느 누구든 복수의 표적으로 삼을 수 있다. 켈리(Kelley, 2000)는 이러한 현상을 **사회적 대체성**(social substitutability)으로 언급한다. 부족사회와 같은 그러한 분할된 사회에서 보복적 정의 추구는 씨족 혹은 가계 사이에서 왔다갔다 번갈아 한다. 각각의 살인은 보복을 자극하며, 그것은 거꾸로 상대의 보복을 자극하고 또 거꾸로 상대의 보복을 자극할 것이다. 달리 말하면 사회적 대체성은 혈족 간 보복을 촉진한다. 사회적 대체성은 폭력의 한 행위(예컨대 한 테러리스트의 공격)가 실제 가해자들에 대해서 뿐만 아니라 그 공격자들과 같은 민족 혹은 종교집단에 소속한 그 어느 누구에게도 보복을 야기시키는 것과 같이 국가의 경우에는 전쟁을 유발할 수 있다. 사회적 대체성의 개념은 오늘날의 세계에서 몇몇 전쟁유형과 그 밖의 집단 간 다른 폭력유형을 이해하는 데 적합하다.

분명히 개인적 자기 교정과 친족 간 불화는 사회조직과 관계가 있다. 전쟁의 존재 혹은 부재 또한 사회조직과 관계가 있는가? 많은 문화간 연구는 사회정치적 복잡성과 전쟁이 서로 일치한다는 것을 보여준다(van der Dennen, 1995, 제2장 참조 ; Hobhouse 외, 1915 ; Johnson & Earle, 1987 ; Leavitt, 1977 ; Malinowski, 1941 ; Reyna, 1994 ; Simmons, 1937 ; Wright, 1942, p. 66). 반 더 덴엔(van der Dennen)은 이와 관련하여 다음과 같이 결론을 내린다 : "가장 일관되며 확고한 연구결과 중 하나는 '원시성'과 전쟁의 부재 혹은 낮은 수준의 교전 간의 상관관계, 달리 표현하면 전쟁과 문명 간의 상관관계이다"(1995, p. 142).

다음의 표 15.1은 사회조직과 고려 중에 있는 치명적 공격의 세 가지 유형, 즉 개인적 자기 보복, 친족 간 불화, 그리고 전쟁 간의 관계를 요약하고 있다. 전체적 유형은 개인적 자기 보복은 군집사회 조직에, 친족

표 15.1_ 치명적 공격과 사회조직과의 관계유형

	유목 수렵 채집 군집사회	부족사회	족장사회	국가
자기 교정 복수 살인	전형적	가변성	드물게 발생	드물게 발생
친족 간 불화	드물게 발생	전형적	가변성	드물게 발생
교전	드물게 발생	가변성	전형적	전형적

주 : 개인적 자기 교정 살인은 단순 유목수렵 채집사회에서 전형적이다. 그런 사회는 부족사회를 전형적으로 특징짓는 협력적 친족집단(예컨대 씨족과 부계가문)이 존재하지 않는 경향이 있다. 부족사회에서 복수 추구는 개인으로부터 친족집단으로 옮겨가며, 따라서 친족 간 불화가 가능해진다. 친족 간 불화가 일단 억압되면 중앙집중적인 권위가 족장사회 내에서, 특히 국가에서처럼 발달한다. 일련의 문화 간 연구는 교전이 족장사회와 국가에서 가장 흔하게 나타나고 가장 완전하게 발달한다는 것을 보여준다. 이 표는 포괄적인 문화 간 유형 혹은 중심적인 경향성을 반영하고자 의도된 것이다. 자세한 논의와 관련 참고문헌에 대해서는 본문 참조.

간 불화는 부족사회에 전형적이며, 전쟁은 족장사회와 국가에서 가장 흔하다는 것이다. 사회조직을 개인적 자기 보복, 친족 간 불화, 그리고 전쟁과 각각 함수관계로 보고 그 해답을 찾아보는 것은 우리의 지식을 혈족에 의한 피의 복수의 일반적 열망이 인류에게 보편적이라는 주장을 초월하여 확장시킨다.

치명적 공격의 가변성 : 상호성과 다른 도덕 원리 간 균형 맞추기

친족 간 불화나 전쟁수행은 그 어느 것도 인류에 보편적이지 않다 (Bonta, 1993 ; Bonta & Fry, 인쇄 중 ; Fry, 1999a ; 2001, 2004, 2006). 예를 들면

마르두(Mardu)인, 페리얀(Paliyan)인, 그리고 말레이시아의 바텍(Batek)인은 친족 간 불화나 전쟁이 없다(Endicott, 1988 ; Gardner, 2004 ; Tonkinson, 2004). 이와 함께 비폭력은 페리얀인들의 중심적인 측면(Gardner, 1972, 2004)이며 바텍인들의 도덕률이기도 하다. 엔디코트(Endicott)는 이와 관련하여 다음과 같이 예증하고 있다 : "바텍인들은 대인 간 폭력을 혐오하며, 일반적으로 그들의 적과 싸워서 저지하기보다는 피해버린다. 나는 언젠가 한번 바텍인 남자에게 왜 그들의 조상은 1920년대까지 … 독이 든 바람총(blowpipe) 침으로 그동안 괴롭혀 오던 말레이(Malay)인 노예 침입자들을 쏘지 않았는지 물어본 적이 있다. 그의 충격적인 대답은 '그것은 그들을 죽일 것이기 때문이다!' 였다" (1988, p. 122).

50개 문화를 표본으로 연구했던 오터베인(Otterbein)과 오터베인(Otterbein, 1965, 표 15.3)은 치명적인 친족 간 불화가 단지 8개 사회(16%)에서만 자주 나타났고, 14개 사회(28%)에서는 좀처럼 나타나지 않았으며, 나머지 28개 사회(56%)에서는 나타나지 않았다는 것을 발견했다. 에릭센과 호튼(1992)은 그들이 고전적인 양족 간 혈투라 부르는바—즉 범인과 더불어 그의 친척들이 복수의 적절한 표적들로 간주되는 경우—가 문화 간 표준표본(SCCS)에 있는 186개 사회의 34.5%에서 존재한다는 것을 발견했다. 전체적으로 친족집단 복수의 몇 가지 형식—기본적으로 개인적 자기 보복 혹은 친족 간 불화—은 문화 간 표본의 54%에서 합법적인 것으로, 나머지 사회의 46%에서 비합법적인 것으로 간주되었다.

개인적 자기 보복과 친족 간 불화 중 어느 하나가 사회적으로 허용되는 사회에서조차 치명적 복수가 항상 실행에 옮겨지는 것은 결코 아니었다. 친족집단 복수가 합법적으로 허용되었던 사회의 경우 그것은 문화들의 42%에서 도덕적 명령으로 간주되었고, 그런 경우들에서 흔히 발생했으며, 16%에서 가장 적절한 행위과정으로 간주되었다. 또한 20%에서 그 밖의 다른 선택 가운데 단지 하나의 가능성으로서 상황에 의존하는 것으로 간주되었으며, 그 경우들의 22%에서 단지 최후의 선택수단으로 사용되었다. 친족집단 복수가 사회적으로 합법적이지 않았던 사회의 전체 표본 중 46% 가운데 거의 대부분(81%)이 제3의 지원을 받는 다양한 형태의 분쟁 해결 과정을 채택했다(Ericksen & Horton, 1992, pp. 62, 74). 오터베인과 오터베인(1965) 그리고 에릭센과 호튼(1992)의 문화 간 연구를 함께 검토해 보면, 3분의 1에서 절반에 이르는 사회들이 친족 간 불화를 허용하고 그 나머지는 허용하지 않으며, 비록 사회적으로 허용된 경우라 하더라도 흔히 불만을 해결하는 다른 접근들이 치명적인 복수 추구를 대신하여 채택된다. 따라서 인류학적 자료는 혈족에 의한 피의 복수가 문화적 환경을 초월하여 어디에나 존재한다는 주장에 대한 지지를 제공하지 못한다.

갈등 해결 : 정의를 향한 다른 길들

비록 폭력은 사람들이 갈등을 해결하는 가장 분명한 방식일 수 있지만, 문화 간 자료에 대한 면밀한 검토는 사람들이 보통 신체적 공격 없이 갈등을 다룬다는 것을 밝혀주고 있다. 인류의 대부분의 갈등 조정은 비폭력적이다. 인류는 서로 평화롭게 잘 지내고 신체적 공격을 억제하는, 폭력의 범위와 폭을 제한하고 공격 다음에 이어 오는 평화에 호소하는 위대한 능력을 지니고 있다(Fry, 2000, 2001). 갈등과 공격은 동의어가 아니다. **갈등**(conflict)은 "둘 혹은 그 이상의 당사자 간에 흔히 화나 혹은 적의의 감정이 함께 수반되는 관심—여기에서 관심은 가치, 필요, 목적, 소망을 포함하는 넓은 의미로 개념화된 것이다—의 지각된 차이"(Fry, 1999a, p. 719 ; 제자 Rubin, Pruitt & Kim, 1994)로서 규정될 수 있다. **공격**(aggression)은 다른 개인들에게 상해, 고통, 손상을 가하는 것을 의미한다.

공격을 통해 갈등을 처리하는 것은 비폭력적 접근들이 하지 않는 방식에서 관계에 해를 끼칠 수 있다. 최근의 연구는 평화구축과 화해가 인간 이외의 다양한 영장류 사이에서도 중요하다는 것을 보여준다(Aureli & de Waal, 2000 ; Cords & Killen, 1998 ; de Waal, 1989, 1996). 갈등 해결 또한 모든 인간 사회에서 일어나며, 종종 긴장관계를 정상으로—논쟁자 간에 균형을 회복하도록—되돌리는 데 도움을 준다(Brown, 1991 ; Fry, 2000, 2004 ; Nader, 1990 ; Sather, 2004).

갈등 해결의 다양성과 창의성 : 호주 애버리진인들의 예

두 가지의 순환하는 주제가 호주 토착민에 관한 문헌을 통해 다시 돌아온다. 첫째, 갈등 해결 메커니즘이 잘 발달되었다. 둘째, 폭력적인 자기 교정을 통한 복수의 추구는 정의에 대한 가장 사랑받지 못하는 방식이다. 이들 요점을 예증해 주는 특수한 사례를 고찰하기 전에 호주 토착민들이 폭력을 억제하기 위해 사용했던 다양한 갈등 해결 방법을 언급할 가치가 있다. 이들 방법은 다음을 포함한다.

1. 고발인들과 피고인들 모두 똑같이 배심원들 앞에서 자신들의 입장에 대

해 발언하거나 혹은 연장자들이 반드시 수반되어야 할 적법한 행위과정으로 동의할 가능한 결과를 가지고 한 집단으로서 문제에 관하여 이야기할 청문회 제공하기(예컨대 Berndt, 1965, pp. 176, 185 ; Tonkinson, 2004).

2. 손해를 입어 기분이 상한 당사자들에게 보상하기(Berndt, 1965, p. 185 ; Elkin, 1931).
3. 결투, 시합, 법적 투쟁, 그리고 이와 유사한 것에 참여하기. 그런 경우는 참여자 양측 모두 규칙을 준수하고, 필요하다면 다른 사람들의 개입으로 공격—드물게 심각한 상해를 입힌다—을 제한시키기(Berndt, 1965, pp. 181, 194–197 ; Goodale, 1974, pp. 133–134 ; Hart & Pilling, 1979, pp. 80–87 ; Wheeler, 1910, pp. 134–135, 140–147).
4. 공개 모욕, 대중 앞에서의 연설, 그리고 토론하기를 통해 감정 털어놓기(예컨대 Berndt, 1965, p. 177 ; Williams, 1987, p. 97도 볼 것).
5. 이전에 기술했던 마르두(Mardu) 남자와 관련한 예에서처럼 종종 치명적이지 않는 창으로 넓적다리에 상처를 가하는 등 비행자들에게 벌 내리기(Hart & Pilling, 1979, pp. 79–83 ; Tonkinson, 1978, pp. 118, 124 ; 2004 ; Wheeler, 1910, pp. 135–138).
6. 합동의식과 행사에 참여함으로써 적대자들과 화해하기(예컨대 Berndt, 1965, pp. 187–190 ; Berndt & Berndt, 1945, pp. 262–266).

물론 그러한 절차의 구체적인 것들은 지역마다 다양하다. 호주 남부의 호수 근처 부족들 사이에 빚(kopara)을 갚는 것은 불평거리를 취소할 수 있어서 유혈사태를 방지하며, 집단 간에 우호적인 관계를 유지할 수 있게 해준다(Elkin, 1931). 애버리진(Aboriginal)인들의 사고체계에서, 그리고 상호성 원리에 준거하여 죽음은 전형적으로 악령들의 주술로 귀인되며, 이론적으로는 마법사가 죽음으로써 그와 가까운 어느 누군가에 의해 앙갚음되거나 혹은 균형이 잡혀야만 한다. 그러나 신체적 폭력에 의해 누군가를 실제로 죽이는 것은 최후의 선택수단이다. 죽음과 균형을 맞추는 다양한 선호된 방식이 존재한다. 호수지역 부족들은 빚에 관한 그들의 상호성 체계를 실질적인 유혈사태를 방지하는 데 활용한다.

전형적인 양식은 다음과 같다. 어떤 죽어가는 사람이 특정한 남자 혹은 남자들에 대해 꿈을 꾸고 친척들에게 그 꿈에 관하여 이야기한다. 그러면 그 사람의 친척들은 특정한 개인 혹은 어떤 경우에는 씨족이 주술로 그들의 친척을 죽음에 이르도록 했다고 의심한다. 틀림없이 그들은 시신을 웅크리고 있는 두 남성의 머리 위에 균형을 잡아 얹어놓는다. 연장자는 두 개의 검시 막대기(inquest sticks)를 서로 두들기면서 시체에게 꿈속의 그 남자 혹은 그 남자들이 책임이 있는지 없는지를 묻는다. 시신은 두 웅크리고 있는 남성들의 머리에서 떨어짐으로써 이를 긍정한다. 일단 검시가 유죄 당사자의 정체를 밝혀내면 망자의 친척들은 이 죽음과 관련하여 빚(kopara)을 지고 있다고 인식한다. 친척들은 죽음에 균형을 맞추려고 시도할 것이다. 달리 말하면 그들은 다양한 방식으로 빚을 수합함으로써 이에 균형을 맞추려고 할 것이다.

한 가지 재미있는 비폭력적 선택은 목숨과 목숨을 교환하는 것과 관련되는데, 그러나 의식상의 방식이기 때문에 실제적으로는 어느 누구도 죽임을 당하지 않는다. 남자가 되기 위해 젊은이는 할례를 받아야 하고 성인에 가입해야 한다. 이러한 통과의례가 시행될 때 젊은이는 상징적으로 말해서 "죽임을 당하고", 사회에서 보다 가치를 인정받는 새로운 성인 신분으로 대체된다. 애초의 주술 살인으로부터 발생된 빚(kopara)은 망자의 친척들 중 한 사람이 고소당한 살인자 집단 출신의 젊은이에게 할례를 집행하는 역할을 담당함으로써, 따라서 상징적으로 젊은이를 "죽임으로써" 균형이 잡힐 수 있다. 엘킨(Elkin)은 이에 관하여 다음과 같이 기록하고 있다 : "이것은 특이한 종류의 처벌 혹은 복수이다. 그러나 입문기간과 관련된 징벌은 개인으로 하여금 중요성 및 책임에 대해 느끼게 해줄 뿐만 아니라 대부분의 경우에서 의심의 여지없이 매우 현명한 과정이며 사회적으로 가치가 매우 높다. 애버리진인들은 분명히 투쟁이나 싸움보다는 이를 택하고 있다"(1931, p. 197). 이러한 갈등 해결 절차는 도덕성의 상호성 원리와 잘 어울리며, 비폭력적인 방식에서 지각된 비행의 균형을 맞추는 사례를 보여주고 있다.

넷시릭 이뉴잇인들 사이에서의 균형 회복하기

전통적으로 넷시릭(Netsilik) 사회에서 대인관계 갈등은 많은 방식으로 해결되어 왔다(Balikci, 1970). 회피는 관행이었다. 투쟁하고 싸우는 것은 일군의 관심, 곧 사람들은 공격적 복수, 편익관계의 상실, 반대자에 의한 주술, 그리고 다양한 종류의 사회적 압력 때문에 저지되거나 제한되었다. 더군다나 넷시릭인들은 유혈사태 없이 논쟁을 해결하기 위해 의례화된 신체적 · 언어적 시합을 활용했다.

시합은 명확한 규칙을 확보하고 있었다. 일정한 양식을 갖춘 신체적 싸움에서 다른 사람에게 도전한 남자는 첫 번째 타격을 얻어맞아야 했다(Balikci, 1970, pp. 185-186). 두 적수는 허리까지 옷을 내리고 서로 반대방향으로 선다. 각자 차례로 한 번씩 상대를 가격하는데, 이마나 혹은 어깨 부위를 향하여 가격했다. 상호성을 아주 미세한 수준에까지 규정하고 있다. 이러한 교환은 한 사람이 포기할 때까지 계속된다. 한 넷시릭 남자는 "그 싸움 이후 모든 것이 끝난다. 그것은 마치 그들이 전에 결코 싸운 적이 없었던 것처럼 되는 것이다" (Balikci, 1970, p. 186)라고 설명했다.

언어 노래시합 또한 논쟁을 해결하는 데 사용되었다. 밸리키(Balikci)는 공동체의 청중들이 어떻게 두 적수가 개인적으로 작곡한 노래를 듣고 웃고 농담하게 되는지 설명하고 있다. 두 남자의 아내는 각자 자신의 남편이 작곡한 노래를 부른다. 그는 자신의 아내를 동반한 채 청중을 위해 북을 치면서 춤을 춘다. 통렬한 노래는 "근친상간, 수성(bestiality), 살인, 탐욕, 간통, 사냥에서의 실패, 공처가가 된 것, 남성다운 힘의 부족 등등에 관한 규탄" (Balikci, 1970, p. 186)을 포함했다. 노래시합의 규칙에 따라 적수는 자신의 상대 적수에게 역으로 고함을 지를 자유를 갖는다. 여러 경우에 두 당사자 측은 그들의 적대자들에게 공개적으로 서로 모욕을 줄 수 있고 조롱할 수 있었다는 점에서 만족했다. 그래서 논쟁은 종결에 이르게 된다. 만약 여전히 분노가 남아 있다면 적수들은 싸움시합으로 옮겨갈 것이다. 밸리키(1970, p. 189)는 신체적 시합의 결과가 문제를 최종적으로 해결한다고 보고한다.

결론

모든 곳에서 상호성은 인간의 도덕적 사고의 핵심 요소이다. 인간은 선한 행위에는 그에 보답하고 나쁜 행위에는 보복을 한다. 모든 인간 사회에서 의무를 완수하는 것은 좋은 일인 반면에 의무를 기피하는 것은 나쁜 짓이다. 곧 관대는 좋으며 인색은 나쁘다. 친절은 좋으며 까닭 없는 공격은 나쁘다. 상호성 원리의 한 측면으로 되갚음은 그것이 긍정적이든 적대적이든 애초의 행위와 대체적으로 동등해야만 한다. 살린스(Sahlins, 1965)는 **균형적 상호성**(balanced reciprocity)이란 용어를 사용했을 때 긍정적 교환의 균형에 주의했다. 이와 관련하여 "눈에는 눈", "이에는 이", "목숨에는 목숨"은 적대적 되갚음의 균형을 반영한다.

민족지학적 기록에서 많은 갈등 해결 형식은 논쟁자 간의 균형을 회복하고자 하는 시도와 관련된다. 실제적으로 멕시코의 시에라 자포텍(Sierra Zapotec) 인디언들조차 "균형을 맞추라"(Nader, 1990)는 어구를 사용한다. 손상에 대한 배상의 지불은 유혈사태 없이 균형을 회복하는 하나의 널리 알려진 방법이었다(예컨대 Berndt, 1965 ; Black, 1993 ; Elkin, 1931 ; Hoebel, 1967). 균형을 회복하는 또 다른 방법은 음부티(Mbuti) 남자인 케퓨(Cephu, Turnbull, 1961)에게 적용되었던 비폭력적 사회통제와 마르두(Mardu)인 따두(Djadu)의 신체적 처벌(Tonkinson, 2004)과 같이 사회규칙을 파괴한 사람을 분명하게 처벌하는 것이다(Black, 1993). 중심적인 개념은 도덕적 위반을 저지른 사람에게 반드시 대가를 지불해야 한다는 것이다. 그러나 지불방법은 문화에 따라 다르고 비행에 대한 가격은 신체적 처벌, 사회적 조롱, 지지의 철회, 물질적 배상에 대한 요구, 그리고 이와 비슷한 방식 등으로 나타났다. 균형을 회복하는 지불은 정의롭고 옳은 것으로 간주된다. 너무 적거나 혹은 너무 많은 것은 수용자와 다른 사람들에 의해 정의롭지 못한 것으로 지각될 수 있다. 따라서 근본적인 수준에서 인간에게 있어서 정의의 개념은 상호성 원리와 연결된다. 그러나 정의에 이르는 구체적 방식은 매우 다양하다.

문화적 변화와 더불어 문화 간 양식은 이 장에서 고려되었던 자료에서 분명하게 드러난다(Fry & Fry, 1997). 예를 들면 고기를 공유하는 구체적인 규칙은 각기 다른 대륙의 사회에서 기대되었을 것처럼 구아야키(Guayaki), 펠리얀(Paliyan), 넷시릭(Netsilik), 그리고 춧 와시(Ju/'hoansi)인들에게 서로 다르다(Balikci, 1970 ; Clastres, 1972 ; Gardner, 1972 ; Lee, 1993 ; Marshall, 1961). 동시에 모든 유목 약탈자 사회에서 고기를 공유하는 것은 사람들을 상호성의 그물망에 연결시키는 도덕적 규칙과 사회적 의무를 일관되게 반영한다.

상호성 원리는 친척관계 거리, 사회적 조직, 그리고 다른 도덕적 명령과 같은 사회적 삶의 다양한 특징과 상호작용한다. 도움을 주거나 해를 끼치는 행동과 유전적 관계의 상호작용—달리 말하면 포괄적 적합성의 효과—은 주목받아 왔다. 가장 가까운 친척들은 선물과 친절행위에 대해 정확히 그대로 지불할 책임—살린스(1965)가 **일반적 상호성**(generalized reciprocity)이라 불렀던 문화 간 유형—이 없다. 왜냐하면 "되갚음"은 포괄적 적합성의 통용에서 시작되기 때문이다. 다른 극단에서 보면 가까운 생물학적 친척들만이 서로를 죽이는 경우가 거의 없었는데(Daly & Wilson, 1988 참조 ; Dunbar 외, 1995 ; Lee, 1979), 이는 포괄적 적합성 개념과 잘 어울리는 또 다른 관찰이다. 어떤 사람이 자기 자신의 형제를 살인하는 것과 같은 예외적인 경우에서도 복수는 가족 구성원들에 의해 터무니없는 것으로 간주되었다(Balikci, 1970 ; Westermarck, 1906/1924). 즉 같은 가족끼리 목숨을 앗아가는 복수를 한다는 것은 되갚음이 아니라 가족들에게 오히려 두 배의 손실을 가져다 줄 것이다. 다시 말하면 포괄적 적합성 개념은 이를 이해하기 쉽게 만든다.

사회적 조직 또한 상호성 원리와 서로 영향을 미친다. 치명적 공격의 유형들을 검토해 본 결과 전체적인 유형은 개인적 자기 교정이 군집사회에 가장 일반적이고 협동적 친족집단 사이의 친족 간 불화는 부족 사회에서, 그리고 전쟁은 족장사회와 국가에 전형적이다. 물론 국가 간의 전쟁이 보통 순전히 복수를 위해 일어나지는 않지만(Ferguson, 1984, 1990), 때때로 최근에 미국이 9 · 11 테러 공격의 결과로 아프가니스탄에 대하여 전쟁을 시작했듯이 복수의 동기가 개입하기도 한다. 정치가들은 그들의 유권자들과 세계 공동체에 대해 그러한 공격을 **정당화**(justifying)할 때 보복적인 함축을 지닌 **복수**(revenge)라는 말보다는 가능한 도덕적 · 법적 함의를 가진 **정의**(justice)라는 단어를 더 선호하는 경향이 있다(Israely, 2003 참조).

이탈리아 농민인 도미니코(Domenico) 및 쥬세페(Guiseppe)가 관련된 경우는 자기 교정, 친족 간 불화, 혹은 전쟁에 의해서든 어떻든 일방적으로 복수를 통한 정의를 추구하는 위험을 보여주고 있다(Brögger, 1968). 한쪽의 정의 행동은 다른 쪽으로부터 정반대의 정의 행동을 촉진시킬 수 있다. 이는 결국 더욱 규모를 확대시키는 폐해의 소용돌이로 나아갈 수 있다(Rubin 외, 1994). 갈등 해결은 인류에게 고도로 발달된 사회적 기술로서 개인적 자기 교정, 친족 간 불화, 그리고 전쟁의 폭력을 불필요하게 만드는 정의에 이르는 대안적인 방안을 제공한다. 문화 간 자료는 인류가 평화를 깨뜨리지 않고 균형을 이루기 위해—갈등에 대한 정의로운 해결을 달성하기 위해—규칙적으로 채택하는 수많은 비폭력적 접근을 입증해 주고 있다(Fry, 2000, 2001, 2006). **빚**(kopara)과 노래시합은 폭력적 보복을 사용하지 않고 균형을 이뤄내는 단지 두 가지 사례일 뿐이다.

정의에 이르는 대안적 길이 광범위하게 존재한다는 것은 혈족에 의한 복수의 일반성에 관한 데일리(Daly)와 윌슨(Wilson, 1988)의 주장이 너무 협소하게 공식화된 것이라는 하나의 이유이다. 사회적 조직의 효과를 제쳐놓더라도 상호성 원리는 또한 그 밖의 다른 도덕적 명령, 예컨대 인류사회에서 살인에 대한 보편적인 도덕적 금지와 서로 영향을 미친다(Brown, 1991 ; Hoebel, 1967). 에릭센(Ericksen)과 호튼(Horton, 1992)의 문화간 연구는 혈족에 의한 복수가 어디에나 존재하는 것과는 거리가 멀다는 것을 보여준다. 요약하면, 데일리와 윌슨(1988)은 상호성 원리를 인류 도덕성의 중심요소로 강조함으로써 다윈(1871/1998)과 웨스터마크(Westermarck, 1924)의 발자취를 따르고 있는데, 그러나 민족지학적 자료는 데일리와 윌슨(1988)이 제안한 바와 같이 이 원리와 혈족에 의한 복수의 연결이 그렇게 탄탄하게 연결된 것으로서 지지하지는 않는다. 인류는 다양한 방식으로 균형을 이루어내며, 그들의 많은 것은 치명적이지 않다.

다윈(Darwin)은 "어느 부족도 만약 살인, 약탈, 배반 등등이 일상적이라면 함께 서로 잘 지낼 수 없다"(1871/1998, p. 120)는 것을 인정했다. 다윈(1871/1998)은 또한 민족국가의 출현으로 공동체의 개념이 극적으로 확장되었다는 것을 인정했다. 이러한 발달은 새로운 가능성을 제시했다.

> 인류가 문명을 발달시키며 작은 부족들이 보다 큰 공동체로 규합됨에 따라 최소한의 이성은 각 개인에게 자신의 사회적 본능과 공감을 같은 국가의 다른 구성원들에게, 비록 개인적으로 그를 잘 알지 못한다 하더라도 확장해야만 한다고 말할 것이다. 일단 여기에 다다랐다면 모든 국가와 인종의 사람들에게 그의 공감을 확장하는 것을 막는 단지 하나의 인위적인 장벽만이 존재한다(Darwin, 1871/1998, pp. 126-127).

인류 전체로 그러한 공감의 확장을 촉진시키는 하나의 방법은 국제적 수준에서 복수를 통한 정의를 추구하는 것으로부터 벗어나는 것이며, 그리고 대신에 비폭력적 수단을 통해 세계의 사람들과 민족들을 위한 정의를 확보하는 갈등 해결 절차와 국제적 제도를 창안하는 것이다.

《 감사의 말 》

이 장은 헤이키 사마자(Heikki Sarmaja)와 주카 페카 타카라(Jukka-Pekka Takala)와의 토론으로부터 많은 도움을 받았다. 아울러 나는 이 장을 읽고 논평을 해준 멜라니 킬렌(Melanie Killen), 주디 스메타나(Judi Smetana), 그리고 주카 페카 타카라(Jukka-Pekka Takala)에게 감사드린다. 이 장의 자료 중 일부는 미국 평화연구원(United States Institute of Peace, USIP-023-99F)과 국립과학재단(National Science Foundation, 03-13670)의 지원을 받은 연구를 수행하는 동안에 수집되었다.

참고문헌

Alexander, R.(1979). *Darwinism and human affairs*. Seattle : University of Washington Press.

Arnhart, L.(1998). Westermarck's ethics as Darwinian natural right. Paper presented at the Westermarck Symposium, November 18–21, Helsinki.

Aureli, F., & de Waal, F. B. M.(Eds.).(2000). *Natural conflict resolution*. Berkeley : University of California Press.

Balikci, A.(1970). *The Netsilik Eskimo*. Garden City, NY : The Natural History Press.

Berndt, R. M.(1965). Law and order in Aboriginal Australia. In R. M. Berndt & C. H. Berndt(Eds.), *Aboriginal man in Australia : Essays in honour of Emeritus Professor A. P. Elkin*(pp. 167–206). London : Angus & Robertson.

Berndt, R. M.(1972). The Walmadjeri and Gugadja. In M. G. Bicahieri(Ed.), *Hunters and gatherers today*(pp. 177–216). Prospect Heights, IL : Waveland.

Berndt, R., & Berndt, C.(1945). A preliminary report on field work in the Ooldea region, Western South Australia. *Oceania, 15*, 239–266.

Binford, L. R.(2001). *Constructing frames of reference : An analytical method for archaeological theory building using hunter–gatherer and environmental data sets*. Berkeley : University of California Press.

Björkqvist, K., Österman, K., & Kaukiainen, A.(1992). The development of direct and indirect aggressive strategies in males and females. In K. Björkqvist & P. Niemalä(Eds.), *Of mice and women : Aspects of female aggression*(pp. 51–64). Orlando : Academic Press.

Black, D.(1993). *The social structure of right and wrong*. San Diego : Academic Press.

Boehm, C.(1987). *Blood revenge : The enactment and management of conflict in Montenegro and other tribal societies*(2nd paperback ed.). Philadelphia : University of Pennsylvania Press.

Boehm, C.(1999). *Hierarchy in the forest : The evolution of egalitarian behavior*. Cambridge : Harvard University Press.

Boehm, C.(2000). Conflict and the evolution of social control. In L. D. Katz(Ed.), *Evolutionary origins of morality : Cross-disciplinary perspectives*(pp. 79-101). Bowling Green, OH : Imprint Academic.

Bonta, B. D.(1993). Peaceful peoples : An annotated bibliography. Metuchen, NJ : Scarecrow Press.

Bonta, B. D., & Fry, D. P.(in press). Lessons for the rest of us : Learning from peaceful societies. In M. Fitzduff & C. E. Stout(Eds.), *Psychological approaches to dealing with conflict and war*. Westport, CT : Praeger.

Brögger, J.(1968). Conflict resolution and the role of the bandit in peasant society. *Anthropological Quarterly, 41*, 228-240.

Brown, D. E.(1991). *Human universals*. New York : McGraw-Hill.

Carneiro, R. L.(1990). Chiefdom-level warfare as exemplified in Fiji and the Cauca Valley. In J. Haas(Ed.), *The anthropology of war*(pp. 190-211). Cambridge, UK : Cambridge University Press.

Clastres, P.(1972). The Guayaki. In M. G. Bicchieri(Ed.), *Hunters and gatherers today*(pp. 138-174). Prospect Heights, IL : Waveland.

Cords, M., & Killen, M.(1998). Conflict resolution in human and nonhuman primates. In J. Langer & M. Killen(Eds.), Piaget, evolution, and development(pp. 193-218). Mahwah, NJ : Lawrence Erlbaum Associates.

Daly, M. & Wilson, M.(1988). *Homicide*. New York : Aldine de Gruyter.

Darwin, C.(1871/1998). *The descent of man*. New York : Prometheus Books.

de Waal, F. B. M.(1989). *Peacemaking among primates*. Cambridge, MA : Harvard University Press.

de Waal, F. B. M.(1996). *Good natured : The origin of right and wrong in humans and other animals*. Cambridge, MA : Harvard University Press.

de Waal, F. B. M.(2001). *The ape and the sushi master : Cultural reflections of a primatologist*. New York : Basic Book.

Dentan, R. K.(1968). The Semai : A nonviolent people of Malaya. New York : Holt, Rinehart, & Winston.

Dunbar, R. I. M., Clark, A., & Hurst, N.(1995). Conflict and cooperation among the Vikings : Contingent behavioral decisions. *Ethology and Sociobiology, 16*, 233-246.

Elkin, A. P.(1931). The kopara : The settlement of grievances. *Oceania, 2*, 191-198.

Ember, C.(1978). Myths about hunter-gatherers. *Ethnology, 17*, 439-448.

Endicott, K.(1988). Property, power and conflict among the Batek of Malaysia. In T.

Ingold, D. Riches, & J. Woodburn (Eds.), *Hunters and gatherer 2 : Property, power, and ideology* (pp. 110–127). Oxford : Berg.

Ericksen, K. P. & Horton, H. (1992). 'Blood feuds' : Cross–cultural variations in kin group vengeance. *Behavior Science Research, 26*, 57–85.

Ferguson, R. B. (1984). A reexamination of the causes of Northwest Coast warfare. In R. B. Ferguson (Ed.), *Wafare, culture, and environment* (pp. 267–328). Orlando : Academic Press.

Ferguson, R. B. (1990). Explaining war. In J. Haas (Ed.), *The anthropology of war* (pp. 26–55). Cambridge, UK : Cambridge University Press.

Flack, J. C., & de Waal, F. B. M. (2000). "Any animal whatever" : Darwinian building blocks of morality in monkeys and apes. In L. D. Katz (Ed.), *Evolutionary origins of morality : Cross–disciplinary perspectives* (pp. 1–29). Bowling Green, OH : Imprint Academic.

Fletcher, R. (1982). On the contribution of Edward Westermarck. The process of institutionalization : A general theory. In T. Stroup (Ed.), *Edward Westermarck : Essays on his life and works, Acta Philosophica Fennica, 34*, 195–217.

Fry, D. P. (1999a). Peaceful societies. In L. R. Kurtz (Ed.), *Encyclopedia of violence, peace and conflict* (vol. 3, pp. 719–733). San Diego : Academic Press.

Fry, D. P. (1999b). Aggression and altruism. In L. R. Kurtz (Ed.), *Encyclopedia of violence, peace and conflict* (vol. 1, pp. 17–33). San Diego : Academic Press.

Fry, D. P. (2000). Conflict management in cross–cultural perspective. In F. Aureli & F. B. M. de Waal (Eds.), *Natural conflict resolution* (pp. 334–351). Berkeley : University of California Press.

Fry, D. P. (2001). Is violence getting too much attention? Cross–cultural findings on the ways people deal with conflict. In J. M. Ramirez & D. S. Richardson (Eds.), *Cross–cultural approaches to research on aggression and reconciliation* (pp. 123–148). Huntington, NY : Nova Science Publishers.

Fry, D. P. (2004). Conlusion : Learning from peaceful societies. In G. Kemp & D. P. Fry (Eds.), *Keeping the peace : Conflict resolution and peaceful societies around the world* (pp. 185–204). New York : Routledge.

Fry, D. P. (2006). *The human potential for peace : An anthropological challenge to assumptions bout war and violence*. New York : Oxford University Press.

Fry, D. P., & Fry, C. B. (1997). Culture and conflict resolution models : Exploring alternatives to violence. In D. P. Fry & K. Björkqvist (Eds.), *Cultural variation in conflict resolution : Alternatives to violence* (pp. 9–23). Mahwah, NJ : Lawrence Erlbaum Associates.

Gardner, P. (1972). The Paliyans. In M. G. Bicchieri (Ed.), *Hunters and gatherers*

today(pp. 404–407). Prospect Heights, IL : Waveland.
Gardner, P.(2004). Respect for all : The Paliyans of South India. In G. Kemp & D. P. Fry(Eds.), *Keeping the peace : Conflict resolution and peaceful societies around the world*(pp. 53–71). New York : Routledge.
Gat, A.(2000). The human motivational complex : evolutionary theory and the causes of hunter–gatherer fighting. Part I. Primary somatic and reproductive causes. *Anthropological Quarterly, 73*, 20–34.
Ginsberg, M.(1982). The life and work of Edward Westermarck. In T. Stroup(Ed.), Edward Westermarck : Essays on his life and works, Acta Philosophica Fennica, Volume 34(pp. 1–23). Helsinki : The Philosophical Society of Finland.
Goodale, J. C.(1974). *Tiwi wives : A study of the women of Melville Island, North Australia*(1st paperback ed.). Seattle : University of Washington Press.
Gregor, T.(1994). Symbols and rituals of peace in Brazil's Upper Xingu. In L. E. Sponsel & T. Gregor(Eds.), The anthropology of peace and nonviolence(pp. 241–257). Boulder, CO : Lynne Rienner.
Hamilton, W. D.(1964). The genetical evolution of social behaviour, II. *Journal of Theoretical Biology, 7*, 17–52.
Hart, C. W. M., & Pilling, A.(1979). *The Tiwi of North Australia*(fieldwork ed.). New York : Holt, Rinehart, & Winston.
Hickson, L.(1986). The social context of apology in dispute settlement : A cross–cultural study. *Ethnology, 25*, 283–294.
Hobhouse, L. T., Wheeler, G. C., & Ginsberg, M.(1915). *The material culture and social institutions of the simpler peoples* : An essay in correlation. London : Chapman & Hall.
Hoebel, E. A.(1967). *The law of primitive man : A study in comparative legal dynamics*. Cambridge, MA : Harvard University Press.
Honigmann, J. J.(1957). *The Kaska Indians : An ethnographic reconstruction*. Publications in Anthropology, number 51. New Haven, CT : Yale University Press.
Ingold, T.(1999). On the social relations of the hunter–gatherer band. In R. B. Lee & R. Daly(Eds.), *The Cambridge encyclopedia of hunters and gatherers*(pp. 399–410). Cambridge, UK : Cambridge University Press.
Israely, J.(2003). A moral justification for war exists. *Time*(European ed.), 161(8), 57.
Johnson, A. W., & Earle, T.(1987). *The evolution of human societies : From foraging group to agrarian state*. Stanford, CA : Stanford University Press.
Kelly, R. C.(2000). *Warless societies and the origin of war*. Ann Arbor : University of

Michigan Press.
Kelly, R. C.(1995). *The foraging spectrum : Diversity in hunter–gatherer lifeways.* Washington, DC : Smithsonian Institution Press.
Killen, M., & de Waal, F. B. M.(2000). The evolution and development of morality. In F. Aureli & F. B. M. de Waal(Eds.), *Natural conflict resolution*(pp. 352–372). Berkeley : University of California Press.
Knauft, B.(1991). Violence and sociality in human evolution. *Current Anthropology, 32,* 391–428.
Leacock, E.(1954). The Montagnais hunting territory and the fur trade. Memoirs of the American Anthropological Association. *American Anthropologist, 56*(2), part 2, memoir number 78.
Leacock, E.(1981). Seventeenth–century Montagnais social relations and values. In W. C. Sturtevant(Gen, Ed.) & J. Helm(Vol. Ed.), *Handbook of North American Indians, Vol. 6 : Subarctic*(pp. 190–195). Washington, DC : Smithsonian Institution.
Leavitt, G. C.(1977). The frequency of warfare : An evolutionary perspective. *Sociological Inquiry, 47,* 49–58.
Lee, R. B.(1979). *The! Kung San : Men, women, and work in a foraging community.* Cambridge, UK : Cambridge University Press.
Lee, R. B.(1993). *The Dobe Ju/'hoansi*(2nd ed.). Fort Worth : Harcourt Brace College Publishers.
Lee, R. B., & Daly, R.(1999). Introduction : Foragers and others. In R. B. Lee & R. Daly(Eds.), *The Cambridge encyclopedia and gatherers*(pp. 1–19). Cambridge, UK : Cambridge University Press.
Lee, R. B., & DeVore, I.(1968). Problems in the study of hunters and gatherers. In R. B. Lee & I. DeVore(Eds.), *Man the hunter*(pp. 3–12). Chicago : Aldine.
Lips, J.(1947). *Naskapi law.* Philadelphia : American Philosophical Society.
Lutz, C.(1988). *Unnatural emotions : Everyday sentiments on a Micronesian Atoll and their challenge to Western theory.* Chicago : University of Chicago Press.
Maciel, J. L.(1982). Morality and the retributive emotions. In T. Stroup(Ed.), *Edward Westermarck : Essays on his life and works, Acta Philosophica Fennica*(Vol. 34, pp. 144–157). Helsinki : The Philosophical Society of Finland.
Malinowski, B.(1941). An anthropological analysis of war. *American Journal of Sociology, 46,* 521–550.
Marshall, L.(1961). Sharing, talking, and giving : Relief of social tensions among! Kung Bushmen. *Africa, 31,* 231–249.
Nader, L.(1990). *Harmony ideology : Justice and control in a Zapotec mountain village.*

Stanford, CA : Stanford University Press.
Otterbein, K. F., & Otterbein, C. S.(1965). An eye for an eye, a tooth for a tooth : A cross-cultural study of feuding. American Anthropologist, 67, 1470-1482.
Peterson, N.(1991). Warlpiri. In D. Levinson(Ed. in Chief) & T. E. Hays(Vol. Ed.), *Encyclopedia of World Cultures, Vol. II : Oceania*(pp. 373-376). Boston : G. K. Hall.
Prosterman, R. L.(1972). *Surviving to 3000 : An introduction to the study of lethal conflict*. Belmont, CA : Duxbury-Wadsworth.
Reid, G.(1991). Montagnais-Naskapi. In D. Levinson(Ed. in Chief) & T. O'Leary & D. Levinson(Vol. Eds.), *Encyclopedia of world culture, Vol. I : North America* (pp. 243-246). Boston : G. K. Hall.
Reyna, S. P.(1994). A mode of domination approach to organized violence. In S. P. Reyna & R. E. Downs(Eds.), *Studying war : Anthropological perspectives*(pp. 29-65). Amsterdam, The Netherlands : Gordon & Breach.
Rubin, J. Z., Pruitt, D. G., & Kim, S. H.(1994). *Social conflict : Escalation, stalemate, and settlement*(2nd ed.). New York : McGraw-Hill.
Sahlins, M. D.(1965). On the sociology of primitive exchange. In M. Banton(Ed.), *The relevance of models for social anthropology*(pp. 139-236). New York : Tavistock.
Sather, C.(2004). Keeping the peace in an island world : The Sama Dilaut of Southeast Asia. In G. Kemp & D. P. Fry(Eds.), *Keeping the peace : Conflict resolution and peaceful societies around the world*(pp. 123-147). New York : Routledge.
Service, E. R.(1971a). *Profiles in ethnology*(Rev. ed.). New York : Harper & Row.
Service, E. R.(1971b). *Primitive social organization : An evolutionary perspective*(2nd ed.). New York : Random House.
Service, E. R.(1978). *Profiles in ethnology*(3rd ed.) New York : Harper & Row.
Simmons, L. W.(1937). Statistical correlations in the science of society. In G. P. Murdock(Ed.), *Studies in the science of society*(pp. 495-517). New Haven, CT : Yale University Press.
Speck, F. G.(1935). *Naskapi : The savage hunters of the Labrador Peninsula*. Norman : University of Oklahoma Press.
Takala, J. -P., & Wolf, A. P.(Eds.).(in press). *Evolution and the moral emotions*. Stanford, CA : Stanford University Press.
Tonkinson, R.(1978). *The Mardudjara Aborigines : Living the dream in Australia's desert*. New York : Holt, Rinehart, & Winston.
Tonkinson, R.(2004). Resolving conflict within the law : The Mardu Aborigines of

Australia. In G. Kemp & D. P. Fry (Eds.), *Keeping the peace : Conflict resolution and peaceful societies around the world* (pp. 89–104). New York : Routledge.
Trivers, R. L. (1971). The evolution of reciprocal altruism. *Quarterly Review of Biology, 46,* 35–57.
Trivers, R. L. (1985). *Social evolution.* Menlo Park, CA : Benjamin/Cummings.
Turnbull, C. M. (1961). *The forest people : A study of the Pygmies of the Congo.* New York : Simon & Schuster.
van der Dennen, J. M. C. (1995). *The origin of war* (2 vols). Groningen, The Netherlands : Origin Press.
Westermarck, E. (1906/1924). *The origin and development of the moral ideas, in two volumes* (2nd ed., rpt.). London : Macmillan.
Wheeler, G. C. (1910). *The tribe, and intertribal relations in Australia.* London : John Murray.
Williams, N. M. (1987). *Two laws : Managing disputes in a contemporary aboriginal community.* Canberra : Australian Institute of Aboriginal Studies.
Woodburn, J. (1982). Egalitarian societies. *Man, 17,* 431–451.
Wright, Q. (1942). *A study of war.* Chicago : University of Chicago Press.

제16장

만인의 원숭이

영장류 도덕의 근원

베어벡_Peter Verbeek(미야자키 국제대학_Miyazaki International College)

「엘케를리크」(*Elckerlijc*)는 15세기 말엽의 네덜란드 도덕극이다. 그것은 영국의 도덕극 「만인」(*Everyman*)의 원전에 해당하는 것이다. 엘케를리크는 "만인"이라는 구네덜란드어이다. 「엘케를리크」와 후속 도덕극에서 주인공은 결과적으로 도덕적 교훈을 학습하게 되는 발견의 여행을 시작한다. 「엘케를리크」는 우리가 받아온 그 어느 것도 이 세계로부터 결코 가지고 갈 수 없다는 것을 강조한다. 우리는 단지 우리가 준 것만을 가질 수 있다.

사회성은 우리의 종을 규정한다. 개인 상호 간의 애착을 통한 소속 욕구는 인간의 근본적인 동기이다(Baumeister & Leary, 1995). 피스크(Fiske, 1992)는 "우리는 삶을 통해 관계를 추구하고, 형성 · 유지하며, 회복하고,

조정 · 해석하며 제재한다"(p. 689)고 진술함으로써 인간의 사회성의 본질을 짚어낸다. 비록 우리의 사회적 관계가 수많은 양태를 보일 수 있지만 아무렇게나 그런 관계에 개입하지는 않는다. 대신에 우리는 옳고 그름을 분간하는 데 도움이 되고 **도덕성**(morality)이란 말로 종합되는 일련의 기대, 규범, 그리고 표준에 따라 개입하는 경향이 있다. 워커(Walker, 1996)는 이를 다음과 같이 집약하여 진술한다 : "도덕성은 사람들의 활동을 명령하고 사회적 상호작용을 규제하며 갈등을 매개한다"(p. 174). 또한 우리의 관계를 규정하는 기대, 규범, 그리고 표준은 모든 문화와 사회적 영장류 사이에서 사회성을 포함하는 일련의 작은 기본적 관계 형식과 연결된다. 이들 기본적 관계 형식은, 마치 아동들이 어떤 방식으로 관계에 관하여 학습하고자 하는 보편적인 경향성을 보이는 것과 같이(Laursen & Hartup, 2002), 발달하는 동안 자연스럽게 그리고 연속적으로 등장한다(Fiske, 1992).

우리의 사회적 관계는 정서에 의해 능력을 부여받는 것처럼 기대, 규범, 그리고 표준에 의해서도 구조화된다. 예를 들면 사람들은 사회적 관계의 상호성 측면에 관하여 깊은 관심을 갖는 경향이 있다. 가까운 상대와의 까다로운 교환관계는 우리로 하여금 죄의식과 우울함을 느끼게 만들 수 있다(O'Connor, Berry, Weiss & Gilbert, 2002). 또한 사기꾼들과의 상호관계에서 벌어진 불평등한 지불은 우리를 화나게 할 수 있다(Rozin, Lowery, Imada & Haidt, 1999). 어떤 사람에게 도움을 제공했을 때 그 사람이 우리에게 하는 감사는 우리로 하여금 또 다시 도움을 주도록 격려해준다(McCullough, Emmons, Kilpatrick & Larson, 2001).

그보다 앞선 철학자인 아담 스미스[Adam Smith, 『도덕감정론』(*The Theory of Moral Sentiments*, 1759/1976]처럼 찰스 다윈(Charles Darwin)은 도덕

성에서 상호성과 정서 간의 통합적 관계를 인정했다. 다윈의 중요한 통찰은 그가 이 관계를 도덕성의 생물학적 토대를 밝히는 핵심으로 인정했다는 것이다. 그는 『인류의 유래』(*The Descent of Man*)에서 다음과 같이 썼다 : "그러나 사회적 가치의 발달에 대한 또 다른 보다 강력한 자극이 있다. 그것은 동료들에 대한 칭찬과 책망이다. 칭찬이나 혹은 책망을 주고 인정에 대해 애착을 보이며 불명예에 대해 공포를 느끼는 것은 일차적으로 공감(sympathy)의 본능 때문이다. 그리고 이러한 본능은 의심의 여지없이 그 밖의 다른 모든 사회적 본능처럼 자연선택을 통해 본래부터 획득된 것이다" (Darwin, 1871/1981, p. 164). 다윈의 통찰은 최근의 도덕성에 관한 "생물학화" (biologizing)를 고무하는 데 도움이 되었는바, 그의 많은 부분은 정서와 상호성 간의 상호작용에 초점을 맞추고 있다(예컨대 Alexander, 1987 ; de Waal, 1996 ; Frank, 1988 ; Ridley, 1996 ; Wilson, 1993).

심리학적 본질에 있어서 도덕성은 옳고 그름을 판별하고 그에 따라 행동하는 능력이다. 도덕성에 관한 철학적 · 이론적 논쟁은 옳고 그름의 개념이 상대적인지 아니면 공리처럼 자명한 것인지의 문제에 관하여, 그리고 그 반대를 생각하는 것은 무익한 것인지 어떤지에 관하여 집중되어 왔다. 경험적 연구의 한 주제로서 도덕성은 여러 학문의 방법과 관점을 활용하는 다양한 분석 수준을 요구하는 다중 개념이다. 현재 이 책은 가장 대표적인 예이다. 정신생물학(생물학적 심리학)의 관점에서 보면 도덕성은 사회적 행동의 주요 측면이며, 그 핵심 초점은 그의 생물학적 기원이다. 도덕성이 어떻게 그리고 왜 인간 사회성의 통합적 구성요소가 되었는지에 관한 의문은 이성에 근거하면서도 정열적인 논쟁을 자극하는 경향이 있다. 사실 우리의 도덕적 행동과 그에 관한 논쟁에서 우리는 이성에 의해 안내되는 것처럼 똑같이 우리의 열정에 의해 구속되고 권능을 부여받는 것으로 보인다. 이러한 깨달음은 도덕성이 어떻게 발달해 왔는가를 밝히는 우리의 능력을 제한한 여러 구속들을 회상시켜 줄 뿐만 아니라, 현재 남아 있는 도덕성의 본질에 관한 단서를 제공할 수 있다. 비교 연구를 통해 우리는 정서적 감정 혹은 무엇이 옳고 그름을 구성하는가에 관한 철학으로부터 본성을 결코 해석할 수가 없다. 본성은 그 둘 중의 하나가 아니며, 그 둘의 혼합도 아니다. 곧 본성은 원래 그대로이다.

이 장의 주요 목적은 인간 도덕성의 전조로 간주될 수 있는 영장류의 행동 연구를 검토하는 데 있다. 만약 도덕성이 우리의 진화적 과거에 뿌리를 두고 있다면 우리가 다른 동물들과 공유하는 조상에 그 기원을 두고 있을 것이라고 가정하는 것은 합리적이다. 만약 그렇다면 우리는 현재 살아 있는 동물 가운데 특히 우리와 가장 근접하게 연관된 인간 이외 영장류의 자연 행동에서 도덕성의 전조로 간주될 수 있는 행동을 찾아낼 수 있을 것이다(de Waal, 1996 참조).

이 장은 최근에 소개된 두 가지 이론, 곧 (1) 사회적 관계의 통합 이론(Fiske, 1992), (2) 도덕판단의 사회적 직관주의 모델(Haidt, 2001)로부터 역으로 도출된 5가지 기본 가정을 중심으로 이루어져 있다. 첫 번째 가정은 인간의 사회성은 상호 공유, 권위서열, 평등대응, 시장가격 결정이라는 4가지 기본 형식으로 구성된다는 것이다(Fiske, 1992). 두 번째 가정은 상호작용의 맥락과 내용이 무엇이든, 그의 실질과 표면형식이 무엇이든 사회생활에서 인간이 일차적으로 참고하는 기준들은 똑같은 4가지 기본적인 관계 모델이라는 것이다(Fiske, 1992). 세 번째 가정은 인간은 이들 기본 구조를 참고하여 도덕판단을 내리고 이념적 입장을 채택한다는 것이다(Fiske, 1992). 네 번째 가정은 도덕적 직관(도덕적 정서를 포함하는)은 최초이자 직접적으로 도덕판단을 일으킨다는 것이다(Haidt, 2001 ; 2003a, 2003b). 마지막으로 다섯 번째 가정은 우리는 현존하는 인간 이외의 영장류에서 도덕성의 전조를 밝히는 데 비교 연구를 활용할 수 있다는 것이다.

이들 5가지 기본 가정을 바탕으로 도덕성의 영장류 기원과 관련한 두 가지 중요한 제안을 지지하는 증거가 제시된다. 첫째 제안은 인간 이외 영장류의 사회성은 인간의 사회성을 구성하고 있는 최소한 3가지, 어쩌면 4가지 모두의 기본 형식에 의해 광범위하게 기술될 수 있다는 것이다(Fiske, 1992 참조 ; Haidt, 2001 ; Haslam, 1997). 둘째 제안은 인간 이외의 영장류는 이들 사회성의 기본 형식과 연결된 정서를 보인다는 것이다. 여기에 실린 이론에 기초한 가정과는 별도로 이들 제안을 지지하는 증거는 도덕성이 부분적으로 영장류 조상에 뿌리를 두고 있다는 일반적 주장에 대한 지지를 뒷받침한다는 의견이 있다.

이 장은 도덕성의 생물학적 접근에 관한 최근의 역사를 간략히 짚어보는 것으로 시작한다. 다음에 검은머리꼬리감기 원숭이(brown capuchin monkey, Cebus apella)에 관한 연구로부터 선택된 여러 관찰이 제시된다. 이들 관찰은 영장류의 사회성과 정서의 후속 논의를 위한 출발점으로 활용된다. 이 장은 도덕성에 관한 증거의 고찰, 주요 사고 요소들의 종합, 그리고 미래의 비교 연구를 위한 제안 순으로 이어진다. 주요 절에서 아동 및 청소년의 발달과 이론적·경험적으로 연결하고자 하는 시도는 계속적으로 이루어진다.

이 장은 주로 영장류 개관에 초점을 두고 있기 때문에 인간 도덕성의 자연적 차원과 관련되는 그 밖의 다른 동물에 관한 연구는 생략되었다. 그리하여 이 장은 충분히 발달된 비교 조사에서 나온 시도라기보다는 하나의 비교 개요로서 보는 것이 가장 적절하다. 바라건대 이 장이 주로 현존하는 비교 연구 결과들을 조직하는 것에, 그리고 이 중요한 영역에서 새로운 연구현장을 탐구하는 것에 몇몇 제안을 제공함으로써 사고에 양분을 공급했으면 한다.

도덕성의 생물학적 근원 찾기 : 선함과 적합성 일치시키기

포괄적 적합성

도덕성의 생물학적 기초에 관한 체계적 연구가 등장하는 데에는 비교적 오랜 시간이 걸렸다. 그 이유는 부분적으로는 진화론자들이 타인정향적 희생 및 명백한 선한 행위를 확신을 갖고 개인적 적합성과 일치시킬 수 없었기 때문이었다. 다윈은 이 진화 수수께끼와 씨름했지만 별 소용이 없었다. 20세기 초에 나온 상호성과 적합성을 연결시킨 상호 도움의 진화에 관한 러시아 사람의 논문(Kropotkin, 1902)은 아주 최근에까지 거의 주목을 받지 못했다. 다음과 같은 두 가지 독창적인 발표가 진화론자들이 이타적 행동과 상호성에 관하여 생각하는 방식을 변화시켰고, 도덕성에 대한 비교생물학적 접근이 최근에 급증할 수 있는 토대를 마련해 주었다. 첫째는 친족에 토대를 둔 해결을 타인정향적 행위의 자연선택으로 제안하고 있다. 1964년 저널 기사에서 해밀턴(William Hamilton, 1963, 1971도 볼 것)은 친족이 어느 정도의 대립 유전자를 공유하기 때문에(Hamilton, 1971도 볼 것) 각 개인은 자신이 위험에 처해 있을 때조차도 가까운 친족을 돕는 것이 더 이득일 수 있다고 주장했다. 친족의 생존과 재생산의 성공에 공헌하는 방식으로 친족을 돕는 것은 은혜를 베푸는 사람이 이타적 행위의 수혜자와 공유하는 대립 유전자의 전달을 매개해 준다. 해밀턴은 이러한 진화 개념을 **포괄적 적합성**(inclusive fitness)이라 불렀다. 그것은 또한 **친족 도태**(kin selection)로 언급되기도 한다.

상호적 이타주의

두 번째 발표는 트리버즈(Robert Trivers, 1971)에 의한 것으로 상호적 이타주의의 진화에 대한 설명을 제공한다. 즉 자신을 희생하면서 친족이 아닌 사람을 돕는 것은 만약 친족이 아닌 사람이 머지않아 그 호의를 되돌려 준다면, 그리고 되돌려 줄 때 자기 자신의 적합성에 이득이 될 수 있다는 것이다. 따라서 타인정향적 행위의 상호 교환에 참여하는 자들은 수혜자뿐만 아니라 은혜를 베푸는 은인의 역할을 경험하며, 이득이 각 참여자에게 누적되는 것은 시간의 문제이다. 다윈으로부터 실마리를 가져온 것으로 트리버즈는 또한 상호적 이타주의를 뒷받침하고 있는 심리적 메커니즘에 대하여 정서에 바탕을 둔 설명을 제시했다(Trivers, 1971). 상호적 이타주의에 관한 트리버즈의 생각은 보다 더 나아간 이론화, 특히 인간 도덕성의 전조로 간주될 수 있는 동물 능력들에 관한 비교경험적 연구(de Waal, 1996)뿐만 아니라 게임 이론 모델(Axelrod & Hamilton, 1981 ; Boyd, 1992 ; Lotem, Fishman & Stone, 2003), 정서 모델을 통한 이론화에 영감을 제공해 주었다. 상호적 이타주의 개념에 의해 고무된 최근의 게임 이론 모델 연구를 논의하는 것은 이 장의 범위를 넘어서는 것이다. 이것은 이 연구의 중요성이 최소화되어야 한다는 것을 의미하는 것이 아니다. 예를 들면 같은 개체수 내에서 기회주의자와 그렇지 않은 자의 혼합은 안정적인 진화론적 전략이 될 수 있다(Lotem 외, 2003)는 다양한 유형의 게임 이론으로부터 나온 최근의 연구결과는 미래의 경험적 연구를 위한 중요한 이론적 영향력을 지닐 수 있다.

그 밖의 다른 모델들

애착. 포괄적 적합성과 상호적 이타주의 모델이 도덕성의 가능한 생물학적 토대의 모든 스펙트럼을 다 고갈시키지는 않는다. 예를 들면 우정, 곧 친족이 아닌 사람 간에 잠재적으로 이득이 되는 상호관계에서 채무는 실제적으로 그 관계를 해칠 수 있는데, 따라서 이는 당연히 상호적 이타주의 모델에 적합하지 않다(Silk, 인쇄 중). 최소한 서구 세계에서 인식되는 관점에서 본다면 우정은 충직, 신뢰, 공약, 정직의 이슈와 관련된다. 그리고 그것은 우정을 잠재적인 도덕적 현상으로 만든다(Bukowski & Sippola, 1996). 포유동물 가운데 흔한 애착체계, 그리고 그와 연합된 정서(Bowlby, 1969, 1973)는 우정의 잠재적 전조 중의 하나일 가능성이 크며, 그런 관계로 도덕성에 대한 모든 생물학적 접근의 특징을 이룰 것이다.

실행장치로서의 정서. 상호적 이타주의는 어떻게 (a) 이타주의가 시작하는지, (b) 개인이 실생활에서 손해와 이익을 계산하는지, 혹은 (c) 단기 이익 대 장기 적합성 결과의 딜레마가 극복되는지를 제대로 설명해 주지 못한다. 프랭크(Frank, 1988)는 정서가 개인으로 하여금 그러한 딜레마를 해결하도록 돕는 실행장치로서 작동한다고 주장한다. 프랭크(Frank, 1990)는 분노, 수치심 혹은 죄의식과 같은 감정은 배고픔의 감정과 달리 물질적 지불에 관한 합리적 계산으로부터 솟아나는 감정에 비견할 수 있으며, 또 비견한다고 주장한다. 그는 그것들이 실행문제를 해결하도록 개인들을 도울 수 있는 것은 정확하게 바로 이런 이유 때문이라고 추론한다. 실행 모델은 항상 자기 이익을 추구하는 것으로 여겨지는 개인들이 많은 가치 있는 기회로부터 배제된다는 데에서 출발한다. 순수하게 이론적 근거 위에서 프랭크의 약속 모델은 따라서 도덕적 행동을 뒤에서 움직이게 하는 힘은 합리적 분석에 있는 것이 아니라 정서에 있다는 것을 제안한다.

도덕적 상호성의 정서적 뒷받침에 관한 트리버즈와 프랭크의 개념[1)]은 최근에 이르러 도덕성에서 정서의 탁월성에 관한 새로운 이론적 연구에 의해 확장되고 있으며(예컨대 Fessler & Haley, 2003 ; Haidt, 2001), 그것은 부분적으로 점증하는 경험적 연구들로부터 그 타당성을 입증받고 있다(예컨대 뇌 영상 연구 ; Moll, de Oliveira-Souza & Eslinger, 2003). 이 장은 도덕성에 관한 이들 기초 생물학적 모델에 의해 직접적 · 간접적으로 고무된 비교 연구에 초점을 맞추고 있다.

만인의 원숭이

다음의 이야기는 검은머리꼬리감기 원숭이(brown capuchin monkeys,

Cebus apella)[2]의 감금집단에서 사회적 갈등과 그의 여파에 관한 관찰을 기술한 것이다.

> 두 마리의 수컷 검은머리꼬리감기 원숭이들은 오랜 시간을 함께 보낸다. 그들은 함께 놀이를 하고, 서로 돌보며, 함께 먹이를 먹는다. 또한 그들은 마치 가까운 친구들이 그러하듯이 서로 싸우고 화해한다. 그 두 마리 중 나이가 어린 원숭이는 아직 자신의 엄마와 많은 시간을 보낸다. 나이가 더 든 청년 원숭이는 이 포로집단에 아무 친족이 없다. 그의 친구가 오후 식판에서 막 움켜잡은 셀러리 덩어리는 어린 원숭이의 시선을 붙잡는다. 날카로운 비명과 함께 어린 원숭이는 그의 친구에게 튀어오르며 그 셀러리 덩어리를 움켜 낚아채려 한다. 그가 중요하게 여기는 음식 덩어리를 나누거나 그 어린 원숭이와 함께 공유할 의사를 전혀 갖고 있지 않은 것으로 보이는 그의 친구는 거친 반응을 보인다. 원하는 바를 얻는 데 성공하지 못한 어린 원숭이는 울화통을 터트림으로써 동료 무리집단의 지배자 암컷과 함께 급하게 등장한 그의 어미를 포함하여 전체 집단의 주의를 끌었다. 젊은 원숭이 수컷은 손에 셀러리 덩어리를 쥐고 두 성인 암컷들의 추격을 바짝 받으며 그곳으로부터 도망친다. 전체 실내 울타리를 몇 차례 위 아래로 추적을 반복한 후 암컷들은 추격을 포기했다. 그러자 젊은 수컷은 그의 암컷 공격자들로부터 가능한 한 멀리 떨어진 곳으로 퇴각한다. 그는 아직 셀러리 덩어리를 손에 쥐고 있다. 모든 사태를 최초로 일으켰던 어린 원숭이는 조금 전에 아들의 친구를 추적하는 데 함께 했던 지배자 암컷을 돌보기 위해 옆에 앉아 있는 자기 어미와 합류한다. 세 마리 원숭이들은 울타리의 외부 지역으로 통하는 통로 한가운데에 앉아 있다. 약 1분 혹은 2분이 지나자 젊은 수컷은 통로 입구를 배회하는데, 그의 손은 여전히 셀러리를 꽉 움켜

쥐고 있다. 그는 암컷들과 몇 차례 눈빛을 마주쳤다. 그러나 암컷들은 서로 돌보는 행위만을 계속하고 그의 어린 수컷 친구는 그가 다가와도 아무런 관심을 보이지 않는다. 최소한 지금 어떤 해로움이 자기에게 닥쳐올 것 같지 않다는 것을 분명하게 감지하자 젊은 수컷은 재빠르게 통로에 진입한 후 빠져나와 자신의 이전의 지점으로 되돌아온다. 통로 입구에는 그의 어린 친구가 요구한 셀러리 덩어리가—단지 몇 초 후에—놓여 있다.

포로가 된 검은머리꼬리감기 원숭이 집단에서의 사회생활에 관한 이러한 단면은 쉽게 인간 사회성의 장면으로 전사될 수 있다. 잠시 동안 다음 장면을 상상해 보자. 즉 주인공은 남자 고등학생이고 그의 어린 친구는 초등학교 1학년이다. 그리고 그 행동은 운동장에서 일어나며, 우리는 인간 도덕극을 위한 요소들을 가지고 있다고 상상해 보자. 그의 친구와 공유(대부분의 인간 사회에서 바람직한 행동)하지 않은 후 십대는 두 성인들로부터 호된 비난을 받자 뒤로 물러서고, 반성하며, 그리고 그의 친구에게 그의 소중한 음식을 나누어 주기로 결심한다. 더군다나 계속적으로 그 밖의 다른 비난하는 도덕적 정서—공유하는 것을 거부하는 것에 대한 친구의 분노, 그리고 자기 아들을 뒤집어놓은 것에 대한 친구 엄마의 분개—를 경험한 이후에 그는 공유가 친구들 가운데 기대되는 좋은 행위라는 도덕적 교훈을 학습하게 된다.

이 원숭이 관찰이 인간의 일화로 쉽게 전사될 수 있다는 사실이 곧 이러한 동물 행동의 예를 인격적 방식에서 해석하는 것을 정당화하는 것은 아니다. 모건의 일반법칙(Morgan's Canon, 역자 주 : 영국의 동물학자인 모건에 의하여 제창된 동물의 행동의 해석에 관한 주장으로 절약의 법칙이라고도 한다)이 말하고 있듯이 우리는 "만약 어떤 행동이 심리 척도에서 보다 낮은 차원에 있는 신체적 능력 행사의 결과로 해석될 수 있다면 그것을 보다 고차원적인 신체적 능력 행사의 결과로 해석" (Morgan, 1894, p. 53) 해서는 안 되며, 원숭이 집단에서의 이러한 일련의 사건을 원숭이 도덕극으로 설명해서도 안 된다. 이런 이유 때문에 우리는 주인공이 의도적으로 셀러리 덩어리를 그의 친구에게 가져다 주었다고 결론을 내릴 수는 없다. 그러나 이 관찰로부터 탐지할 수 있는 것은 이 장에서 검증된 제안들과 관련이 있는 원숭이의 사회적 정서와 상호성의 측면이다. 요컨대 다양한 관계가 이야기로부터 추론될 수 있다는 점에 주목하라. 행간을 읽는 동안 우리는 두 수컷 간의 매우 우호적인 관계와 어린 수컷과 그의 어미와의 애착 유대, 그리고 그 집단의 지배자 암컷과 어린 수컷의 어미 간의 투쟁적인 도움과 돌보기를 분간할 수 있다.[3] 또한 정서는 이 집단의 원숭이들 사이의 상호작용에서 중요한 역할을 수행하는 것으로 보인다. 어린 원숭이의 울화통이 그의 어미의 행동에 미치는 효과를 판단하는 것이 그런 예이다. 요약하면, 비록 범위에서 한계가 있지만 그 관찰은 우리에게 감금되어 있는 검은머리꼬리감기 원숭이들의 사회성의 기본적 구조와 역동성에 관한 일견을 제공해 준다. 그것 나름으로 그것은 이 장의 다음 절을 위한 훌륭한 출발점으로서 이바지한다. 다음 절은 인간 이외의 영장류의 사회성이 우리 인간의 사회성처럼 3가지, 어쩌면 4가지 모두의 기본적인 사회적 형식으로 기술될 수 있다는 예언을 지지하는 증거를 검토한다.

영장류 사회성의 기본 형식들

사회성은 영장류의 전체적인 진화에 관한 가장 중요한 측면 가운데 하나이다(Imanishi, 1960 ; Itani, 1985). 출생부터 사망에 이르기까지 원숭이와 유인원은 친족, 비친족, 지배, 그리고 성관계에 깊이 몰두하며, 이들 관계 영역 각각에서 사회적 교환과 상호성의 복잡한 행동에 얽혀 있다. 사회생활은 영장류에게 특수한 적응 이점을 제공한다. 예를 들면 자연이 제공하는 바를 찾아내고 착취하는 행위는 사회집단에서 생활함으로써 촉진된다(Wrangham, 1987). 사회생활은 또한 약탈자들에 대한 공격 노출을 감소시켜 준다(van Schaik & van Hooff, 1983). 이와 관련하여 각 개인이 기질에서 서로 다른 경향이 있듯이 한 개인에 의한 경험이나 발견은 또 다른 개인에게 잠재적으로 이득을 줄 수 있다(Kummer, 1971). 마지막으로 자연이 제공하는 바에 따라 행위하는 새로운 방법은 그것이 좋은 것이든 나쁜 것이든 사회적 학습을 통해 개인에서 개인으로 전달될 수 있다.

비록 사회적 구조의 지역적 특수성이 종들 간 또는 종들 내에서 서로 다르지만(Barrett, Gaynor & Henzi, 2002 ; Boesch & Boesch-Ackerman, 2000 ; Manson, Rose, Perry & Grose-Louis, 1999 ; Mori, Belay & Iwamoto, 2003), 모든 영장류 분류군에서 발견되고 있듯이 4가지 기본적인 사회적 형식이 포괄적으로 사회성을 기술하는 것으로 보인다(Fiske, 1992 ; Haidt, 2001 ; Haslam, 1997). 재미있게도 이들 4가지 기본적인 사회성 형식은 애초에 우리의 진화적 사촌들의 사회생활을 기술하기 위해 제안된 것이 아니라, 오히려 우리 자신 종의 그것을 기술하기 위해 제안된 것이다. 경험적 증거뿐만 아니라 고전적인 사회 이론과 오늘날의 민족지학적 이론을 이끌어내면서 피스크(Fiske, 1992)는 조합하면 모든 문화권의 인간 사회성을 구성할 수 있는 사회성에 관한 4가지 기본 요소를 확인했다. 상호 공유, 권위서열, 평등대응, 그리고 시장가격 결정이 그것이다. 사회적 관계에 관한 이러한 통합 이론이 제시하는 바는 상호작용의 맥락과 표면에 관계없이 사회생활에서 인간의 일차적인 기준틀 역시 이와 똑같은 4가지 기본적인 관계 모델이라는 것이다. 따라서 사람들은 4가지 기본적 방식으로 관계를 이해하고 도덕적 정서를 경험하며 이러한 이해와 함께 도덕판단을 내리는 경향이 있다. 피스크에 따르면 문화마다 약간의 차이가 나는 것은 그들이 4가지 모델을 이행하면서 사용하는 규칙 때문이다.

이를 바라보는 또 다른 방식은 사회적 관계를 심층구조와 표면구조로 구분하는 것이다(Laursen & Hartup, 2002). 예를 들면, 우정의 경우, 발달적으로 안정적인 심층구조는 기본적인 공동 공유규범으로 이루어지는 반면에 표면구조는 발달적으로 불안정하다(Laursen & Hartup, 2002 ; Hartup, 1996도 볼 것 ; Hartup & Stevens, 1997). 사회성에 관한 4가지 기본형식의 심층구조는 자연선택에 의해 형성되는 경향이 있는 반면에 발달과 문화는 표면구조를 형성하는 경향이 크다.

피스크는 그의 논문 말미에 원숭이와 유인원에 관한 연구로부터 나온 수많은 증거를 제시했는데, 이는 인간 이외의 유인원이 우리 인간이 지닌 사회성의 기본 형식 가운데 최소한 3가지, 어쩌면 4가지 모두를 공유하고 있다는 것을 확실히 보여준다. 다음 절에서 사회성에 관한 이들 4가지 기본 형식이 기술되고, 이들 각각과 상응하는 영장류 문헌으로부터 선택된 사례들이 인용된다. 인간발달과의 연계를 돕고자 각 주요

절의 앞부분은 특수한 기본적인 사회적 형식과 아동 및 청소년의 발달을 밝히는 데 주목받아 왔던 방식들에 관하여 개략적으로 기술된다. 우리 자신의 종에 대해 제안된 바와 같이 아래의 비평은 인간 이외의 영장류에서 사회성에 관한 이들 4가지 형식이 반드시 서로 배타적일 필요는 없으며, 똑같은 종 혹은 공동체 내에서 함께 발생하고 중복되거나 혹은 어느 것으로부터 다른 것으로 변형될 수도 있다는 것을 보여준다.

상호 공유

사회적 관계의 통합 이론(unified theory of social relations : UTSR ; Fiske, 1992)은 공동 공유관계를 집단 구성원들이 각자를 똑같은 존재로 대우하는 관계로서 정의한다. 공동 공유관계에서 상호 교환은 당신이 공헌한 바에 따라 당신의 몫을 가짐으로써 균형을 맞추는 것에 좌우되지 않는다. 중요한 것은 그 집단에 소속하는가, 그리고 자신의 능력과 기회에 따라 공헌하는가이다. 상호 공유의 맥락에서 도덕적 판단과 이념은 집단 내에서의 배려, 친절, 이타주의, 그리고 자신을 초월한 관용에 모아진다(Fiske, 1992).

상호 공유는 필시 그 뿌리를 삶의 과정에서 매우 이른 시기에 내린다. 영아들은 이제 막 생겨난 인식능력과 더불어 그들의 일차적인 보호자와의 정서적 공유에서 "열심히 협력하는 것"을 학습한다(Trevarthen, 1980). 동료 갈등 해결에 관한 문화 간 관찰이 분명하게 보여주듯이 아동들에게 동료들과의 조화로운 상호관계는 초기 아동기 동안 점차적으로 중요한 문제가 된다(Butovskaya & Kozintsev, 1999 ; Killen & Sueyoshi, 1995 ;

Verbeek & de Waal, 2001). 많은 연구결과 또한 상호 공유관계의 심층구조와 연합된 사회정서적 · 인지적 구조가 중기 아동기 동안에 더욱 구체화된다는 것을 보여준다. 예를 들면 학령기 아동들은 일시적으로 돕고 공유하는 것과 같은 사회적 유지 및 통합과는 관련이 훨씬 약한 친사회적 행동보다는 상호관계를 선도하며 지속시키는 행동을 더 선호하는 경향이 있다(Greener & Crick, 1999). 요컨대 최근의 문화 간 면담 연구들은 공격적인 자들을 예외로 한다면 나이 든 아동들과 청소년들은 일반적으로 편협하기보다는 동료 사이의 차이에 관용적인 경향이 있다고 제시한다(Killen, Crystal & Watanabe, 2002). 따라서 이 영역에서 연구가 진행됨에 따라 우리는 배제보다는 포용이 발달적인 상호 공유규범이 될 수 있다는 것을 발견하게 될 것이다.

일반적인 기준에 따라 상호 공유관계의 심층구조를 밝히는 것은 초기 발달을 위한 맥락과 정의, 공정, 평등과 관련한 도덕원리의 특수한 문화화를 제고할 수 있다(Killen & de Waal, 2000). 특수한 사회적 · 문화적 맥락에서 성인들이 제공하는 도움의 정도와 질은 이러한 발달과정에서 중요한 역할을 수행한다. 예를 들면 정의, 공정, 평등과 같은 상호적 가치와는 현저하게 다르게 아동들은 또한 인종주의, 집단 숭배, 그리고 반대집단 구성원들에 관한 몰개성화(deindividuation)와 같은 우리 대 그들의 이슈와 연결되는 공격규범 및 증오심을 경험하고 통합할 것이다(Varna, 1993 ; Fiske, 1992도 볼 것). 이런 맥락에서 이시다(Ishida, 1969)는 다양한 서구 문화와 아시아 문화의 비교를 통해 집단에서 조화를 강력한 내집단(in-group) 의식으로 유지하려는 욕망이 강렬하면 강렬할수록 집단의 내적 조화를 위협하는 것으로 인식되는 모든 적과 싸우려는 경향성이 더 강하다고 결론을 내린다. 친족관계뿐만 아니라 문화와 민족성은 실제적으로 아동들이 상호 공유관계와 연합된 특수한 도덕적 옳고 그름을 내면화하는 정도에 영향을 미치는 중요한 매개체이다.

인간 이외 영장류 사이에서의 상호 공유관계

친족관계. 친족관계는 매우 다양한 영장류 종의 사회적 상호작용을 구조화시키며(Silk, 2001 ; Smuts, Cheney, Seyfarth, Wrangham & Struhsaker, 1987), 원숭이와 유인원에게서 나타나는 상호 공유의 기본 구조를 제공해 준다. 영장류에게서 친족관계의 본질적 요소는 부모와 자녀 간의 애착 유대이다. 이러한 초기 유대의 성격은 어린 영장류의 후속적 관계를 확립하고 유지하는 능력으로부터(Harlow & Harlow, 1965) 사회적 갈등의 여파를 관리하는 능력에 이르기까지(Weaver & de Waal) 다양한 방식으로 사회적 발달에 영향을 미친다.

친족 인정과 갈등 조정. 여러 연구는 원숭이와 유인원이 자신의 친족을 인정할 뿐만 아니라 다른 집단 구성원들의 사회적 관계 속에서 이를 구분한다는 것을 보여준다(Gouzoules & Gouzoules, 1987 ; Parr & de Waal, 1999). 이러한 능력은 개체로 하여금 다른 상대방들의 행동을 예견하며 친족을 투쟁적이거나 우호적인 상호작용을 수반하도록 해준다(Aureli, Cozzolino, Cordischi & Scucchi, 1992 ; Aureli, Veenema, van Panthaleon, van Eck & van Hooff, 1933 ; Massey, 1977 참조). 예를 들면 싸움에서 자신이 위험함에도 불구하고 다른 상대를 돕는 일은 친족, 특히 암컷 친족 사이에서 널리 행해지고 있다(Chapais, 1983 ; Cheney, 1983 ; Silk, 1982).

개체 간의 이익 갈등은 친족집단과 같은 상호 공유집단을 포함한 모든 사회집단에서 생활의 실제이다. 집단생활은 각 개인에게 실질적인 이득을 제공한다. 그러나 여러 실험연구와 자연관찰은 자연선택이 갈등에 의해 중단된 관계를 충돌 전 공유 수준으로 복원하도록 돕는 행동기제를 선호해 왔다는 것을 제시한다. 인간 이외 영장류 사이에서 나타난 충돌 후 행동에 대해서는 1970년대 후반까지 체계적으로 검토되지 않았다(예컨대 de Waal & van Roosmalen, 1979 ; Chance, 1984도 볼 것). 그 이전의 영장류 동물학은 나중에 무슨 일이 일어났는가에 관해서가 아니라 경쟁과 공격 동안에 무엇이 일어났는가에 주로 초점을 두고 연구해 왔다(예컨대 Popp & DeVore, 1979).

최근의 비평(Aureli, Cords & van Schaik, 2002)은 충돌 후 우호적인 화해—평화를 구축하는 영장류 방식(de Waal, 1989)—가 오늘날 30개의 신구 세계 영장류 종을 대상으로 체계적으로 연구되었고, 28개 종에서 집단 수준에서 입증되고 있다는 것을 보여준다(충돌 후 화해에 관한 절도 볼 것). 충돌 후 우호적인 화해는 야생상태(최근까지 9종)와 감금상태(25종)에서 관찰되었다. 지금까지 연구된 두 종에서[긴꼬리 원숭이(*Macaca fascicularis*) : Aureli, 1992 ; Aureli, van Schaik & van Hooff, 1989 ; 침팬지(Pan troglodytes) : Arnold & Whiten, 2001 ; Preuschoft, Wang, Aureli & de Waal, 2001] 충돌 후 화해는 비록 한 종(침팬지)의 경우에 야생상태에서 의미 있는 낮은 비율을 보였지만 야생상태에서와 감금상태에서 모두 나타났다. 친족관계의 등급은 평화로운 충돌 후 화해가 발생하는 데 있어서 중요한 요소이다. 특히 긴꼬리 원숭이와 같은 모계 친족이 긴밀하게 협력하는 종의 경우 관련 대항자들이 친족이 아닌 개체들과의 경우에서보다 충돌 전 공유 수준으로 관계를 복원하는 경향이 더 강하다(Aureli 외, 2002).

이산양식과 친족관계. 인간 이외 영장류 사이에서의 이산양식은 ("동거", Lieberman, Tooby & Cosmides, 2002 ; Westermarck, 1921 ; Wolf, 1995) 같은 가족들과 함께 성장하는 것이 가까운 친족 간 교배를 회피("근친교배")하도록 만드는 경향이 있다는 것을 인간을 대신하여 완성해 준다. 실제적으로 다양한 종에 관한 연구는 자연집단에서 함께 지내는 가까운 친족이 일반적으로 성적 교배를 회피하는 경향이 있다는 것을 보여준다 (de Waal, 2001 ; 그러나 Mitani, Waats & Muller, 2002 참조). 비록 내부의 야수성에 대한 도덕적 승리로서 오랫동안 환영받아 왔지만, 오늘날 여러 비교 연구 결과는 근친상간 회피가 인간이 다른 영장류들과 부분적으로 공유하는 진화된 행동기제에 토대를 두고 있다는 것을 보여주고 있다 (이에 관한 논의는 de Waal, 2001 참조).

수컷이 성숙한 단계에 이르면 자연집단으로부터 이산하는 종의 경우 모계사회 친족은 서로에게 친사회적 행동을 보이는 경향이 있다. 이들 종의 경우 돌보기, 침입자를 탐지했을 때 경고 보내주기, 새끼들 서로 보살펴 주기와 같은 타자지향적 행동들은 친족이 아닌 관계에서보다 암컷 친족 간에 더 의미 있게 발생한다(Bernstein, 1991 ; Silk, 2001). 암컷이 자연집단으로부터 이산하는 종의 경우 수컷 친족 간에 강력한 상호 유대가 일반적이다(Boinski, 1994 ; Goodall, 1986 ; Strier, 2000). 예를 들면 침팬지 수컷들은 돌보기로부터 사냥하고 이웃집단의 기미를 탐색하기 위해 그들의 공동구역 경계로 정탐꾼을 내보내기에 이르기까지 여러 활동을 하면서 함께 많은 시간을 보낸다(Goodall, 1986 ; Mitani 외, 2002). 함께 많은 시간을 보낸 수컷들은 또한 함께 시간을 많이 보내지 않은 수컷들에 비해 그들의 갈등을 해결하고 화해하는 비율이 더 높은 것으로 관찰되고 있다(Arnold & Whiten, 2001). 그러나 최근의 현장 연구와 DNA 분석은 수컷 침팬지 간의 공동사회 관계는 전적으로 친족관계에 토대를 두고 있는 것만은 아니라고 제안하고 있다(Gagneux, Boesch & Woodruff, 1999 ; Goldberg & Wrangham, 1997 ; Mitani 외, 2002 ; 그러나 Constable, Ashley, Goodall & Pusey, 2001 참조). 최소한 몇몇 공동체에서 혈연관계가 없는 침팬지 수컷들 또한 강력한 유대를 공유하는 것으로 보인다. 혈연이 아니면서도 유대를 갖는 침팬지 수컷들은 연령과 계급에서 서로 가까운 것으로 밝혀졌으며, 그들은 삶을 통하여 내내 함께 성장하고 비슷한 사회적 관심과 힘을 공유하기 때문에 서로에게 매력을 느낄 수 있다(Mitani 외, 2002). 긴밀한 유대관계를 갖는 야생 침팬지들은 "맹렬히 서로 의좋게 지내는"(Arnold & Whiten, 2001) 존재로서 관찰되었고, 이는 아마도 친구라는 말로 가장 잘 기술될 수 있을 것이다.

우정. 우정은 피스크(Fiske)의 사회적 관계의 통합 이론에서 크게 언급되지 않은 특수한 공동관계의 유형이다. 비록 우정의 이득은 명백해 보일 수 있지만 왜 우정이 진화되었는가에 관한 의문은 언뜻 떠오르는 것보다는 훨씬 더 복잡하다. 비록 친척들이 우호적인 관계를 지닐 수 있지만 우정은 그 개념 정의상 친척이 아닌 사람 간의 관계이다. 따라서 우정의 궁극적 원인을 설명하는 데 굳이 포괄적 적합성을 이끌어낼 필요는 없다. 상호적 이타주의 또한 우정에 딱 들어맞는 것 같지가 않다. 왜냐하면 성인들 간의 진정한 우정은 최소한 그에 관한 서구적 이해에서는 이득이 항상 상호적일 것을 요구하지 않기 때문이다(Hinde, 2002 ; Lydon, Jamieson & Holmes, 1997 ; Mills & Clark, 1994). 실크(Silk, 2002a)가 제시한 바와 같이 부채와 균형적인 앙갚음 교환에 토대를 두는 책무의 의미에서의 상호성은 실제적으로는 우정을 위협할 수 있다. 친구 간의 상호성은 정서적 특성이 있다. 즉 우리는 친구를 깊게 배려하고 또한 옳게 대우하는 것을 기뻐하며, 그들을 의식적으로든 무의식적으로든 그르게 대우할 때나 그들에 의해 그르게 대우받을 때 기분이 나쁘다. 그처럼 우정은 도덕성의 밑바탕에 깔려 있는 정서적 토대와 직접적으로 연결되어 있다. 즉 그것은 옳고 그름의 감정을 생기게 한다. 우정은 포유동물에 공통적인 자녀와 부모 간 초기의 애착 유대에 근거를 둔다.

동물학자들은 유명한 방문 화성인(visiting Martian)의 관점에서 볼 때 서술적으로 보이는 행동보다는 차라리 인간의 관점에서 볼 때 기능적으로 보이는 행동에 대해 분류명칭을 사용하는 것을 조심스러워 한다(Kummer, Dasser & Hoyningen-Huene, 1990 ; 의인화된 분류명칭들에 관한 관점의 교환에 대해서는 de Waal, 1991a). 실크(2002a)가 설명하듯이 이런 이유 때문에 친족이 아닌 동물 간의 긴밀한 유대에 대해 우정이란 분류명칭은 이전에는 처음에 회피되어 왔다. 그러나 점차 영장류 연구자들의 에소그램(ethogram, 역자 주 : 어떤 동물의 행동양태에 대한 상세한 그림 조사기록인 동물행동도) 수록어가 되었다. 실크(Silk, 2002a)가 최근에 검토한 결과에 따르면, **우정**이란 용어는 특수한 근접성이나 돌보기 혹은 그 두 가지 모두(Cords, 1997), 상호 선호(Colvin, 1983), 관용과 애착(Noë & Sluijter, 1995), 낮은 공격성 혹은 공격적 행동에 대한 절대적 우호 비율(Goodall, 1986 ; Noë & Sluijter, 1995 ; 모두 Silk, 2002a에서 검토됨)로 특징되는 영장류 관계를 기술하는 데 사용되고 있다. 우리가 야생 침팬지 수컷들 간의 긴밀한 유대에 관한 논의에서 보았듯이 원숭이와 유인원의 우정 유대는 또한 갈등 후 우호적인 화해를 통해 평화를 구축하는 증가된 경향성과 연결되고 있다(Aureli 외, 2002).

먹이 관용. 친족이 아닌 동물과 비교해 볼 때 친족관계의 영장류는 먹이를 둘러싼 보다 큰 관용(Feistner & McGrew, 1989 ; Yamada, 1963), 그리고 먹이를 습득할 때 협동을 더 할 가능성(de Waal & Davis, 2003)으로 특징된다. 적극적인 먹이 공유는 자연서식지에 사는 영장류에게 드문 일이지만(Feistner & McGrew, 1989) 여러 공동체의 야생 침팬지들은 협동으로 사냥을 한 후에 먹이를 서로 나눠먹는 것으로 관찰되고 있다(Boesch & Boesch-Acherman, 2000 ; Goodall, 1986 ; Nishida, Hosaka, Nakamura & Hamai, 1995도 볼 것 ; Teleki, 1973). 야생 흰턱꼬리감기 원숭이들(white faced capuchin monkeys, *Cebus capucinus*) 역시 그와 같은 행동을 하는 것으로 목격되고 있다(Perry & Rose, 1994). 그러한 먹이 공유가 공동적이고 사냥하는 동안 확장된 노력이나 이후의 후속적인 상호성과 연결되지 않으므로 그것은 기본적인 공동사회 공유형식으로 간주될 수 있다.

감금상태에 있는 검은머리꼬리감기 원숭이들은 실험환경에서 그물 칸막이로 분리되어 있을 때조차도(de Waal, 1997b) 먹이를 둘러싸고 주목할 만한 관용을 보여준다. 예를 들면 다른 상대들로 하여금 그들이 먹는 동안에 떨어뜨린 조각들을 주워 모으는 것을 허용한다(de Waal, Luttrell & Canfield, 1993). 똑같은 감금집단의 원숭이들을 대상으로 한 여러 후속 실험연구에서 검은머리꼬리감기 원숭이들은 먹이를 얻기 위해 서로 협력했고(Mendres & de Waal, 2000), 그러한 협동 이후에 뒤따르는 먹이 보상을 공유했다(de Waal & Berger, 2000). 그러나 이 집단에 대한 가장 최근의 실험에서 나타나는 것과 같이 친족관계는 공동사회 공유에 관한 이러한 실험형식에서 하나의 역할을 했다. 곧 그 집단에서 친족관계에 있는 쌍은 친족관계가 아닌 쌍에 비해 먹이 보상이 한 덩어리로 주어지든 혹은 산발된 방식으로 주어지든 상관없이 훨씬 더 협력하는 경향이 있었다(de Waal & Davis, 2003).

공동체 간 공격. 인간 관찰자에게 원숭이와 유인원의 공동 공유관계 맥락에서의 갈등과 공격은 우리 자신의 종에서 관찰할 수 있는 것과 다르지 않게 하나의 독특한 이방인 혐오증(xenophobia) 특질을 드러낼 수 있다. 굿올(Goodall, 1986)은 이웃 공동체들의 야생 침팬지 간에 일어나는 공격적인 충돌을 보고한 최초의 학자 가운데 한 사람이었다. 그녀의 보고 가운데에는 확립된 공동체의 분열에 관한 설명이 있다. 그에 따르면 이미 확립된 공동체 구성원들이 새롭게 확립된 공동체에 대해 일련의 치명적인 공격을 가함으로써 결국에는 전멸에 이르게 한다. 굿올의 보고와 더불어 주로 구속받는 수컷들이 참여하고 있는 이웃 공동체들에 대한 폭력적 공격에 관하여 많은 관찰이 보고되고 있다(예컨대 Nishida, Hiraiwa-Hasegawa, Hasegawa & Takahata, 1985). 최근의 설명은 이웃 공동체의 성인 수컷 무리들이 어린 새끼들을 죽이는 경우도 포함하고 있다(Kutsukake & Matsusaka, 2002 ; Watts, Mitani & Sherrow, 2002). 공동체 간의 치명적 공격에 관한 기능적 의미는 아직 불분명한 상태이지만 먹이에 대한 개선된 접근과 보다 많은 암컷들의 공동체에의 편입을 포함할 것이다(Wrangham, 1999). 수컷들이 그 밖의 다른 수컷들을 대상으로 하는 집단 내뿐만 아니라 집단 간의 치명적인 연합공격 또한 야생 흰턱꼬리감기원숭이들(white faced capuchin monkeys, *Cebus capucinus* ; Gros-Louis, Perry & Manson, 2003)에게서 보고되고 있다.

권위서열

사회적 지배. UTSR(Fiske, 1992)에 따르면, 권위서열 관계에서 각 개인은 지배위계[4]에서의 자신의 지위를 따른다. 보다 높은 서열에 있는 사람들은 종속적 위치에 있는 사람들보다 더 많이 그리고 더 좋은 것을 갖고, 또한 그것들을 더 빨리 갖는 경향이 있다. 개인적 수준에서 사회적 지배는 정신적·신체적 건강에 관한 유해효과를 포함하여(Houston, Babyak, Chesney, Black & Ragalnd, 1997) 생존, 재생산, 그리고 이슈들과 연관된 그 밖의 다른 적합성(Caryl, 1979 ; Drews, 1993)과 관련된다.

피스크(Fiske, 1992)가 지적하고 있듯이 어떤 **노블레스 오블리주**(noblesse oblige)는 권위서열 관계에서 역할을 수행한다. 만약 종속적 위치에 있는 자들에게 선택권이 주어진다면 그들은 과거의 지도자들이 적절한 식량공급과 외부로부터의 안전을 보호해 주지 못하면 새로운 지도자들을 따를 것이다. 많은 문화의 사람들에게 권위 역할은 실제적으로 종속적 위치에 있는 자들을 보살피는 도덕적 책무를 함축한다. 피스크(Fiske, 1992)는 권위서열 관계가 또한 혐오적인 것으로 지각되거나 혹은 실질적인 희생을 포함할 수 있다고 덧붙인다. 즉 많은 나라의 근대 역사는 지도자들의 권위에 대한 합법성 수용을 거부하거나 이의를 제기하는 사람들에 대한 협박, 구속, 학대, 처형, 그리고 실종으로 가득 차 있다.

피아제(1932/1965 ; Turiel, 2002에서 논의됨)는 어린 아동들이 부모와 다른 성인들을 존경하고 그들을 두려워하는 마음에서 도덕적 책무를 일찍 인정하는 경향성을 고려했는데, 그는 그것을 **타율성**(heteronomy)으로 언급했다. 그러나 지난 20여 년 이상 수행된 연구는 도덕성이 보다 넓은 사회적 발달의 맥락 속에서 등장하며, 아동들이 가족 구성원 및 다른 성인들과 갖는 "수직적인" 경험과 더불어 동료들과의 "수평적인" 상호 작용과도 연결된다는 점을 시사하고 있다(Killen & Hart, 1995 ; Turiel, 2002). 동료 간의 지배관계는 아동 발달에서 비교적 연구가 덜 되고 있다. 하지만 통제된 관찰과 더불어 자연적 관찰은 동료 갈등 조정의 도덕적 맥락과 추이에 관한 그들의 유행과 영향을 암시하고 있다(Verbeek, Hartup & Collins, 2000). 예를 들면 일단 확립된 지배위계는 어린 아동들의 동료집단에서 갈등과 공격의 비율을 감소시키는 경향이 있다(Strayer, 1992). 흥미롭게도 모든 문화에서, 심지어 매우 어린 아동들조차 지배 지위를 확립하고 유지하는 데 있어서 강압적 전략과 협동적 전략을 혼합한다(Charlesworth, 1996).

인간 이외 영장류 사이에서의 권위서열

다른 개체를 지배하거나 아니면 종속당하는 개체의 경향성과 연관된 위계관계는 많은 영장류 종의 사회생활에서 기본을 형성하고 있다(Smuts 외, 1987). 몇몇 연구는 인간 이외 영장류들이 집단 내 지배위계를 인식할 수 있음을 암시한다(Bovet & Washburn, 2003 ; Datta, 1983 ; Gouzoules, Giozoules & Marler, 1984). 집단 내 위계관계는 흔히 친족과 그 밖의 다른 우호적 관계(de Waal, 1986), 가까운 친족집단 내와 전체로 확장하는 위계로 짜여진 그물로 얽혀 있다(Chapais, 1992 ; Gouzoules & Gouzoules, 1987). 지배 그리고 권력 불균형에 관한 상호 이해는 집단 간 갈등이 상해를 끼치는 싸움으로 확대되는 것을 피하는 데 도움을 줄 수 있다(Preuschoft & van Schaik, 2000 ; Lorenz, 1963/1966도 볼 것).

다음의 두 가지 주요 관점이 영장류 지배에 관한 연구의 대부분을 이끌어 왔다. 하나는 지배를 행동양식 특성, 곧 주요 특성에 기반을 둔 사회적 상호작용에서의 개인적 행동양식으로 다룬다(예컨대 Drews, 1993 ; Wilson, 1975). 다른 하나는 안정적인 집단의 역동성을 강조하며 지배를 사회적 상호작용의 긴요한 특질로서 간주한다(예컨대 Bernstein, 1980 ; Francis, 1988). 최근의 행동적 방법과 심리적 방법을 규합하는 연구는 이 두 가지 관점을 연결시켜 준다. 한 예로서 야생 비비[개코 원숭이(*Papio anubis*)]에 관한 일련의 연구에서 사폴스키(Sapolsky, 1990, 1993)는 부신피질(adrenocortical)의 기능, 행동양식, 그리고 사회적 맥락이 어떻게 영장류 지배에서 상호작용하는지를 보여주었다. 그는 계급을 통제하자 사회적으로 숙달한 수컷 비비들은 만성 스트레스의 부재를 나타내는 낮은 수준의 기초 글리코겐(부신피질에서 분비되는 스테로이드 호르몬)을 보여주는 경향이 있다는 것을 발견했다. 사폴스키는 사회적으로 정통한 수컷 비비들은 위협(경쟁자로부터의 명백한 위협)과 중립적 상호작용(경쟁자의 단순한 등장)을 구분하며, 그리고 승리와 실패(싸움의 좋은 결과와 나쁜 결과)를 분간하는 경향이 있다고 설명한다. 이들의 사회적으로 유리한 행동특성은 시간이 지나도 안정적인 것으로 관찰되었으며, 그리고 이들 "낮은 글리코겐" 수컷들은 그들 집단의 지배 그룹에서 더 오래 유지하는 경향이 있었다. 대조적으로 집단 안에서 방향을 바꾼 높은 수준의 공격성(흔히 종속적인 위치에 있는 개체들을 표적으로 삼는다)과 충돌 후 낮은 수준의 우호적인 화해를 하는 종속적 개체들은 만성적인 사회적 스트레스와 연결되는 지속적으로 높은 수준의 기초 글리코겐을 보여주는 경향이 있었다. 흥미롭게도 사폴스키는 앞에서 기술된 사회적으로 숙달한 행동

양식이 없는 지배적 위치의 비비 수컷들이 종속적 위치의 수컷들처럼 과코르티솔[hypercortisolemic, 역자 주 : 코르티솔(cortisol)은 콩팥의 부신피질에서 분비되는 스트레스 호르몬] 상태가 되는 경향이 있었다고 진술한다.

그래서 모든 영장류 종의 종속적 지위는 반드시 만성 스트레스의 삶을 살게 한다고 볼 필요는 없으며, 다른 종의 지배적 개체들은 사폴스키에 의해 연구된 사회적으로 숙달된 비비 수컷들이 보여주었던 만성 스트레스의 명백한 부재를 즐기는 것도 아니다. 예를 들면 야생 일본 짧은꼬리 원숭이(macaques, *Macaca fuscata*)에 관한 최근의 한 연구는 번식기에는 이 종의 지배 수컷들이 종속 수컷들보다 높은 수준의 코르티솔을 보인다고 지적한다(Barrett 외, 2002). 코르티솔의 대소변 측정은 야생 침팬지 수컷들에서 지배서열과 긍정적이면서도 의미 있는 상관관계가 있다(Mitani 외, 2002). 더군다나 4가지의 구세계와 3가지 신세계 원숭이 종과 관련한 최근의 비형식적 메타 분석은 종속적 위치에 있는 원숭이들에게서 높은 수준의 코르티솔은 두 가지 조건에 달려 있다는 것을 보여주었다. 종속적 위치에 있는 원숭이들이 상대적으로 높은 수준의 코르티솔을 보였던 종들에서 그들은 (1) 높은 스트레스 요인율에 예속되며, 그리고 (2) 사회적(가까운 친족을 포함한) 지지에 대한 감소된 기회를 경험하게 된다(Abott 외, 2002 ; Goyman & Wingfield, 2004도 볼 것). 요약하면, 최근의 증거가 보여주는 것은 인간 이외 영장류의 지배서열이 행동양식과 스트레스 반응성에서의 개별적 차이와 연관된다는 것이다. 요컨대 스트레스 반응성과 지배양식 간의 연결은 어떤 주어진 집단 내에서 특정한 공동의 역동성에 의해 조정된다.

평등대응

직접적 · 간접적 상호성. UTSR은 평등한 대응에서 각 개인은 그들 간의 불균형을 놓치지 않고 추적한다고 주장한다. 작동원리는 평등대응 양식에서 관련 있는 사람들이 호의를 받을 때 그들은 호의를 되돌려줌으로써 보답해야 한다는 의무감을 느낀다는 것이다(Fiske, 1992). 평등대응은 그들을 위해 일을 한 사람들에게 거꾸로 그 사람들을 위해 일을 하는 것과 같은 효과를 구성할 수 있다(예컨대 나는 당신이 나의 사건에 도움을 준 것에 대해 거꾸로 당신의 제안을 기꺼이 도울 것이다). 피스크(1992)가 시사하듯 갚고자 하는 은혜나 책무는 평등대응 관계를 권위서열 관계로 변형시킬 수 있다. 만약 은혜가 불균형적으로 계속 지속된다면 수혜자들은 그들이 궁극적으로는 존중, 충직, 존경, 복종으로 되갚아야만 할 수도 있는 빚들을 축적하는지도 모른다.

일 대 일 교환과 같은 직접적 상호성과 더불어 평등대응은 또한 다른 사람을 도와왔던 사람에게 지원이 제공되는 간접적 형식을 취할 수 있다(Milinski, Semmann & Krambeck, 2002). 실험 및 게임 이론 연구들은 다른 사람을 도와왔던 사람을 지원하는 것은 상호성과 협동에서 유효성과 신뢰도에 관한 고양된 평판을 통해 간접적으로 이득을 되돌릴 수 있다고 제안한다(Milinski 외, 2002 ; Nowak & Sigmund, 1998). 알렉산더(Alexander, 1987)는 이에 관해 다음과 같이 진술하고 있다 : "많은 상호성을 지닌 복잡한 사회체계에서 호혜적 상호작용을 하기에 매력적인 존재로서 판단된다는 것은 성공을 위한 본질적인 요소가 될 수 있다"(p. 100). 사회적 명성과 그러한 명성을 인정하는 타인들의 그에 상응하는 존경은 또한 다른 사람들을 도와주는 사람들을 돕는 이러한 간접적 과정과 연결된다(Henrich & Gil-White, 2001 ; Alexander, 1987도 볼 것). 사기꾼들의 처벌—동종 교환방식으로 보답하지 않는 사람들—은 간접적 상호성의 체계가 유지될 수 있는 진화된 메커니즘으로서 광범위하게 연구되어 왔다(Clutton-Brock & Parker, 1995 ; Fehr & Gächter, 2002).

평등대응 관계는 초기 아동기 동안에 등장한다. 예를 들면 관찰 연구는 유치원 아동들의 동료 갈등이 흔히 평등, 심지어는 분배, 상호 보복과 응보에 대한 강조로 모아진다는 것을 보여준다(Killen & de Waal, 2000 ; Verbeek 외, 2000). 발달 문헌은 또한 평등에 관한 초기의 이해가 나중의 공평에 관한 이해의 토대를 구성한다고 제의한다(Killen & Hart, 1995).

인간 이외 영장류 사이에서의 평등대응

영장류들 사이의 평등대응은 공동 공유나 권위서열 관계보다 탐구하기가 더 어렵다. 특히 야생군집을 연구하는 경우 상호성은 시간상 상당히 지체되거나 혹은 다른 행동이나 "통례"(currencies)와 관련되면 측정하기가 어렵다(Silk, 인쇄 중 ; de Waal, 1997a도 볼 것). 인간 이외 영장류 사이에서의 평등대응은 직접적·간접적 상호성의 형식을 취할 수 있다. 영장류들은 예를 들면 사냥할 때나 혹은 우호적인 상호작용에서 서로 도우며(예컨대 Boesch & Boesch, 1989), 도움을 제공하는 상대에게 직접적으로 보답하여 도움을 제공하거나 혹은 다른 상대를 지원했던 개체들에게 간접적으로 도움을 제공할 수 있다(de Waal, 1977 ; de Waal & Luttrell, 1988 ; Silk, 1992 ; Watanabe, 1979). 몇몇 새로운 연구는 야생 침팬지 수컷들이 서로를 상호적으로 돌보고 지원한다는 것을 보여준다(Watts, D. P., 2002). 관련되지 않은 수컷 침팬지들 또한 연합적 지원의 차원에서 먹이를 공유한다(Mitani 외, 2002). 침팬지 수컷들이 서로 협력하는 것은 친족이 아니므로(공동 공유에 관한 절을 참조) 그러한 상호성은 UTSR에 의해 정의된 바와 같은 평등대응으로 간주될 수 있다.

침팬지에 관한 연구결과로부터 판단해 보면 돌보기는 인간 이외 영장류 사이에서 평등대응 관계로 자격을 가질 수 있는 좋은 후보가 되는 것 같다. 돌보기는 유익하다. 왜냐하면 체외 기생충들, 건조한 외피 입자들, 그리고 먼지가 그런 과정 중에 제거되고 상처도 깨끗해진다(Henzi & Barrett, 1999). 더욱이 쉽게 관찰할 수 있는 돌보기의 긴장이완 효과는 심장박동률 감소와 베타-엔도르핀 수준의 증가에 관한 자료를 통해 생리적 수준에서 확실히 입증된다(Aureli & Smucny, 2000). 돌보기의 비용은 경계로 인한 잠재적인 위험 감소뿐만 아니라 시간과 에너지 지출을 포함한다(Cords, 1995). 그러나 오늘날까지의 연구결과 적어도 돌보기와 관련해서는 호의가 평등하게 대응되지 않는다는 것을 보여준다. 몇몇 영장류 종의 경우 돌보기는 대체적으로 위계의 높은 순위를 향한다. 곧 종속적인 위치에 있는 개체들이 보다 높은 위치에 있는 개체들을 돌본다(예컨대 Seyfarth, 1977). 반면에 다른 종들에서는 돌보기가 위계의 아래로, 즉 그 반대의 의미로 발생한다(예컨대 Parr, Matheson, Bernstein & de Waal, 1997). 돌보기에 관한 자료의 대부분은 암컷 원숭이들과 관련된다. 권위서열 관계는 그러한 상호작용을 묘사할 수 있다. 몇몇 경우에서 돌보기는 일시적으로 보답되는 것으로 관찰되었다. 즉 일시적인 한 차례 돌보기로 역할을 상대와 서로 바꾼다[개코 원숭이(Papio cynocephalus), Barrett & Henzi, 2001)]. 이러한 일시적으로 보답하는 돌보기 형식은 **시간대응**(time matching)으로서 언급된다. 야생 비비(개코 원숭이)들 사이에서 시간대응의 발생은 공격과 지배 상호작용이 적은 기간에 가장 자주 관찰되고 있다(Barrett 외, 2002). 감금상태에 있는 암컷 붉은털 원숭이(Macaca mulatta)에 관한 연구에서 드 발(de Waal, 1991c)은 비슷한 서열의 암컷들이 친족관계와 무관하게 각자 서로에게 상호적으로 매력에 이끌리며 돌보기 의무를 교환함으로써 이를 보여준다는 것을 밝혔다. 가까운 서열에 있는 개체 사이의 시간대응과 상호 돌보기에 관한 이들 나중의 연구결과는 평등대응에 관한 UTSR의 정의와 일치하는 것으로 보인다.

다양한 통례 교환. 영장류 상호성은 행동을 넘어 확장한다. 예컨대 개체들이 이전에 발생했던 싸움에서 자신들을 돌봐주었던 동종을 돕는 경우이다(Hemelrijk, 1994 ; Perry, 1996도 볼 것 ; Seyfarth & Cheney, 1984 ; Silk, 1992). 비슷한 맥락에서 감금된 침팬지 집단의 구성원들은 다른 개체들보다는 약 2시간 전에 그들을 돌봐주었던 개체들과 덩어리진 먹이를 공유하는 경향이 더 많았다(de Waal, 1997a).

규칙 준수와 화해하기. 다른 개체가 적극적으로 강제하는 경향이 있기 때문에 개체들이 이에 따르는 것을 학습해 온 명령규칙들은 적어도 부분적으로는 침팬지들 사이에 평등대응을 지배할 수도 있을 것이다(de Waal, 1991b ; Nishida 외, 1995도 볼 것 ; de Waal, 1996). 그러나 아직까지 다른 유인원이나 원숭이에게서 이에 대한 어떠한 체계적인 증거는 발견된 바 없다. 결국 우리가 보았듯이 개체들 사이의 이익에 관한 공격적 갈등은 그 밖의 다른, 보다 비중 있는 이익이 한데 모아질 때 충돌 후 우호적인 화해를 통해 조정되기 쉽다(de Waal, 2000a ; de Waal & Aureli, 1997).

친족관계 및 우정과 같은 그러한 공동관계는 비록 이전에는 적대자 관계였지만 공유된 이익을 만들어낼 수 있는데, 실용적 관계와 같은 그러한 평등대응 관계 또한 그럴 수 있다. 후자의 경우를 입증하는 것으로 코르드(Cords)와 썬히어(Thurnheer, 1993)는 이전에 한 실험과제에서 탐나는 먹이를 얻기 위해 협력했던 감금된 긴꼬리원숭이 한 쌍이 먹이 과제 이전에 비해 더 높은 비율로 인위적으로 유발된 충돌에 대해 화해한다는 것을 보여주었다. 따라서 이 실험에서 원숭이 쌍은 그들을 높은 비율로 화해하도록 동기를 제공한 유익한(실용적) 관계를 발달시켰던 것으로 보인다.

시장가격 결정

정서적으로 부과된 교환 기대. 시장가격 결정의 경우 개인들은 재화와 서비스의 비율 가치에 따라 관계를 형성한다(Fiske, 1992). 비록 문화적인 맥락 요소들이 그 등장시기에 영향을 미치는 것으로 여겨져 왔지만(예컨대 Jahoda, 1983), 발달 문헌은 시장가격 결정 관계가 아동들의 사회적 발달에 보편적이며 절대 필요한 요소라고 제안한다. 비록 시장가격 결정 관계가 우리 인간 사회와 어떤 방식에서든 비교할 만큼 영장류 사회의 틀을 형성하지는 않지만, 다른 영장류들도 시간이 흐르면서 교환을 누적하고 그러한 교환의 비율을 놓치지 않고 추적하는 우리의 능력을 공유하고 있는 것으로 보인다. 사실 검은머리꼬리감기 원숭이에 관한 최근의 한 연구는 이 특이한 신세계 원숭이가 시장가격 결정 관계에 관한 기본 의식을 갖고 있다는 것을 시사하고 있다(Brosnan & de Waal, 2003).

이 실험에서 암컷 원숭이들은 먹이 보상으로 실험자와 작은 돌덩어리를 몇 조각의 오이나 포도와 교환하도록 훈련을 받았다. 원숭이들과의 그 이전 작업은 그들이 오이보다는 포도를 훨씬 더 선호한다는 것을 보여주었다. 일단 그들이 실험자와 신속한 거래를 달성하는 수준까지 훈련이 된다면 그들은 실제 실험을 위해 수컷과 암컷이 한 쌍이 된다. 실험이 진행되는 동안 파트너들은 실험자와 교환의 대가로 똑같은 보상(오이 조각)을 받거나 아니면 똑같은 일의 양에 대한 대가로, 혹은 몇몇 경우에서는 전혀 일을 하지 않은 대가로 더 탐나는 포도를 받았다. 불공정한 대우를 관찰했던, 그리고 그로부터 이득을 얻는 데 실패했던 원숭이들은 돌덩어리를 실험자와 계속 교환하는 것을 거부했다. 어떤 원숭이들은 심지어 그들의 일에 대한 대가로 받는 오이 조각을 거부하거나 혹은 그것을 실험자에게 집어 던지기도 했다. 브로스넌(Brosnan)과 드 발(de Waal)은 그들의 연구가 어떤 원숭이들이 그들로 하여금 불평등을 싫어하도록 나아가게 하는 사회적 교환에 관한 정서적으로 부과된 기대를 지니고 있을지도 모른다는 것을 보여준다고 결론을 내리고 있다(de Waal, 2000b).

요약 제안 하나

다른 연구자들(Fiske, 1992 ; Haidt, 2001 ; Haslam, 1997)에 이어 이 장은 인간 이외의 영장류 또한 우리 자신의 사회성을 기술하는 4가지 기본적인 형식으로 기술될 수 있다고 제안한다. 이 장의 첫 부분을 시작했던 감금된 검은머리꼬리감기 원숭이들 사이의 사회적 갈등에 관한 관찰은 이 영장류 종에 있는 기초적인 사회성 양식에 대해 단서를 제공했다. 그 관찰은 공동관계가 권위서열 관계(성인 암컷들)뿐만 아니라 친족관계와 선호적 관계(어미–수컷 새끼 ; 두 수컷들, 각자)에 기초한다는 것을 보여주었다. 뒤이은 검토는 검은머리꼬리감기 원숭이와 그 밖의 다른 인간 이외 영장류들이 우리 인간과 최소한 3가지 기본 사회성 형식을 공유한다는 명제에 대한 증거를 제공했다. 그 검토는 또한 이들 기초적인 사회성 양식이 감금상태에서 뿐만 아니라 야생상태에서도 목격되었다고 진술한다. 인간 이외 영장류 사이에서의 시장가격 결정 관계를 지지하는 증거는 아직 많지는 않지만 이론적 모델에 관한 연구는 우리에게 이 영역에서 검증할 만한 가설을 제공할 수 있을 것이다(예컨대 Noë, van Schaik & van Hooff, 1991).

아동과 성인을 대상으로 한 광대한 연구는 기대, 규범, 그리고 표준이 인간관계를 지배하는 방식들을 밝혀주고 있다. 어느 정도까지는 인간 이외 영장류의 사회적 관계와 관련하여 똑같이 말해질 수 있다. 인간관계에 관하여 말하면서 피스크(Fiske, 1992)는 개인 간에 차이가 있는 사회적 목적을 **동기**(motives)로 정의한다. 동기가 광범위하게 공유될 때 그것은 **가치**(values)로 언급된다. 가치가 집합체에 대한 기능의 관점에서 진술될 때 그것은 **규범**(norms)이라 불린다. 사람들이 그들 자신과 그 밖의 다른 사람들이 그러한 규범을 추구해야만 한다고 주장할 때 그것은 **도덕적 표준**(moral standards)으로 인정된다. 마지막으로 사람들이 그러한 목적과 관련하여 사회체계의 합법성을 정당화하고자 할 때 그것은 **이념**(ideology)이라 불린다(Fiske, 1992).

진화론적 측면에서 우리는 개체들의 적합성을 고양시키고 대중 속에서 광범위하게 공유되는 자연선택에 의해 형성된 행동의 맥락에서 가치를 말할 수 있다. 규범은 가치들로부터 긴요한 특질로서 등장하는 것으로 간주될 수 있다. 영장류 사회성의 기초 형식의 맥락에서 우리는 "옳음"과 "그름"의 진화론적 규범을 인지할 수 있다. 예를 들면 검은머리꼬리감기 원숭이가 싸움이 끝난 후에 충돌 이전의 공동 수준으로 관계를 회복하기 위해 이전의 적대자와 화해하는 것은 옳은 일이 될 것이다. 효과적인 공동관계는 공격에 의해 파생된 손상이 정식으로 보상되는 것으로, 궁극적으로는 승자와 패자 모두 똑같이 최선의 이익에 서는 것이다. 왜냐하면 그것은 양쪽의 재생산적인 성공을 증대시키는 잠재력을 지니고 있기 때문이다. 그것은 또한 양쪽 적대자의 즉시적인 이익을 이루는 데 있을 것이다. 이전의 적대자들과 맺는 평화로운 계약은 충돌에 의해 야기된 스트레스를 감소시킨다. 예컨대 심장박동률 수준은 이전의 적대자들과의 충돌 후 우호적인 화해에 이어 최저 수준으로 떨어지며, 제삼자들과의 충돌 후 상호작용에 이어 훨씬 더 현저하게 나타난다(Smucny, Price & Byrne, 1997). 신경성 자기 말살과 같은 스트레스에 관한 또 다른 관찰 가능한 징후인 자발적 행동에 대해서도 똑같이 유지한다(Aureli & van Schaik, 1991 ; Castles & Whiten, 1998 ; Das, Penke & van Hooff, 1998). 충돌 후 화해는 따라서 두 가지 관점, 곧 근사적 관점(proximate perspective)뿐만 아니라 근본적 관점(ultimate perspective)에서 볼 때 그렇게 하는 것이 옳은 일이다.

그러한 규범을 설명하기 위해 유인원과 원숭이에게서 인간이 지니고 있는 것과 같은 그러한 인지적 기능과 근사한 그 어떤 것을 가정할 필요는 없다. 원숭이들은 하는 바에 대해 옳고 그름을 알 필요가 없다. 자연선택은 그들이 하는 것이 옳은 일로서 선택했다. 개체들을 인지하며 그들의 행동을 읽는 능력은 이전의 상호작용에 관한 몇몇 회상과 연결되어 충분하다. 사회적 통합 혹은 배제와 연결된 보상과 고통은 개별 원숭이들과 유인원들에게 공유된 사회적 목적을 추구할 동기를 제공할 수 있다(Nesse, 1990 참조 ; 영장류의 사회적 정서에 관한 이 장의 절도 볼 것). 도덕적 표준이나 이념의 전달은 우리의 진화론적 사촌들에게는 필요하지 않다.

우리 자신의 종과 비교해 볼 때 옳음이나 그름을 구성하는 바에 관한 규칙들은 언어를 통해 형식화되고 내면화된다. 알렉산더(Alexander, 1987)가 지적한 바와 같이 서로 의존적인 당사자 사이에서의 이익에 관한 잠재적 충돌은 수용할 만한 행동 대 수용할 수 없는 행동에 관한 규칙을 요구한다. 킬렌(Killen)과 드 발(de Waal, 2000)이 제시하는 바와 같이 도덕성은 사회적으로 강압적인, 그리고 잠재적으로 파괴적인 경향 간의 긴장에 직면하여 발생한다. 즉 도덕체계는 첫 번째를 증진시키고 두 번째를 통제하기 위해 설계된다. 이런 맥락에서 화해는 분명히 도덕발달과 연관된다. 곧 어린 아동들은 인간 이외 영장류에게서 목격되어 온 바와 같이(Verbeek & de Waal, 2001) 충돌을 협상과 타협을 통해 다루고자 하는 성향이 있다. 아동들은 이들 경험상의 충돌을 도덕적 이해를 성취하는 데 사용할 수 있으며, 그리고 그것은 아동들과 인간 이외 영장류 간의 질적인 차이이다(Killen & de Waal, 2000).

동물학자인 브로스넌(Brosnan)과 드 발(de Waal, 2002)은 최근에 근사한 행동 연구사례를 만들었다. 그들은 점차적으로 복잡해진 모델링 기법들이 어떤 종들의 레퍼토리 안에 어떤 행동이 존재하는지에 대한 이유를 설명하는 데 도움을 줄 수는 있지만, 진화 시나리오가 아무리 우아하거나 주목하지 않을 수 없다 하더라도 그에 상관없이 그 이론이 예견하는 바대로 그 동물이 행동할 능력이 부족하다면 그것은 소용없다고 제안한다(Stamps, 1991 참조). 그런 이유 때문에 브로스넌과 드 발은 우리가 근사 메커니즘, 곧 이들 진화론적 요구를 충족시키기 위해 동물에게서 진화된 실제적인 능력과 반응양식을 연구할 필요가 있다고 주장한다. 다윈(Darwin)은 우리가 도덕성의 근사 원인, 즉 사회적 교환의 정서와 타인들에 대한 공감능력 간의 상호작용을 보다 더 잘 이해하기 위해 조사해야만 하는 바에 대해 지적했다. 그것은 우리들을 이 장의 두 번째 제안, 곧 인간 이외 영장류는 그들의 사회생활을 결정하는 4가지 기본적인 사회성 양식과 연결되는 정서를 나타낸다는 관념에 관한 검증으로 이끈다.

영장류의 사회적 정서

> A가 N에 대항하여 E를 지원했고, 이번엔 D로부터 지원을 받았던 장기간에 걸친 싸움 이후에 A는 희생자 N과 붙잡고 뒹굴며 놀기 시작한다. 그것은 마치 N과 제휴적인 관계를 맺고자 하는 그의 동기가 그녀를 향한 그의 공격을 만회한 것으로 보였다. N은 A의 "태도에서의 변화"를 감지했다. 그녀는 달아나지 않는 대신 싫증이 남에도 불구하고 A의 놀이 제의에 보답했다.

여기에서 우리는 주인공, 어린 수컷 검은머리꼬리감기 원숭이(위의 이야기에서 "A")에게 다시 찾아가고 있다. 현재 그는 젊은 암컷("N")을 향한 공격으로 집단의 지배 암컷("E")을 지원한다. 또한 그는 우연히 희생자와 강한 유대를 형성하게 된다. 즉 그들은 많은 시간을 함께 놀이하고, 돌보며, 서로 가까운 근거리에 앉아 있으면서 시간을 보낸다. 어느 면으로 보아도 그들은 친구이다. 이 관찰의 주목할 만한 점은 주인공이 공격적 양식에서 놀이양식으로 전환하는 속도이다. 이와 똑같이 주목할 만한 것은 희생자가 그의 진정어린 신호를 입수하고 그의 놀이 제의에 보답하는 것이다.[5] 분명히 이러한 상호작용을 매개하는 것은 몇 가지 수준의 정서이다. 예컨대 이 이야기에서 상호작용하는 자들이 얼굴과 제스처에 표현하는 바와 같은 것이다.

이 이야기는 우리 자신의 종에서처럼 정서가 검은머리꼬리감기 원숭이의 사회생활에서 핵심을 차지한다는 것을 시사한다. 워커(Walker, 1996)의 도덕성에 관한 진술을 바꾸어 말하면, 정서는 사람들의 활동을 명령하고, 사회적 상호작용을 규제하며, 갈등을 조정할 뿐만 아니라 야기시키기도 한다. 우리의 가장 가까운 진화 친족들에 대해서도 똑같이 적용될 수 있다. 한때는 생존과 거의 관련이 없는 피상적 과정으로서 간주되기도 했지만 오늘날 누적되고 있는 증거는 정서가 개체들이 물리적·사회적 환경을 지각하고 탐구하며 개척하는 방식으로 중심적인 역할을 수행한다는 점을 시사한다(Verbeek & de Waal, 2002 ; Nesse, 1990도 볼 것). 정서체계의 근원은 이른 진화 역사로 거슬러 올라간다. 영장류를 포함한 많은 동물들은 정서를 매개하는 신피질 밑의 뇌 영역에 위치한 기본 변연계 구조(basic limbic structures)를 공유한다. 20여 년 전 제이존크(Zajonc)는 정서체계가 모든 의미에서 인지체계보다 우월하다고 주장했다. 즉 그것은 계통발생(phylogeny)에서 첫 번째로 나왔고, 개체발생(ontogeny)에서 최초로 등장했으며, 그것은 두 체계가 갈등에 놓여 있을 때 더욱 강력하다는 것이다(Haidt, 2001에 인용되어 있음). 최근의 정의 신경과학(affective neuroscience)은 사회생활의 많은 측면에서 정서의 우월성을 주장하는 제이존크의 초기 통찰을 신뢰한다(Panksepp, 1998).

도덕적 정서는 인간의 사회적 정서의 대열에서 두드러진 위치를 차지한다. 그의 두드러짐에 기초하여 우리는 인간 도덕적 정서의 전조(precursors)가 그 밖의 다른 현존하는 영장류에서 관찰될 수 있을 것으로 예견할 수 있다. 이 장을 시작했던 관찰 이야기에서 정서는 검은머리꼬리감기 원숭이들 사이에서의 다양한 행동 상호작용의 중요한 구성요소로서 뚜렷하게 부각되었다. 젊은 수컷이 공유하기를 거부한 것은 어린 수컷의 울화통을 건드렸고, 이러한 정서적 폭발은 이번에는 어린 수컷의 엄마에게서 분노 반응을 일으켰다. 이들 정서는 사회적 상호성의 상황 및 결과와 연결되어 있다. 즉 이 경우에서는 가까운 동료 간에 공유하기를 거부한 것이다. 이 장의 목적상 **도덕적 정서**(moral emotions)는 상호성의 행위상황 및 결과와 연결된 정서로 정의된다. 이것은 검은머리꼬리감기 원숭이들이 마치 사람이 하는 정도로 도덕적 정서를 나타낸다는 것을 의미한다기보다는 오히려 우리의 가장 가까운 진화 친족에게서 인간의 도덕성과 깊은 관련이 있는 도덕적 정서의 전조인 사회적 정서를 관찰할 수 있을 것이라는 점을 의미한다.

인간의 경우 도덕적 정서는 다양한 수준에서 다양한 정도의 강도로 기능한다. 예를 들면 우리는 친구가 우리에게 가져다 주었던 여행 선물에 대해 그 친구에게 감사하지 않은 것에 죄책감을 느낄 수 있다. 혹은 우리는 형제자매의 인색함에 관하여 분노를 느낄 수 있다. 또한 우리는 어떤 이기적인 동료에 의해 승진 기회에서 속임을 당한 것에 분개할 것이다. 그처럼 도덕적 정서는 자신을 초월하여 다른 사람들로 확장한다. 그것은 공유하기와 협동하기에서와 똑같이 주고받기와 맞받아치기이다. 그것은 분노 및 분개와 같은 비난하는 것일 수 있고, 감사 및 고상함과 같은 칭찬하는 것일 수도 있으며, 수치심 및 죄의식과 같은 자아를 의식하는 것일 수도 있다(Haidt, 2003b ; Trivers, 1971도 볼 것). 그것이 어떤 형식을 취하든 그것은 다른 사람들과 우리의 사회적 교환을 규정하는 기대, 규범, 그리고 표준에 관한 것이다.

열정(정서)이 사회성의 몇 가지 중요한 영역에서, 특히 도덕적 측면에서 이성(인지)에 비해 우월성을 지닐 수 있다는 생각은 서서히 수용되고 있다. 예컨대 헤이트(Haidt, 2001, 2003a)는 도덕판단이 도덕적 정서와 빠른 도덕적 직관에 의해서 일어나며, (필요할 때는) 느린, 과거로 소급한 도덕적 추론에 의해 수반된다는 것을 시사하는 증거를 제시하고 있다. 그의 모델은 어느 정도는 도덕적 행동과 판단에서 정서의 우월성을 입증하는, 그리고 도덕적 기능작용에서 사회적 정서, 인지 그리고 동기를 조직하는 피질-내피질 루프(corticol-subcorticol loop)를 그리는 뇌영상 연구에 의해 지지받고 있다(Heekeren, Wartenburger, Schmidt, Schwintowski & Villringer, 2003 ; Moll 외, 2002, 2003 ; Sanfey, Rilling, Aronson, Nystrom & Cohen, 2003 ; Stone, Cosmides, Tooby, Kroll & Knight, 2002).

도덕발달에서 합리적 숙고와 인지능력의 발달에 초점을 두는 심리학 영역에서(예컨대 Helwig & Turiel, 2002 ; Turiel & Neff, 2000) 헤이트(Haidt)의 도덕판단에 관한 사회적 직관주의 모델은 몇 가지 미심쩍은 점을 지니고 있는 것으로 보인다. 비판은 그 모델을 지지하는 실제적인 경험적 증거가 아직까지 심리학의 핵심 영역에서 거의 나타나지 않는다는 논증에 모아지고 있다(이 논쟁에 관한 한 예증으로서 Pizarro & Bloom, 2003 대 Haidt, 2003를 볼 것). 비록 이러한 비판이 발달적 연구와 관련하여 그 토대를 잘 구축할 수 있다 하더라도 사회적 직관주의 관점으로부터 도덕발달에 접근하는 연구는 거의 존재하지 않으며, 그 밖의 다른 영역에서의 연구가 헤이트(Haidt)의 모델을 직간접적으로 지지하고 있다.

예를 들면 사회심리학자들은 우리의 사회적 행동의 무의식적 성격을 도표로 그리고 있으며(Bargh, 1994 ; Greenwald & Banaji, 1995), 판단과 의사결정에서 정서의 중요한 역할을 입증하고 있다(Forgas, 1995). 요컨대 사회심리학 연구는 도덕적 행동이 도덕판단보다는 도덕 정서와 더 공변한다고 제안한다(Haidt, 2001). 인지과학자들은 도덕판단에서 정서의 중요한 역할을 강조하는 데 있어서 같은 입장에 서 있다(Nichols, 2002). 신경과학자들은 신경정신 장애로 인정되었던 도덕적 결함에 대한 이전의 설명과는 엇갈리는 정서 뒤에 숨은 뇌–행동 관계를 오늘날 정밀하게 묘사하고 있다(Moll 외, 2003 ; Blair, 1995도 볼 것 ; Kiehl 외, 2001). 사회적 발달에 초점을 두고 있는 발달심리학자들은 정서의 규제와 표현, 그리고 아동들의 친사회적·반사회적 행동과 도덕발달 사이의 비슷한 연계를 추구하고 있다(Cohen & Strayer, 1996 ; Eisenberg, 2000 ; Roberts & Strayer, 2003). 심리학과 신경과학의 핵심 영역에서의 이러한 연구활동의 합류점은 일반적으로는 사회생활에서 정서의 역할에 관한(van Hooff & Aureli, 1994), 그리고 특수하게는 공격이 뒤따르는 갈등 해결에 관한(예컨대 Aureli 외, 2002 ; Aureli & Whiten, 2003) 인간 이외 영장류를 대상으로 한 최근의 연구와 이론화로 수렴되고 있다. 다윈이 제시했듯이 공감과 동정은 도덕적 정서의 기초일 수 있으며, 다음 절들에서는 영장류의 기본적인 사회적 정서로서 공감과 동정의 특수한 역할을 좀 더 자세하게 탐구한다.

타인들에 대한 감각으로부터 타인들을 지각하기까지

기분에 영향을 미치고 의식을 충족시키는 도덕적 정서에 대해(Russell, 2003 참조) 우리는 우선 상호성의 상황과 결과를 인식해야 한다. 그렇게 하는 능력은 이기심을 초월하는 우리의 기초적인 능력, 즉 다른 사람들과 정서적 상태를 대리적으로 공유하는 능력과 밀접하게 연관될 것이다. 다윈이 제안했듯이(1971/1981, p. 77) 오늘날 연구는 많은 다른 동물들이 서로 타자의 기쁨과 고통, 화를 대응시키는 능력을 공유하고 있다는 것을 보여준다. 우리가 보았듯이 어린 검은머리꼬리감기 원숭이는 공유하자는 것에 대한 그의 친구의 거절에 직면했을 때 울화통[6]을 터트리는 반응을 보였다. 그의 정서적 표현은 집단의 모든 구성원의 이목을 집중시켰을 뿐만 아니라, 그의 어미로 하여금 인색한 친구를 덮치고 추적하도록 자극했으며 동기를 부여했다. 어미의 흥분은 털을 쭈뼛이 일으켜 세우는(pilo-erection),[7] 곧 자기 새끼의 친구를 덮치고 추적하기 이전임에도 몸통에 있는 많은 털을 똑바로 세우는 모습을 통해 보여주었다. 그것은 어미가 자기 수컷 새끼의 고통과 대리적으로 연관되고, 그것은 어미로 하여금 그를 대신하여 개입하도록 동기를 제공한 것으로 보였다. 어미와 새끼 간의 애착 유대는 확실히 검은머리꼬리감기 원숭이 어미와 수컷 새끼 사이를 대응시키는 정서적 상태를 고양시켰지만 그러한 정서적 공명은 반드시 가까운 친족에게 국한되지는 않는다.

세포들과 전체 유기체는 독특한 방식으로 다른 세포들과 유기체에 반응한다. 생물학자들은 이러한 기초적인 반응 경향성을 **프로토택시스**(prototaxis, 역자 주 : 자신과 외계를 구별하지 못하고 커뮤니케이션이 불가능한 경험양식)라 부른다. 그것이 없다면 우리가 아는 바와 같은 생명은 그 자체를 지속시킬 수 없다. 프로토택시스와 관련되는 것은 살아 있지 않은 것들과는 구별되는 것으로서 살아 있는 것들을 인식하는 동물들의 타고난 능력이다. 러브록(Lovelock)은 이를 다음과 같이 표현하고 있다 : "살아 있는 그 모든 것들은 한 동물에게는 삶 혹은 죽음의 그 어떤 문제를 의미할 수 있다. 곧 그것은 한 동물의 생존과 재생산의 성공에 가장 중요한 문제들인 먹을 수 있는 것, 지지자, 잠재적 배우자, 치명적 위협을 의미할 수 있다"(p. 7). 따라서 살아 있는 것들을 지각하는 즉시적이고 자동적인 과정은 포괄적인 적응가치를 지닌다(Lovelock, 1991). 신호는 어떤 살아 있는 것이 좋은 것을 제공할지 혹은 나쁜 것을 제공할지를 널리 알리고 지각하는 데 도움을 준다. 그것이 과시행동 혹은 노래, 냄새 혹은 접촉 등 무엇으로 이루어지든 의사전달 신호는 보내는 자들과 받는 자들에게 살아 있는 생명체들로 이루어진 환경을 지나가는 데 도움을 준다. 신호는 특히 영장류의 사회적 지각과 행위, 예컨대 지배와 복종을 인정하는 데 있어서 중요하다(Preuschoft & van Schaik, 2000). 특히 지배 상호작용과 같은 그러한 사회적 맥락에서 신호는 두려움 및 노여움과 같은 공존적인 정서적 상태의 외적 표명에 없어서는 안 될 중요한 것이다. 신호는 또한 사회적 충돌 이후에 중요하다. 충돌에 뒤이어 영장류들은 그들의 이전의 적대자에게 그들의 친절한 뜻을 신호로 보낼 수 있다(Silk, 2002b 참조). 사실 충돌 후 우호적인 화해는 그러한 신호가 진정성이 있고 이해될 때에만 효과적으로 일어날 수 있다.

기초적인 사회적 정서 : 공감과 동정

많은 사회적 동물에게 있어서 정서는 사회적 체제를 함께 유지하는 접착제이다. 이런 과정에 기초적인 것은 **감정적 공명**(affective resonance) 혹은 **정서적 전염**(emotional contagion)으로 이는 다른 상대의 표현, 발성, 자세, 움직임을 자동적으로 흉내내고 또한 동시성을 갖는, 그리고 그 결과로서 정서적으로 하나가 되는 경향성이다(Hartfield, Cacioppo & Rapson, 1993). 대응된 상태가 고통을 회피하고자 하는 상태일 때 우리 또한 **다른 상대의 고통에서 오는 괴로움**(distress at another's distress)[8]을 표명한다(Haidt, 2003b). 정서적 공명은 공감에 대한, 그리고 다윈이 인식했던 것과 같은 동정에 대한, 이와 아울러 그가 제안했듯이 그로부터 성장하고 발전하는 도덕적 정서에 대한 전조가 될 수 있다.

정확하게 무엇이 정서를 구성하는가에 관한 의견은 단순한 것으로부터 복잡한 것에 이르기까지 다양하게 걸쳐 있는 정서에 관한 현존하는 정의와 더불어 여전히 광범위하다(Russell, 2003). 예를 들면 카바낙(Cabanac, 2002)은 정서란 높은 강도(자각 ; 지각된 신체상의 변화) 및 높은 쾌락적 내용(쾌락/불쾌)을 가진 모든 정신적 경험이라고 제안한다. 보다 복잡한 정의는 흔히 정서에서 인지의 일차적인 역할을 강조하거나(Lazarus, 1991 ; Lane & Nadel, 2000도 볼 것)[9] 혹은 정서를 행위의 서로 다른 과정들의 비용 및 이득과 연결된 자연선택에 의해서 산출된 일군의 분리된 적응으로 기술한다(Fessler & Haley, 2003 ; Cosmides & Tooby, 2000도 볼 것).

정서를 연구하는 대부분의 사람들이 공유하고 있는 하나의 가정은 아마도 정서가 행위 경향성뿐만 아니라 독특한 생리기능, 표현(예컨대 얼굴 표정)과 관련된다는 것일 것이다. 헤이트(Haidt, 2003b)가 제안하듯이 이 기초 모형과 대응시켰을 때 다른 상대의 고통에서 오는 괴로움은 전혀 정서가 아니다. 왜냐하면 고통 이외에 그것은 아무런 독특한 생리기능, 표현, 행위 경향성을 갖고 있지 않기 때문이다. 그러나 비록 다른 상대자의 고통에서 오는 괴로움이 그것과 연결된 어떠한 특수한 행위 경향성을 갖고 있지 않다 하더라도 그것은 개인들로 하여금 고통받는 다른 사람을 관찰함으로써 "받게 된" 그들 자신의 괴로움을 완화시키는 방법을 이기적으로 찾도록 동기를 제공할 수 있다. 예컨대 드 발(de Waal, 1996)이 **붉은털 원숭이**(Macaca mulatta) 집단에서 관찰했듯이 어린 원숭이들은 고통받는 동료에 접근하고, 포옹하고, 올라타고, 심지어 머리 위로 올라탄다. 드 발이 설명하는 바와 같이 한 어린 새끼의 고통은 그의 동료들에게로 퍼지는 것으로 보이며, 그리고는 그들 자신의 흥분을 진정시킨다.

공감과 동정은 다른 상대자의 고통에서 오는 괴로움과 연관되는 개념이다. **공감**(empathy)은 타자지향적 행위 구성요소를 더하여 혼합함으로써 다른 상대자의 고통에서 오는 괴로움으로부터 일어나는 것으로 여겨진다. 예컨대 아동들은 두 살 때부터 다른 사람들의 고통에 의해 괴로움을 당할 때 적극적으로 도움을 제공한다. 그러나 제공된 도움의 종류는 흔히 방관자 아동 그 자신이 편안함을 느끼는 것이다(Hoffman, 1982). 보다 목표가 분명한 도움은 세 살 때부터 발생하는데, 이때 아동들은 다른 사람의 감정이 그들 자신의 것과 다를 수 있다는 것을 지각하기 시작한다(Hoffman, 1982). 다음으로 **동정**(sympathy)은 다른 사람들의 곤경에 대한 슬픔이나 관심의 감정과 관련된다. 동정은 반드시 다른 사람의 고통을 공유하는 것과 관련될 필요는 없으나 다른 사람에게서 고통을 완화시키고자 하는 목표를 둔 시도와 관련된다(Eisenberg, 2000). 이들 정의에 따른다면 공감과 동정은 정서로서 간주될 수 있으며, 반면에 다른 상대자의 고통에서 오는 괴로움은 그럴 수 없다. 이들 정의에 따르면 **공감**은 앞에서 기술되었던 검은머리꼬리감기 원숭이 어미가 자기 수컷 새끼의 울화통에 대해 격렬하게 한 반응을 기술하기 위해 제시된 용어가 될 수 있다. 왜냐하면 그것은 분명하게 다른 상대자의 고통에서 오는 괴로움을 타자지향적 행위와 혼합시켰기 때문이다.[10]

정서적 공명과 인간 이외 영장류들 간의 공감에 관한 연구

인간에 관한 연구와 비슷하게 동물들을 대상으로 다른 동물의 고통에서 오는 괴로움 혹은 공감을 측정할 때 행동뿐만 아니라 생리적 과정을 측정할 것을 요구한다. 오늘날까지는 후자에 관한 연구가 거의 없었으며, 생리적 관찰과 행동적 관찰을 혼합하는 연구 또한 아직까지 거의 존재하지 않고 있다. 그럼에도 불구하고 유용한 연구는 상대자의 고통에서 오는 괴로움과 공감이 다양한 종에서 일어난다고 제안한다. 프레스턴(Preston)과 드 발(de Waal, 2002)은 이 분야의 초기 연구에 속하는 여러 편을 검토했으며, 그들의 검토에서 언급된 몇몇 연구는 여기에서 간략히 인용된다. 예컨대 메이슨(Mason, 1965)은 침팬지를 대상으로 신체 접촉을 통한 흥분 감소를 연구한 최초의 인물로 언급된다. 애완동물을 가진 사람들이 경험을 통해 알고 있듯이 개들은 고통스러워하는 연기를 보이는 사람을 향하여 용기를 주는 행동을 보이는데(Zahn-Waxler, Hollenbeck & Radke-Yarrow, 1984), 이는 그들의 야생 조상인 늑대(Canis lupus ; Fox, 1975 참조)의 사회적 세심함에 그 뿌리를 두고 있다고 할 수 있다. 쥐와 비둘기는 그들 종 가운데 고통을 받는 구성원을 만나면 같이 고통을 나타내 보일 뿐만 아니라, 같은 종류의 고통을 끝내는 데 도움이 되는 과업에 기꺼이 동참했다(Church, 1959 ; Watanabe & Ono, 1986). 그리고 누르면 먹이가 나오도록 되어 있는 막대가 다른 원숭이에게는 전기 충격을 줄 수 있도록 연결되어 있다면 원숭이들은 그 막대를 누르지 않음으로써 먹이 보상을 포기한다(Masserman, Wechkin & Terris, 1964). 이들 초기의 연구는 동물들이 그들 종의 다른 구성원들의 고통을 완화시키거나 방지하는 행위를 한다는 점을 시사한다. 그러나 이들 연구에서 무엇이 괴로워하는 같은 종에 대한 특수한 반응을 가장 잘 설명하는지를 아직 결정하지 못하고 있다. 아마도 괴로워하는 같은 종을 바라보는 것이 어떤 동물들에게는 혐오감을 갖게 할 수도 있을 것이지만, 반면에 상대자의 고통에서 오는 괴로움이나 공감은 그 밖의 다른 상대들의 행동 저변에 존재해 왔을 것이다(Flack & de Waal, 2000). 설명의 궁극적인 수준과 상관없이 이들 선택된 연구결과는 이들 연구에서의 동물들이 다른 상대들과 대리적으로 정서적 상태를 공유함으로써 이기심을 초월한다는 것을 제안하고 있다.

공감과 관련된 행동에 관한 많은 관찰은 인간 이외 영장류들에 관한 연구로부터 나온다. 이 연구로부터 나온 증거의 상당수는 일화적이다(예컨대 de Waal, 1989, 1996, 1997c ; Goodall, 1986 ; Ladygina-Kohts, 1935/2002 ; O'Connell, 1995 ; Yerkes, 1925). 그 밖의 다른 연구결과들은 충돌 후 혹은 "화해"를 포함한 보다 체계적인 연구로부터 나온다. 이 연구는 앞절들에서 논의되었다. 그러나 이 분야에서 하나의 특별한 초점 영역, 곧 제3자

상호작용은 이 절에서 검토할 만한 가치가 있다. 이 관찰 연구에서 이전의 적대자들과의 충돌 후 상호작용은 충돌을 일으키기 전의 똑같은 개체들의 사회적 행동에 관한 대응된 통제(matched-control)와 비교된다(de Waal & Yoshihara, 1983 ; Veerema, Das & Aureli, 1994). 이러한 방법은 관찰자들로 하여금 이전의 적대자들이 우연에 의한 것보다는 더 높은 비율로 충돌 후 평화스런 화해에 함께 곧바로 참여하는 경향이 있는지의 여부를 결정하도록 해준다. 이러한 통제된 관찰방법은 또한 관찰자들로 하여금 다른 집단 구성원들이 돌보기, 단순한 신체적 접촉이나 그 밖의 다른 우호적인 행동을 통해 고통스러운 충돌 참여자들에게 충돌 후 위로를 제공하는 경향이 있는지의 여부를 결정하도록 해준다. 이전의 충돌 참여자들과 제3자들 사이의 충돌 후 우호적인 접촉, 곧 후자인 제3자들에 의해 착수된 접촉은 영장류 연구 문헌에서 **위로**(consolation)로서 언급된다.

위로는 감금된 침팬지를 대상으로 최초로 기술되었다(de Waal & van Roosmalen, 1979). 이 최초의 연구 발견 이후로 위로는 야생 침팬지와 또한 인간 이외의 다양한 영장류 종을 대상으로 연구되어 왔다(Arnold & Whiten, 2001). 그러나 이들 연구의 상당수는 그의 체계적인 발생을 발견하는 데 실패했다(예컨대 짧은꼬리 원숭이에서 ; de Waal & Aureli, 1996). 주목할 만한 예외는 기니 개코 원숭이(*Papio papio* ; Petit & Thierry, 1994), 마운틴 고릴라(*Gorilla gorillabeingei* ; Watts, 1995), 안경 원숭이(*Trachipithecus obscurus* ; Arnold & Barton, 2001), 그리고 검은머리꼬리감기 원숭이(*Cebus apella* ; Verbeek & de Waal, 1997)에 관한 연구들이다. 그러나 이들 연구에서 공격을 받은 동물들은 다른 집단 구성원들에 의해 제공되는 것보다는 방관자들인 제3자들로부터의 위로를 간청했다. 이는 침팬지들에게서 최초로 관찰되었다(de Waal & van Roosmalen, 1979). 충돌 후 위로는 원숭이들과 유인원들 간의 공감과 관련된 행동에서의 유사점과 차이점을 탐구해야 할 귀중한 영역으로 남아 있다(de Waal & van Aureli, 1996 ; Watts, Colmanares & Arnold, 2000). 아마도 충돌에 대한 개체별 차이와 생리적 반응에 관한 보다 체계적인 강조(Aureli & Smucny, 2000)는 원숭이들과 유인원들 사이에서의 위로가 우리 자신의 종에서 희생자들에 대한 도덕적 관심의 행동적인 전조로서 평가될 수 있는지에 관심을 기울이는 데 도움을 줄 수 있다.

요약 제안 둘

스미스(Adam Smith, 1759/1976), 흄(David Hume, 1739/1969), 그리고 보다 최근에 이르러 피아제(Jean Piaget, 1932/1965)는 동정을 도덕성의 토대로 간주했다(모두 Haidt, 2003b에 인용되어 있음). 다윈(Charles Darwin, 1871/1981)은 이런 관점을 공유했다. 다윈은 현재 우리의 목적으로 볼 때 중요한 통찰을 추가적으로 제안했는데, 그것은 동정이 우리의 도덕성을 유지하는 특수한 정서 가운데 가장 그럴 듯한 선봉으로 진화했다(아마도 타인들에 관한 기본적인 감각으로부터)는 것이다. 이 장에서 검토된 증거는 인간 이외 영장류들이 우리와 공유하고 있는 기본적인 사회성 형식과 연결된 특수한 정서를 보여준다는 명제에 대해 상당한 신뢰를 제공한다. 특히 유인원뿐만 아니라 원숭이들 간의 갈등 상호작용에서 공감과 같은 반응의 증거가 존재한다. 그러나 인간 이외 영장류 사회성에서 공감 및 동정과 같은 반응의 형식과 기능을 보다 더 잘 이해하기 위해서는 이 영역에 대한 보다 체계적인 연구가 필요하다.

트리버즈(Trivers, 1971)는 진화가 개체들로 하여금 상호적 이타주의에 개입하도록 원인을 제공하는 인접기제(proximate mechanism)로서 특수한 정서를 형성했다고 제안했다. 예를 들면 그는 분노가 개체들로 하여금 사기꾼을 처벌하도록 동기를 제공하는 것과 똑같이 은혜가 개체들로 하여금 그 은인에게 보상하도록 고무한다고 제안했다(Trivers, 1971). 30년이 지난 지금 그의 개념은 도덕성에 대한 심리학적 접근들의 중요한 요소가 되고 있다. 최근의 『심리학 소식지』(*Psychological Bulletin*) 기사에서 저자들은 은혜가 사실 중요한 도덕적 정서이며, 이는 도덕적 행동에 대한 반응 또는 도덕적 행동의 동기요인으로서 기능을 발휘한다고 주장하고 있다(McCullough, Emmons, Kilpatricks & Larson, 2001). 죄의식을 포함한 그 밖의 다른 정서는 도덕적 과정의 윤활제로서 강조되어 왔다. 그의 유도인자와 행위 경향성을 기반으로 죄의식은 공동관계와 애착체계로부터 성장하는 것으로 제안되어 왔다(Baumeister, Stillwell & Heatherton, 1994). 죄의식은 사람들로 하여금 그들의 상대자를 잘 대우하도록 동기를 제공한다(Baumeister 외, 1994). 루이스(Lewis, 1993)는 죄의식 상황에서 우리의 행위를 나쁜 것으로 평가하기는 하지만 전체 자아를 그렇게 평가하는 것은 아니라고 덧붙인다. 비슷한 맥락에서 헤이트(Haidt, 2003b)는 죄의식이 사람들로 하여금 자신의 품격을 떨어뜨리는 방식으로서가 아니라, 그의 관계를 회복하거나 증진시키는 방식으로서 사죄하고 고백하도록 동기를 부여한다고 말한다.

정서가 인간 이외 영장류 사이에서도 마찬가지로 공동관계 및 평등대응 관계를 추동하는가? 우리는 인간 이외 영장류에게서 도덕적 정서와 유사한 어떤 것을 탐지할 수 있는가? 만약 우리가 적절한 방법을 사용한다면 그렇게 할 수 있을 것이라는 몇 가지 중요한 지표가 존재한다. 예컨대 아우렐리(Aureli), 다스(Das), 비네마(Veenema)는 연구에서(1997 ; Aureli and Smucny, 2000에서 검토됨) 자기 괴롭히기와 같은 행동 지표를 긴꼬리 원숭이들 사이에서의 사회적 충돌에 뒤이은 스트레스 수준을 측정하기 위해 사용했다. 그들은 공격자와 희생자 모두에게서 스트레스 수준이 상승한다는 것을 발견했다. 그 상승은 특히 가치 있는 상대, 곧 피지배자들이 흔히 같이 연합하고 협력하는 존재와 충돌을 한 이후에 더 높았다. 그러므로 저자들은 관찰된 불안이 관계의 상태와 가장 관련이 있는 것으로 결론을 내리고 있다(Aureli & Schaffner, 2002 참조). 인간 이외 영장류의 친구 간에 충돌 후 불안으로서 여겨지는 것은 우리 자신의 종에서 갈등 후 죄의식의 전조일 수 있다. 비슷한 방법이 인간 이외 영장류 사회성의 그 밖의 다른 영역에서 정서를 조사연구하고 묘사하는 데 사용될 수 있으며, 공감 및 관련된 과정이 어떻게 맥락 특수적인 사회적 정서에 대한 토대를 제공하는지를 확인하는 데 도움이 될 수 있다. 그러한 연구들은 영장류의 사회적 정서가 어느 정도 우리 자신의 종에 있는 도덕적 정서의 선구자로서 간주될 수 있는지에 관한 우리의 이해를 증진시키는 데 도움이 될 수 있다.

후기 : 만인의 여정

삶에 대한 개방성은 타인들의 삶의 상황에 대한 순간적인 빠른 통찰을 가능하게 해준다. 무엇이 필요한가? ―그의 정서적 불쾌가 확실히 지적 형식에서 이해되고 그런 다음 그에 상응하게 행동하기 전까지 당신의 문제와 씨름하는데(Hammarskjöld, 1983, p. 8).

이 책의 논문들이 입증하듯이 도덕성이 어떻게 아동기와 청소년기 동안에 발달하는지에 관한 우리의 이해를 꾸준히 높여오고 있다. 이와는 대조적으로 우리는 인간 조상의 사회적 행동을 형성해 왔을 환경적 압력에 대해서는 그렇게 많이 알지 못한다. 우리는 자연선택이 진화 역사에서 선호한 사회적 행동의 내용과 방식에 관하여 추론하는 이론적 모델의 틀에 주로 갇혀 있다. 그러나 도덕성의 생물학적 토대에 관한 우리의 경험적 이해를 증진시키는 것과 관련하는 한 우리는 길이 있다. 우리의 도덕성의 생물학적 뿌리를 보다 자세히 비교 묘사하기 위한 대강의 스케치는 이미 이루어졌으며, 유효하게 이용되고 있다. 현존하는 인간 이외 영장류들의 행동에 대한 비교 모습은 우리가 사회적 행동의 기본적인 양식을 유인원 및 원숭이와 공유한다는 것을 보여준다. 사회성에 관한 4가지 기본적인 공유된 양식에서 타인지향적 · 이타적인 행동의 진화는 적어도 부분적으로는 포괄적 적합성(예컨대 친족 간의 공동 공유), 상호 이타주의(예컨대 직접적 · 간접적 상호성을 통한 평등대응), 애착 이론(친족이 아닌 개체 간의 공동 공유)을 포함하고 있는 이론적 모델들에 의해 설명될 수 있다. 우리가 다른 영장류들과 공유하는, 인간으로서 옳거나 혹은 그른 것으로 인식했을 것과 연관되는 사회적 양식의 그 밖의 다른 형태들, 예컨대 권위서열은 아직까지 "평이한" 궁극적인 설명에 도전하고 있다. 예를 들면 사회적 지배는 종속적 개체들에 대해서 뿐만 아니라(예컨대 집단 간 충돌이 엄청난 상해를 입히는 싸움으로 번지는 것에 대한 "저지", 사회적 유대 맺기) 지배위치에 있는 개체들에게도(예컨대 자원에 대한 특권적인 접근, 사회적 유대 맺기) 이득을 제공할 수 있다. 우리는 또한 권위서열이 지배자와 피지배자 모두에게 지위서열을 정하는 것과 관련된 만성적 스트레스 때문에 해로울 수 있다는 것을 알고 있다. 이에 가장 가까운 조사보고들은 사회적 숙련이 아마도 지배 영장류들에게서 스트레스를 상쇄시킬 것이며(Sapolsky, 1990, 1993), 사회적 지원이 종속적 위치에 있는 원숭이들과 유인원들에게서 스트레스를 상쇄시키는 데 도움을 줄 수 있다는(Abott 외, 2002) 것과 같은 상황을 명료화하는 데 도움을 주었다. 이러한 일반적 구조 내에서 그 이상의 비교 연구는 오늘날 도덕성을 형성하는 기대, 규범, 그리고 표준이 부분적으로는 영장류 사회성의 심층구조를 구성하는 진화규범들로부터 도출되는 정도를 보다 명확하게 확인하는 데 도움을 줄 수 있다.

비교 연구는 확실히 우리가 다른 상대들의 정서적 상태를 대응시킴으로써 이기심을 초월하는 능력을 그 밖의 다른 사회적 동물들과 공유하고 있다는 것을 보여준다. 비교 연구는 또한 정서적 공명에 입각하여 행동하고자 하는 의향, 곧 우리가 **공감**(empathy)으로 언급해 온 정서-행위양식이 또한 그 밖의 다른 사회적 동물, 특히 인간 이외 영장류에게 존재한다는 것을 강력하게 제시한다. 포유동물에게서 공감은 애착체계로부터 가장 잘 성장하는 것 같다. 그 체계는 긴밀한 우호를 나누는 친족이 아닌 개체들을 향해서(Batson & Shaw, 1991) 뿐만 아니라 친족을 향한 이타주의의 매개자로서(Hoffman, 1982) 명백한 이득을 지니고 있다.

동정은 현재 발달 문헌에서 상대의 곤경에 대한 비통의 감정이 그들의 고통을 경감시키고자 하는 데 목표를 둔 시도와 결합한 것으로 규정되고 있는데, 인간 이외 영장류나 그 밖의 다른 사회적 포유동물에게서 어느 정도로 발견되는가는 아직 연구의 대상으로 남아 있다. 대안적으로 진화적 관점에서 보면 공감과 동정 사이의 오늘날의 구분은 결국 단지 의미론의 문제일 뿐이라는 것이 분명해질 것이다. 공감의 동물적 형식에 관한 유용한 비교 증거(예컨대 몇몇 원숭이와 유인원의 충돌 후 화해)는 소위 말하는 **동정**(sympathy)의 진화에 관한 다윈(Darwin)의 개념에 대해 이미 지지를 보내는지도 모른다. 대안적으로 동정은 상대들의 정신적 상태를 추론하는 능력의 등장과 협력하여 공감과 관련된 반응으로부터 발달해 온 것으로 간주될 수 있다.

넓은 그물 던지기 : 비교 접근 확장하기

도덕성에 대한 효과적인 비교 접근은 다양한 학문에 걸친 개념들과 방법들의 상호 교류(cross-fertilization)에 달려 있다. 이는 어느 정도 이미 일어나고 있다(Cords & Killen, 1998). 예를 들면 비교 연구자들은 어린 아동들에게서 똑같은 것을 연구하고자 하는 목적으로 인간 이외 영장류를 대상으로 충돌과 그 이후를 연구하기 위해 개발되어 온 통제된 관찰 방법을 채택해 왔다. 이러한 방법을 활용함으로써 서로 다른 문화적 배경을 가진 유치원 아동들과 1학년 아동들이 어른들의 개입 없이도 동료 갈등을 평화로운 방식에서 자발적으로 해결하는 것으로 관찰되었다(Butovskaya, Verbeek, Ljungberg & Lunardini, 2000 ; Verbeek & de Waal, 2001). 그들은 적어도 부분적으로는 갈등 후 우호적인 화해를 통해 그렇게 한다. 이러한 충돌 후 사건의 형식과 타이밍은 원숭이들과 유인원들 간의 충돌 후 평화스런 접촉의 그것과 매우 유사하다(Silk, 2002b). 서구 유치원 아동들 사이에서 가장 강력한 화해의 예보자는 그것이 갈등 종료 이후 즉시적이든 아니면 갈등 후 접촉을 통해 다소 늦어지든 갈등 이전 상호작용이다(Laursen & Hartup, 1989 ; Verbeek & de Waal, 2001). 인간 이외 영장류에게서 발견되어 왔던 것과 유사하게 이것은 갈등 이전 수준으로 공동관계를 복원하는 것이 어린 아동들에게 중요하다는 것을 시사한다.

비교관점으로 인해 부분적으로 영감을 받은 발달 연구는 동료들에 대한 공감적 반응이 어린 아동들에게서 협동적 행동의 중요한 매개자임을 보여준다(Barnett, 1987 ; Batson & Oleson, 1991 ; Eisenberg & Fabes, 1991 ; Fabes, Eisenberg, Eisenbud, 1993 ; Fabes 외, 1994 ; Hoffman, 1982 ; Roberts & Strayer, 2003 ; Zahn-Waxler & Smith, 1992 ; Zahn-Waxler, Radke-Yarrow, Wagner & Chapman, 1992). 도덕적 이해는 공감적·융화적 경향성으로부터 성장하는 것으로 보인다(Dunn & Slomkowski, 1992 ; Killen & Nucci, 1995 ; Killen, Ardila-Rey, Barrakkatz & Wang, 2000).

도덕성에 대한 포괄적 비교 접근은 또한 문화 비교 내에서 그리고 문화 비교 간에 체계적 집단뿐만 아니라 특수한 집단에 대한 보다 면밀한 검토로부터 유용한 정보를 얻을 수 있다. 예를 들면 학대받는 아동들은 공감, 도덕적 정서, 도덕적 이해 간의 중요한 연계를 발달시킬 초기 기회를 박탈당할 수 있다. 초기의 자연주의적인 관찰 연구는 그들의 부모로부터 신체적으로 학대받는 어린 아동들은 학대받지 않은 동료들이 흔히 보여주는 공감적 관심이나 편안한 행동과 달리 고통받는 동료를 목격할 때 그 반응으로 두려움이나 화를 보이는 경향이 있다고 진술한다(George & Main, 1979 ; Main & George, 1985). 청소년에게서 행동 장애와 정서적 도덕성 간의 가능한 연계를 최초로 시사하는 증거 또한 있다(Cimbora & McIntosh, 2003 ; Cohen & Strayer, 1996도 볼 것).

공감이 부모와 교사들에 의해 성장되는 방식은 문화에 따라 매우 다를 수 있다. 예를 들면 미국 부모들과 비교해 볼 때 일본 부모들은 일반적으로 사회화에서 **공감**(*omoiyari*)을 더 강조하는 경향이 있다(Azuma, 1986, 1994). 일본의 부모와 교사들에게 있어서 공감은 아동이 성인의 모범과 소망을 **수용하는**(*sunao*) 중요한 수단이다(Lebra, 1994 ; Lewis, 1988, 1995). 곧 이상적인 일본 아동은 갈등을 회피하고, 미묘한 행동적 단서들에 주의를 기울이며 마음을 "읽는" 등 능숙하게 성장한다(Rothbaum, Pott, Azuma, Miyake & Weisz, 2000). 부모와 교사들에 의한 평가뿐만 아니라 자연스러운 관찰로 획득된 연구결과들은 일본 유치원 아동들이 미국 동료들에 비해 덜 단언적이며, 덜 분노하고 덜 공격적이라고 진술한다(Kobayashi-Winata & Power, 1989 ; Zahn-Waxler, Friedman, Cole, Mizute & Hiruma, 1996). 후속적 도덕발달에 관한 이러한 초기의 발달적 경험의 가능한 효과는 앞으로 더 많은 체계적인 비교 연구를 요구한다.[11)]

도덕성에 관한 미래의 비교 연구에 초점을 두고자 할 때 핵심적인 이슈는 공감 및 동정과 도덕적 정서 간의 근사 연계이다. 인간 이외 영장류들에 관한 연구를 포함하여 비교 연구는 우리로 하여금 타인들의 정서적 상태를 대응시키며, 인식하는 능력이 행동뿐만 아니라 도덕판단을 산출하는 데 있어서 도덕적 정서 과정과 어떻게 한데 어우러지는가를 보다 더 잘 이해하도록 도움을 주어야 한다.

우리는 동물이란 단순한 자동작동 인형에 불과하다는 데카르트(Descartes)의 단언으로부터 중간 인터페이스와 연결된 원숭이들이 그들의 사고로 로봇 팔을 통제하는 것을 학습할 수 있다는 것을 보여주는 연구에 이르기까지 장구한 여정을 거쳐오고 있다(Carmena 외, 2003). 여러 가지 기준에 비추어 보았을 때 인간 이외 영장류들은 복잡한 행위자들이며, 그리고 그들의 사회성에 관한 학습은 도덕성을 위한 무대가 자연

선택에 의해 어떻게 꾸며지게 되었는지 이해하는 데 도움을 주고 있다. 도덕성을 위한 무대가 자연에 의해 꾸며지게 되었는지 모르지만, 우리는 인간의 도덕성이 역할을 발휘하는 무대장면을 기술한다. 「만인」(*Everyman*)이란 극에서 주인공은 궁극적으로는 중요한 도덕적 교훈을 학습하는 결과를 낳는 여정을 시작한다. 인류를 위해 우리는 그 여정이 부디 이제 막 인간 영장류를 향해 시작했기를 바랄 뿐이다.

참고문헌

Abott, H. H., Keverne, E. B., Bercovitch, F. B., Shively, C. A., Mendoza, S. P., Saltzman, W., Snowdon, C. T., Ziegler, T. E., Banjecvic, M., Garland, T., Jr., & Sapolsky, R.(2002). Are subordinates always stressed? A comparative analysis of rank differences in cortisol levels among primates. *Hormones and Behavior, 43*(1), 67–82.

Alexander, R. D.(1987). *The biology of moral systems*. New York : Aldine de Gruyter.

Arnold, K., & Barton, R. A.(2001). Post–conflict behaviour of spectaccled leaf monkeys(Trachipithecus obscurus). II Contact with third parties. *International Journal of Primatology, 22*, 243–266.

Arnold, K., & Whiten, A.(2001). Post–conflict behaviour of wild chimpanzees(*Pan troglodytes schweinfurthii*) in the Budongo forest, Uganda. *Behaviour, 138*, 649–690.

Aureli, F.(1992). Post–conflict behaviour among wild long–tailed macaques(*Macaca fascicularis*). *Behavioral Ecology and Sociobiology, 31*, 329–337.

Aureli, F.(1997). Post–conflict anxiety in nonhuman primates : The mediating role of emotion in conflict resolution. *Aggressive Behavior, 23*, 315–328.

Aureli, F., Cords, M., & van Schaik, C. P.(2002). Conflict resolution following aggression in gregarious animals : A predictive framework. *Animal Behaviour, 64*, 325–343.

Aureli, F., Cozzolino, R., Cordischi, C., & Scucchi, S.(1992). Kin–directed redirection among Japanese macaques : An expression of a revenge system? *Animal Behaviour, 44*, 283–291.

Aureli, F., Das, M., & Veenema, H.(1997). Differential kinship effect on reconciliation in three species of macaques(*Macaca fascicularis, M. fuscata, and M. sylvanus*). *Journal of Comparative Psychology, 111*, 91–99.

Aureli, F., Preston, S. D., & de Waal, F. B. M.(1999). Hear rate responses to social interactions in free-moving rhesus macaques (Macaca mulatta) : A pilot study. *Journal of Comparative Psychology, 113*, 59-65.

Aureli, F., & Schaffner, C. M. (2002). Relationship assessment through emotional mediation. *Behaviour, 139*, 393-420.

Aureli, F., & Smucny, D. (2000). The role of emotion in conflict and conflict resolution. In F. Aureli & F. B. M. de Waal (Eds.), *Natural conflict resolution*. Berkeley, CA : University of California Press.

Aureli, F., & van Schaik, C. P. (1991). Post conflict behaviour in long-tailed macaques (Macaca fascicularis). *American Journal of Primatology, 19*, 39-51.

Aureli, F., van Schaik, C. P., & van Hooff, J. A. R. A. M. (1989). Functional aspects of reconciliation among captive long-railed macaques (*Macaca fascicularis*). *American Journal of Primatology, 19*, 39-51.

Aureli, F., Veenema, H. C,. van Panthaleon van Eck, C. J., & van Hooff, J. A. R. A. M. (1993). Reconciliaton, consolation, and redirection in Japanese macaques (*Macaca fuscata*). *Behaviour, 124*, 1-21.

Aureli, F., & Whiten, A. (2003). Emotions and behavioral flexibility. In D. Maestripieri (Ed.), *Primate psychology* (pp. 289-323). Cambridge, MA : Harvard University Press.

Axelrod, R., & Hamilton, W. D. (1981). The evolution of cooperation, *Science, 211*, 1390-1396.

Azuma, H. (1986). Why study child development in Japan? In H. Stevenson, H. Azuma, & K. Hakuta (Eds.), *Child development and education in Japan* (pp. 3-12). New York : Freeman.

Azuma, H. (1994). Two modes of cognitive socialization in Japan and the United States. In P. Greenfield & R. Cocking (Eds.), *Cross-cultural roots of minority child development* (pp. 275-284). Hillsdale, NJ : Lawrence Erlbaum Associates.

Barge, J. A. (1994). The four horsemen of automaticity : Awareness, intention, and control in social cognition. In R. S. Wyer, Jr. & T. K. Srull (Eds.), *Handbook of social cognition* (Vol. I, pp. 1-40). Hillsdale, NJ : Lawrence Erlbaum Associates.

Barnett, M. A. (1987). Empathy and related responses in children. In N. Eisenberg & J. Strayer (Eds.), *Empathy and its development* (pp. 146-162). Cambridge, UK : Cambridge University Press.

Barnett, L., Gaynor, D. , Henzi, P. (2002). A dynamic interaction between aggression and grooming reciprocity among female chacma baboons. *Animal Behaviour, 663*, 1047-1053.

Barnett, L., & Henzi, S. P. (2001). The utility of grooming in baboon groups. In R. Noë, J. A. R. A. M. van Hooff, & P. Hammerstein (Eds.), *Economics in nature* (pp. 119–145). Cambridge, UK : Cambridge University Press.

Batson, C. D., & Oleson, K. C.(1991). Current status of the empathy–altruism hypothesis. In M. Clark(Ed.), *Review of personality and social psychology : Prosocial behavior*(pp. 62–85). Newbury Park, CA : Sage.

Batson, C. D., & Shaw, L. L.(1991). Evidence for altruism : Toward a pluralism of prosocial motives. *Psychological Inquiry, 2*, 107–122.

Baumeister, R. F., & Leary, M. R.(1995). The need to belong : desire for interpersonal attachments as a fundamental human motivation. *Psychological Bulletin, 117*(3), 497–529.

Baumeister, R. F., Stillwell, A. M., & Heatherton, T. F.(1994). Guilt : An interpersonal approach. *Psychological Bulletin, 115*, 243–2667.

Bernstein, I. S.(1980). Dominance : A theoretical perspective for ethologists. In D. R. Omark, F. F. Strayer, & D. G. Freedman (Eds.), *Dominance relations : An ethological view of human conflict and social interaction*. New York : Garland.

Bernstein, I. S.(1991). The correlation between kinship and behavior in non–human primates. In P. G. Hepper (Ed.), *Kin recognition*(pp. 6–29). Cambridge, UK : Cambridge University Press.

Blair, R. J. R.(1995). A cognitive developmental approach to morality : investigating the psychopath. *Cognition, 57*(1), 1–29.

Boesch, C., & Boesch, H.(1989). Hunting behavior of wild chimpanzees in the Taï National Park. *American Journal of Physical Anthropology, 78*, 547–573.

Boesch, C., & Boesch–Acherman, H.(2000). *The chimpanzees of the Taï forest : Behavioral ecology and evolution*. Oxford : Oxford University Press.

Boinski, S.(1994). Affiliation patterns among male Costa Rican squirrel monkeys. *Behaviour, 130*, 191–209.

Bovet, D., & Washburn, D. A.(2003). Rhesus macaques(Macaca mulatta)categorize unknown conspecifics according to their dominance relations. *Journal of Comparative Psychology, 117*(4), 400–405.

Bowlby, J.(1969). *Attachment and loss : Attachment*. New York : Basic Books.

Bowlby, J.(1973). *Attachment and loss : Separation* : Anxiety and anger. New York : Basic Books.

Boyd, R.(1992). The evolution of reciprocity when conditions vary. In A. H. Harcourt & F. B. M. de Waal(Eds.), *Coalitions and alliances in humans and other animals*(pp. 473–489). Oxford : Oxford University Press.

Brosnan, S. F., & de Waal, F. B. M.(2002). A proximate perspective on reciprocal altruism. *Human Nature, 13*, 129–152.

Brosnan, S. F., & de Waal, F. B. M.(2003). Monkeys reject unequal pay. *Nature,*

425, 297–299.

Bukowski, W. M., & Sippola, L. K.(1996). Friendship and morality :(How) are they related? In W. M. Bukowski, A. F. Newcomb, & W. W. Hartup(Eds.), The company they keep. *Friendship in childhood and adolescence*(pp. 238–261). Cambridge, UK : Cambridge University Press.

Butovskaya, M., & Kozintsev, A. G.(1999). Aggression, friendship, and reconciliation in primary school children. *Aggressive Behavior, 25*, 125–139.

Butovskaya, M. L, Verbeek, P., Ljungberg, T., & Lunardini, A.(2000). A multicultural view of peacemaking among young children. In F. Aureli & F. B. M. de Waal(Eds.), *Natural conflict resolution*(pp. 243–260). Berkeley : University of California Press.

Cabanac, M.(2002). What is emotion? *Behavioural Processes, 60*, 69–83.

Carmena, J. M., Lebedev, M. A., Crist, R. E., O'Doherty, J. E., Santucci, D. M., Dimitrov, D. F., Patil, P. G., Henriquez, C. S., & Nicolelis, M. A. L.(2003). Learning to control a brain–machine interface for reaching and grasping by primate. *PloS Biology, 1*(2), 1–16.

Caryl, P. G.(1979). Communication by agonistic displays : What can game theory contribute to ethology? *Behaviour, 68*, 136–169.

Castles, D. L., & Whiten, A.(1998). Post–conflict behaviour of wild olive baboons. Ⅱ. Stress and self–directed behaviour. *Ethology, 104*, 148–160.

Chapais, B.(1983). Dominance, relatedness, and the structure of female relationships in rhesus monkeys. In R. A. Hinde(Ed.), *Primate social relationship : An integrated approach*(pp. 209–219). Sunderland, MA : Sinauer Associates.

Chapais, B.(1992). The role of alliances in social inheritance of rank among female primates. In A. H. Harcourt & F. B. M. de Waal(Eds.), *Coalitions and alliances in humans and other animals*(pp. 29–59). Oxford : Oxford Science Publications.

Chance, M. R. A.(1984). Biological systems synthesis of mentality and the nature of the two modes of mental operation : Hedonic and agonic. *Man–Environment Systems, 14*, 143–157.

Charlesworth, W. R.(1996). Co–operation and competition : Contributions to an evolutionary and developmental model. *International Journal of Behavioral Development, 19*, 25–39.

Cheney, D. L.(1983). Extrafamilial alliances among vervet monkeys. In R. A. Hinde (Ed.), *Primate social relationships : An integrated approach*(pp. 278–286). Sunderland, MA : Sinauer Associates.

Church, R. M.(1959). Emotional reactions of rats to the pain of others. *Journal of Comparative & Physiological Psychology, 52*, 132–134.

Cimbora, D. M., & McIntosh, D. N.(2003). Emotional responses to antisocial acts in adolescent males with conduct disorder : A link to affective morality. *Journal of Clinical Child and Adolescent Psychology, 23*(2), 296–301.

Clutton–Brock, T. H., & Parker, G. A.(1995). Punishment in animal societies. *Nature, 373,* 209–216.

Cohen, D., & Strayer, J.(1996). Empathy in conduct disordered and comparison youth. *Developmental Psychology, 32,* 988–998.

Colvin, J.(1983). Description of sibling and peer relationships among immature male rhesus monkeys. In *Primate social relationships : An integrated approach*(pp. 20–27). Oxford : Blackwell Scientific.

Constable, J. L., Ashley, M. V., Goodall, J., & Pusey, A. E.(2001). Noninvasive paternity assignment in Gombe chimpanzees. *Molecular Ecology, 10*(5), 1279–1300.

Cords, M.(1995). Predator vigilance costs of allogrooming in wild blue monkeys. *Behaviour, 132,* 559–569.

Cords, M.(1997). Friendship, alliances, reciprocity and repair. In A. Whiten & R. W. Byrne(Eds.), *Machiavellian intelligence II*(pp. 24–49). Cambridge, UK : Cambridge University Press.

Cords, M.(2002). Friendship among adult female blue monkeys. *Behaviour, 139,* 291–314.

Cords, M., & Killen, M.(1998). Conflict resolution in human and nonhuman primates. In J. Langer & M. Killen(Eds.), *Piaget, evolution, and development*(pp. 193–218). Mahwah, NJ : Lawrence Erlbaum Associates.

Cords, M., & Thurnheer, S.(1993). Reconciliation with valuable partners by long–tailed macaques. *Ethology, 93.* 315–325.

Cosmides, L., & Tooby, J.(2000). Evolutionary psychology and the emotions. In M. Lewis & J. M. Haviland–Jones(Eds.), *Handbook of emotions*(2nd ed., pp. 91–3115). New York : Guilford Press.

Darwin, C.(1871/1981). *The descent of man.* Princeton, NJ : Princeton University Press.

Das, M., Penke, Z., & van Hooff, J. A. R. M.(1998). Postconflict affiliation and stress related behavior of long–tailed macaque aggressors. *International Journal of Primatology, 19,* 53–71.

Datta, S. B.(1983). Patterns of agonistic interference. In R. A. Hinde(Ed.), *Primate social relationships*(pp. 289–297). Oxford : Blackwell.

de Waal, F. B. M.(1977). The organization of agonistic relations within two captive groups of Java–monkeys(*Macaca fascicularis*). *Zeitschrift für Tierpsychogologie,*

44, 225–282.
de Waal, F. B. M.(1982/1998). *Chimpanzee politics : Power and sex among apes* Baltimore, MD : The Johns Hopkins University Press.
de Waal, F. B. M.(1986). The integration of dominance and social bonding in primates. *Quarterly Review of Biology, 661*, 459–479.
de Waal, F. B. M.(1989). *Peacemaking among primates*. Cambridge, MA : Harvard University Press.
de Waal, F. B. M.(1991a). Complementary methods and convergent evidence in the study of primate social cognition. *Behaviour, 118*, 297–320.
de Waal, F. B. M.(1991b). The chimpanzee's sense of social regularity and its relation to the human sense of justice. *American Behavioral Scientist, 34*, 335–349.
de Waal, F. B. M.(1991c). Rank distance as a central feature of rhesus monkey social organization : A sociometric analysis. *Animal Behaviour, 41*, 383–395.
de Waal, F. B. M.(1996). *Good natured : The origin of right and wrong in humans and other animals*. Cambridge, MA : Harvard University Press.
de Waal, F. B. M.(1997a). The chimpanzee's service economy : Food for grooming. *Evolution and Human Behavior, 18*, 375–386.
de Waal, F. B. M.(1997b). Food–transfers through mesh in brown capuchins. *Journal of Comparative Psychology, 111*, 370–380.
de Waal, F. B. M.(1997c). *Bonobo : The forgotten ape*. Berkely, CA, University of California Press.
de Waal, F. B. M.(2000a). Primates–A natural heritage of conflict resolution. *Science, 289*, 586–590.
de Waal, F. B. M.(2000b). Attitudinal reciprocity in food sharing among brown capuchin monkeys. *Animal Behaviour, 60*, 253–361.
de Waal, F. B. M.(2001). *The ape the sushi master*. New York : Basic Books.
de Waal, F. B. M., & Aureli, F.(1996). Conflict resolution and distress alleviation in monkeys and apes. In C. S. Carter, B. Kirkpatrict, & I. Lenderhendler(Eds.), *The Integrative neurobiology of affiliation*(pp. 347–328). New York : Annals of the New York Academy of Sciences.
de Waal, F. B. M., &Aureli, F.(1997). Consolation, reconciliation, and a possible cognitive difference between macaque and chimpanzee. In A. E. Russon, K. A. Bard, & S. T. Parker(Eds.), Reaching into thought : *The minds of the great apes* (pp. 80–110). Cambridge, UK : Cambridge University Press.
de Waal, F. B. M., & Berger, M. L.(2000). *Payment for labor in monkeys*. Nature, 404, 563.
de Waal, F. B. M., & Davis, J. M.(2003). Capuchin cognitive ecology : cooperation

based on projected returns. *Neuropsychologia, 41*, 221–228.

de Waal, F. B. M., & Luttrell, L. M.(1988). Mechanisms of social reciprocity in three primate species : symmetrical relationship characteristics or cognition? *Ethology and Sociobiology, 9*, 101–118.

de Waal, F. B. M., & Luttrell, L. M. & Canfield, M. E.(1993). Preliminary data on voluntary food sharing in brown capuchin monkeys. *American Journal of Primatology, 29*, 73–78.

de Waal, F. B. M., & van Roosmalen, A.(1979). Reconciliation and consolation among chimpanzees. *Behavioral Ecology and Sociobiology, 5*, 55–66.

de Waal, F. B. M., & Yoshihara, D.(1983). Reconciliation and redirected affection in rhesus monkeys. *Behaviour, 85*, 224–241.

Drews, C.(1993). The concept and definition of dominance in animal behaviour. *Behaviour, 125*, 283–313.

Dunn, J., & Slomkowski, C.(1992). Conflict and the development of social understanding. In C. U. Shantz & W. W. Hartup(Eds.), *Conflict in child and adolescent development*(pp. 70–92). Cambridge, UK : Cambridge University Press.

Eisenberg, N.(2000). Emotion, regulation, and moral development. *Annual Review of Psychology, 51*, 665–697.

Eisenberg, N., & Fabes, R. A.(1991). Prosocial behavior and empathy : A multimethod developmental perspective. In P. Clark(Ed.), *Review of personality and social psychology*(Vol. 12, pp. 34–61). Newbury Park, CA : Sage.

Fabes, R. A., Eisenberg, N., & Eisenbud, L.(1993). Behavioral and physiologica correlates of children's reactions to others in distress. *Developmental Psychology, 29*, 655–663.

Fabes, R. A., Eisenberg, N., Karbon, M., Bernzweig, J., Speer, A. L., & Carlo, G.(1994). Socialization of children's vicarious emotional responding and prosocial behavior : Relations with mothers' perceptions of children's emotional reactivity. *Developmental Psychology, 30*, 44–55.

Fehr, E., & Gachter, S.(2002). Altruistic punishment in humans. *Nature, 415*, 137–140.

Feistner, A. T. C., & McGrew, W. C.(1989). Food–sharing in primates : a critical review. In P. Seth & S. Seth(Eds.), *Perspectives in primate biology*(pp. 21–36). New Delhi : Today and Tomorrow' Press.

Fessler, D. T., & Haley, K. J.(2003). The strategy of affect : Emotions in human cooperation. In P. Hammerstein(Ed.), *Genetic and cultural evolution of cooperation*. Cambridge, MA : MIT Press.

Fiske, A. P.(1992). Four elementary forms of sociality : Framework for a unified theory of social relations. *Psychological Review, 99,* 689–723.

Flack, J, C., & de Waal, F. B. M.(2000). Any animal whatever. Darwinian building blocks of morality in monkeys and apes. *Journal of Consciousness Studies,* 7(1–2), 1–29.

Forgas, J. P.(1995). Mood and judgment : The affect infusion model. *Psychological Bulletin, 117,* 39–66.

Fox, M. W.(1975). Evolution of social behavior in canids. In M. W. Fox(Ed.), *The wild canids. Their Systematics, behavioral ecology and evolution.* New York : Van Nostrand.

Francis, R. C.(1988). On the relationship between aggression and social dominance. *Ethology, 78,* 223–237.

Frank, R. H.(1988). Passions with reason : *The strategic role of the emotions.* New York : Norton.

Frank, R. H.(1990). A theory of moral sentiments. In J. J. Mansbridge(Ed.), *Beyond self–interst*(pp. 71–96). Chicago : The University of Chicago Press.

Freud, S.(1918). *Totem and taboo.* Trans. A. A. Brill. New York : Moffat, Yard & Co.

Gagneux. P., Boesch, C., & Woodruff, D.(1999). Female reproductive strategies, paternity, and community structure in wild West African chimpanzees. *Animal Behaviour, 57,* 19–35.

George, C., & Main, M.(1979). Social interactions of young abused children : Approach, avoidance, and aggression. *Child Development, 50,* 306–318.

Goldberg. T., & Wrangham, R. W.(1997). Genetic correlates of social behaviour in wild chimpanzees : Evidence from mitochondrial DNA. *Animal Behaviour, 54,* 559–570.

Goodall, J.(1986). *The chimpanzees of Gombe : Patterns of behavior.* Cambridge, MA : Harvard University Press.

Gouzoules, S., & Gouzoules, H.(1987). Kinship. In B. B. Smuts, D. L. Cheney, R. M. Seyfarth, R. W. Wrangham, & T. T. Struhsaker(Eds.), *Primate societies* (pp. 299–305). Chicago : University of Chicago Press.

Gouzoules, S., & Gouzoules, H., & Marler, P.(1984). Rhesus monkey(Macaca mulatta) screams : Representational signaling in the recruitment of agonistic aid. *Animal Behaviour, 32,* 182–193.

Goyman, W., & Wingfield, J. C.(2004). Allostatic load, social status and stress hormones : the costs of social status matter. *Animal Behaviour, 67,* 591–602.

Greener, S. H., & Crick, N. R.(1999). Normative beliefs about prosocial behavior in middle childhood : What does it mean to be nice? *Social Development, 8,* 349–

363.

Greenwald, A. G., & Banaji, M. R.(1995). Implicit social cognition : Attitudes, self esteem, and stereotypes. *Psychological Review, 102*, 4–27.

Gros–Louis, J., Perry, S., & Manson, J. H.(2003). Violent coalitionary attacks an intraspecific killing in wild white–faced capuchin monkeys (*Cebus capucinus*). *Primates, 44*(4), 341–346.

Haidt, J.(2001). The emotional dog and its rational tail : A social intuitionist approach to moral judgment. *Psychological Review, 108*, 814–834.

Haidt, J.(2003a). The emotional dog does learn new tricks : A reply to Pizarro and Bloom *Psychological Review, 110*(1), 197–198.

Haidt, J.(2003b). The moral emotions. In R. J. Davidson, K. R. Scherer, & H. H. Goldsmith (Eds.), *Handbook of affective sciences* (pp. 852–870). Oxford : Oxford University Press.

Hamilton, W. D.(1963). The evolution of altruistic behavior. *American Naturalist, 96*, 354–356.

Hamilton, W. D.(1964). The genetical evolution of social behaviour, II. *Journal of Theoretical Biology, 7*, 17–52.

Hamilton, W. D.(1971). Selection of selfish and altruistic behavior. In J. F. Eisenberg & W. S. Dillon (Eds.), *Man and beast : Comparative social behavior* (pp. 59–91). Washington, DC : Smithsonian Institution Press.

Hammarskjold, D.(1983). *Markings*. New York : Ballantine Books.

Harlow, H. F., & Harlow, M. K.(1965). The affectional systems. In A. M. Schier, H. F. Harlow, & F. Stollnitz (Eds.), *Behavior of nonhuman primates* (Vol.2). London : Academic Press.

Hartup, W. W.(1996). The company they keep : Friendships and their developmental significance. *Child Development, 67*, 1–13.

Hartup, W. W., &Stevens, N.(1997). Friendships and adaptation in the life course. *Psychological Bulletin, 121*, 355–370.

Haslam, N.(1997). Four grammars for primate social relations. In J. A. Simpson & D. T. Kenrick (Eds.), *Evolutionary social psychology* (pp. 297–316). Mahwah, NJ : Lawrence Erlbaum Associates.

Hatfield, E., Cacioppo, J. T., & Rapson, R. L.(1994). *Emotional contagion*. Cambridge, UK : Cambridge University Press.

Heekeren, H. R., Wartenburger, I., Schmidt, H., Schwintowski, H P., & Villringer, A.(2003). An fMRI study of simple ethical decision–making *NeuroReport, 14*(9), 1215–1219.

Helwig, C. C., & Turiel, E.(2002). Children's social and moral reasoning. In C. Hart

& P. Smith (Eds.), *Handbook of childhood social development* (pp. 475–490). Malden, MA : Blackwell.

Hemelrijk, C. K. (1994). Support for being groomed in long-tailed macaques, *Macaca fascicularis, Animal Behaviour, 48*, 479–481.

Henrich, J., & Gil-White, F. J. (2001). The evolution of prestige. Freely conferred deference as a mechanism for enhancing the benefits of cultural transmission. *Evolution and Human Behavior, 22*, 165–196.

Henzi, S. P., & Barrett, L. (1999). The value of grooming to female primates. *Primates, 40*, 47–59.

Hinde, R. A. (2002). *Why good is good. The sources of morality*. London : Routledge.

Hoffman, M. L. (1982). Development of prosocial motivation : Empathy and guilt. In N. Eisenberg (ed.), *The development of prosocial behavior*. New York : Academic Press.

Hume, D. (1739/1969). *A treatise of human nature*. London : Penguin.

Imanishi, K. (1960). Social organization of subhuman primates in their natural habitat. *Current Anthropology, 1*, 393–407.

Ishida, T. (1969). Beyond the traditional concepts of peace in different cultures. *Journal of Peace Research, 6*, 133–145.

Itani, J. (1985). The evolution of primate social structures. *Man, 58*, 593–611.

Jahoda, G. (1983). European "lag" in the development of an economic concept : A study in Zimbabwe. *British Journal of Developmental Psychology, 1*, 113–120.

Kiehl, K. A., Smith, A. M., Hare, R. D., Menderk, A., Forster, B. B., Brink, J., & Liddle, P. F. (2001). Limbic abnormalities in affective processing by criminal psychopaths as revealed by functional magnetic resonance imaging. *Biological Psychiatry, 50* (9), 677–684.

Killen, M., Ardila-Rey, A., Barakkatz, M., & Wang, P-L. (2000). Preschool teachers perceptions about conflict resolution, autonomy, and the group in four countries : United States, Colombia, El Salvador, and Taiwan. *Early Education & Development, 11*, 73–92.

Killen, M., Crystal, D. S., & Watanabe, H. (2002). Japanese and American children's evaluations of peer exclusion, tolerance of differences, and prescriptions for conformity. *Child Development, 73* (6), 1788–1802.

Killen, M., & de Waal, F. B. M. (2000). The evolution and development of morality. In F. Aureli & F. B. M. de Waal (Eds.), *Natural conflict resolution* (pp. 352–372). Berkeley : University of California Press.

Killen, M., & Hart, D. (1995). *Morality in everyday life : Developmental perspectives*. Cambridge, UK : Cambridge University Press.

Killen, M., & Nucci, L. P.(1995). Morality, autonomy, and social conflict. In M. Killen D. Hart(Eds.), *Morality in everyday life : developmental perspectives*(pp. 52–86). Cambridge, UK : Cambridge University Press.

Killen, M., & Sueyoshi, L.(1995). Conflict resolution in Japanese social interactions. *Early Education and Development, 6,* 317–334.

Kobayashi–Winata, H., & Power, T. G.(1989). Child rearing and compliance : Japanese and American families in Houston. *Journal of Cross–Cultural Psychology, 20,* 333–356.

Kropotkin, P.(1902). *Mutual aid : A factor in evolution.* London : Alan Lane.

Kummer, H.(1971). *Primate societies.* Chicago : Aldine.

Kummer, H., Dasser, V., & Hoyningen–Huene, P.(1990). Exploring primate social cognition : Some critical remarks. *Behaviour, 112,* 84–98.

Kutsukake, N., & Matsusaka, T.(2002). Incident of intense aggression by chimpanzees against an infant from another group in Mahale Mountains Park, Tanzania. *American Journal of Primatology, 58*(4), 175–180.

Ladygina–Kohts, N. N.(1935/2001). I*nfant chimpanzee and human child : A classic 1935 comparative study of ape emotions and intelligence.* Ed. F. B. M. de Waal. New York : Oxford University Press.

Lane, R. D., & Nadel , L.(2000). *Cognitive neuroscience of emotion.* New York : Oxford Univerisity Press.

Laursen, B., & Hartup, W. W.(1989). The dynamics of preschool children's conflicts. *Merrill–Palmer Quarterly, 35,* 281–297.

Laursen, B., & Hartup, W. W.(2002). The origins of reciprocity and social exchange in friendships. In B. Laursen & W. G. Graziano(Eds.), *Social exchange in development.* New Directions for Child and Adolescent Development(No 95, pp, 27–40). San Francisco : Jossey–Bass.

Lazarus, R. S.(1991). *Emotion and adaptation.* New York : Oxford University Press.

Lebra, T. S.(1994). Mother and child in Japanese socialization : A Japan–US comparison. In P. Greenfield & R. Cocking(Eds.), *Cross–cultural roots of minority child development*(pp. 259–274). Hillsdale, NJ : Lawrence Erlbaum Associates.

Lévi–Straus, C.(1969). *The elementary structures of kinship, revised edition.* London : Eyre & Spottiswoode.

Lewis, C. C.(1988). Cooperation and control in Japanese nursery schools. In G. Handle(Ed.), *Childhood socialization*(pp. 125–142). New York : Aldine de Gruyter.

Lewis, C. C.(1995). *Educating hearts and minds : Reflections on Japanese preschool and elementary education*. Cambridge, UK : Cambridge University Press.

Lewis, M.(1993). Self–conscious emotions : Embarrassment, pride, shame, and guilt. In M. Lewis & J. Haviland(Eds.), *Handbook of emotions*(pp. 563–573). New York : Guilford Press.

Lieberman, D., Tobby, J., & Cosmides, L.(2002). Does morality have a biological basis? An empirical test of factors governing moral sentiments relating to incest. *Proceedings of the Royal Society of London, B. Biological Sciences, 270*(1517), 819–826.

Lorenz, K.(1963/1966). *On aggression*. New York : Harvest/Harcourt Brace Jovanovich.

Lotem, A., Fishman, M. A., & Stone, L.(2003). From reciprocity to unconditional altruism through signaling benefits. *Proceedings Royal Society London B : Biological Sciences, 270*, 199–205.

Lovelock, J.(1991). Mother earth : Myth or science? In C. Barlow(Ed.), *From Gaia to selfish genes*. Cambridge, MA : MIT Press.

Lydon, J. E., Jamieson, D. W., & Holmes, J. G.(1997). The meaning of social interactions in the transition from acquaintanceship to friendship. *Journal of Personality and Social Psychology, 73*, 536–548.

Maestripieri, D., Schino, G., Aureli, F., & Troisi, A.(1992). A modest proposal : Displacement activities as indicators of emotions in primates. *Animal Behavior, 44*, 967–979.

Main, M., & George, C.(1985). Responses of abused and disadvantaged toddlers to distress in agemates : A study in the day care setting. *Developmental Psychology, 21*, 407–412.

Manson, J. H., Rose, L. M., Perry, S., & Gros–Louis, J.(1999). Dynamics of female female relationships in wild Cebus capucinus : data from two Costa Rican sites. *International Journal of Primatology, 20*, 697–706.

Mason, W. A.(1965). Determinants of social behavior in young chimpanzees. In A. M. Schrier, H. F. Harlow & F. Stollnitz(Eds.), *Behavior of nonhuman primates* (pp. 335–364). New York : Academic Press.

Masserman, J., Wechkin, M. S., & Terris, W.(1964). Altruistic behavior in rhesus monkeys. *American Journal of Psychiatry, 121*, 584–585.

Massey, A.(1977). Agonistic aids and kinship in a group of pigtail macaques. *Behavioral Ecology and Sociobiology, 2*, 31–40.

McCullough, M. E., Emmons, R. A., Kilpatrick, S. D., & Larson, D. B.(2001). Is gratitude a moral affect? *Psychological Bulletin, 127*(2), 249–266.

Mendres, K. A., & de Waal, F. B. M(2000). Capuchinus do cooperate : The advantage of an intuitive task. *Animal Behaviour, 60*, 523–529.

Milinksi, M., Semmann, D., & Krambeck, H. J.(2002). Donors to charity gain in both indirect reciprocity and political reputation. *Proceedings Royal Society London B : Biological Sciences, 269*(1494), 881–883.

Mills, J., & Clark, M. S.(1994). Communal and exchange relationships : Controversies and research. In R. Erber & R. Gilmour(Eds.), *Theoretical frameworks for personal relationships*(pp. 29–42). Hillsdale, NJ : Lawrence Erlbaum Associates.

Mitani, J. C., Wantts, D. P., & Muller, M. N.(2002). Recent developments in the study of wild chimpanzee behavior. *Evolutionary Anthropology, 11*, 9–25.

Moll, J., de Oliveira–Souza, R., & Eslinger, P. J.(2003). Morals and the human brain : A working model. *Neuroreport, 14*(3), 299–305.

Moll, J., de Oliveira–Souza, R., Eslinger, P. J., Bramati, I. E., Mourao–Miranda, J., Andreiuolo, P. A,. & Pessoa, L.(2002). The neural correlates moral sensitivity : A functional magnetic resonance imaging investigation of basic and moral emotions. *Journal of Neuroscience, 22*(7), 2730–2736

Morgan, C. L.(1894). An introduction to comparative psychology. London : W. Scott.

Mori, A., Belay, G., & Iwamoto, T.(2003). Changes in unit structures and infanticide observed in Arsi geladas. *Primates, 44*, 217–223.

Nesse, R. M.(1990). Evolutionary explanations of emotions. *Human Nature, 1*, 261–289.

Nichols, S.(2002). Norms with feeling : Towards a psychological account of moral judgment. *Cognition, 84*(2), 221–236.

Nishida, T., Hiraiwa–Hasegawa, M., Hasegawa, T., & Takahata, Y.(1985). Group extinction and female transfer in wild chimpanzees in the Mahale Mountains National Park, Tanzania. *Zeitschrift für Tierpsychologie, 67*, 281–301.

Nishida, T., Hasegawa, T., Hayaki, H., Takahata, Y., & Uehara, S.(1992). Meat–sharing as a coalition strategy by an alpha male chimpanzee? In T. Nishida, W. C. McGrew, P. Marler, M. Pickford & F. B. M. de Waal(Eds.), *Topics in primatology, Vol. I : Human origins*(pp. 159–174). Basel : Karger.

Nishida, T., Hosaka, K,. Nakamura, M., & Hamai, M.(1995). A within–group gang attack on a young adult male chimpanzee : Ostracism of an ill–mannered member? *Primates, 36*, 207–211.

Noë, R., & Sluijter, A. A.(1995). Which adult male savanna baboons form coalitions? *International Journal of Primatology, 16*, 77–105.

Noë, R., van Schaik, C. P., & van Hooff, J. A. R. A. M.(1991). The market effect :

An explanation for pay-off asymmetries among collaborating animals. *Ethology, 87,* 97-118.
Nowak, M. A., & Sigmund, K.(1998). Evolution of indirect reciprocity be image scoring. *Nature, 393,* 573-576.
O'Connell, S. M.(1995). Empathy in chimpanzees : Evidence for theory of mind. *Primates, 36,* 397-410.
O'Connor, L. E., Berry, J. W., Weiss, J., & Gilbert, P.(2002). Guilt, fear, submission, and empathy in depression. *Journal of Affective Disorders, 71,* 19-27.
Panksepp, J.(1998). *Affective neuroscience.* New York : Oxford University Press.
Panksepp, J., Moskal, J. R., Panksepp, J. B., & Kroes R. A.(2002). Comparative approaches in evolutionary psychology : Molecular neuroscience meets the mind. *Neuroendocrinology Letters Special Issue, 23*(Suppl. 4), 105-115.
Parr, L. A. & de Waal, F. B. M.(1999). Visual kin recognition in chimpanzees. *Nature, 399,* 647-648.
Parr, L. A., Matheson, M. D., Bernstein, I. S., & de Waal, F. B. M.(1997). Grooming down the hierarchy : allogrooming in captive brown capuchin monkeys. *Animal Behaviour, 54,* 361-367.
Perry, S.(1996). Female-female social relationships in wild white-faced capuchin monkeys(Cebus capucinus). *American Journal of Primatology, 40,* 167-182.
Perry, S. & Rose, L.(1994). Begging and transfer of coati meat by white-faced capuchin monkeys, *Cebus capucinus. Primates, 35,* 409-415.
Petit, O., & Thierry, B.(1994). Reconciliation in a group of Guinea baboons(Papio papio). In J. J. Roeder, B. Thierry, J. R. Anderson, & N. Herrenschmidt (Eds.), *Current primatology*(Vol. 2, pp. 137-145). Strasbourg : Université Louis Pasteur.
Piaget, J.(1932/1965). *The moral judgment of the child.* Trans. M. Gabain. New York : Free Press.
Pizarro, D. A., & Bloom, P.(2003). The intelligence of the moral intuitions : Comment on Haidt(2001). *Psychological Review, 110*(1), 193-196.
Popp, J. L., & DeVore, I.(1979). Aggressive competition and social dominance theory : Synopsis. In D. Hamburg & E. McCown(Eds.), *The great apes*(pp. 317-338). Menlo Park, CA : Benjamin/Cummings.
Potegla, M.(2000). Post-tantrum affiliation with parents. The ontogeny of reconciliation. In F. Aureli & F. B. M. de Waal(2000). *Natural conflict resolution*(pp. 253-255). Berkeley : University of California Press.
Potegla, M. Kosorok, M. R., & Davidson, R. J.(1996). The time course of angry behavior in the temper of young children. *Annals of the New York Academy of*

Sciences, 749, 31–45.

Preston, S. D., & de Waal, F. B. M.(2002). Empathy : Its ultimate and proximate bases. *Behavioral and Brain Sciences, 25*(1), 1–20.

Preuschoft, S., & van Schaik, C. P.(2000). Dominance and communication. Conflict management in various social settings. In F. Aureli & F. B. M. de Waal(Eds.), *Natural conflict resolution*. Berkeley : University of California Press.

Preuschoft, S., Wang, X., Aureli, F., & de Waal, F. B. M.(2001). Reconciliation in captive chimpanzees : a re–evaluation with controlled methods. *International Journal of Primatology, 23*, 29–50.

Ridley, M.(1996). *The origins of virtue*. New York : Penguin Books.

Roberts, W., & Strayer, J.(2003, April). Towards, away, and against : Emotions and prosocial behavior. In K. Kokko & S. Côté(Chairs), *Prosocial and aggressive behaviors over the life course*. Symposium conducted at the meeting of the Society for Research in Child Development, Tampa, FL.

Rothbaum, F., Pott, M., Azuma, H., Miyake, K., & Weisz, J.(2000). The development of close relationships in Japan and the United States : Paths of symbiotic harmony and generative tension. *Child Development, 71*, 1121–1142.

Rozin, P., Lowery, L, Imada, S., & Haidt, J.(1999.) The CAD triad hypothesis : A mapping between three moral emotions(contempt, anger, disgust) and three moral codes(community, autonomy, divinity). *Journal of Personality and Social Psychology, 76*, 574–586.

Russell, J. A.(2003). Core affect and th psychological construction of emotion. *Psychological Review, 110*(1), 145–172.

Sanfey, A. G., Railling, J. K., Aronson, J. A., Nystrom, L. E., & Cohen, J. D.(2003). The neural basis of economic decision–making in the ultimatum game. *Science, 300*, 1755–1758.

Sapolsky, R. M.(1990). Adrenocortical function, social rank, and personality among wild baboons. *Biological Psychiatry, 28*, 862–878.

Sapolsky, R. M.(1993). Endocrinology alfresco : Psychoendocrine studies of wild baboons. *Recent Progress in Hormone Research, 48*, 437–468.

Schino, G., Perretta, G., Taglioni, A. M., Monaco, V., & Troisi, A.(1996). Primate displacement activities as an ethopharmacological model af anxiety. *Anxiety, 2*, 186–191.

Seyfarth, R. M.(1977). The model of social grooming among adult female monkeys. *Journal of Theoretical Biology, 65*, 671–698.

Seyfarth, R. M., & Cheney, D. L.(1984). Grooming, alliances, and reciprocal altruism in vervet monkeys. *Nature, 308*, 541–543.

Silk, J. B.(1982). Altruism among female Macaca radiata : Explanations and analysis of patterns of grooming and coalition formation. *Behaviour, 79*, 162–168.
Silk, J. B.(1992). The patterning of intervention among male bonnet macaques : Reciprocity, revenge, and loyalty. *Current Anthropology, 33*, 318–325.
Silk, J. B.(2001). Ties that bond : The role kinship in primate societies. In L. Stone(Ed.), *New directions in anthropological kinship*(pp. 71–92). Boulder, CO : Rowman and Littlefield.
Silk, J. B.(2002a). Using the "f" word in primatology. *Behaviour, 139*, 421–446.
Silk, J. B.(2002b). The form and function of reconciliation in primates. *Annual Review of Anthropology, 31*, 21–44.
Silk, J. B.(in press). The evolution of cooperation in primate groups. In H. Gintis, S. Bowles, R. Boyd & E. Fehr(Eds.), *Moral sentiments and material interests : On the foundations of cooperation in economic life*. Cambridge, MA : MIT Press.
Smith, A.(1759/1976). *The theory of moral sentiments*. Ed. A. M. Kelley, D. D. Raphaek & A. L. Macfie. Oxford : Clarendon Press.
Smucny, D. A., Price, C. S., & Byrne, E. A.(1997). Post–conflict affiliation and stress reduction n captive rhesus macaques. Advances in Ethology, 32, 157.
Smuts, B. B., Cheney, D. L., Seyfarth, R. M., Wrangham, R. W., & Struhsaker, T. T.(1987). *Primate societies*. Chicago : University of Chicago Press.
Stamps, J. A.(1991). Why evolutionary issues are reviving an interest in proximate behavioral mechanisms. *American Zoologist, 31*, 338–348.
Stamps, J.(2003). Behavioural processes affecting development : Tinbergen's fourth question comes of age. *Animal Behaviour, 66*, 1–13.
Stone, V. E., Cosmides, L., Tooby, J., Kroll, N., & Knight, T.(2002). Selective impairment of reasoning about social exchange in a patient with bilateral limbic system damage. *Proceedings National Academy of Science, 99*(17), 11531–11536.
Strayer, F. F.(1992). The development of agonistic and affiliative structures in preschool play groups. In J. Silverberg & P. Gray(Eds.), *Aggression and peacefulness in humans and other primates*(pp. 150–172). Oxford : Oxford University Press.
Strier, K. B.(2000). From binding brotherhoods to short–tern sovereignty : The dilemma of male Cebida. In P. M. Kappeler(Ed.), *Primate males*(pp. 72–83). Cambridge, UK : Cambridge University Press.
Teleki, G.(1973). *The predatory behavior of wild chimpanzees*. Lewisburg : Bucknell University Press.
Trevarthen, C.(1980). The foundations of intersubjectivity : Development of

Interpersonal and cooperative understanding in infants. In D. Olson (Ed.), *The social foundations of language and thought*. New York : W. W. Norton.

Turiel, E. (2002). *The culture of morality*. Cambridge, UK : Cambridge University Press.

Turiel, E., & Neff, K. (2000). Religion, culture, and beliefs about reality in moral reasoning. In K. S. Rosengren, C. N. Johnson, & P. L. Harris (Eds.), *Imagining the impossible : Magical, scientific, and religious thinking in children* (pp. 269–304). New York : Cambridge University Press.

Trivers, R. L. (1971). The evolution of reciprocal altruism. *Quarterly Review of Biology, 46*, 35–57.

Trivers, R. L. (1985). *Social evolution*. Menlo Park, CA : Benjamin/Cummings.

van Hooff, J. A. R. A. M., & Aureli, F. (1994). *Social homeostasis and the regulation of emotion*. In S. H. M. van Goozen, N. E. van de Poll, & J. A. Sergeant (Eds.), *Emotions : Essays on emotion theory*. Hillsdale, NJ : Lawrence Erlbaum Associates.

van Schaik, C. P., & van Hooff, J. A. R. A. M. (1983). On the ultimate causes of primate social systems. *Behaviour, 85*, 91–117.

Varna, V. (1993). *How and why children hate*. London : Kingsley.

Veenema, H. C., Das, M., & Aureli, F. (1994). Methodological improvements for the study of reconciliation. Behavioural Precesses, 31, 29–38.

Verbeek, P. (1995). *Agonism and its aftermath in a captive group of* Cebus apella. Master's Thesis, Emory University.

Verbeek, P., Hartup, W. W., & Collins, W. A. (2000). Conflict management in children and adolescents. In F. Aureli & F. B. M. de Waal (Eds.), *Natural conflict resolution* (pp. 34–53). Berkeley : University of California Press.

Verbeek, P., & de Waal, F. B. M. (1997). Postconflict behavior of captive brown capuchins in the presence and absence of attractive food. *International Journal of Primatology, 18*(5), 703–725.

Verbeek, P., & de Waal, F. B. M. (2001). Peacemaking among preschool children. *Peace and Conflict. Journal of Peace Psychology, 7*, 5–28.

Verbeek, P., & de Waal, F. B. M. (2002). The primate relationship with nature : Biophilia as a general pattern. In P. H. Kahn & S. R. Kellert (Eds.), *Children and nature : Psychological, sociocultural and evolutionary investigations*. Cambridge, MA : MIT Press.

Walker, L. J. (1996) Is one sex morally superior? In M. R. Merrens & G. G. Brannigan (Eds.), *The developmental psychologists. Research adventures across the life span* (pp. 173–188). New York : McGraw–Hill.

Watanabe, K. (1979). Alliance formation in a free–ranging troop of Japanese macaques. *Primates, 20*, 459–474.

Watanabe, S., & Ono, K.(1986). An experimental analysis of "empathic" response : Effects of pain reactions of pigeon upon other pigeon's operant behavior. *Behavioural Processes, 13*, 269–277.

Watts, D. P.(1995). Post–conflict social events in wild mountain gorillas. II. Redirection, side directions and consolation. *Ethology, 100*, 158–174.

Watts, D. P.(2002). Reciprocity and interchange in the social relationships of wild male chimpanzees. *Behaviour, 139*, 343–370.

Watts, D. P., Colmenares, F., & Arnold, K.(2000). Redirection, consolation, and male policing : how targets of aggression interact with bystanders. In F. Aureli & F. B. M. de Waal(Eds.), *Natural conflict resolution*(pp. 281–301). Berkeley : University of California Press.

Watts, D. P., Mitani, J. C., & Sherrow, H. M.(2002). New cases of inter–community infanticide by male chimpanzees at Ngogo, Kibale National Park, Uganda. *Primates, 43*(4), 263–270.

Watts, J.(2002). Tokyo public health experts concerned about "hikikomori." *The Lancet, 359*(9312), 1131.

Weaver, A. C., & de Waal, F. B. M.(2000). The development of reconciliation in brown capuchin monkeys. In F. Aureli & F. B. M. de Waal(Eds.), *Natural conflict resolution*(pp. 216–218). Berkeley : University of California Press.

Westermarck, E.(1921). *The history of human marriage* 5th ed. Edition. London : Macmillan.

Westermarck, E.(1906/1924). *The origin and development of the moral ideas, in two volumes*(2nd ed.). London : Macmillan.

Wilson, E. O.(1975). *Sociobiology : The new synthesis*. Cambridge, MA : Belknap Press, Harvard University Press.

Wilson, J. Q.(1993). *The moral sense*. New York : Free Press.

Wolf, A. P.(1995). *Sexual attraction and childhood association : A Chinese brief for Edward Westermarck*. Stanford, CA : Stanford University Press.

Wrangham, R.(1987). Evolution of social structure. In B. B. Smuts, D. L. Cheney, R. M. Seyfarth, R. W. Wrangham & T. T. Struhsaker(Eds.), *Primate societies* (pp. 282–297). Chicago : Chicago University Press.

Wrangham, R.(1999). Evolution of coalitionary killing, *Yearbook Physical Anthropology, 42*, 1–30.

Yamada, M.(1963). A study of blood–relationship in the natural society of the Japanese macaque–an analysis of co–feeding, grooming, and playmate relationships in Mino–B troop. *Primates, 4*, 43–65.

Yerkes, R. M.(1925). Almost human. New York : Century.

Zahn-Waxler, C., Hollenbeck, B., & Radke-Yarrow, M.(1984). The origins of empathy and altruism. In : M. W. Fox & L. D. Mickley(Eds.), *Advances in animal welfare science*(pp. 21-39). Washington, DC : Humane Society of the United States.

Zahn-Waxler, C., & Smith, K. D.(1992). The development of prosocial behavior. In V. B. Van Hasselt & M. Hersen(Eds.), *Handbook of social development*(pp. 229-256). New York : Plenum Press.

Zahn-Waxler, Radke-Yarrow, Wagner, E., & Chapman, M.(1992). Development of Concern for others. *Developmental Psychology, 28*, 126-136.

Zahn-Waxler, C., Friedman, R., Cole, P., Mizuta, I., & Hiruma, N.(1996). Japanese and United States preschool children's responses to conflict and distress. *Child Development, 67*, 2462-2477.

Zajonc, R. B.(1980). Feeling and thinking : Preferences need no inferences. *American Psychologist, 35*, 151-175.

주

1 정서와 도덕적 상호성 간의 연관에 관한 다윈(Darwin)의 최초의 제안을 독해한 트리버즈(Trivers) 이전에는 도덕적 정서의 진화에 관한 웨스터마크(Westermarck, 1924)의 개념이 있다. 상호 도움에 관한 크로포트킨(Kropotkin)의 저술과 관련해서(Kropotkin, 1902) 웨스터마크의 모델은 최근까지 도덕성에 관한 비교 연구자들에 의해 대부분 무시되어 왔다. 프라이(Fry), 이 책 제15장도 볼 것.

2. 이 관찰은 베어백(Verbeek)과 드 발(de Waal, 1997)이 제출한 연구 보고의 일부로서 기록되었다. 감금 거처에 관한 자세한 기술은 드 발(de waal)과 데이비스(Davis, 2003)도 볼 것.

3. 이들 관계에 관한 체계적인 자료는 베어백(Verbeek, 1995) 참조.

4. 지배위계(dominance hierarchies)는 한 집단에서 개체 간의 선형적인 혹은 비선형적인 서열과 관련되는 복잡한 사회구조이다. 선형적 위계에서의 지배관계는 전이적이다. 따라서 만약 A가 B를 지배하고 B가 C를 지배한다면 A는 또한 C를 지배한다. 비선형적 위계는 하나 혹은 그 이상의 비전이적인 3자 관계를 포함한다. 곧 A가 B보다 크고(A > B) B가 C보다 크지만(B > C) C가 A보다 크다(C > A).

5. 도덕적 판단에 대한 도덕적 정서 및 직관의 탁월성에 관하여 헤이트(Haidt, 2001)는 이런 정류의 정의적 평가는 아주 빨리, 자동적으로, 그리고 광범위하게 일어나서 그것이 일반적으로 인식의 필수불가결한 요소인 것으로 생각된다고 제안한다.

6. 트리버즈(Trivers, 1985)는 울화통이 부모의 주목을 끌게 함으로써 어린 원숭이에게 이득이 될 수 있다고 제안했다. 포트걸(Potegal), 코소록(Kosorok), 데이비슨(Davidson, 1996 ; Potegal, 2000에 인용되어 있음)은 새끼들의 울화통은 보통 분노와 고통이라는 두 가지의 서로 독립적인 과정으로 구성된

다는 것을 밝혔다. 분노는 공유하자는 것에 대한 그의 친구의 거절에 뒤따라 나오는 어린 검은머리꼬리감기 원숭이 수컷의 울화통을 가장 잘 묘사할 것이다.

7. 모발 발기(*Pilo-erection*)는 인간 이외의 영장류에게서 관찰 가능한 정서의 징후 가운데 하나이다. 그것은 보통 화가 난 공격성과 연합된다. 정서의 그 밖의 다른 행동적 징후는 자기 학대, 자기 돌보기, 몸통 떨기와 같은 전위활동(displacement activities)을 포함한다(Maestripieri 외, 1992 ; Schino 외, 1996).
8. 다른 상대의 고통에서 오는 괴로움은 또한 흔히 개인적인 고통(personal distress)으로서 언급된다. 이 용어가 사람들에 대해 언급한다는 것을 고려해 볼 때 다른 상대의 고통에서 오는 괴로움은 이러한 비교 검토에 가장 잘 어울리는 용어이다.
9. 팬크십(Panksepp)과 동료들(2002)은 정서가 인지적 자극이나 내용 없이도 존재할 수 있다는 사실에 대한 증거를 제시하면서 뇌 자극이 정서적 상태를 유발할 수 있다는 것을 흔히 간과하고 있다고 지적한다.
10. 친족을 향한 이타주의의 매개자로서의 공감은 그 자체로, 그리고 본질적으로 자연선택의 산물로서 간주되는 엄마-영아 애착 유대로부터 발생하는 것 같다(Harlow & Harlow, 1965 ; Hoffman, 1982도 볼 것 ; Weaver & de Waal, 2000).
11. 일본의 청소년들과 청년들이 자신들을 오랜 시간 동안 자신들의 방에 감금함으로써 사회로부터 철수하고 있는 숫자가 점차 늘어나고 있다. 이러한 심각한 사회적 철수 과정은 은둔형 외톨이(hikikomori)로 언급된 외관상 새로운 정신의학 현상으로 명명되고 있다(Watts, J., 2002). 이 현상에 관한 체계적인 연구는 이제 막 시작되었으며, 그리고 도덕발달에 관한 비교 연구와의 관련성은 아주 분명하다.

제17장

자연과 도덕성 발달

칸_Peter H. Kahn, Jr.(워싱턴 대학교_University of Washington)

도덕성에 관한 이런저런 불일치가 존재하고 또 많기도 하지만 사람들은 도덕성이 다른 사람들과의 관계와 관련이 있다고 이해한다. 하지만 인간이 자연과 도덕적 관계를 형성하는 것 또한 가능할까? 동물과는 어떤가? 식물과는? 수역(bodies of water)과는? 자연조망과는? 지구와는? 이 장에서 나는 이들 의문에 대해 그렇다고 긍정적으로 대답하는 다양한 분야들을 포섭하면서 또한 경험적이자 개념적인 연구논문에 대해 논의하고자 한다. 요컨대 나는 이 연구논문이 자연이 도덕성 발달과 도덕적 삶에서 중요하면서도 아마도 대체될 수 없는 역할을 수행한다는 명제를 지지한다고 믿는다.

이러한 설명을 제시하는 과정 중에 나는 광대한 도덕적 영역의 틀을 확립한다. 도덕성은 피아제(Piaget, 1932/1969)와 콜버그(Kohlberg, 1984)에 의해 그 한계가 설정된 바와 같은 정의, 권리, 그리고 책무에 초점을 둔 전통적인 도덕발달 관점을 포함한다. 도덕성은 또한 장기적인 인격적 특질과 덕, 인류 번영, 그리고 완전히 인간이 된다는 것과 의미 있게 산다는 것이 무엇을 뜻하는지를 묻는, 또한 인간의 삶에 대한 도덕적 최종 목적지를 추구하는 목적론에 초점을 둔 보다 광범위한 일군의 고려와 관련된다. 이러한 도덕성에 관한 보다 광범위한 관점은 윤리적 덕(예컨대 용기, 절제, 우정, 지혜, 정의)에 관한 아리스토텔레스의 『니코마코스 윤리학』(*Nichomachean Ethics*) 논의로 거슬러 올라가며, 현대 도덕철학자들(Foot, 1978 ; MacIntyre, 1984 ; Williams, 1985)과 발달심리학자들(Campbell & Christopher, 1996 ; Lourenço, 2000)에 의해 도출되어 왔다.

이 장의 과정은 다음과 같다. 첫 번째 절은 아동들의 동물과의 상호작용, 아동들의 주거 치료 센터에서 도덕적 촉진자로서의 동물의 역할, 환경 관련 도덕추론의 발달, 그리고 청소년들의 도덕적 환경운동에 관한 문헌을 검토한다. 제2절은 보전행동 분야에 초점을 둔다. 제3절은 자연과의 결합이 사람들의 신체적 · 심리적 안녕을 고양시킨다는 것을 시사하는 다양한 문헌을 함께 검토한다. 제4절은 이 마지막 개념을 확장하고 인간은 옛날부터 자연뿐만 아니라 야생 자연과 더불어 삶을 영위해 왔다는 것, 그리고 이러한 야생과의 결합은 본질적인 인간의 필요로 남아 있다는 것을 시사한다. 제5절은 만약 인간이 자연—야생적인 자연은 말할 것도 없고—과의 결합을 필요로 한다면 왜 인간은 그렇게 쉽게 자연을 파괴하고 있는가라는 물음에 대한 답을 추구한다. 마지막으로 제6절은 자연과의 도덕적 관계가 인간과 인간 간의 도덕적 관계와 무관하게 독립적으로 발달하는 것이 아니라 개체발생에서 서로에게 변증법적으로 정보를 제공한다고 제안한다.

아동들의 자연과의 도덕적 관계 발달

만약 독자가 자연을 도덕적 입장을 지닌 존재 혹은 아동을 인간 이외의 도덕적 타자와 도덕적 관계를 맺는 존재로서 생각하는 것이 어렵다면 동물을 생각해 보라. 개를 생각해 보자. 개를 발로 차 보라. 그러면 틀림없이 개는 고통을 느낀다. 큰 돌을 발로 차 보라. 그러면 틀림없이 당신의 발만 다친다. 그리하여 개의 지각력—고통을 느끼는 그의 능력—은 예컨대 우리가 개인적 즐거움을 위해 가축의 머리를 아무런 도덕적 책임 없이 때릴 수 없는 것과 같은 인간 의무의 어떤 형식을 확립하는 것으로 보인다. 사실 그러한 지각력은 동물의 권리에 관한 다양한 철학적 이론의 근거가 된다. 예를 들면 리건(Regan, 1986)은 "고통은 그것이 어디에서 발생하든 고통이다. 만약 당신의 이웃이 당신에게 고통을 야기하고, 고통을 야기하므로 그런 행위가 나쁘다면, 우리는 당신의 개가 느끼는 고통에 관한 도덕적 관련성을 합리적으로 무시하거나 혹은 간단히 처리해 버릴 수 없다"(p. 33)고 주장한다.

그렇지만 아동들이 심지어 동물의 지각력을 어떻게 배려한단 말인가? 마이어스(Myers, 1998)는 유치원 환경을 대상으로 한 1년간의 장기 연구에서 3–6세에 이르는 아동들과 개, 거북이, 기니피그(속칭 모르모트), 금붕어, 비둘기, 흰족제비, 비단구렁이, 거미원숭이, 벌레, 다람쥐를 포함한 다양한 종류의 동물들 간의 관계에 초점을 맞추었다. 마이어스는 어린 아동들이 수많은 각기 다른 상호작용을 하는 동물들의 행태 속에 여전히 일정하게 존속하는 4가지 특질이 있다는 것을 이해하기 시작한다고 제안한다. 그 4가지 특질이란 **의지**(agency, 개는 적절하게 먹고 또한 행동할 것을 결정한다), **정서**(affectivity, 개는 아동과 함께 노는 것을 좋아하는 것으로 보인다), **일치**(coherence, 개는 아동의 행위에 응하여 그의 움직임을 조정할 수 있다), 그리고 **연속**(continuity, 개의 반복된 상호작용은 아동과의 관계를 정형화하게 한다)이다. 그러한 이해는 아동들로 하여금 동물들이 그들 자신의 주관적 상태를 지니며 아동과의 상호작용에 흥미를 보일 수 있다("나의 개는 나와 함께 놀기를 원한다")는 것을 인정하도록 하는 것을 가능하게 해준다. 마이어스(1998)의 관점에서 볼 때, "인간 양식과 그 밖의 다른 동물 양식들 간의 유사점과 차이점을 똑같이 아동에게 제공하게 되면 초기 아동기쯤에 이르러 동물들은 가장 일치하지 않는 사회적 타자로 등장한다. 결정적으로 동물들은 사회적 타자이다. … 왜냐하면 그들은 진정으로 주관적인 타자가 되는 특징을 나타내 보이기 때문이다" (p. 10).

아동들은 동물을 사회적 타자로서 이해하기 시작하기 때문에 동물은 교제와 지지의 원천이 될 수 있다. 예를 들면 커버트(Covert), 휘렌(Whirren), 키스(Keith), 넬슨(Nelson, 1985)은 10-14세 사이의 아동들을 대상으로 한 연구에서 아동들의 75%가 당황했을 때 자신의 애완동물에게 의존했다고 말했음을 밝혔다. 보다 일반적으로 멜슨(Melson, 2001)은 아동들의 삶에서 동물이 차지하고 있는 바에 관해 다음과 같이 기술하고 있다 : "아동들에게 가장 중요한, 그러나 인정받지 못한 애완동물—개로부터 금붕어에 이르기까지—의 기능 중 하나는 그들의 **거기 있음**(thereness)일 것이다. … 이러한 끊임없는 가용성은 많은 아동들이 그들의 애완동물에 대하여 '나의 가장 좋은 친구'라는 경칭을 수여하는 중요한 이유가 될 수 있다. … 그들의 생기 있는, 바로 반응하는 근접성은 아동들로 하여금 장난감과 게임, 텔레비전이나 비디오, 심지어 상호작용하는 매체가 할 수 없는 방식에서 고독감을 덜 느끼게 만든다"(p. 59).

아동들이 동물을 하나의 사회적 타자로서 이해하는 것은 또한 아동들로 하여금 최소한 동물들과 도덕적 지위를 일치시키도록 나아가게 하는 것으로 보인다. 예컨대 마이어스(1998)의 연구에서 4살 먹은 한 소녀는 "거미는 분명히 그의 자유를 가지고 있기 때문에"(p. 147) 거미를 짓눌러 뭉그러뜨리는 것은 나쁘다고 말했다. 마이어스는 또한 유치원 아동들이 흔히 동물들에 대한 위해에 대해 도덕적 민감성을 표현한다는 것을 발견했다. 예를 들면 마이어스는 한 아동이 거북이의 꼬리를 만지자 거북이가 머리를 갑판 안으로 집어넣는 이유에 대해 두 아동이 동물의 정서와 욕망으로 귀인시키는 데 사용했던 언어를 다음과 같이 현장기록 노트에 기록했다 : "아마도 … 그가 겁을 먹었기 때문에 … [그러자 다른 아동이 말한다] : 아마도 그는 우리가 그렇게 하는 것을 원하지 않을거야"(p. 90).

그 밖의 다른 문헌에서 칸(Kahn)과 프리드만(Friedman, 1995)은 72명의 경제적으로 가난한 도시지역의 아프리카계 미국인 1학년, 3학년, 5학년 아동들등 대상으로 그들의 환경 관점과 가치에 관하여 면담했다. 그 결과는 아동들의 84%가 동물이 그들 삶의 중요한 부분이라고 말하고 있음을 보여주었다. 그들이 제시한 정당화 중 11%는 동물이 본질적인 가치나 권리를 지니고 있다는 것을 포함한 생명을 중심으로 하는 이유와 관련되었다. 예를 들면 한 5학년 아동은 다음과 같은 이유 때문에 쓰레기를 지역 수로에 던지는 것이 나쁘다고 말했다 : "마치 우리가 자유롭게 살기를 원하듯이 물고기들도 자유롭게 살기를 바란다. … 그들은 자유 속에서 살아야 한다. 왜냐하면 그들은 오염이 너무 심하여 날마다 죽어가는 그러한 환경에서의 삶을 좋아하지 않기 때문이다"(p. 1412). 따라서 이 아동은 물고기의 욕망과 일치("그들은 자유롭게 살기를 원한다") 할 뿐만 아니라, 그것은 물고기에게 해악을 끼치는 원인이 되기 때문에 ("너무 오염이 심하여 그들이 날마다 죽어간다") 인간이 그러한 욕망(수로를 오염시켜서는 안 된다)을 존중해야 한다는 판단으로 구체화시킨다.

아동들이 동물들과 갖는 관계에 관한 도덕적 차원은 치료 연구 보고서에서도 마찬가지로 등장하고 있다. 예를 들면 캐처(Katcher)와 윌킨스(Wilkins, 1993, 1998, 2000)는 자폐증, 발달 장애, 주의력 결핍 과다행동 장애, 행동 장애, 그리고 적대적 반항 장애로 진단을 받은 아동들과 10년 이상의 연구기간을 거치면서 그들이 동물들과 나누는 상호작용을 중심으로 교육을 구조화하여 시행했다. 캐처와 윌킨스는 그러한 아동들이 동물들을 다루는 데 필요한 기능과 정보를 지속적으로 학습한다는 것을 발견했다. 더 나아가 동물들과의 상호작용을 통하여 이 아동들은 주의 지속시간의 증가, 적대적 · 공격적 행동의 감소, 협동적 행동의 증가를 입증했다. 사실 이 아동들이 동물들을 다루고 보전하는 데 나타내 보였던 기능과 배려는 방문자들로 하여금 "왜 이 아동들이 거주치료를 받고 있는가?"라는 질문을 하도록 이끌었다. 설명의 일부분은 아마도 동물들이 마이어스(1998)의 말을 빌리면 "[인간보다] 사기, 경쟁, 조작, 배신, 그리고 거부에 대한 훨씬 더 낮은 잠재력을 내포한다"(p. 115)는 것일 것이다. 예를 들면 캐처(2002)는 아동들이 작은 설치류에 물리면 (그들이 흔히 그러하듯이) "물림을 방어적인 것으로 설명했다 : 곧 '그 녀석이 놀랐다', '내가 그 녀석을 너무 꽉 쥐었다', '내가 새장에 너무 빨리 다가섰다' 고 표현했다"(p. 182)고 보고한다. 캐처(2002)에 따르면 이 아동들 또한 "동물원 강사들의 권위를 정당한 것으로, 그리고 권력이나 제도적 통제에 의해 부과된 것이 아닌 것으로 받아들인다"(p. 185).

아동들이 맺는 자연과의 도덕적 관계는 아마도 동물들로 시작하겠지만 그것은 거기에서 끝나지 않는다. 어느 정도, 최소한에서 아동들은 때때로 감응할 수 없는 자연과의 관계에 관하여도 또한 도덕적 의무추론을 하는 것으로 보인다. 예를 들면 일련의 연구에서 칸(Kahn)과 그의 동료들(Howe, Kahn & Friedman, 1996 ; Kahn, 1997, 1999 ; Kahn & Friedman, 1995 ; Kahn & Lourenço, 2002)은 아동들의 환경 관련 도덕추론을 투리엘(Turiel, 1983, 1998), 누치(Nucci, 1981, 1996), 스메타나(Smetana, 1983, 1995), 그리고 그 밖의 다른 사람들의 사회영역 문헌에 의존하여 검증했다. 거기에서 도덕적 의무는 적어도 부분적으로는 규정성(고려 중에 있는 행위는 전혀 수행해서는 안 되는 것으로 판단된다), 규칙 우연성(그 행위는 비록 법이나 규칙이 옳다고 한다 하더라도 결코 수행해서는 안 된다), 그리고 일반화 가능성(그 행위는 비록 그 나라의 사람들이 그 행위를 수행한다 하더라도 다른 나라의 사람들이 결코 수행해서는 안 된다)의 준거판단에 기초하여 판단된다. 이들 준거판단에 기초하여, 그리고 아동들의 도덕적 정당화와 함께 그 결과는 아동들의 대다수가 쓰레기를 지역 수로에 버리지 않는 것이 도덕적으로 의무라고 믿는다는 것을 다양한 집단에서 보여주었다. 때때로 아동들의 추론은 그러한 행위가 인간 혹은 그 물에서 살고 있거나 그 물 자원에 의존하는 동물들에게 가져올 해악에 초점을 맞추었다. 그러나 때때로 아동들은 또한 감응할 수 없는 자연 그 자체의 내재적 가치에 대해 관심을 보였다. 예를 들면 텍사스 휴스턴 도심부 출신의 한 5학년 아프리카계 미국인 아동은 다음과 같은 이유로 그들의 지역에 있는 강 후미진 곳에 쓰레기를 버려서는 안 된다고 말했다 : "물은 자연이 만든 것이다. 즉 자연은 물이 자줏빛이 되도록, 그리고 그와 같은 오로지 한 가지 색깔을 지닌 성분이 되도록 만들지 않았다. 자연이 만든 것을 다룰 때 당신은 그것을 파괴해서는 안 된다" (Kahn, 1999, p. 162). 이와 비슷하게 아마존 강 상류 근처에 있는 외딴 촌락에 살고 있는 5학년의 한 브라질 아동은 다음과 같은 이유로 강에 쓰레기를 버려서는 결코 안 된다고 말했다 : "강은 그 안에 쓰레기를 버리도록 만들어진 것이 아니다. 왜냐하면 강은 자연에 속하기 때문이다" (p. 162). 두 경우에서 아동은 자연의 적절한 최종 목적지에 관한 도덕적 개념(목적론의 측면에서)을 제공하며, 더욱이 선은 그 최종 지점에 도달되고 완성되는 자연과 함께 나타난다.

이 연구조사—비록 최근 몇 년 동안에 알려지고 있지만—는 아동들이 지각력이 있는 자연과 그렇지 않는 자연 두 가지 모두와 도덕적 관계를 발달시킨다(그리고 그에 관하여 도덕적 추론에 착수한다) 고 제시한다. 또한 그 경우에 자연은 도덕교육을 구조화하는 강력한 내용영역을 제공한다. 적절한 예로서 토마쇼(Thomashow, 2002)가 뉴햄프셔에서 고교생들을 가르치는 것을 고찰해 보자. 그녀는 그들에게 환경 이슈에 관하여 강의하는 대신에 그들이 실제적인 환경 의사결정에 참여할 수 있는 수단을 발견했다. 보다 구체적으로 말하면, 시에서 어떻게 하면 최선으로 관리할 수 있는가를 결정하고자 고민하고 있는 2.3에이커 넓이의 토지는 널리 알려지지 않은 287에이커 넓이의 강변 공원 옆 부지와 인접해 있는 필지였다. 토마쇼는 시 정부 및 시민집단들과 함께 노력하여 청소년 학생 집단이 이 땅에서 일어나는 일에 대해 관심을 갖고 관리하도록 하는 것에 대해 서로 동의하도록 했다. 이 동의에 따라 청소년들은 오랜 시간 동안 관련된 자료를 수집 · 분류 · 종합했다(많은 시간을 그 땅과 주변 지역에서 보낸 것을 포함하여). 그들은 대안적인 환경관리 계획을 개발했으며, 특히 한 가지, 사람들은 그 2.3에이커 지역을 배회할 수 있지만 그 내부 지역으로 들어가면 안 된다는 데에 의견일치를 보았다. 왜냐하면 그의 동물군(群)과 식물군(群)을 보전해야 하기 때문이었다. 그러나 후속적인 시 의회 회의에서 도시계획위원회는 그 2.3에이커 지역의 내부로 진입하는 산책로를 건설할 수 있는 허가를 받았다고 말했다. 그 순간 열띤 논쟁이 일어났다. 왜냐하면 청소년들은 시가 그들과의 합의를 깨트리고 있다고 믿었기 때문이다. 회의가 끝나갈 무렵 학생 대표자는 일어서서 다음과 같이 말했다.

> 이것은 산책로에 관한 것이 아닙니다. … 이것은 이 결정에 관련된 시민으로서의 우리에 관한, 그리고 여러분의 약속을 지키는 것에 관한 것입니다. 우리는 이 책임을 가볍게 취급하지 않았습니다. 우리는 그 땅과 킨(Keene) 주민들의 효용을 위해 최선의 노력과 가능한 결정을 내리는 데 우리의 최선을 다해왔습니다. 여러분은 단순히 우리를 믿어야 하고 여러분의 서약을 존중해야 합니다. 이것은 여러분이 진정으로 우리를 이 시의 일원으로 생각하는지 어떤지, 우리가 살고 있는 땅에 영향을 미치는 결정을 내릴 자격이 있는지 어떤지에 관한 것입니다. 여러분의 결정이 우리를 고려하는지 혹은 그렇지 않은지는 이 도시에 대한, 그리고 공공 의사결정에 대한 우리의 미래의 헌신을 결정할 것입니다(pp. 269-270).

이 학생의 진술은 의회를 뒤흔들고 학생들에게 7개의 다른 공공지역 부지를 관리하도록 부탁하는 장기 프로그램을 착수하도록 하는 데 도움을 주었다. 따라서 이 경우에 자연보전은 콜버그의 정의 공동체의 그것과 다르지 않는 도덕교육의 틀 내에서 구체화되었다(Kohlberg, 1980 ;

Power, 1988). 청소년들에게 변화를 초래하고 서로 상관적인 의무를 책임 있게 실행하도록 하는 실권이 주어지자 그들은 협력적으로 일했고, 다른 이해당사자들의 관점과 가치를 이해하고자 노력했으며, 사회적 · 정치적 수준에서 공동체를 확립하고자 노력했다.

보전행동

인간과 인간 간의 관계에서 행위는 흔히 비록 그 해악의 규모가 작다 하더라도 도덕적 영역의 범주에 속한다. 예를 들면 만약 내가 당신의 빅펜(BIC pen)을 훔친다면 대부분의 사람들은 나의 행위를 도덕적 관점에서 나쁜 것으로 간주할 것이다. 이와는 대조적으로 인간과 자연 간의 관계에서 해악 그 자체의 정도는 흔히 그 행위가 도덕적 영역의 범주에 속하는지 어떤지를 결정하는 데 있어서 중요한 역할을 한다. 예를 들면 만약 내가 숲속에서 넘어져 있는 나뭇가지들을 땔감으로 줍는다면 대부분의 사람들은 "괜찮아"라고 말할 것이다. 그러나 만약 똑같은 행동이 똑같은 지역에서 수천 명의 사람들에 의해 벌어지고 있다면 대부분의 사람은 똑같은 최초의 행동(한 개인이 땔감용으로 떨어진 나뭇가지들을 줍는)을 도덕적 관점에서 나쁜 것으로 간주할 것이다. 여기에서 요점은 우리가 점차 늘어나는 인구와 점차 줄어드는 자연자원의 세계에서 살고 있다는 것이다. 따라서 보전행동은 도덕적 행위로 부각되기 시작했으며, 우리의 고려를 받을 만한 자격이 있다.

보전행동의 영역에서 고전에 속하는 연구들은 재활용 행동에 초점을 두어왔다. 예를 들면 드 영(De Young, 1989)은 32명의 재활용 처리자의 관점과 59명의 미처리자의 관점을 조사연구했다. 그는 두 집단 모두 그들의 재활용 찬성 태도, 외재적 동기, 그들이 재활용을 중요한 것으로 간주하는 정도에서 서로 비슷하다는 것을 발견했다. 그러나 두 집단은 그들이 재활용에 관한 부가적인 정보를 필요로 하는 정도의 측면에서 차이가 났다. 미처리자들은 그들이 재활용하는 방법에 관한 정보가 부족하다고 말했다(예컨대 그 행위에 얼마나 많은 공간과 시간을 할당해야 하는지, 무엇이 재활용될 수 있는지, 어떤 재료가 준비되어야 하는지, 그리고 도움을 청하려면 어디로 가야 하는지). 드 영은 사람들이 재활용 행동을 실행하는 데 있어서 태도는 올바른 정보보다 흔히 덜 중요하다고 제안했다. 그 밖의 다른 연구들은 보상구조(Diamond & Loewy, 1991)와 그 행위의 중요성에 관한 의사전달의 힘(Burn & Oskamp, 1986)을 통제함으로써 사람들의 재활용 행동을 변화시키는 데 초점을 두어왔다. 그 밖의 여러 문헌에서 물과 에너지 보전에 초점을 맞추어 연구해 왔다. 예를 들면 무어(Moore), 머피(Murphy), 그리고 왓슨(Watson, 1994)은 3년 이상의 연구를 통해 물 보전은 미디어 개입의 영향과 물 비용에 의해 점차 잘 이루어지고 있음을 발견했다. 그들은 또한 보고된 보전행동은 지식에 의해서보다는 진술된 의도에 의해 보다 잘 예견되었다고 밝혔다. 이와 비슷한 맥락으로 브랜든(Brandon)과 루이스(Lewis, 1999)는 수입과 인구학적 특질이 에너지 보전의 증진을 예견한 것이 아니라 오히려 환경 태도(정보 환류와 더불어)가 이를 예견했다고 밝혔다.

보전행동을 뒷받침하고 예견하는 많은 요소들이 검증되어 왔다. 이들 요소는 환경적 관심(Dunlap, Vanliere, Mertig & Jones, 2000), 진술된 의도(Moore 외, 1994), 생활방식 선택(Leonard–Barton, 1981), 정보기술(De Young,

1989 ; Vining & Ebreo, 1990), 적극적 동기 기술(De Young & Kaplan, 1985/1986), 환경 태도(Guagnano, Dietz & Stern, 1995 ; Kaiser, Wölfing & Fuhrer, 1999 ; Werner 외, 1995), 가치(Schultz & Zelezny, 1999 ; Schwarz, 1994 ; Vining & Ebreo, 1992), 그리고 내재적 만족(De Young, 1985/1986 ; Lee & De Young, 1994)을 포함한다. 그러나 아마도 이 연구군(群)으로부터 가장 중심적인 연구결과는 그러한 모든 요소들이 친환경적 행동과 약하게 관련된다는 것일 것이다(Vining & Ebreo, 2002).

이 영역에서 수행된 비교적 많은 양의 연구를 감안한다면 왜 보다 일반화되고 의미 있는 결과에 이르지 못하고 있는가? 한 가지 대답은 마치 보전행동을 설명하는 직접적인 외재적 요소(강화의 임시비용으로서 짜여진, 경제적 비용과 같은) 혹은 내재적 요소(가치와 같은)가 존재하는 듯이 행동, 예견, 그리고 단순한 인과관계 연계를 강조해 왔다는 것이다. 그러나 사회영역 이론가들이 적절하게 주장하고 있듯이(Killen, 1989, 1990 ; Smetana, Bridgemen & Turiel, 1983 ; Turiel, 1983, 1998, 2002 ; Turiel & Davidson, 1986) 사회적 행동은 흔히 한 영역 내에서의 다양한 추론형식(수직적 조직)과 전 영역에 걸친 추론의 조정(수평적 조직)과 관련된다. 예를 들면 밀그램 실험[Milgram experiment, 역자 주 : 예일 대학 심리학자인 밀그램(Stanley Milgram)이 행한 일련의 독창적인 사회심리학 실험으로, 권위 있는 사람이 개인의 양심에 상충하는 행동을 지시할 때 이에 복종하는 참가자의 의지를 측정했다]에 관한 재분석에서 투리엘(Turiel, 1983)은 실험 공모자에게 충격을 계속 줄 것인가 말 것인가에 관한 피험자들의 결정이 실제적으로는 피험자들의 도덕적 고려(예컨대 타인들에 대한 해악에 관한)뿐만 아니라 사회인습적 고려(예컨대 권위 있는 대학에 의해 허용된 과학실험이 망쳐서는 안 된다는 기대에 관한)에 의해 도출된다는 것을 보여주었다. 따라서 보전행동이 특수한 판단에만 연결되는 것으로 볼 필요가 없다. 그것은 사회적 지식의 구조적 조직 내에도 위치한다.

또 다른 대답은 보전행동의 분야가 발달적 구조 내에 뿌리를 내리지 않았다는 것이다. 예를 들면 바이닝(Vining)과 에브리오(Ebreo)는 보전행동에 관한 이론적·방법론적 관점의 문헌을 검토하면서 **아동**(child) 혹은 **아동들**(children)이라는 낱말이 단 한 번도 등장하지 않는다는 것을 발견했다. 이러한 현상이 문제가 있는 것으로 보이는 데에는 두 가지 이유가 있다. 첫째는 사회적으로 변화를 초래하고자 한다면 우리는 아동들에게 영향을 미치고 그들로 하여금 실제적으로 중요한 이슈에 개입하도록 함으로써 그들이 비록 지도자는 아니라 하더라도 책임 있는 시민이 되고자 하는 입장에 서도록 할 필요가 있다는 것이다. 이 점은 명백하다. 곧 아동들을 교육해야 한다. 그리고 그 교육적 과정을 지지하는 데 도움을 주도록 아동들을 대상으로 하는 연구를 수행해야 한다. 두 번째 이유는 보전행동의 분야에 맞춰져 온 비판을 말하는 것으로, 그것은 새로운 혹은 강력한 이론화 방식에 거의 아무 것도 제공하지 않았다는 것이다(Vining & Ebreo, 2002). 나는 피아제(1971a, 1971b)의 발생론적 인식론(genetic epistemology)에 관한 설명을 근거로 심리학 이론은 그 토대 구성이 지식의 철학적 범주와 그의 심리학적 발생의 변증법에 의해 형성될 때 타당성을 얻는다는 것을 제안하고자 한다. 예를 들면 도덕적 영역에서 "존재"(is)는 "당위"(ought)로 나아가지 못한다(자연주의 오류). 그러므로 도덕성이 요구하는 것에 관하여 단순히 사변적인 철학적 이론화에 개입한다고 말하는 것은 불충분하다. 오히려 "당위"는 또한 "능력"(can)을 함축한다는 것—설득력 있는 도덕철학 이론은 도덕발달과 도덕적 능력에 관한 정확한 설명을 정립할 필요가 있다는 것—이 점차 인정되고 있다

(Scheffler, 1986, 1992 ; Williams, 1985). 이것이 보전행동의 분야에 의미하는 바는 그의 토대 구성(예컨대 "행동"조차도 관심의 이슈를 구성하는 최선의 길인가?)과 발달적 기원에 보다 큰 관심을 기울여야 할 필요가 있다는 것이다.

신체적 · 심리적 안녕을 위한 자연과의 결합

실질적으로 모든 도덕 이론은 인간의 신체적 · 심리적 안녕을 진지하게 다룬다. 예를 들면 결과주의 이론은 모든 인간사의 최선의 상태를 산출하는 바(모든 사람의 이익에 동등한 무게를 제공하는 비인격적 입장에서 판단되는 것으로서)의 견지에서 이론을 구성함으로써 아마도 가장 직접적으로 그럴 것이다. 여기에서 "최선"은 보통 신체적 · 심리적으로 인간에게 최선인 바와 아주 일치된다(Scheffler, 1988 ; Smart & WIlliams, 1973). 이와 비슷하게 의무론적 이론은 상당한 정도로 정의와 권리에 관심을 갖는다. 왜냐하면 그러한 문제는 사람들의 신체적 · 심리적 안녕에 영향을 주기 때문이다(Beehler, 1978). 달리 말하면 인간의 신체적 · 심리적 안녕을 증진시키는 바에 관한 설명은 도덕 이론에 필수적이며, 또한 그 이유 때문에 다른 사람들, 그리고 넓게는 사회를 돕고자 노력하는 대부분의 사람들에게 필요하다.

그런 점에서 내가 제안하고자 하는 명제는 자연과의 결합이 신체적 · 심리적 안녕을 촉진한다는 것이다. 그리고 이러한 결합이 인간 발달에 관한 심리학적 설명에서 너무 흔히 간과되고 있다는 것이다. 이 명제를 지지하는 출발점으로서 울리히(Ulrich, 1984)가 수행했던 한 연구를 고찰해 보자. 그는 담낭수술을 받은 환자들이 이후의 회복에서 잠재적 차이를 보이는 것은 환자들이 자연환경의 전망(낙엽송 나무들의 작은 단지)을 가진 병실에 배정되느냐 아니면 갈색 벽돌로 쌓인 벽의 전망을 가진 병실에 배정되느냐에 따라 달라진다는 것을 검증했다. 환자들은 회복에 영향을 미칠 수 있는 관련된 변수(예컨대 연령, 성, 체중, 흡연, 그리고 이전의 입원경력)에 따라 짝이 지어졌다. 그 결과는 "창문 너머로 자연환경의 전망이 보인 환자들이 수술 후에 보다 짧은 기간 동안 병원에 입원했으며, 간호사들의 노트 기록에서 훨씬 더 적은 횟수의 부정적 진술('환자가 안정적이지 못하다', '많은 격려가 필요하다')이 나타났다. 또한 수술 후 약물치료를 요하는 지속적인 두통이나 메스꺼움과 같은 경미한 합병증이 보다 덜 나타나는 경향이 있었다는 것을 보여주었다. 게다가 벽이 바라보이는 전망을 가진 환자들은 강력한 진통제의 투입을 훨씬 더 많이, 그리고 자주 요구했던 반면에 나무가 바라보이는 전망을 가진 환자들은 아세트아미노펜(역자 주 : 해열 · 진통제)과 같은 보다 약한 구강 진통제를 자주 받았다" (Ulrich, 1993, p. 107).

그 밖의 다른 연구들도 자연이 직접적으로 바라보이든 혹은 시각적 표현으로 보이든 상관없이 그의 건강회복 효과를 지지하고 있다. 예를 들면 무어(Moore, 1982, Ulrich, 1993에 인용됨)는 감방이 농지와 숲 근처에 면해 있는 교도소 입소자들은 감방이 감옥 뜰에 면하여 있는 입소자들보다 건강관리 서비스를 덜 필요로 한다는 것을 발견했다. 치과 진료에서 히르바겐(Heerwagen, 1990)은 환자들에게 공간적으로 열린 자연경관을 묘사하고 있는 커다란 그림을 걸어놓고 진료하고, 또 그림을 모두 치우고 그 환자들을 진료했다. 환자 자료는 심박동수 측정과 정서 자기 평가를 포함했다. 결과는 환자들이 벽 그림이 걸려 있던 날에 스트레스를 덜 받은 걸로 나타나났다. 또 다른 연구에서 울리히(Ulrich)와 그의 동료들(1991)은 120명의 참여자에게 스트레스가 많은 영화를 보여주고, 다음에는 다양한 자연환경과 도시환경의 비디오테이프를 보여주었다. 그들은 피험자들의 심박동수, 근육 긴장, 피부 전도력, 그리고 맥파 전달뿐만 아니라 정서상태에 관한 자기 평가를 통해 스트레스 회복에 관한 자료를 수집했다. 이를 종합적으로 검토한 결과 스트레스 "회복은 피험자들이 도시환경보다는 자연환경에 노출되었을 때 더 빨랐으며 더 완전했다"(p. 201).

비록 자연이 활기를 재생시키는 것으로 평가되고 있기는 하지만 자연이 모두 똑같은 것은 아니며, 따라서 어떤 자연의 형식들은 다른 것보다 더 활기 있고 재생적인 것으로 평가된다. 예를 들면 울리히(Ulrich)와 룬덴(Lunden, 1990)은 심장수술을 받고 있는 166명의 환자를 무작위로 나누어 두 가지 서로 다른 형태의 자연사진(물과 함께 확 트인 광경이거나 혹은 적당히 둘러싸인 숲 광경), 추상적 사진, 혹은 하얀 합판이거나 아니면 사진이 아예 없는 통제조건에 따라 각기 다른 시각 자극을 주었다. 그 결과는 수술 동안에 물과 함께 확 트인 자연광경의 사진에 노출되었던 환자들이 통제집단과 그 밖의 다른 사진 형태에 노출되었던 집단들보다 훨씬 낮은 실험 후 불안을 경험했다는 것을 보여주었다.

카플란(Kaplan)과 카플란(Kaplan)은 서로 다른 방향에서 이 주제에 접근했는데 그 결과는 비슷했다. 그들은 각 개인이 지니고 있는 풍경 선호에 관하여 광범위한 조사를 실행했다(Kaplan & Kaplan, 1989 ; 예컨대 R. Kaplan, 1973, 1977, 1985도 볼 것 ; 그리고 S. Kaplan, 1983, 1987, 1992). 예를 들면 그들은 잔잔한 물이 있는 풍경이 "경치에서 고도로 우수한 요소"(p.

9)임을 발견했다. 그럼으로써 좋은 경치는 확 트인, 그러나 "경치의 깊이를 밝혀주는 비교적 부드러운 토양결과 나무들" (p. 48)이 선명한 것이다. 카플란(Kaplan)과 카플란(Kaplan)에 따르면 그러한 경치는 "공원 혹은 우드론(woodlawn) 혹은 사바나로 불릴 수 있다" (p. 48). 이와 대조적으로 그들은 사람들이 경치의 전경을 지배하고 있는 음지식물의 뒤엉킨 모습과 같은 폐쇄된 환경에 대해 일관적으로 낮은 선호를 보인다고 보고했다. 그러한 연구결과들은 환경에 관한 지식, 도시 대 시골 양육, 혹은 인종과 같은 매우 다양한 경쟁적인 설명으로 직접적으로 귀착되어질 것 같지는 않았다.

사람들의 자연에 대한 선호가 왜 이런 양식으로 모아지는가? 월힐(Wohlhill, 1968)이 수행했던 초기의 연구는 중간 수준의 복잡함—경치 속에 있는 서로 다른 대상물의 풍부함이나 개수—이 환경적 선호를 대부분 설명했다는 불확실한 증거를 제시했다. 카플란과 카플란은 사람들이 복잡함을 결여한 경치를 선호하지 않는 한에 있어서 이 가설을 부분적으로 지지했다. 그러나 복잡함의 높은 정도 그 자체가 선호를 높여주지는 않았다. 따라서 "최적의 복잡함 이외에 실험적 미학이 더 존재한다는 것은 이제 아주 분명하다" (S. Kaplan, 1992, p. 595). 예를 들면 카플란(Kaplan)과 카플란(Kaplan, 1989)은 사람들이 경치를 판단할 때에 "환경에서의 기능작용에 대한 잠재력에 의해 상당히 영향을 받는 것으로 보인다. 따라서 환경에 참여하고 정보를 획득하는, 그리고 자신의 정향을 유지하는 가능성의 지표들은 일관되게 중요한 속성들로서 등장한다" (p. 38)는 것을 발견했다. 그들의 연구에서 특히 두 가지 중요한 풍경 특징이 등장했다. 한 가지 특징은 그들이 **판독성**(legibility)—만약 우리가 묘사된 풍경에 더 깊숙이 발을 들여놓는다면 우리는 결국 찾아갈 수 있다는 것—이라 부른다. 그러한 풍경들은 시각적 접근, 그러나 주목할 만한 풍광을 대주는 독특하고 다양한 대상들을 갖춘 접근을 제공한다. 두 번째 특징은 그들이 **수수께끼**(mystery)—우리는 그 풍경에 더 깊이 발을 들여놓고 우리의 관점을 변경함으로써 더 많은 정보를 획득할 수 있다—라 부른다. 그러한 풍경들은 바람 부는 길, 구불구불한 시냇물, 그리고 약간의 잎들 때문에 부분적으로 흐릿한 밝게 빛나는 지역을 포함한다.

건강한 풍경과의 접촉에서와 같이 인간과 동물과의 접촉 또한 생리적 건강 및 심리적 안녕을 증진시킬 수 있다. 예를 들면 많은 치과 병원의 대기실에 있는—최소한 지난 몇 년 동안—일반 수족관을 생각해 보자. 이 수족관을 눈에 잘 띄는 곳에 배치하는 것은 단순히 자의적인 문화적 전통을 반영하는 것일까? 한 간단한 실험에서 케처(Katcher), 프리드만(Friedman), 벡(Beck), 린치(Lynch, 1983)는 수족관을 바라보면 고혈압 환자와 정상 환자 모두에게서 휴식 수준 이하로 혈압이 내려가는 결과를 낳는다는 것을 발견했다. 보다 세부적인 실험에서 케처(Katcher), 세갈(Segal), 그리고 벡(Beck, 1984)은 이제 막 구강수술을 받으려고 하는 환자들을 대상으로 수족관을 바라보는 것으로부터 나타나는 영향을 검증했다. 수술 이후 구강 외과 의사(사전 처리의 성격을 알지 못했던)는 관찰자와 환자가 그러했듯이 수술을 하는 동안 환자들의 마음이 편안했다고 평가했다. 또 다른 연구(Beck & Katcher, 1996, 제1장)에서 연구자들은 애완동물이 심장병의 진행과정에 미치는 영향을 검증했다. 92명의 환자를 추적하면서, 그리고 심장병으로 인한 죽음과 연관되는 것으로 알려진 사회적 변수들을 설명하는 가운데 애완동물을 가진 사람들의 사망률이 애완동물을 갖지 않은 환자들의 약 1/3이었다는 것을 발견했다. 동물과의 접촉은 또한 기질적 혹은 기능적 정신 장애를 가진 사람들에게 긍정적으로 영향을 미친다(재검토하려면 Katcher & Wilkins, 1993 참조할 것). 예를 들면 수백 편의 임상 보고는 만성 뇌증후군(그것은 알츠하이머병이나 혹은 동맥경화증으로부터 뒤따라 나온다)을 앓는 나이가 든 환자들의 삶에 동물이 참여할 때 환자들은 더 많이 미소를 짓고 웃으며, 그들의 간병인들에게 적대감이 더 낮아지기 시작하고 더 사회적으로 의사소통하기 시작한다는 것을 보여준다. 많은 연구 또한 동물(개, 고양이, 새, 고래, 혹은 심지어는 작은 거북이와 같은)과의 상호작용을 통해 자폐증 아동들이 보다 더 주의집중, 사회적 상호작용, 긍정적 정서, 그리고 대화를 한다는 것을 보여준다.

카플란(Kaplan)과 카플란(Kaplan, 1989)은 수백 편의 연구를 독해한 이후에 "가까운 자연과의 접촉으로부터 나오는 직접적인 결과는 즐거움, 기분전환, 그리고 보다 낮은 스트레스 수준을 포함한다. 이와 함께 연구결과들은 신체적 안녕이 그러한 접촉에 의해 영향을 받는다고 지적한다. 가까이 자연환경에 접근할 수 있는 사람들은 그렇지 못한 사람들보다 더 건강한 것으로 밝혀져 왔다. 장기적 · 간접적 영향 또한 자신의 가정과 자신의 직업에 대한, 그리고 일반적으로는 삶에 대한 증가된 만족 수준을 포함한다" (p. 173)고 결론을 내렸다. 카플란과 카플란(Kaplan, 1989)은 "쾌적함만으로 본다면 자연은 어떤 보다 큰 기술적 성취에 의해 대체될 수 있을 것이다. 인간과 다른 생명체 간의 본질적 유대로서 본다면 자연환경은 아무런 대용품을 갖고 있지 않다" (p. 203)라고 기술한다.

야생과 인류 번영

몇몇 학자들은 자연과의 결합에 따른 신체적 · 심리적 이득에 초점을 맞추었을 뿐만 아니라, 인간은 야생—야생동물, 야생풍경—과 함께 오랜 세월을 살아왔으며 이러한 야생과의 결합은 아직까지도 근본적인 인간 필요를 구성한다는 것을 강조하고 있다.

쉐퍼드(Shepard, 1978, 1995, 1996, 1998)는 이러한 관점에 대한 가장 강력한 지지자 중 한 사람이다. 예를 들면 쉐퍼드(1998)는 수렵채취 사회로부터 농업사회로의 변모가 지난 1만 2천 년 동안에 걸쳐 일어났는데, 그것은 "6백만 년 전 인간과(科) **호미니대**(Hominidae), 2백만 년 전 **인간속**(屬) **호모**(Homo), 약 4만 년 전 **호모 사피엔스**(Homo sapiens)의 출현으로 시작되었던 인류 역사의 견지에서는"(p. 81) 별로 대수롭지 않다고 기술한다. 쉐퍼드(1996)는 야생동물이 분류사고(classificatory thinking)의 첫 번째 대상에 속하고, "인간 종은 법률을 제정하고 꿈을 꾸며 사고하는 [야생]동물성을 등장시켰으며, 또한 그런 것들이 없다면 그 자체가 완성될 수 없다"(p. 4)고 말한다. 비록 쉐퍼드가 반려동물들(개와 고양이와 같은)과의 상호작용에 따른 신체적 · 심리적 이득을 보여준 이전에 논의되었던 연구를 인정한다 하더라도 그것은 마지못해 하는 수용이다. 쉐퍼드(1996)의 관점에서 볼 때 가축은 우리가 바라는 바대로 "굽실거리고 알랑거리거나 혹은 수행하는 생물학적 노예"이며, "삶에 영광스러운 보너스가 아니라 오히려 필사적으로 갈망하는 어떤 것에 대한 보상이며", "인간이 동물들을 깊이 존중하던 시기의 흔적들과 파편들, 그의 풍부함은 그들의 많은 삶의 연출에서 우리를 감탄시킨다”(p. 151).

터너(Turner, 1996)는 쉐퍼드처럼 때때로 우리가 야생을 상실하고 초라한 대용물을 수용한 것에 대하여 격노와 함께 다음과 같이 통렬한 말들을 내뱉는다.

> 우리는 야생동물들을 보기 위해 동물원이나 씨월드(Sea World)를 방문한다. 그러나 그들은 길들여져 왔고, 의존적이고 복종적이 되었다. 따라서 우리는 자연 그대로의 그들의 본질적 삶에 관하여 아무 것도 배우지 못한다. 우리는 그들이 사냥을 하거나 함께 먹이를 먹는 것을 보지 못하고, 그들의 짝을 보지 못하며, 그들이 다른 종들과 상호작용하는 것을 보지 못한다. 또한 우리는 그들이 그들의 서식지에서 상호작용하는 것을 보지 못한다. 그들의 개체수와 그들의 움직임은 인간의 기술에 의해 결정된다. 우리는 통제된 그들을 보고, 훈련된 그들을 본다. 대부분의 경우에 그들은 그들을 바라보고 있는 사람들처럼 유순하고, 무감각하며, 따분하다. 만약 우리가 야생동물 보호구역에 있는 야생동물들을 방문한다면 버스와 랜드로버, 그리고 관측탑에 의해 보호를 받는다. 결국 우리는 우리가 방문하는 야생동물들에 대해 그 어떤 직접적인 경험도 할 수가 없다(p. 29).

터너(1996) 또한 야생의 땅을 강조하고 “그의 질서가 그 자체의 조직 원리에 따라 창조될 때—그것이 제멋대로의 땅일 때—그 장소를 야생(wild)으로서 규정한다. 원주민들은 보통 (비록 결코 항상은 아니지만) 그 질서에 ‘적합’하다. 그들은 그것에 영향을 주지만 그것을 통제하지는 않는다”(p. 112). 더 나아가 터너는 그러한 야생 장소는 “자율성”을 지닌다고 주장하는데, 그것은 다른 것들과 근본적인 분리를 수반하는 것이 아니라 변화의 가능성과 그로 인한 자유를 창조하는 "상호 연결, 정교한 상호작용과 피드백"(p. 113)을 수반한다. 따라서 터너에 있어서—피아제(1932/1969)와 콜버그(1984)에 있어서와 달리—자율성은 "제멋대로 할 수 있다"라는 정신상태를 수반하는 것이 아니라 자기 조직과 자기 규제를 수반한다. 자율성은 성인들이 강압적일 때—터너의 경우 성인들이 대지와 동물들을 통제할 때, 피아제와 콜버그의 경우 성인들이 아동을 강제할 때—방해된다. 터너가 말한 바와 같이 그 "중요 요점은 문제의 자율성이 어떤 종류의 것이든—인간 자유, 자기 의지적인 대지, 자기 질서적인 체계들 … —모두 외적 통제와는 양립할 수 없다"(p. 113). 이러한 이유 때문에 터너는 비록 그들이 야생생물 관리자나 보존생물학자라 하더라도 환경기구들에 의해 실행된 대부분의 활동에 대해 반대하는 주장을 한다. 오히려 그는 다음과 같이 말한다.

> 우리는 야생에 관한 보다 많은 기술적인 정보가 아니라 거대한 야생, 거대한 자연 서식지를 필요로 한다. 우리가 모든 형식의 인간 영향을 제한하는 광활한 지역, 즉 보존전략이 없는, 설계된 야생이 없는, 길 또는 기차가 없는, 위성에 의한 감시가 없는, 헬리콥터가 날지 않는, 라디오 칼라(radio collar ; 야생동물의 위치를 추적할 수 있는 장치)가 없는, 사진 촬영이 없는, 범지구위치결정시스템(GPS) 자료가 없는 … 인쇄된 지도가 없는 그런 지역을 유보해 두고자 하는 왜 노력하지 않는가. 우리가 보존할 수 있는 서식지라면 그 어떤 곳이라도 가능한 한 그 자체의 자기 질서로 되돌아가게 하자. 야생이 다시 우리의 지도 위를 차지하도록 하자(p. 120).

이러한 "자기 주도적인 대지"의 배경에 비추어 보면 자연에 대한 두려움이 야생에 관한 인간의 경험에서 얼마나 중요한 역할을 하는지가 더 분명해진다. 두려움은 우리가 완전히 통제 속에 있는 것이 아니라 상호 연결된 체계의 일부라는 것을 우리들로 하여금 인정하도록 도와줄 것이다. 터너(1996)는 이에 대해 다음과 같이 쓰고 있다 : "회색곰 발자국을 우연히 발견하는 것은 가장 친근하면서도 세속적인 방식에서 야생을 경험하는 것이며, 그것은 주의, 지각, 신체 언어, 신체 화학계, 그리고 정서에서의 변화가 최대로 나타나는 경험이다. 그것은 당신이 당신 자신을 먹이사슬로서 알려진 생물학적 질서의 일부, 아마도 심지어는 한 끼 식사의 일부로서 느낀다고 말하는 것이다"(p. 85). 물론 두려움은 단지 야생에 관한 인간 경험의 한 측면일 뿐이다. 그러나 그것은 비록 사람들이 번영을 하기 위해 그들 삶에서 두려운 상호작용을 최소화하고자 노력하지만, 그 과정에서 그들은 자신의 안녕을 방해할 수도 있다는 그럴 듯한 역설 때문에 강조할 만한 가치가 있다. 이러한 역설에 관한 한 가지 설명은 자연에 대한 두려움이 인간 혹은 인간이 만든 환경에 대한 두려움과는 다르게 경험된다는 것일 수 있다.

생리적 자료는 이 명제와 관련이 있다. 일련의 연구에서 오만(Öhman)과 그의 동료들(Öhman, 1979 ; Öhman, Dimberg & Öst, 1985 ; Öhman, Erixon & Löfberg, 1975)은 파블로프의 조건화 실험 버전을 창안했다. 이 실험에서 그들은 우선 피험자들에게 공포와 관련되는 자연 자극(뱀과 거미와 같은)이나 중립적 자극(기하학적 숫자와 같은)을 보여주면서 각각의 슬라이드 프레젠테이션과 짝을 이루어 약한 전기충격을 가함으로써 혐오반응을 조건화시켰다. 그리고 나서 연구자들은 똑같은 슬라이드들을 전기충격 없이 10번에서 40번 부가적으로 제시했다. 그들은 피험자들의 피부전기전도력과 심박동률의 측정을 토대로 이전에 획득했던 공포반응의 소거비율을 측정했다. 그 결과는 자연적 공포와 관련된 자극이 중립적 자극보다 소거(잊어버림)에 훨씬 더 저항적이었다는 것을 보여주었다. 비슷한 연구결과들은 뱀과 거미를 권총이나 닳아빠진 전깃줄과 같은 위태로운 인간의 가공품들과 대조했을 때 나타났다(Cook, Hodes & Lang, 1986 ; Hugdahl & Karker, 1981). 비슷한 연구결과 또한 피험자들에게 잠재의식적 자극을 제시했을 때 나타났다. 예를 들면 회만(Öhman, 1986 ; Öhman & Soares, 1993)은 학습 국면(전기충격이 주어지는) 이후의 그러한 조건화 실험을 변경했다. 피험자들에게 똑같은 슬라이드를 10에서 30밀리세컨드(역자 주 : 1초의 1,000분의 1 ; 기호 ms) 동안 제시한 후(슬라이드가 의식적으로 확인될 수 없는 그런 정도로) 곧바로 또 다른 자극의 슬라이드로 "은폐된다." 그 연구결과 자연적 공포와 관련된 자극(뱀과 거미)은 강력한 혐오적인 생리적 반응을 이끌어낼 수 있었지만 그 밖의 다른 자극은 그렇지 않았다는 것을 보여주었다(이 연구에 관련한 검토를 위해서는 Ulrich, 1993을 볼 것).

(a) 인간은 자연에 대한 두려움과 인간에 대한 두려움을 구분한다는, 그리고 (b) 자연적인 것에 대한 공포를 경험하는 것은 적어도 제한된 범위 내에서 건강한 심리적 기능작용의 일부를 형성한다는 명제는 칸(Kahn), 싸운더스(Saunders), 그리고 마이어스(Myers, 2001)가 브루크필드(Brookfield) 동물원(일리노이, 시카고 외곽)에서 실시했던 아동들의 박쥐의 개념에 관한 연구를 구조화하는 데 도움을 주었다. 동물원의 전시물들 가운데 하나는 어두운, 동굴처럼 울로 막힌, 약 80피트 길이의, 사람들이 들어가서 쭉 걸어가는 "오스트레일리아 하우스"(Australia House)이다. 전시집인 로드리게스(Rodrigues)에는 박쥐들이 많다. 이 전시물의 가장 유명한 특징 중 하나는 전시 동물들과 대중 사이에 어떠한 장벽이 없다는

것이다. 따라서 사람들은 전시물을 따라 쭉 걸어가면서 박쥐들을 보고 들을 뿐만 아니라 그들의 바로 인접한 근접성을 경험한다. 실제로 박쥐들이 매우 어두운 둘러막힌 곳을 돌면서 날아갈 때 그들은 때때로 그 전시물 안에 있는 사람들 아주 가까이까지 급강하하여 날아온다. 이런 맥락에서 칸(Kahn)과 동료들은 관람을 마치고 나온 네 연령집단(6-7세, 9-10세, 12-13세, 그리고 15-16세)을 아우르는 120명의 아동들과 반구조화된 면담(semistructured interview)을 실시했다. 일군의 연구결과 가운데 이와 관련된 결과는 대부분의 아동이 박쥐에게 공포를 느꼈다는 것을 보여주었다. 예를 들면 아동들은 박쥐가 두려웠으며, 혹은 박쥐들이 그들을 해칠 수 있다고 믿었거나 박쥐들이 자유롭게 날아다닐 수 있는 곳에서는 잠을 자지 않겠다고 직접적으로 말을 했다. 동시에 아동들은 가끔 그러한 공포를 그들의 삶에서 인식하는 것 같았다. 예를 들면 그들은 오스트레일리아 하우스(Australia House)가 현재 그대로 남아 있기를 바라거나(그리고 동물원이 박쥐들과 사람들 사이에 그물망 장벽을 치지 않기를), 혹은 그들은 오스트레일리아 하우스에서 더 경계심을 느꼈다고 말하거나, 혹은 박쥐를 둘러싼 그들의 감정이 마치 그들이 밤에 어두운 시내 거리를 걸어갈 때 갖는 감정과 같은 그 어떤 것이라는 유추를 거부했다. 비록 터너의 관점에서 본다면 동물원 환경은 야생과의 빈약한 결합을 제공하지만 그것은 어느 정도의 결합을, 그리고 그 정도에서 이 주제의 연구를 위한 현장을 제공해 준다.

환경에 관한 세대 기억상실증

야생에 관한 인간 경험—그 밖의 다른 자기 규제적 체계의 존재 속에서의 삶과 관련되는—이 아직도 인류 번영을 위한 가장 중심적인 필요라 하더라도 현대인들은 그 필요를 잘 인정하지 않고 있다. 왜 그런가? 한 가지 설명은 우리가 아동들처럼 이미 파괴된 지금의 환경에서 살아오고 있다는 것, 그리고 우리는 이들 조건을 정상적이면서도 합리적으로 건강한 환경을 구성하는 바에 관한 우리의 지식을 구성하는 기본 토대로 활용한다는 것이다. 여기에서 중요한 점은 각 세대로 이어가면서 환경파괴의 규모가 증가한다는 것이다. 그러나 젊은 세대는 그러한 파괴된 조건을 전혀 파괴되지 않은 조건으로, 정상적인 경험으로 받아들인다. 칸(1997, 1999, 2002)은 이러한 심리적 현상을 환경에 관한 세대 기억상실증이라 부르고 있다.

환경에 관한 세대 기억상실증의 발달적 전조들은 칸(Kahn)과 프리드먼(Friedman, 1995)이 텍사스의 휴스턴에 살고 있는 경제적으로 가난한 아프리카계 미국인 아동들을 대상으로 환경관 및 가치를 연구하면서 등장했다. 휴스턴은 미국에서 환경적으로 다소 오염된 도시들 가운데 하나이다. 지역 정유공장들은 도시의 공기를 오염시킬 뿐만 아니라 독특한 기름 냄새를 풍긴다. 지역의 여러 강은 맑은 수로라기보다는 오수 운반통로 정도로 여겨질 수도 있다. 칸과 프리드먼은 1학년, 3학년, 그리고 5학년 아동 72명을 대상으로 면담한 결과 비록 아동들이 대기오염, 수질오염, 그리고 쓰레기에 관한 개념에 대해 일반적으로 이해하고 있었지만 극소수의 아동들만이 휴스턴이 바로 이러한 모든 문제를 안고 있다고 믿고 있음을 발견했다. 그러한 연구결과는 아동들이 건강하지 못한 환경 정황에서 정상상태에 관한 환경적 토대를 구성하고 있다는 명제를 지지해 준다.

파일(Pyle, 2002)은 대중을 대상으로 하는 강연 도중 여러 차례에 걸쳐 청중들에게 어린 시기의 특별한 자연의 장소, 곧 "그들이 놀이하러, 탐구하러, 화가 나서, 혹은 사색하러 자주 갔었던, 또한 그들이 요새를 만들고 생물을 채집하고 물과 식물을 엉망으로 만들었던 자연경관의 작은, 특별한 공간"(p. 306)을 기억할 수 있는지를 묻는다. 대부분의 사람은 기억할 수 있고 말한다. 그때 그는 청중들에게 그들 중 얼마나 많은 사람이 그 특별한 장소에 되돌아갈 수 있는지, 그리고 그 장소가 손상되지 않은 채 실제 그대로 남아 있는 것을 발견할 수 있을지를 묻는다. 그러면 거의 아무도 그렇지 못하다고 말한다. 대부분의 사람은 그러한 현실이 비참하다는 것을 알게 된다. 파일(Pyle)에 따르면 인간은 넓은 야생의 장소가 필요할 뿐만 아니라, 비록 황량한 부지라 하더라도 자연과 연결시켜 주는 지방의 구속받지 않는 자유로운 지대가 필요하며, 그러한 지대들은 소위 그가 말하는 경험의 소멸로부터 우리를 보호해 준다. 다시 말하면 풍부한 생태계와의 상호작용의 결핍은 그들의 보존에 대한 관심의 결핍으로 나아가고, 그것은 상호작용의 더 큰 결핍으로 나아가게 한다. 따라서 경험의 소멸은 환경 빈곤이 보다 큰 환경 빈곤을 낳는 하나의 순환이다.

프레드스턴(Fredston, 2001) 또한 북극 바다의 가장 원시적인 해안선 가운데 2만 마일 이상을 배를 저어가면서 겪었던 수십여 년 경험으로부터 환경에 관한 세대 기억상실증의 문제를 지적한다. 여정 가운데 한 곳이었던 노르웨이에 관하여 그녀는 노르웨이의 많은 인공적인 환경이 알래스카(그녀가 사는 곳) 대부분의 도시에는 없는 풍취를 지니고 있다고 언급한다. 그러나 그녀는 다음과 같이 부언한다.

> 유럽의 보다 발달된 혼잡한 지역에서 온 여행자들로 하여금 환희에 젖도록 만드는 노르웨이의 부정할 수 없는 아름다운 곳들조차도 아직 우리들에게는 불모지로 보였다. … 그러한 경험은 우리들로 하여금 뼛속까지 놀라게 했다. 그것은 우리들로 하여금 영속적으로 풀을 뜯어먹게 방목하는 양처럼[노르웨이의] 수세기 동안 인간의 거주지는 지구에서 뿐만 아니라 자연을 구성하는 바에 관한 우리의 지각에서 조금씩 잠식되어 오고 있다는 것을 깨닫도록 만들었다. 그것이 거기에 존재한다는 것을 결코 알지 못하기 때문에 결핍된 바를 애써 찾으려 하지 않는다면 우리는 무엇이 진정으로 야생인가를 인식하는 토대를 잃어버릴 것이다. 그의 익숙함으로 인해 자연은 또 다른 인간 조립물이 되어버릴 것이다(p. 217).

프레드스턴은 그러면서 "어느 누구도 그 전에 존재하지 않았던 곳에 만들어진 길과 다리, 새로운 집마다 하나의 프로젝트, 곧 알래스카의 '노르웨이화' (Norwegianification)가 동시에 일어나고 있다"(p. 219)는 것을 인정한다.

환경에 관한 세대 기억상실증의 문제는 미래의 체계적 연구를 위한 중요한 영역을 제공한다. 조사연구 가운데 한 노선은 아동들이 환경문제에 관하여 무엇을 아는가에 지속적으로 초점을 맞출 수 있었으며, 그리고 드브리스(DeVries, 1997)가 "학교 눈속임"이라 부르는—환경문제에 관한 기계적 암기와 같은—것과 경험적 지식을 지속적으로 구분할 수 있었다. 조사연구의 두 번째 노선은 역사적 사건과 기록에 초점을 맞출 수 있었다. 예를 들면 핸드(Hand, 1997)는 수세기 전 스코틀랜드의 고지(Highlands)에 있던 숲들이 "지구상의 그 어느 곳 못지않게 장엄"(p. 12)했지만 오늘날에는 그곳이 세계에서 가장 산림이 벌채된 땅 가운데 한 곳이라는 사실을 입증하고 있다. 핸드(Hand)에 따르면 그럼에도 불구하고 오늘날의 스코틀랜드 사람들은 실제적으로 숲에 관한 그의 생태학적 중요함이나 아름다움에 관한 어떤 관념도 갖고 있지 않다. 핸드는 이러한 관념을 「망각의 숲」이란 논문 제목으로 표현한다. 그것은 세대를 타고 건너서 흐르는 망각이다. 조사연구의 세 번째 노선은 각 문화별로 초점을 맞출 수 있었다. 제안된 바와 같이 만약 환경에 관한 세대 기억상실증이 지식 형성에 관한 구성주의적 관점과 연결된다면 그것은 보편적으로 나타나야만 할 것이다.

종 간(cross-species)의 도덕적 변증법

발달심리학의 하위분야—때때로 상식생물학(naïve biology, Inagaki & Hatano, 2002) 혹은 대중생물학(folkbiology, Coley, 1995 ; Medin & Atran, 1999)으로 언급되는—는 생물학적 세계에 관한 아동들의 개념에 초점을 맞춘다(Carey, 1985 ; Gelman, 2003 ; Gelman, Spelke & Meck, 1983). 연구결과 가운데 하나는 어린 아동들이 "인간에 관한 그들의 비교적 풍부한 지식을 활용하여 동물과 식물의 행동 및 특성을 예견하고 설명하고자 하는 시도"(Inagaki & Hatano, 2002, p. 1)를 의미하는 의인화(personification)에 상당히 개입한다는 것이다. 예를 들면 이나가키(Inagaki)와 하타노(Hatano,

2002)에 의한 연구에서 5세 아동은 "우리는 (토끼를) 영원히 똑같은 크기로 유지할 수 없어. 왜냐하면, 내가 크는 것처럼, 만약 내가 토끼라면 나는 5살일 것이며 점점 더 커질 것이기 때문이다"(p. 51)라고 말했다. 여기에서 그 아동은 인간의 성장에 관한 그의 지식을 동물에 적용한 것이다.

그러나 우리는 도덕적 영역에의 적용뿐만 아니라 훨씬 덜 단일방향적인 발달적 설명을 상상할 수 있을 것이다. 예를 들어 온순한 체서피크 베이 레트리버(Chesapeake Bay Retriever, 역자 주 : 메릴랜드 산 사냥개)와 7살 된 형을 둔 4살 난 어린이 존(John)을 상상해 보자. 그를 둘러싸고 있는 세계를 탐구하는 일환으로 어느 날 존이 레트리버의 귀와 코를 잡아당긴다고 상상해 보자. 아이들은 이런 종류의 행동을 하기 마련이다. 그에 대한 반응에서 개는 가볍게 존을 물고 나서 도망간다. 그래서 존은 그의 형의 귀와 코를 잡아당기려 한다. 그러자 그의 형은 대단히 친절하게 존의 손을 때리고는 자리를 피한다. 우리는 이 사건—때맞춘 한 장의 스냅 사진—을 존이 두 지각력 있는 생물, 곧 개와 인간 간의 유사성 관계를 구성하는 것과 같은 그런 종류의 사건들에 대한 위치보유자(place holder)로 활용할 수 있다. 이번에는 다음의 경우를 상상해 보자. 존이 그의 개 등에 앉으려고 하자 다시 개가 가볍게 물고 도망간다. 그러나 그가 똑같은 행위를 그의 형에게 시도할 때 그는 때때로 자신이 목마를 타려고 한다는 것을 알게 된다. 이 사건은, 다시 때맞춘 한 장의 스냅 사진으로, 존이 개와 인간 간의 차이를 구성하는 플레이스 홀더이다. 그 명제는 그러한 탐구와 상호작용이 일상적으로 일어나며, 미시발생적 수준에서 사람들로 하여금 지식의 양방향 종 간 구성으로 나아가게 한다는 것이다. 쉐퍼드(Shepard, 1996)가 제시한 바와 같이 "마치 우리가 인간의 어떤 공통점을 지니고 있으면서도 모든 사람에 대해 '나는 그 사람이 아니야' 라고 하듯이 우리는 각 종에 관하여 '나는 그것이 아니야—그러나 이 한 가지 점에서 만큼은 그것은 나의 일부인 것 같다' 따위 등으로 말할 수 있다"(p. 72). 그와 동시에 우리는 무엇이 비인간 세계인지 아닌지를 분간한다는 것이 그에 첨가될 수 있을 것이다.

모든 종을 아우르는 도덕적 유사점과 차이점의 개념에 대한 증거는 칸(Kahn, 1999)의 환경적 도덕추론에 관한 연구, 특히 그의 두 가지 생명 중심 추론형식의 특성화에서 등장했다. 한 가지 형식은 동일 구조의 관계를 확립하는 것을 통해 등장했다. 여기에서 아동들은 자연적 실체(보통 동물)를 인간과 직접적으로 비교했다. 예를 들면 한 아동은 "마치 우리가 자유롭게 살기를 바라는 것처럼 물고기들도 자유롭게 살기를 원한다. … 그들은 자유롭게 살아야만 한다. 왜냐하면 그들은 날마다 생명을 위협하는 오염이 심한 그런 환경에서 사는 것을 좋아하지 않기 때문이다"(Kahn, 1999, p. 101)라고 말한다. 따라서 한 동물의 소망("자유롭게 살고자 하는")은 인간의 소망과 똑같은 것으로 간주되며, 이러한 직접적 동등성 때문에 아동들은 동물이 인간에 대해서처럼 똑같은 도덕적 고려를 받을 가치가 있다고 추론했다. 그러한 동일구조적 추론은 동물이나 식물이 인간 혹은 인간 특질과 같은 것으로 여겨지는 **의인화**(personification)와 혼돈되어서는 안 된다. 오히려 여기에서는 도덕적 특질(자유와 같은)이 자연과 인간 모두에게 중요한 것으로 간주되며, 그러한 토대 위에서 도덕원리(자유를 보호하는 것과 같은)가 자연과 인간 모두에게 동등하게 적용된다("물고기들은 마치 우리가 자유롭게 살기를 바라는 것처럼 자유롭게 살기를 원한다").

두 번째의 생명 중심 추론형식은 구조초월적 관계를 확립하는 것을 통해 나타났다. 예를 들면 한 5학년 아동은 다음과 같이 말했다.

물고기는 우리가 필요로 하는 것과 같이 똑같은 존중을 필요로 한다. … 물고기들은 우리가 갖고 있는 것을 똑같이 갖고 있는 것은 아니다. 그러나 그들은 똑같은 일을 한다. 그들은 코가 없다. 그러나 그들은 숨을 쉬는 비늘을 지니고 있다. 그들은 우리가 입을 가지고 있는 것처럼 입을 가지고 있다. 그들은 우리가 눈을 가지고 있는 것처럼 눈을 갖고 있다. 그리고 그들은 우리가 갖고 있는 똑같은 동등한 것들을 갖고 있다. … 동등한 것이란, 만약 당신이 다른 어떤 것을 갖고 있다면, 나도 그 어떤 것을 갖고 있을 것이다—그리하여 똑같을 것이다—와 같은 어떤 것이다. 그러나 정확히는 서로 다르다(Kahn, 1999, p. 101, 104).

이 아동은 한 단어, 곧 **동등한 것**(co-ordinate)이란 말을 끌어들이는 것으로 보이는데, 그 단어는 그가 몇 가지 다른 맥락에 직면했을 때 그로 하여금 비록 물고기가 몇 가지 점에서 사람과 똑같지는 않지만(그들은 사람과 같은 코를 갖고 있지 않다) 중요한 기능에서(숨쉬기나 바라보기와 같은) 그들은 똑같다는 것을 설명하는 데 도움을 주었다. 따라서 그는 직접적으로 지각이 가능하고 현저하게 두드러진 특징을 기반으로 한 상호성을 초월하여 기능적 특성을 기반으로 한 도덕적 동등성을 확립할 수 있었다. 다르게 말한다면, 구조초월적 추론을 통해 그 아동은 이제 종들 간의 유사점을 차이점, 곧 발달적 성취와 동등하게 조정할 수 있다.

종 간 변증법은 도덕을 확인하는 데뿐만 아니라 부도덕을 확인하는 데에도 역할을 할 수 있고 또 그렇게 해오고 있다. 예를 들면 연구보고는 아동학대, 가정폭력, 동물학대 간의 밀접한 연관을 보여준다(Ascione & Arkow, 1999). 예컨대 한 연구에서 퀸리스크(Quinlisk, 1999)는 기존에 가정폭력을 보고했던 가정 가운데 72%는 또한 동물학대를 보인다는 것을 발견했다. 기록된 질적 해설 가운데에는 "그는 흰족제비를 마치 우리를 겁주듯이 죽였다"(p. 170), "내가 집에 늦게 도착했다는 이유로 그는 나의 고양이를 전자레인지 속으로 집어넣었다. 고양이는 그날밤 늦게 죽었다"(p. 170) 등이 포함되어 있었다. 아시온(Ascione)과 아코우(Arkow, 1999)는 "동물을 향한 폭력은 흔히 하나의 강압장치이며, 다른 희생자들에 대해 범위와 가혹성에서 증가할 수 있는 폭력의 초기 지표이다"(p. xvii)라고 말한다. 그 밖의 다른 문헌은, 특히 동물을 향한 공격적 행위는 아동들에게서 미래 정신병리학의 초기 지표이며(Arkow, 1999 ; Kellert & Felthous, 1985), 동물학대에 대한 노출은 사람들 간의 폭력에 대해 아동들의 감각을 무디게 할 수 있다고 말한다(Ascione, 1993).

이들 경우는 개인 수준에서 (부)도덕적 변증법을 강조한다. 변증법은 또한 어떤 사람들의 집단이 동물들과 동일하게 간주되고 잘못 동등하게 취급될 때 사회적으로 발생한다. 가장 주목할 만한 것으로 스피겔(Spiegel, 1988)은 미국에서 아프리카계 미국인과 동물 간 대우의 유사점을 입증하고 있다. 그 둘은 모두 다 노예가 되고, 상품화되고, 사냥되고, 운송되고, 소독되며, 그리고 동의 없이 고통스럽고 때로는 죽음에 이르는 의학실험용으로 사용되어 왔다. 정당화 또한 흔히 그와 동시에 제시된다. 스피겔(Spiegel, 1988)이 다른 사람들의 출판 저서들로부터 병렬한 것을 고찰해 보자.

1a. "(말)은 선천적으로 매우 게으른 동물이다."

1b. "흑인은 만약 혼자 내버려두면 일하지 않을 것이다. 그는 드러누워서 햇볕을 쬐고 있을 것이다" (p. 41).

2a. "그들은 그들이[개들] 맞았을 때 내는 소리는 단지 손길이 닿았었던 작은 근(筋)의 소리일 뿐이지 몸 전체는 감정이 없다고 말했다."

2b. "흑인들은 … 놀라울 정도로 감수성이 부족하다" (p. 61).

3a. "훈련된 개는 기쁨이자 자랑이다."

3b. "노예의 상태—자연의 법칙에 대해 폭력을 행사하는 것과는 전혀 다른—는 그것을 발달시키고 완성시킨다. 그리고 그 상태(흑인)에서 최대의 행복을 즐기며, 그의 본성이 할 수 있는 한 최고의 원숙의 정도에 도달한다" (p. 39).

4a. "우리가 애초에 동물들에 대해 다소 자유분방한 의인화를 채택할 준비가 되어 있지 않다면 그들은 권리를 가질 수가 없다."

4b. "흑인들은 백인들이 존중해야만 하는 권리를 갖고 있지 못하다" (pp. 88–89).

이들 진술 가운데 몇 가지는 저명한 사람들에 의해 이루어졌다. 예를 들면 "흑인들은 백인이 존중해야만 하는 권리를 갖고 있지 않다"라고 말한 사람은 드레드 스콧(Dred Scott) 사건(역자 주 : 미국의 흑인 노예로 '드레드 스콧 사건'의 중심인물)의 심리를 맡았던 미국 연방대법원의 대법관 토니(Taney)였다.

종 간 도덕적 변증법에 관한 미래의 연구는 넓게 열려 있다. 앞에서 본 바와 같이 그것은 초기 개체발생론에, 그리고 아동들이 인간과 자연 사이의 유사점과 차이점에 관한 개념을 구성하는 기본적인 발달 메커니즘에 초점을 맞출 수 있을 것이다. 또한 그러한 개념들이 그 경우 도덕판단과 어떻게 관련되는가에 초점을 맞출 수 있을 것이다. 그리고 그것은 대인관계 환경(가족상황과 같은)에서, 그리고 사회에 의한 것으로 분류되는 것과 같이 동물과 인간의 학대에 초점을 맞출 수 있을 것이다. 그런 조사연구를 진행하는 동안 나는 모든 연구의 초기에, 특히 사회적 수준에서 예견하는 것이 어려울 직접적인 대응(예컨대 학대하는 아버지는 그의 아들과 그의 개를 때릴 것이다)뿐만 아니라 복잡하게 뒤얽힌 상호작용을 기대할 것이다.

이런 점을 예증하기 위해 삭스(Sax, 2000)의 제3제국(Third Reich, 역자 주 : 히틀러 치하의 독일, 1933-1945)에서의 동물들에 관한 책 설명을 검토해 보자. 잘 알려진 바와 같이 "나치는 인간이 동물에게 전통적으로 행해 왔던 바와 같이 인간을 끌어모았고, 그들에게 번호를 붙였으며, 그들을 거세했고, 산업적으로 그들을 도살했다"(p. 22). 삭스에 따르면 나치는 또한 약탈자와 먹이를 기반으로 한 근본 패러다임에서 작동했다. 나치 이데올로기는 늑대와 독수리와 같은 동물을 격찬했으며, 그것이 죽일 것들에 대한 악의라기보다는 무관심을 채택했다. 사실 나치는 동물을 학대로부터 보호하는 엄격한 법률을 통과시켰으며, 동물들이 어떻게 공급되고, 운송되고, 양육되며, 도살되어야 하는지에 대해 세세하게 규정했다. 히믈러(Himmler, 역자 주 : 독일 나치스 지도자, 국가 비밀경찰 장관 역임)는 1943년 10월 나치 친위대(SS) 지도자들에게 다음과 같이 말했다.

> 국민들이 번영 속에서 사느냐 아니면 굶어죽느냐는 우리 문화에 대한 예속자들로서 우리가 그들을 필요로 할 때에만 오로지 나의 관심을 끈다. … 우리는 필요하지 않을 때에는 결코 거칠거나 무자비해서는 안 될 것

이다. 그것은 분명하다. 동물에 대해 적절한 태도를 가진 세계에서 유일한 사람들인 우리 독일인들은 또한 이 인간 동물에 대해서도 적절한 태도를 가정할 것이다. 그러나 그들에 관하여 염려하는 것은 우리 자신의 피에 대한 범죄이다… (Fest, 1970, Sax, 2000, p. 115에 인용됨).

삭스(Sax)에 따르면 "논리에 맞지 않는 나치 동물보호법의 목적은 사람들로 하여금 안락사를 긍정적인 일로 생각하는 데 익숙하도록 하는 것이었다. 사람들을 무감각하게 함으로써 동물 살상은 인간에 대한 대량 학살의 길을 여는 데 도움을 주었다"(p. 169). 물론 나치는 당연히 동물을 야만스럽게 다룰 수 있었다. 예를 들면 "… 나치 친위대의 몇몇 대원들은 독일 셰퍼드(경찰견)를 12주 동안 필수적으로 길렀으며, 그리고는 그 개를 관리의 감독 하에 목 졸라 죽였다"(p. 169). 그러나 다시 그러한 야만성은 흔히 독일인들로 하여금 비아리안(non-Aryan)의 지각적 삶의 고통에 대해 무감각하게 만드는 보다 큰 목적에 공헌하는 것으로 보였다.

결론

많은 연구와 학문이 자연과 도덕발달의 교차점에 놓여 있다. 이 연구는 발달심리학, 환경심리학, 정신생리학, 사회생물학, 보존행동, 보존심리학, 생태심리학, 인간생태학, 그리고 환경교육을 포함한 다양한 문헌으로부터 끌어낸다.

호모 사피엔스(Homo Sapiens)로서 우리는 풍요롭고 다채로운 자연

환경과의 긴밀한 접촉에서 성장했으며, 상당부분 현대인들에 의해 인정을 받지 못하지만 우리는 아직까지 우리의 신체적·심리적 안녕을 자연에 의존하고 있다. 뒤보스(Dubos, 1968)는 이에 대해 "인간이 자신의 생물학적·정신적 본성을 형성해 온 자연의 힘과 접촉을 상실하면서도 자신의 신체적·정신적 건강을 유지할 수 있다는 것은 의문스러운 일"(Shepard, 1998, p. 147에 인용됨)이라고 말하고 있다. 이와 비슷한 노선으로서 카플란(Kalpan)과 카플란(Kalpan, 1989)은 "심리학자로서 우리는 정원에 관하여, 잎에 관하여, 숲과 농지에 관하여 거의 들어보지 못하고 있다. … 아마도 건강, 행복, 그리고 전체를 증진시켜 줄 이 자원이 오랫동안 소홀히 취급되고 있다"(p. 198)고 기술한다. 더욱이 자연의 중요성은 훨씬 더 멀리 확장한다. 그 밖의 다른 문헌이 제시하듯이 동물과의 상호작용을 통해 아동들은 공감을 발달시키고 인간 도덕성의 정초인 상호성(reciprocity)과 타자성(otherness)의 개념을 구성한다. 아동들은 이 시기에 도덕적 관점에서 자연과의 관계에 관하여 추론한다. 이러한 관점은 도덕적으로 의무적인(규정성, 규칙 일관성, 그리고 일반화 가능성), 그리고 인간 중심의 도덕적 고려(인간 복지와 같은)와 생물 중심의 도덕적 고려(자연은 내재적인 가치와 권리를 지닌다는, 혹은 존중받아야 할 필요가 있다는 목적론과 같은) 두 가지 모두에 기반을 둘 수 있는 특징을 지닌다. 그것이 개발되지 않은 "자기 의지적인" 대지의 넓은 지역이든 아니면 동물들과의 두려운 만남이든 아동들은 자연의 야성적 측면과의 결합을 통해 자율성, 자기조직화(self-organization), 그리고 자유에 관한 도덕적 이해의 발달을 촉진시킬 수 있다. 마지막으로 연구보고는 아동들의 자연과의 상호작용을 통한 도덕발달이 인간과 인간 간의 도덕성을 더 깊게 해준다고 제안한다. 개체발생의 미시발생적 및 거시발생적 수준 모두에서 그 역도 또한 같다.

참고문헌

Arkow, P.(1999). The evolution of animal welfare as a human welfare concern. In F. R. Ascione and P. Arkow(Eds.), *Child abuse, domestic violence, and animal abuse : Linking the circles of compassion for prevention and intervention*(pp. 19–37). West Lafayette, IN : Purdue University Press.

Ascione, F. R.(1993). Children who are cruel to animals : A review of research and implications for developmental psychopathology. *Anthrozoös, 6*(4), 226–247.

Ascione, F. R., & Arkow, P.(Eds.).(1999). *Child abuse, domestic violence, and animal abuse : Linking the circles of compassion for prevention and intervention.* West Lafayette, IN : Purdue University Press.

Beck, A., & Katcher, A.(1996). *Between pets and people.* West Lafayette, IN : Purdue University Press.

Beehler, R.(1978). *Moral life.* New Jersey : Rowman & Littlefield.

Brandon, G., & Lewis, A.(1999). Reducing household energy consumption : A qualitative and quantitative field study. *Journal of Environmental Psychology, 19,* 75–85.

Burn, S. M. & Oskamp, S.(1986). Increasing community recycling with persuasive communication and public commitment. *Journal of Applied Social Psychology, 16,* 29–41.

Campbell, R. L., & Christopher, J. C.(1996). Moral development theory : A critique of its Kantian presuppositions. *Developmental Review, 16,* 1–47.

Carey, S.(1985). *Conceptual change in childhood.* Cambridge, MA : MIT Press.

Coley, J. D.(1995). Emerging differentiation of folkbiology and folkpsychology : Attributions of biological and psychological properties to living things. *Child Development, 66,* 1856–1874.

Cook, E. W., Hodes, R. L., & Lang, P. J.(1986). Preparedness and phobia : Effects of stimulus content on human visceral conditioning. *Journal of Abnormal Psychology,*

98, 448–459.

Covert, A. M., Whirren, A. P., Keith, J., & Nelson, C.(1985). Pets, early adolescents, and families. *Marriage and Family Review, 8*, 95–108.

DeVries, R.(1997). Piaget's social theory. *Educational Researcher, 26*(2), 4–17.

De Young, R.(1985/1986). Encouraging environmentally appropriate behavior : The role of intrinsic motivation. *Journal of Environmental Systems, 15*, 281–292.

De Young, R.(1989). Exploring the difference between recyclers and non–recyclers : The role of information. *Journal of Environmental Systems, 18*, 341–351.

De Young, R., & Kaplan, S.(1985/1986). Conversation behavior and the structure of satisfactions. *Journal of Environmental Systems, 15*, 233–242.

Diamond, W. D & Loewy, B. Z.(1991). Effects of probabilistic rewards on recycling attitudes and behavior. *Journal of Applied Social Psychology, 21*, 1590–1607.

Dubos, R.(1968). Environmental determinants of human life. In David C. Glass(Ed.), *Environmental influences*(pp. 149–150). New York : Rockefeller University Press.

Dunlap, R. E., VanLiere, K. D., Mertig, A. G., & Jones, R. E.(2000). Measuring endorsement of the New Ecological Paradigm : A revised NEP scale. *Journal of Social Issues, 56*, 425–442.

Fest, J.(1970). *The face of the Third Reich : Portraits of the Nazi leadership*. Trans. Michael Bullock. New York : Pantheon.

Foot, P.(1978). *Virtues and vices*. Berkeley and Los Angeles : University of California Press.

Fredston, J.(2001). *Rowing to latitude : Journeys along the Arctic's edge*. New York : North Point Press.

Gelman, R., Spelke, E., & Meck, E.(1983). What preschoolers know about animate and inanimate objects. In D. Rogers & J. A. Sloboda(Eds.), *The acquisitions of symbolic skills*(pp. 297–326). New York : Plenum.

Gelman, S.(2003). *The essential child : Origins of essentialism in everyday thought*. New York : Oxford University Press.

Guagnano, G. A., Stern, P. C., & Dietz, T.(1995). Influences on attitude–behavior relationships : A natural experiment with curbside recycling. *Environment and Behavior, 27*, 699–718.

Hand, G.(1997). The forest of forgetting. *Northern Lights, 13*(1), 11–13.

Heerwagen, J.(1990). The psychological aspects of windows and window design. In K. H. Anthony, J. Choi, & B. Orland(Eds.), *Proceedings of the 21st Annual Conference of the Environmental Design Research Association*. Oklahoma City : EDRA.

Howe, D., Kahn, P. H., Jr., & Friedman, B.(1996). Along the Rio Negro : Brazilian children's environmental views and values. *Developmental Psychology, 32,* 979–987.

Hugdahl, K., & Karker, A. C.(1981). Biological vs. experiential factors in phobic conditioning. *Behavior Research and Therapy, 19,* 109–115.

Inagaki, K., & Hatano, G.(2002). *Young children's naïve thinking about the biological world.* New York : Psychology Press.

Kahn, P. H., Jr.(1997). Children's moral and ecological reasoning about the Prince William Sound oil spill. *Developmental Psychology, 33,* 1091–1096.

Kahn, P. H., Jr.(1999). *The human relationship with nature : Development and culture.* Cambridge, MA : MIT Press.

Kahn, P. H., Jr.(2002). Children's affiliations with nature : Structure, development, and the problems of environmental generational amnesia. In P. H. Kahn, Jr., & S. R. Kellert(Eds.), *Children and nature : Psychological, sociocultural, and evolutionary investigations*(pp. 93–116). Cambridge, MA : MIT Press.

Kahn, P. H., Jr. & Friedman, B.(1995). Environmental views and values of children in an inner–city Black community. *Child Development, 66,* 1403–1417.

Kahn, P. H., Jr. & Lourenco, O.(2002). Water, air, fire, and earth?A developmental study in Portugal of environmental moral reasoning. *Environment and Behavior, 34,* 405–430.

Kahn, P. H., Jr., Saunders, C. D., & Myers, G.(2001, April). *Children's conceptions of bats : Toward a biophilic account of fear caring.* Paper presented at the biennial meeting of the Society for Research in Child Development, Minneapolis, MN.

Kaise, F. C., Wölfing, S., & Fuhrer, U.(1999). Environmental attitude and ecological behaviour. *Journal of Environmental Psychology, 19,* 1–19.

Kaplan, R.(1973). Some psychological benefits of gardening. *Environmental and Behavior, 5,* 145–152.

Kaplan, R.(1977). Patterns of environmental preference. *Environment and Behavior, 9,* 195–216.

Kaplan, R.(1985). Nature at the doorstep : Residential satisfaction and the nearby environment. *Journal of Architectural and Planning Research, 2,* 115–127.

Kaplan, R., & Kaplan, S.(1989). *The experience of nature : A psychological perspective.* New York : Cambridge University Press.

Kaplan, S.(1983). A model of person–environment compatibility. *Environment and Behavior, 15,* 311–332.

Kaplan, S.(1987). Aesthetics, affect, and cognition : Environmental preferences from an evolutionary perspective. *Environment and Behavior, 19,* 3–32.

Kaplan, S.(1992). Environmental preference in a knowledge–seeking, knowledge–using organism. In J. H. Barkow, L. Cosmides, & J. Tooby(Eds.), *The adapted mind : Evolutionary psychology and the generation of culture*(pp. 581–598). New York : Oxford University Press.

Katcher, A.(2002). Animals in therapeutic education : Guides into the liminal state. In P. H. Kahn, Jr., & S. R. Kellert(Eds.), *Children and nature : Psychological, sociocultural, and evolutionary investigations*(pp. 179–198). Cambridge, MA : MIT Press.

Katcher, A., Friednmann, E., Beck, A., & Lynch, J.(1983). Looking talking, and blood pressure : The physiological consequences of interaction with the living environment. In A. Katcher & A. Beck(Eds.), *New perspectives on our lives with companion animals*. Philadelphia : University of Pennsylvania Press.

Katcher, A., Segal, H., & Beck, A.(1984). Comparison of contemplation and hypnosis for the reduction of anxiety and discomfort during dental surgery. *American Journal of Clinical Hypnosis, 27*, 14–21.

Katcher, A., & Wilkins, G.(1993). Dialogue with animals : Its nature and culture. In S. R. Kellert & E. O. Wilson(Eds.), *The biophilia hypothesis*(pp. 173–197). Washington, DC : Island Press.

Katcher, A., & Wilkins, G.(1998). Animal–assisted therapy in the treatment of disruptive behavior disorders. In A. Lundberg(Ed.), *The environment and mental health*(pp. 193–204). Mahwah : NJ : Lawrence Erlbaum Associates.

Katcher, A., & Wilkins, G.(2000). The Centaur's lessons : Therapeutic education through care of animals and nature study. In A. Fine(Ed.), *The handbook on animal assisted therapy : Theoretical foundations and guidelines for practice*(pp. 153–178). New York : Academic Press.

Kellert, S. R., & Felthous, A. R.(1985). Childhood cruelty toward animals among criminals and noncriminals. *Human Relations, 38*, 1113–1129.

Killen, M.(1989). Context, conflict, and coordination in social development. In L. T. Winegar(Ed.), *Social interaction and the development of children's understanding* (pp. 119–146). Norwood, NJ : Ablex.

Killen, M.(1990). Children's evaluations of morality in the context of peer, teacher–child and familial relations. *Journal of Genetic Psychology, 151*, 395–410.

Kohlberg, L.(1980). High school democracy and educating for a just society. In R. L. Mosher(Ed.), *Moral education : A first generation of research*(pp. 20–57). New York ; Praeger.

Kohlberg, L.(1984). *Essays on moral development : The psychology of moral development* (vol. 2.). San Francisco : Harper & Row.

Lee, Y., & De Young, R.(1994). Intrinsic satisfaction derives from office recycling behavior : A case study in Taiwan. *Social Indicators Research, 31*, 63–76.

Leonard–Barton, D.(1981). Voluntary simplicity lifestyles and energy conservation. *Journal of Consumer Research, 8*, 243–252.

Lourenço, O.(2000). The aretaic domain and its relation to the deontic domain in moral reasoning. In M. Laupa(Ed.) & W. Damon(Ser. Ed.). *Rights and wrongs : How children and young adults evaluate the world. New directions for child development* pp. 47–61). San Francisco, CA : Jossey–Bass.

MacIntyre, A.(1984). *After virtue*. Nortre Dame, IN : University of Nortre Dame Press.

Medin, D. L, & Atran, S.(Ed.).(1999). *Folkbiology*. Cambridge, MA : MIT Press.

Melson, G. F.(2001). *Why the wild things are : Animals in the lives of children*. Cambridge, MA : Harvard University Press.

Moore, E. O.(1982). A prison environments' effect on health care service demands. *Journal of Environmental Systems, 11*, 17–34.

Moore, S., Murphy, M., & Watson, R.(1994). A longitudinal study of domestic water conservation behavior. *Population & Environment, 16*, 175–189.

Myers, G.(1998). *Children and animals : Social development and our connections to other species*. Boulder, CO : Westview.

Öhman, A.(1979). Fear relevance, autonomic conditioning, and phobias : A laboratory model. In P. O. Sjödén, S. Bates, & W. S. Dockens(Eds.), *Trends in behavior therapy*. New York : Academic Press.

Öhman, A.(1986). Face the beast and fear the face : Animal and social fears as prototypes for evolutionary analyses of emotion. *Psychophysiology, 23*, 123–145.

Öhman, A., Dimberg, U., & Öst, G.(1985). Animal and social phobias : biological constraints on learned fear responses. In . Reiss & R. R. Bootzin(Eds.), *Theoretical issues in behavior*. New York : Academic Press.

Öhman, A., Erixon, G., and Löfberg, I.(1975). Phobias and preparedness : Phobic versus neutral pictures as conditioned stimuli for human autonomic reponses. *Journal of Abnormal Psychology, 84*, 41–45.

Öhman, A., & J. J. F. Soares(1993). On the automaticity of phobic fear : Conditioned responses to masked phobic stimuli. *Journal of Abnormal Psychology, 102*, 121–132.

Piaget, J.(1932/1969). The moral judgment of the child. Glencoe, IL : Free Press.

Piaget, J.(1971a). *Genetic epistemology*. New York : Norton.

Piaget, J.(1971b). *Psychology and epistemology*. New York : Viking.

Power, C.(1988). The just community approach to moral education. *Journal of*

Moral Education, 17, 195–208.
Pyle, R. M.(2002). Eden in a vacant lot : Special places, species, and kids in the neighborhood of life. In P. H. Kahn, Jr. & S. R. Kellert(Eds.), *Children and nature : Psychological, sociocultural, and evolutionary investigations*(pp. 305–327). Cambridge, MA : MIT Press.
Quinlisk, J. A.(1999). Animal abuse and family violence. In F. R. Ascione & P. Arkow (Eds.), *Child abuse, domestic violence, and animal abuse : Linking the circles of compassion for prevention and intervention*(pp. 168–175). West Lafayette, IN : Purdue University Press.
Regan, T.(1986). The case for animal rights. In D. VanDeVeer and C. Pierce(Eds.), *People, penguins, and plastic trees*(pp. 32–39). Belmont, CA : Wadsworth.
Sax, B.(2000). *Animals in the Third Reich : Pets, scapegoats, and the Holocaust*. New York : Continuum.
Scheffler, S.(1986). Morality's demands and their limits. *The Journal of Philosophy, 10*, 531–537.
Scheffler, S.(Ed.).(1988). *Consequentialism and its critics*. New York. Oxford University Press.
Scheffler, S.(1992). *Human morality*. New York : Oxford University Press.
Schultz, P. W., & Zelezny, L.(1999). Values as predictors of environmental attitudes : Evidence for consistency across 14 countries. *Journal of Environmental Psychology, 19*, 255–265.
Schwartz, S. H.(1994). Are there universal aspects in the structure and content of human values? *Journal of Social Issues, 50*, 19–45.
Shepard, P.(1978). *Thinking animals*. New York : Viking.
Shepard, P.(1995). Virtually hunting reality in the forests of simulacra. In M. E. Soulé & G. Lease(Eds.), *Reinventing nature? : Responses to postmodern deconstruction*(pp. 17–29). Washington, DC : Island Press.
Shepard, P.(1996). *The others : How animals made us human*. Washington, DC : Island Press.
Shepard, P.(1998) *Coming home to the Pleistocene*. Washington, DC : Island Press.
Smart, J. J. C., & Williams, B.(1973). *Utilitarianism for and against*. Cambridge, UK : Cambridge University Press.
Smetana, J. G.(1983). Social–cognitive development : Domain distinctions and coordinations. *Developmental Review, 3*, 131–147.
Smetana, J. G.(1995). Morality in context : Abstractions, ambiguities and applications. In R. Vasta(Ed.), *Annals of Child Development, 10*, 83–130.
Smetana, J. G., Bridgeman, D. L. Bridgeman(Ed.), *The nature of prosocial develop-*

ment(pp. 163–183). New York : Academic Press.

Spiegel, M.(1988). *The dreaded comparison : Human and animal slavery*. New York : Mirror Books.

Thomashow, C.(2002). Adolescents and ecological identity : Attending to wild nature. In P. H. Kahn, Jr. & S. R. Kellert(Eds.), *Children and nature : Psychological, sociocultural, and evolutionary investigations*(pp. 259–278). Cambridge, MA : MIT Press.

Turiel, E.(1983). *The development of social knowledge*. Cambridge, UK : Cambridge University Press.

Turiel, E.(1998). Moral development. In W. Damon(Ed.), Handbook of child psychology, N. Eisenberg(Ed.), *Vol. 3 : Social, emotional, and personality development*(pp. 863–932). New York : Wiley.

Turiel, E.(2002). *The culture of morality : Social development and social opposition*. Cambridge, UK : Cambridge University Press.

Turiel, E., Davidson, P.(1986). Heterogeneity, inconsistency, and asynchrony in the development of cognitive structures. In I. Levin(Ed.), *Stage and Structure : Reopening the debate*(pp. 106–143). Norwood, NJ : Ablex.

Turner, J.(1996). *The abstract wild*. Tucson : The University of Arizona Press.

Ulrich, R. S.(1984). View through a window may influence recovery from surgery. *Science, 224*, 420–421.

Ulrich, R. S.(1993). Biophilia, biophobia, and natural landscapes. In S. R. Kellert & E. O. Wilson(Eds.), *The biophilia hypothesis*(pp. 73–137). Washington, DC : Island Press.

Ulrich, R. S., & Lunden, O.(1990, June). *Effects of nature and abstract pictures on patients recovering from open heart surgery*. Paper presented at the International Congress of Behavioral Medicine, Uppsala, Sweden.

Ulrich, R. S., Simons, R. F., Losito, B. D., Fiorito, E., Miles, M. A., & Zelson, M. (1991). Stress recovery during exposure to natural and urban environments. *Journal of Environmental Psychology, 11*, 201–230.

Vining, J., & Ebreo, A.(1990). What makes a recycler? : A comparison of recyclers and non–recyclers. *Environment and Behavior, 22*, 55–73.

Vining, J., & Ebreo, A.(1992). Predicting recycling behavior from global and specific environment attitudes and changes in recycling opportunities. *Journal of Applied Social Psychology, 22*, 1580–1607.

Vining, J., & Ebreo, A.(2002). Emerging theoretical and methodological perspectives on conservation behavior. In R. B. Bechtel & A. Churchman(Eds.), *Handbook of Environmental Psychology*(pp. 541–558). Hoboken, NJ : John Wiley.

Werner, C. M., Turner, J., Shipman, K., Twitchell, F. S., Dickson, B. R., Bruschke, G. V., & Von Bismarck, W. B.(1995). Commitment, behavior, and attitude change : An analysis of voluntary recycling. *Journal of Environmental Psychology, 15*, 197–208.

Williams, B.(1985). *Ethics and the limits of philosophy*. Cambridge, MA : Harvard University Press.

Wohlwill, J. F.(1968). Amount of stimulus exploration and preference as differential functions of stimulus complexity. *Perception and Psychophysics, 4*, 307–312.

제6부

공감, 정서, 그리고 공격성

제6부에 있는 장들은 도덕적 정서, 공감, 동정, 이타주의, 그리고 공격성에 관한 연구를 기술한다. 이들 도덕성의 차원은 흔히 도덕적 추론 및 반성과 상이한 관점에서 기술되고 있다. 즉 이론가들은 "따뜻한, 직관적인 정서"에 맞대어 "차가운, 딱딱한, 논리적 추론"을 내세우고 있다. 제6부의 저자들은 정서 대 도덕적 인지에 관한 이러한 이분화되고 정형화된 대비를 넘어서며, 대신에 도덕성의 발달에서 정서, 공감, 그리고 합리성의 상대적 공헌에 관한 통합적이고 역동적인 이론을 제시한다. 더 나아가 저자들은 공격적 행동의 해석이 참여자들에 의해 이들 행동에 부여된 의미에 따라 달라지는 방식을 기술한다. 연구자들은 공감, 이타주의, 그리고 정서가 어떻게 사회적 사건과 그들의 판

단 및 도덕적 추론에 대한 개인의 해석에서 그 일부를 차지하는지에 관한 풍부한 조사연구와 이론을 기술한다. 헤이스팅스(Paul Hastings), 잔 왁슬러(Carolyn Zahn-Waxler), 맥쉐인(Kelly McShane)이 기술한 제18장에서 저자들은 인간과 동물에게서 공감의 역할을 이해하는 데 필요한 복합적 수준을 기술하고자 생물학적·사회적·정신생리학적 증거를 제시한다. 저자들은 공감적 반응이 우리의 생물학적 유산의 일부이며, 공감이 어떻게 각기 다른 연구 전통들로부터 연구되어 왔는지에 관한 수많은 사례를 제시한다. 그들의 장은 또한 도덕성과 신경과학의 영역에서 새로운 결과를 기술하고 있다. 이는 사회과학과 생물학에서 전문가들이 함께 이끌어내는 아주 새로운 연구분야이다.

아이젠버그(Nancy Eisenberg), 스핀래드(Tracy Spinrad), 사도브스키(Adrienne Sadovsky)가 기술한 제19장은 두 가지 핵심적인 도덕적 구성 개념인 공감과 동정 간의 보다 깊은 차별화를 제공한다. 저자들은 이들 구성 개념의 철학적 기원, 그리고 공감과 동정이 어떻게 아동들과 성인들의 사회적 상호작용과 도덕적 상황에 관한 해석에서 서로 다른 역할을 수행하는지에 대한 광범위하고 훌륭한 입증자료를 보여준다. 공감과 동정의 영역에서 광범위한 경험적 연구를 기술하면서 저자들은 이들 구성 개념이 발달에서 도덕성의 획득을 위한 토대로서 공헌하는 차별화되고 통합적인 방식에 대해 성공적으로 논의한다.

카를로(Gustavo Carlo)의 제20장은 공감과 배려의 논의를 이타주의로 확장한다. 카를로는 친사회적 행동의 다층적 복합성이 이들 행동과 연합된 개인적인(생물학적인 것을 포함하는), 개인 상호 간의, 그리고 보다 넓은 사회적 맥락의 메커니즘 간의 상호작용을 이해하는 데 도움을 준다고 단언한다. 다른 저자들처럼 그는 인간 본성을 단순히 "이기적" 혹은 "도덕적"으로 보는 관점에 반대한다. 공감적 반응과 배려 반응이 일상적인 사회적 상호작용에서 어떻게 표명되고 이루어지는가에 관한 심층적 검토는 필수적이다. 카를로는 문화 간 또는 인종 간 연구로부터 친사회적 행동에 관한 세세한 증거를 제시하고 있으며, 그것은 친사회적 발달에 관한 지식의 인구통계학적 기초자료를 크게 확장시키고 있다.

제22장에서 티삭(Marie Tisak)은 사회인지적 · 사회적 정보처리 모델이 청소년 비행에서 공격적 행동의 이해를 명료화하는 데 도움을 준다는 것을 확인하고 있다. 그녀는 개인들이 어떻게 타인의 의도를 코드화하고 또한 사회적 · 도덕적 판단을 내리는가, 그리고 어떻게 이러한 코드화는 공격적 행동에 영향을 미치는가를 이해할 필요성을 입증한다. 또한 티삭은 인간을 "공격적" 혹은 "이기적"으로 낙인찍는 것을 경계한다. 그녀는 청소년 범죄를 설명하기 위해 다양한 이론적 모델의 포괄적이고 창조적인 통합을 제시한다. 도덕적 정서와 도덕적 인지가 어떻게 아동들과 청소년의 공격성에 관한 이해와 관계가 있는지를 연구하는 것은 복잡한 과정이다. 그러나 그녀는 만약 우리가 인간 본성에 관한 이원화된 묘사로부터 벗어난 분야로 나아가야 한다면, 그리고 친사회적 발달에 관한 과학적 이해를 진척시켜야 한다면 궁극적으로 이것이 필요한 발걸음이라는 것을 입증한다.

제18장

인간은 본래 도덕적 피조물이다

타인들에 대한 관심의 생물학적 토대

헤이스팅스_Paul D. Hastings(콘코디아 대학교_Concordia University)
잔 왁슬러_Carolyn Zahn-Waxler(위스콘신 대학교_University of Wisconsin, Madison)
맥쉐인_Kelly McShane(콘코디아 대학교_Concordia University)

최근 십여 년 동안 배려 행동의 기원과 발달에 대한, 그리고 이들 양식에서의 개인적 차이에 공헌하는 요소들에 대한 관심이 고조되어 왔다. 마찬가지로 공감이 적절한지, 억제되었는지, 과도한지와 같은 타인들에 대한 관심의 정상적 · 비정상적 표현에 대한 강조도 있어왔다. 생물학적 과정과 환경적 과정 두 가지 모두는 이들 각기 다른 양식의 등장과 관련되어 왔다. 비록 환경의 다양한 요소들이 생물학적 과정에 영향을 미치지만 이 장은 생물학적 요소들과 공감, 동정, 이타주의, 그리고 친사회적 행동의 발달과의 연합을 강조하는 이론과 연구의 검토에 초점을 맞춘다.

아담 스미스(Adam Smith, 1790)는 2백여 년 전에 자신의 『도덕감정론』(*Theory of Moral Sentiments*)에서 **공감**(empathy)을 다른 사람의 관점을 이해하고 비이성적인 혹은 정서적인 반응을 보이는 능력으로 기술했다. 최근 수십 년 동안 이러한 공감의 개념은 여러 연구 접근에 반영되어 왔다. 조작적 정의는 이제 (a) **감정적 표현**(정서적 합류), (b) **인지**(타인의 경험 파악하거나 이해하기), 그리고 (c) **생리기능**(자율신경체계 활동 보다 최근에는 호르몬과 신경기질)의 견지에서 이들 구성요소에 초점을 맞춘다. 호프만(Hoffman, 1982), 아이젠버그(Eisenberg)와 페이브스(Fabes, 1998), 잔 왁슬러(Zahn-Waxler)와 로빈슨(Robinson, 1995), 그리고 그 밖의 다른 사람들(예컨대 Grusec, 1991)의 연구를 토대로 여기에서는 **공감**(empathy)이 다른 사람의 정서적 상태에 대한 인식과 공유하기로 정의된다. 공감과 밀접하게 관련된 것으로는 **동정**(sympathy)과 **연민**(compassion)이 있는데, 이것은 다른 사람의 걱정이나 고통을 향한 정향, 그리고 그 사람을 대신한 슬픔이나 관심의 감정을 반영한다. **친사회적 행동**(prosocial behavior)은 다른 사람의 고통을 경감시키는 행위를 포함하여 그 사람의 안녕에 이득이 되는 행위로 이루어진다. 따라서 친사회적 행동의 넓은 행동범위는 자기 자신의 어떤 희생을 감내하면서 다른 사람의 필요를 증진시키는 **이타주의**(altruism)를 포괄할 수 있다. 이들 구성 개념은 상호 교환할 수 있는 것이 아니며, 그 각각은 나름의 의미와 동기의 한계를 시사한다. 그러나 그들 모두는 적어도 어느 정도까지는 타인들의 안녕에 대한 관심의 표현을 반영하며, 바로 그 점에서 관심의 넓은 영역의 일부에 속한다. 이전의 연구에서(Hastings, Zahn-Waxler, Usher, Robinson & Bridges, 2000)는 이들 관련된 감정적·인지적·행동적 반응이 **타인들에 대한 관심**(concern for others, p. 531)이란 제목 하에 분류되었다.

이 장은 공감(그리고 이와 관련된 구성 개념들)이 예상대로 생물학적 과정과 연결되어야 한다는 명제를 지지하는 이론들에 대한 검토로 시작한다. 이 검토는 심리진화 이론, 행동생물학과 사회생물학, 정서에 관한 기능주의 이론, 그리고 발달적 관점에 대한 고려를 포함한다. 그런 다음 타인들에 대한 관심과 생물학적 기능작용 간의 연계를 예증하는 경험적 증거가 검토된다. 이것은 유전학, 신경해부학과 신경생리학, 신경 내분비(호르몬)계, 자율신경계(ANS) 과정, 그리고 기질에 대한 고려를 포함한다. 발달적 관점뿐만 아니라 인간, 영장류, 그리고 그 밖의 다른 종의 타인들에 대한 관심의 연구도 고찰된다. 미래의 연구방향은 고찰된 생물학적 기능작용에 관한 5가지 측면 각각에 따라 제시된다. 이 장의 범위를 고려하여 이 검토는 포괄적 분석을 제공하는 데 최선의 대표적인 연구들에 초점을 맞춘다.

공감과 이타주의에 대한 생물학적 설명 및 이론

혈연선택

공감과 친사회적 행동의 유전적 및 신경호르몬 기질과 관련한 최근의 이론은 이타적 행동의 진화에 관한 윌슨(E. O. Wilson, 1975, 1978)의 사회생물학적 성찰에 많은 빚을 지고 있다. 윌슨에게 있어서 핵심적인 문제는 어떻게 자연선택이 이타주의의 진화를 지지할 수 있는가이다. 왜냐하면 그것은 정의상으로는 개인적 적합성을 손상시키기 때문이다. **혈연선택**(kin selection)은 다양한 동물 종에서 발견된 이타주의의 존재를 설명하는 데 사용되고 있다. 윌슨에 따르면 집단 내의 혈족관계에 의해 연결된 개인들의 그물망은 서로 간에 협동하며 이타적 행동을 한다. 그럼으로써 비록 그러한 행동이 집단의 어떤 구성원들의 개인적 적합성을 감소시킨다 하더라도 전체로서 그물망의 평균적인 유전적 적합성을 증가시킨다. 공유된 혹은 공통 유전자의 비율은 종 구성원들 간에 보여진 이타주의의 중요한 결정요소가 되는 것으로 가정된다. 곧 보다 큰 이타주의는 먼 친족이나 혹은 관련이 없는 동종들에게보다는 보다 가깝게 관련된 친족에게 향한다는 것이다.

이타적 행동의 존재는 진화 이론가들에게 핵심적인 딜레마로 자리를 잡았다. 그것은 그러한 행동에 개입하는 개인의 다윈적 적합성을 감소시키는 것으로 보임에도 불구하고 그런 행동이 어떻게 진화할 수 있었는지의 의문을 불러일으킨다. 초기 이론가들은 모든 배려 행동을 자기이익적 · 자기파괴적인 행위로 환원시킴으로써 그 이슈를 해결하고자 시도했다(Zahn–Waxler & Radke–Yarrow, 1990). 따라서 이타주의는 타인지향적이 되는 것으로부터 이기적이 되는 것으로 재정의된다. 그러나 그 밑바탕에 생물학적 토대를 깔고 있는 모든 이론이 이러한 접근을 취하는 것은 아니다. 관찰, 이론적 제안, 그리고 복잡한 수학적 모델은 모두 인간 기능작용의 적응적이고 진화론적으로 성공적인 측면으로서 타인들의 안녕에 관심을 갖는 인간 경험에 대한 합리적 모델들로 수렴된다.

상호적 이타주의와 협동의 진화

몇몇 사회생물학자들은 이타주의가 상호성을 통해 진화할 수 있었다고 제안하고 있다(Trivers, 1971, 1983). 트리버즈(Trivers)의 모델은 어떤 이타적 행동이 어떻게 그 수용자가 생물학적으로 관련이 없는, 곧 혈연 선택을 배제한 경우에서도 선택될 수 있었는지 설명하고자 하는 데 목적이 있었다. 어떤 조건들의 경우 자연선택은 이타적 행동을 더 선호한다. 왜냐하면 이들 행동은 결국에는 보다 나중에 이타적 유기체에 이득을 주기 때문이다. 이타적 행동을 수행하는 것은 수혜자에 의한 상호 이타적인 행동을 이끌어내며, 이러한 이득의 이력은 시간이 지나면서 쌓여진다. 따라서 미래의 상호적 이타주의에 관한 기대는 비록 그 행동이 실제 강화에서 지체되더라도 현재의 이타적 행동을 지원하게 된다.

협동과 돕는 행동은 인간 이외의 종들에서 목격되고 있는데, 여기에는 인간 이외 몇 가지 유형의 영장류, 새, 사냥개, 돌고래, 고래 등이 포함된다. 집단이 약탈자들로부터 방어하기 위해 스스로 협동할 때 각 개인은 이득을 얻는다. 트리버즈의 관점에서 볼 때 인간 간의 상호적 이타주의는 여러 가지 맥락과 모든 문화에서 발생한다. 흔히 이들 행동은 이타주의자에게는 작은 희생이 치러지면서 일어나며, 그 수용자에게는 소중한 이득을 제공한다. 윌슨(E. O. Wilson, 1998)과 마찬가지로 트리버즈 또한 부모와 자녀 간의 돕는 행동을 "진정한" 이타적 행동으로 간주하지는 않는다. 오히려 그것은 단지 그들 자녀에게 부여된 부모 유전자의 생존에 이바지하는 것이다.

또 다른 사회생물학자들(예컨대 Rachlin, 2002 ; Tooby & Cosmides, 1996)은 유전적으로 전혀 관련되지 않은 어떤 종 구성원들 간의 이타주의는 재생산과 종 생존의 확률을 증가시킨다고 주장하고 있다. 소버(Sober)와 윌슨(Wilson, 1998)은 사회적 종들에 관해 연구했으며, 만약 집단의 몇몇 구성원들이 이타적이라면 적절한 자기 희생의 경우까지도 집단

생존의 가능성이 더 높아진다는 것을 입증하는 수학적 모델을 마련했다. 예를 들면 집단 구성원들로부터 약탈자들을 끌어냄으로써—비록 그 이타주의자 자신은 희생되어 사라진다 하더라도—이타주의자는 집단 구성원들의 다수를 위협으로부터 벗어나 생존하도록 해줄 수 있다. 역으로 전적으로 비이타주의자들로 구성된 집단의 경우, 각자 이기적으로 자기 보존적인 구성원들은 대안적인 목표물을 제공하고자 하는 차원에서 약탈자들을 집단으로 인도할 수 있으며, 그럼으로써 개인적 생존 가능성과 다수의 집단 구성원들이 상해나 죽임을 당할 가능성 모두를 증가시키게 된다. 전자의 사회집단의 경우 이타적 특징은 만약 그것이 열성 유전자(recessive gene)에 부호화된다면 집단으로부터의 동형 유전자를 가진(homozygous) 이타주의자의 상실이 살아남는 이형 유전자를 가진(heterozygous) 집단 구성원들에게서 태어나는 이타주의자들의 가능성을 감소시키지 않을 것이므로 세대를 이어 보존될 수 있을 것이다. 여러 세대를 거치면서 이타주의에 대한 열성 유전자를 가진 사회집단은 보다 빠른 속도록 성장할 것이며, 그러한 특징이 결여된 집단보다 더 번영할 가능성이 높을 것이다.

가족 관련 행동의 진화 : 책임, 제휴, 타인들에 대한 관심

포유동물의 진화와 확장된 배려 제공

타인들에 대한 관심의 진화는 포유동물의 가족관계에서 가장 분명하며 가장 흔히 연구되어 왔다. 맥클린(MacLean, 1985)은 뇌에서의 진화적 변화가 제휴와 다른 사람들에 대한 책임과 같은 그러한 가족 관련 행동의 발달과 관련된다고 주장했다. 그는 공감능력이 1억 8천 년 전 후기 트라이아스기(Triassic)에 포유동물의 진화와 더불어 등장했다고 제안했다. 포유동물은 어린 새끼를 양육하고, 키우며, 보호해 주는 온혈생물이다. 이는 자신의 새끼를 버리는 냉혈생물인 파충류와는 정반대이다. 포유동물이 "가족생활 방식"을 발달시킬 무렵 그 무대는 공감에 대한 자극이라 할 수 있는 다른 상대의 고통, 분리, 괴로움에 대한 노출(그리고 반응성)이 증대된 상황들로 꾸며져 있었다.

포유동물의 삼위일체 뇌에 관한 맥클린의 분석(1990)은 대뇌변연계(limbic system)와 전전두피질(prefrontal cortex, 역자 주 : 뇌의 전두엽 앞부분에 해당)의 상호 연계에 초점을 맞추었다. 변연계의 한 부분은 자기 보존을 보호하는 감정, 정서, 행동과 관련되는 반면 또 다른 부분은 종의 사교성과 보존에 이바지하는 표현 및 감정상태와 관련되는 것으로 보인다. 더 나중의 인간 대뇌신피질(neocortex)의 진화적 발달은 그 밑에 놓여 있는 전전두피질의 확장을 포함하는데, 이는 타인들에 대한 책임의 감정뿐만 아니라 예상하고 계획을 세우는 것과 같은 그러한 기능을 가능하게 했다. 결합성 신경회로들의 포착과 연계된 보다 새로운 뇌구조는 정서(가족 관련의, 배려 제공 기능과 관련된)가 타인들에 대한 인지적 통찰과 협력하여 경험되는 것을 가능하게 만들어 주었다. 이런 관점에서 볼 때 특히 포유동물의 경우 공감에 대한 능력은 자녀에 대한 장기적인 부모의 배려라는 자연선택 압력으로부터 진화했다. 인간 발달에 관한 몇몇 사회생물학 이론 또한 공감발달에서 애착과 장기 양육의 역할을 강조하고 있다(MacDonald, 1984).

정서와 애착의 뇌 회로

정서과정에 관한 최근의 신경생리학 모델은 정서에 관한 진화적 이론과 기능적 이론 두 가지 모두에 의지하는바, 그것은 정서가 돌출 사건에 대한 적응적인 반응을 증진시키기 때문에 진화했으며 현재까지 보존되고 있다는 입장을 고수한다(Johnson-Laird & Oatley, 1992 ; Lazurus, 1991). 각성상태에서의 자동적이고 전형적인 변화와 뇌 체계들의 연결을 통해 명백해진 것처럼 정서는 자아와 자극 간의 관계에 관한 신경의 표현이며, 자율신경계와 신체활동에 영향을 미친다(Damasio, 2000). 따라서 모든 정서는 행동의 규제에 공헌한다.

몇몇 독특한 정서의 회로—이는 분노-격노, 불안-공포, 그리고 분리-공황을 포함한다—는 포유동물의 유전적 유산으로 인해 뇌에 서로 연결된 것으로 보인다(비록 이러한 유산의 행동적 능력은 경험에 의해 제한되지만 ; LeDoux, 1996 ; Panksepp, 1981, 1982, 1986). 이러한 추론을 공감에 적용하여 프레스턴(Preston)과 드 발(de Waal, 2002)은 또 다른 개인에 대한 인식이 그 인식자 내에 타인, 그의 상태와 그의 상황에 관한 표현을 활성화한다고 주장했다. 이러한 표현의 활성화는 그 인식자로 하여금 신경적·신체적 반응의 발생을 통해 그 상대의 상태와 상황에 관한 그의 지각에 작용하도록 준비시킨다(지각-행위 모델). 따라서 공감, 동정 그리고 친사회적 행동은 생기 넘치는 포유류의 지위 내에서 자녀에 대한 장기간에 걸친 부모의 배려, 사회적 집단의 친밀한 구성원들과의 반복된 상호작용의 기본적인 정서과정의 진화로부터 발생한다.

유전을 기반으로 한 진화 이론에서 친족 관련 이타주의와 상호적 이타주의에 관한 개념은 사회적 애착의 형성을 중개하는 뇌 과정으로 설명될 수 있을 것이다(Panksepp, 1986). 이런 관점에서 보면 이타주의에 대한 개념은 사회적 유대로부터 발생하며, 친족에 대해 우호적이고 도움이 되는 행동을 산출하는 사회적 민감성은 다양한 내피질 및 외피질 부위에 의해 추동된 억제 과정들로부터 부분적으로 중개된다. 사회적 상호작용이 일어나는 동안 동물들은 그들 동종의 정서에 보다 익숙해지기 시작하며, 그럼으로써 상대방들의 고통을 보다 경감시킬 수 있다. 사실 인간에 관한 연구에서 친밀함 혹은 친숙한 유대를 의미하는 다양한 신체적·인구통계적·심리적 특성에서의 닮음—용모, 종교적 결연, 사회경제적 지위, 능력, 태도, 그리고 퍼스낼리티를 포함하여—은 이타주의에 관여할 가능성에서 중요한 요소로 오랫동안 간주되어 오고 있다(Radke-Yarrow, Zahn-Waxler & Chapman, 1983 ; Rushton, 1989). 그러나 보다 친숙한 타인들을 향한 이러한 친사회적 행동의 선호방향은 그 자체로서 배타적으로 이기적인 동기를 지지하지는 않는다. 실제로 뱃슨(Batson, 1991)은 타인들에 대한 공감적 지각 및 동정을 포함한 다양한 동기들이 이타주의를 뒷받침하거나 혹은 그에 기여한다는 설득력 있는 주장을 하고 있다.

이와 일치하는 것으로 맥클린은 개인으로 하여금 "자기 나름의 방식으로 다른 사람을 공감의 의미에서 느끼도록"(1973, p. 42) 해줄 수 있는 신경의 상호 연계들로 이루어진 대뇌변연계뿐만 아니라 전전두엽 체계의 역할을 강조했다. 달리 말하면 보다 나중에 진화하고 있는 신경체계들은 공감이 전적으로 의식적 통제의 경계 아래에 있는 자동반응이 아닌 것으로서 "상의하달"(top-down) 방식에서 조정되도록 놔둔다(Preston & de Waal, 2002). 호프만(Hoffman, 1977)은 이들 뇌 연계들이 초기의 정서 반응을 고차적·인지적 지각과 통합시킨다고 제안하면서 이러한 추론 노선을 초기의 인간 발달로 확장시켰다. 이것은 개인들로 하여금 적극적으로 친사회적 개입을 하도록 하는 경향이 있는 공감적 각성을 낳는다.

인간에게 있어서 공감과 이타주의의 발달

인간의 경우 유아들로 하여금 타인들의 안면정서표현과 대응시키도록 해주는 복잡한 안면운동 양식들은 매우 이른 시기에 등장한다(예컨대 Field, Woodson, Greenberg & Cohen, 1982 ; Haviland & Lelwica, 1987 ; Meltzoff & Moore, 1977). 신생아들은 다른 유아들의 울음에 반응하여 운다(Sagi & Hoffman, 1976 ; Simner, 1971). 따라서 공감에 대한 전조는 출생 때 나타나며, 그런 이후 신경학적·인지적인 성숙으로 정교화되고 가족 내외에서의 사회적 경험들로 인해 증가하게 된다(Brothers, 1989).

호프만(Hoffman, 1975, 1982)은 인간에게서 공감과 배려 행동의 (개체발생적) 진화에 관한 가장 포괄적인 발달적 설명을 제시했다. 초기의 도덕발달은 인지적·정의적·사회적 과정의 연합기능이다. 호프만은 공감을 "자기 자신의 상황보다는 어느 누군가의 상황에 보다 적절한 대리적인 정서적 반응" (p. 93)으로 정의했다. **총체적 공감**(global empathy)은 공감의 4가지 가정된 발달 수준 가운데 첫 번째이다. 다른 유아들의 울음에 대한 반응에서 나오는 유아들의 반사적 울음은 공감적 각성의 초기의 생물학적 전조로 간주된다(Sagi & Hoffman, 1976). 그것은 타인들의 정서적 곤경에 대한 사회적 존재로서의 인간을 연결하는 타고난, 하드웨어에 내장된 반응이다. 그것은 자기 자신과 다른 물리적 실체로서의 타인들에 대한 감각이 발달하기 이전인 유아들에게서 최초로 발견된다. 그러므로 타인으로부터 단서가 되는 고통은 자아에서 발생된 불편한 감정과 혼동되기 시작하며, 이는 고통의 분리된 원천을 분간하여 식별하는 것을 어렵게 만든다.

공감의 두 번째 수준은 **자기중심적 공감**(egocentric empathy)으로 언급되며, 2세 동안에 대상 영속성 및 자기-타인 구별의 등장과 함께 시작하는 것으로 알려져 있다. 여기에서 아동들은 또 다른 사람(자아보다는)이 고통 속에 있다는 것을 인식하기 시작한다. 그 결과로 자기 고통(self-distress)은 사라지기 시작한다. 그러나 아동들은 여전히 그들 자신의 내적 상태와 다른 사람의 내적 상태 간을 충분히 구별할 수 없다. **자기중심적 공감**은 자기 자신의 고통을 개선하는 방식으로 희생자의 위로를 수반한다. 3세에 이르러 역할 채택 능력이 발달하면서 아동들은 다른 사람의 필요와 감정이 자기 자신의 그것과 다를 수 있다는 것을 인식하기 시작한다. 이것은 공감발달의 세 번째 단계인 **다른 사람의 감정에 대한 공감**(empathy for another's feelings)의 특징을 나타낸다. 아동들은 보다 넓은 범위의 정서로 공감할 수 있게 되며, 고통 속에 있는 타인들을 돕고 위로하는 그들의 발달하는 능력에서 정교화된 친사회적 기술을 점차 발달시킬 수 있게 된다. 네 번째 수준인 **다른 사람의 생활조건에 대한 공감**(empathy for another's life condition)은 즉시적인 상황을 초월하여 추상작용이 요구되는 보다 먼 상황에까지 확장된다. 이러한 공감발달 수준은 후기 아동기에 이르러 등장하는 것으로 여겨진다. 아동들이 사회적 개념을 구성하기 시작하면서 공감적 고통의 감정은 사람들의 전체 집단 혹은 계층으로 적용될 수 있다(예컨대 무주택자, 가난한 사람, 억압받는 자).

여러 연구는 공감과 친사회적 행동의 초기 발달에 관한 호프만의 제안에 대해 일반적 지지를 보내고 있다(Zahn-Waxler & Radke-Yarrow, 1982 ; Zahn-Waxler, Radke-Yarrow, Chapman & Wagner, 1992). 1세에서 $2\frac{1}{2}$ 아동들을 대상으로 한 두 가지 종단 연구에서 타인들의 고통에 대한 아동들의 반응은 자연적인 관찰과 표준화된 고통 조사라는 두 가지 방법으로 사정되었다. 아동들이 타인들에게 원인을 제공했던 고통뿐만 아니라 그들이 방관자로서 목격했던 고통에 대한 반응이 연구되었다. 생후 2년 기간 동안 자기 고통은 점차 약해지고 일군의 배려양식이 등장했으며, 나이에 따라 점차 증가했다. 최초의 친사회적 반응은 1세를 전후하여 등장했다. 흔히 그 반응은 신체적 위로(안아주고, 입맞춤해 주고, 가볍게 토닥거려 주고)를 제공하는 형식을 취했다. 이들 양식은 때때로 지지자를 위로하는 자기중심적이고 타자지향적인 관심의 혼합을 표현하는 것 같은 형식으로 나타나기도 했다. 자기중심적 공감은 아동들이 돌보는 사람을 찾고 그 보호자를 고통받는 희생자에게 데려가며 장난감을 당황한 혹은 지친 부모에게 주는 것과 같은 그러한 반응에서 분명하게 나타났다.

그러나 보다 분명한 희생자 정향적인 친사회적 반응 또한 이 시기를 전후하여 등장하기 시작했다. 다른 사람의 감정에 대한 공감은 어린 아동들의 안면 표현이나 위로하는 목소리에서 발견될 수 있었다. 생후 2년이 지나면서 그들은 점차적으로 보다 조절된 도움과 위로의 표현, 예컨대 울고 있는 유아에게 젖병이나 플라스틱 젖꼭지를 가져다 주고 베인 누군가에게 반창고를 붙여주려고 하거나 다른 아동이 선망하는 좋은 소유물을 함께 공유하기 등을 보여주었다. 만약 그 희생자의 문제가 계속 지속되면 어떤 아동들은 한 가지 도움방식 그 이상의 여러 가지 방식으로 도우려고 노력할 것이다. 2세에 이르면 대부분의 아동들은 (a) 단순한 방식으로 타인들의 신체적·심리적 상태를 해석하는 인지적 능력,

(b) 감정적으로 타인들의 상태를 경험하는 정서적 능력, 그리고 (c) 타인들의 곤경을 경감시키고자 시도하는 행동적 기술을 보여주었다. 이러한 일반적인 발달적 진보는 표준화된 고통 조사를 활용하여 대규모의 수정된 한 개의 난자(monozygotic) 쌍생아와 두 개의 난자(dizygotic) 쌍생아 표본을 대상으로 1-3세에 이르기까지 시행했던 연구에서 또한 입증되었다(Zahn-Waxler, Robinson & Emde, 1992 ; Zahn-Waxler, Schiro, Robinson, Emde & Schmitz, 2001). 시간이 지나면서 아동들의 타인들에 대한 관심에서의 안정적인 개인적 차이 또한 3가지 종단 연구로부터 나타났다.

공감의 생물학적 토대에 관한 연구

분명히 다양한 이론적 관점들은 인간 공감의 근원을 생물학에 두고 있다. 연구자들은 가정된 연계를 입증 혹은 평가하기 위해 비슷하게 다양한 방법을 사용해 왔다. 개념, 조작적 정의, 공감 및 이와 관련된 구성 개념의 측정, 그리고 생물학적 과정의 측정이 너무 많음으로써 경험적 연구결과들을 통합하는 과업을 복잡하게 만들었다. 그러므로 우리는 검토과정을 통해 생물학적 상호 관련들이 타인들에 대한 관심의 다양한 구성요소 가운데 특유한 하나인지 아니면 공감, 동정, 친사회적 행동, 그리고 정서 인식 및 정서 대응을 포함하는 몇 가지 관련된 구성 개념들을 관통하는 관계를 공유하는지 구분하고자 시도한다.

유전적 특징

타인들에 대한 관심에 대해 유전자를 기초로 한 진화론적 설명을 지지하는 근본은 실제적으로 공감 및 관련된 개념들이 유전적이라는 증거이다. 행동유전학(Behavior genetics) 연구는 특성들이 유전적 유산으로 귀인될 수 있는지, 그리고 어느 정도인지를 결정하고자 노력한다. 쌍생아 연구와 입양 연구는 전통적 방법이며, 타인에 대한 관심의 유전 가능성에 관한 훨씬 더 많은 조사들이 전자를 활용해 왔다. 쌍생아가 한 개의 수정된 난자로부터 임신되는 것과 같은 한 개의 수정란에서 자란(일란성) 쌍생아는 그들 유전자의 100%를 공유한다. 역으로 독립 정자들에 의해 수정된 독립 난자들이 각각 임신되는 것과 같은 두 개의 수정란에서 자란(이란성) 쌍생아는 평균적으로 그들 유전자의 50%—이는 쌍둥이가 아닌 형제자매에 의해 공유되는 것과 똑같은 양의 유전물질(genetic material)이다—를 공유한다. 그러므로 어떠한 모든 주어진 특징에 대해 누구를 막론하고 유전적 요소들로 귀인 될 수 있는 변화성의 정도는 일란성 쌍생아의 형제가 이란성 쌍생아의 형제보다 그 특징에서 얼마나 더 비슷한가라는 유사성의 정도로부터 도출될 수 있다. 만약 일란성 쌍생아가 완전하게(100%) 일치하고 이란성 쌍생아는 그의 절반(50%)만 일치하는 것으로 밝혀진다면 그것은 문제의 특징이 완전하게 유전적으로 결정된다는 것을 암시할 것이다. 그러나 이것은 복잡한 심리적 변수들의 경우에는 거의 있을 수 없으며, 유전성으로 귀인될 수 없는 특징에서의 변화성은 환경적 영향으로부터 결과되는 것으로 가정된다. (쌍생아 연구는 많은 제한들에 영향을 받으며, 그리고 상대적인 유전적·환경적 기여의 논리는 그 비판에서 벗어날 수 없다는 점을 주목해야 한다. 최근의 비평에 대해서는 Collins, Maccoby, Steinberg, Hetherington & Bornstein, 2000을 볼 것.)

성인을 대상으로 한 일란성 및 이란성 쌍생아 연구는 그들이 스스로 보고한 공감과 친사회적 행동을 비교했다(Davis, Luce & Kraus, 1994 ; Loehlin & Nichols, 1976 ; Matthews, Batson, Horn & Rosenman, 1981 ; Rushton, Fulker, Neale, Blizard & Eysenck, 1984 ; Rushton, Fulker, Neale, Nias & Eysenck, 1986). 전형적으로 이들 연구는 강력한 유전적 요소를 보여주고 있는데, 자기 보고된 공감, 이타주의, 애정어린 양육, 친절에서 변화성의 40%에서 70%가 유전적 요소로 귀인된다. 데이비스(Davis)와 그의 동료들(1994)은 타인에 대한 관심의 3가지 측면, 곧 공감적 관심, 개인적 고통, 관점 채택의 유전율(heritability)을 검증했다. 두 가지의 정서적 차원, 곧 공감적 관심과 개인적 고통에서 의미 있는 유전율 추정치가 존재했지만 관점 채택의 인지적 구성 개념에서는 그렇지 않았다. 이러한 양식은 진화의 힘이 대인 간 관심 및 배려 반응의 정서적 토대를 보존한다는 관점과 일치한다.

자기 보고 질문지에 의존하는 연구들은 사회적 바람직성과 편견이 있는 반응 경향성(예컨대 극단적 평점을 더 선호하거나 혹은 덜 선호하는)을 포함한 잠재적인 방법론적 혼동을 지닌다. 이들 경향성은 그 자체가 유전적일 수 있으며, 그럼으로써 공감과 이타주의에 대한 유전적 기여의 추정치와 융합한다. 타인들에 대한 관심을 평가하는 보다 객관적인 수단은 보다 타당한 유전적 영향의 증거를 제공해 줄 것이다. 잔 왁슬러(Zahn-Waxler)와 동료들(Zahn-Waxler 외, 1992 ; Zahn-Waxler 외, 2001)은 계획적 연구에서 어린 아동들의 공감적 · 친사회적 반응을 직접적으로 관찰했는데, 이는 질문지와 관련된 문제를 최소화하고 긴 사회화 역사 이전에 유전적 영향을 검증하기 위해서였다.

자기 관심, 관심의 결핍, 그리고 타인정향적 관심 등 관심의 3가지 형식(정의적·인지적·행동적)은 타인들의 고통 표현에 대해 아동들이 보인 반응 관찰에 기초하여 고찰되었다. 핵심적인 타인정향적 반응은 (a) 공감적 관심의 안면 및 언어적 표현(예컨대 슬픈 표정, 동정적인 혹은 위로하는 어투), (b) 가설 검증하기(고통을 탐구하고자 하는 혹은 이해하고자 하는 노력), 그리고 (c) 친사회적 행동(예컨대 희생자를 돕고, 공유하고, 위로하기)을 포함했다. 자기 고통은 낭패를 표현하는 것으로 이루어진다(예컨대 고함 지르기, 야단법석 떨기, 흐느껴 울기). 관심의 결핍은 다른 사람의 고통에 대한 적극적 무관심의 표현에서 나타난다(즉 다른 사람의 고통이나 상해에 대해 냉담하고, 공격적이며, 비웃는다). 14, 20, 24, 그리고 36개월 된 아동들을 관찰했다. 최초의 유전율 분석에서(Zahn-Waxler 외, 1992) 14개월 된 아동들의 유전적 영향은 배려, 자기 고통, 그리고 무관심의 모든 구성요소에서 이들 반응 변화성의 23%에서 35%가 유전적 특징에 귀인될 수 있는 것으로 나타났다. 그러나 20개월에 이르면 유전적 영향은 단지 공감적 관심(28%)과 무관심(29%)에만 남아 있었다. 모든 표본(그런고로 보다 큰 통계적 힘)을 대상으로 둘의 나중 시간대를 포함한 후속 분석에서(Zahn-Waxler 외, 2001) 유전적 영향은 타인들에 대한 관심의 대부분의 측정에서 모든 시간대에 나타났다. 그러나 관찰된 측정에 의거해 볼 때 관심에 관한 유전적 영향의 크기는 그리 많이 남아 있지 않았다. 자기 관심과 관심의 결핍은 분명하면서도 일관된 유전율의 양식을 보여주지 못했다.

그러므로 표본, 방법론, 발달기간을 통틀어 타인들에 대한 관심의 다양한 측면이 적어도 부분적으로는 유전적으로 토대를 두고 있다는 일관된 증거가 존재한다. 상속 가능한, 유전적 요소들로 이루어진 공감과 친사회적 행동에서의 변화성에 대한 기여의 정확한 정도는 아직 결정되지 않은 채 남아 있다. 정확한, 반복 가능한, 그리고 타당한 유전율 지표를 확보하는 것은 미래의 연구들이 집단 내의 "공감형질"의 보급률과 우성/열성을 규정화하는 데 매우 중요할 것이다. 그러나 진화가 인간 종 내에 이들 형질이나 특질을 보존해 왔다는 합리적 신뢰를 지니고 있었기 때문에 연구자들이 인간의 유전자형에 공감이 입력되어 있는 곳을 확인하기 시작한 것은 당연한 일이다. 이것은 유전자들이 공감을 직접적으로 코드화했다는 것, 혹은 공감과 연관된 단 하나의 유전자가 존재한다는 것을 암시하는 것은 아니다. 유전자들은 환경의 맥락 속에서 뇌의 화학작용(brain chemistry)과 신경 호르몬 체계의 양식에 영향을 미치는 효소, 구조 단백질, 그리고 규제요소를 코드화한다. 비록 전체는 아니라 하더라도 대부분의 복잡한 심리적 현상처럼 공감에 관한 다인자적 영향들이 가정되고 있다.

유전자를 분리하고 확인하는 기술, 그리고 전체 인간 유전자에 관한 최근의 지도작업의 급속한 진보로 분자유전학은 복잡한 심리적 특징들에 대한 진화적 기여를 확인하는 데 도움을 줄 수 있다. 그러나 공감, 동정, 이타주의, 그리고 친사회적 행동과 연관된 유전자에 관한 연구는 거의 없다. 한 연구는 인간의 충동, 공격성, 그리고 식욕행동에서 도파민 뉴런들의 역할을 가정하고 도파민(역자 주 : 부신에서 만들어지는 뇌에 필요한 호르몬) D2 수체 유전자(DRD2)에 초점을 맞추었다(Comings, MacMurray, Johnson, Dietz & Muhleman, 1995). 그러나 다양한 반수형(염기쌍의 반복된 서열의 수) 유전자를 가진 남성들은 자기 보고된 이타주의에서 서로 다른 것으로 밝혀지지 않았다. 세로토닌(역자 주 : 포유동물의 혈청, 혈소판,

뇌 따위에 있는 혈관수축 물질) 체계 및 다양한 정서과정과 연관된 유전자 사이의 잦은 연결을 가정한다면(Hariri & Weinberger, 2003) 이들은 목표로 삼을 만한 적절한 후보군이 될 수 있을 것이다. 유전자 기술과 신경 영상 기술을 결합한 최근의 연구에서 세로토닌 운반 유전자에서의 변이들이 정서를 표현하는 얼굴 모습을 흉내내는 동안 편도체 반응에서의 차이를 예견하는 것으로 밝혀졌다(Hariri 외, 2002, 편도체는 정서과정에 복잡하게 서로 얽혀 있다).

미래의 연구는 유전자형 변이 연구, 신경학상 수준, 호르몬 수준, 그리고 자율신경계 수준에서의 생리적 활성화 연구, 공감 및 친사회적 행동에 관한 경험과 표명 사이의 연계에 관한 연구로부터 도움을 얻을 것이다. 이와 함께 초기 아동기의 유전자 활성 시기 및 효과에 관한 횡단적 · 종단적 검증, 그리고 사회화와 인생 경험을 통한 유전자 표현에 관한 환경의 조절효과는 공감의 발달적 모델에 중요한 공헌을 할 수 있을 것이다. 카스피(Caspi)와 동료들(2003)에 의한 유전적 다형태성, 생활 스트레스, 그리고 우울 증후들에 관한 최근의 연구는 타인들에 대한 관심에 반영된 것으로서 보다 넓게 사회도덕적 발달에 적용될 수 있었던 하나의 통합적 접근을 예시해 준다.

신경해부학과 신경생리학

최근에 분자유전학의 발달과 동시에 신경과학과 뇌 영상기술의 엄청난 진보가 지난 20여 년 동안에 일어났다. 이들은 정서적 과정에 관한 신경생리학의 이해를 진전시켰고 공감에 관한 신경과학적 관점을 증진시켰다(Eslinger, 1998 ; Harris, 2003). 이 연구분야는 브라더스(Brothers, 1989), 벅(Buck, 1985), 그레이(Gray, 1987), 맥클린(MacLean, 1973), 그리고 톰킨스(Tomkins, 1982)가 포함된 몇몇 신경과학자들에 의한 정서와 공감에 관한 신경해부학적 · 진화적 연구와 이론화에 기초하고 있다. 기술한 바와 같이 파충류 구조로부터 포유동물 구조로의 뇌의 진화는 효과적인 가족 유대와 통합된 사회적 그물망에 필수적인 정서적 과정을 지지하는 것으로 보인다(Buck, 1999 ; MacLean, 1970). 동물 신경생리학과 부모의 배려에 관한 연구, 장애나 혹은 다른 뇌 손상을 경험한 사람들에 관한 임상 검증, 뇌파검사(EEG)를 활용한 원래 그대로의 뇌 검증, 구조성 및 기능성 자기공명영상(fMRI), 그리고 양전자방출 단층촬영술(PET) 영상기술은 타인들에 대한 관심 및 관련된 개념들에 내포되어 있는 신경구조와 체계에 대한 통찰에 모두 기여하고 있다.

맥클린(MacLean, 1985)은 변연계 체계의 시상대부(thalamocingulate division)가 필수적으로 양육 및 제휴행동의 측면과 관련된다고 제안했다. 어미의 배려 제공에 관한 연구들은 이를 지지했는데, 쥐들의 시상대의 손상은 새끼들에 대한 어미의 배려를 박탈했다(Peredery, Persinger, Blomme & Parker, 1992). 인간을 대상으로 한 최근의 기능성 자기공명영상(fMRI) 연구들은 비슷한 부위가 어린 영아들을 젖을 물려 기르고자 선택하는 어머니들에게서 활성화되어 있으며(Lorberbaum 외, 2002), 안와전두 활성화(orbitofrontal activation, 역자 주 : 전두엽의 한 부분으로 눈과 가까우며 후각 수용장에서 시작된 정보를 받아들인다)는 그들 자신의 영아 모습을 바라볼 때 어머니들의 자기 보고된 긍정적 정서의 전조가 된다는 것을 보여주었다(Nitschke 외, 2004). 그 밖의 다른 연구들은 비양친(nonparental) 타인 관심 표명과 관련된 뇌부위에 초점을 맞추었다. 에슬링거(Eslinger)와 그의 동료들(1989, 1994, 1996)은 다양한 대뇌 손상을 입은 성인 뇌 손상 환자들을 대상으로 공감에 관한 연구를 수행했다(완전한 검토를 위해서는 Eslinger, 1998을 볼 것). 전부 손상을 입은 환자들과 후배부 손상을 입은 환자들은 손상이 없는 성인들보다 자기가 평가한(자기 평가), 그리고 가족이 보고한(가족 보고) 공감에서 훨씬 더 낮은 점수를 얻었으며, 전부 손상 환자들의 50% 이상은 집단 평균 이하로 2표준편차 이상의 점수를 얻었다. 거꾸로 말하면 샤메이 초오리(Shamay-Tsoory), 토머(Tomer), 예니프(Yaniv), 그리고 아론 페레츠(Aharon-Peretz, 2002)는 보다 최근의 한 연구에서 한쪽 면의 전두엽 전부(등쪽외측과 안와전두) 피질 손상을 입은 환자들은 손상이 없는 통제 성인들과 한쪽 면의 후배부(정수리) 피질 손상을 입은 환자들보다 기록된 대화에서의 자기 보고된 공감에 관하여 더 낮은 점수를 얻은 반면에 후배부 손상을 가진 환자들은 통제 성인들과 다르지 않다는 것을 발견했다.

그들의 자료에 관한 해석에서 에슬링거(Eslinger)와 그의 동료들(1996, 1998)은 또한 공감에 관한 전두골(후부 손상보다는) 손상의 효과에 주로 집중해 왔다. 그들은 손상된 환자들의 결손이 공감의 보다 인지적인 구성요소(Hogan 공감 척도)와 보다 정서적인 구성요소(Mehrabian & Epstein 공감 척도)를 타진하는 것으로 여겨진 측정에서 비슷했으나 손상의 부위는 그 결손의 성질에 대한 몇 가지 특이성을 예견한다는 것을 발견했다. 뇌의 등쪽 외측 전전두엽 손상(dorsolateral prefrontal lesions), 특히 왼쪽 반구에서의 손상은 타인들의 정서적 상태에 관한 제한된 지각 및 이해와 관련되었다. 안와전두 손상을 입은 환자들은 타인들의 정서를 정확하게 지각하고 이해할 수 있었다. 그러나 그들은 이러한 자각을 그들의 사회적 행동을 안내하거나 규제하는 데 사용하지는 못했다. 즉 이들 환자들은 공감에 관하여 가장 낮게 평가되었으며, 가장 사회적으로 결손된 것으로 기술되었다. 에슬링거(1996, 1998)는 등쪽외측 전두엽 체계(dorsolateral frontal system)가 공감의 인지적 측면과 더 연관되는 반면에 안와전두 체계(orbitofrontal system)는 공감의 정서적 측면을 지원하는 것으로 제안했다.

최근의 연구들은 건강한 성인들을 대상으로 공감과 관련된 정서적 과정과 신경기능 작용 사이의 연계를 검증하기 위해 기능성 자기공명영상(fMRI)과 뇌파검사(EEG)를 사용하고 있다. 관점 채택과 사회적 · 인지적 추론의 검사에서 패로우(Farrow)와 동료들(2001)은 일련의 현실적인, 자유해답식의 사회적 시나리오들에 대한 반응을 통해 "감정이입 및 용서 가능성 판단", 그리고 정신적 상태 혹은 적절한 행동에 관한 추론과 관련되지 않은 사회적 판단을 내릴 때 신경활동에서의 차이를 검사했다. 공감적 판단은 그 상황에 있는 주인공의 가장 가능한 마음의 상태를 추론하는 것과 관련되었다. 용서 가능성 판단은 참여자들로 하여금 주인공이 두 가지의 나쁜 혹은 범죄적인 행동 가운데 어느 것을 더 용서할 수 있는 것으로 결정할 것인가를 선택하도록 요구했다. 기본적인 사회적 추론과 비교해 보면 공감적 판단과 용서 가능성 판단을 내릴 때 좌측상전두이랑(left superior frontal gyrus), 완와전두이랑(orbitofrontal gyrus), 그리고 쐐기전소엽(precuneus)이 활성화되었다. 공감적 판단은 유일하게 좌측전중간측두엽(left anterior middle temporal)과 좌측하전두이랑(left inferior gyri)의 활동과 연결되었던 반면 용서 가능성 판단은 후대상(posterior cingulate)을 활성화했다. 따라서 비록 인지적 공감(의식적으로 다른 사람의 상태나 동기를 이해하려고 노력하는)과 용서의 개념적으로 관련된 과정이 어느 정도 신경체계들을 공유하지만, 타인들에 대한 관심에 있어서 이들 측면 사이를 구분하는 신경생리학적 특이성의 증거 또한 존재했다. 뇌파검사(EEG) 절차를 활용하는 반구 활성화에 관한 연구에서 하몬 존스(Harmon-Jones), 보그 스코트(Vaugh-Scott), 모어(Mohr), 시겔만(Sigelman), 그리고 하몬 존스(Harmon-Jones, 2004)는 모욕에 뒤이어 증가된 좌측전두엽 피질 활동의 효과가 동정의 수준이 높게 유발될 때 제거될 수 있다는 것을 보여주었다.

다른 연구들은 공감 관련 과정과 신경활동의 관련을 추론하고자 참여자들의 정서의 안면 표현 모습에 관한 인식과 모방을 활용했다. 이들 방법은 연구자들이 인지적 공감(다른 사람의 정서를 인식하고 이해하는 것)과 정서적 감화(다른 사람의 정서상태에 관한 공유된 경험)를 타진하는 것으로 여겨지고 있다. 이들 몇 가지 연구는 공감적 과정에서 편도체(amygdala)의 역할과 관련되었다. 비록 편도체는 흔히 공포와 관련된 과정과 가장 강력하게 연결되지만(LeDoux, 1996) 여러 연구는 일련의 정서 자극 처리에서의 편도체 기능과 밀접하게 관련되어 왔다(예컨대 Davis & Whalen, 2001). 하리리(Hariri)와 동료들(2000, 2002)은 편도체가 참여자들에게 정서적 표현을 묘사하는 이미지를 모방하도록 요구했을 때 활성화된다는 것을 밝혀냈다. 이는 편도체가 정서 인식 그리고/혹은 정서적 감화와 관련된다는 것을 암시하는 것이다. 요컨대 안정적인 퍼스낼리티 특징(Canli, Sivers, Whitfield, Gotlib & Gabrieli, 2002)과 세로토닌 전달체 유전자(serotonin transporter gene, 5HTTLPR)의 기능적 다형성(Hariri 외, 2002)은 정서 자극에 대한 편도체 반응에서의 변이성을 예견하는 것으로 밝혀져 왔다. 따라서 신경과학은 타인들에 대한 관심을 지원할 생리적 활성화에서의 개인적 차이에 대한 통찰을 제공하기 시작하고 있다.

공감에 관한 신경과학에서의 한 가지 흥미 있는 새로운 방향(Preston and de Waal, 2002)은 거울신경(mirror neurons)의 기능에 관한 설명이다(di Pelligrino, Fadiga, Fogassi, Gallese & Rizzolatti, 1992). 최초로 원숭이의 전두엽 체계에서 확인된 것으로 거울신경은 다른 원숭이나 사람들이 목표 지향적 행동을 하는 것을 바라봄으로써, 그리고 스스로 그런 행동을 함으로써 활성화되는데, 이는 거울신경이 타자들에 관한 이해 및 모방과 연루되어 있기 때문이다(Gallese, Fadiga, Fogassi & Rizzolatti, 1996 ; Rizzolatti & Arbib, 1998). 보다 최근에 기능성 자기공명영상(fMRI) 연구들은 인간에게서 유사 전전두피질 회로(analogous prefrontal cortex circuitry)에 있는 거울신경의 활동을 확인했다(Iacoboni 외, 1999, 2001). 아돌프(Adolphs, 2002)는 거울신경이 정서적 표현에 관한 온라인 체성감각 재생산(on-line somatosensory reproduction)을 구성하여 우리가 다른 사람의 감정표현을 인식하는 것을 촉진시켜 줌으로써 행동뿐만 아니라 정서에 반응할 것이라고 제안했다. 이와 비슷하게 울프(Wolf), 게일즈(Gales), 쉐인(Shane), 그리고 쉐인(Shane, 2001)은 거울신경이 지각 및 상호 주의하기(joint attention)로부터 공감의 발달과 관련될 수 있다고 제안했다.

거울신경 활동과 행위의 지각과의 연합은 반드시 정서적 과정에서 그들의 활동을 관련시킬 것을 요구하지는 않는다. 이아코보니(Iacoboni)와 렌지(Lenzi, 2002)는 인간의 거울신경(mirror neurons)이 주로 체성감각 기능(somatosensory functions)과 연관이 되는 전두두정회로(frontoparietal circuit)에 위치하고 있다는 것을 지적함으로써 거울신경과 공감 간의 가정된 연결에 응답했다. 그러나 전두두정회로는 또한 도피질(insular cortex)을 경유하여 보다 정서적인 대뇌변연계(limbic system)와 연결된다. 그리하여 이아코보니(Iacoboni)와 렌지(Lenzi)는 참여자들에게 슬라이드에 제시된 안면 표현을 모방하도록 부탁했을 때 뇌섬엽(insula)이 활성화된다는 것을 보여주는 새로운 증거를 기능성 자기공명영상(fMRI)을 통해 제시했다(Iacoboni, 인쇄 중 ; Iacoboni & Lenzi, 2002에 보고된 것과 같이). 뇌섬엽의 활성화는 또한 다른 정서적 과정에 관한 영상 연구들에서도 등장하고 있다(Phillips, Drevets, Rauch & Lane, 2003). 따라서 공감을 촉진시킬 타인들의 정서적 경험에 관한 자각을 지원할 수 있는 시각표현 체계(visual representation system)와 정서체계(emotion system)가 최소한 기능적으로 연결되어 있는 것으로 보인다.

디세티(Decety)와 샤미나드(Chaminade, 2003)는 최근에 동정에서 이들 신경체계의 역할에 대한 증거를 보고했다. 그들은 성인 참여자들이 슬픈 혹은 중립적 내용의 그리 길지 않은 시나리오를 표현하는 연기자들의 모습을 비디오를 통해 시청하는 동안 슬픈, 중립적인, 혹은 행복한 감정을 표현하는 그들에 대해 PET 스캔(역자 주 : 양전자 방사 단층촬영에 의한 화상검사)을 시행했다. 이리하여 대응된(예컨대 슬픈 내용-슬픈 표정) 그리고 대응되지 않는(예컨대 슬픈 내용-행복한 표정) 정서적 자극이 있었다. 각 시나리오 이후에 참여자들은 그 행위자의 기분과 그들이 그 행위자를 좋아한 정도도 평가했다(동정의 지표로서 사용되었다). 슬픔을 표현하는 연기자들에 대한 열중은 좌측등쪽외측 전전두피질(left dorsolateral prefrontal cortex, 역자 주 : 전전두피질은 뇌의 전두엽 앞부분에 해당함)과 좌측하전두이랑(left inferior frontal gyrus), 외측안와이랑(lateral orbital gyrus)과 측두극(temporal pole)을 활성화시켰다. 이와 함께 대응된 슬픈-슬픈 조건은 좌측쐐기앞소엽(left precuneus), 좌측중간후두엽이랑(left middle occipital gyrus), 우측등쪽내측시상핵(right mediodorsal thalamic nucleus)의 활성화와 관련되었다. 이 조건은 또한 연기자 선호에 관한 가장 높은 평가를 이끌어냈다. 저자들은 이러한 활성화 양식들을 관찰자 내부에서 타인들의 감정적 경험을 자극하는 정서과정의 그물망을 구성하는 것으로서 해석했다(Ruby & Decety, 2001도 볼 것).

뇌역(brain regions)에서의 활동과 공감 및 친사회적 행동 간의 관련에서 신경발달적 과정들이 두드러진다는 증거 또한 존재한다. 특히 손상의 시기는 중요한 것으로 보인다. 즉 발달 초기에 발생하는 손상은 공감적 과정에 보다 깊은 영향을 미친다. 말코바(Malkova), 미쉬킨(Mishkin), 수오미(Suomi), 그리고 바체발리어(Bachevalier, 1997)는 어린 원숭이들의 편도체(amygdala)와 해마상 융기(hippocampus)의 양면 손상은 연령이 점차 높아감에 따라 더 악화되는 강한 사회 정서적 결손을 낳았던 반면에 성숙한 원숭이들에서의 똑같은 손상은 보다 약한 결손을 낳았다고 보고했다. 에슬링거(Eslinger, 1998)는 이른 시기에 발생한(3세, 7세), 소아 환자들의 국부적인 전전두엽(prefrontal) 손상이 성인기로 이어진 두 가지 사례 연구를 제시했다. 두 경우 모두 나중에 공감적 결손과 성인으로서의 협동적인 대인관계에서 어려움을 드러내 보였다. 그러나 초기 발달에서의 뇌의 상당한 가소성과 초기 손상이 신경체계의 기본적인 재조직화를 산출할 수 있는 가능성을 가정한다면 연령적인 손상결과에 관한 단순 비교는 그리 간단치가 않다. 건강한 아동들을 대상으로 한 공감적 과정 동안의 신경생리학적 체계 활동에 관한 추가적인 연구가 요청되고 있다.

종합적으로 공감 및 타인들에 대한 관심의 신경학적 기반을 예증하고자 하는 노력은 지난 5년 동안 상당한 진척을 이루어 왔다. 그러나 이 연구는 또한 이들 정서적인 개인 상호 간 과정이 지니고 있는 원래적인 복잡성을 잘 보여주고 있다. 신경영상(neuroimaging) 실험실의 물리적 한계 내에서 공감을 측정하기 위해 창조적인 방법들이 개발되고 있으나 오늘날까지 공감 그 자체에 초점을 맞추기보다는 정서 지각과 인식의 관련된 과정에 초점을 둔 연구에 더 관심을 쏟고 있다. 이 연구들은 참여자들로 하여금 정서를 표현하는 안면표정을 바라보고 정서를 확인하거나 혹은 그 정서를 흉내내도록 하는 것과 관련된다. 역으로 대상의 상황과 경험에 의미가 덧붙여진 맥락에서 정서적 자극을 제시한 연구들(예컨대 Decety & Chaminade, 2003 ; Farrow 외, 2001)은 점차 사회적 · 발달적 연구에 사용되고 있는 보다 생태학적으로 의미 있는 조정 및 측정에 접근하기 시작하고 있다(Carlo, 이 책 제20장 참조). 그러나 영상 연구를 수행하는 데 있어서 중요한 물리적 제한들은 또한 타인들에 대한 관심과 관련되는 신경과정을 연구하는 데 있어서 그에 상응하는 한계를 부여한다. 이것은 특히 아동들과 관련된 연구에서 더욱 그렇다. 지금까지 영상 연구들은 타인들에 대한 관심의 발달을 수반하는 신경기능에서의 변화에 대한 새로운 통찰을 제공하지 않고 있다.

공감 및 관련된 과정들에서의 개인적 차이를 사정하며 이끌어내는 방법의 광범위한 다양성은 일관된 결과를 확인하고자 하는 도전을 증가시켜 왔다. 여기에서 검토된 연구들을 망라해 보면 최소한 15가지 독특한 뇌영역이 공감과 관련되고 있다. 비록 공감과 타인들에 대한 관심의 그 밖의 다른 특징들이 신경체계 간의 기능적 접속 가능성에 따른 과정들에 광범위하게 분포되어 있다 하더라도 확인된 몇 가지 영역은 주어진 연구의 특수한 방법론적 특징을 반영할 것이다. 예를 들면 정서적 정보는 그것이 시각적(예컨대 Davis & Whalen, 2001) 양식 대 청각적(예컨대 Farrow 외, 2001) 양식, 혹은 혼합된 양식(예컨대 Decety & Chaminade, 2003)으로 제시될 때 각기 다르게 처리될 수 있다. 연구결과에 따르면 영장류의 편도체(primate amygdala)는 청각적 자극보다는 시각적 자극이 진행될 때 더 활성화된다(Amaral, Price, Pitkanen & Carmichael, 1992 ; Bradley, 2000).

모든 연구, 방법 그리고 연구 팀을 망라해 보면 5가지 부위에서 공감과 신경 활성화 간의 연합이 존재한다는 분명한 증거가 있었다. 그 부위로는 편도체(amygdala), 뇌섬엽(insula), 쐐기앞소엽(precuneus), 등쪽외측피질(dorsolateral cortex), 전두안와피질(orbitofrontal cortex) 등이 해당한다.

프레스턴(Preston)과 드 발(de Waal, 2002)의 관찰로부터 확장되어 공감과 관련된 신경 활성화의 이러한 일관된 양식은 맥클린(MacLean, 1990)의 포유류 뇌 삼위일체론과 호프만(Hoffman, 1982)의 초기 공감발달론 두 가지 모두를 지지하는 것으로 보인다. 뇌섬엽(insula)은 대뇌피질 감각(cortical sensory) 영역을 변연계(limbic system), 그리고 특히 편도체와 연결시킨다(Bradley, 2000). 편도체(amygdala)는 다양한 뇌영역과 풍부하게 접속하며, 적절한 정서적 반응을 위해 여러 체계들을 한데 모아 조정한다(Tranel & Damasio, 2000). 특히 편도체는 전전두 및 전두계(prefrontal and frontal system)에 대해 직접적으로는 전두안와피질(orbitofrontal cortex), 그리고 간접적으로는 등쪽외측피질(dorsolateral cortex)과의 기능적 연결을 위한 잠재력을 제공해 준다. 다음으로 영장류와 인간의 유아 인지에 관한 발달 연구들(Diamond & Goldman-Rakic, 1989)은 등쪽 외측피질이 개인적 고통을 감소시키며, 타자정향적 · 친사회적 행동을 조절하는 데 필요한 억제 조절과 같은 그러한 집행적인 자기규제적 기능과 관련된다는 것을 확인했다. 이러한 전두 발달(frontal development)은 생후 첫해의 후반기에 시작하며 보행기와 학령기 이전 동안 계속 진행된다(Fox, Schmidt & Henderson, 2000). 따라서 그것은 초기 단계에서 아동들의 자기 고통의 축소 및 타인들의 안녕에 대한 관심의 증가된 능력에 당장 앞서는 것으로 보인다. 물론 이들 제안된 경로와 과정은 추론적이다. 신경과학자들은 이들 영역의 관련성 그들 간의 의사전달 그물망을 공감적 과정에 관한 다양하면서도 수렴적인 지표를 사용하여 입증하고자 하는 노력을 기울여야 할 것이다.

이와 비슷하게 손상 연구와 신경영상 연구를 아우르는 보다 큰 상보성과 수렴성을 창출하고자 하는 노력이 도움이 될 것이다. 두 접근은 그의 한계를 지니고 있다. 한편에서 보면 기능성 자기공명영상(fMRI)과 양전자방출 단층촬영술(PET) 연구는 공감적 과정에 관련된 체계를 지적할지 모르나 그것들에 반드시 필요한 것은 아닐 것이다. 또 한편에서 보면 손상된 환자들에 대한 검증을 통해 손상이 공감을, 혹은 공감을 표현하거나 그에 따라 행동하는 능력을 훼손하는지 어떤지를 결정하는 것은 어려울 것이다. 그러나 연구자들은 영상 연구와 손상 연구의 독특한 강점들을 공감의 신경적 기반에 관한 확고한 결론으로 수렴하는데 유용하게 활용함으로써 이들 한계를 극복할 수 있을 것이다.

최종적인 고려사항은 신경과학이 모든 신경체계를 아우르는 활성화의 양식이 어떻게 공감의 정서적 경험에 기여하거나 혹은 그것을 일으키는지를 아직 밝혀내지 못하고 있다는 것이다. 순수한 환원주의자는 공감이란 단순히 뇌활동의 특수한 양식이라고 주장하겠지만 이것은 주관적인 경험과 자기 자각을 간주하지 않은 불완전한 대답인 것 같다. 물론 이 이슈는 공감의 신경과학에만 특수한 것이 아니다. 생리적인 것으로부터 경험적인 것으로의 전이를 이해하는 일은 신경학, 심리학, 그리고 철학이 해야 할 난처한 그러나 본질적인 도전이다.

신경내분비학

호르몬 기능과 타인들에 대한 관심 간의 관계에 관한 연구의 거의 대부분은 자녀에 대한 부모의(그리고 보다 구체적으로는 어머니의) 배려와 동료들 혹은 다른 친족 간의 상호작용의 영역에 초점을 맞춰왔다. 비록 이에 관한 많은 연구들이 쥐, 영장류, 혹은 그 밖의 다른 동물을 활용하여 수행되어 왔지만 인간의 호르몬을 중심으로 한 연구의 숫자가 점차 증가하고 있다. 따라서 포유동물이 유전자를 공유하는 존재에 대해 영양을 공급하고, 보상하고, 보호하고, 돌보고, 방어하고, 그리고 그 밖의 여러 양육활동을 촉진하는 호르몬의 역할에 관하여 많은 것이 알려지게 되었다. 관련이 없는 존재(예컨대 동료, 아는 사람, 혹은 낯선 사람)를 향해 정향된 공감과 친사회적 행동의 경우 호르몬이 하는 역할에 관해서는 알려진 것이 그리 많지 않다. 몇몇 연구자들은 친사회적 행동의 수혜자가 되었을 경우의 가능한 이득을 사정하고자 호르몬을 사용해 왔다.

번식 및 스트레스 호르몬 체계는 동물과 인간을 중심으로 잘 연구되어 왔다. 부모 배려의 질과 번식 호르몬[즉 에스트라디올(estradiol), 프로게스테론(progesterone), 테스토스테론(testosterone)] 간의 관련에 관해서는 몇 가지 실증적인 자료가 있다. 예컨대 플레밍(Fleming), 루블(Ruble), 크리거(Krieger), 그리고 웡(Wong, 1997)은 임신과정을 지나 에스트라디올(estradiol) 대 프로게스테론(progesterone) 비율의 증가는 새로 태어난 영아에 대한 어머니의 반응성을 예견한다고 보고했다. 테스토스테론(testosterone) 수준과 아버지의 행동 간의 연계는 모든 포유류 종에서 변화가 매우 많은 것으로 보인다(예컨대 Dixson & George, 1982 ; Reburn & Wynne-

Edwards, 1999 ; Trainor & Marler, 2001). 그러나 인간에 관한 대부분의 연구는 테스토스테론과 아버지들의 영아 양육 간에 반대의 관계를 보여준다(Nunes, Fite & French, 2000 ; Storey, Walsh, Quinton & Wynne-Edwards, 2000). 아버지들은 자녀가 없는 남성들보다 더 낮은 테스토스테론의 순환 수준을 보이며, 테스토스테론 수준은 아버지들과 자녀가 없는 남성들 모두에서 관련이 없는 영아가 지르는 녹화된 비명소리에 대해 보고된 동정과 부정적으로 관련된다(Fleming, Corter, Stallings & Steiner, 2002). 성 호르몬과 부모 배려 영역과 관계없는 타인들에 대한 관심 간의 관련에 대한 연구에서 해리스(Harris), 러쉬튼(Rushton), 햄슨(Hampson), 그리고 잭슨(Jackson, 1996)은 남성과 여성의 타액 테스토스테론 수준(salivary testosterone levels)이 그들의 자기 보고된 공감, 이타주의, 그리고 친사회적 행동과 부정적으로 관련된다는 것을 발견했다. 그러므로 남성과 여성의 경우 여성의 성 호르몬은 관심과 배려(최소한 영아들에게)를 지원하는 반면에 남성의 성 호르몬은 타인들에 대한 긍정적인, 타인정향적인 정서적 및 행동적 반응에 반한다.

스트레스 호르몬과 관련하여 몇몇 연구들은 부신피질에서 분비되는 글로코코티코이드[glucocorticoid, 코티졸(cortisol), 코르티코스테론(corticosterone)]과 부모 배려의 질 간의 관계를 입증하는 증거를 제공한다. 흥미롭게도 비록 스트레스에 대한 반응에서 코티졸 순환 수준이 전형적으로 시상하부(hypothalamic)-뇌하수체(pituitary)-부신(adrenal, HPA) 축 체계(axis system)의 각성 수준을 표시하는 데 사용되지만 플레밍(Fleming)과 동료들(1987, 1997 ; Stallings, Fleming, Corker, Wortham & Steiner, 2001)은 타액 코티졸 수준(salivary cortisol levels)과 관련이 없는 영아들의 비명에 대한 어머니들의 동정과 그들 자신의 영아들을 향한 어머니들의 긍정적 반응성 간에 긍정적 관계를 발견했다. 이들 자료에 대한 그들의 해석은 공감의 진화적·기능적 모델과 일치하는데, 영아의 필요를 지각하는 것은 어머니에게서 온화한 생리적 각성, 곧 그녀가 영아의 필요에 오로지 집중하도록 동기화되는 것과 같은 각성을 불러일으킨다는 점에서 그렇다. 역으로 매우 낮은 혹은 매우 높은 코티졸 수준은 각각 HPA의 너무 부족한 각성 혹은 너무 지나친 각성을 반영할 수 있으며, 그것은 배려 제공을 동기화시키는 데 실패하거나 혹은 효과적인 친사회적 반응을 조절하는 어머니의 능력을 압도할 것이다. 그러나 HPA 각성과 공감적 반응성의 똑같은 과정이 남성들에게서 효과적인지는 분명하지가 않다(Fleming 외, 2002). 크리스톨과 공감 혹은 부모 배려영역 이외의 친사회적 행동 간의 관계에 관한 연구는 매우 부족한 형편이다.

코티졸 반응에 관한 연구는 타인들로부터의 친사회적 행동의 수혜자가 되는 경우의 이득에 관한 보다 일관된 증거를 제공하고 있다(재검토를 위해서는 DeVries, Glasper & Detillon, 2003을 볼 것). 사폴스키(Sapolsky)와 레이(Ray, 1989)는 높은 순위의 기저 코티졸(basal cortisol) 수준을 보이는 수컷 비비 원숭이들이 암컷 및 새끼와의 긍정적인 사회적 상호작용으로 보낸 시간의 양과 반대로 관련된다고 보고했다. 인간을 대상으로 한 몇 가지 실험실 연구 또한 상호작용 파트너로부터 사회적 지지를 받는 것은 스트레스 요인에 대한 감소된 코티졸 반응을 예견한다는 것을 보여주었는데(예컨대 Kirschbuam, Klauer, Filipp & Hellhammer, 1995), 이는 최근의 22가지 메타 분석 연구에서 유지되었던 관계이다(Thorsteinsson & James, 1999). 드브리스(DeVries, 2002 ; DeVries 외, 2003)와 그 밖의 사람들(Insel, Gingrich & Young, 2001)은 HPA 체계에서 친사회적·지지적인 행동을 받는 것의 완화 혹은 항상효과는 옥시토신(oxytocin)이라 불리는 펩티드(peptide) 호르몬의 억제기능에 의해 조정될 수 있다고 제시했다.

생식과정과 연결된 펩티드 호르몬은 또한 부모 배려 및 제휴와 관련되어 있다. 프로락틴(prolactin) 순환 수준은 인간(예컨대 Corter & Fleming, 1995 ; Storey 외, 2000)과 그 밖의 다른 포유동물(예컨대 Bridges, DiBiase, Loundes & Doherty, 1985 ; Roberts, Jenkins, Lawler, Wegner & Newman, 2001)에서 자녀의 필요에 대한 어머니와 아버지 두 사람 모두의 반응성의 질과 긍정적으로 관련된다. 옥시토신(oxytocin) 또한 인간의 친사회적 행동에 관한 신경내분비학 연구의 새로운 대상 가운데 하나로 부상하고 있다. 포유동물의 생식, 분만, 그리고 수유에서의 그의 역할은 잘 입증된다(Carter, 2003). 상당한 양의 동물 연구는 부모 배려, 동료 애착, 수컷과 암컷 모두에 의한 제휴행동에서 옥시토신의 역할을 보고하고 있다(Carter, 2003 ; Insel, 2002). 그러나 그것이 인간에게서도 똑같은 사회적 · 정서적 기능에 이바지하는지에 관한 증거는 지금까지 매우 부족한 실정이다.

테일러(Taylor)와 동료들(2000)은 옥시토신이 위험이나 도전에 대한 다른 진화론적으로 지지를 받는 반응으로서 "싸우기 혹은 도주하기"보다는 위협을 받을 때 대안적인, 그리고 보다 전형적으로 암컷의 스트레스 반응으로 "시중들기 혹은 돕기"를 지원한다고 제안했다. **시중들기**(tending)는 안전을 확보하고자 자기와 새끼를 보호하는 것과 관련되고 **돕기**(befriending)는 지지적인 사회적 그물망을 창조하는 것과 관련되는 것인데, 사회적 그물망 또한 친사회적 및 제휴행동을 통해 보다 큰 보호를 제공해 준다. 흥미롭게도 프로락틴(prolactin)과 옥시토신(oxytocin) 두 가지 모두 스트레스 축의 조정과 관련된다는 것이다(Neumann, 2003). 감소하는 HPA 반응성과 더불어(Carter, 1998) 옥시토신의 그 밖의 다른 규제 특성 가운데 하나는 자율신경계의 부교감신경 가지(parasympathetic branch)의 자극이다. 이는 호흡 및 심장 각성의 감소를 초래한다(Porges, 2001 ; Uvnas-Moberg, 1998). 이들 완화효과는 타인들이 상해를 당하고 위험에 처하거나 혹은 곤란을 당하는 것으로 인식될 때 친사회적 행동이 발생할 수 있는 것을 얼어붙게 하거나 피하게 하며 개인적 고통의 경험을 감소시킬 수 있다. 옥시토신의 기능과 인간의 타인에 대한 관심 간의 가정된 관계에 관한 연구는 친사회적 행동의 호르몬 규제를 보다 더 명료화할 수 있는 잠재력을 지니고 있다.

최종적인 고려사항은 호르몬과 타인들에 대한 관심 간의 관계에 관한 발달의 영향이다. 비록 아동들의 적응적·부적응적 행동과 관련하여 코티졸과 그 밖의 다른 호르몬에 관한 광범위한 문헌이 존재하지만 이 연구는 아직 공감 및 친사회적 행동을 포함할 정도로 확장되지 못하고 있다. 생식 호르몬은 그의 농도와 개인 간 변이성이 사춘기 이전 기간에 앞서 단순히 너무 낮아 보행기와 초기 아동기 동안 공감적 반응성에 대한 강력한 공헌자인 것 같지는 않다. 예컨대 성인들에게서 테스토스테론(testosterone)과 공격성 간의 관련성에 관해서는 입증하는 자료들이 잘 갖추어져 있음에도 불구하고 아동들과 청소년들에게서 테스토스테론과 공격성 간의 관계는 훨씬 더 일관적이지 못하다(Booth, Johnson, Granger, Crouter & McHale, 2003 ; Constantino 외, 1993). 글로코코티코이드(glucocorticoid)는 전통적으로 자율신경 기능(autonomic processes)에 영향을 미치는데 수초에서 수분이 걸리는, 각성하는 데 "느린 길"(slow road)로 통해왔다(Snowdon & Zeigler, 2000). 그러나 환기시키는 자극에 대한 아동들의 공감 관련 자율신경 반응은 매우 빠르다. 타인들에 대한 관심을 포함한 정서 및 행동양식은 이른 시기에 등장하는데, 이들은 최초로 다른 생리체계에 의해 지원을 받을 것이며, 그런 이후 이들이 성숙함에 따라 호르몬

체계와 서로 협력하게 된다. 미래의 발달정신생리학 연구는 공감 및 친사회적 행동의 발달에서 호르몬이 수행하는 역할의 존재론적 변화 가능성에 역점을 둘 필요가 있다.

자율신경 기능(autonomic processes)

비록 뇌영역들의 활성화가 공감과 동정의 인지적·정의적 측면에 기여하고 호르몬 순환이 뇌로부터 신호를 전달하겠지만 실제적으로 이타적·친사회적 행동에 개입하는 것은 자율신경계(automatic nervous system : ANS)와 신체기능의 보완을 필요로 한다. 인간의 타인들에 대한 관심과 심장박동수, 혈압, 피부 전기전도성, 그리고 호흡작용과 같은 그러한 자율신경 측정 간의 관계에 관한 연구가 신경생리학적·신경내분비학적 기능에 관한 것보다 훨씬 더 많았다. 이렇게 널리 행해지게 된 이유는 자율신경 기능과 행동 간의 보다 근접한 연계, 덜 내포적이고 과도하게 요구하지 않거나 덜 침해적인 유용한 평가절차, 자율신경 연구의 보다 저렴한 비용, 그리고 자율신경 활동을 측정하는 기술의 보다 이른 발달 때문일 것이다.

다윈(Darwin, 1872/1998)과 제임스(James, 1884)가 자율신경 활동의 독특한 양식이 분노, 두려움, 혐오, 슬픔, 기쁨과 같은 보고 알 수 있는 독특한 정서와 대응할 수 있다고 제안했던 이래 정서 연구자들은 "자율신경 특이성"(autonomic specificity) 제안의 타당성을 검증하고 논쟁을 벌여왔다. 이 제안에 대해 많은 논리적 이유가 존재한다(Ekman, 1999 ; Levenson, 2003). 주관적으로 우리는 서로 다른 정서를 느낄 때 서로 다른 자율신경 상태를 경험한다. 기능적으로 분리된 정서의 경험에 의해 동기화되는 것으로 여겨지는 적응운동 행동양식(adaptive motor action patterns)은 자율신경 기능의 차별적 이용을 요구한다. 사회적으로 사회집단에서 개인적 상태와 의지를 동종에 전달하기 위해서는 자세, 후각(아포크린 땀샘, apocrine sweat glands), 그리고 안면 단서가 각 정서를 구별하는 데 신뢰할 수 있어야만 한다. 역으로 자율신경 특이성 제의를 지지하는 취지를 지닌 연구의 유의미성과 재현성에 대한 비평가들(예컨대 Caccioppo, Klein, Berntson & Hatfield, 1993 ; Mandler, 1980 ; Zajonc & McIntosh, 1992)은 일반화된 자율신경 각성상태가 다양한 범위의 운동반응을 지원할 수 있다고 주장했다. 따라서 우리가 흥분되고, 겁에 질리고, 분노를 느끼든 그렇지 않든 간에 우리는 행동을 준비하고자 높아진 심장박동수, 보다 상승한 혈압, 그리고 더 빨라진 호흡수를 경험할 것이다.

논의되지 않은 것은 정서적 과정이 자율신경 기능에서의 변화와 관련된다는 것이다. 그러므로 다른 사람의 고통이나 필요에 관한 지각이 공감이나 동정의 감정을 불러일으킬 때 심장박동수, 피부 전기전도성, 혹은 그 밖의 다른 신체적 체계에서의 변화가 당연히 예상된다. 자율신경계(ANS)의 교감(sympathetic) 및 부교감신경(parasympathetic) 가지를 포함한 이러한 자율신경 변화는 다양한 기본 과정에 의해 도출된다(Brownley, Hurwitz & Schneiderman, 2000). 예를 들면 심장박동수는 자율신경계의 흥분성(자극을 주는, 혹은 상향 조절하는) 교감신경 가지의 상대적 영향이 억제성(완화시키는, 혹은 하향 조절하는) 부교감신경 가지의 그것보다 클 때 올라간다. 심장활동의 기록된 양식에 적용된 수학 연산법(algorithms)은 심장기능에 관한 상대적인 부교감신경[예컨대 박동 간 간격(interbeat interval) 변이성으로부터 호흡성 동성 부정맥(respiratory sinus arrhythmia) 혹은 미주신경긴장(vagal tone) ; Porges, 1991, 1995]과 교감신경[예컨대 비침습적 혈역학 측정법(Impedence cardiography)으로부터 구혈전기(preejection period : PEP) ; Sherwood, 1993]의 영향을 서로 구별할 수 있다. 역으로 피부전도도(피부전기전도성 수준들)를 결정하는 에크린 땀샘(Eccrine Sweat Glands)의 분비물은 배타적으로 교감신경 가지에 의해 통제된다(Dawson, Schell & Filion, 2000). 따라서 자율신경 기록에 관한 측정과 분석은 신체활동의 상태에 대한 거의 확실한 신경학상의 기여자들에 대하여 어느 정도의 통찰을 제공한다.

공감과 자율신경과의 상호 관련에 관한 초기의 연구들은 유능한 치료사들이 그들 환자의 상태와 필요를 어떻게 정확하게 인식할 수 있는가를 이해하는 데 관심이 있었던 임상 연구자들에 의해 수행되었다(예컨대 Bowman & Gieson, 1982). 하나의 가정은 공감이 치료사와 환자 사이의 자율신경상의 동시성으로 나아가게 할 것이라는 것인데, 이는 두 참여자들이 보다 효과적인 치료시간 동안 심장박동수 활동에서 같은 양식을 지닐 것으로 기대하는 것을 의미한다. 그린블러트(Greenblatt, 1972)는 몇 시간에 걸쳐 치료사와 환자의 심장박동수를 측정했으며, 치료사가 환자의 감정에 보다 더 집중하고 또한 더 잘 지각한다는 느낌을 보고했던 치료시간은 또한 두 사람이 최고의 심장박동수 일치를 나타내 보였던 시간이었다는 것을 발견했다. 이와 비슷하게 로빈슨(Robinson), 허만(Herman), 그리고 카플란(Kaplan, 1982)은 치료사와 환자가 치료시간 동안 피부 온도와 피부 전기전도성에서 보다 높은 상호 관련성을 지닐 때 환자가 임상의를 보다 공감적인 존재로 기술했다고 보고했다. 레빈슨(Levenson)과 루프(Ruef, 1992)는 커플들이 서로 대화를 하는 나누는 동안에 심장박동수, 피부 전기전도성, 그리고 맥박진폭을 포함한 일련의 자율신경 정도를 측정했다. 곧 참여자들은 두 사람이 보다 더 비슷한 생리적 측면을 경험했을 때 파트너의 부정적 정서에 관한 보다 정확한 평가를 내렸다. 그러나 비슷한 양식이 표준 질문지상의 자기 보고된 공감에 대해서는 발견되지 않았다.

크레이그(Craig, 1968 ; Craig & Wood, 1969)는 초기 연구에서 참여자들이 매우 차가운 얼음물 속으로 손을 집어넣고 있는 다른 사람들을 바라볼 때, 그리고 참여자들이 그들 자신의 손을 담글 때 참여자들의 심장박동수를 측정했다. 스트레스가 많은 경험에 관한 대리적 · 공감적인 공유를 사정하는 것으로 간주된 전자의 조건에서 참여자들의 심장박동수는 느렸다. 역으로 심장박동수는 참여자들이 직접적으로 스트레스와 곤란을 경험했을 때 증가했다. 심장박동수 감소(heart rate deceleration, HRD)는 정보를 얻기 위해 주의를 바깥방향으로 돌리는 경우(예컨대 Cacioppo & Sandman : 1978), 그리고 슬픔을 경험하는 경우(Ekman, Levenson & Friesen, 1983)와 관련되어 왔으며, 반면에 심장박동수 증가는 보다 전형적으로 철회와 두려움의 경우이다(Ekman 외, 1983). HRD는 상대적으로 증가된 부교감신경과 감소된 교감신경 활동으로부터 나타나기 쉬우며, 그것은 또한 외부지향적 정향과 관련되어 왔다(Porges, 1991). 따라서 HRD는 타자정향적인 · 공감적 반응과 자율신경과의 상호 관련이 되는 좋은 후보자가 된다. 반면에 HRA는 개인적 고통과 자기 자신의 곤란에 관한 초점을 반영하는 것으로 보인다(Batson & Oleson, 1991 참조).

크레이그(Craig)의 연구결과를 반복하고자 했던 후속 시도들은 혼합된 결과에 직면했다. 메라비언(Mehrabian), 영(Young), 그리고 사토(Sato, 1988)는 표준화된 질문지를 활용하여 보다 공감적인 참여자들과 덜 공감적인 참여자들을 구분했으며, 그들이 울고 있는 영아의 비디오테이프를 시청하는 동안 그들의 심장박동수와 피부 전기전도성을 측정했다. 크레이그의 보고와 비슷하게 보다 공감적인 참여자들은 비디오를 시청하는 동안 HRD를 경험했던 반면에 덜 공감적인 참여자들은 HRA에 뒤이어 처음의 적은 HRD를 경험했다. 그러나 보다 공감적인 참여자들은 또한 덜 공감적인 개인들보다 더 큰 피부 전기전도성을 보였다. 이는 그들이 교감신경 활성화 혹은 개인적 고통을 경험하고 있다는 것을 예시해 준다. 이와 비슷하게 약간의 행동 문제를 가지고 있는 어린 아동들을 대상으로 한 연구에서(Zahn-Waxler, Cole, Welsh & Fox, 1995) 비디오테이프에 묘사된 슬픈 아동을 보고 나타낸 HRD 반응은 손상된 성인들을 향한 보다 공감적이고 친사회적인 반응을 예견했다. 그러나 보다 높은 심장박동수(모든 아동들)와 피부 전기전도성(단지 소녀들만) 또한 보다 친사회적으로 되는 것과 관련이 있었다. 위젠펠드(Wiesenfeld), 휘트먼(Whitman), 말라테스타(Malatesta, 1984)는 울고 있는 영아들의 필름을 보다 공감적인 여성들과 덜 공감적인 여성들에게 보여주었다. 그 결과 보다 공감적인 여성들이 덜 공감적인 여성들에 비해 더 큰 HRA, 더 큰 피부 전기전도성, 그리고 영아들을 안아들어 올리고자 하는 보다 더 강력한 보고된 욕망을 경험한다는 것을 발견했다. 따라서 몇 가지 연구들을 종합해 보면 공감적 반응성이 자율신경 활성화 및 각성과 보다 밀접하게 관련되는지, 아니면 자율신경 억제 및 규제와 보다 더 밀접하게 관련되는지는 약간의 불일치가 존재한다.

심장박동수, HRD와 HRA, 그리고 타인들에 대한 관심의 측면들 간의 관계에 관한 연구의 가장 위대한 자료는 아이젠버그(Eisenberg), 페이브스(Fabes), 그리고 그들의 동료들(예컨대 Eisenberg, Fabes, Bustamante 외, 1988a ; Eisenberg, Fabes, Miller 외, 1989 ; Eisenberg, Schaller, Fabes 외, 1988b)이

15년이 넘는 기간에 걸쳐 수행했던 발달 연구들에 내포되어 있다. 몇몇 연구에 걸쳐서 이 연구자들은 심장박동수의 변화를 측정하는 다양한 방식을 활용했는데, 여기에는 정서적으로 환기시키는 사건 동안의 심장박동수와 감정적으로 중립적인 사건 간의 산술적 차이(예컨대 Eisenberg 외, 1989 ; Eisenberg 외, 1998), 환기시키는 사건들의 이전과 이후의 심장박동수 간의 차이(예컨대 Eisenberg 외, 1988a), 그리고 환기시키는 자극의 제시 과정 이후 심장박동수 변화의 선형 곡선(예컨대 Eisenberg 외, 1992 ; Eisenberg 외, 1998) 등이 포함되었다. 위젠펠드(Wiesenfeld)와 메라비언(Mehrabian)의 연구와 같이 이들 연구는 대리적인 생리적 반응을 환기시키기 위해 전형적으로 고통 혹은 곤란에 처해 있는 어느 누군가에 관한 비디오테이프 시나리오[예컨대 이분척추(spin abifida) 질병으로 인해 힘겨운 물리치료를 받고 있는 한 소녀]를 활용했다. 동정과 친사회적 행동, 그리고 개인적 고통과 도움의 부족은 관찰된 정서와 행동의 코드화, 자극에 대한 반응의 언어적 보고, 그리고 표준 질문지상의 공감과 친사회적 행동에 관한 자기, 어머니, 교사, 그리고 동료 보고를 통해 측정되었다. 아이젠버그(Eisenberg), 페이브스(Fabes), 그리고 그들의 동료들은 이들 조사연구에서 심장혈관 반응(cardiovascular reactivity)과 타인들에 대한 관심의 의미를 분석하고자 광범위한 노력을 경주해 왔다.

심장박동수와 타인들에 대한 관심 간의 중요한 관련이 발견되었는데, 심장박동수는 가장 흔히 친사회적 반응의 측정과 부정적으로 상호 관련되었거나 아니면 고통의 징후들과 긍정적으로 상호 관련되었다(예컨대 Eisenberg 외, 1989 ; Eisenberg 외, 1996b ; Eisenberg, Fabes, Schaller, Carlo & Miller, 1991a). 아이젠버그와 페이브스에 의해 수행된 대다수의 연구들에서 HRD는 보통 동정과 친사회적 행동의 몇몇 측정과 관련되었던 반면에 HRA는 전형적으로 그렇지 않았다(Eisenberg 외, 1990 ; Fabes, Eisenberg & Miller, 1990). 그러나 그 관계는 규모에서 중간 이하였으며, 때때로 불일치하기도 했다. 예를 들면 한 연구에서 HRD가 실험실 안에서 돕는 행동의 관찰과 관련되었으나 교실 안에서 관찰된 동료들과의 친사회적 행동과는 관련되지 않았다(Eisenberg 외, 1990). 이와 비슷하게 HRD는 어떤 연령집단에서 타인들에 대한 관심과 관련되었지만 두 번째 집단에서는 그렇지 않았다거나(예컨대 나이가 어린 학령 아동들에서는 관련되었으나 나이가 더 든 학령 아동들에서는 그렇지 않았다 ; Eisenberg 외, 1989) 혹은 어떤 성에서는 그랬으나 다른 성에서는 그렇지 않았다(예컨대 소년들에서는 그랬으나 소녀들에서는 그렇지 않았다 ; Eisenberg, Fabes, Schaller 외, 1991b). 마지막으로 몇몇 연구는 HRD와 타인들에 대한 관심의 지표 간에 어떠한 관련을 발견하는 데 실패했거나(예컨대 Eisenberg 외, 1992) 그렇지 않으면 HRA이 동정 혹은 친사회적 행동을 예견한다(예컨대 Holmgren, Eisenberg & Fabes, 1998)는 연구결과의 정반대 양식이 등장했다. 전체적으로 종합해 보면 비록 이 일군의 연구에서 HRD와 타인들에 대한 관심 간에 주목할 만한 관련성들이 발견되었지만, 훌륭한 자격을 갖춘 결과들은 동정의 자율신경 지표들 대 개인적 고통(HRD 대 HRA) 간의 날카로운 이분법의 보편성에 의문을 제기한다.

아이젠버그, 페이브스, 그리고 그들의 동료들은 동정과 개인적 고통에 관한 그들의 몇 편 안 되는 연구에서 자율신경 각성의 그 밖의 다른 지표, 특히 피부 전기전도성과 호흡성 동성 부정맥[미주신경긴장(vagal tone)]을 검증했다. 촬영된 자극들에 대한 피부 전기전도성 반응의 측정을 포함한 5편의 연구에서(Eisenberg 외, 1996b ; Eisenberg 외, 1991a ; Eisenberg 외, 1991b ; Fabes, Eisenberg & Eisenbud, 1993 ; Holmgren 외, 1998) 보다 높은 피부 전기전도성은 타인들에 대한 관심의 하나 혹은 그 이상의 측정과 부정적으로 관련되었거나 개인적 고통과 회피행동(예컨대 바라보는 것을 혐오함)의 하나 혹은 그 이상의 측정과 긍정적으로 관련되었다. 그러나 이들 연구 가운데 하나에서 어린 소녀들의 보다 높은 피부 전기전도성 수준은 교사 보고들과 일치하는 더 많은 친사회적 행동을 예견했으며(Holmgren 외, 1998), 이는 잔 왁슬러(Zahn-Waxler)와 동료들(1995)이 보고한 결과와도 유사하다. 또 다른 연구에서 소년들의 보다 높은 피부 전기전도성 수준은 덜 부정적인 정서성과 더 낮은 정서적 강도에 관한 교사 보고들을 예견했다(Eisenberg 외, 1996b). 그때에 보다 높은 피부 전기전도성의 수준은 때때로 고통을 겪고 있는 다른 사람들에 대한 동정적·친사회적인 반응을 방해할 수 있는 불안한 과대 각성을 반영한다는 것을 암시하는 상당히 일관된 경험적 증거가 존재한다(예컨대 Eisenberg 외, 1991a).

아이젠버그, 페이브스, 그리고 그들의 동료들은 또한 정서를 환기시키는 상태보다는 오히려 중립상태에서 심장박동수 변이성이나 혹은 미주신경긴장(vagal tone)의 측면에서 심장 정도를 측정함으로써 부교감신경 영향과 타인들에 대한 관심 간의 관련을 검증했다. 한 연구에서(Fabes, Eisenberg, Karbon, Troyer & Switzer, 1994) 보다 큰 심장박동수 변이성은 소년들에게서 격려하는 행동과 관련되었으나 소녀들에게서는 그렇지 않았다. 두 번째 연구에서(Fabes 외, 1993) 심장박동수 변이성은 소녀들의 자기 보고된 동정과 긍정적으로 상관되었으나 그들의 도움과는 관련되지 않았다. 아이젠버그와 동료들(1996b)은 미주신경긴장이 소년들이나 혹은 소녀들에게서 교사들의 동정에 관한 보고들과 관련되지 않았다고 보고했다. 마지막으로 아이젠버그와 동료들(1996a)은 미주신경

긴장이 소녀들의 친사회적 행동에 관한 동료들의 보고들과 부정적으로 상관되었으며, 소년들의 타인들에 대한 관심의 그 어떠한 측정과도 관련되지 않는다는 것을 발견했다. 이어서 이 후자의 결과는 학령 전 아동들의 미주신경긴장이 성인들의 상해 자극을 향한 그들의 공감적 관심과 부정적으로 상관되었다는 것을 보여줌으로써 잔 왁슬러(Zahn-Waxler)와 동료들(1995)에 의한 연구의 결과와 대응했다.

게다가 미주신경긴장(vagal tone)과 아동들의 타인들에 대한 관심 간의 관계를 연구한 결과들에서는 비교적 적은 일관성이 존재한다. 미주신경긴장은 자기규제적 기능과 각성의 발단에 관한 지표가 될 수 있으므로(예컨대 Porges & Byrne, 1992) 아마도 이러한 불일치는 당연히 기대되어야 할 것이다. 만약 높은 미주신경긴장의 아동들이 높은 각성의 발단을 갖는다면 그들은 타인들의 고통에 온화하게 혹은 적절하게 반응하지 않을 것이다. 그럼으로써 그들은 동정이나 혹은 돕고자 하는 의지가 부족하게 보일 것이다. 그러나 환기적인 자극들이 각성을 유발할 만큼 충분히 강력하다면 아동들의 자기규제적 기능은 개인적 고통을 완화하고 공감을 야기하며 효과적인, 친사회적 반응을 조정하는 데 도움을 줄 것이다.

종합적으로 보면 어떤 연구들은 높은 각성이 공감 및 친사회적 행동을 방해한다고 지적하는 반면에 또 다른 연구들은 이러한 방해의 양식을 발견하지 못하고 있다. 어떤 생활조건 하에서 그리고 어떤 아동 특성과 더불어 자기 고통과 공감적 고통은 공존할 수 있으며, 그리고 높은 각성이 반드시 친사회적 행동을 감소시키지 않을 수도 있을 것이다. 그러한 양식은 행동 장애를 가진 학령 전 아동들에 관한 연구에 제시되어 있다(Zahn-Waxler 외, 1995). 상승된 불안 또한 우울하고 고통받는 부모를 둔 자녀들의 친사회적 행동과 더 관련이 있을 수 있다(Zahn-Waxler, 2000). 그러한 관련은 장기적으로 널리 효과를 발휘하지 않을 수 있는데, 왜냐하면 이들 아동은 또한 허약한 동료관계를 발달시키고 공유하는 데 어려움이 있으며, 일반적으로 친구들과 덜 친사회적인 경향이 있기 때문이다(Denham, Zahn-Waxler, Cummings & Iannotti, 1991 ; Zahn-Waxler, Cummings, McKnew & Radke-Yarrow, 1984).

자율신경 생리기능과 타인들에 대한 관심의 발달 간의 종단적 연계에 관한 정보가 거의 없다. 다양한 주요 시점 연구들이 없다면 생리적 각성의 측정이 단순히 개인의 현재 기능작용의 상태를 반영하는 것인지, 혹은 그것이 안정적이고 후속 발달에 기여하는 경향이 있는 어떤 저변에 깔려 있는 성향 특징을 드러내는 것인지를 분별하기가 불가능하다. 우리에게 알려진 바에 따르면, 심장기능에 관한 이른 시기의 측정으로부터 나중의 공감 및 친사회적 행동을 예견하고자 시도한 단지 하나의 기대되는 연구가 있다(Hastings 외, 2000). 공감을 유도하는 비디오 자극을 시청하는 동안 높은 심장박동수와 낮은 미주신경 긴장을 보인 아동들에 대해 그들의 교사들은 이들 자율신경 양식을 보이지 않았던 아동들보다 2년 후에 보다 더 친사회적이 될 것으로 진술했다. 그러나 이들 심장 측정은 나중의 관찰된 행동, 자기 보고된 공감 혹은 어머니에 의해 보고된 공감 및 친사회적 행동을 예견하지 못했다. 따라서 이들 자율신경 반응의 지표들이 타인들에 대한 관심의 발달에 안정적이고 영향력 있는 기여자들이라고 제안하기는 어렵다. 추적평가(follow-up assessment)를 생리기능과 공감 간의 상호관계 안정성 검증과 통합시키는 것은 미래 연구를 위한 중요한 진보이다.

이 연구보고로부터의 또 다른 고려사항은 공감과 관련된 자율신경 반응을 유도하기 위해 사용된 방법들과 관련한다. 선택의 기법은 참여자들에게 고통받는 타인을 묘사하는 녹화된 자극을 보여주는 것이었다. 비록 이것은 모든 참여자들을 대상으로 실험 통제와 표준화를 증대시키지만, 그것은 우리가 추출할 수 있는 그 모든 일관된 결과의 양식이 우리의 방법에 따라 달라질 수도 있다는 비판의 장을 제공한다. 외적 자극으로 비디오테이프 자료를 시청하는 동안 자율신경 각성은 어떤 사람이 슬픈, 고통받는, 혹은 도움이 필요한 또 다른 사람과 실제적으로 상호작용할 때 일어나는 일종의 심장혈관(cardiovascular) 및 피부전기(electrodermal) 반응을 단지 미약하게 반영하는 것일 수도 있다. 연구자들이 공감의 가장 정확한 지표인 심장박동수 변화나 피부 전기전도성의 양식을 보다 더 잘 확인하기 위해 자율신경 생리 과정을 자극하는 대안적인 수단을 개발하는 것은 잘하는 일이다.

기질

우리가 여기에서 고려하고 있는 타인들에 대한 관심의 양식에서 개인적 차이를 이해하기 위한 마지막 접근은 공감과 관련된 개념이 성향적 특징을 반영할 수도 있는 그 밖의 다른 안정적 특질들과 어떻게 관련되는지를 확인하는 것이다. 그러한 특질들이 생물학적 요소에 뿌리를 두고 있다는 주장에 대한 지지는 점차 늘어나는 유전율(heritability)에 대한 증거(Campos, Barrett, Lamb, Goldsmith & Stenberg, 1983 ; Matheny & Dolan, 1980 ; Plomin, 1986), 그리고 시간이 지나도 유지되는 다양한 기질 양상의 안정성(Goldsmith, 1983)을 포함한다. 기질(temperament)은 체질적으로(유전적·생물학적으로) 기반을 둔, 그러나 또한 시간이 지나면서 성숙과 경험에 의해 영향을 받는 것으로 추정되는 반응성과 자기규제에서의 개인적 차이이다(Hinde, 1989 ; Rothbart & Derryberry, 1981 ; Thomas, Chess, Birch, Hertzig & Korn, 1963). 아동기 기질의 양상은 성인 퍼스낼리티 특질의 발달에 대한 기원 혹은 기저를 제공하는 것으로 간주된다. 비록 기질과 퍼스낼리티 간에 일 대 일 대응관계는 존재하지 않지만 상당한 공동특징이 존재한다(Ahadi, Rothbart & Ye, 1992 ; Digman, 1990). 따라서 비록 기질이 기껏해야 생물심리학(biopsychology)의 간접적 측정에 불과하지만, 기질과 타인들에 대한 관심 간의 연계에 관한 검증은 그 아래에 깔려 있는 생물학적 과정이 어떻게 관찰 가능한 행동양식을 조정하는지를 드러내 줄 것이다.

기질을 개념화하고 측정하는 최선의 방법을 찾고자 상당한 노력을 기울여 왔다. 현재까지 연구자들은 기질의 다양한 지속적 차원, 곧 아동이 기질 점수의 프로필을 지니고 있을 것이라는 것과 같은 차원에 따라 양적 측정을 채택하거나(예컨대 Rothbart, Ahadi & Hershey, 1994) 혹은 독특한 기질을 나타내는, 곧 아동이 특수한 기질 유형에 일치하는 것과 같은 개인들의 집단을 서로 구별하는(예컨대 Kagan, Reznick & Snidman, 1987) 경향을 보이고 있다. 전자의 접근을 선호하는 연구자들은 흔히 다양한 기질 차원을 보다 적은 수의 더 높은 지위 요소로 통합시키는데, 이는 전형적으로 후자의 진영에 있는 연구자들에 의해 가장 흔히 구분되는 세 집단, 곧 내성적인/천천히 발동이 걸리는, 사교적인/낙천적인, 그리고 까다로운/부정적으로 반응하는(재검토를 위해서는 Putnam, Sanson & Rothbart, 2002를 볼 것)과 일치한다. **내성적인/천천히 발동이 걸리는**(inhibited/slow-to-warm)은 친숙하지 않은 사람, 대상, 혹은 상황에 직면할 때에 불안, 고민, 부끄러움, 철회, 그리고 회피의 일관된 양식에 속하는 것으로 이는 한 번 일어나면 쉽게 완화되지 않는다. **사교적인/낙천적인**(sociable/easy-going)은 침착한, 그리고 쉽게 일어나지 않는, 일단 일어나면 진실하고, 타인들에 대해 주목하고 초점을 맞추며, 그리고 관심을 갖고 긍정적으로 대하는 양식으로 불려진다. **까다로운/부정적으로 반응하는**(difficult/negatively-reactive)은 부정적인 정서적 반응성과 관련되는데, 여기에는 실패를 잘 받아들이지 못함, 일단 일어나면 강력한 분노의 표현, 높은 운동 활동(motor activity), 그리고 낮은 달래짐 등이 포함된다. 수십 년 동안의 기질과 타인들에 대한 관심의 연구에도 불구하고 비교적 최근에 이르러서야 연구자들은 기질적 특질이 타인들에 대한 관심에서의 개인적 차이와 관련되는지의 여부를 검증함으로써 이들 연구결과를 합병하고자 시도하기 시작했다.

내성적인/천천히 발동이 걸리는. 기질적으로 내성적인 특징을 지닌 아동들은 새로운 것이나 도전에 직면할 때 정상적인 적응적 정향과 각성이 적절한 극복 반응의 조정으로 과장되고 방해를 받게 되는 것과 같은 정서적 반응의 비효과적인 자기규제를 경험하는 것으로 여겨진다(Calkins & Fox, 2002). 내성적인 아동들이 사회적 파트너에 대해 움츠리는 경향이 있다는 것을 가정한다면, 그들의 타인들에 대한 관심의 활동적 성분은 차단당하여 그들이 효과적인 위로나 지원을 제공하지 못할 수 있다. 여러 연구자들은 기질적 내성성 혹은 부끄러움과 아동들의 관심에 관한 다양한 지표 간에 부정적인 상관관계를 나타내는 자료를 확보하고 있다. 스탠호프(Stanhope), 벨(Bell), 그리고 파커 코헨(Parker-Cohen, 1987)은 그들의 어머니가 수줍음을 탄다고 기술했던 학령 전 아동들이 덜 수줍음을 타는 아동들에 비해 실험실에서 친숙하지 않은 성인들에 대해 덜 친사회적인 것을 발견했다. 물론 이는 가정에서 그들의 도움 행동에 관한 어머니들의 보고와 일치하고 있다. 보행기 아동들이 친숙한 놀이친구들에게 보인 움츠림은 9세(비록 학령 전 연령에서는 아니라 하더라도, Howes & Phillepsen, 1998)에 이르러 동료들에게 덜 친사회적인 행동을 보일 것임을 예견하는 것으로 밝혀져 왔다. 즉 수줍음과 친사회적 행동은 또한 9세에서 역으로 상호 관련되었다. 그들의 어머니에 의해 보다 수줍음을 탄다고 기술되었던 유치원 연령 아동들은 고통의 자극에 대해 동정의 표현을 거의 보이지 않고 반응했다(Kienbaum, Volland & Ulich, 2001). 아이젠버그와 동료들 또한 학령기 아동들에게 있어서 "부정적 정서성"(두려움, 고통, 그리고 분노의 지표)에 관한 부모와 교사의 평점이 높으면 높을수록 고통을 묘사한 녹화 필름을 시청하는 동안 더 낮은 동정을 표현하며(Guthrie 외, 1997) 동료에게 친사회적 행동을 덜 나타낸다(Eisenberg 외, 1996b)는 것을 발견했다. 따라서 다양한 방법론을 사용한 작은 규모의 연구사례들을 종합해 볼 때 기질적 내성성은 동료들과 낯선 자들에 대한 아동들의 동정 및 친사회적 행동과 일관되게 그리고 역으로 관련되어 왔다.

아동들의 내성성과 그들의 타인들에 대한 관심 간의 연계에 관한 두 편의 종단적 연구가 수행되었다(Hastings, Rubin & Mielcarek, 인쇄 중 ; Young, Fox & Zahn-Waxler, 1999). 영(Young)과 동료들(1999)의 분석에서 4개월 연령에서 내성성을 특징짓는 높은 반응성과 각성의 양식은 자신들을 학대하는 시늉을 보인 어머니와 실험자를 향한 그들의 공감과 친사회적 행동을 예견하지 못했다. 동시에 수행한 분석에서 행동적으로 내성적인 보행기 아동들은 덜 내성적인 아동들에 비해 실험자를 향해 덜 공감적이고 덜 친사회적이었다. 그러나 약간 내성적인 아동들은 어머니들의 고통 자극에 비슷하게 반응했다. 해스팅스(Hastings)와 동료들의 분석에서 보행기 아동들의 내성성은 2년 후의 친사회적 반응을 직접적으로는 예견하지 못했지만, 아동 양육 경험은 소녀들에 있어서 초기의 내성성과 나중의 친사회적 행동 간의 관련을 조절하는 것으로 보였다. 예를 들면 어머니들이 내성적인 보행기 여아들에게 더 보호적(온정적이지만 강압적으로 통제하는)이었을 때 그들의 딸은 2년 후에 어머니를 향해 보다 더 친사회적인 행동을 보였다. 이는 특히 긴밀한 부모-자녀 관계가 조장되는 것을 암시하고 있다.

이들 연구는 친숙하지 않은 타인들에 의해 유도된 불안은 기질적으로 내성적인 아동들의 자기규제 능력을 지배하며 감동적인, 타인정향적인 돕는 행동을 실행하는 것을 방해할 수 있음을 시사한다. 부모와 같은 친숙한 인물이 등장하여 안전감을 부여했을 때 이러한 정서 규제의 외적 원천은 내성적인 아동들로 하여금 동정적이고 친사회적인 방식에서 타인들의 고통에 관한 그들의 공감적 지각을 일깨우며 또한 그에 따라 행동하도록 해준다. 일반적으로 기질이 안정적인 성향으로서 간주된다는 것을 가정한다면 그 관계가 시간이 지나도 유지되기보다는 동시적인 것이 더 강한 것으로 보이는 것은 다소 난감한 일이다. 그러나 해스팅스(Hastings)와 동료들이 수행했던 연구에서 나타난 바와 같이 부모의 사회화와 같은 그 밖의 다른 요소가 기질과 타인들에 대한 관심 간의 종단적 관계를 조정할 수 있다.

이러한 가능성은 또한 코찬스카(Kochanska, 1991, 1997)의 연구에서도 지지를 받고 있는데, 그의 연구에서 초기의 내성성은 2년 혹은 그 이상의 나중을 평가한 양심을 예견하지 못하는 경향이 있다(Kochanska, De-

Vet, Goldman, Murray & Putnam, 1994도 볼 것). 오히려 어머니의 양육방법은 흔히 초기의 내성성과 나중의 양심 간의 관계를 조정한다. 이 연구에서 **양심**(conscience)은 도덕발달에서 하나의 중요한 초석인 적절한 행위 표준의 내면화로서 개념화되고 있다(Dienstbier, 1984 ; Grusec & Kuczynski, 1997). 비록 양심이 타인들에 대한 관심과 직접적으로 동등화될 수는 없다 하더라도 개념에서는 중요한 유사성이 존재하며(Zahn-Waxler, 2000), 그리고 양심에 대한 증거는 타인들을 향하여 관심을 갖거나 비공격적인 방식으로 행동하는 경향성에서 발견될 수 있다. 코찬스카(Kochanska)는 상당히 내성적인 유아들이 그들의 어머니가 처벌적이고 두려움을 유도하는 기법보다는 온화한 훈육방법을 사용할 때 양심을 더욱 발달시키는 경향이 있다는 것을 발견했다. 역으로 양심은 덜 내성적인 유아들의 경우 어머니-자녀 애착관계의 질을 통해 조장되는 것으로 보인다. 해스팅스(Hastings)와 동료들(인쇄 중) 또한 어머니의 양육이 여자 유아들의 내성성과 그들의 나중의 친사회적 행동 간의 연계를 조정한다는 증거를 발견했다. 타인들에 대한 관심의 발달에서 조정하고 중재하는 과정을 확인하고 기질이 아동들의 도덕적 정서와 행동에 공헌하는 방식을 명료화하기 위한 이러한 노력이 지속적으로 더 많은 연구에서 이루어져야 한다.

사교적인/낙천적인. 여러 가지 면에서 사교성은 내성성의 반대이다. 내성적인/천천히 발동이 걸리는 아동들에 관한 연구는 전형적으로 보다 내성적인 아동들과 덜 내성적인, 추정컨대 더 사교적인 아동들과 비교한다. 사교성은 타인들을 향한 관심과 정향을 반영하는 기질의 측면이기 때문에 보다 사교적인 아동들은 보다 친사회적인 행동을 실천할 것이 기대될 것이다. 이러한 가설에 대한 어느 정도의 지지 또한 존재한다. 더 많은 사회적 상호작용에 개입하는 학령 전 아동들 또한 더 많은 돕는 행동을 보여준다(Eisenberg & Hand, 1979 ; Eisenberg, Pasternack, Cameron & Tryon, 1984). 이와 비슷한 연구결과들이 후속 연구에서 보고되고 있다(예컨대 Farver & Branstetter, 1994 ; Kochanska 외, 1994). 밀러(Miller)와 얀센 옵 드 하르(Jansen op de Haar, 1997)는 그들의 교사들에 의해 상당히 공감적인 아동들로 추천을 받았던 자들의 어머니들과 면담했으며, 이들 어머니들이 그들의 자녀를 매우 사교적이고 긍정적인 감정을 잘 표현하는 자로 특징짓고 있다는 것을 발견했다. 주의의 통제 및 규제와 같은 보다 넓은 사교적/낙천적 개념에 의해 흔히 포섭된 기질의 특수한 차원 또한 학령기 아동들에게서 타인들에 대한 관심의 지표들과 관련된다(예컨대 Eisenberg 외, 1995 ; Eisenberg 외, 1998). 따라서 기질적으로 보다 사교적/낙천적인 아동들은 타인들에 대한 관심을 더 잘 입증하는 경향이 있다.

까다로운/부정적 정서성. 기질적으로 좌절을 받아들이지 못하며 분노를 쉽게 표출하게 되는 것이 어떻게 타인들에 대한 관심과 관련되는가를 검증한 연구는 거의 없다. 언급한 바와 같이 부정적 정서성—이는 까다로운 기질을 자극한다—은 역으로 동정 및 친사회적 행동과 관련되었다(Eisenberg 외, 1996b ; Guthrie 외, 1997). 던햄(Denham, 1986)은 화를 잘 내는 아동들이 배려 행동을 실천하고 타인들의 정서를 이해하는 데 훨씬 더 어려움을 보인다는 것을 발견했다. 파버(Farver)와 브랜스티터(Branstetter, 1994)는 까다로운 아동들이 편안한 아동들에 비해 그들의 동료에게 덜 친사회적이었다고 보고했다. 코찬스카(Kochanska)와 동료들(1994)은 어머니들이 도덕적 표준을 덜 내면화한 학령 전 남자 아이들이 더 충동적/감각 추구 경향이라고 보고했다고 밝혔다. 마지막으로 영(Young)과 동료들(1999)은 4개월 된 영아들의 까다로운 기질과 연관된 반응성의 양식이 2년 후에 성인들의 상해 자극에 대해 덜 공감적인 반응을 예견한다는 것을 발견했다. 따라서 아동기의 전 기간 다양한 측정을 포함하고 있는 6편의 연구를 종합해 보면, 보다 까다로운 기질은 아동들에 있어서 보다 낮은 공감 및 친사회적 행동과 관련되고 있다.

비록 까다로운 기질과 타인들에 대한 관심 간의 연계를 고찰한 직접적인 연구는 상대적으로 거의 없었지만 행동의 제3의 측면, 곧 공격성으로 두 개념의 관계가 추론될 수 있다. 보다 까다로운 기질을 가지고 있는 아동들이 또한 보다 공격적이라는 연구는 풍부하다(Bates, Bayles, Bennet, Ridge & Brown, 1991 ; Rubin, Hastings, Stewart, Chen & Nicholson, 1998). 이어서 보다 공격적인 아동들과 성인들이 더 낮은 공감을 느끼며 더 낮은 동정과 친사회적 행동을 보인다는 것을 보여주는 꽤 많은 문헌이 있다(Hastings 외, 2000 ; Miller & Eisenberg, 1988). 그러므로 까다로운 기질, 공격성, 그리고 타인들에 대한 관심 간의 연결고리는 분노를 향한 성향이 목표를 달성하고자 공격성을 사용하는 원인이 되며, 그리고 타인들의 안녕에 이득이 되는 행동을 실천하는 능력을 방해할 수 있다는 것을 암시할 것이다. 미래의 연구는 당연히 이러한 추론을 입증해야 할 것이다.

결론

공감 및 친사회적 행동의 생물학적 토대를 확인하고자 하는 경험적 노력들이 비교적 초기에 머물러 있음을 감안한다면 연구의 범위와 결과의 함축은 매우 인상적이다. 타인들에 대한 관심과 생물심리학적 과정 간의 기능적 · 논리적 · 예견적 관계에 관한 유전적 · 신경해부학적 · 신경생리학적 · 신경내분비학적 · 자율신경적 · 기질적 양상이 확인되어 왔다. 이것은 공감에 관한 진화적 · 사회생물학적 이론에 대한 간접적 지원으로 간주될 수 있다. 곧 공감의 생물학적 밑받침에 대한 증거는 자연이 이러한 정서적 능력을 선택 · 보존해 왔다는 주장과 양립 가능하다. 그러므로 공감이 이타주의와 연민에 대한 필수적인 전제조건인 정도에 따라 인간 도덕성의 근원은 우리 종의 진화 생물학을 통해 추적될 수 있다. 우리는 본래적으로 도덕적 피조물이다. 타인들에 대한 관심의 생물학을 도표화하는 과업은 결코 금방 완성되지 않는다. 우리는 새로운 연구방향에 대한 몇 가지 특수한 제안을 내놓았다. 우리는 생물학과 생리학의 측면을 초월하는 미래의 연구를 위한 5가지 잠재적인 정보방향을 제안하는 것으로 결론을 맺고자 한다.

타인들에 대한 관심 측정하기

공감과 친사회적 행동의 생물학적 상관관계에 관한 연구는 만약 공감과 친사회적 행동의 측정이 신뢰할 만하고 타당할 때만 진정한 정보가 될 수 있다. 만약 정서에 관한 진화적 · 기능적 이론이 타당하다면 공감은 인간 진화의 과정을 거치면서 보존되어 왔다. 왜냐하면 그것은 자연환경에서 두드러지며 의미 있는 사건에 대한 인간의 적응을 증진시켜 왔기 때문이다. 참여자들의 공감을 유도해내기 위한 연구자들의 시도는 흔히 그들의 실험 패러다임의 물리적·실제적 한계에 의해 제한되어 왔다. 필름을 시청하거나 혹은 표정을 바라보는 것은 공감적 과정을 자극하는 진화적으로 의미 있고 생태학적으로 타당한 방법인가? 비록 그러한 기법들이 공감을 유도해내는 데 효과적이라 하더라도 이들 인위적인 실험 절차가 반드시 실제세계에서 공감과 친사회적 행동을 지원하는 동일한 생리적 체계를 활성화시키는가? 연구자들이 생리적 측정과 행동적 측정에 대하여 똑같은 정확성을 실현해낼 수 있을 때까지 생물학과 공감 간의 보고된 관계에 대한 신뢰는 여전히 잠정된 채로 남아 있어야 한다.

다양한 분석 수준

비록 몇몇 연구자들이 서로 다른 생리적 체계의 상호 관련을 바라보기 시작했다 하더라도(예컨대 Hariri 외, 2002) 타인들에 대한 관심의 생물학에 관한 거의 대다수의 연구는 단 하나의 생물학적 기능의 수준에만 초점을 맞추어 왔다. 물론 유전자, 뇌활동, 호르몬, 자율신경 기능, 그리고 기질이 서로 독립적으로 기능하지 않는다. 또한 그들은 정서적 혹은 행동적인 반응에 대해 독립적으로 기여하지도 않는다. 우리는 이들 다양한 생리적 활동의 수준 간의 일시적·상호작용적인 관계가 어떻게 타인들에 대한 관심을 포함한 심리적 현상에 공헌하는지에 관하여 거의 알지 못한다. 이러한 간극에 역점을 두고 우리의 연구 노력을 진척시키고자 한다면 연구의 기술적·방법적·통계적 요소를 확장시키고 또한 증진시켜야 한다.

생물학과 환경 간의 상호작용

다양한 분석 수준에 대해 주목을 요청하는 것은 신체 내에서 무엇이 진행되는가를 검증하는 데에 제한되지 않는다. 한 학문으로서 심리학은 과거의 본성 대 훈육 논쟁에서 벗어난 지 오래되었으며, 생물학과 경험이 복잡한 심리적 특징에 대해 상호작용적·양방향적인 방식에서 공헌한다는 것은 이제 널리 받아들여지고 있다. 기질 연구자들은 성향 특질과 몇 년 동안의 부모 교육 간의 상호작용에 의해 아동들의 행동에 가해진 공헌을 검증해 왔으며(예컨대 Kochanska, 1991), 최근의 연구자들은 게다가 유전자 환경 상호작용을 바라보기 시작했다(예컨대 Caspi 외, 2003). 그러나 타인들에 대한 관심과 관련하여 생물학적 및 환경적 요소에 의해 가해진 연합 공헌의 이슈에 훨씬 더 많은 경험적 주의가 주어져야 할 필요가 있다. 그러한 연구들은 사회적·물리적 환경의 어떤 측면이 공감을 지원하는 생물학적 과정에서 개인적 차이를 조장하고 또한 억압하는지, 어떤 종류의 생활 경험이 공감에 필수적인 생리적 체계에서의 변화를 산출하는지, 공감의 생물학의 몇몇 구성요소는 그 밖의 다른 것들보다 환경적 영향을 더 쾌히 받아들이는지 어떤지, 그리고 그 밖의 다른 복잡하고 흥미로운 의문을 포함할 수 있을 것이다.

상호 관련으로부터 인과관계로?

주로 윤리적·실체적 제한 때문에 타인들에 대한 관심과 관련된 인간의 생리적 기능작용의 측면에 관하여 수행되었던 대다수의 연구는 상호관련을 맺고 있다. 한 가지 처치 조건에서 모든 참여자들로부터 똑같은 수준과 질을 확실하게 이끌어낼, 그러나 두 번째 집단의 참여자들로부터는 전혀 공감을 이끌어내지 않는 통제된 실험조작을 수행할 수 있다는 것, 그리고 집단 간의 생리적 차이를 측정할 수 있다는 것은 놀라운 일일 것이다. 그러나 이런 일은 결코 일어나지 않을 것이다. 인간은 본래적으로 다소 쉽게, 다소 큰 혹은 다소 적은 강도로, 그리고 일련의 자극에 대한 반응으로 공감을 경험하도록 유전적으로 코드화되고 경험적으로 형성된 개인적 성향을 스스로 지니고 있다. 유사하게 연구자들이 인간의 생물학적 상태를 조정할 수 있으며, 유도된 공감 수준에서의 차이를 정확하게 측정할 수 있다는 것은 요원한 일일 수 있다. 그러나 명확하고도 반박할 수 없는 실험절차가 없다면 우리는 "이들 생물학적 결과가 발생할 때 우리는 공감을 느낀다"고 말하는 대신에 "이것들은 우리가 공감을 느낄 때 발생하는 생물학적 결과이다"고 말하는 것으로 만족해야만 할 것이다.

발달적 고려사항들

타인들에 대한 관심의 생물학은 나이가 들어감에 따라 변화하는가? 보행기 유아들, 청소년들, 그리고 성인들은 그들이 공감을 느낄 때 똑같은 종류의 신경 활성화, 호르몬 분비, 그리고 자율신경 각성을 경험하는가? 친사회적 행동에 영향을 미치는 유전자 활동의 시작 혹은 마감을 자극하는 성숙적 과정이 존재하는가? 공감과 연관된 생리적 과정에서의 개인적 차이는 발달상 안정적인가? 이러한 물음들은 타인들에 대한 관심의 생물학적 토대에 관심을 갖고 있는 발달심리학자들이 역점을 두고 연구할 필요가 있는 여러 문제이다. 오늘날 이 물음에 대한 대답을 제공하는 문헌은 충분하지 않다. 생리학의 각기 다른 측면은 각기 다른 연령집단을 대상으로 검증되는 경향이 있다. 예를 들면 아동들을 대상으로 공감과 관련한 기질과 자율신경 기능에 관한 많은 연구가 존재하지만 아동들의 공감과 그들의 호르몬 혹은 신경생리적 기능작용 간의 연계에 관한 연구는 거의 없다. 이와 함께 타인들에 대한 관심의 생물학에 관한 거의 대다수의 연구는 발달과정을 예증하는 데 효과적이지 않는 단 하나의 주요 시점 연구에 해당한다. 비록 비용이 많이 들고 어려우며 인내와 참을성을 요구한다 하더라도, 타인들에 대한 관심의 발달정신생리학에 관한 우리의 이해를 증진시키기 위해서는 보다 많은 종단적 연구가 수행되어야 할 필요가 있다.

《 감사의 말 》

저자들은 이 장의 각 절에 대하여 유용한 논평을 해준 잭 니쉬케(Jack Nitschke), 버지니아 펜헌(Virginia Penhune), 나타리에 필립스(Natalie Phillips), 그리고 바바라 우드사이드(Barbara Woodside)에게 감사의 뜻을 전한다.

참고문헌

Adolphs, R.(2002). Recognizing emotion from facial expressions : Psychological and neurological mechanisms. *Behavioral and Cognitive Neuroscience Reviews, 1*, 21–62.

Ahadi, S. A,. & Rothbart, M. K.(1994). Temperament, development, and the Big Five. In C. F. Halverson Jr., G. A. Kohnstamm, & R. P. Martin(Eds.), *The developing structure of temperament and personality from infancy to adulthood*(pp. 189–207). Hillsdale, NJ : Lawrence Erlbaum Associates.

Ahadi, S. A,. Rothbart, M. K., & Ye, R.(1993). Children's temperament in the US and China : Similarities and differences. *European Journal of Personality, 7*, 359–377.

Amaral, D. G., Price, J. L., Pitkanen, A., & Carmichael, S. T.(1992). Anatomical organization of the primate amygdaloid complex. In J. P. Aggleton(Ed.), *The amygdala : Neurobiological aspects of emotion, memory, and mental dysfunction*(pp. 1–66). New York : Wiley–Liss.

Baste, J. E., Bayles, K., Bennett, D. S., Ridge, B., & Brown, M. M.(1991). Origins of externalizing behavior problems at eight years of age. In D. J. Pepler & K. H. Rubin. *The development and treatment of childhood aggression*(pp. 93–120). Hillsdale, NJ : Lawrence Erlbaum Associates.

Batson, C.(1991). *The altruism question : Towards a social–psychological answer*. Hillsdale, NJ : Lawrence Erlbaum Associates.

Batson, C. D., & Oleson, K. C.(1991). Current status of the empathy–altruism hypothesis. In M. S. Clark(Ed.), *Prosocial behavior. Review of personality and social psychology*(Vol. 12, pp. 62–85). Thousand Oaks, CA : Sage.

Booth, A., Johnson, D. R., Granger, D. A., Crouter, A. C., & McHale, S.(2003). Testosterone and child and adolescent adjustment : The moderating role of parent–child relationships. Developmental Psychology, 39, 85–98.

Bowman, J. T., & Giesen, J. M.(1982). Predicting ratings of counselor trainee empathy with self-report anxiety measures and skin conductance. *Counselor Education and Supervision, December*, 154-161.

Bradley, M. M.(2000). Emotion and motivation. In J. T. Cacioppo, L. G. Tassinary, & G. G. Berntson(Eds.), *Handbook of psychophysiology*(2nd ed., pp. 602-642). Cambridge, UK : Cambridge University Press.

Bridges, R. S., DiBiase, R., Loundes, D. D., & Doherty, P. C.(1985). Prolactin stimulation of maternal behavior in female rats. *Science, 227*, 782-784.

Brother, L.(1989). A biological perspective on empathy, *American Journal of Psychiatry, 146*, 10-19

Brownely, K. A., Hurwitz, B. E., & Schneiderman, N.(2000). Cardiovascular psychophysiology. In J. T. Cacioppo, L. G. Tassinary, & J. T. Capioppo(Eds.), *Handbook of psychophysiology*(2nd ed., pp. 224-264). New York : Cambridge University Press.

Buck, R.(1985). Prime theory : An integrated view of motivation and emotion. *Psychological Review, 92*, 389-413.

Buck, R.(1999). The biological affects : A typology. *Psychological Review, 106*, 301-336.

Cacioppo, J. T., Klein, D. J., Berntson, G. G., & Hatfield, E.(1993). The psychophysiology of emotion. In Lewis, M. & Haviland, J. M.(Eds.), *Handbook of emotions*(pp. 119-142). New York : Guilford.

Cacioppo, J. T., Sandman, C. A.(1978). Physiological differentiation of sensory and cognitive tasks as a function of warning, processing demands, and reported unpleasantness. *Biological Psychology, 6*, 181-192.

Calkins, S. D., & Fox, N. A.(2002). Self-regulatory processes in early personality development : A multilevel approach to the study of childhood social withdrawal and aggression. *Development and Psychopathology, 14*, 477-498.

Campos J. J., Barrett K., Lamb M. E., Goldsmith H. H., & Stenberg C.(1983). Socioemotional development. In M. M. Haith & J. J. Campos(Eds.), *Handbook of child psychology, Vol.2 : Infancy and psychobiology*(pp. 783-915). New York : Wiley.

Canli, T., Sivers, H., Whitfield, S. L., Gotlib, I. H., & Gabrieli, J. D. E.(2002). Amygdala response to happy faces as a function of extraversion. *Science, 296*, 2191.

Carter, C. S.(1998). Neuroendocrine perspectives on social attachment and love. *Psychoneuroendocrinology, 23*, 779-818.

Carter, C. S.(2003). Developmental consequences of oxytocin. *Physiology and*

Behavior, 79, 83–397.

Caspi, A., Sugden, K., Moffitt, T. E., Taylor, A., Craig, I. W., Harrington, H., et al. (2003). Influence of life stress on depression : Moderation by a polymorphism in the 5–HTT gene. *Science, 301,* 386–389.

Collins, W. A., Maccogy, E. E., Steinberg, L., Hetherington, E. M., & Bornstein, M. H.(2000). Contemporary research on parenting : The case for nature and nurture. *American Psychologist, 55,* 218–232.

Comings, D. E., MacMurray, J., Johnson, P., Dietz, G., & Muhleman, D.(1995). Dopamine DR receptor gene(DRD2) haplotypes and the defense style questionnaire in substance abuse, Tourette syndrome, and controls. *Biological Psychiatry, 37,* 798–805.

Constantino, J. N., Grosz, D., Saenger, P., Chandler, D. Q., Nandi, R., & Earls, R. J. (1993). Testosterone and aggression in children. *Journal of the American Academy of Child and Adolescent Psychiatry, 32,* 1217–1222.

Corter, C. M., & Fleming, A. S.(1995). Psychobiology of maternal behavior in human beings. In M. H. Bornstein, *Handbook of parenting, Vol. 2 : Biology and ecology of parenting*(pp. 87–116). Hillsdale, NJ : Lawrence Erlbaum Associates.

Craig, K. D.(1968). Physiological arousal as a function of imagined, vicarious, direct stress experiences, *Journal of Abnormal Psychology, 73,* 513–520.

Craig, K. D., & Wood, K.(1969). Physiological differentiation of direct and vicarious affective arousal. *Canadian Journal of Behavioural Sciences, 1,* 98–105.

Damasio, A. R.(2000). A second chance for emotion. In R. D. Lane & Nadel, Lynn(Eds.), *Cognitive neuroscience of emotion : Series in affective science*(pp. 12–23). London, Oxford University Press.

Darwin, C.(1872/1998). *The expression of the emotions in man and animals.* New York : Oxford University Press.

Davis, M., & Whalen, P. J.(2001). The amygdala : Vigilance and emotion. *Molecular Psychiatry, 6,* 13–34.

Davis, M. H., Luce, C., & Kraus, S. J.(1994). The heritability of characteristics associated with dispositional empathy. *Journal of Personality, 62,* 369–391.

Dawson, M. E., Schell, A. M., & Filion, D. L.(2000). The electrodermal system. In J. T. Cacioppo, L. G. Tassinary, & J. T. Cacioppo(Eds.), *Handbook of psychophysiology*(2nd ed., pp. 200–223). New York : Cambridge University Press.

Decety, J., & Chaminade, T. 92003). Neural correlates of feeling sympathy. *Neuropsychologia, 41,* 127–138.

Denham, S. A.(1986). Social cognition, prosocial behavior, and emotion in preschoolers : Contextual validation. *Child Development, 57,* 194–201.

Denham, S. A., Zahn–Waxler, C. Cummings, E. M., & Iannotti, R. J.(1991). Social competence in young children's peer relations : Patterns of development and change. *Child Psychiatry and Human Development, 22*, 29–44.

DeVries, A. C.(2002). Interaction among social environment, the hypothalamic–pituitary adrenal axis, and behavior. *Hormones and Behavior, 41*, 405–413.

DeVries, A. C., Glasper, E. R., & Detillion, C. E.(2003). Social modulation of stress reponses. *Physiology and Behavior, 79*, 399–407.

de Pelligrino, G., Fadiga, L., Fogassi, L., Gallese, V., & Rizzolatti, F.(1992). Understanding motor events : A neurophysiologiacal study. *Experimental Brain Research, 91*, 176–180.

Diamond, A., & Goldman–Rakic, P. S.(1989). Comparison of human infants and rhesus monkeys on Piaget's AB task : Evidence for dependence on dorsolateral prefrontal cortex. *Experimental Brain Research, 74*, 24–40.

Dienstbier, R. A.(1984). The role of emotion in moral socialization. In C. Izard, J. Kagan, & R. B. Zajonc(Eds.), *Emotions, cognitions, and behaviours*(pp. 484–513). New York : Cambridge University Press.

Digman, J. M.(1990). Personality structure : Emergence of the five–factor model. *Annual Review of Psychology, 41*, 417–440.

Dixson, A. F., & George, L.(1982). Prolactin and parental behaviour in a male new world primate. *Nature, 299*, 551–553.

Eisenberg, N., &Fabes, R. A.(1998). Prosocial Development. In W. Damon(Series Ed.) & N, Eisenberg(Vol. Ed.), *Handbook of child psychology : Social emotional and personality development*(5th ed., Vol. 3, pp. 701–778). New York : John Wiley & Sons.

Eisenberg, N., Fabes, R. A., Bustmante, D., Mathy, R. M., Miller, P. A., & Lindholm, E.(1998a). Differentiation of vicariously induced emotional reactions in children. *Developmental Psychology, 24*, 237–246.

Eisenberg, N., Schaller, M., Fabes, R. A., Bustamante, D., Mathy, R. M., Shell, R., & Rhodes K.(1998b). Differentiation of personal distress and sympathy in children and adults. *Developmental Psychology, 24*, 766–775.

Eisenberg, N., Fabes, R. A., Carlo, G., Troyer, D., Speer, A. L., Karbon, M., & Switzer, G.(1992). The relations of maternal practices and characteristics to children's vicarious emotional responsiveness. *Child Development, 63*, 583–602.

Eisenberg, N., Fabes, R. A., Karbon, M., Murphy, B. C., Wosinski, M., Polazzi, L., Carlo, G., & Juhnke, C.(1996a). The relations of children's dispositional prosocial behaviour to emotionality, regulation, and social functioning. *Child Development, 67*, 974–992.

Eisenberg, N., Fabes, R. A., Murphy, B., Karbon, M., Smith, M., & Maszk, P. (1996b). The relations of children's dispositional empathy-related responding to their emotionality, regulation, and social functioning. *Developmental Psychology, 32*, 195-209.

Eisenberg, N., Fabes, R. A., Miller, P. A., Fultz, J., Shell, R., Mathy, R. M., & Reno, R.(1989). Relation of sympathy and personal distress to prosocial behavior : A multimethod study. *Journal of Personality and Social Psychology, 57*, 55-66.

Eisenberg, N., Fabes, R. A., Murphy, B., Smith, M., Maszk, P., & Karbone, M.(1995). The role of emotionality and regulation in children's social functioning : A longitudinal study. *Child Development, 66*, 1360-1384.

Eisenberg, N., Fabes, R. A., Schaller, M., Carlo, G., & Miller, P. A.(1991a). The relations of parental characteristics and practices to children's vicarious emotional responding. *Child Development, 62*, 1393-1408.

Eisenberg, N., Fabes, R. A., Schaller, M., Miller, P. A., Carlo, G., Poulin, R., Shea, C., & Shell, R.(1991b). Personality and socialization correlates of vicarious emotional responding. *Journal of Personality and Social Psychology, 61*, 459-470.

Eisenberg, N., Fabes, R. A., Shepard, S. A., Murphy, B. C., Jones, S., & Guthrie, I. K.(1998). Contemporaneous and longitudinal prediction of children's sympathy from dispositional regulation and emotionality. *Developmental Psychology, 34*, 910-924.

Eisenberg, N., Fabes, R. A., Miller, P., Shell, R., Shea, C., & May-plumlee, T.(1990). Preschoolers's vicarious emotional responding and their situation and dispositional prosocial behaviour. *Merrill-Palmer Quarterly, 36*, 507-529.

Eisenberg, N., & Hand, M.(1979). The relationship of preschoolers' reasoning about prosocial moral conflicts to prosocial behavior. *Child Development, 50*, 356-363.

Eisenberg, N., Psternack, J. F., Cameron, E., & Tryon, K.(1984). The relation of quantity and mode of prosocial behavior to moral cognitions and social style. *Child Development, 55*, 1479-1485.

Ekman, P.(1999). Basic emotions. In T. Dalgleish & M. J. Power(Eds.), *Handbook of cognition and emotion*(pp. 45-60). New York : John Wiley & Sons.

Ekman, P., Levenson, R. W., & Friesen, W. V.(1983). Autonomic nervous system activity distinguishes among emotions. *Science, 221*, 1208-1210.

Eslinger, P. J.,(1996). Conceptualizing, describing, and measuring components of executive function : A summary. In G. R. Lyon & N. A. Krasnegor(Eds.), *Attention, memory, and executive function*(pp. 367-395). Baltimore, MD : Paul H. Brookes Publishing.

Eslinger, P. J.,(1998). Neurological and neuropsychological bases of empathy.

European Neurology, 39, 193–199.

Eslinger, P. J., Easton, A., Grattan, L. M., & Van Hoesen, G. W.(1996). Distinctive forms of partial retrograde amnesia after asymmetric temporal lobe lesions : Possible role of the occipitotemporal gyri in memory. *Cerebral Cortex, 6*, 530–539.

Fabes, R. A., Eisenberg, N., & Miller, P. A.(1990). Maternal correlates of children's vicarious emotional responsiveness. *Developmental Psychology, 26*, 639–648.

Fabes, R. A., Eisenberg, N., Karbon, M., Troyer, D., & Switzer, G.(1994). The relations of children's emotion regulation to their vicarious emotional responses and comforting behaviours. *Child Development, 65*, 1678–1693.

Fabes, R. A., Eisenberg, N., & Eisenbud, L.(1993). Behavioral and physiological correlates of children's reactions to others in distress. *Developmental Psychology, 29*, 655–663.

Farrow, T. F. D., Zheng, Y., wilkinson, I, D., Spence, S. A., Deakin, J. F. W., Tarrier, N., Griffths, P. D., & Woodruff, P. W. R.(2001). Investigating the functional anatomy of empathy and forgiveness. *Neuroreport, 12*, 2433–2438.

Farver, J. A. M., & Branstetter, W. H.(1994). Preschooler's prosocial responses to their peers' distress. *Developmental Psychology, 30*, 334–341.

Field, T. M., Woodson, R., Greenberg, R., & Cohen, D.(1982). Discrimination and imitation of facial expressions by neonates. *Science, 218*, 179–181.

Fleming, A. S., Corter, C., Stallings, J., & Steiner, M.(2002). Testosterone and prolactin are associated with emotional responses to infant cries in new fathers. *Hormones and Behavior, 42*, 399–413.

Fleming, A. S., Ruble, D., Krieger, H., & Wong P. Y.(1997). Hormonal and experiential correlates of maternal responsiveness during the pregnancy and the puerperium in human mothers. *Hormones and Behavior, 31*, 145–158.

Fleming, A. S., Steiner, M., & Anderson, V.(1987). Hormonal and arrirudinal correlates of maternal behaviour during the early postpartum period in first–time mothers. *Journal of Reproductive and Infant Psychology, 5*, 193–205.

Fox, N. A., Schmidt, L. A., & Henderson, H. A.(2000). Developmental psychophysiology : Conceptual and methodological perspectives. In J. T. Cacioppo, L. G. Tassinary, & G. G. Berntson (Eds.), *Handbook of psychophysiology* (2nd ed., pp. 665–686). Cambridge, UK : Cambridge University Press,

Gallese V., Fadiga, L., Fogassi, L., & Rizzolatti G.(1996). Action recognition in the premotor cortex, *Brain, 119*, 593–609.

Goldsmith, H. H.(1983). Genetic influences on personality from infancy to adulthood. *Child Development, 54*, 331–355.

Geattan, L. M., Bloomer, R. H., Archambault, F. X., & Eslinger, P. J.(1994). Cognitive flexibility and empathy after frontal lobe lesion. *Neuropsychiatry, Neuropsychology, and Behavioral Neurology, 7*, 251–259.

Grattan, L. M., & Eslinger, P. J.(1989). Higher cognition and social behavior : Changes in cognitive flexibility and empathy after cerebral lesions. *Neuropsychology, 3*, 175–185.

Gray, J. A.(1987). The psychology of fear and stress(2nd ed.). New York : Cambridge University Press.

Greenblatt, M.(1972). Two hearts in three–quarter time : psychosomatic issues in a stuffy of the psychophysiology of the psychotherapeutic interview. *Psychiatric Annals. 2*, 6–11.

Grusec, J. E.(1991). The socialization of altruism. In M. S. Clark(Ed.), Prosocial behavior. *Review of personality and social psychology*(Vol. 12, pp. 9–33). Thousand Oaks, CA : Sage Publications.

Grusec, J. E., & Kuczynski, L.(1997). *Parenting and children's internalization of values*. New York : John Wiley & Sons.

Guthrie, I. K., Eisenberg, N., Fabes, R. AS., Murphy, B. C., Holmgren, R., Mazsk, P., & Suhk.(1997). The relations of regulation and emotionality to children's situational empathy related responding. *Motivation and Emotion, 21*, 87–108.

Harmon–Jones, E., Vaughn–Scott, K., Mohr, S., Sigelman, J., & Harmon–Jones, C.(2004). The effect of manipulated sympathy and anger on left and right frontal cortical activity. *Emotion, 4*(1), 95–101.

Hariri, A. R., Bookheimer, S. Y., Mazziotta, J. C.(2000). Modulating emotional responses : Effects of a neocortical network on the limbic system. *Neuroreport, 11*, 43–48.

Hariri, A. R., Mattav, V. S., Tessitore, A., Kolachana, B., Fera, F., Goldman, D., et al.(2002). Serotonin transporter genetic variation and the response of the human amygdala. *Science, 297*, 400–403.

Hariri, A. R., & Weinberger, D. R.(2003). Imaging genomics. *British Medical Bulletin, 65*, 259–270.

Harris, J. A., Rushton, J. P., Hampson, E., & Jackson, D. N.(1996). Salivary testosterone and self–report aggressive and pro–social personality characteristrics in men and women. *Aggressive Behavior, 22*, 321–331.

Harris, J. A.(2003). Social neuroscience, empathy, brain integration, and neurodevelopmental disorders. *Physiology & Behavior, 79*, 525–531.

Hastings, P. D., Rubin, K. H., & Mielcarek, L.(in press). Helping anxious boys and girls to be good : The links between inhibition, parental socialization, and the development of prosocial behavior. *Merrill–Palmer Quarterly*.

Hastings, P. D., Zahn–Waxler, C., Robinson, J., Usher, B., Bridges, D.(2000). The development of concern for others in children with behavior problems. *Developmental Psychology, 36*, 531–546.

Haviland, J. M., & Lelwica, M.(1987). The induced affect response : 10–week–old infants' responses to three emotion expressions. *Developmental Psychology, 23*, 97–104.

Hinde, R. A.(1989). Temperament as an intervening variable. In G. A. Kohnstamm, J. E. Bates, & M. Rothbart(Eds.), *Temperament in childhood*(pp. 27–33). Oxford, UK : John Wiley & Sons.

Hoffman, M. L.(1975). Developmental synthesis of affect and cognition and its implications for altruistic motivation. *Developmental Psychology, 11*, 607–622.

Hoffman, M. L.(1977). Empathy, its development and prosocial implications. In H. E. Howe(Series Ed.) & C. B. Keasy(Vol. Ed), *Nebraska symposium on motivation : Social Cognitive development*(pp. 169–217). Lincoln, NB : University of Nebraska Press.

Hoffman, M. L.(1982). Affect and moral development. *New Directions for Child Development, 16*, 83–103.

Holmgren. R. A., Eisenberg, N., & Fabes, R. A.(1998). The relations of children's situational sympathy–related emotions to dispositional prosocial behaviour. *International Journal of Behavioural Development, 22*, 169–293.

Howes, C., & Phillipsen, L.(1998). Continuity in children's relations with peers. *Social Development, 7*, 340–349.

Iacoboni, M., Koski, L., Brass, M., Bekkering, H., Woods, R. P., Dubeau, M. C., Mazziotta, J. C., & Rizzolatti, G.(2001). Reafferent copies of imitated actions in the right superior temporal cortex. *Proceedings of the National Academy of Sciences of the United States of America, 98*, 13995–13999.

Iacoboni, M., & Lenzi, G. L.(2002). Mirror neurons, the insula, and empathy. *Behavioral and Brain Sciences, 25*, 39–40.

Iacoboni, M., Woods, R. P., Brass. M., Bekkering, H., Mazziotta, J. C., & Rizzolatti, G.(1999). Cortical mechanisms of human imitation. *Science, 286*, 2526–2528.

Insel, T. R.(2000). Implications for the neurobiology of love, In S. G. Post, L. G. Underwood, J. Schloss, & W. B. Hurlbut(Eds.), Altruism & altruistic love : *Science, philosophy, and religion in dialogue*(pp. 254–263). London : Oxford University Press.

Insel, T. R., Gingrich, B. S., & Young, L. J.(2001). Oxytocin : who needs it? *Progress in Brain Research, 133*, 59–66.

James, W.(1884). What is an Emotion? *Mind, 9*, 188–205.

Johnson–Laird, P. –N., & Oatley, K. 91992). Basic emotions, rationality, and folk theory. *Cognition and Emotion, 6*, 201–223.

Kagan, J., Reznick, J. S., Snidman, N.(1987). The physiology and psychology of behavioral inhibition in children. *Child Development, 58*, 1459–1473.

Kienbaum, J., Volland, C., & Ulich, D.(2001). Sympathy in the context of mother–child and teacher–child relationships. *International Journal of Behavioral Development, 25*, 302–309.

Kirschbaum, C., Klauer, T., Filipp, S. H., & Hellhammer, D. H.(1995). Sex–specific effects of social support on cortisol and subjective responses to acute psychological stress. *Psychosomatic Medicine, 57*, 23–31.

Kochanska, G.(1991). Socialization and temperament in the development of guilt and conscience. *Child Development, 62*, 1379–1392.

Kochanska, G.(1997). Multiple pathways to conscience for children with different temperaments : From toddlerhood to age 5. *Developmental Psychology, 33*, 228–240.

Kochanska, G., DeVet, K., Goldman, M., Murray, K., & Putnam, S. P.(1994). Maternal reports of conscience development and temperament in young children. *Child Development, 65*, 852–868.

Lazurus, R. S.(1991). *Emotion and adaptation*. New York : Oxford University Press.

LeDoux, J. E.(1996). The emotional brain : The mysterious underpinnings of emotional life. New York : Simon & Schuster.

Levenson, R. W.(2003). Blood, sweat, and fears : The autonomic architecture of emotion. *Annals of the New York Academy of Sciences, 1000*, 348–366.

Levenson, R. W., & Reuf, A. M.(1992). Empathy : A physiological substrate. *Journal of Personality and Social Psychology, 63*, 234–246.

Loehlin, J. C., & Nichols, R. C.(1976). *Heredity, environment, and personality : A study of 850 sets of twins*. Austin : University of Texas Press.

Lorberbaum, J. P., Newman, J. D., Horwitz, A. R., Dubno, J. R., Lydiard, R. B., Hamner, M. B., et al.(2002). A potential role for thalamocingulate circuitry in human maternal behavior. *Biological Psychiatry, 51*, 431–445.

MacDonald, K.(1984). An ethological–social learning theory of the development of altruism : Implications for human sociobiology. *Ethology and Sociobiology, 5*, 97–109.

MacLean, P. D.(1970). The triune brain, emotion and scientific basis. In F. O. Schmitt(Ed.). *The neurosciences : Second study program*(pp. 336–349). New York : Rockefeller University Press.

MacLean, P. D.(1973). *A triume concept of the brain and behaviour : Hincks memorial lectures*. Oxford, UK : University of Toronto Press.

MacLean, P. D.(1985). Brain evolution relating to family, play, and the separation call. *Archives of General Psychiatry, 42*, 405–417.

MacLean, P. D.(1990). A reinterpretation of memorative functions of the limbic system. In E. Goldberg(Ed.), *Contemporary neuropsychology and the legacy of Luria. Institute for research in behavioral neuroscience*(pp. 127–154). Hillsdale, NJ : Lawrence Erlbaum Associates.

Malkova, L., Mishkin, M., Suomi, S. J., & Bachevalier, J.(1997). Socioemotional behavior in adult rhesus monkeys after early versus late lesions of the medial temporal lobe. *Annals of the New York Academy of Science, 807*, 538–540.

Mandler, G.(1984). *Mind and body* : The psychology of emotion and stress. New York : Norton.

Matheny, A. P., & Dolam, A. B.(1980). A twin study of personality and temperament during middle childhood. *Journal of Research in Personality, 14*, 224–234.

Matthews, K. A., Batson, C. D., Horm J., & Rosenman, R. H.(1981). "Principles in his nature which interest him in the fortune of others..." : The heritability of empathic concern for others. *Journal of Personality, 49*, 237–247.

Mehrabian, A., Young, A. L., & Sato, S.(1988). Emotional empathy and associated individual differences. *Current Psychology : Research and Reviews, 7*, 221–240.

Meltzoff, A. N., & Moore, M. K.(1977). Imitation of facial and manual gestures by human neonates. *Science, 198*, 75–78.

Miller, P. A., & Jansen op de Haar, M. A.(1997). Emotional, cognitive, behavioral, and temperament characteristics of high–empathy children. *Motivation and Emotion, 21*, 109–125.

Miller, P. A., & Eisenberg, N.(1988). The relation of empathy to aggressive and externalizing/antisocial behavior. *Psychological Bulletin, 103*, 324–344.

Neumann, I. D.(2003). Brain mechanisms underlying emotional alterations in the peripartum period in rats. *Depression and Anxiety. 17*, 111–121.

Nitschke, J, B., Nelson, E. E., Rusch, B. D., Fox, A. S., Oakes, T. R., & Davidson, R. J.(2004). Orbitofrontal cortex tracks positive mood in mothers viewing pictures of their newborn infants. *Neuroimage, 21*, 583–592.

Nunes, S., Fite, J. E., & French, J. A.(2000). Variation in steroid hormones associated with infant–care behavior and experience in male marmosets(*Callithrix kuhlii*). *Animal Behavior, 60*, 857–865.

Panksepp, J.(1981). The ontogeny of play in rats. *Developmental Psychology, 14*, 327–332.

Panksepp, J.(1982). Toward a general psychobiological theory of emotions. *Behavioral and Brain Sciences, 5*, 407–467.

Panksepp, J.(1986). The neurochemistry of behavior. *Annual Review of Psychology, 37*, 77–107.

Peredery, O., Persinger, M. A., Blomme, C., & Parker, G.(1992). Absence of maternal behavior in rats with lithium/pilocarpine seizure–induced brain damage : Support of MacLean's triune brain theory. *Physiology and Behavior, 52*, 665–671.

Phiilips, M. L., Drevets, W. C., Rauch, S. L., & Lane, R.(2003). Neurobiology of emotion perception I : The neural basis of normal emotion perception. *Biological Psychiatry, 54*, 504–514.

Plomin, R.(1986). Behavioral genetic methods. Journal of Personality, 54, 226–261.

Porges, S. W.(1991). Vagal tone : An autonomic mediator of affect. In J. Garber & K. A. Dodge(Eds.), *The development of emotion regulation and dysregulation* (pp. 111–128). New York : Cambridge University Press.

Porges, S. W.(1991). Cardiac vagal tone : A physiological index of stress. *Neuroscience and Biobehavioral Reviews, 19*, 225–233.

Porges, S. W.(2001). The polyvagal theory : Phylogenetic substrates of a social nervous system. *International Journal of Psychophysiology, 42*, 123–146.

Porges, S. W., &Byrne, E. A.(1992). Research methods for measurement of heart rate and respiration. *Biological Psychology, 34*, 93–130.

Preston, S. D., & de Waal, F. B. M.(2002). Empathy : Its ultimate and proximate bases. *Behavioral and Brain Sciences, 25*, 1–72.

Putnam, S. P., Sanson, A. V., & Rothbart, M. K.(2002). Child temperament and parenting. In M. Bornstein(Ed.), *Handbook of parenting, Vol. 1 : Children and parenting*(2nd ed., pp. 255–277). Mahwah, NJ : Lawrence Erlbaum Associates.

Rachlin, H.(2002). Altruism and selfishness. *Behavioral and Brain Sciences, 25*, 239–296.

Radke–Yarrow, M., Zahn–Waxler, C., & Chapman, M.(1983). Children's prosocial dispositions and behaviours. In P. H. Mussen and E. M. Hetherington(Eds.), *Handbook of child psychology, Vol. IV : Socialization, personality, and social development*(pp. 469–545). New York : John Wiley and Sons.

Reburn, C. J., & Wynne–Edwards, K. E.(1999). Hormonal changes in males of a naturally biparental and a uniparental mammal. *Hormones and Behavior, 35*, 163–176.

Rizzolatti, G., & Arbib, M. A.(1998). Language within our grasp. *Trends in*

Neurosciences, 21, 188–194.

Roberts, R. L., Jenkins, K. T., Lawler Jr, T., Wegner, F. H., & Newman, J. D.(2001). Bromocriptine administration lowers serum prolactin and disrupts parental responsiveness in common marmosets(*Callithrix j. jacchus*). *Hormones and Behavior, 39*, 106–112.

Robinson, J. W., Herman, A., & Kaplan, B. J.(1982). Autonomic responses correlated with counselor–client empathy. *Journal of Counselling Psychology, 29*, 195–198.

Rothbart, M. K., Ahadi, S. A., & Hershey, K. L.(1994). Temperament and social behavior in childhood. *Merrill–Palmer Quarterly, 40*, 21–39.

Rothbart, M. K., & Derryberry, D.(1981). Development of individual difference in temperament. In M. E. Lamb & A. L. Brown(Eds.), *Advances in developmental psychology*(pp. 37–86). Hillsdale, NJ : Lawrence Erlbaum Associates.

Rubin, K. H., Hastings, P., Chem, X., Stewart, S., & McNichol, K.(1998). Intrapersonal and maternal correlates of aggression, conflict, and eternalizing problems in toddlers. *Child Development, 69*, 1614–1629.

Ruby, P., & Decety, J.(2001). Effect of subjective perspective talking during simulation of action : A PET investigation of agency. *Nature Neursocience, 4*, 546–550.

Rushton, J. P.(1989). Genetic similarity in male friendships. *Ethology and Sociobiology, 10*, 361–373.

Rushton, J. P., Fulker, D., Neale, M. C., Blizard, R. A., & Eysenck, H. J.(1984). Altruism and genetics. *Acta Geneticae Medicae et Gemellologiae Roma, 33*, 265–271.

Rushton, J. P., Fulker, D., Neale, M. C., Nias, D. K. B., & Eysenck, H. J.(1986). Altruism and aggression : The heritability of individual differences. *Journal of Personality and Social Psychology, 50*, 1192–1198.

Sagi, A., & Hoffman, M. L.(1976). Empathic distress in the newborn. *Developmental Psychology, 12*, 175–176.

Sapolsky, R. M., & Ray, J. C.(1989). Styles of dominance and their endocrine correlates among wild olive baboons(*Papio anubis*). *American Journal of Primatology, 18*, 1–13.

Shamay–Tsoory, S. G., Tomer, R., Yaniv, S., & Aharon–Peretz, J.(2002). Empathy deficits in Asperger syndrome : A cognitive profile. *Neurocase, 8*, 245–252.

Sherwood, A.(1993). Use of impedance cardiography in cardiovascular reactivity research. In J. J. Blascovich & E. S. Katkin(Eds.), *Cardiovascular reactivity to psychological stress & disease*(pp. 157–199). Washington, DC : American Psychological Association.

Simner, M. L.(1971). Newborn's response to the cry of another infant. *Developmental Psychology, 5*, 136–150.

Smith, A.(1790). *The theory of moral sentiments*. London : A. Millar.

Snowdon, C. T., & Ziegler, T. E.(2000). Reproductive hormones. In J. T. Cacioppo, L. G. Tassinary, & J. T. Capioppo(Eds.), *Handbook of psychophysiology*(2nd ed., pp. 368–396). New York : Cambridge University Press.

Sober, E., & Wilson, D. S.(1998). *Unto others : The evolution and psychology of unselfish behavior*. Cambridge, MA : Harvard University Press.

Stallings, J., Fleming, A. S., Corter, C., Worthman, C., & Steiner, M.(2001). The effects of infant cries and odors on sympathy, cortisol, and autonomic responses in new mothers and nonpostpartum women. *Parenting : Science and Practice, 1*, 71–100.

Stanhope, P., Bell, R. Q., & Parker–Cohen, N. Y.(1987). Temperament and helping behavior in preschool children. *Developmental Psychology, 23*, 347–353.

Storey, A. E., Walsh, C. J., Quinton, R. L., & Wynne–Edwards, K. E.(2000). Hormonal correlates of paternal responsiveness in new and expectant fathers. *Evolution and Human Behavior, 21*, 79–95.

Taylor, S. E., Klein, L. C., Lewis, B. P., Gruenewald, T. L., Gurung, R. A. R., & Updegraff, J. A.(2000). Biobehavioral responses to stress in females : Tend–and–befriend, not fight–or–flight. *Psychological Review, 107*, 411–429.

Thomas, A., Chess, S., Birch, H. G., Hertzing, M. E., & Korn, S.(1963). *Behavioral individuality in early childhood*. Oxford, UK : New York University Press.

Thorsteinsson, E. B., & James, J. E.(1999). A meta–analysis of the effects of experimental manipulations of social support during laboratory stress. *Psychology and Health, 14*, 869–886.

Tomkins, S.(1982). Personology is a complex, lifelong, never–ending enterprise. Personality and Social Psychology Bulletin, 8, 608–611.

Tooby, J., & Cosmides, L.(1996). Friendship and the banker's paradox : Other pathways to the evolution of adaptations for altruism. In W. G. Runciman, & J. M Smith(Eds.),(1996). Evolution of social behaviour patterns in primates and man. *Proceedings of the British Academy, Vol. 88*(pp. 119–143). London : Oxford University Press.

Trainor, B. C., & Marler, C. A.(2001). Testosterone, paternal behavior, and aggression in the California mouse, *Peromyscus californicus*. *Hormones and Behavior, 40*, 32–42.

Tranel, D., & Damasio, A. R.(2000). Neuropsychology and behavioral neurology. In J. T. Cacioppo, L. G. Tassinary, &?G. G. Berntson(Eds.), *Handbook of psychophysiology*(2nd ed., pp. 119–141). Cambridge, UK : Cambridge University Press.

Trivers, R. L.(1971). The evolution of reciprocal altruism. The Quarterly Review of Biology, 46, 35–37.

Trivers, R. L.(1983). The evolution of sex. Quarterly Review of Biology, 58, 62–67.

Uvnas–Moberg, K. 1998. Oxytocin may mediate the benefits of positive social interaction and emotions. *Psychoneuroendocrinology, 23*, 819–835.

Wiesenfeld, A. R., Whitman, P. B., & Malatesta, C. Z.(1984). Individual differences among adult women in sensitivity to infants : Evidence in support of an empathy concept. *Journal of Personality and Social Psychology, 46*, 118–124.

Wilson, E. O.(1975). *Sociobiology : The new synthesis*. Cambridge, MA : Harvard University Press.

Wilson, E. O.(1978). On human nature. Cambridge, MA : Harvard University Press.

Wolf, N. S., Gales, M. E., Shane, E., & Shane, M.(2001). The developmental trajectory from amodal perception to empathy and communication : The role of mirror neurons in this process. *Psychoanalytic Inquiry, 21*, 94–112.

Young, S. K., Fox, N. A., & Zahn–Waxler, C.(1999). The relations between temperament and empathy in 2–year–olds. *Developmental Psychology, 35*, 1189–1197.

Zahn–Waxler, C.(2000). The development of empathy, guilt, and internalized distress : Implications for gender differences in internalizing and externalizing problems. In R. J. Davidson(Ed.), *Anxiety, Depresion, and emotion*(pp. 223–265). New York : Oxford University Press.

Zahn–Waxler, C., Cole, P. M., Welsh, J. D., & Fox, N. A.(1995). Psychophysiological correlates of empathy and prosocial behaviors in preschool children with behavior problems. *Development and Psychopathology, 7*, 27–48.

Zahn–Waxler, C., Cummings, E. M., McKnew, D. H., & Radke–Yarrow, M.(1984). Altruism, aggression, and social interactions in young children with a manic–depressive parent. *Child Development, 55*, 112–122.

Zahn–Waxler, C., & Radke–Yarrow, M.(1982). The development of altruism : alternative research strategies. In N. Eisenberg(Ed.), *The development of prosocial behavior*(pp. 109–137). New York : Academic Press.

Zahn–Waxler, C., & Radke–Yarrow, M.(1990). The origins of empathic concern. *Motivation and Emotion, 14*, 107–130.

Zahn–Waxler, C., Radke–Yarrow, M., Wagner, E., Chapman, M.(1992). Development of concern for others. *Developmental Psychology, 28*, 126–136.

Zahn–Waxler, C., & Robinson, J.(1995). Empathy and guilt : Early origins of feelings of responsibility. In J. P. Tangney & K. W. Fischer(Eds.), *Self-conscious emotions : The Psychology of shame, guilt, embarrassment, and pride*(pp. 143–173). New York : Guilford Press.

Zahn–Waxler, C., Robinson, J. L., & Emde, R. N.(1992). The development of empathy in twins. *Developmental Psychology, 28*, 1038–1047.

Zahn–Waxler, C., Schiro, K., Robinson, J. L., Emde, R. N., & Schmitz, S.(2001). Empathy and prosocial patterns in young MZ and DZ twins : Development and genetic and environmental influences. In R. Emde, R. Plomin, & J. K. Hewitt(Eds.), *The transition from infancy to early childhood*(pp. 141–162). Oxford : Oxford University Press.

Zajonc, R B., & McIntosh, D. N.(1992). Emotions research : Some promising questions and some questionable promises. *Psychological Science, 3*, 70–74.

제19장

아동들의 공감 관련 반응

아이젠버그_Nancy Eisenberg
스핀래드_Tracy L. Spinrad
사도브스키_Adrienne Sadovsky(아리조나 대학교_Arizona State University)

공감과 동정의 개념은 오랫동안 도덕성에 관심을 가진 철학자들에 의해 논의되어 왔다(예컨대 Blum, 1980 ; Hume, 1748/1975). 이와 함께 수십 년 동안 수많은 심리학자들이 공감과 동정을 도덕 발달에서 중심적 역할, 특히 타인들에 대한 친사회적 행동(예컨대 돕기와 공유하기)을 동기화시키고 공격성을 억제하는 요소로(Batson, 1991 ; Feshbach, 1975 ; Hoffman, 1982 ; Miller & Eisenberg, 1988 ; Staub, 1979) 상정해 왔다. 타인들의 정서를 경험하고 또한 그들에 대한 관심을 느끼는 사람들은 다른 사람들을 돕고자, 그리고 해치지 않고자 동기화된 것으로 예상된다. 이와 더불어 동정은 몇몇 이론가에 의해 보다 높은 수준의 도덕적 추론 발달과 유도에 기여하는 것으로 간주된다(예컨대 Eisenberg, 1986 ; Eisenberg, Zhou & Koller, 2001 ; Hoffman, 2000). 공감과 동정은 다른 사람들의 필요에 직접적으로 주의를 기울이고 고통, 필요, 곤란을 겪고 있는 타인들에 대한 관심의 느낌을 야기할 것이며, 타인들의 필요와 타인들에 관한 자신의 행동의 영향에 관한 사고방식을 재조직할 것이다(Hoffman, 2000 ; Zahn-Waxler, Raske-Yarrow & King, 1979). 따라서 공감과 동정은 타인들의 감정과 필요를 향한 정향에 기여하는 것으로 여겨지는데, 그런 정향은 도덕적 추론에 통합되고 사회적 행동에 반영된다(Batson, 1991 ; Eisenberg, 1986 ; Hoffman, 2000). 요컨대 동정은 도덕적 가치, 추론, 그리고 행동의 일부인 도덕적 정서로서 당연히 간주될 수 있다.

공감으로 분류된 다양한 현상 간의 중요한 차이 때문에 공감과 이와 관련된 반응들(즉 동정 그리고 개인적 고통), 즉 항상 그렇지는 않지만 흔히 다른 사람에 대한 최초의 정서적 반응으로부터 유래하는 반응들을 서로 구분하고자 하는 노력은 유용하다. 따라서 **공감**(empathy)은 다른 사람의 정서적 상태나 조건에 관한 염려 혹은 이해로부터 나오는, 그리고 다른 사람이 주어진 상황에 대해 느끼고 있는 혹은 느낄 것으로 예상되는 바와 유사한 정서적 반응이다. 예를 들면 슬픈 어떤 사람을 바라보고 그 결과로서 자신이 슬픔을 느낄 때 그 사람은 공감을 경험하고 있는 것이다. 여기에서 채택된 관점에 따른다면 공감은 최소한 개인이 그 정서 혹은 정서를 유도하는 맥락이 자신이 아닌 다른 사람과 관련되어 있다는 것을 어떤 수준에서든 지각하는 그러한 자기-타인 구별을 내포해야만 한다(Hoffman, 2000 ; Lewis, 2002). 따라서 공감은 어느 정도의 인지(이것이 진실인 정도는 상황에 따라 상당히 다를 수 있다)와 정서를 포함한다. 때때로 공감은 다른 사람의 정서에 대한 직접적 노출의 결과이기도 하다. 또 어떤 때에는 다른 사람의 상황과 관련한 정보에 토대를 두기도 한다.

예를 들면 만약 어떤 사람이 정서를 유도하기 쉬운 상황에서 다른 개인을 바라본다면(예컨대 사랑하는 사람의 장례식에서 혹은 자신의 유일한 자녀의 결혼식에서) 그 바라보는 자는 비록 목격되고 있는 사람이 분명하게 겉으로 감정을 드러내지 않는다 하더라도 공감적 반응을 경험할 것이다. 이 경우에 공감적 반응은 주어진 상황에 놓여 있는 결과에 관한 축적된 정보를 평가하는(예컨대 사랑하는 사람의 죽음을 경험하는 것), 혹은 정신적으로 자기 자신을 타인의 상황에 위치시키는 관찰자로부터 기인한다. 따라서 공감적 반응은 상당히 자동적이거나(비록 그것은 최소한 어느 정도 자기-타인 구별을 포함해야만 하지만) 아니면 다른 사람의 정서적 상태와 관련된 정보를 사정하는 인지적 과정에 토대를 둘 것이다(Eisenberg, Shea, Carlo & Knight, 1991 참조).

대부분의 상황에서, 특히 영아기 이후에 공감은 동정, 개인적 고통, 혹은 아마도 이들 정서적 반응(아마도 후속적으로 경험되는) 두 가지 모두로 나아가는 것 같다. **동정**(sympathy)은 다른 사람의 정서적 상태 혹은 조건에 관한 이해로부터 나오는 정서적 반응으로, 그것은 다른 사람의 상태나 조건과 똑같은 것이 아니라 다른 사람에 대한 애석함이나 관심의 감정으로 이루어진다. 따라서 만약 한 소녀가 슬픈 소년을 바라보고 그에게 관심을 느낀다면 그녀는 동정을 경험하고 있는 것이다. 그러한 동정적 반응은 흔히 공감적 슬픔에 기초하고 있다(혹은 어떤 상황의 경우 각기 다른 정서를 가진 공감). 그러나 동정은 또한 인지적 관점 채택이나 혹은 그 다른 사람의 경험과 관련된 기억으로부터 정보를 사정함으로써 생겨날 수도 있을 것이다(공감과 더불어, 혹은 공감 대신에).

뿐만 아니라 공감은 또한 개인적 고통으로 나아갈 수도 있다. **개인적 고통**(personal distress)은 다른 사람의 정서에 관한 이해에 대해 자기에게 초점을 둔 혐오적인 감정적 반응(예컨대 불쾌, 불안 ; Batson, 1991)이다. 개인적 고통은 흔히 **과도한 공감적 각성**(empathic overarousal) — 즉 대리적으로 유도된 높은 수준의 혐오 정서(Hoffman의 지나친 공감적 각성에 관한 논의, 2000 참조) — 으로부터 기인할 수 있다. 그러나 개인적 고통이 때때로 그 밖의 다른 정서와 관련된 과정(예컨대 수치심)으로부터, 정신적 저장고에 있는 관련된 정보에 대한 사정으로부터, 혹은 타인들의 관점을 채택하고자 하는 인지적 노력을 통해(그것은 혐오적인 정서적 상태를 창조한다) 나오는 것도 가능하다. 따라서 공감, 동정, 그리고 개인적 고통은 다소 각기 다른 정서적 경험을 내포하는 것으로 예상된다(Eisenberg, Shea 외, 1991).

공감 관련 반응에 관한 이들 정의에 기초해 볼 때 공감은 중립적 가치로서, 동정은 도덕성의 정서적 측면으로서(왜냐하면 그것은 도덕적 동기화의 중요한 원천이기 때문이다), 그리고 개인적 고통은 타자정향적 · 도덕적 정향보다는 아마도 이기적 정향으로 나아가게 할 반응으로서 판단된다. 그러나 공감이 흔히 동정을 낳을 수 있다는 것을 가정한다면 그것은 어떤 맥락의 경우에 동정과 친사회적 행동에 대한 전조가 될 수 있을 것이다. 이러한 관점에 따르면 어떤 행동이 도덕적인가 혹은 그렇지 않은가는 그의 동기에 달려 있다. 따라서 동정에 기초한 행동은 일반적으로 도덕적인 반면에 개인적 고통이나 그 밖의 다른 자기와 관련된 동기에 기초한 행동은 그렇지 않다.

다른 연구자들은 공감 관련 반응을 바로 앞에서 논의했던 바와 같이 그렇게 여러 가지로 구분하지 않는다. 다음의 정의들을 고찰해 보자.

> … 자기 자신의 상황보다는 다른 사람의 상황에 보다 더 적절한 정서

적 반응(Hoffman, 2000, p. 4)

… 다른 사람의 고통을 바라봄으로써 나타나는 타자정향적인 정서적 반응(Batson, 1991, p. 58)

예를 들면 호프만(Hoffman, 2000)의 정의는 비록 그 또한 공감적 고통이 흔히 최소한 부분적으로 동정적 고통으로 변형된다는 것에 주목하지만—이는 뱃슨(Batson, 1991)의 공감에 관한 정의와도 어느 정도 유사하다—공감과 동정을 포섭하고 있다. 이런 구별에도 불구하고 공감과 동정을 검증하는 많은 연구자들은 타인들을 향한 행동의 동기로서 공헌하는 타인들의 필요에 대한 정서적 반응에 관심을 가지고 있다.

공감 및 동정과 관련한 이론과 연구에서 주요 이슈는 정의 이슈(definitional issues), 공감과 동정의 초기 발달, 척도 이슈, 그리고 공감과 동정에서의 개인적 차이(공감과 동정에서의 개인적 차이와 관련된 요소를 포함한)의 상관관계(특히 도덕적 행동)와 기원을 포함한다. 정의 이슈는 이미 검토되었으며, 척도 이슈는 다른 주제들과 관련되기 때문에 주요하게 논의된다. 이 장의 나머지에서 다룬 주제들은 공감과 동정의 발달, 그와 도덕적 행동, 조정, 그리고 사회적 능력과의 관계, 공감의 개인적 차이에서 정서와 관련된 규제의 잠재적 역할, 공감에서의 성 차이, 그리고 공감과 동정의 사회화를 망라했다.

공감 관련 반응의 초기 발달

이론과 경험적 연구결과 모두에서 공감은 인생의 이른 시기에 등장한다. 요컨대 이른 나이 때부터 그것은 친사회적 행동과 관련된다. **친사회적 행동**(prosocial behavior)은 다른 사람에게 이득을 주고자 의도된 자발적 행동이다(예컨대 Mussen & Eisenberg-Berg, 1977 ; Staub, 1979). 친사회적 행동은 그 행동을 추동하는 동기에 따라 도덕적일 수도 있고 도덕과 무관할 수도 있다. 우선 공감과 동정의 등장, 그리고 그의 친사회적 행동과의 발달적 연계가 고찰된다. 그 이후의 절에서 친사회적 행동에 대한 공감 관련 반응의 관계와 그 밖의 다른 사회정서적 기능작용의 측면이 상당히 상세하게 논의된다.

호프만의 이론

진정한 공감은 생후 2년차에 등장하는 것으로 보인다. 호프만(1982, 2000)은 공감의 친사회적 행동에 대한 관계뿐만 아니라, 그의 출현에서 영아들의 자기 인식과 자기-타자 구별의 역할을 밝혀주는 이론적 모델을 제안했다(Hoffman, 1982, 2000). 호프만은 시간이 지나면서 타인들의 고통에 대한 반응에서의 자기 관심으로부터 타자정향적인 친사회적 행동을 낳는 타인들에 대한 공감적 관심으로 움직이는 발달적 경향을 설명해 준다.

호프만 모델의 첫 번째 단계에서 신생아와 영아는 "총체적 공감"(global empathy)으로서 표명되는 초보적인 공감반응을 보인다. 이 단계는 영아가 자기와 타자 간을 구별하지 못하는(최소한 정서적 상태와 관련하여), 그리고 영아가 타자의 고통에 대한 반응에서 자기 고통을 경험하는 기간에 해당한다. 다른 신생아의 울음소리에 대한 반응으로 신생아가 울음을 터뜨리는 것은 총체적 공감의 단순한 형식 혹은 전조로서 간주된다. 생후 1년 후반에 이르면 영아는 다른 사람의 고통에 노출될 때 그 자신의 고통을 위로하고자 하거나 혹은 단순히 관심을 나타내는 것으로 여겨진다(만약 어떤 반응을 보인다면 ; 예컨대 Hay, Nash & Pedersen, 1981).

2살이 될 즈음에 이르면 "자기중심적 공감"(egocentric empathy)의 기간이 등장한다. 보행기 유아는 이제 자기 자신의 정서적 반응과 다른 사람들의 그것을 구별할 수 있으며, 다른 사람들의 정서에 관한 기본적인 이해의 증거를 보인다. 따라서 보행기 유아는 혼자서 스스로 위로를 추구하기보다는 다른 사람에 대한 공감적 관심을 경험할 수 있게 된다. 비록 많은 연구자들이 영아는 생후 1년 기간에 자기와 다른 사람을 구별하기 시작한다고 믿지만(Harter, 1998) 이 시기의 영아는 아마도 그 자신과 다른 사람의 내면 상태를 잘 구분하지 못할 것이다(그런 행동에 관한 기술은 Hoffman, 2000 ; Radke-Yarrow & Zahn-Waxler, 1984를 볼 것). 따라서 이 시기의 영아는 다른 사람을 위로하고자 노력할 수 있다. 그러나 그러한 친사회적 행동은 영아들이 그들 스스로 위로하고 이해하는 바를 다른 사람에게 제공하는 것과 관련되기 쉽다. 이 단계에서의 공감은 이전 단계와 다르다. 왜냐하면 보행기 아동은 적절한 공감적 정서로 반응하는 경향이 더 있기 때문이다.

"다른 사람의 감정에 관한 공감"(empathy for another's feelings)의 기

간은 생후 2-3년 사이와 같이 이른 시기에 역할 채택 능력의 기본적 발달과 더불어 등장한다. 호프만(1982)에 따르면 이 단계는 아동이 점차적으로 다른 사람의 감정을 이해하는 다른 사람의 관점은 그 자신과 다를 수 있다는 것을 인식하는 특징을 보이는 기간이다. 따라서 친사회적 행동은 다른 사람의 필요에 관한 인식(이전 단계의 자기중심적 공감과 대비하여)을 반영한다. 더욱이 언어의 발달로 인해 아동들은 이전보다 더 광범위한 범위의 정서로 공감하며 동정하기 시작한다.

총체적 공감에서 다른 사람의 감정에 관한 공감으로의 진보에 이어 호프만(1982)은 비록 다른 사람이 물리적으로 존재하지 않을 때조차도(예컨대 만약 그들이 고통을 겪고 있는 어느 누군가에 관하여 듣거나 읽는다면) 아동들이 공감적 반응을 경험하는 능력을 보이기 시작한다고 제안했다. 후기 아동기에 이르면 인지적으로 보다 성숙하게 됨으로써 아동들은 다른 사람의 일반적 조건이나 곤경에 공감할 수 있게 된다. 더 나아가 아동들은 드디어 사람들의 전체 집단이나 혹은 계층의 곤경을 이해하며 공감적으로 반응할 수도 있다.

따라서 호프만(1982)은 인지적 성숙이 진행됨과 더불어 아동들이 타인들의 고통에 대한 관심으로 보다 잘 반응할 수 있다고 제안했다. 호프만의 이론에 대한 몇 가지 경험적 지지가 존재한다. 호프만에 의해 제시된 바와 같이 신생아와 어린 영아에게 총체적 공감이 존재한다는 증거가 제시되었다. 신생아들은 다른 영아의 울음에 반응하여 울며(Hay 외, 1981 ; Sagi & Hoffman, 1976 ; Simner, 1971) 그들 자신보다는 다른 영아의 울음에 반응하여 더 많은 고통을 보인다는 것이 밝혀지고 있는데(Dondi, Simon & Caltran, 1999), 이는 영아들이 공감의 근본적 형식을 경험할 수 있도록 생물학적으로 성향지어져 있다는 것을 시사한다. 그러나 몇몇 연구자들은 이들 연구결과에 관한 해석에 의문을 제기하고 있다(Eisenberg & Lennon, 1983 ; Thompson, 1987). 예를 들면 영아는 단순히 그 자신의 울음에 더 혐오되어 새로운 울음을 구할 수 있다는 것이다.

이와 상관없이 영아들이 다른 사람의 정서적 신호에 반응적이라는 것은 분명하다. 예컨대 어머니들이 그들의 9개월 된 영아의 관점에서 슬픔을 표현했던 한 연구에서 영아들은 보다 더 부정적인 정서적 표현을 나타냈으며, 그들의 어머니를 응시하지 않고 눈길을 돌리는 경향이 있었다. 다른 한편으로 영아들은 어머니들의 기쁨에 관한 표현이 유도되었던 조건 동안에 더 많은 기쁨을 표현했다(Termine & Izard, 1988).

사회적 관계에 관한 연구는 영아들이 다른 사람들의 정서적 신호에 반응적일 뿐만 아니라, 다른 사람들의 정서적 표현을 그들 자신의 행동을 안내하는 데 사용한다는 증거를 제시한다. 이들 절차에서 영아들은 애매한 상황에 직면하게 되면 보호자의 표현을 바라보면서 어떻게 반응해야 할지를 결정한다. 예를 들면 한 살 된 영아는 그의 어머니가 그 사건에 대해 명백한 부정적 정서를 나타낼 때 시각 절벽(visual cliff, 역자주 : 시각적으로만 깊이를 느낄 수 있도록 만든 장치) 위의 또렷한 낭떠러지를 가로지르거나 혹은 여느 때와 다른 장난감을 회피하며 그의 어머니가 긍정적인 정서를 나타낼 때 이들 상황에 더욱 기꺼이 참여하고자 한다(Gunnar & Stone, 1984 ; Klinnert, 1984 ; Sorce, Emde, Campos & Klinnert, 1985).

호프만(1982)에 의해 제안된 바와 같이 친사회적 행동 또한 인지적 성숙의 지표와 관련되었다. 자기 인식(self-recognition, 자기-타인 구분을 지적해 주는)의 증거를 나타내는 보행기 영아는 비교적 공감적이며 친사회적 행동을 나타내는 경향이 있었다(Bischof-Kohler, 1991 ; Johnson, 1982 ;

Zahn-Waxler, Radke-Yarrow, Wagner & Chapman, 1992 ; Zahn-Waxler, Schiro, Robinson, Emde & Schmitz, 2001). 더 나아가 2세 그리고 4-5세 아동들의 목격된 고통에 대한 반응(관점 채택의 또 다른 표시)을 중심으로 한 아동들의 가설 검증(예컨대 그 상해를 언어적으로 아니면 그 사람의 손상된 발에서부터 그 사람이 비틀거리며 넘어진 의자까지 반복적으로 바라보는 것과 같은 그러한 시각적 검색양식에서 분류하거나 이해하고자 하는 시도들)은 아동들의 친사회적 행동과 관련되었다(Zahn-Waxler, Cole, Welsh & Fox, 1995 ; Zahn-Waxler, Robinson & Emde, 1992). 또한 학령 전 아동들의 정서 지식은 부정적 정서를 표현하는 성인을 향한 친사회적 행동과 긍정적으로 관련되었다(Denham & Couchoud, 1991).

공감 관련 반응에서 경험적으로 입증된 연령과 관련된 변화들

경험적 자료는 일반적으로 공감 혹은 동정에 대한 능력이 이른 시기에서부터 청소년기에 이르기까지 연령에 따라 이들 정서적 반응을 경험하는 경향성뿐만 아니라 지속적으로 증가한다는 관점을 지지한다. 이러한 발달경향은 아마도 타인들의 감정과 사고에 관한 아동들의 이해가 연령과 더불어 진보하기 때문일 것이다(Eisenberg, Murphy & Shepard, 1997 참조). 그러한 진보는 부분적으로 이 기간 동안의 관점 채택(예컨대 Selman, 1980 ; Shantz, 1975)의 발달에 토대를 두고 있으며, 아동들이 정서를 유발하는 개인 상호 간 경험과 그러한 경험에 대한 그들의 반응을 사회화시키고자 하는 성인들의 시도에 끊임없이 노출되기 때문에 이루어진다.

공감과 동정이 연령과 함께 증가한다는 것을 지적하는 많은 연구들이 보행기 영아들과 어린 아동들을 대상으로 수행되어 왔다. 호프만(2000)의 이론과 일관되게 12–18개월 사이의 영아들은 분명히 다른 사람들의 부정적 정서에 반응하며(흔히 진상파악과 고통반응으로) 때때로 다른 사람의 고통에 대한 반응으로 관심과 친사회적 행동(긍정적 접촉과 언어적 안도를 포함하는)을 드러내 보인다. 요컨대 이 연령기간 동안 자기 정향적인 고통반응이 감소되는 것으로 나타난다(Zahn–Waxler & Radke–Yarrow, 1982 ; Zahn–Waxler 외, 1992 ; Kaneko & Hamazaki, 1987도 볼 것).

공감 관련 반응들에서의 변화는 생후 2년 때와 3년 때에도 계속된다. 잔 왁슬러와 동료들(Robinson, Zahn–Waxler & Emde, 2001 ; Zahn–Waxler 외, 2001)은 14, 20, 24, 그리고 36개월 된 아동들을 대상으로 상해를 가장한 실험자와 그들의 어머니에 대한 영아들의 공감 관련 반응을 연구했다. 그들은 아동들이 상해를 위장한 어머니나 혹은 실험자를 보았을 때 안면, 언어, 그리고 제스처/자세 표현이 연령이 높아짐에 따라 증가한다는 것을 발견했다(즉 2년 된 영아에게서 어머니를 향한 반응 그리고 3년 된 영아에게서 낯선 자를 향한 반응 ; Robinson 외, 2001). 이처럼 계획적으로 꾸민 상황에서 자기 고통은 연령이 높아지면서 특히 14–24개월에 이르면서 감소했다(Zahn–Waxler 외, 2001 ; Kochanska, DeVet, Goldman, Murray & Putnam, 1994도 볼 것). 무관심은 14–20개월에 감소했으며, 그리고 나서 24–36개월 사이에 증가했다(Zahn–Waxler 외, 2001). 반 더 마크(van der Mark), 이첸도른(Ijzendoorn), 그리고 베이커만스 크렌닌버그(Bakermans–Kranenburg, 2002) 또한 보행기 영아들의 어머니들이 고통받을 때 16–22개월 된 영아들에게서 공감/친사회적 반응(결합된)이 증가하는 것을 발견했다. 그러나 로빈슨(Robinson)과 동료들(2001)과는 달리 그들은 낯선 자들의 고통에 대한 반응에서 연령과 관련된 감소에 주목했다. 요컨대 형제자매의 고통에 대한 어린 아동들의 반응을 관찰한 결과 그들은 다른 사람의 고통을 인식하며 위로해 주려는 시도로 반응할 수 있었다(Dunn, 1988). 따라서 공감과 동정은 초기에 연령이 높아지면서 증가하는 것으로 보인다. 그러한 연구결과들은 어린 아동들이 연령이 높아지면서 점차적으로 도덕적 행동을 할 수 있다는 것을 시사한다.

연령이 증가하면서 학령 전 아동들은 공감과 친사회적 행동으로 다른 사람의 고통에 더욱 반응하는 경향이 있다(Eisenberg & Fabes, 1998 ; Lennon & Eisenberg, 1987). 예를 들면 피니(Phinney), 페쉬바(Feshbach), 그리고 파버(Farver, 1986)는 울고 있는 동료에 대한 학령 전 아동들의 공감적 반응은 비교적 드물지만, 나이가 더 든 학령 전 아동들은 어린 학령 전 아동들보다 더 자주 공감적으로 반응한다는 것을 발견했다. 요컨대 인지발달 관점과 일관되게 공감적 반응은 초등학교 연령기간에 연령이 증가하면서 보다 복잡한 관점 채택 기능을 계속적으로 수반한다(예컨대 Strayer & Roberts, 1997). 앞의 검토에서 레넌(Lennon)과 아이젠버그(Eisenberg, 1987)는 학령 전의 후반기와 초등학교 학령기에 있는 아동들의 공감에 관한 자기 보고 척도에서 연령과 관련된 증가에 주목했는데, 연령 경향이 청소년기에도 계속되는지의 여부에 대해서는 분명하지가 않았다. 1983년 이후 연구들에 관한 메타 분석에서 아이젠버그(Eisenberg)와 페이브스(Fabes, 1998)는 아동기와 청소년기를 거치는 동안 공감과 동정에서 연령과 관련된 증가를 최소한 관찰과 자기 보고 지표에서(그러나 표정 혹은 생리적 지표에서는 전혀 아닌)에서 발견했다. 그러나 그들은 아동기의 어느 때에 연령과 관련된 변화가 가장 두드러지는지에 대해서는 검증하지 않았다. 그럼에도 불구하고 비록 동정의 경우 반드시 꼭 2년이

경과할 필요는 없지만(Eisenberg, Fabes, Murphy 외, 1996) 자기 보고된 공감이 초등학교 시기에 증가한다는 것은 매우 명백하다(Lennon & Eisenberg, 1987).

청소년기에 공감 관련 반응과 연령 관련 변화 간의 관계를 연구한 결과들은 서로 일치하지 않고 있다. 똑같은 혹은 비슷한 측정도구를 사용하여 어떤 연구자들은 청소년기 동안에 동정의 증가(Davis & Franzoi, 1991 ; Olweus & Endresen, 1998)와 개인적 고통의 감소(Davis & Franzoi, 1991 ; Eisenberg, Cumberland, Guthrie, Murphy & Shepard, 2003)를 발견했다. 또 다른 연구자들은 발견하지 못했거나(Karniol, Gabay, Ochion & Harari, 1998) 혹은 성에 따라 차이가 있는 혼합된 결과 양식(특히 공감적 고통에서)을 발견했다(Olweus & Endresen, 1998). 변화에 관한 연구결과들은 횡단적 연구보다는 종단적 연구결과, 특히 보다 큰 표본 크기를 대상으로 한 연구들(Davis & Franzoi, 1991 참조 ; Eisenberg 외, 2003)에서 더욱 두드러졌다.

불행히도 나이 든 아동과 청소년을 대상으로 했던 현존하는 관련된 거의 모든 자료가 자기 보고된 것이기 때문에 공감 관련 반응에 관한 그 밖의 다른 측정이 연령과 더불어 변화하는지에 대해서는 분명하지가 않다. 요컨대 청소년기를 포함한 연구들에서 흔히 성향적인 공감 관련 반응이 사정되었지만, 그러한 반응에서 연령에 따라 변화에 영향을 미쳤을 맥락에서의 차이에 관하여 알려진 바가 거의 없다. 그럼에도 불구하고 공감과 동정이 자주 연령이 높아짐에 따라 증가하는 것으로 밝혀져 왔다는 사실은 발달과 더불어 아동들이 점차적으로 타인들의 복지에 민감한 행동을 할 수 있는 능력을 가지게 된다는 것을 시사한다.

친사회적 경향성과 공감 관련 반응의 관계

여러 이론가들은 공감과 동정을 잘 나타내는 사람이 덜 공감적이거나 동정적이지 못한 사람보다 친사회적 방식에서 행동하는 경향이 더 있다고 주장했다(예컨대 Batson, 1991 ; Hoffman, 2000 ; Mussen & Eisenberg-Berg, 1977 ; Staub, 1979). 논의된 바와 같이 친사회적 행동은 자기중심적 관심을 포함한 여러 이유로 인하여 수행될 수 있으며, 동정은 특히 **이타적 행동**(흔히 이기적·실용적 관심보다는 타자정향적·도덕적 관심/정서에 의해 동기화되는 친사회적 행동으로서 정의된다 ; Eisenberg, 1986)을 동기화시키는 것으로 여겨지고 있다.

일반적으로 오로지 이타적 동기(예컨대 동정 혹은 도덕적 가치들)에 기초한 친사회적 행동만이 도덕적인 것으로 간주된다. 뱃슨(Batson, 1991, 1998)은 동정이 다른 사람의 고통이나 필요를 줄이고자 하는 바람과 관련되며, 그럼으로써 이타적 행동을 동기화시키기 쉽다고 주장했다. 이와 대조적으로 뱃슨은 개인적 고통은 혐오적인 것으로 경험되기 때문에 자기 자신의 고통을 감소시키고자 하는 동기와 관련되기 쉽다고 제안했다. 따라서 개인적 고통을 경험하는 사람은 가능하다면 필요에 처한 혹은 고통을 받는 다른 사람과 접촉하는 것을 회피하고자 하며, 그 사람을 도와주는 것이 그 자신의 고통을 경감시키는 가장 쉬운 방법일 때에만 도와줄 것으로 기대된다.

비록 공감과 친사회적 행동 간의 관계에 관한 초기의 연구들이 흔히 중요한 관련성을 확보하지 못했지만(Underwood & Moore, 1982 참조), 보다 감정을 불러일으키는 자극과 각기 다른 척도를 포함한 최근의 연구는 일반적으로 관련성을 발견하고 있다. 아동들의 공감과 관련한 많은 초기 연구들은 공감에 관한 그림 이야기 척도 방식을 활용했다. 그 척도는 아동들에게 여러 편의 정서적 사건(예컨대 자신의 개를 잃어버린 혹은 생일 파티에 있는 아동)에 관한 매우 짧은 이야기를 들려주고 그들이 각각의 이야기를 들은 후에 어떻게 느끼는가를 묻는 것이었다. 이들 그림 이야기 척도가 아동들의 실제적인 공감적 정서보다 바람직하면서도 사회적으로 적절한 반응을 제공하고자 하는 아동들의 의향을 더욱 자극한다고 믿는 데에는 일리가 있다(Eisenberg & Lennon, 1983 ; Eisenberg-Berg & Lennon, 1980 ; Lennon, Eisenberg & Carroll, 1983 ; Miller, 1979). 그림 이야기 척도가 공감에 관한 그 밖의 다른 지표들과 독립적으로 분리되어 검토되는 메타 분석적 연구에서 그러한 측정결과는 실제적으로는 아동들의 친사회적 행동과 관련되지 않았다(다양한 방식에서 측정된 ; Eisenberg & Miller, 1987). 요컨대 실험환경에서(예를 들면 고통을 겪는 혹은 필요에 처한 다른 사람에 관한 비디오테이프를 시청한 후) 다른 사람을 향한 어린 아동들의 자기 보고된 공감(혹은 동정)은 흔히 (그러나 항상은 아닌) 필요 혹은 고통에 있는 다른 사람을 그들이 돕고 공유하는 행동과는 약하게 관련되었거나 혹은 관련되지 않았다(Eisenberg & Fabes, 1990). 이는 아마도 어린 아동들이 그들의 정서적 반응을 사정하거나 보고하는 데 어려움을 갖기 때문일 것이다.

이와 대조적으로 연구자들이 대부분의 다른 측정유형(예컨대 아동들을 대상으로 사용했던 안면 지표, 생리적 지표, 나이가 든 아동들과 성인들을 대상으로 사용했던 자기 보고 질문지, 그리고 실험적 조정)을 사용했을 때 그들은 공감 혹은 동정과 다양한 친사회적 행동의 측정 간에 의미 있는 긍정적 관련을 발견하는 경향이 있었다(Eisenberg & Miller, 1987 ; Eisenberg &

Fabes, 1990, 1998). 예를 들면 잔 왁슬러(Zahn-Waxler)와 그녀의 동료들은 관찰된 동정적 관심과 친사회적 행동(흔히 고통이나 곤란에 처해 있는 다른 사람에 대한 반응으로 측정된)이 초기 아동기에서 뿐만 아니라(예컨대 Zahn-Waxler 외, 1995 ; Miller, Eisenberg, Fabes & Shell, 1996도 볼 것) 생후 2년에도 동시에 일어난다(Young, Fox & Zahn-Waxler, 1999 ; Zahn-Waxler, Robinson & Emde, 1992 ; Spinrad & Stifter, 2002도 볼 것)는 것을 발견했다. 그러나 이러한 발견은 공감이나 동정에 기초한 친사회적 행동이 어린 아동들에게 내재해 있는 규범이라는 것을 의미하지 않는다. 즉 아동들은 흔히 고통에 처해 있는 다른 사람들에 대한 관심을 경험하는 것 같지는 않다(예컨대 그들의 표정/제스처 반응, 혹은 때때로 친사회적 행동에 의해 사정되는 바와 같이 ; Howes & Farver, 1987 ; Lamb & Zakhireh, 1997).

아이젠버그(Eisenberg)와 페이브스(Fabes, 1998 ; Eisenberg, Fabes & Spinrad, 인쇄 중)의 검토와 일관되게 최근 몇 년 동안 연구자들은 다음과 같은 연구들에서 공감 및 동정과 친사회적 행동의 관련성을 발견해 왔다. 이들 연구에는 동정 혹은 공감에 관하여 아동에 의해 보고된 척도와 관찰된 혹은 성인에 의해 보고된 친사회적 행동(예컨대 Eisenberg 외, 1999 ; Krevans & Gibbs, 1996 ; Strayer & Chang, 1997), 관찰된 안면표정 동정과 공감의 생리적 특징, 친사회적 행동에 관한 성인들의 보고(예컨대 Holmgren, Eisenberg & Fabes, 1998), 공감 및 동정과 친사회적 반응에 관한 관찰된 지표(Denham, Mitchell-Copeland, Strandberg, Auerbach & Blair, 1997 ; Trommsdorff & Friedlmeier, 1999), 그리고 주로 두 개념에 관한 자기 보고(예컨대 Carlo, Roesch & Melby, 1998 ; Litvack-Miller, McDougall & Romney, 1997) 등이 있다. 만약 동정이 이타주의를 조장한다면 예상되는 바와 같이 카를로(Carlo), 하우스만(Hausmann), 크리스티안센(Christiansen), 그리고 랜달(Randall, 2003)은 청소년들의 자기 보고된 동정이 다른 사람들의 관점에서 수행된 높은 수준의 친사회적 행동보다는 보고된 필요와 관련된 혹은 이타적인 친사회적 행동과 보다 강력하게 연관된다는 것을 발견했다. 그럼에도 불구하고 연구결과들은 흔히 강하지 않았으며, 의미 있는 관계 또한 흔히 모든 측정에서 확보된 것도 아니었다(예컨대 Holmgren 외, 1998 ; Roberts & Strayer,1996 ; Strayer & Chang, 1997).

연구결과에서 나타난 몇 가지 불일치는 공감에 관한 측정의 유형 때문만 아니라 동정보다는 공감이 아마도 몇몇 연구에서 사정되었다는 사실 때문이라는 것이 가능하다. 의심의 여지없이 연구에서 동정이 유도된 정도에 따라 변이성이 존재하며(필요의 정도, 동정의 목표대상에 대한 친밀함의 정도와 같은 맥락적 요소에서의 차이 때문에), 그것은 연구에 따른 결과에서의 변이성을 설명해 줄 것이다. 요컨대 비록 체계적으로 검증되지는 않았지만 친사회적 행동이 사정되는 맥락 또한 동정(혹은 공감)과 친사회적 행동 간의 관계 정도에 영향을 미치는 것 같다. 우리는 만약 친사회적 행동이 이기적 · 실용적인 이유보다는 도덕적인 이유 때문에 수행되어야 할 상황에 놓여 있다면 동정과 친사회적 행동 간의 보다 강력한 관련을 예상할 수 있을 것이다. 예를 들면 성인(아동에게 상을 주고, 칭찬해주고 혹은 꾸짖음을 줄)의 부재시에 혹은 고통을 겪고 있는 것으로 보이는 사람에 의해 유도된 친사회적 행동은 도움의 목표대상이 거의 필요가 요구되지 않거나 혹은 그 아동을 바라보고 있는 사회화 동인이 존재할 때 수행되는 친사회적 행동보다 더 이타주의적인 이유에서 수행되기 쉽다. 비록 동기화에 관한 초점이 도덕성에서 추론 및 동기의 중요성에 관한 인지발달 이론가들의 강조를 연상시키지만 맥락의 중요성은 사회학습 관점과 일치한다.

공감 혹은 동정과의 관계와 대조적으로 개인적 고통반응은 아동들의 친사회적 행동과 관련이 없거나 혹은 부정적으로 관련되는 것으로 보인다(예컨대 Carlo 외, 2003 ; Eisenberg 외, 1999 ; Holmgren 외, 1998 ; Litvack-Miller 외, 1997 ; Trommsdorff & Friedlmeier, 1999 ; Zahn-Waxler, Radke-Yarrow, 외, 1992 ; Eisenberg & Fabes, 1998 참조). 요컨대 대인 간 영아들에게서의 두려움—그것은 아동들의 개인적 고통을 경험하는 경향성을 높여주는 것으로 예상될 것이다—은 실험자에 대한 그들의 공감적 관심과 부정적으로 관련되어 왔는데(그러나 그들의 어머니에 대해서는 아니다 ; van der Mark 외, 2002), 이는 아마도 두려움을 느끼는 아동들이 낯선 자를 대할 때 내성적이 되기 쉽기 때문일 것이다.

공감, 동정, 그리고 친사회적 행동에 관한 자기 보고에서 사회적 바람직성의 가능한 역할 때문에 아마도 두 개념 간의 관계에 대한 가장 강력한 지지는 생리적, 안면표정의, 혹은 행동적 척도와 관련되는 연구로부터 나올 것이다. 어린 아동들을 대상으로 한 연구는 그러한 연구의 한 예이다(Zahn-Waxler, Radke-Yarrow, 외, 1992 ; Zahn-Waxler 외, 2001). 이와 함께 아이젠버그(Eisenberg), 페이브스(Fabes), 그리고 그들의 동료들은 아동들이 고통 혹은 필요에 처해 있는 다른 사람에 관한 비디오테이프를 시청할 때 그들이 공감 관련 반응에 관한 자기 보고, 안면표정, 그리고 생리적 척도를 사용했던 일련의 연구를 수행했다. 첫 번째 일련의 연구에서 그들은 아동들과 성인들이 동정을 유도하는 정황에서 안면표정의 관심 있는 주의 혹은 공감적 슬픔을, 그리고 보다 더 낮은 정도로 개인적 고통을 유도하는 것으로 여겨진 정황에서 안면표정의 고통을 나타내는 경향이 있다는 것을 입증했다. 더욱이 동정과 개인적 고통에 관한 나이 든 아동들과 성인들의 자기 보고는 다소 정서적 정황과 일치했다(특히 동정에 있어서 ; Eisenberg, Fabes, 외, 1988 ; Eisenberg, Fabes, Schaller, Miller, 외, 1991 ; Eisenberg, Schaller, 외, 1988 ; EIsenberg & Fabes, 1990 참조). 어린 학령기 연령 아동들의 동정과 개인적 고통에 관한 자기 보고는 비록 감정을 불러일으키는 상황에서 그들의 정서적 반응의 보고가 일반적으로 임의적이지는 않았지만, 나이 든 아동들과 성인들의 그것보다 덜 구별되었으며 정황적으로 덜 적절했다. 더욱이 예견된 바와 같이 연구 참여자들은 고통받는 상황에서 정서적 각성의 척도로 간주되고 있는 심장박동수와 피부 전기전도성에서 더 높은 반응을 보였다(Lazarus, 1974 ; MacDowell & Mandler, 1989 ; Winton, Putnam & Krauss, 1984). 심장박동수 감소는 흔히 외부 자극, 이 경우에서는 동정을 유도하는 자극으로서의 사람에 대한 관심을, 그리고 외부 자극으로부터 들어오는 정보의 처리를 반영하는 것으로 보이게 된다. 따라서 심장박동수 감소가 다른 사람의 정서적 상태 혹은 상황에 관한 중요한 정보의 처리와 동시에 일어날 때 그것은 동정의 경험에 기여하는 과정을 자극할 것이다(Hastings, Zahn-Waxler & McShane, 이 책 제18장 참조).

두 번째 일련의 연구에서 아이젠버그(Eisenberg), 페이브스(Fabes), 그리고 동료들은 동정 혹은 개인적 고통의 다양한 표지(즉 생리적·안면표정적, 그리고 자기 보고된)에서의 개인적 차이의 관계를 검증했다. 그들은 아동들과 때때로 성인들에게 공감을 유도하는 토막용 영화 필름을 보여주고 이들 필름에 대한 그들의 자기 보고된, 안면표정의, 그리고 생리적 반응을 사정하며, 그런 이후 아동들과 성인들이 필요에 놓인 다른 사람과의 접촉을 회피하는 것이 쉬울 때 필요에 처한/고통받는 개인들(혹은 그들과 같은 다른 사람들)을 돕거나 혹은 공유하는 이들 반응에서의 개인적 차이의 관계를 검증했다. 다양한 연구들을 망라하여 아이젠버그와 동료들은 공감 관련 반응과 친사회적 행동 간의 관련성을 발견했다. 초등학교 시기의 중기나 후기에 이르면 공감을 유도하는 필름에 대한 아동들의 긍정적 감정의 보고는 그들의 친사회적 행동과 부정적으로 관련되는 경향이 있는 반면 부정적 감정의 보고는 흔히 긍정적으로 관련되었다(돕는 혹은 기부하는, 예컨대 Eisenberg & Fabes, 1990 ; Eisenberg 외, 1989 ; Fabes, Eisenberg & Eisenbud, 1993 ; Fabes, Eisenberg & Miller, 1990). 유치원 아동들에게서조차 공감을 유도하는 필름에 대하여 슬픈 반응의 보고(예컨대 안면표정에 관한 광경을 가리킴으로써)는 필름에서 고통받는 아동에 관한 후속적 돕기와 관련되었던 반면 행복의 보고는 돕기와 부정적으로 관련되었다(Miller 외, 1996). 그러나 더 어린 아동들의 공감과 동정에 관한 보고는 흔히 그들의 친사회적 행동과 관련되지 않았다(Eisenberg & Fabes, 1990 ; Eisenberg & Miller, 1987).

동정과 개인적 고통에 관한 생리적 표지(marker)의 발견은 자기 보고된 공감 관련 반응의 발견보다 더 일관적이다. 일반적으로 공감을 유도하는 필름의 중요한, 감정을 불러일으키는 부분이 상영되는 동안 심장박동수가 감소할지 증가할지는 친사회적 행동의 높은 수준과 관련되어 왔다(Eisenberg & Fabes, 1990 ; Eisenberg 외, 1989 ; Eisenberg 외, 1990 ; Zahn-Waxler 외, 1995도 볼 것). 이와 비슷하게 페이브스(Fabes), 아이젠버그(Eisenberg), 카본(Karbon), 트로이어(Troyer), 그리고 스위처(Switzer, 1994)는 심장박동수 증가(감소와 비교하여)가 어린 초등학교 아동들의 위로하는 행동의 질(그러나 양은 아니다)과 부정적으로 관련된다는 것을 발견했다(Eisenberg 외, 1993과 대조해 볼 것). 이와는 대조적으로, 아동들이 공감을 유도하는 전체 필름(환기적인 토막용이라기보다는)을 보는 동안 측정된 심장박동수 증가는 친사회적 행동과 긍정적으로 관련되었다(Hastings,

Zahn-Waxler, Robinson, Usher & Bridges, 2000). 이는 아마도 특별히 감정을 불러일으키는 사건을 시청하는 것에 대한 반응에서 심장박동수 감소가 단지 짧은 기간 동안 지속하기 때문일 것이다. 더욱이 공감을 유도하는 자극이 상당히 감각유발적이지 못한 경우 보다 높은 수준의 심장박동수(혹은 피부 전기전도성)는 전혀 아무런 반응을 반영하지 않는다기보다 자극성이 적은 공감적 반응을 반영할 것이다(그리고 개인적 고통이 아닌 ; Liew, Eisenberg, Losoya, Guthrie & Murphy, 2003 참조).

이와 함께 감정을 불러일으키는 공감 자극에 대한 노출 동안에 나타나는 보다 높은 수준의 피부 전기전도성은 보다 낮은 수준의 친사회적 행동과 상호 관련되었다. 그러한 피부 전기전도성 반응은 개인적 고통의 표지가 되는 것으로 여겨진다(Fabes 외, 1993 ; Holmgren 외, 1998 ; Zahn-Waxler 외, 1995와 비교할 것). 예를 들면 초등학교 아동들에 관한 한 연구에서 피부 전기전도성 반응은 모든 그 밖의 다른 전조(즉 안면반응들) 외에 돕는 행동에서 나타나는 차이의 상당량을 설명했다(Fabes, Eisenberg, Karbon, Bernzweig, 외, 1994). 그러나 피부 전기전도성과 관련한 연구들이 거의 없다.

잔 왁슬러(Zahn-Waxler), 래드케 야로우(Radke-Yarrow), 그리고 동료들(1992)의 어린 아동들을 대상으로 한 연구결과와 일관되게 아이젠버그와 동료들은 아동들이 손상을 입은 한 성인에 관한 내용 등 공감을 유도하는 필름을 시청하거나, 혹은 울고 있는 한 영아를 볼 때 안면의 관심 있는 주의(혹은 슬픔) 표현은 친사회적 행동과 긍정적으로 관련되는 반면에 이들 환경에서 안면의 고통 혹은 행복은 부정적으로 관련되는 경향이 있다는 것을 발견했다. 이 연구결과의 양식은 소녀들보다는 소년들에게 더 일관되게 나타났다(Eisenberg & Fabes, 1990 ; Eisenberg 외, 1990 ;

Eisenberg 외, 1993 ; Fabes 외, 1990 ; Fabes, Eisenberg, Karbon, Bernzweig 외, 1994 ; Miller 외, 1996 ; Fabes, Eisenberg, Karbon, Troyer 외, 1994와 대조해 볼 것 ; Roberts & Strayer, 1996도 볼 것). 따라서 특수한 상황에서의 안면표정의 반응은 똑같은 혹은 비슷한 희생자들을 향한 후속적인 친사회적 반응을 예견하는 경향이 있다.

때때로 연구자들은 공감/동정과 친사회적 행동 간의 관계가 그 밖의 다른 변수들에 의해 조정된다는 것을 발견했다. 예를 들면 나이트(Knight), 존슨(Johnson), 카를로(Carlo), 그리고 아이젠버그(Eisenberg, 1994)는 동정의 효과가 성향적인 관점 채택에 의해 조정된다는 것을 발견했던 반면에 밀러(Miller)와 협력자들(1996)은 그것이 도덕적 추론에 의해 조정되었다고 밝혔다(친사회적 아동은 동정과 관점 채택 혹은 도덕적 추론에서 각각 높았다).

요약하면 호프만(Hoffman, 2000)의 이론과 일관되게 공감 관련 반응과 아동들의 친사회적 행동 간의 관련성에 대한 상당한 증거가 존재한다. 비록 인지발달 이론에서 정서는 전통적으로 도덕성과 밀접하게 관련되는 것으로 간주되어 오지 않았지만(Kohlberg, 1969), 그러한 관계를 예견하지 않을 어떤 개념적 이유가 거의 존재하지 않는다. 전술했던 관계는 이른 연령 시기에 등장하는 것 같고, 아동기를 지나 일관되는 경향이 있으며, 청소년기에도 여전히 분명하다(예컨대 Eisenberg, Carlo, Murphy & van Court, 1995 ; Eisenberg 외, 1999 ; Eisenberg, Miller, Shell, McNalley & Shea, 1991 ; Estrada, 1995). 요컨대 아동기에서의 동정은 초기 성인기에서의 친사회적 경향성을 예견한다(Eisenberg 외, 2002). 동정은, 비록 이 이슈가 적절하게 검증되지는 않고 있지만, 친사회적 행동의 공감보다 더 강력한 상관물—특히 이타적으로 관련된 것—인 것 같다.

사회적 능력 및 조정과 공감 관련 반응의 관계

다른 사람에 대한 공감화의 과정은 다른 사람의 감정에 대한 아동의 이해와 민감한 방식의 반응 가능성을 증가시킬 것으로 예상될 수 있다. 이와 비슷하게 만약 아동들이 동정적 관심을 경험한다면 그들은 친사회적 방식으로 뿐만 아니라 적절하고 민감한 방식으로 행동하도록 더 동기화되기 쉬울 것이다. 따라서 공감 혹은 동정과 사회적 능력 간에는 자연적인 개념적 연계가 존재한다. 역으로 타인들의 정서에 노출될 때 높게 각성되는(부정적 정서로) 경향이 있는 아동들은 그들의 사회적 행동에서 자기에 초점을 두거나 혹은 조절 곤란하게 되는 것으로 예상될 수 있다(Batson, 1991). 결과적으로 개인적 고통은 낮은 사회적 능력과 관련되는 것으로 예상될 것이다.

이러한 주장들과 일관되게 아이젠버그(Eisenberg)와 밀러(Miller, 1987)는 공감 관련 반응의 측정과 메타 분석에 의한 사회적 능력의 다양한 측정 간에 긍정적인—비록 약하기는 하지만—관련성을 발견했다. 그러나 그 당시에 관련된 자료들이 제한되었고 그 연구들의 상당수는 공감에 관한 문제 있는 사진 이야기 척도를 사용했었다. 보다 최근의 연구에서 아동들의 성향적 혹은 상황적 공감과 동정은 다양한 사회적 능력의 척도와 연결되었다. 이러한 사회적 능력의 척도에는 동료 사회관계지수(Sociometric status), 아동들의 사회적으로 적절한 행동에 관한 성인들의 보고, 자기 보고된 친화성(Agreeableness), 동시에 2년 앞서 동료들과의 다양한 가설적인 사회적 갈등에 대한 아동들의 (꼭두각시 인형들과의) 연기된 반응이 포함되었다(Adams, 1983 ; Eisenberg & Fabes, 1995 ; Eisenberg,

Fabes, Murphy 외, 1996 ; Sneed, 2002 ; Zhou 외, 2002). 이와 함께 공감 혹은 동정은 아동들의 관점 채택—그것은 사회적 능력을 조장하는 것으로 예상될 것이다—과 관련되었다(예컨대 Eisenberg & Fabes, 1998 ; Roberts & Strayer, 1996 ; Denham, Renwick-DeBardi & Hewes, 1994와 비교해 볼 것). 종단적 연구에서 사회적 능력과 함께 관계는 흔히 2년에서 6년이 지나도록 유지한다(Murphy, Shepard, Eisenberg, Fabes & Guthrie, 1999). 성인이 보고한 성향적 동정과 동료 및 성인이 보고한 사회적 능력 및 평판 간의 유사한 동시적 관련은 인도네시아의 3학년 아동들에게서 발견되었다(Eisenberg, Liew 외, 2001).

수줍음과 내성성은 최소한 몇몇 상황에서 공감과 관련되는 것으로 보이는 반면에 사회성은 덜 관련된 것으로 보인다. 영(Young)과 동료들(1999)은 2살 된 아동들이 익숙하지 않은 낯선 사람을 향해 보이는(그러나 그들의 어머니를 향해서는 그렇지 않다) 내성성은 그 낯선 사람이 상해를 당한 것으로 가정했을 때 그들의 총체적 공감(그러나 관심 있는 표현들과는 그렇지 않았다)과 부정적으로 관련된다는 것을 발견했다. 어린 학령기 연령의 아동들을 대상으로 한 연구에서 수줍음은 소녀들의 동정과 부정적으로 관련되었으나 소년들의 그것과는 그렇지 않았다(Eisenberg, Fabes, Karbon 외, 1996). 반면에 유치원 아동들의 수줍음은 단지 소년들에게만 관심 있는 반응과 부정적으로 관련되었다(그리고 수줍음은 온정적인 교사들에 대한 소녀들의 관심과 긍정적으로 관련되었다. Kienbaum, Volland & Ulich, 2001). 아이젠버그(Eisenberg) 외(1996)의 연구에서 비록 부끄럼을 타는 어린 소녀들이 공감을 유도하는 필름을 시청하는 동안 고통을 쉽게 받는 경향이 있는 것으로 보였지만 수줍음이 동정과 관련되지는 않았다. 청소년들을 대상으로 했던 한 연구에서 사회적 불안은 성향적인 높은 개인적 고통과 관련되었으나(그러나 동정과는 아니다, Davis & Franzoi, 1991), 또 다른 연구(Carlo 외, 1998)에서 사회성은 같은 종류의 동정 척도와 관련되지 않았다.

아동들의 공격적 경향성 또한 공감 관련 반응의 상황적 척도와 부정적으로 상호 관련되었다. 그러나 이는 6세 이전까지는 그렇지 않았다. 길(Gill)과 칼킨스(Calkins, 2003)는 상해를 가장하는 실험자와 울고 있는 영아의 모습을 담은 테이프에 대한 2살 된 아동들의 관심 있는 혹은 공감적 반응은 외향적인 아동들에게서 더 높은 것을 발견했다. 이와 함께 그들은 공격적 아동들이 생리적으로 덜 조절된다[미주신경긴장(vagal tone)의 지표상]는 것을 발견했다. 길과 칼킨스는 공격적인 아동들이 더 쉽게 공감적 과도 각성(조절이 곤란한 것으로 보이는 지나치게 높은 공감의 수준)의 상태에 이르며, 조절된 아동들은 필요에 처한 사람들이 낯선 자들일 때 주의를 다른 곳으로 돌리거나 그렇지 않으면 그들의 공감적 각성을 조절할 것이라고 제안했다. 요컨대 5살 된 아동들에 관한 한 연구에서 공감적/친사회적 반응은 공격성과 긍정적으로 관련된(Kienbaum, 2001) 반면에 또 다른 연구에서는 공감이 6–7세 사이—그러나 4–5세 사이는 아닌—의 연령에서 문제 행동의 더 낮은 수준과 관련되었다(Hastings 외, 2000 ; Zahn–Waxler 외, 1995도 볼 것). 어린 아동들에게서 공격성은 또한 때때로 친사회적 행동과 긍정적으로 관련되고 있다(Yarrow 외, 1976 ; Eisenberg & Fabes, 1998 참조). 공격적인 아동들은 자기 주장이 더 강하고 또한 그럼으로써 타인들에게 더 잘 접근하며 그들의 필요에 주의를 기울이기 쉽다. 어린 아동들을 대상으로 공감을 연구했던 대부분의 연구가 상해를 입은 어느 누군가에 대한 주의와 반응을 사정했기 때문에 대인 간 생활양식(예컨대 내성성)이 많은 연구결과에 영향을 미치기 쉽다(예컨대 Young 외, 1999).

어린 아동들을 대상으로 했던 연구결과와는 대조적으로 공격성과 관련된 외현화 문제(externalizing problems)는 약 6세 아동들과 그 이상 연령자의 공감/동정과 부정적으로 관련되는 경향이 있다. 예를 들면 청소년들이나 성인들에 의해 보고된 바와 같은 낮은 공감은 공격성(Strayer & Roberts, 2004), 정신증(Psychoticism, Saklofske & Eysenck, 1983), 경쟁력(competitiveness, Barnett, Matthews & Howard, 1979), 청소년 범죄(delinquency, Cohen & Strayer, 1996), 약자 괴롭히기(bullying, Warden & Mackinnon, 2003) 등과 상관관계가 있었다. 해스팅스(Hastings)와 동료들(2000)은 문제 행동(외현화를 포함한)을 가진 4–5세 아동들이 6–7세에 이르면 관찰된 관심과 성인 혹은 아동에 의해 보고된 관심/공감의 수준이 하향되는 것을 발견하였다. 이와 함께 4–5세 연령의 아동들이 보이는 다른 사람들에 대한 보다 큰 관심은 2년 후에 문제 행동(외현화 문제들을 포함한)의 복원성과 격렬함에서 감소를 예견했으며, 6–7세 연령의 아동들이 보이는 관심은 9–10세 연령에 이르러 문제 행동들의 복원성에서 감소를 예견했다. 더 나아가 페이브스(Fabes), 카본(Karbon), 트로이어(Troyer), 그리고 그들의 동료들(1994)은 유치원 아동들과 3학년 아동들의 공격 극복(aggressive coping)에 관한 어머니들의 보고는 아동들이 영아의 울음소리를 들을 때 소년들의(그러나 소녀들은 그렇지 않다) 개인적 고통(심장박동수 증가와 안면 압박감)의 표지들과 긍정적으로 관련된다는 것을 발견했다. 저우(Zhou)와 동료들(2002)은 학교 아동들의 상황적 안면표정 공감과 보고된 공감이 비교적 높은 사회적 능력과 아동들의 낮은 수준의 외현화 문제와 상관된다는 것을 발견했다. 이 관계는 연령이 높아감에 따라 더 강해지는 것으로 보였다. 4–7학년 사이에 이르게 되면 부정적 정서를 경험하고 있거나 부정적 상황에 처해 있는 다른 사람들을 묘사한 슬라이드를 시청할 때 아동들의 공감은 긍정적인 슬라이드를 보았을 때의 공감과 비교해 보면 아동들의 동시적인 사회적 기능들, 그리고 낮은 수준의 외현화 문제들과 더 강력한 관계를 가지고 있었다. 부정적 슬라이드에 대한 공감과 낮은 문제 행동 간의 이러한 관계는 2년 전 공감의 수준에 대한 통제 때조차도 유지했다. 따라서 공감/동정과 공격성 간의 관계는 공감이 다른 사람들의 긍정적인 혹은 부정적인 정서나 상황에 대한 반응에 따라 달라질 수 있다.

낮은 수준의 공감 또한 정신병성 경향의 발달에 공헌하는 것으로 보인다. 정신병질자들이나 정신병적 특질을 소유한 사람들은 정신병과 무관한 사람들에 비해 정서를 유도하는 자극(흔히 격렬하지 않게 감정을 불러일으키는 슬라이드)에 대해, 그리고 다른 사람들의 고통의 단서에 대해 더 낮은 생리적 반응을 보인다(Blair, 1999 ; Blair, Jones, Clark & Smith, 1997 ; Levenston, Patrick, Bradley & Lang, 2000 ; Sutton, Vitale & Newman, 2002 ; Hastings 외, 2000도 볼 것). 따라서 온화하게 공감을 유도하는 자극에 반응적이지 않은 아동들은 외현화 문제의 위험이 존재할 수 있을 것이다. 실제적으로 뤼우(Liew)와 동료들(2003)은 온화한 부정적 사건 혹은 안면표정을 묘사한 슬라이드를 볼 때 높은 생리적 반응성을 보였던 소년들(그러나 소녀들은 아님)은 보다 낮은 반응성을 보인 동료들보다 더 잘 조절되었으며, 외현적 문제 행동을 거의 갖고 있지 않았다는 것을 발견했다. 그 자극이 매우 온화했기 때문에 생리적 각성은 아마도 개인적 고통의 징조를 나타내지 않았을 수도 있을 것이다(보다 감정을 불러일으키는 자극을 포함하는 연구들에서 그러는 것처럼 ; Hastings 외, 2000도 볼 것). 따라서 공감의 결핍은 공감의 과도 각성(overarousal, 즉 개인적 고통)과 더불어 사회정서적 발달에서의 문제에 기여할 수 있다.

공감 관련 반응과 정서 조절

아이젠버그와 동료들(예컨대 Eisenberg & Fabes, 1992 ; Eisenberg 외, 1994)은 다양한 공감 관련 반응의 경험과 그러한 반응에 대한 경향에서의 개인적 차이가 모두 조절과 연관된다고 제안했다. 이미 언급한 바와 같이 개인적 고통은 자주 공감적 과도 각성—너무 각성되어 그런 감정이 혐오적인 것으로 경험되는 공감의 감정—으로부터 나오는 것으로 여겨진다. 이와는 대조적으로 동정을 경험하는 개인들은 정서적으로 각성되는 것으로 보이지만 우리가 자기에 초점을 두기 시작하는 그런 고통 수준으로까지 보이지는 않는다. 따라서 아동과 성인이 특수한 맥락에서 그들의 공감적 반응을 관리할 수 있는지의 여부는 동정이나 개인적 고통(그리고 결과적으로는 그들의 도덕적 행동)을 경험하는 그들의 경향성에 영향을 미칠 것이다. 요컨대 일반적으로 보다 잘 조절되는 개인은 보다 쉽게 동정적이 되는 것으로 예견될 것이다. 반면에 낮은 조절의 수준에 있는 사람은 개인적 고통을 경험하는 경향이 있는 것으로 예견될 것이다.

연구자들은 어떤 주어진 상황에서의 개인들의 정서 조절과 그리고 그와 똑같은 상황에서의 그들의 공감 관련 반응에 대해서는 거의 사정하지 않고 있다. 그러나 정신생리학적 자료는 개인적 고통과 유사한 반응을 유도하기 쉬운 상황에 있는 사람들이 동정을 유도하는 상황(비디오테이프나 실생활 사건의 회상을 매개로하여)에 노출될 때보다 더 각성된다는 예견을 지지해 준다(Eisenberg & Fabes, 1990 ; Eisenberg, Fabes, Schaller, Carlo 외, 1991 ; Eisenberg, Fabes 외, 1988 ; Eisenberg, Fabes, Schaller, Miller 외, 1991 ; Eisenberg, Schaller 외, 1988). 각성이 두 가지 상황에서 서로 다르다는 사실은 반드시 조절 또한 다르다는 것을 암시할 필요는 없다. 그러나 그것은 개인적 고통이 조절활동에 의해 아마도 다소 덜 조정되는 동정보다는 더 높은 각성의 수준과 관련된다는 것을 시사한다.

최소한 생후 첫 몇 년 이후(그러한 관련은 젊은 연령에서는 유지되지 않을 것이다 ; Gill & Calkins, 2003 참조) 성향적 조절(즉 조절에서 비교적 안정적인 개인적 차이)과 공감 관련 반응에서의 개인적 차이(특수한 상황에서이건 아니면 성향적 동정이든)의 관계와 관련한 상당히 많은 연구가 존재한다. 특수한 자극에 대한 반응에서 아동들의 동정 및 개인적 고통의 표현과 관련하여 동정적 반응과 성향적 조절의 지표 간에 매우 적당한 긍정적인 관계가 있는 것으로 보인다. 예를 들면 아이젠버그와 페이브스(1995)는 동정을 유도하는 필름에 대해 관심 있는 안면반응을 보였던 아동들이 주의집중 통제(조절의 한 측면)에서 높은 반면에 조절되지 않은 극복행동(coping behaviors)에서 낮았다는 것을 발견했다. 이와 비슷하게 거스리(Guthrie)와 동료들(1997)은 공감을 유도하는 필름에 대한 반응에서 아동들의 주의집중 조절, 그리고 아동들의 안면슬픔에 관한 교사들과 부모들의 보고, 자기 보고된 슬픔 혹은 동정, 심장박동수 감소 대 증가(타자지향주의의 한 지표) 간에 적절한 긍정적 관련을 발견했다. 더 나아가 아동들의 성향적 동정에 관한 아동, 부모, 교사들의 보고는 그들의 주의집중 혹은 정서유도적 행동을 조절하는 아동들의 능력에 관한 성인들(부모들 혹은 교사들)의 보고와 관련되었다(예컨대 Eisenberg, Fabes, Murphy 외, 1996 ; Eisenberg, Fabes, Shepard 외, 1998 ; Eisenberg, Liew & Pidada, 2001 ;

Murphy 외, 1999). 이와 비슷하게 아동들의 공감에 관한 부모들의 보고(Rothbart, Ahadi & Hershey, 1994)와 자기 보고(Sneed, 2002)는 아동들의 조절과 긍정적으로 관련되었다(Rothbart 외, 1994). 비록 때때로 단지 부정적 정서성에서의 개인적 차이가 분석에서 통제되었을 때만이었지만 성향적 조절 또한 성인기에서 동정과 관련되었다(Eisenberg 외, 1994 ; Eisenberg & Okun, 1996 ; Okun, Shepard & Eisenberg, 2000). 비록 공감/동정이 보다 일반적으로 정서의 표현성 혹은 강도와 긍정적으로 관련될 수 있지만(Eisenberg 외, 1994 ; Roberts & Strayer, 1996 ; Eisenberg, Wentzel & Harris, 1998 참조), 동정과 조절 간의 긍정적 관련은 동정과 화를 내는 경향 혹은 강렬한 부정적 정서 간에 부정적 관련을 나타내는 자료와 일치하고 있다(Carlo 외, 1998 ; Eisenberg, Fabes, Murphy 외, 1996 ; Murphy 외, 1999 ; Roberts & Staryer, 1996). 그것은 또한 주의력 결핍 과잉 행동 장애(attention deficit hyperactivity disorder, ADHD)—분명하게 조절과 관련하여 문제를 가지고 있는 자(Nigg, 2001)—를 가진 초등학교 소년들은 ADHD와 무관한 소년들보다 공감에서 더 낮다는 연구결과와 일치한다(Braaten & Rosen, 2000).

조절과 개인적 고통의 개별적 차이 간의 관계에 관한 자료는 거의 없다. 웅게러(Ungerer)와 동료들(1990)은 초조해하는(즉 자기 자신, 자신의 옷 혹은 어떤 물체를 빨고 있는) 혹은 울고 있는—아마도 개인적 고통의 지표들로 추정되는—동료에 관한 테이프를 시청하면서 보인 12개월 된 영아들의 고통받는 반응들은 대략 20주 연령에서 고통을 주는 자극(즉 조용한, 상호작용이 없는 표정을 유지하고 있는 어머니)과 함께 제시되었을 때의 최적 조절전략들 가운데 보다 낮은 수준과 관련된다는 것을 발견했다. 이와 함께 거스리(Guthrie)와 동료들(1997)은 공감을 유도하는 필름에 대한 반응에서 심장박동수 증가(대 감소)를 보였던 아동들이 성인들에 의해 상대적으로 조절되지 않은 것으로 간주된다는 것을 발견했다. 더 나아가 아이젠버그(Eisenberg), 페이브스(Fabes), 머피(Murphy) 외(1996)는 고통을 주는 토막용 필름(film clip)에 대한 반응에서 심장박동수 증가는 소년들(그러나 소녀들은 아니다)의 낮은 성향적 동정에 관한 자기 보고 및 교사들의 보고와 관련된다는 것을 발견했다. 성향적인 개인적 고통이 성인기에 질문지 척도로 사정되었을 때 연구자들은 개인적 고통과 성향적 조절 간에 일관된, 그리고 적당하게 강력한 부정적 관련을 발견했다(Eisenberg 외, 1994 ; Eisenberg & Okun, 1996 ; Okun 외, 2000).

따라서 종합적으로 볼 때 조절과정이 개인으로 하여금 동정을 경험하게 할지 혹은 개인적 고통을 경험하게 할지와 관련된다는 어느 정도의 증거가 있다. 그러나 그 증거의 대부분이 상관관계적이기 때문에 그 인과관계가 확실하게 규명될 수는 없다. 그러나 조절을 증진시키고자 설계된 실험적인 중재 프로그램(예컨대 아동들에게 정서에 관하여 그리고 당황했을 때 그들의 행동을 억제하는 방법에 관하여 가르침으로써)에 참여하는 것은 공감을 증대시킨다는 사실과 관련된다(Greenberg & Kusche, 1997)는 예비적 증거 또한 존재하는데, 이는 조절과 공감 간의 인과적 관계에 대한 어느 정도 최초의 시험적인 지지를 제공하는 발견이다. 조절이 공감 관련 반응과 연관된다는 사실은 공감, 동정, 그리고 개인적 고통이 생물학적으로 기초된 기질적 경향과 관련된다는 것(왜냐하면 조절의 많은 측면이 기질적으로 기초하는 것으로 보이기 때문이다 ; Rothbart & Bates, 1998), 그리고 아동들의 조절능력을 증진시키고자 하는 성인들의 시도는 공감 관련 반응에 긍정적인 영향을 미치기 쉽다는 것을 시사한다. 실제적으로 조절이 가정에서 성인들의 부정적 정서의 표현과 아동들의 동정 간에 부정적 관계를 중재한다는 다소 초기의 증거가 존재한다(Eisenberg, Liew 외, 2001).

공감 관련 반응에서의 성 차이

일반적으로 소유된 성 고정관념은 소녀들과 여성들이 소년들과 남성들보다 의미 있게 더 공감적이고 동정적이라는 것이다(예컨대 Martin, 1987). 그러나 아동들에 관한 이 신념을 뒷받침해 주는 경험적 증거의 강도는 각양각색이다.

아이젠버그(Eisenberg)와 레넌(Lennon, 1983, 1987) 그리고 아이젠버그(Eisenberg)와 페이브스(Fabes, 1998)는 현존하는 연구의 메타 분석을 통해 아동들의 동정과 공감에서의 성 차이에 관한 대중 인식과 경험적 자료 간의 불일치에 주의를 기울였다. 상응하는 효과 크기(effect sizes)는 연구 간에 불일치했으며, 그러한 성 차이에 대한 경험적 지지는 작은 것으로부터 엄청나게 큰 것에 이르기까지 다양했다. 아이젠버그와 동료들은 효과 크기의 범위가 아동들의 동정과 공감을 사정하기 위해 사용했던 특수한 방법 때문이었을 것이라고 추측했으며, 그리고 메타 분석적 결과는 이 가정을 지지하고 있다.

가장 큰 성 차이와 효과 크기는 공감과 동정에 관한 가장 널리 사용되는 사정의 수단 가운데 하나인 자기 보고 척도를 통해 발견되어 왔다. 비록 모든 연구결과가 이 결론을 지지하는 것은 아니지만(Humphries, Parker & Jagers, 2000 참조 ; Sneed, 2002) 아이젠버그와 페이브스(1998)가 관찰한 이래 이전에 관찰되지 않았거나 혹은 발간되지 않았던 질문지를 포함한 자기 보고 연구는 소녀들이 소년들보다 더 큰 공감과 동정을 가지고 있다는 주장을 지지한다(Eisenberg, Zhou & Koller, 2001 참조 ; Karniol, Gabay & Ochion, 1998 ; Litvack-Miller 외, 1997 ; Olweus & Endresen, 1998 ; Van Tilburg, Unterberg & Vingerhoets, 1992). 아이젠버그와 레넌(1983)은 자기 보고의 사용이 요구 특성 (demand characteristics, 역자 주 : 실험대상자들은 실험자가 기대하는 답변을 제공하거나 행동을 취한다)을 야기할 수 있다고 암시했다. 왜냐하면 아동들은 무엇이 사정되고 있는지(동정 혹은 공감)를 인식할 것이고 널리 유행하고 있는 성 고정관념과 일치하는 반응을 제공하고자 시도할 것이기 때문이라는 것이다.

질문지 척도에 따른 자기 보고 연구결과와 대조적으로 자료의 양상은 특수한 상황에서 공감을 유도하는 자극에 대해 아동들이 자기 보고한 반응과 덜 일치하고 있다(공감과 동정의 일반적 수준에 관한 질문지보다). 아이젠버그와 레넌(1983)은 이들 연구와 관련된 소녀들에게 유리한 총체적인 매우 작은 효과 크기를 보고했다. 대부분의 초기 연구들은 페쉬바(Feshbach)와 로우(Roe, 1968)의 공감 척도를 사용했는데, 그것은 아동들에게 정서의 각성을 유발하는 상황에 있는 한 아동에 관한 짧은 삽화(슬라이드를 동반한)를 보여준 후 아동들에게 어떤 느낌을 가졌는가를 묻는 방식과 관련된다. 그러한 척도들은 최근에는 광범위하게 사용되지 않고 있으며 성 차이를 도출하지 않는 경향이 있다(Kasari, Feeman & Bass, 2003).

최근의 연구를 보면 연구자들은 보다 감정을 불러일으키는 필름, 슬라이드, 인형극의 사용을 통해 공감과 동정을 자극하고자 하는 경향이 있다. 이들 절차는 소녀들에게 유리한 약간의 성 차이를 발견해 왔다 (Kienbaum 외, 2001 ; Strayer & Roberts, 1997 ; Zahn-Waxler, Robinson & Emde,

1992 ; Zhou 외, 2002). 이와 비슷하게 아동들의 공감과 동정의 수준을 측정하는 데 있어서 다른 사람(예컨대 부모와 교사)에게 의존하는 연구자들은 전형적으로 평가자들이 소년들보다는 소녀들에게 더 높은 수준을 귀인시킨다는 것을 발견했다(Eisenberg, Fabes, Shepard 외, 1998 ; Hastings 외, 2000 ; Holmgren 외, 1998 ; Murphy 외, 1999 ; Eisenberg & Fabes, 1998 참조 ; Eisenberg & Lennon, 1983 ; 재검토를 위해서는 Lennon & Eisenberg, 1987을 볼 것).

역으로 공감과 동정에서 중간 정도의, 만약 있다면 성 차이는 참여자들이 척도에 대해 의식적 통제력을 덜 발휘하는 척도에서 발견되어 왔다. 예를 들면 동정을 유도하고 공감을 유도하는 상황에 대한 반응에서 아동들의 안면표정에 의존하는 것과 같은 비언어적 척도는 전형적으로 남성과 여성을 구별하는 데 실패한다(Eisenberg, Fabes, Schaller & Miller, 1989 ; Eisenberg & Lennon, 1983 ; Eisenberg & Fabes, 1998). 안면척도는 연구자들로 하여금 동정을 유도하는 자극(고통받는 희생자를 포함하고 있는 필름과 같은)에 대한 반응에서 안면상의 고통 혹은 관심(강렬한 관심, 눈썹 사이에 골을 지게 하는)과 같은 그러한 아동들의 정서적 반응을 코드화하도록 한다. 그럼에도 불구하고 비록 확실히 모두는 아니지만(Holmgren 외, 1998) 최근에 소수의 연구자들은 안면반응에서의 성 차이를 보고했다. 예를 들면 스트레이어(Strayer)와 로버츠(Roberts, 1997)는 정서적 반응을 유도하기 위해 설계된 비디오테이프에 대한 반응에서 5–13세 사이의 소녀들이 소년들보다 의미 있게 더 큰 안면공감을 보여준다는 것을 발견했다. 이와 비슷하게 해스팅스(Hsatings)와 동료들(2000)은 4–7세 소녀들이 어느 누군가가 다친 가상적인 에피소드에 대해 남자 동료들보다 의미 있게 더 큰 안면 관심을 보인다는 것을 지적했다. 잔 왁슬러(Zahn-Waxler)와 동료들(2001)은 대인 간 영아들에 관한 종단적 연구에서 똑같은 결과를 확보했다. 이와 함께 저우(Zhou)와 동료들(2002)은 어린 초등학교 소녀들이 소년들보다 긍정적인 상황에 있는 다른 사람을 묘사하는 슬라이드를 시청하는 동안 더 높은 긍정적인 정서를 나타낸다(비록 소녀들과 소년들은 2년 후에 그러한 반응에서 혹은 부정적 슬라이드에 대한 부정적인 안면반응에서 차이를 나타내지 않았지만)고 보고했다. 따라서 아동들의 안면상의 동정적 · 공감적 반응에서의 성 차이에 대한 지지는 약하지만 점차 커지고 있다. 요컨대 아이젠버그와 페이브스(1998)는 그들의 메타 분석에서 공감과 동정에 관한 관찰척도—그것은 전형적으로 공감에 관한 안면상 · 행동상 · 제스처상의 지표를 포함했다—에서 소녀들에게 유리한 성 차이를 발견했다. 보다 현대적인 연구가 안면반응에 대한 자료수집과 코드화 절차가 과거에 비해 더 차별화되었기 때문에 그러한 차이를 발견하고 있다는 것은 가능한 일이다.

아동들의 정서적 반응에 관한 또 다른 통상적인 비언어적인, 조심성 있는 척도는 동정과 공감을 야기하는 상황에 대한 그들의 생리적 반응이다. 동정과 공감을 유도하는 시나리오에 대한 생리적 반응에서의 성 차이를 지지하는 경험적 연구는 거의 없다(Eisenberg & Fabes, 1998 ; Guthrie 외, 1997 ; Zahn-Waxler 외, 1995도 볼 것). 이는 아마도 생리적 반응이 동정과 공감 이외에도 다양한 기초적인 반응을 반영할 수 있기 때문일 것이다. 이와 더불어 생리적 반응의 의미는 공감을 유도하는 자극의 환기성(evocativeness)에서 서로 다를 수 있다(Liew 외, 2003).

요약하면 아동들의 공감과 동정에서 성 차이의 정도는 연구에 따라 상당한 차이가 있으며, 이는 각기 다른 방법의 사용 때문인 것 같다. 그 양상은 개인들이 가장 큰 의식적 통제력을 발휘하는 자기 보고(특히 질문지) 지표에서 가장 강하다. 그러한 통제가 덜 가능할 때—안면상 혹은 행동상의 반응과 같은—소녀들은 여전히 더 공감적이고 동정적인데, 그러나 그 효과는 훨씬 덜 뚜렷하다.

흥미롭게도 공감과 동정에 관한 자기 보고에서의 성 차이는 아동들이 연령이 높아감에 따라 더 부각되기 시작했다(Eisenberg & Fabes, 1998). 이런 양상은 아동들이 나이가 들어가면서 전통적인 성 역할에 대한 보고된 보다 큰 고수와 더불어 나아간다(Ruble & Martin, 1998). 상상컨대 두 발달양상 간에는 강력한 관련성이 존재한다. 곧 성 고정관념과 관련하여 어린 아동들보다 더 알고 있는 나이 든 아동들은 행동을 그들의 존중하는 성 구조 내에서 구현된 것들과 일치시키고자 노력할 것이다(예컨대 Karniol 외, 1998 참조 ; 자기 보고된 동정과 여성다움 간의 관계에 대해서는 Eisenberg, Zhou & Koller, 2001을 볼 것).

이를 함께 고려해 보면 최근 몇 년 동안 발간된 자료들은 공감과 동정에서의 성 차이에 관한 대중 인식이 어쩌면 과장되었다는 것을 시사하고 있다. 모든 효과 크기가 남성들보다 여성들과 더 관련된다는 점을 감안한다면 확실히 성 차이가 어느 정도는 존재하는 것으로 보인다. 그러나 공감과 동정의 척도에서의 성 차이의 일부분은 성 고정관념적인 개념을 고수하고자 하는, 아마도 그들 자신의 자아 이미지뿐만 아니라 다른 사람들과의 그들의 이미지를 지지하고자 하는 아동들의 욕망 때문일 것이라는 것은 가능한 일이다.

공감 관련 반응의 사회화

호프만(Hoffman, 1981)에 의해 가설화된 바와 같이 공감이 유전적 토대에 기반하고 있다는 것은 의심의 여지가 거의 없다. 사실 일란성 쌍생아는 이란성 쌍생아에 비해 생애기간 동안 공감 관련 반응에서 더 비슷한 것으로 밝혀져 왔다(Emde 외, 1992 ; Loehlin & Nichols, 1976 ; Matthews, Batson, Horn & Rosenman, 1981 ; Rushton, Fulker, Neale, Nias & Eysenck, 1986 ; Zahn-Waxler, Robinson & Emde, 1992 ; Zahn-Waxler 외, 2001). 공감 관련 반응에 관한 대물림 영향의 일부는 아동들의 성향적 조절과 정서를 경험하는 경향성에서의 생물학적으로 토대를 둔 개인적 차이를 통해 유전적으로 전달되는 것으로 보인다(Eisenberg & Fabes, 1998 참조 ; Eisenberg, Wentzel, 외, 1998).

그럼에도 불구하고 보호자와의 상호작용을 포함하는 환경적 요소들은 동정과 개인적 고통의 발달을 증진시키거나 혹은 억제시킬 수 있다. 한 예로서 환경적 영향은 똑같은 가정에서도 아동에 따라 각자 서로 다를 수 있는데(Plomin 외, 1993 참조), 이는 여러 가지 많은 요소(예컨대 출생 순서, 부모 연령, 가족구성, 그리고 아동들이 유전적 요소와 환경적 요소 모두로부터 기인하는 부모의 행동과 아동 특징 간의 서로 다른 상호작용뿐만 아니라 서로 다른 연령이라는 자원에서의 차이) 때문이다. 부모의 사회화 방법은 흔히 부분적으로 부모의 유전적 구조를 반영하기 쉬운데, 그것은 자손에게 전달되며 공감에 대한 자녀의 능력에 영향을 미칠 것이다. 그러나 비록 사회화 방법이 어느 정도 생물학적 토대를 지니고 있다 하더라도 이들 부모의 행동에 노출되어 아동들이 겪는 경험은 최소한 부분적으로 그들의 사회적 환경의 한 측면으로서 간주될 수 있으며, 사회화 동인들에 관한 아동들의 관찰과 그들과의 상호작용 또한 유전으로부터 기인하는 어떠한 모든 공헌을 넘어서서 공감 관련 반응에서의 개인적 차이에 기여하기 쉽다.

부모와 아동들의 공감 관련 반응에서의 유사성

비록 이런 관계에 대한 이유가 분명하지는 않지만, 그들 자신의 성향적 동정에 관한 부모의(특히 어머니의) 보고와 초등학교 연령 동성 자녀의 그것 간에는 관련이 있는 것으로 보인다. 어머니의 동정(혹은 동정과 결합된 관점 채택)은 초등학교 중학년 연령 딸의 동정과 긍정적으로(Eisenberg 외, 1992 ; Eisenberg & McNally, 1993 ; Fabes 외, 1990), 그리고 딸의 개인적 고통과 부정적으로(Eisenberg, Fabes, Schaller, Carlo 외, 1991) 관련되어 왔다. 역으로 어머니의 개인적 고통은 때때로 고통받는 혹은 필요에 처한 다른 사람들에 대한 반응에서 딸의 낮은 공감적 반응이나 혹은 아들과 딸의 부적절한 긍정적 정서와 관련되어 왔다(Eisenberg 외, 1992 ; Fabes 외, 1990). 어머니의 동정은 보통 아들의 동정과 관련되지 않은(비록 긍정적인 관련이 아이젠버그 외, 1992에 의해 발견되었지만) 반면에 아버지의 동정은 아들의 동정과 관련되었다(Eisenberg, Fabes, Schaller, Carlo 외, 1991). 부모의 동정에서의 개인적 차이가 동성 자녀의 동정에서의 차이의 원인이 될 수 있다는 것은 가능하다. 그러나 유전적 요소가 부분적으로 동정에서의 유사성에 원인을 제공한다는 것 또한 설득력이 있다. 그러나 만약 공감과 관련된 유전자들이 성 염색체로 옮겨지지 않는다면 그 관련성이 성과 관련된다는 사실은 유전적 설명과는 반하는 주장으로 보인다.

이와 대조적으로 부모의 공감과 자녀들의 공감(동정과 개인적 고통보다는) 간의 관계에 관해서는 관련성을 발견한 몇몇 연구자들(Trommsdorff, 1991)과 적은 관련(Kalliopuska, 1984 ; Strayer & Roberts, 1989) 혹은 복합적 관련 양식(Barnett, King, Howard & Dino, 1980)을 발견한 그 밖의 다른 연구자들이 있어 서로 일치하지 않고 있다. 어머니와 자녀들이 공감을 유도하는 필름을 함께 시청했던 한 연구에서 고통을 주는 필름을 시청하는 동안 높은 안면고통과 심장박동수 증가를 보였던 어머니는 그와 같은 양상을 보인 자녀들을 두고 있었다(Eisenberg 외, 1992). 따라서 부모와 자녀들이 그들의 공감적 각성에서 유사할 것인지 어떤지는 분명하지가 않다.

흥미롭게도 터커(Tucker), 업데그라프(Updegraff), 맥헤일(McHale), 그리고 크루터(Crouter, 1999)는 초기 청소년들의(10-12세에 이르는 소년과 소녀) 공감이 그들의 어린 자매(2-3세 더 어린)의 공감과 긍정적으로 관련되었던 반면에 나이가 위인 형들(그러나 누나들은 아니다)의 공감은 나이가 더 어린 동생들의 공감과 관련되었다. 저자들은 나이가 더 어린 자매들이 나이가 더 든 형들을 모방하거나 동일시할 것이라고 단정했다.

부모-자녀 관계의 질과 자녀들의 공감 관련 반응

일반적으로 동정(그리고 때때로 공감)은 보호해 주는 부모 및 지지적인 부모 교육과 높은 질적 관계를 유지해 왔다. 예를 들면 비록 연구결과들이 전적으로 서로 일치하는 것은 아니거나(예컨대 Pastor, 1981) 혹은 때때로 복잡한, 중간 정도의 관련(예컨대 Radke-Yarrow, Zahn-Waxler, Richardson, Susman & Martinez, 1994)이 있는 것으로 보이지만, 안정적으로 애착을 확보한 자녀들은 22개월(그러나 16개월에서는 아니다)에서 상해를 입은 낯선 자(그러나 어머니는 아니다)를 향해 보다 공감적인 관심을 나타내는 경향이 있으며(van der Mark 외, 2002), 3-4세에 비교적 동정적이고 친사회적이다(흔히 이들 변수는 차별화되지 않았다. Kestenbaum, Farber & Sroufe, 1989 ; Waters, Wippman & Stroufe, 1979). 안정적인 애착을 확보한 자녀들은 그렇지 않은 다른 자녀들보다 부모에게 더 주의를 기울이며 더 기쁘게 해드리기를 바라는데(Waters, Hay & Richters, 1986), 그것은 공감과 동정을 조장하는 부모의 시도를 더 촉진시킬 것이다. 요컨대 초기 애착의 특성은 동정적 반응을 조장하는 것으로 보이는 특징인 타인들과의 연대감 및 다른 사람들에 관한 긍정적인 가치화의 발달에 중요하다(Staub, 1992).

애착 이론과 일치하는 것으로 영아기에서의 모성 반응성(maternal responsiveness, 즉 우발적 반응) 또한 나중의 공감적 반응을 예견하는 것으로 밝혀져 왔다. 예를 들면 코찬스카(Kochanska), 포만(Forman), 그리고 코이(Coy, 1999)는 9개월 때의 모성반응이 22개월 된 대인 간 영아들의 공감과 친사회적 반응성의 보다 높은 수준을 예견한다는 것을 발견했다. 더욱이 10개월 때의 모성 민감성은 18개월 연령에서 성인들의 위장된 고통에 대해 영아들의 관심 있는 주의와 긍정적으로 관련되었다(Spinrad, 1999).

이와 비슷하게 어떤 연구자들은 아동들 혹은 성인들의 공감 혹은 동정과 온정적인, 공감적인 자녀 교육, 부모 애정, 애정어린 돌봄(Barnett

외, 1980 ; Eisenberg-Berg & Mussen, 1978 ; Krevans & Gibbs, 1996) 간에 긍정적인 관계(Robinson, Zahn-Waxler & Emde, 1994 ; Trommsdorff, 1991 ; Zahn-Waxler, Radke-Yarrow & King, 1979)를 발견했던 반면에 또 다른 연구자들은 그렇지 못했다(예컨대 Eisenberg, Fabes, Schaller, Carlo 외, 1991 ; Iannotti, Cummings, Pierrehumbert, Milano & Zahn-Waxler, 1992 ; Janssens & Gerris, 1992 ; Kienbaum 외, 2001 ; van der Mark 외, 2002도 볼 것). 그 밖의 다른 경우들에서는 연구결과가 혼재했다. 카를로(Carlo)와 동료들(1998)은 청소년들의 자기 보고된 동정과 아버지(그러나 어머니는 아니다) 지지 간의 관련이 오로지 분노와 사회성 모두에서 낮았던 청소년들에 대해서만 지지한다는 것을 발견했다. 저우(Zhou)와 동료들(2002)은 부모의 온정과 긍정적인, 그러나 부정적이지 않은 감정을 불러일으키는 슬라이드에 대한 자녀들의 안면 혹은 자기 보고된 공감 간에 약한 관련성을 발견했다. 비록 브라이언트(Bryant, 1987)가 일반적인 부모 지지와 7세와 10세 자녀들의 공감 간에 아무런 관련을 발견하지 못했지만 고통의 시간 동안 지지를 표현한 어머니의 보고는 자녀들의 공감을 예견했다. 자녀들이 고통을 경험하고 있을 때 어머니의 지지는 총체적인 어머니 온정 수준 그 이상으로 공감을 조장할 수 있다.

온정적 · 지지적인 자녀 교육이 공감 및 동정과 긍정적으로 관련된다는 관념과 일치하는 것으로 크록켄버그(Crockenberg, 1985)는 강렬하게 혹은 자주 화를 내는 부모가 타인정향적 관심에서 낮은, 그리고 자기 관심에서 높은 영아들을 두는 경향이 있다고 보고했다(Denham & Grout, 1992도 볼 것 ; Denham 외, 1994 ; Denham & Grout, 1993과 비교해 볼 것). 이와 비슷하게 해스팅스(Hastings)와 동료들(2002)은 자녀들과의 상호작용에서 그들 자신의 부정적인 정서(화, 실망, 그리고 갈등)를 보인 부모의 보고는 7세 연령(그러나 어떤 의미 있는 관련도 5세에서는 확보되지 않았다)에 있는 자녀들의 공감(그러나 관심은 아니다)과 부정적으로 관련된다는 것을 발견했다. 요컨대 부모의 학대행동과 자녀들의 낮은 공감 수준 간에는 비교적 일관된 관련성이 존재하는 것으로 보인다(George & Main, 1979 ; Howes & Eldredge, 1985 ; Main & George, 1985 ; Miller & Eisenberg, 1988 참조).

다른 가족 구성원들 및 성인들과의 적의적인 관계보다는 온정적인 관계 또한 아동들의 공감과 동정에 이바지할 수 있다. 브라이언트(Bryant, 1987)는 조부모와 그 밖의 다른 나이 든 사람들과 의미 있는 관계를 맺은 아동들은 공감에서 보다 높은 경향이 있다는 것을 발견했다(Bryant, 1987). 이와 함께 터커(Tucker)와 동료들(1999)은 나이 든 형들과 긍정적인 관계를 갖는 소년들이 덜 긍정적인 형제관계를 갖는 소년들보다 더 공감적이라는 것을 발견했다. 키엔바움(Kienbaum)과 동료들(2001)은 교사들의 온정과 인형들의 상연된 고통에 대한 아동들의 반응 간에 약한, 긍정적인 관련을 발견했다. 이와 비슷하게 도너휴(Donohue), 페리(Perry), 그리고 웨인스타인(Weinstein, 2003)은 지지적인 학습자 중심의 교육방법들을 사용하며 아동들의 능력과 필요를 고려했던 교사들을 둔 아동들이 더 공감적이라는 것을 발견했다.

부모의 일반적 훈육방법과 아동들의 공감 관련 반응과의 관련

훈육방법과 공감 간의 연계에 관한 연구결과는 다소 불일치한데, 이는 아마도 부분적으로 동정과 개인적 고통이 이 연구에서 거의 차별화되지 않았기 때문일 것이다(예컨대 Barnett 외, 1980). 그럼에도 불구하고 몇몇 연구자들은 유도방법(inductive practices, 예컨대 부모가 추론을 사용하는)과 아동들의 공감 및 동정 간에 긍정적인 관련을 발견했다(예컨대 Janssens & Gerris, 1992 ; Krevans & Gibbs, 1996 ; Miller, Eisenberg, Fabes, Shell & Gular, 1989 ; Zahn-Waxler 외, 1979 ; Denham 외, 1994도 볼 것). 호프만(1983, 2000)은 유도기법(inductions)이 아동들에게 자기 관심적이 되도록 혹은 정보를 처리하는 데 실패할 만큼 그렇게 위협을 하거나 자극을 주지 않으면서 다른 사람들의 필요에 관심을 기울이도록 한다고 주장했다. 이러한 관점과 어느 정도 일치하는 것으로 밀러(Miller)와 동료들(1989)은 어머니의 유도기법이 공감을 유도하는 토막용 필름(film clip)에 대한 반응에서 아동들의 안면슬픔과 긍정적으로 안면고통과는 부정적으로 관련된다는 것을 발견했다. 그러나 고통에 대한 부정적인 관련은 어머니들의 보고된 반응이 강도에서 높지 않을 때에만 오로지 지속되었다.

비록 일반적으로 혹독한 통제가 동정과 부정적으로 관련되거나 혹은 개인적 고통과 긍정적으로 관련되는 것 같지만 공감 관련 반응과 부모 통제와의 관계는 복합적인 것 같다. 유치원 아동들의 동정과 공감 그리고 개인적 고통에 관한 한 연구에서 어머니가 좀처럼 부정적 통제(즉 비물질적 권력행사 혹은 아동에 관한 부정적 평가)를 사용하지 않는 것은 필름 속의 고통받는 아동을 시청하는 것에 대한 반응에서 자녀들의 자기 보고된 관심과 관련되었다. 그러나 물리적 통제(체벌 혹은 신체적으로 아동의 행동을 안내하는)는 유치원 아동들의 안면슬픔(어머니가 모성 애정의 높은 수준을 표현했을 때)과 긍정적으로, 그리고 그들의 안면고통과는 부정적으로 관련되었다(Miller 외, 1989). 공감에 관한 여러 연구에서 부모의 권력행사 남용은 자녀들의 공감과 부정적으로 관련되었거나(Janssens &

Gerris, 1992 ; Krevans & Gibbs, 1996) 혹은 관련되지 않았다(Bryant, 1987 ; Feshbach, 1975). 요컨대 부모의 요구치(demandingness, 즉 성숙한 행동에 관한 기댓값)와 한계설정(limit settings)은 자녀들의 공감과 긍정적으로 관련된(Bryant, 1987 ; Janssens & Gerris, 1992 ; Krevans & Gibbs, 1996도 볼 것) 반면에 아버지의(그러나 어머니는 아니다) 관대는 소년들의 낮은 공감 수준을 예견했다(연구결과가 소녀들에게 있어서는 혼합되었다 ; Bryant, 1987). 여러 편의 연구결과와 일치하는 것으로 해스팅스와 동료들(2000)은 권위적 자녀 교육(authoritative parenting, 추론과 안내의 사용, 독립에 대한 격려, 감정의 열린 표현에 대한 지지)을 뺀 나머지 권위주의적 자녀 교육(authoritarian parenting, 유전적 발현도에 관한 어머니의 낙담, 금지와 질책의 이슈, 불안 유도기법에 의한 통제, 엄격한 감독, 그리고 체벌을 포함하는)의 종합점수는 7세 연령에 있는 자녀들의 타인들에 대한 관심 및 공감과 부정적으로 관련되었으며, 타인들에 대한 무시와 긍정적으로 관련되었다. 그러나 자녀들이 5세였을 때 이러한 자녀 교육 지표는 단지 낮은 공감(그리고 관심은 아니다)과만 관련되었다.

요약하면, 비록 여러 자료가 높은 일관성을 보여주지는 못하고 있지만 연구결과의 일반적인 양상은 훈육으로서 추론을 사용하는, 자녀들에게 높은 기준을 설정한, 그리고 지나치게 경멸적이거나 처벌적이지 않은 부모가 비교적 공감적(혹은 아마도 동정적) 자녀들을 기르는 것으로 보인다. 그러나 관련 자료, 특히 자녀들의 동정과 훈육과의 상관관계와 관련한 자료가 그 양에서 제한되어 있다. 그럼에도 불구하고 부모는 자녀들이 규제되고 생산적인 방식(그것은 개인적 고통보다는 동정의 발달을 조장하는 것으로 기대될 것이다)으로 대인관계 상황을 다루도록 돕는 데, 그리고 자녀들이 타인들의 안녕에 주의를 기울이고 가치를 부여하도록 가르치는 데 역할을 발휘하는 것 같다.

정서와 관련된 부모의 훈육방법

최근에 연구자들은 점차적으로 아동들의 정서적 표현 및 정서와 관련된 행동에 대한 부모의 반응을 검증해 왔으며, 그러한 반응은 아동들의 동정 및 개인적 고통과 관련되는 것으로 나타났다. 일반적으로 그들 자신의 부정적 정서를 건설적으로 다룰 수 있는 아동들의 능력을 증진시키는 자녀 교육 방법은 개인적 고통보다는 동정을 조장하는 것으로 보인다. 이는 아마도 그들의 정서를 적절하게 극복할 수 없는 아동들이 과도하게 각성되는 경향이 있으며(대리적인 부정적 정서의 높은 수준을 경험한다), 따라서 다른 사람들의 고통이나 필요에 대해 자기에 초점을 둔 반응(개인적 고통)을 경험하기 때문일 것이다.

자녀들의 정서 표현과 관련하여 엄격한 부모는 자녀들이 감정과 그의 조절에 관하여 학습할 기회를 주지 않을 수 있다(Gottman, Katz & Hooven, 1997). 아이젠버그(Eisenberg), 페이브스(Fabes), 쉘러(Schaller), 카를로(Carlo), 그리고 밀러(Miller) 외(1991)는 다양한 맥락에서 자녀들이 불안과 슬픔을 표현하는 반응에 대해 엄격함을 내세우는 부모들의 보고가 동정을 유발하는 필름을 시청할 때 소년들의(그러나 소녀들은 아니다) 고통에 관한 안면 및 생리적 표지들과 긍정적으로 상관된다는 것을 발견했으며, 그 필름에 대한 반응으로 낮은 고통의 자기 보고들이 수반되었다. 따라서 제한적인 부모의 자녀들은 다른 사람들의 고통에 직면했을 때 고통을 쉽게 경험하는 것 같았지만 그들이 느끼고 있는 바를 부정하거나 혹은 인정하지 않았다.

그러나 부모 엄격성의 효과는 정서가 표현되는 상황과 아동의 연령에 따라 다를 수 있다는 것을 유념하는 것이 중요하다. 그들과 동성인 초등학교 자녀가 다른 사람들에게 해로울 수 있는 정서를 표현하는 것을 단념시키는 부모는 자기 보고된 동정이 높게 나타난 자녀를 두었다(Eisenberg, Fabes, Schaller, Carlo, 외, 1991). 자녀들이 해로운 정서적 표현을 하는 것을 막는 부모는 아마도 자녀들로 하여금 그들의 정서가 다른 사람들에게 미치는 효과에 주의하도록 초점을 맞출 것이다. 그러나 해로운 정서의 표현과 관련한 엄격성은 보다 어린 (유치원) 소녀들(그러나 소년들은 아니다)에게서 개인적 고통의 높은 수준과 관련되었다. 이들 소녀의 어머니는 일반적으로 덜 지지적인 것으로 나타났다. 요컨대 어린 소녀들에게 있어서 이러한 종류의 모성 엄격성은 연령에 적절치 않은 엄격성 혹은 낮은 지지 수준을 반영하는 것일 수 있다(Eisenberg 외, 1992).

부모 또한 자녀들에게 그들의 부정적 정서를 다루는 방식을 가르친다. 흔히 건설적인 것으로 보이는 정서적 고통을 극복하는 양식은 문제를 직접적으로 실행에 옮기는 것, 즉 고통을 야기했던 환경 속의 요소들을 변화시키고자 노력하는 것이다(Lazarus & Folkman, 1984 ; Sandler, Tein, Mehta, Wolchik & Ayers, 2000 ; Sandler, Tein & West, 1994). 아이젠버그(Eisenberg), 페이브스(Fabes), 쉘러(Schaller), 카를로(Carlo), 그리고 밀러(Miller, 1991)는 자녀들로 하여금 그들의 슬픔이나 불안을 일으키게 하고 있는 상황을 수단적으로 다루는 것을 금지시키는 부모의 소년들(그러나 소녀들은 아니다)이 공감을 유도하는 맥락에서 개인적 고통보다는 동정의 표지를 더 나타내는 경향이 있다는 것을 발견했다. 그러나 아이젠버그와 동료들(1993)은 그들의 자녀가 고통을 받거나 불안해할 때 문제 해결을 활용하는 어머니들의 보고가 울고 있는 아기에 대한 그들 자녀의 안면고통 및 심장박동수 반응과 관련된다(비록 그들은 보다 큰 도움을 주는 것과 관련되었지만)는 것을 발견하지 못했다.

자녀들의 주의를 다른 사람의 상황으로 향하게 하고 자녀들로 하여금 다른 사람의 고통을 느끼도록 돕는(훈육을 포함하지 않는) 지속적인 감정을 불러일으키는 상황에서의 어머니의 행동 또한 동정과 관련되었다(Fabes, Eisenberg, Karbon, 외, 1994). 예를 들면 그 자신의 동정과 슬픔, 그리고 관점 채택을 유도하고 다른 사람의 감정이나 상황을 강조하고자 하는 시도에 대한 어머니의 언급은 소년들의 동정과 슬픔에 관한 보고와 관련되었다(Eisenberg 외, 1992). 이와는 대조적으로 그러한 어머니의 방법과 자녀들의 공감 간에 거의 관련이 없을 수 있다(Eisenberg, Losoya 외, 2001 ; Iannotti 외, 1992). 관점 채택을 증진시키고자 하는 부모의 노력 또한 흔히 부모의 유도 훈육의 일부이며(Hoffman, 2000), 그리고 이미 언급된 바와 같이 이러한 종류의 유도기법은 특히 공감과 관련되어 왔다(Krevans & Gibbs, 1996).

단순히 정서를 분류하여 말하거나 논의하는 것이 공감적 혹은 동정적 경향성을 조장하는지의 여부와 관련해서는 그 연구결과가 혼재하고 있다(예컨대 Barnett, Howard, King & Dino, 1980 ; Barnett, King, Howard & Dino, 1980). 벨덴(Belden), 쿼브리(Kuelbli), 폴리(Pauley), 그리고 킨들버거(Kindleberger, 2003)는 자녀들의 정서적 반응, 마음의 상태, 혹은 과거에 자녀에 의해 수행되었던 훌륭한 행위의 동기에 관한 해석 등에 대한 어머니의 의문이 자녀들의 자기 보고된 공감과 긍정적으로 상관된다는 것을 발견했다. 아이젠버그와 동료들(1993)은 자녀들이 고통을 받거나 불안해할 때 정서에 관한 어머니들의 간접적 논의와 울고 있는 영아에 대한 자녀들의 고통받는 반응 간에 아무런 관련이 없다는 것을 발견했다. 페이브스(Fabes), 아이젠버그(Eisenberg), 카본(Karbon) 외(1994)는 감정을 불러일으키는 필름을 시청할 때 어머니들의 실제적인 정서 용어의 사용과 자녀들의 동정 간에는 관련이 없다는 것을 발견했다. 그러나 어머니가 온정적이며 자녀의 주의를 필름의 정서적 내용으로 향하게 했던 정도는 유치원 자녀들에게서는 그렇지 않았지만 2학년 자녀들에게서 동정의 표지들과 긍정적으로, 그리고 개인적 고통의 표지들과는 부정적으로 관련되었다. 더 나아가 아이젠버그(Eisenberg), 로소야(Losoya) 외(2001)는 정서를 묘사하고 있는 슬라이드들 시청할 때 부모의 정서에 관한 분류하기 혹은 토론이 공감을 유도하는 슬라이드에 대한 자녀들의 안면 반응성과 관련되지 않는다는 것을 발견했다. 정서에 관한 부모의 토론은 주로 그러한 토론이 관점 채택과 정서의 이해를 증진시킬 때(Dunn, Brown & Beardsall, 1991 참조 ; Dunn, Brown, Slomkowski, Tesla & Youngblade, 1991), 그리고 그러한 토론이 자녀들의 행동에 대한 반응에서 갈등이나 혹은 높은 정도의 부모의 분노에 의해 특징지어지지 않는 일상의 상호작용에서 일어날 때(Denham 외, 1994 참조 ; Dunn & Brown, 1994) 자녀들의 동정과 관련될 것이다. 따라서 그들의 사회세계에서 다른 사람들에게 일어나고 있는 바에 관해 자녀들로 하여금 관심을 갖도록 하는 경향성과 결합된 부모의 온정성은 단순하게 정서에 관해 분류하거나 토론하는 것보다 더 많이 자녀들의 동정의 감정을 증진시킬 것이다(Fabes, Eisenberg, Karbon 외, 1994). 요컨대 정서에 관한 부모의 토론은 자녀들의 조절과 관련되는 것으로 보이며, 그것은 간접적으로 동정을 증진시킬 것이다.

아동들의 관점에서 해롭지 않고 악의적이지 않은 정서를 부모가 자주 표현하는 것(비록 반드시 그들을 직접으로 향할 필요는 없지만) 또한 자녀들로 하여금 다른 사람들의 정서를 경험하도록 촉진할 것이다(Eisenberg, Fabes, Schaller, Miller 외, 1991). 예를 들면 가정에서 부드러운, 단호하지 않은 부정적 정서의 표현은 소녀들의(특히 나이 어린 소녀들의) 동정과 긍정적으로 관련되었다. 이와는 대조적으로 악의적인 부정적 정서가 자주 표현되는 가정에서 성장하는 소년들과 소녀들은 쉽게 개인적 고통을 지니는 경향이 있는 것으로 보인다(Eisenberg 외, 1992). 덴함(Denham)과 동료들(1994)은 정서를 자극하도록 요청받았을 때 강렬한 부정적 정서를 나타내는 경향이 있던 어머니들(때때로 자녀를 불안하게 하는)이 동료들의 정서에 대한 반응에서 비교적 낮은 관심을 표현한 자녀들을 두고 있다는 것을 발견했다. 가족 표현성의 정도와 질은 가족 상호작용의 질을 반영할 뿐만 아니라 자녀들에게 어떤 정서를, 그리고 정서를 어느 정도 나타내고 또한 경험하기를 기대하는지 그리고 그들의 정서를 규제하는 방법을 가르치는 것으로 보인다(Gottman 외, 1997 ; Halberstadt, Crisp & Eaton, 1999 참조).

보다 단언적인 부모의 표현이나 적의적인 부모의 부정적 정서조차도 만약 그것이 양에서 적절하다면 자녀들의 높은 동정과 관련되었다. 더욱이 자녀들의 공감 관련 반응과 부모의 단언적인 부정적 표현성의 관련은 자녀들의 성향적인 부정적 조절의 수준에 의해 조정되는 것으로 보인다. 예를 들면 발리엔티(Valiente)와 동료들(2004)은 자녀들의 상황적 동정과 부모들의 부정적 표현성 간의 부정적 관련이 조절에서 낮은 자녀들에게서만 나타난다는 것을 발견했다. 이와 더불어 조절에서 보통이거나 낮은 자녀들에게 개인적 고통은 부정적 정서에 관한 부모의 표현 수준과 무관하게 비교적 높았다. 반면에 잘 조절된 자녀들에게 있어서 개인적 고통은 부모가 부정적 정서를 거의 표현하지 않았을 때 낮았으나 부정적 정서에 관한 부모의 표현 수준에 따라 증가했다.

물론 문화는 정서의 직접적 표현에 가치를 부여하고 자녀들에게 그들의 정서를 표현하도록 격려하는 정도에서 각기 다르다(예컨대 Zahn-Waxler, Friedman, Cole, Mizuta & Hiruma, 1996). 따라서 부모의 표현성과 자녀들의 공감 및 동정 간의 관계는 문화에 따라 다를 수 있다. 예를 들면 아이젠버그와 동료들(2001)은 긍정적 정서에 관한 부모의(주로 어머니의) 간접적 표현이 미국 자녀들의 동정과는 긍정적으로 관련되었지만 인도네시아 자녀들의 동정과는 그렇지 않다는 것을 발견했다. 이와는 대조적으로, 부정적 정서에 관한 부모의 간접적 표현은 인도네시아 아동들의 동정에 관한 성인들의 보고와 더욱 일관되게 부정적으로 관련되었다. 인도네시아에서 강렬한 정서—긍정적인 혹은 부정적인—의 경험이나 혹은 명백한 표현은 단념되는 경향이 있다. 왜냐하면 그것은 사회적 관계를 손상시키고 불쾌함을 일으키는 원인이 되는 것으로 여겨지기 때문이다(예컨대 Geertz, 1976 ; Mulder, 1996 ; Wellenkamp, 1995). 자바(Java)에서의 정서성에 관한 저평가는 두 문화에서 관계의 서로 다른 양식을 설명할 수 있을 것이다.

비록 많은 요소들이 사회화의 효과성을 조절하며 유전적 요소들이 흔히 그 과정에 관련될 것이지만, 이미 검토되었던 연구결과들은 아동들이 동정으로 반응하는 경향성을 지닐지 아니면 개인적 고통으로 반응하는 경향성을 지닐지는 부분적으로 학습된다는 관점을 일반적으로 지지한다. 요컨대 사회화 과정은 양방향적인 것 같다. 예를 들면 페이브스(Fabes), 아이젠버그(Eisenberg), 카본(karbon), 베른츠웨이그(Bernzweig), 그리고 동료들(1994)은 어머니들이 그들의 자녀가 다른 사람들의 고통에 노출되었을 때 얼마나 고통을 받을 것인가에 관하여 지각하는 것이 나이

든(2학년) 자녀들보다 더 어린(유치원) 자녀들에게 더 크다는 것을 발견했다. 이들 어머니는 나이 든 자녀들보다는 더 어린 자녀들에게 고통을 겪고 있는 다른 사람에 관한 이야기를 할 때 더 온정적이었으며, 보다 긍정적인 그리고 덜 부정적인 정서를 표현했다. 즉 그것은 어머니들이 이야기에 대하여 나이가 더 어린 자녀들의 반응을 완충시키려고 노력하고 있다는 것으로 보였다. 사실 만약 어머니들이 유치원 자녀를 정서적으로 상처받기 쉬운 존재로 평가한다면 그들은 이야기를 할 때 특히 부정적 정서보다는 긍정적 정서를 더 표현하는 경향이 있을 것이다.

결론

아동들의 공감과 동정의 발달 및 상관관계에 관한 지식은 지난 30여 년 동안에 상당히 성장했다. 확실히 공감과 동정은 아동들의 친사회적 행동 및 조절과 같은 기능작용의 중요한 영역과 연관되고 있다. 이와 함께 유전뿐만 아니라 사회화는 공감 관련 반응에서 개인적인, 그리고 성 차이에 기여하는 것으로 보인다. 더욱이 비록 이 장에서 자세하게 논의되지는 않았지만 동정은 보다 높은 수준의 도덕적 추론과 관련된다 (Eisenberg, 1986 ; Eisenberg, Zhou & Koller, 2001). 그러나 많은 연구에서 공감, 동정, 심지어 친사회적 행동의 척도가 명료하게 차별화되지 않았으며(혹은 혼합되었으며), 특히 어린 아동들에 관한 연구에서는 더욱 그러했다. 이러한 차별화의 결여는 연구결과에 따른 불일치에 기여하는 것으로 보인다. 요컨대 개념에 관한 관찰척도는 흔히 어린 아동들에게서 공감 관련 반응을 연구하는 데 사용되어 왔던 반면에 자기 보고 혹은 타인 보고는 나이 든 아동들과 청소년들에게서 공감과 동정을 사정하는 데 사용되어 왔다. 따라서 연령경향과 관련한 몇몇 연구결과뿐만 아니라 여러 연구결과에서의 차이는 부분적으로 연령집단에 따른 방법론적 차이로부터 기인될 수 있었다. 더 나아가 공감과 동정에 관한 종단적 · 유전적 정보에 기초한 연구가 거의 없다. 그래서 그의 발달에서 사회화의 역할에 관한 인과 관계적 결론을 도출하는 것은 특히 어렵다.

앞으로의 연구에서 공감, 동정, 그리고 개인적 고통 간을 차별화하는 것이 중요하며, 그럼으로써 사회정서적 기능작용과 사회화에 대한 그들의 차별화된 관계가 정확하게 입증될 수 있다. 이와 함께 문헌에서 관찰된 관계를 중재하고 조절하는 인과관계와 과정을 보다 더 상세하게 윤곽을 그리는 것이 유용할 것이다. 예를 들면 사회화 조우(socialization encounters)에서 아동들의 정서적 과정과 인지적 과정이 어떻게 공감 관련 반응과 부모의 사회화 방법의 관계를 조절하는가에 관한 정보가 요구된다. 더 나아가 아동들의 기질이 공감 혹은 동정을 조장하는 것으로 보이는 자녀 교육 방법의 효과성을 조정하는 방법은 보다 큰 주목을 받을 만하다. 마지막으로 맥락에 대한 더 많은 주목이 요구된다. 공감과 동정을 자극하거나 야기시키는 상황적 변수에 관해서, 그리고 어떤 조건하에서 아동들이 개인적 고통을 더 경험하게 되는지에 관해서 상대적으로 거의 알려져 있지 않다. 또한 공감 관련 반응의 기원과 상관관계에서의 문화적 차이에 관한 연구도 거의 없다. 공감과 동정은 어떤 문화에서는 다른 문화보다 덜 가치롭게 여겨지는 것 같으며, 그리고 공감 관련 반응을 증진시키는 사회화 방법은 그것이 그리고 보다 일반적으로 정서성이 얼마나 가치롭게 여겨지는가에 따라 달라지는 것 같다. 마지막으로 친사회적 혹은 공격적 행동 이외에 도덕성의 다른 측면에서의 공감과 동정의 역할(예컨대 양심, 도덕적 추론)은 앞으로의 미래 연구의 주제이다.

《 감사의 말 》

이 장의 연구는 국립정신건강연구소(National Institutes of Mental Health, 2 R01 MH60838)의 재정적 지원을 받아 이루어졌다.

참고문헌

Adams, G. R.(1983). Social competence during adolescence : Social sensitivity, locus of control, empathy, and peer popularity. *Journal of Youth and Adolescence, 12,* 203–211.

Barnett, M. A., Howard, J. A., King, L. M., & Dino, G. A.(1980). Antecedents of empathy : Retrospective accounts of early socialization. *Personality and Social Psychology Bulletin, 6,* 361–365.

Barnett, M. A., King, L. M., Howard, J. A., & Dino, G. A.(1980). Empathy in young children : Relation to parents' empathy, affection, and emphasis on the feelings of others. *Developmental Psychology, 16,* 243–244.

Barnett, M. A., Matthews, K. A., & Howard, J. A.(1979). Relationship between competitiveness and empathy in 6– and 7–year–olds. *Developmental Psychology, 15,* 221–222.

Batson, C. D.(1991). *The altruism question : Toward a social–psychological answer.* Hillsdale, NJ : Lawrence Erlbaum Associates.

Batson, C. D.(1998). Altruism and prosocial behavior. In D. T. Gilbert, S. T. Fiske, & G. Lindzey(Eds.), *The handbook of social psychology*(Vol. 2, pp. 282–316). Boston : McGraw–Hill.

Belden, A., Kuebli, J., Pauley, D., & Kindleberger, L.(2003, April). predicting children's empathy from family talk about past good deeds. Paper presented at the biennial meeting of the Society for Research in Child Development. Tampa, FL.

Bischof–Kohler, D.(1991). The development of empathy in infants. In M. E. Lamb & H. Keller(Eds.), *Infant development : Perspectives from German–Speaking countries*(pp. 245–273). Hillsdale, NJ : Lawrence Erlbaum Associates.

Blair, R. J. R.(1999). Responsiveness to distress cues in the child with psychopathic tendencies. *Personality and Individual Differences, 27,* 135–145.

Blair, R. J. R., Jones, L., Clark, F., & Smith, M.(1997). The psychopathic individual : A lack of responsiveness to distress cues? *Psychophysiology, 34*, 192–198.

Blum, L. A.(1980). *Friendship, altruism and morality*. London : Routledge and Kegan Paul.

Braaten, E. B., & Rosen, L. A.(2000). Self–regulation of affect in attention deficit–hyperactivity disorder(ADHD) and non–ADHD boys : Differences in empathic responding. *Journal of Consulting and Clinical Psychology, 68*, 313–321.

Bryant, B. K.(1987). Mental health, temperament, family, and friends : Perspectives on children's empathy and social perspective taking. In N. Eisenberg & J. Strayer(Eds.), *Empathy and its development*(pp. 245–270). Cambridge, UK : Cambridge University Press.

Cacioppo, J. T., & Sandman, C. A.(1978). Physiological differentiation of sensory and cognitive tasks as a function of warning processing demands and reported unpleasantness. *Biological Psychology, 6*, 181–192.

Carlo, G., Hausmann, A., Christiansen, S., & Randall, B. A.(2003). Sociocognitive and behavioral correlates of a measure of prosocial tendencies for adolescents. *Journal of Early Adolescence, 23*, 107–134.

Carlo, G., Roesch, S. C., & Melby, J.(1998). The multiplicative relations of parenting and temperament to prosocial and antisocial behaviors in adolescence. *Journal of Early. Adolescence, 18*, 266–290.

Cohen, D., & Strayer, J.(1996). Empathy in conduct–disordered and comparison youth. *Developmental Psychology, 32*, 988–998.

Crockenberg, S.(1985). Toddlers' reactions to maternal anger. *Merrill–Palmer Quarterly, 31*, 361–373.

Davis, M. H., & Franzoi, S.(1991). Stability and change in adolescent self–consciousness and empathy. *Journal of Research in Personality, 25*, 70–87.

Denham, S. A., & Couchoud, E. A.(1991). Social–emotional predictors of preschoolers' responses to adult negative emotion. *Journal of Child Psychology and Psychiatry, 32*, 595–608.

Denham, S. A., & Grout, L.(1992). Mothers' emotional expressiveness and coping : Relations with preschoolers' social–emotional competence. *Genetic, Social, and General Psychology Monographs, 118*, 75–101.

Denham, S. A., & Grout, L.(1993). Socialization of emotion : Pathway to preschoolers' emotional and social competence, *Journal of Nonverbal Behavior, 17*, 205–227.

Denham, S. A., Mitchell–Copeland, J., Strandberg, K., Auerbach, S., & Blair,

K.(1997). Parental contributions to preschoolers' emotional competence : Direct and indirect effects. *Motivation and Emotion, 21*, 65–86.

Denham, S. A., Renwick–DeBardi, S., & Hewes, S,(1994). Emotional communication between mothers and preschoolers : Relations with emotional competence. *Merrill–Palmer Quarterly, 40*, 488–508.

Dondi, M., Simion, F., & Caltran, G.(1999). Can newborns discriminate between their own cry and the cry of another newborn? *Developmental Psychology, 35*, 18–426.

Donohue, K. M., Perry, K. E., & Weinstein, R. S.(2003). Teachers' classroom practices and children's rejection by their peers. *Applied Developmental Psychology, 24*, 91–118.

Dunn, J.(1988). The beginnings of social understanding. Oxford : Blackwell.

Dunn, J., & Brown, J.(1994). Affect expression in the family, children's understanding of emotions, and their interactions with others. *Merrill–Palmer Quarterly, 40*, 120–137.

Dunn, J., Brown, J., & Beardsall, L.(1991). Family talk about feeling states and children's later understanding of others' emotions. *Developmental Psychology, 27*, 448–455.

Dunn, J., & Brown, J., Slomkowski, C., Tesla, C., & Youngblade, L.(1991). Young children's understanding of other people's feelings and beliefs : Individual differences and their antecedents. *Child Development, 62*, 1352–1366.

Eisenberg, N.(1986). Altruistic emotion, cognition, and behavior. Hillsdale, NJ : Lawrence Erlbaum Associates.

Eisenberg, N., Carlo, G., Murphy, B., & Van Court, P.(1995). Prosocial development in late adolescence : A longitudinal study. *Child Development, 66*, 911–936.

Eisenberg, N., Cumberland, A. Guthrie, I. K., Murphy, B. C., & Shepard, S. A. (2003). *Age changes in prosocial responding and moral reasoning in adolescence and early adulthood*. Arizona State University. Manuscript under editorial review.

Eisenberg, N., & Fabes, R. A.(1990). Empathy : Conceptualization, assessment, and relation to prosocial behavior. *Motivation and Emotion, 14*, 131–149.

Eisenberg, N., & Fabes, R. A.(1992). Emption, regulation, and the development of social competence. In M. S. Clark(Ed.), *Review of Personality and Social Psychology, Vol : 14 : Emotion and social behavior*(pp. 119–150). Newbury Park, CA : Sage.

Eisenberg, N., & Fabes, R. A.(1995). The relation of young children's vicarious emotional responding to social competence, regulation, and emotionality. *Cognition and Emotion, 9,* 203–229.

Eisenberg, N., & Fabes, R. A.(1998). Prosocial development. In W. Damon(Series Ed.) & N. Eisenberg(Vol. Ed), *Handbook of child psychology, Vol. 3 : Social, emotional, and personality development*(5th ed., pp. 701–778). New York : Wiley.

Eisenberg, N., Fabes, R. A., Bustamante, D., Mathy, R. M., Miller, P., & Lindholm, E.(1988). Differentiation of vicariously–induced emotional reactions in children. *Developmental Psychology, 24,* 237–246.

Eisenberg, N., Fabes, R. A., Carlo, G., Speer, A. L., Switzer, G., Karbon, M., & Troyer, D.(1993). The relations of empathy–related emotions and maternal practices to children's comforting behavior. *Journal of Experimental Child Psychology, 55,* 131–150.

Eisenberg, N., Fabes, R. A., Carlo, G., Troyer, D., Speer, A. L., Karbon, M., & Switzer, G.,(1992). The relations of maternal practices and characteristics to children's vicarious emotional responsiveness. *Child Development, 63,* 583–602.

Eisenberg, N., Fabes, R. A., Karbon, M., Murphy, B. C., Carlo, G., & Wosinski, M.(1996). Relations of school children's comforting behavior to empathy–related reactions and shyness. *Social Development, 5,* 330–351.

Eisenberg, N., Fabes, R. A., Miller, P. A., Fultz, J., Mathy, R. M., Shell, R., & Reno, R. R.(1989). The relations of sympathy and personal distress to prosocial behavior : A multi–method study. *Journal of Personality and Social Psychology, 57,* 55–66.

Eisenberg, N., Fabes, R. A., Miller, P. A., Shell, C., Shea, R., & May–Plumlee, T.(1990). Preschoolers' vicarious emotional responding and their situational and dispositional prosocial behavior. *Merrill–Palmer Quarterly, 36,* 507–529.

Eisenberg, N., Fabes, R. A., Murphy, B., Karbon, M., Maszk, P., Smith, M., et al.(1994). The relations of emotionality and regulation to dispositional and situational empathy–related responding. *Journal of Personality and Social Psychology, 66,* 776–797.

Eisenberg, N., Fabes, R. A., Murphy, B., Karbon, M., Smith, M., & Maszk, P.(1996). The relations of children's dispositional empathy–related responding to their emotionality, regulation, and social functioning. *Developmental Psychology, 32,* 195–209.

Eisenberg, N., Fabes, R. A., Schaller, M., Carlo, G., & Miller, P. A.(1991). The relation of parental characteristics and practices to children's vicarious emotional responding. *Child Development, 62,* 1393–1408.

Eisenberg, N., Fabes, R. A., Schaller, M., & Miller, P. A.(1989). Sympathy and personal distress : Development, gender differences, and interrelations of indexes. *New Directions in Child Development, 44*, 107–126.

Eisenberg, N., Fabes, R. A., Schaller, M., Miller, P. A., Carlo, G., Poulin, R., et al. (1991). Personality and socialization correlates of vicarious emotional responding. *Journal of Personality and Social Psychology, 61*, 459–471.

Eisenberg, N., Fabes, R. A., Shepard, S. A., Murphy, B. C., Jones, S., & Guthrie I. K. (1998). Contemporaneous and longitudinal prediction of children's sympathy from dispositional regulation and emotionality. *Developmental Psychology, 34*, 910–924.

Eisenberg, N., Fabes, R. A., & Spinrad, T. L.(in press). Prococial development. In W. Damon & R. M. Lerner(Series Eds.) & N. Eisenberg(Vol. Ed.), *Handbook of child psychology, Vol. 3 : Social, emotional, and personality development*(6th ed.). New York : Wiley.

Eisenberg, N., Guthrie, I., Cumberland, A., Murphy, B. C., Shepard, S. A., Zhou, Q., & Carlo, G.(2002). Prosocial development in early adulthood : A longitudinal study. *Journal of Personality and Social Psychology, 82*, 993–1006.

Eisenberg, N., Guthrie, I., Murphy, B. C., Shepard, S. A., Cumberland, A., & Carlo, G.(2002). Consistency and development of prosocial dispositions : A longitudinal study. *Child Development, 70*, 1360–1372.

Eisenberg, N., & Lennon, R.(1983). Gender differences in empathy and related capacities. *Psychological Bulletin, 94*, 100–131.

Eisenberg, N., Liew, J., & Pidada, S.(2001). The relations of parental emotional expressivity with the quality of Indonesian children's social functioning. *Emotion, 1*, 107–115.

Eisenberg, N., Losoya, S., Fabes, R. A., Guthrie, I. K., Reiser, M., Murphy, B. C., et al.(2001). Parental socialization of children's dysregulated expression of emotion and externalizing problems. *Journal of Family Psychology, 15*, 183–205.

Eisenberg, N., & McNally, S.(1993). Socialization and mothers' and adolescents' empathy–related characteristics. *Journal of Research on Adolescence, 3*, 171–191.

Eisenberg, N., & Miller, P.(1987). The relation of empathy to prosocial and related behaviors. *Psychological Bulletin, 101*, 91–119.

Eisenberg, N., Miller, P., Shell, R., McNally, S., & Shea, C.(1991). Prosocial development in adolescence : A longitudinal study. *Developmental Psychology, 27*, 849–857.

Eisenberg, N., Murphy, B., & Shepard, S.(1997). The development of empathic accuracy. In W. Ickes(Eds.), *Empathic accuracy*(pp. 73–116). New York : Guilford Press.

Eisenberg, N., & Okun, M. A.(1996). The relations of dispositional regulation and emotionality to elders' empathy–related responding and affect while volunteering. *Journal of Personality, 64*, 157–183.

Eisenberg, N., Schaller, M., Fabes, R. A., Bustamante, D., Mathy, R., Shell, R., & Rhodes, K.(1988). The differentiation of personal distress and sympathy in children and adults. *Developmental Psychology, 24*, 766–775.

Eisenberg, N., Shea, C. L., Carlo, G. & Knight, G.(1991). Empathy–related responding and cognition : A "chicken and the egg" dilemma. In W. Kurtines & J. Gewirtz(Eds.), *Handbook of moral behavior and development, Vol. 2 : Research*(pp. 63–88). Hillsdale, NJ : Lawrence Erlbaum Associates.

Eisenberg, N., Wentzel, M., & Harris, J. D.(1998). The role of emotionality and regulation in empathy–related responding. *School Psychology Review, 27*, 506–521.

Eisenberg, N., Zhou, Q., & Koller, S.(2001). Brazilian adolescents' prosocial moral judgment and behavior : Relations to sympathy, perspective taking, gender–role orientation, and demographic characteristics. *Child Development, 72*, 518–534.

Eisenberg–Berg, N., & Lennon, R.(1980). Altruism and the assessment of empathy in the preschool years. *Child Development, 51*, 552–557.

Eisenberg–Berg, N., & Mussen P.(1978). Empathy and moral development in adolescence. *Developmental Psychology, 14*, 185–186.

Emde, R. N., Plomin, R., Robinson, J., Corley, R., DeFries, J., Fulker, D. W., et al.(1992). Temperament, emotion, and cognition at fourteen months : The MacArthur Longitudinal Twin Study. *Child Development, 63*, 1437–1455.

Estrada, P.(1995). Adolescents' self–reports of prosocial responses to friends and acquaintances : The role of sympathy–related cognitive, affective, and motivational processes. *Journal of Research on Adolescence, 5*, 173–200.

Fabes, R. A. & Eisenberg, N.(1996). *An examination of age and sex differences in prosocial behavior and empathy*. Unpublished data, Arizona State University.

Fabes, R. A., Eisenberg, N., & Eisenbud, L.(1993). Behavioral and physiological correlates of children's reactions to others' distress. *Developmental Psychology, 29*, 655–663.

Fabes, R. A., Eisenberg, N., Karbon, M., Bernzweig, J., Speer, A. L., & Carlo, G.(1994). Socialization of children's vicarious emotional responding and prosocial behavior : Relations with mothers' perceptions of children's emotional reactivity. *Developmental Psychology, 30*, 44–55.

Fabes, R. A., Eisenberg, N., Karbon, M., Troyer, D., & Switzer, G.(1994). The relations of children's emotion regulation to their vicarious emotional responses and comforting behavior. *Child Development, 65*, 1678–1693.

Fabes, R. A., Eisenberg, N., & Miller, P.(1990). Maternal correlates of children's vicarious emotional responsiveness. *Developmental Psychology, 26*, 639–648.

Feshbach, N. D.(1975). The relationship of child–rearing factors to children's aggression, empahty, and related positive and negative behaviors. In J. DeWit & W. W. Hartup(Eds.), *Determinants and origins of aggressive behavior*(pp. 426–436). The Hague, Netherlands : Mouton.

Feshbach, N. D., & Roe, K.(1968). Empathy in six– and seven–year–olds. *Child Development, 39*, 133–145.

Geertz, C.(1976). *The religion of Java*. Chicago : University of Chicago Press.

George, C., & Main, M.(1979). Social interactions of young abused children : Approach, avoidance, and aggression. *Child Development, 50*, 306–318.

Gill, K. L., & Calkins, S. D.(2003). Do aggressive/destructive toddlers lack concern for others? Behavioral and physiological indicators of empathic responding in 2–year–old children. *Development and Psychopathology, 15*, 85–91.

Gottman, J. M., Katz, L. F., & Hooven, C.(1997). *Meta–emotion : How families communicate emotionally*. Mahwah, NJ : Lawrence Erlbaum Associates.

Greenberg, M. T., & Kusche, C. A.(1997, April). Improving children's emotion regulation and social competence : *The effects of the PATHS curriculum*. Paper presented at the biennial meeting of the Society for Research in Child Development, Washington D.C.

Gunnar, M. R., & Stone, C.(1984). The effects of positive maternal affect on infant responses to pleasant, ambiguous, and fear–provoking toys. *Child Development, 55*, 1231–1236.

Guthrie, I. K., Eisenberg, N., Fabes, R. A., Murphy, B. C., Holmgren, R. T., & Suh, K.(1997). The relations of regulation and emotionality to children's situational empathy–related responding. *Motivation and Emotion, 21*, 87–108.

Halberstadt, A. G., Crisp, V. W., & Eaton, K. L.(1999). Family expressiveness : A retrospective and new directions for research. In P. Philippot, R. S. Feldman, & E. Coats(Eds.), *The social context of nonverbal behavior*(pp. 109–155). New York : Cambridge University Press.

Harter, S.(1998). The development of self–representations. In W. Damon(Ed.) & N. Eisenberg(Series Ed.), Handbook of child psychology. *Social, emotional and personality development*(pp. 553–617). New York : Wiley.

Hastings, P. D., Zahn–Waxler, C., Robinson, J., Usher, B., & Bridges, D.(2000). The development of concern for others in children with behavior problems.

Developmental Psychology, 36, 531–546.

Hay, D. F., Nash, A., & Pedersen, J.(1981). Responses of six–month–olds to the distress of their peers. *Child Development, 52,* 1071–1075.

Hoffman, M. L.(1981). Is altruism part of human nature? Journal of Personality and Social Psychology, 40, 121–137.

Hoffman, M. L.(1982). Development of prosocial motivation : Empathy and guilt. In N. Eisenberg(Ed.), *The development of prosocial behavior*(pp. 281–313). New York : Academic Press.

Hoffman, M. L.(1983). Affective and cognitive processes in moral internalization, In E. T. Higgins, D. N. Ruble, & W. W. Hartup(Eds.), *Social cognition and social development : A sociocultural perspective*(pp. 236–274). Cambridge, MA : Cambridge University Press.

Hoffman, M. L.(2000). *Empathy and moral development : Implications for caring and justice.* Cambridge, UK : Cambridge University Press.

Holmgrenm R. A., Eisenberg, N., & Fabes, R.(1998). The relations of children's situational empathy–related emotions to dispositional prosocial behavior. *International Journal of Behavioral Development, 22,* 169–193.

Howes, C., & Eldredge, R.(1985). Responses of abused, neglected, and non–maltreated children to the behaviors of their peers. *Journal of Applied Developmental Psyhology, 6,* 261–270.

Howes, C., & Farver, J.(1987). Toddlers' responses to the distress of their peers. *Journal of Applied Developmental Psyhology, 8,* 441–452.

Hume, D.(1748/1975). *Enquiry into the human understanding.* Ed. P. Nidditch. Oxford : Clarendon Press.

Humphries, M. L., Parker, B. L., & Jagers, R. J.(2000). Predictors of moral reasoning among African American children : A preliminaty study. *Journal of Black Psychology, 26,* 51–64.

Iannotti, R. J., Cummings, E. M., Pierrehumbert, B., Milano, M. J., & Zahn–Waxler, C.(1992). Parental influences on prosocial behavior and empathy in early childhood. In J. M. A. M. Janssens & J. R. M. Gerris(Eds.), *Child rearing : Influence on prosocial and moral development*(pp. 77–100). Amsterdam : Swets & Zeitlinger.

Janssens, J. M. A. M., & Gerris, J. R. M.(1992). Child rearing empathy and prosocial development. In J. M. A. M. Janssens & J. R. M. Gerris(Eds.), *Child rearing : Influence on prosocial and moral development*(pp. 57–75). Amsterdam : Swets & Zeitlinger.

Johnson, D. B.(1982). Altruistic behavior and the development of self in infants.

Merrill-Palmer Quarterly, 28, 379–388.

Kalliopuska, M.(1984). Relation between children's and parents' empathy. *Psychological Reports, 54*, 295–299.

Kaneko, R. & Hamazaki. T.(1987). Prosocial behavior manifestations of young children in an orphanage. *Psychologia, 30*, 235–242.

Karniol, R., Gabay, R., & Ochion, Y.(1998). Is gender or gender-role orientation a better predictor of empathy in adolescence? *Sex Roles, 3*, 45–59.

Karniol, R., Gabay, R. Ochion, Y., & Harari, Y.(1998). Is gender or gender-role orientation a better predictor of empathy in adolescence? *Sex Roles, 39*, 45–59.

Kasari, C., Freeman, S. F. N., & Bass, W.(2003). Empathy and response to distress in children with Down syndrome. *Journal of Child Psychology and Psychiatry, 44*, 424–431.

Kestenbaum, R., Farber, E. A., & Sroufe, L. A.(1989). Individual differences in empathy among preschoolers : Relation to attachment history. In N. Eisenberg (Ed.), *New directions for child development, Vol. 44 : Empathy and related emotional responses* (pp. 51–64). San Francisco : Jossey-Bass.

Kienbaum, J.(2001). The socialization of compassionate behavior by child care teachers. *Early Education & Development, 12*, 138–153.

Kienbaum, J., Volland, C., & Ulich, D.(2001). Sympathy in the context of mother-child and teacher-child relationships. *International Journal of Behavioral Development, 25*, 302–309.

Klinnert, M. D.(1984). The regulation of infant behavior by maternal facial expression. *Infant Behavior and Development, 7*, 447–465.

Knight, G. P., Johnson, L. G., Carlo, G., & Eisenberg, N.(1994). A multiplicative model of the dispositional antecedents of a prosocial behavior : Predicting more of the people more of the time. *Journal of Personality and Social Psychology, 66*, 178–183.

Kochanska, G., DeVet, K., Goldman, M., Murray, K., & Putnam, S. P.(1994). Maternal reports of conscience development and temperament of young children. *Child Development, 65*, 852–868.

Kochanska, G., Forman, D. R., & Coy, K. C.(1999). Implications of the mother-child relationship in infancy for socialization in the second year of life. *Infant Behavior and Development, 22*, 249–265.

Kohlberg, L.(1969). Stage and sequence : The cognitive-developmental approach to socialization. In D. A. Goslin (Ed.), *Handbook of socialization theory and research* (pp. 347–480). Chicago : Rand McNally.

Krevans, J., & Gibbs, J. C.(1996). Parents' use of inductive discipline : Relations to children's empathy and prosocial behavior. *Child Development, 67*, 3263–3277.

Lamb, S., & Zakhiret, B.(1997). Toddlers' attention to the distress of peers in a day-care setting. *Early Education & Development, 8*, 105–118.

Lazarus, R. S.(1974). A cognitively oriented psychologist looks at biofeedback. *American Psychologist, 30*, 553–561.

Lazarus, R. S., & Folkman, S.(1984). *Stress, appraisal, and coping*(pp. 282–325). New York : Spinger.

Lennon, R. & Eisenberg, N.(1987). Gender and age differences in empathy and sympathy. In N. Eisenberg &J. Strayer(Eds.), *Empathy and its development*(pp. 195–217). New York : Cambridge University Press.

Lennon, R., Eisenberg, N., & Carroll, J.(1983). The assessment of empathy in early childhood. *Journal of Applied Developmental Psychology, 4*, 295–302.

Levenston, G. K., Patrick, C. J., Bradley, M. M., & Lang, P. J.(2000). The psychopath as observer : Emotion and attention in picture processing. *Journal of Abnormal Psychology, 109*, 373–385.

Lewis, M.(2002). Empathy requires the development of the self. *Behavioral and Brain Sciences, 25*, 41–42.

Liew, J., Eisenberg, N., Losoya, S. H., Guthrie, I. K., & Murphy, B. C.(2003). Maternal expressivity as a moderator of the relations of children's vicarious emotional responses to their regulation, emotionality, and social functioning. *Journal of Family Psychology, 17*, 584–597.

Litvack–Miller, W., McDougall, D., & Romney, D. M.(1997). The structure of empathy during middle childhood and its relationship to prosocial behavior. *Genetic, Social & General Psychology Monographs, 123*, 303–324.

Loehlin, J. C., & Nichols, R. C.(1976). *Heredity, environment, and personality*. Austin : University Texas Press.

Main, M., & George, C.(1985). Responses of abused and disadvantaged toddlers to distress in agemates : A study in the day care setting. *Developmental Psychology, 21*, 407–412.

MacDowell, K. A., & Mandler, G. 91989). Constructions of emotion : Discrepancym arousal, and mood. *Motivation and Emotion, 13*, 105–124.

Martin, C. L.(1987). A ratio measure of sex stereotyping. *Journal of Personality and Social Psychology, 52*, 489–499.

Matthews, K. A., Batson, C. D., Horn, J., & Rosenman, R. H.(1981). principles in his nature which interest him in the fortune of others : The heritability of empathic concern for others. *Journal of Personality, 49*, 237–247.

Miller, P., & Eisenberg, N.(1988). The relation of empathy to aggression and

externalizing/antisocial behavior. *Psychological Bulletin, 103*, 324–344.
Miller, P. A., Eisenberg, N., Fabes, R. A., & Shell, R.(1996). Relations of moral reasoning and vicarious emotion to young children's prosocial behavior toward peers and adults. *Developmental Psychology, 32*, 210–219.
Miller, P. A., Eisenberg, N., Fabes, R. A., Shell, R., & Gular, S.(1989). Mothers' emotional arousal as a moderator in the socialization of children's empathy. In N. Eisenberg(Ed.), *The development of empathy and related vicarious responses. New directions in child development*(pp. 65–83). San Francisco : Jossey–Bass.
Miller, S. M.(1979). Interrelationships among dependency, empathy, and sharing. *Motivation and Emotion, 3*, 183–199.
Mulder, N.(1996). *Inside Indonesian society : Cultural change in Indonesia*. Amsterdam : The Pepin Press.
Murphy, B. C., Shepard, S. A., Eisenberg, N., Fabes, R. A., & Guthrie, I. K.(1999). Contemporaneous and longitudinal relations of dispositional sympathy to emotionality, regulation, and social functioning. *Journal of Early Adolescence, 13*, 66–97.
Mussen, P., & Eisenberg–Berg, N.(1977). *Roots of caring, sharing, and helping : The development of prosocial behavior in children*. San Francisco : Freeman.
Nigg, J. T.(2001). Is ADHD a disinhibitory disorder? *Psychological Bulletin, 127*, 571–598.
Okun, M. A., Shepard, S. A., & Eisenberg, N.(2000). The relations of emotionality and regulation to dispositional empathy–related responding among volunteers–in–training. *Personality and Individual Differences, 28*, 367–382.
Olweus, D., & Endresen, I. M.(1998). The importance of sex–of–stimulus object : Age trends and sex differences in empathic responsiveness. *Social Development, 7*, 370–388.
Pastor, D. L.(1981). The quality of mother–infant attachment and its relationship to toddlers' initial sociability with peers. *Developmental Psychology, 17*, 326–335.
Phinney, J., Feshbach, N., & Farver, J.(1986). Preschool children's responses to peer crying. *Early Childhood Research Quarterly, 1*, 207–219.
Plomin, R., Emde, R. N., Braungart, J. M., Campos, J., Corley, R., Fulkner, D. W., et al.(1993). Genetic change and continuity from fourteen to twenty months : The MacArthur Longitudinal Twin Study. *Child Development, 64*, 1354–1376.
Radke–Yarrow, M., & Zahn–Waxler, C.(1984). Roots, motives, and patterns in children's prosocial behavior. In E. Staub, D. Bar–Tal, J. Karylowski, & J. Reykowski(Eds.), *Development and maintainance of prosocial behavior : International perspectives on positive behavior*(pp. 81–99). New York : Plenum.

Radke–Yarrow, M., Zahn–Waxler, C., Richadrson, D. T., Susman, A., & Martinez, P.(1994). Caring behavior in children of clinically depressed and well mothers. *Child Development, 65*, 1405–1414.

Roberts, W., & Strayer, J.(1996). Empathy, emotional expressiveness, and prosocial behavior. *Child Development, 67*, 449–470.

Robinson, J. L., Zahn–Waxler, C., & Emde, R. N.(1994). Patterns of development in early empathic behavior : Environmental and child constitutional influences. *Social Development, 3*, 125–145.

Robinson, J. L., Zahn–Waxler, C., & Emde, R. N.(2001). Relationships context as a moderator of sources of individual differences in empathic development. In R. N. Emde & J. K. Hewitt(Eds.), *Infancy to early childhood : Genetic and environmental influences on developmental change*(pp. 257–268). Oxford : Oxford University Press.

Rothbart, M. K., Ahadi, S. A., & Hershey, K. L.(1994). Temperament and social behavior in childhood. *Merrill–Palmer Quarterly, 40*, 21–39.

Rothbart, M. K., & Bates, J. E.(1998). Temperament. In W. Damon(Series Ed.) & N. Eisenberg(Vol. Ed.), *Handbook of child psychology, Vol. 3 : Social, emotional, personality development*(pp. 105–176). New York : Wiley.

Ruble, D. N., & Martin, C. L.(1998). Gender development. In W. Damon(Ed.), *Handbook of child psychology*(pp. 933–1016). New York : Wiley.

Rushton, J. P., Fulker, D. W., Neal, M. C., Nias, D. K. B., & Eysenck, H. J.(1986). Altruism and aggression : The heritability of individual differences. *Journal of Personality and Social Psychology, 50*, 1192–1198.

Sagi, A., & Hoffman, M. L.(1976). Empathic distress in the newborn. *Developmental Psychology, 12*, 175–176.

Saklofske, D. H., & Eysenck, S. B. G.(1983). Impulsiveness and venturesomeness in Canadian children. *Psychological Reports, 52*, 147–152.

Sandler, I. Tein, J., Mehta, P. Wolchik, S., & Ayers, T.(2000). Coping efficacy and psychological problem of children of divorce. *Child Development, 71*, 1099–1118.

Sandler, I. N., Tein, J., & West, S. G.(1994). Coping, stress and the psychological symptoms of children of divorce : A cross–sectional and longitudinal study. *Child Development, 65*, 1744–1763

Selman, R. L.(1980). *The growth of interpersonal understanding : Developmental and clinical analysis*. New York : Academic Press.

Shantz, C. U.(1975). The development of social cognition. In E. M Hetherington (Ed.), *Review of child development research*(Vol. 5, pp. 257–323). Chicago :

University of Chicago Press.
Simner, M. L.(1971). Newborn's responses to the cry of another infant. *Developmental Psychology, 5*, 136–150.
Sneed, C. D.(2002). Correlates and implications for agreeableness in children. *Journal of Psychology, 136*, 59–67.
Sorce, J. F., Emde, R. N., Campos, J. J., & Klinnert, M. D.(1985). Maternal emotional signaling : Its effect on the visual cliff behavior of 1–year–olds. *Developmental Psychology, 21*, 195–200.
Spinrad, T. L.(1999, April). *Toddlers' vicarious emotional responses and prosocial behaviors : The role of infant temperament and maternal behavior*. Paper presented at the Society for Research in Child Development, Albuquerque, NM.
Spinrad, T. L., & Stifter, C. A.(2002, April). *Toddlers' vicarious emotional reponses and prosocial behaviors : Links with toddlers' compliance and noncompliance*. Poster presented at the International Conference for Infant Studies, Toronto, Canada.
Staub, E.(1979). *Positive social behavior and morality, Vol 2 : Socialization and development*. New York : Academic Press.
Staub, E.(1992). The origins of caring, helping, and nonaggression : Parental socialization, the family system, schools, land cultural influence. In P. M. Oliner, L. Baron, L. A. Blum, D. L. Krebs & M. Z. Smolenska(Eds.), *Embracing the other : Philosophical, psychological, and historical perspectives on altruism*(pp. 390–412). New York : New York University Press.
Strayer, J., & Chang, A.(1997, April). *Children's emotional and helping responses as a function of empathy and affective cues*. Paper presented that biennial meeting of the Society for Research in Child Development, Washington, D. C.
Strayer, J., & Roberts, W.(1989). Children's empathy and role taking : Child and parental factors, and relations to prosocial behavior. *Journal of Applied Developmental Psychology, 10*, 227–239.
Strayer, J., & Roberts, W.(1997). Facial and verbal measures of children's emotions and empathy. *International Journal of Behavioral Development, 20*, 627–249.
Strayer, J., & Roberts, W.(2004). Empathy and observed anger and aggression in five–year–olds. *Social Development, 13*, 1–13.
Sutton, S. K., Vitale, J. E., & Newman, J. P.(2002). Emotion among women with psychopathy during picture perception. *Journal of Abnormal Psychology, 111*, 610–619.
Thompson, R. A.(1987). Empathy and emotional understanding : The early development of empathy. In N. Eisenberg & J. Strayer(Eds.), *Empathy and its development*(pp. 119–143). New York : Cambridge University Press.

Termine, N. T,. & Izard, C. E.(1988). Infants' responses to their mothers' expressions of joy and sadness. *Developmental Psychology, 24,* 223–229.

Trommsdorff, G.(1991). Child–rearing and children's empathy. *Perceptual Motor Skills, 72,* 387–390.

Trommsdorff, G., & Friedlmeier, W.(1999). Motivational conflict and prosocial behaviour of kindergarten children. *International Journal of Behavioral Development, 23,* 413–429.

Tucker, C. J., Updegraff, K. A., McHale, S., & Crouter, A. C.(1999). Older siblings as socializers of younger siblings' empathy. *Journal of Early Adolescence, 19,* 176–198.

Underwood, B., & Moore, B.(1982). Perspective–taking and altruism. *Psychological Bulletin, 91,* 143–173.

Ungerer, J. A., Dolby, R., Waters, B., Barnett, B., Kelk, N., & Lewin, V.(1990). The early development of empathy : Self–regulation and individual differences in the first year. *Motivation and Emotion, 14,* 93–106.

Valiente, C., Eisenberg, N., Fabes, R. A., Shepard, S. A., Cumberland, A., & Losoya, S. H.(2004). Prediction of children's empathy–related responding from their effortful control and parents' expressivity. *Developmental Psychology, 40,* 911–926.

van der Mark, I. L., van Ijzerdoorn, M. H., & Bakermans–Kranenburg, M. J.(2002). Development of empathy in girls during the second year of life : Associations with parenting, attachment, and temperament. *Social Development, 11,* 451–468.

Van Tilburg, M. A. L., Unterberg, M. L., & Vingerhoets, A. J. J. M.(1992). Crying during adolescence : The role of gender, menarche, and empathy. *British Journal Developmental Psychology, 20,* 77–87.

Warden, D., & Mackinnon, S.(2003). Prosocial bullies, bullies, and victims : An investigation of their sociometric status, empathy, and social problem–solving strategies. *British Journal Developmental Psychology, 21,* 367–385.

Waters, E., Hay, D., & Richters, J.(1986). Infant–parent attachment and the origins of prosocial and antisocial behavior. In D. Olweus, J. Block, & M. Radke–Yarrow(Eds.), *Development of antisocial and prosocial behavior : Reserach, theories, and issues*(pp. 97–125). Orlando, FL : Academic Press.

Waters, E., Wippman, J., & Sroufe, L. A.(1979). Attachment, positive affect, and competence in the peer group : Two studies in construct validation. *Child Development, 50,* 821–829.

Wellencamp, J. C.(1995). Cultural similarities and differences regarding emotional disclosure : Some examples from Indonesia and the Pacific. In J. W. Pennebaker (Ed.), *Emotion disclosure, and health*(pp. 293–311). Washington, D. C. : American Psychological Association.

Winton, W. M., Putnam, L E., & Krauss, R. M.(1984). Facial and autonomic manifestations of the dimensional structure of emotion. *Journal of Experimental Social Psychology, 20*, 195–216.

Yarrow, M. R., Waxler, C. Z., Barrett, D., Darby, J., King, R., Pickett, M., & Smith, J.(1976). Dimensions and correlates of prosocial behavior in young children. *Child Development, 47*, 118–125.

Young, S. K,. Fox, N. A., & Zahn–Waxler, C.(1999). The relations between temperament and empathy in 2–year–olds. *Developmental Psychology, 35*, 1189–1197.

Zahn–Waxler, C., Cole, P. M., Welsh, J. D., & Fox, N. A.(1995). Psychophysiological correlates of empathy and prosocial behaviors in preschool with problem behaviors. *Development and Psychopathology, 7*, 27–48.

Zahn–Waxler, C., Friedman, R. J., Cole, P. M., Mizuta, I., & Hiruma, N.(1996). Japanese and United States preschool children's responses to conflict and distress. *Child Development, 67*, 2462–2477.

Zahn–Waxler, C. & Radke–Yarrow, M.(1982). The development of altruism : Alternative research strategies. In N. Eisenberg(Ed.), *The development of prosocial behavior*(pp. 109–137). New York : Academic Press.

Zahn–Waxler, C., Radke–Yarrow, M., & King, R. A.(1979). Child rearing and children's prosocial initiations toward victims of distress. *Child Development, 50*, 319–330.

Zahn–Waxler, C., Radke–Yarrow, M., Wagner, E., & Chapman, M.(1992). Development of concern for others. *Developmental Psychology, 28*, 126–136.

Zahn–Waxler, C., Robinson, J. L,. & Emde, R. N.(1992). The development of empathy in twins. *Developmental Psychology, 28*, 1038–1047.

Zahn–Waxler, C., Schiro, K., Robinson, J. L,. Emde, R. N., & Schmitz, S.(2001). Empathy and prosocial patterns in young MZ and DZ twins : Development and genetic and environmental influences. In R. N. Emde & J. K. Hewitt (Eds.), *Infancy to early childhood : Genetic and environmental influences on developmental change*(pp. 141–162). Oxford : Oxford University Press.

Zhou, Q., Eisenberg, N., Losoya, S. H,. Fabes, R. A., Reiser, M., Guthrie, I. K., et al. (2002). The relations of parental warmth and positive expressiveness to children's empathy–related responding and social functioning : A longitudinal study. *Child Development, 73*, 893–915.

제20장

배려와 이타성에 토대를 둔 도덕성

카를로_Gustavo Carlo
(네브래스카 대학교 링컨 캠퍼스_University of Nebraska-Lincoln)

> 아동들은 완전히 이기적이다. 그들은 욕구를 강렬하게 느끼며, 그 욕구를 충족시키고자 무던히도 애를 쓴다. … 우리는 그런 이유로 아동을 "못된 애" 라고 부르지 않는다. 우리는 그를 "개구쟁이 녀석" 이라 부른다. 그의 나쁜 행위에 대해 법의 시각에서도 또한 우리의 판단에서 볼 때도 책임이 없다. 그리고 이는 그러해야만 옳다. 왜냐하면 우리가 아동기로 간주하는 기간이 끝나기 이전에 이타적 충동과 도덕성이 그 작은 이기주의자를 일깨울 것으로 기대하기 때문이다 … (Freud, 1900/1965, p. 284).

아동들이 본래 자기본위적이며 이기적이라는 것은 많은 부모나 교육자, 그리고 전문가들에 의해 유지되어 온 오랜 신념이다. 몇몇 학자에 따르면 아동들은 필연적으로 그들 자신의 욕구를 충족시키는 일에 초점을 맞추도록 동기화되며, 이들 욕망은 흔히 이기적 행동을 유도한다. 비록 아동들의 이기적 경향성에 관한 풍부한 증거가 존재하지만 또 다른 학자들은 아동들이 흔히 배려에 토대를 둔 친사회적 행동(다른 사람들에게 이득을 주고자 의도된 행위 ; Eisenberg & Fabes, 1998)을 표현한다는 실재적인 증거를 제시한다. 배려에 토대를 둔 친사회적 행동의 존재에 대한 증거는 아동들에게 어느 정도 실재하는가? 그런 행동은 어떻게 등장하며 시간이 지나면서 변화하는가?

친사회적 행동에 관한 연구는 도덕발달과 관련되며, 이를 이해하는 데 중요하다. 전통적으로 발달심리학자들은 자비 중심적인 도덕성 이론과 정의 중심적인 도덕성 이론을 상대적으로 분리된 도덕성의 측면으로, 혹은 이들 측면이 서로 경쟁되는 것으로 간주했다(Gibbs & Schnell, 1985 참조). 그러나 비록 형식적인 사회적 법이나 규칙이 보통 친사회적 행동의 실천을 규제하지는 않지만, 친사회적 행동은 흔히 우리 사회의 구성원들에 의해 도덕적으로 옳거나 그른 것으로 판단될 수 있는 의무나 책무를 낳는다는 인식이 점차 증가하고 있다. 예를 들면 집이 없는 가족들을 돕는 공동체 지도자는 매우 도덕적인 사람으로 간주될 것이다. 역으로 자신의 아픈 아내를 돕지 않는 남편은 비도덕적인 사람으로 간주될 것이다. 오늘날 학자들은 보다 생태적으로 타당한, 포괄적인 도덕발달 모델을 발달시키기 위해 자비 중심 접근과 정의 중심 접근의 통합 중요성을 인정하고 있다(Gibbs & Schnell, 1985 ; Hoffman, 2000 ; Lapsley, 1996). 이 장은 이타주의를 포함하여 친사회적 행동의 발달 및 상관관계와 관련하여 알려진 바를 요약한다. 그런 과정에서 우리는 보다 넓은 도덕성의 맥락에서 친사회적 행동의 역할에 관한 학문적 관점을 제시한다.

사회에 이득을 주는 행동들의 발달과 그들의 상관관계를 이해하는 것은 모든 사람의 관심임이 분명하다. 친사회적 행동에 관한 연구는 도덕성, 공격성, 대인관계, 정신건강 및 안녕, 그리고 정신병리학과 관련된 집단 및 개인적 수준의 과정을 이해하는 데 중요한 함축을 지니고 있다(Carlo & Randall, 2001 ; Eisenberg & Fabes, 1998 ; Staub, 1978). 또한 친사회적 행동에 관한 연구는 긍정적 구조로부터 심리적·사회심리적 과정을 검증하는 기회를 제공하며, 그것은 인간 행동에 관한 보다 균형적인 이해를 제공하는 데 도움을 준다(Seligman & Csikszentmihalyi, 2000 참조). 더욱이 친사회적 행동의 다층식 복잡성은 사회과학자들과 행동과학자들로 하여금 이들 행동과 관련된 개인적인(생물학적인 것을 포함한), 대인 간의, 그리고 보다 넓은 사회적인 맥락적 메커니즘 간의 상호작용을 이해하도록 유도하게 한다. 따라서 친사회적 행동에 관한 연구는 사회를 증진하고 인간 행동에 관한 우리의 이해를 넓히는 데 많은 잠재적인 이점을 제공한다.

첫 번째 절에서 우리는 친사회적 행동에 관한 연구를 그의 역사적 맥락 속에 위치시키고자 자비 개념의 근거에 관해 짧게 논의한다. 두 번째 절은 이 연구영역에서 논쟁의 핵심 주제—즉 친사회적 행동의 정의—를 논의한다. 우리는 또한 이타주의에 의해 동기화된 친사회적 행동을 포함한 친사회적 행동의 다양한 유형을 논의한다. 세 번째 절은 발달적 차이 및 성 차이에 관하여, 그리고 친사회적 행동들의 상관관계에 관하여 초점을 맞춘다. 여기에는 그러한 행동들의 생물학적, 연령, 성, 사회인지적, 그리고 사회화 상관관계에 관한 논의가 포함된다. 네 번째 절은 강조점을 보다 넓은 사회적 맥락으로 옮기고 친사회적 행동에 관한 범문화적·범인종적 연구를 논의한다. 마지막으로 이론과 연구에 대한 미래

방향에 대해 제안한다. 비록 정해진 분량의 한계와 이 영역에서의 지식의 폭이 현존하는 연구보고에 관한 포괄적인 검토를 어렵게 하지만 연구보고에 관한 다른 최근의 비평들은 유용하다(Batson, 1998 ; Bierhoff, 2002 ; Carlo, Fabes, Laible & Kupanoff, 1999 ; Carlo & Randall, 2001 ; Eisenberg & Fabes, 1998 ; Fabes, Carlo, Kupanoff & Laible, 1999 ; Hoffman, 2000). 우리는 친사회적 행동의 철학적 근거에 관한 짧은 논의부터 검토를 시작한다.

철학적 · 신학적 근거

배려와 자비에 기초한 행동의 철학적 근거는 서구와 동구 철학자들과 종교학자들의 저작들에 뚜렷하다. 기독교, 유대교, 그리고 이슬람교에서 하나님(God)과 알라(Allah)는 용서와 관용의 특성을 지니고 있다. 이와 비슷하게 불교와 힌두교는 존중, 타인들에 대한 고려, 그리고 이타주의와 관련한 강력한 신념을 신봉한다. 선한 사마리아인(Good Samaritan)의 기독교 우화는 타인들의 이득을 위해 이기심 없이 동기화된 행동의 강력한 보증을 반영한다. 이에 덧붙여 종교적인, 그리고 초기의 철학적 저작들의 많은 주요 인물들(예컨대 예수, 공자, 마호메트)은 관용, 도움, 용서, 그리고 이타주의의 덕을 강력하게 반영한 특성과 행동으로 인격화되었다.

초기 그리스 철학자들(예컨대 아리스토텔레스, 플라톤) 사이에서는 강력한 도덕적 인격을 몸에 지니게 하는 덕들이 합리성과 실천을 통해 강조되었다. 데카르트(1622/1972)는 정서와 친사회적 경향성이 "뇌의 작은 구멍"(pores of the brain)을 통해 흐르는 생리적 과정(정신)으로부터 발산한다고 언급했다. 그가 기록한 바와 같이 "… 너그러움, 관대, 그리고 사랑은 정신의 풍부함에 달려 있으며, 우리들을 모든 사람에게 공손하고 자비롭게 하는 그 기질을 우리 안에 형성한다"(p. 73). 홉스(1651/1962), 흄(1751/1957), 칸트(1785/1993), 그리고 루소(1773/1962)와 같은 그 밖의 다른 철학자들은 인간의 도덕적 본성을 정교화했다. 예를 들면 흄(1751/1957)은 인간이 곤경에 처했을 때 행동을 동기화하는 동정과 같은 덕스러운 경향성을 타고났다고 언급했다. 비록 동정과 연민이 도덕적 행위의 유일한 자원이 되는 것으로 여기지는 않았지만 흄은 그러한 정서적 과정을 도덕적 행위에 대해 의미를 제공하는 것으로 장려했다. 흄과 대조적으로 칸트(1985/1993)는 이성과 합리성의 탁월함을 장려했다. 그는 "모든 도덕적 개념들은 완전히 이성에 앞서, 그리고 실제로 가장 고도로 사색적인 것과 거의 같은 가장 정상적인 인간 이성에 앞서 그들의 자리와 기원을 지니고 있다는 것 … 은 확실하다"(pp. 22–23)고 언명하고 있다.

블럼(Blum, 1980)은 흄의 도덕성에 관한 저작에 의해 영향을 받은 철학자로서 칸트와 그 밖의 다른 도덕철학자들에 의해 도덕성의 일차적인 결정요소로 제안된 합리성과 인지에 관한 강조를 비판했다. 블럼(1980)은 도덕적 행동에서 도덕원리보다는 오히려 연민과 동정의 중심적 역할을 옹호했다. 블럼은 이를 다음과 같이 요약했다 : "… 나는 이타적 정서에 의해 동기화된 행동은 '직접적 이타주의' —다른 사람들의 화복에 대한 직접적 관심과 반응성—와 관련되기 때문에 도덕적으로 선하다고 주장한다. 이러한 관점은 칸트의 관점과 대조적인데, 그에 따르면 도덕적 행동은 도덕적으로 그 행위자를 구속하는 보편적인 도덕원리에 근거해야만 한다. 나는 이 후자의 관점은 도덕적으로 선한 자비로운 행위의 매우 작은 범위만을 포함할 수 있다고 주장한다”(p. 5).

요약하면, 종교학자들과 철학자들은 인간의 도덕적 본성과 행동의 밑바탕을 이루는 인지적 · 정의적 동기를 오랫동안 논의해 왔으며, 심리학 연구자들과 학자들은 최근에 이 의문에 더하여 그들의 과학적 방법들과 분석적 관점들을 추가해 왔다. 비록 우리의 친사회적 · 도덕적 발달에 관한 이해를 넓히는 데 있어서 많은 성취가 이루어졌지만 아직 우리의 이해에는 많은 간극이 존재한다. 우리는 이제 친사회적 행동의 연구에 관한 가장 논쟁적이고 쟁점이 되는 측면 중의 하나, 곧 친사회적 행동과 이타주의의 정의로 향한다.

개념 정의에 관한 이슈들

친사회적 행동 연구에서의 논의와 논쟁 요점에는 정의 이슈(definitional issues)가 있다. 친사회적 행동에 관한 그의 종합적인 저서에서 스타우브(Staub, 1978, 1979)는 **친사회적 행동**(prosocial behaviors)을 다른 사람들에게 이득이 되도록 의도된 행동으로 정의했다(Carlo & Randall, 2001도 볼 것 ; Eisenberg & Fabes, 1998). 그러한 행동은 흔히 공유하기, 타인들 위로하기, 간접적 돕기, 돈이나 상품 기부, 자원봉사, 협력적 행동을 포함한다. 친사회적 행동을 그 밖의 다른 긍정적인 사회적 기능 혹은 특징과 구분하는 것은 중요하다. 그것들은 아마도 관련이 되겠지만 서로 다를 것이다. 예를 들면 주로 지지적인 관계의 그물망을 개발하거나 혹은 온정, 칭찬, 존중의 지각을 개발하는 지지 혹은 애착(예컨대 사회적, 동료의, 자녀 양육의)의 각기 다른 원천에 관한 많은 연구가 있다. 그 밖의 다른 연구자들은 사회적 능력을 검증하는데, 그것은 넓은 개념이며 흔히 사회적 상호작용과 의사소통 기능과 관련한다. 요컨대 각기 다른, 그러나 현재 설명하고 있는 사회적 행동과 이론적으로 관련된 그 밖의 다른 개념(예컨대 도덕적 추론, 관점 채택, 사회적 책임성)에 관한 연구들이 있다.

일단 친사회적 행동에 관한 정의를 깊이 생각하게 되면 우리는 친사회적 행동의 다양성과 이들 현상을 연구하는 것의 과제와 복잡성을 통찰하게 된다. 예를 들면 친사회적 행동의 각기 다른 유형 간에는 질적인 차이가 존재하는가? 우리는 그러한 행동의 밑에 깔려 있는 의도를 강조해야 하는가 아니면 그 결과를 강조해야 하는가? 우리는 그러한 행동에 대한 저변의 동기를 정확하게 평가할 수 있는가? 어떤 행동이 돕는 자와 도움의 수혜자 모두에게 이득을 초래하는가? 그리고 그러한 행동의 단기적 · 장기적 결과는 고려되어야 하는가?

그러한 질문에 대한 대답의 어려움은 아마도 친사회적 행동의 부분집합인 이타주의의 개념을 둘러싸고 벌어지고 있는 논쟁에 의해 가장 잘 예증될 것이다. 이타주의에 관하여 몇 가지 정의가 제안되어 왔으나 이 장의 목적상 **이타주의**(altruism)는 다른 사람들에게 이득을 주고자 하는 일차적 욕망에 의해 본질적으로 동기화된 행동으로 정의된다(Carlo & Randall, 2001 ; Eisenberg & Fabes, 1998). 이타주의는 흔히 명백한 외적 보상의 부재와 관계되며, 그것은 보통 자기에 대해 희생을 초래한다. 이러한 정의는 그 행동 뒤에 있는 의도나 동기의 사정, 즉 그 행동이 일차적으로 다른 사람들에게 이득을 주고자 의도된 것인지 아닌지를 분별할 것을 요구하므로 다분히 매력적이다. 따라서 그 결과가(자기나 혹은 다른 사람들에게) 무엇이든 상관없이 하나의 핵심은 일차적 의도가 다른 사람들을 돕는 것이었느냐 아니었느냐를 결정하는 것이다. 부가적인 중요한 고려사항은 이타주의란 부분적으로 다른 사람들에 대한 연민, 내면화된 가치 혹은 원리, 강력한 친사회적 자기 정체성과 같은 그러한 내적 과정에 의해 정의된다는 것이다(Staub, 인쇄 중 참조). 이는 외적 과정 혹은 관심(예컨대 사회적 승인, 돈, 사회적 힘)에 의해 동기화되었을 수 있는 친사회적 행동의 그 밖의 다른 유형과 대조된다. 이러한 정의가 지닌 강점 가운데 두 가지는 친사회적 행동의 장기 결과와 단기 결과를 구분하는 단점을 회피하는 능력, 그리고 돕는 자와 수혜자 모두에게 이득을 줄 수 있는 행위가 배제되지 않는다는 것에 있다. 이와 함께 그 정의는 물질적(예컨대 상품, 자원) 이득과 비물질적(예컨대 승인, 자긍심 고양) 이득 간에 질적인 차이가 존재하느냐 어떠냐에 관하여 흔히 질문을 받았던 의문을 회피한다. 정의상 다른 사람들에 대한 그러한 행위의 모든 이득은 상대적으로 공평한 것으로 간주된다.

이타주의에 관해 연구자들은 흔히 이들 행동에 대한 저변의 동기를 검증하는 것에 초점을 맞추어 왔으며, 이런 연구의 상당수는 대학생들(Batson, 1998 참조, Latané & Darley, 1970) 혹은 진상조사서(예컨대 대학살 기간 동안 유대인들의 구조대원들 ; Oliner & Oliner, 1988)를 대상으로 사회심리학자들에 의해 수행되어 왔다. 그 연구의 대부분에서 이타주의는 진정으로 사심 없이 동기화되는지 아니면 이기적으로 동기화되는지에 관하여 심각한 의문이 제기되어 왔다. 뱃슨(Batson, 1998)은 그의 연구에서 공감은 이타주의의 근본적인 동기원이라고 지적했으며, 이러한 가설을 지지하는 체계적인 연구를 제시해 왔다. 이와는 대조적으로 치알디니(Cialdini)와 그의 동료들은 명백한 이타주의적 행동은 이기적으로(자기본위로) 동기화된 행동이라고 주장한다(Cialdini, Brown, Lewis, Luce & Neuberg, 1997). 인생 초기에 이타적 경향성을 보이는 개인들이 존재하며, 그의 행동은 시간이 지나거나 상황이 바뀌어도 비교적 안정적으로 남아 있다는 입장을 표명하는 여러 학자들이 아직도 존재한다(Carlo & Randall, 2001 ; Eisenberg & Fabes, 1998 ; Staub, 1978). 또한 이기적 동기와 비이기적 동기 간에 갈등이 존재하는 친사회적인 행동상황들이 있는 것 같기도 하다(Batson, 1998 ; Carlo, Allen & Buhman, 1999). 비록 그 논쟁이 이타주의의 존재에 관하여 계속되고 있다 하더라도 친사회적 행동의 저변 동기를 구분하는 것이 중요하다는 것에 대해서는 일치한다.

언급한 바와 같이 이타주의 연구에 대한 과제 가운데 하나는 그의 저변에 깔려 있는 동기를 사정하는 것이 어렵다는 것이며, 이것은 특히 아동들을 대상으로 한 연구에서 더욱 그렇다. 이러한 어려움 때문에 아동들의 친사회적 행동을 연구하는 대부분의 연구자들은 이타주의를 다른 친사회적 행동의 형식과 구분하지 않고 있다. 이와 더불어 비록 학자들이 공감(그리고 동정)과 내면화된 규범, 가치, 그리고 원리를 이타적 행동에 대한 동기로 인정하고 있지만 이타주의와 내면화된 규범, 가치, 그리고 원리 간의 관계는 이타주의와 공감 간의 관계(공감-이타주의 관계에 관한 비평에 대해서는 Eisenberg, 이 책 제19장 참조)보다 아동들에게서 덜 연구되고 있다. 따라서 우리는 필요할 때마다 아동들의 이타주의에 관한 제한된 연구를 성인들을 대상으로 수행되었던 이전의 이론과 연구로 확대한다.

친사회적 행동의 분류

친사회적 행동 연구에서 정의 이슈에 관한 논의는 친사회적 행동의 다양한 유형 간에 조심스러운 구분을 해야 할 필요가 있다는 것을 함축하고 있다. 아동들의 도덕적 덕성에 관한 최초의 거대하면서도 체계적인 연구 가운데 하나는 1920년대 말에 하트숀(Hartshorne)과 그의 동료들에 의해 수행되었다. 그들 연구의 핵심적인 목적 가운데 하나는 도덕적 행위의 서로 다른 지표 간의 상관관계를 검증하는 것이었다. 연구자들은 많은 서로 다른 도덕적 행동의 지표를 포함했다. 여기에는 약자의 위치에 있는 사람들과 자원 공유하기, 협동, 정직, 훌륭한 시민성과 같은 친사회적 행동의 지표가 포함되었다. 하트숀(Hartshorne), 메이(May), 그리고 셔틀스워스(Shuttlesworth, 1930)는 도덕적 행동의 서로 다른 지표 간의 상관관계가 약하거나 혹은 도덕적 덕성의 독특한 차원이 존재한다는 것을 어느 정도 시사하고 있다는 것을 발견했다. 자신들의 연구결과를 토대로 이 연구자들은 도덕성 연구는 특정한 행동이 되어야 할 필요가 있다는 것을 함축한 이론을 가정했다.

흥미롭게도 하트숀과 동료들(1930)이 했던 관찰은 대부분의 친사회적 행동 연구자들로부터 다소 무시되었거나 혹은 간과되었다. 몇몇 주목할 만한 예외가 있지만 대부분의 연구자들은 모든 친사회적 행동을 동등한 것으로 취급했다. 그러나 친사회적 행동의 각기 다른 유형을 검토해야만 하는 몇 가지 이유가 있다. 첫째, 이전의 연구자들은 이기적으로 동기화된 친사회적 행동과 비이기적으로 동기화된 친사회적 행동을 서로 구분하는 것이 중요하다는 점을 지적해 왔다. 둘째, 몇몇 친사회적 행동은 아동기 초기에 명백하게 나타나는데, 그 밖의 다른 것들은 후기 아동기 혹은 청소년기에까지 자주 관찰되지 않는다(Eisenberg & Fabes, 1998 참조). 이것은 그런 행동들의 서로 다른 발달궤도와 상관관계가 있다는 것을 시사한다. 그리고 셋째, 특정한 친사회적 행동형식들의 과제 중심적인 인지적·정의적 상호 관련에 관한 경험적 증거가 점차 늘어나고 있다(예컨대 Carlo, Kinght, Eisenberg & Rotenberg, 1991). 친사회적 행동의 구별화는 그러한 연구결과들을 보다 더 잘 설명하고 친사회적 행동과 이론적으로 관련된 상호관계 간의 이전의 불일치한 경험적 관련을 보다 더 잘 설명하는 데 필요하다.

비록 친사회적 행동을 분류하는 여러 가지 가능한 방식이 존재하지만 카를로(Carlo)와 랜달(Randall, 2001)은 친사회적 경향성에 관한 6가지 공통 범주—이타주의, 긴박, 정서, 공공, 익명, 그리고 순종(Carlo, Hausmann, Christiansen & Randall, 2003 참조 ; Carlo & Randall, 2001, 2002)—를 확인하는 이전의 이론과 연구에 의존했다(Batson, 1998 ; Eisenberg & Fabes, 1998 ; Latané & Darley, 1970 ; Staub, 1978). 친사회적 경향성 범주는 각 범주 내에 친사회적 행동의 몇 가지 특정한 형식을 포함하고 연구자들로 하여금 상대적으로 특수한 예언을 발달시키는 것을 허용하기에 충분할 정도로 폭넓게 선택되었다. **이타주의**(altruism)는 일차적으로 다른 사람들에게 이득을 주고자 의도된 행위로서 조작적으로 정의되었다. **긴박**(dire) 경향성은 긴급상황 동안 다른 사람들에게 이득이 되는 행동을 언급한다. **정서**(emotional) 경향성은 감정적으로 가득 찬 상황에 대한 반응으로부터 결과하는 친사회적 행동이다. **공공**(public) 경향성은 다른 사람들 앞에서 수행된 이득이 되는 행위로서 정의된다. 다른 사람들이 인지하지 못한 상황에서 수행된 행위는 **익명**(anonymous) 경향성으로서 언급된다. **순종**

(compliant) 경향성은 요구된 혹은 부탁된 친사회적 행동을 언급한다. 친사회적 경향성 척도(PTM)는 이러한 분류구조를 활용함으로써 청소년들을 대상으로 사용될 수 있도록 개발되었다(Carlo 외, 2003 ; Carlo & Randall, 2002).

PTM을 활용하는 연구는 아직도 초기 단계에 머물러 있지만 지금까지 그 증거는 어느 정도 흥미로운 연구결과들을 산출했다. 예를 들면 한 연구에서(Carlo 외, 2003) 중기 청소년들은 초기 청소년들보다 더 익명성의, 그리고 이타적인 도움을 주는 것으로 보고되었다. 이 연구결과는 익명의, 그리고 이타적 도움이 그 밖의 다른 도움의 유형들보다 상대적으로 더 복잡한 관점 채택(예컨대 추상, 깊은 생각, 그리고 가설적인 연역적 추론을 요구하는 관점 채택)을 요구할지 모른다는 관념과 일치했다. 요컨대 후기 청소년들을 대상으로 한 또 다른 연구에서 이타적인 경향이 있는 청소년들은 보다 높은 수준의 내면화된, 원리화된 친사회적 도덕추론, 관점 채택, 동정, 책임의 귀인, 그리고 더 낮은 수준의 쾌락적 · 인정정향적 · 친사회적 도덕추론을 하는 것으로 보고되었다(Carlo & Randall, 2002). 이와는 대조적으로 공공 정황에서 더 돕는 것으로 보고되었던 후기 청소년들은 더 쉽게 그들 자신의 곤경에 대해 다른 사람들의 인정을 얻는 데 관심을 갖는 경향이 있었고, 다른 사람들의 곤경에 대해 덜 민감하고 덜 복잡한 형식의 추론과 관점 채택을 지녔으며, 또한 다른 사람들에게 책임을 떠넘기는 경향이 있었다. 따라서 지금까지 PTM을 사용한 연구결과들은 각기 다른 친사회적 행동형식들이 각기 다른 이론적으로 상응된 상호관계와 명백하게 관련된다는 것을 시사한다.

PTM은 존재하는 친사회적 행동의 넓은 범위를 섭렵하지는 못할 것이다. 실제적으로 친사회적 행동에 관한 그 밖의 다른 유형들에 관한 연구가 존재한다. 예를 들면 에벌리(Eberly)는 가족환경에서 친사회적 행동의 두 가지 차원, 곧 정서적·지지적(애정을 갖고 양육하는 그리고 배려하는) 차원과 도움(가사의 허드렛일을 돕는; Eberley & Motemayor, 1998, 1999) 차원을 확인했다. 더 나아가 특히 청소년들을 대상으로 한 자원봉사와 봉사학습에 관한 많은 연구가 있으며(Stukas & Dunlap, 2002 그리고 Yates & Youniss, 1999 참조), 아동들을 대상으로 한 협동행동에 관한 여러 연구가 있다(예컨대 Knight & Chao, 1991). 앞으로의 연구는 친사회적 행동의 각기 다른 유형 간의 관계를 검증할 필요가 있다. 그럼에도 불구하고 친사회적 행동을 특정한 유형들로 분류하고자 하는 생각은 친사회적 발달을 이해하는 새로운 전도유망한 방식으로 이끌 수 있었다. 공격성을 연구하는 학자들은 공격적 행동의 각기 다른 유형 간을 구별화하는 경우에 생기는 많은 장점을 보여주었다. 친사회적 행동의 각기 다른 유형에 관한 보다 훌륭한 결실 있는 분석은 이전의 경험적 연구들에서 나타난 여러 가지 불일치를 조정하는 데 도움을 줄 수 있을 것이다. 더 나아가 친사회적 행동의 각기 다른 유형 간을 구분할 필요는 보다 새로운 개념적 모델과 새로운 방법론적 접근(예컨대 새로운 측정, 다양한 방법의 사용)에 대한 추진력을 제공할지도 모른다. 아마도 더 중요한 것으로 친사회적 행동의 특정한 유형을 촉진하고자 설계된 보다 효율적인 예방 및 중재 프로그램이 실행될 수도 있을 것이다.

생물학적·진화론적 메커니즘

동물 연구. 동물행동학자들은 이미 오래 전에 이타주의에 대한 진화론적 토대에 주목해 왔다(Sober & Wilson, 1998 ; Wilson, 1978). 이타주의에 관해 제안된 역설들 가운데 하나는 이타주의가 자기 자신에 대한 위험을 수반한다는 점에서 이러한 행동의 진화론적 적응기능을 이해하기가 어렵다는 것이다. 그러나 이타주의의 진화론적 적응기능을 둘러싼 몇 가지 생태학적 이론이 존재한다. 유전적 동일성과 친족 선택 가설은 모두 아동들이 재생산적인 성공과 적합성을 증대시키기 위해 친사회적 행동을 실행한다고 제안한다. **상호 이타주의 가설**(reciprocal altruism hypothesis)은 형제자매 그리고 친구와의 예상된 잦은 상호작용과 지속된 관계가 아동들 간에 각자 서로에게 이득이 되는 행동을 낳을 것이라는 신념을 언급한다(Sober & Wilson, 1998). 그러한 가설은 친사회적 행동과 이타주의는 낯선 자들과 아는 사람들보다는 친척들과 공통적인 일신상의 특징을 가진 개인들(예컨대 긴밀한 친구)에게 더 자주 향해야 된다는 것을 암시한다. 따라서 유전자 풀(gene pool)의 재생산을 위한 이타주의의 적응기능(adaptive function)은 반드시 개인의 생존에 필요한 것은 아니지만 핵심인 것으로 보인다(de Waal, 1996).

동물들 간의 사회적 상호작용에 관한 주의 깊은 관찰은 학자들로 하여금 이타주의와 친사회적 행동(예컨대 협동)에 대한 진화론적 토대를 밝히는 데 도움을 주어왔다. 아마도 더 중요한 것으로 비교심리학은 이타주의 및 관련된 친사회적 행동반응에서 종들 간의 유사성을 확인하는 데 도움을 준다는 것이다. 비록 이타적 행동이 많은 동물 종에서 입증되었지만 그 초점의 대부분은 유인원 및 침팬지와 같은 고등 종의 이타주의에 맞추어 왔다(훌륭한 예로는 de Waal, 1996 참조). 동물 연구자들은 유인원과 침팬지가 협동, 애정어린 양육, 그리고 이타적이면서도 이와 유사한 행동을 포함한 다양한 친사회적 행동을 나타내 보인다는 것을 입증했다(de Waal, 1996).

학자들에게 친사회적 발달에 관한 정보를 알려줄 수 있는 동물 연구의 또 다른 길은 신경생리학의 연구이다. 동물들의 신경생리적 기능을 연구하는 학자들은 애정어린 양육, 협동, 그리고 사회성과 같은 친사회적 반응을 촉진하는 신경적·생리적 메커니즘을 확인하는 데 도움을 줄 수 있다. 예를 들면 학자들은 생리적 반응성(예컨대 각성)과 자기 조절이 친사회적 반응과 관련된다고 제안했다(Eisenberg & Fabes, 1998 참조 ; Rothbart, Ahadi & Hershey, 1994). 각성능력 및 자기 조절과 연관되는 시상하부 뇌하수체 부신피질 축(hypothalamic-pituitary-adrenal axis) 및 전두부 뇌피질 기능(frontal cortical functioning)과 같은 신경생리 과정에 관한 연구는 친사회적 반응과 연관된 내적 메커니즘에 대한 통찰을 제공할 수 있었다. 실제적으로 설치류에 대한 연구는 초기에 경험하는 모성의 배려가 고통에 대한 나중의 민감성에 영향을 미친다고 제안하고 있다(예컨대 Liu 외, 1997). 더 나아가 연구자들은 어머니-영아 유대관계와 그 밖의 다른 긍정적인 사회적 행동 동안의 친화적 행동에서 옥시토신(oxytocin, 역자 주 : 뇌하수체 후엽 호르몬의 일종으로 진통, 모유 분비 촉진제)과 바소프레신(vasopressin, 역자 주 : 신경성 뇌하수체 호르몬의 일종으로 혈압 상승, 항이뇨제)과 같은 중추신경 펩티드의 중요성을 지적했다(Carter, 1998 ; Gimpl & Fahrenholz, 2001). 친사회적 반응의 동물 연구에 대한 그 밖의 다른 잠재적인 유익한 길은 자기 통제에 관한 초기 어머니의 배려 경험에 관한 검증을 포함한다(예컨대 충동성, Carlo & Bevins, 2002 참조).

친사회적 행동의 정보를 학자들에게 제공하는 비교심리학 연구의 잠재력이 아직 충분히 발휘되지 않고 있다. 종들 간의 유사성(혹은 차이)에 대한 증거는 친사회적 행동의 진화론적 중요성을 확대하는 데 공헌한다. 요컨대 다른 동물 종(유인원과 침팬지와 같은)의 친사회적 행동발달에 관한 연구는 이들 행동의 내력(antecedents)를 밝히는 데 도움을 줄 수 있다. 이와 함께 신경생리적 연구는 친사회적 반응과 연관된 특수한 미시 수준의, 신경의, 그리고 생리적 메커니즘을 각기 분리할 수 있다. 인간에 관한 연구결과들과 통합됨으로써 그러한 연구영역은 친사회적 발달을 이해하는 강력한 접근을 제공할 수 있다.

인간 연구. 인간에 관한 연구는 어떤가? 인간에 대한 몇몇 연구는 이타주의와 친사회적 행동에 대한 유전적 · 생물학적 토대를 제시한다. 첫째, 쌍둥이에 관한 연구는 공감이 강력한 유전적 구성요소를 갖는다는 증거를 도출한다(Emde 외, 1992 ; Matthews, Batson, Horn & Rosenman, 1981 ; Zahn-Waxler, Robinson & Emde, 1992). 둘째, 공감과 친사회적 행동은 이론적 · 경험적으로 기질과 같은 생물학적 메커니즘과 연결되어 있다(Kagan, 인쇄 중 ; Rothbart 외, 1994). 셋째, 공감과 같은 반응은 많은 동물 종에서 이른 시기에 나타난다(Carlo & Randall, 2001 ; Hoffman, 2000). 넷째, 전 생애를 통해 친사회적 행동의 시간적 안정성에 관한 증거가 점차 늘어나고 있다(Eisenberg 외, 1999). 비록 친사회적 행동에 대한 생물학적 토대를 직접적으로 검증하기 위해서는 많은 연구가 더 필요하지만 전체적인 증거와 현재 존재하는 이론은 이들 행동에 대한 생물학적 토대가 존재한다는 점을 강력하게 제안한다.

최근 몇 년 동안에 기질과 친사회적 행동 간의 관계에 대한 관심이 증가했다. 예를 들면 카간(kagan, 인쇄 중)은 행동 억제에서의 개인적 차이가 초기 양심발달의 개인적 차이와 부분적으로 관련이 있다고 지적한다. 이와 비슷하게 아이젠버그(Eisenberg)와 페이브스(Fabes, 1992)는 높은 수준의 친사회적 행동을 보이는 아동들은 정서 조절과 정서적 반응성 성향의 조합을 통해 최적 수준의 정서성을 나타내는 경향이 있다고 제안한다. 로스바트(Rothbart)와 동료들(1994)은 영아기에 부정적 정서성(슬픔과 두려움)의 개인적 차이가 초기 아동기에서의 친사회적 특성을 예견한다는 것을 발견했다. 일련의 연구에서 아이젠버그와 그녀의 동료들은 사회적으로 유능하고 친사회적인 아동들은 훌륭한 정서 조절기능의 조합을 지니고 있으면서 적절한 수준의 정서성을 표현하는 경향이 있다는 것을 입증했다(Eisenberg, 인쇄 중 참조 ; Eisenberg & Fabes, 1998).

요약하면, 인간의 친사회적 행동의 생물학적 토대에 관한 연구는 이제 막 시작되고 있다. 그러나 그 전망이 매우 밝다. 이는 특히 초기 도덕발달에서의 개인적 차이에 대한 설명의 경우에 더욱 그렇다. 더 나아가 친사회적 행동의 연구에 대한 기질과 그 밖의 다른 생물학적 접근(예컨대 인지신경과학)은 이들 행동의 생물학적 토대를 이해하는 데 대한 혁신적인 방법론적 접근을 제공한다. 진화론적 이론은 이타주의의 적응기능에 대한 가능한 통찰을 제공하며, 우리들로 하여금 이들 행동의 중요한 함축을 이해하도록 하는 데 도움을 줄 것이다.

발달과 성 차이

매우 이른 시기에 아동들은 친사회적 행동과 관련이 있는 슬픔, 유감, 그리고 다른 사람들에 대한 관심과 같은 경향성을 표현한다(Eisenberg & Fabes, 1998 참조). 그러나 시간이 흐르면서 점차 표현된 친사회적 행동의 빈도수에서 중요한, 연령과 관련된 변화가 존재한다. 아이젠버그와 페이브스가 연구자료에 대한 메타 분석적 비평에서 지적한 바와 같이 친사회적 행동은 아동기로부터 청소년기에 이르기까지 연령에 따라 증가한다. 가장 큰 연령 증가는 학령전기로부터 청소년기에 뚜렷하며, 가장 작은 연령 증가는 영아기로부터 학령전기, 아동기로부터 청소년기, 그리고 청소년기 동안이다. 그러나 연령 증가의 규모는 연구의 특수한 특징에 따라 다르다(예컨대 친사회적 행동유형, 출판 연도, 연구 설계).

친사회적 행동의 성 차이는 또한 이 영역에서 연구자들의 관심을 받아왔다. 길리간(Gilligan, 1982)은 현존하는 심리학 이론, 특히 도덕발달 이론이 적절하게 여성 관점을 반영하지 못했다는 입장을 취했다. 특히 도덕발달과 관련하여 소녀들과 여성들은 배려와 대인관계의 이슈를 향하여 사회화되며 정향된다는 것이 그녀의 생각이다. 길리간(1982)에 따르면 그러한 이슈는 콜버그의 정의 정향된 단계 이론(Kohlberg, 1969)과 같은 도덕발달의 초기 이론에 적절하게 반영되지 못했다. 도덕성의 중요한 영역으로서 배려와 자비의 동일시는 정의 이슈에 관한 지나친 강조를 시정하는 데 도움을 주었으며, 더 중요한 것으로 친사회적 행동에서의 성 차이에 관심을 갖도록 박차를 가했다.

성 사회화 이론가들에 따르면(Gilligan, 1982 ; Maccoby & Jacklin, 1974 ; Whiting & Edwards, 1988) 소년들보다는 소녀들이 애정어린 돌봄과 배려 행동을 나타내도록 장려된다. 그 과정은 부모, 그 밖의 다른 가족 구성원들, 동료들, 그 밖의 다른 성인들(예컨대 교사)에 의한 성 특수적인 관습과 제도적 정책(예컨대 성 분절)을 통해 매우 이른 시기에 시작한다. 예를 들면 소녀들은 애정어린 보살핌을 보이고 슬픔을 표현하면 칭찬을 받거나 혹은 그렇게 하도록 장려될 것이다. 반면에 소년들은 애정어린 보살핌을 표현하거나 슬픔을 표현한 것 때문에 벌을 받거나 혹은 괴롭힘을 당할지 모른다. 친사회적 행동에 관한 그러한 성 특수적인 표현의 영향은 시간이 지나면서 축적되고 강렬해진다(Fabes 외, 1999).

비록 몇몇 연구는 정의 정향된 도덕적 추론에서 성 차이의 증거가 없거나 약하다는 것을 보여주지만(Walker, 1984, 1991), 학자들은 도덕적 추론에서의 성 차이가 특수한 맥락에서 나타날 것이라고 지적하고 있다. 즉 성은 성 특수적인 생물학적 및 사회화 메커니즘을 반영하는 대리변수(proxy variable)이기 때문에 특수한 맥락은 성 역할 정형화된 행동과 같은 그러한 성 특수적인 사회화 경향성을 도울지 모른다(Carlo, Koller, Eisenberg, Dasilva & Frohlich, 1996). 더 나아가 성이 이론적으로 관련된 예보자와 친사회적 행동 간의 관계에서 중요한 중재 역할을 수행할 것이라는 데에 주목하는 것은 중요하다. 이러한 가능성은 성 특수적인 예방 및 중재 프로그램의 발달에 대한 중요한 함축을 지니고 있을 수 있다. 맥락의 중요성에 대한 지지적 증거는 친사회적인 도덕적 추론에 관한 연구로부터 나온다. 몇몇 연구자들은 친사회적인 도덕적 추론의 측정을 사용하여 친사회적 행동의 맥락에서 별로 크지는 않으나 일관된 성 차이를 지적했다(Eisenberg & Fabes, 1998 참조). 아마도 더 중요한 것으로 최근의 메타 분석적 비평에서 연구자들은 소녀들과 여성들이 소년들과 남성들보다 배려 정향된 (친사회적) 도덕적 추론에서 더 높은 점수를 받는 반면에 남성들과 소년들은 정의 정향된 도덕적 추론에서 더 높은 점수를 받는다고 결론을 내렸다(Jaffe & Hyde, 2000).

친사회적 행동에서의 성 차이는 어떤가? 문헌에 관한 몇몇 비평들은 친사회적 행동에서 특히 청소년기에 별로 크지는 않으나 일관된 성 차이의 증거를 내놓는다. 친사회적 행동에서의 성 차이에 관한 메타 분석적 비평에서 페이브스와 동료들(1999)은 친사회적 행동에서의 성 차이가 아동기와 초기 청소년기 사이에서 가장 크다는 것을 보여주었다. 이와 비슷하게 아이젠버그과 페이브스(1998)는 친사회적 행동에서의 강력한 성 차이가 연령이 증가하면서 커진다는 것을 발견했다. 그러나 친사회적 행동에서의 성 차이는 연구 특성의 기능에 따라 다르게 나타난다. 사실 아동들과 청소년들의 친사회적 행동에서의 성 차이는 일단 다른 연구 특성들이 통계적으로 통제되면 사라졌다. 그러한 연구들에서 소녀들은 소년들보다 더 높은 수준의 친사회적 행동을 일관되게 나타내 보였다. 흥미롭게도 대학생들과 성인들을 대상으로 한 친사회적 행동의 성 차이에 관한 검토에서 이글리(Eagly)와 크라울리(Crowley, 1986)는 남성들이 여성들보다 친사회적 행동의 도움이 되는(위험이 따르는 혹은 기사다운) 유형을 더 취하는 경향이 있다는 것을 발견했다. 반면에 여성들은 남성들보다 친사회적 행동의 애정 어린 보살핌 유형을 취하는 경향이 더 있었다. 요약하면, 비록 친사회적 행동에서의 성 차이가 제시되고 비교적 연구마다 일관되지만 학자들은 차이의 정도가 연구 맥락의 기능, 측정과 연구 특성(예컨대 자기 보고냐 관찰 측정이냐, 애정어린 보살핌이냐 자원봉사 행동이냐)에 따라 다르다는 것을 인정한다.

자녀 교육, 형제자매, 동료, 그리고 대중매체 상호관계

친사회적 행동의 사회맥락적 영향들에 관한 연구는 대부분 친사회적 행동에 관한 가족 구성원, 부모, 동료, 그리고 대중매체의 영향을 연구하는 데에 초점을 맞추었다. 비록 그러한 사회화 동인들과 그들의 영향이 중요하지만 친사회적 행동의 상호적·쌍방향적 영향을 인정하는 것이 중요하다(Carlo & Randall, 2001). 친사회적 행동의 중요한 결정요소는 아동들과 청소년들이 친사회적 행동을 실천할 기회뿐만 아니라 그들 자신이 친사회적 행동에 참여해 보상을 받고 이득을 얻는 기회를 가진다는 것이다. 따라서 친사회적 행동 기회는 그러한 행동을 나타내 보이고 그들의 결과로부터 이득을 얻는 훈련 무대가 될 수 있다.

부모와 형제자매는 아동기 동안 친사회적 발달의 핵심 사회화 동인으로 인정받고 있다(Chase-Lansdale, Wakschlag & Brooks-Gunn, 1995 ; Dunn & Munn, 1986 ; Eisenberg & Murphy, 1995 ; Whiting & Edwards, 1988). 그러나 학자들은 청소년기에 이르면 동료들이 친사회적 발달의 중요한 사회화 동인으로 점차 부각되기 시작한다고 지적한다(Carlo, Fabes, Laible & Kupanoff, 1999 참조). 비록 이러한 가능성에 관한 연구가 비교적 드물지만 대중매체 또한 점차적으로 중요한 역할을 수행하는 것으로 보인다. 불행히도 교사, 확장된 가족 구성원, 그리고 다른 중요한 성인이나 동료와 같은 그 밖의 다른 사회화 동인의 영향에 관해서는 상대적으로 연구가 미흡하다.

부모. 이론적으로 부모는 몇 가지 방식으로 자녀들의 친사회적 발달에 영향을 미칠 수 있다. 그들의 사회적 동인과의 온정적이고 지지적인 관계는 친사회적 경향성을 촉진하고 증진시키는 것으로 기대된다(Barnett, 1987 참조 ; Carlo, Fabes 외, 1999 ; Eisenberg & Murphy, 1995). 부모는 그들 자녀의 친사회적 행동을 바람직한 행동에 관한 직접적인 언어적 메시지(예컨대 신념, 태도)를 제공함으로써 지도하고 안내할 것이다. 더 나아가 자녀들은 친사회적인 도덕적 의사결정 상황에 직면했을 때 특수한 방식으로 행동하도록 격려되거나 혹은 지도받을 것이다. 자녀들은 또한 직접적으로 그들 부모의 (그리고 아마도 그 밖의 다른 성인들의) 친사회적 행동을 관찰함으로써 친사회적 행동에 관하여 학습하기 쉽다. 요컨대 부모와 보호자들은 친사회적 경향성을 촉진하거나 혹은 방해하는 정서적 가정환경을 창조하기 쉽다(Carlo, Roesch & Melby, 1998).

사실 비록 연구의 대부분이 친사회적 행동보다는 공감과 동정에 초점이 모아졌지만 많은 연구자들은 부모의 지지 및 애착과 자녀들의 발달 및 도덕적 발달 간의 관계를 검증했다. 일반적으로 연구결과들은 부모의 지지 및 애착과 친사회적 발달 간에 별로 크지 않은 (그러나 일관되지 않은) 긍정적인 관계를 보여준다(Dekovic & Janssens, 1992 ; Eberly & Montemayor, 1998 ; Eisenberg & Murphy, 1995 참조). 이와 더불어 보다 높은 수준의 친사회적 · 도덕적 발달을 보이는 자녀들은 일반적으로 권위주의적 부모(낮은 지지, 높은 요구) 혹은 방임주의적 부모(낮은 지지, 낮은 요구 ; Baunmrind, 1991 ; Maccoby & Martin, 1983 참조)보다는 권위적 부모(높은 지지, 높은 요구)를 두고 있다.

자녀 교육과 도덕발달에 관한 이전의 개념화를 토대로 하여 그루섹(Grusec)과 굿나우(Goodnow, 1994)는 아동들의 도덕적 가치의 내면화에 영향을 미치는 여러 가지 변수를 약술했다. 비록 그 모델이 가치 내면화에 초점을 맞추었지만 그 모델은 친사회적 행동과 연관된 부모와 아동 변수를 요약하는 데 유용할 것이다. 이 이론가들은 가치 내면화에 필요한 두 가지 주요한 구성요소, 곧 수용(acceptance)과 이해(understanding)가 존재한다고 지적했다. 자녀들이 부모의 도덕적 메시지를 기꺼이 수용하고자 하는 의지는 부모의 반응의 적절성에 관한 판단, 비행유형, 훈육유형, 메시지의 명료성과 일관성, 지각된 중요성, 자녀들의 자율성에 대한 지각된 위협, 그리고 부모와 자녀들의 개인적 특성(예컨대 기질)을 포함하는 다양한 변수에 따라 달라진다는 것이 가정된다(Grusec & Goodnow, 1994). 비록 그 모델이 도덕발달에 대한 자녀 교육의 사회화 영향에 관한 연구에 훌륭한 구조를 제공하지만 실제적으로 그 모델의 특수한 측면들을 검증하기 위해서는 상대적으로 적은 수의 연구가 수행되었다.

경험적으로 검증되어 온 도덕적 사회화의 한 측면은 자녀들의 도덕발달에 관한 부모의 훈육기술의 영향이다(Hoffman & Salzstein, 1967 ; Krevins & Gibbs, 1996 ; Hoffman, 1983, 2000 참조). 부모의 유도기법과 설명(권위적 자녀 교육과 연관되어 온 기술)의 사용은 친사회적 행동과 연관되어 왔다. 이론가들은 이러한 기술이 친사회적 행동을 조장하는 데 효과적일 것이라고 제안한다. 왜냐하면 그것은 흔히 정서적으로 잘 조절된 방식으로 직접적인 도덕적 메시지(예컨대 부모의 가치)를 전달하기 때문이다. 더 나아가 흔히 유도기법을 사용하는 부모는 자녀들에게 도덕적 행위의 이득적인 혹은 해로운 결과를 지적함으로써 자녀들을 공감과 관점 채택으로 유도한다. 이와 대조적으로 독단적인 권력행사(그리고 더 적은 범위로 애정 철회)와 훈육기술(흔히 권위주의적 부모에 의해 사용되는)을 사용하는 부모는 낮은 수준의 친사회적·도덕적 발달을 보이는 자녀들을 둔다. 이들 기술은 흔히 정서적으로 지나친 각성방식에서 나타나는데, 이는 도덕적 메시지를 오히려 손상시키게 된다(Hoffman, 2000). 더 나쁜 것은 만약 부모가 이 기술을 체벌과 함께 집행하게 되면 부모는 공격적 행동에 대한 모델을 제공하는 것이다. 시간이 지나면 독단적 권력행사의 잦은 사용은 부모나 보호자를 자녀와 격리시키기 쉬우며, 그것은 아마도 두려움과 불신으로 나아가게 할 것이다.

비록 대부분의 학자들이 위반 가능성이 있는 행동적 맥락을 도덕적 사회화를 위한 유력한 기회로 강조하지만 도덕발달에 관한 친사회적 행동 맥락의 강력한 사회화 영향에 대해서는 주의가 거의 기울여지지 않고 있다(Grusec, 1991). 그러나 친사회적 행동 맥락은 친사회적 도덕발달에 대한 유력한 사회화 발생지가 될 수 있다. 아동들은 그들의 부모와 다른 사람들의 인정을 받고자 하는 강력한 욕망을 지니고 있으며, 이러한 동기는 바람직한 도덕적 행동을 조장하며 반사회적인 행동을 완화시키는 유력한 수단으로 기여할 수 있다. 아동들은 친사회적 행동의 적절한 표현으로 보상받게 되거나 아니면 아동들의 친사회적 행동은 무시당하고, 최소화되며, 심지어 처벌을 받을 수도 있다. 아동들이 이들 친사회적 행동 맥락에서 받는 피드백은 부모보다는 그 밖의 다른 사회화 동인(예컨대 동료)으로부터 나올 수 있다는 데에 주목하는 것이 중요하다. 이에 덧붙여 부모는 자녀들의 친사회적 행동(혹은 친사회적 행동들을 나타내는 것에 대한 그들의 실패)에 대한 그들의 반응을 통해 적합성 및 기대된 행동과 관련한 직접적인 민감한 메시지를 자녀들에게 전달할 수 있다. 시간이 지나면 친사회적 행동 맥락에서의 누적적인 경험은 친사회적 행동과 관련하여 아동들의 인지적 · 정서적 각본에서의 변화를 초래할 것이며, 그 다음에 그들의 도덕적 자아 개념 및 미래의 친사회적 행동에 영향을 미칠 것이다(Dix & Grusec, 1983 ; Padilla-Walker & Carlo, 2004 ; Carlo & Randall, 2001 참조). 이러한 생각과 일관되게 긍정적인 피드백(예컨대 칭찬)—특히 만약 그 피드백이 성향적 귀인을 고양하거나 친사회적 자아 개념을 증진시킬 수 있는 방식에서 제공된다면—은 미래의 친사회적 행동의 가능성을 증가시킬 수 있다는 증거가 있다(Dix & Grusec, 1983 ; Grusec & Redler, 1980). 더 나아가 친사회적 행동에 대한 청소년들의 기대된 부모의 반응이 반사회적 행동에 대한 청소년들의 기대된 반응보다 더 일관되게 사회적 행동과 관련된다는 몇 가지 예비적인 증거가 있다

(Wyatt & Carlo, 2002). 분명히 아동들의 도덕발달에 관한 친사회적 행동 맥락의 잠재적 영향을 좀 더 검증하기 위해서는 더 많은 연구가 필요하다.

형제자매. 비록 형제자매 간의 갈등이 비교적 흔히 있는 일이지만 형제자매 간의 친사회적 행동 또한 흔히 목격된다(Dunn & Munn, 1986). 보행기에 이르면 어린 아동들은 단순한 관점 채택을 지닐 수 있으며, 공감적 반응을 나타내 보인다. 그러한 기능은 자기 이해 및 언어기능의 발달과 더불어 향상되는 것으로, 이는 의심의 여지없이 초기 아동기에서 친사회적 행동의 증가에 기여한다. 나이 든 형들은 친사회적 (그리고 반사회적) 행동에 대한 모델로서 공헌하며, 나이 어린 동생들이 친사회적 행동을 실천할 기회를 제공할 수 있다(Tucker, Updegraff, McHale & Crouter, 1999). 더 나아가 어린 동생들은 현재 보여주고 있는 친사회적 행동의 결과 혹은 그들의 형을 관찰함으로써 친사회적 행동을 보여주지 못한 결과에 관해 학습할 수 있다. 그러나 친사회적 행동에 관한 형제자매 영향의 정도는 아마도 형제자매 자신의 사회인지적 능력, 정서적 반응성, 그리고 정서조절 기술에 따라 다를 것이다(Garner, Jones & Palmer, 1994). 던(Dunn, 1988)은 대부분의 형제자매들이 성인들의 반응에 따라 다른 사람들에 대한 그들의 행동결과에 관한 어떤 이해를 지니게 된다고 강조한다. 그녀는 이러한 이해를 발달시키는 아동들은 긍정적인 자아감(a sense of self)과 미래의 친사회적 행위를 가능하게 만드는 유대감을 발달시킬 것이라고 강조한다.

불행하게도 친사회적 행동의 형제자매 영향에 관한 연구는 많지 않다. 형제자매에 관한 사실적인 연구에서 던(Dunn, 1988)은 보행기 영아들이 상호적인 친사회적 목적을 향한 협력적이고 공동적인, 상호적인 행동을 보이는 강력한 종단적 증거를 발견했다. 그 연구결과들은 형제자매 간의 친사회적 행동이 긴밀한 형제자매 관계를 조장할 것이라는 생각과 일치한다. 이와 함께 연구자들은 대부분의 친사회적 행동이 서로 놀이를 하는 동안에 나타난다는 것을 발견했는데, 이는 놀이 맥락이 친사회적 행동의 표현을 위한 중요한 연습장이라는 것을 시사해 준다(Dunn, 1988). 사회생물학적 관점과 일치하는 것으로 그 밖의 다른 연구자들은 협동적 행동이 아는 사람들 사이에서보다는 형제자매와 친구 간에 더 자주 나타난다는 것을 발견했다(Knight & Chao, 1991).

동료. 동료관계는 발달학자들에 의해 도덕사회화의 발생지로서 이미 오래 전부터 그 중요성을 인정받고 있다. 동료 상호작용은 권력과 지위에서 사회적으로 비슷한 사회화 동인들로부터 친사회적 행동을 행사하고 받는 기회를 제공한다. 피아제는 아동들의 공정과 정의의 이해에서 동료관계의 중요성을 인정한 최초의 인물 가운데 한 사람이다(Piaget, 1932/1965). 요니스(Youniss, 1994)는 아동들이 동료들과의 상호작용을 통해 호혜주의와 열린 의사소통의 원리를 학습한다는 데 주목했다. 호혜주의와 공정에 관한 이해를 습득하는 것과 더불어 아동들은 도덕적 이슈에 관한 서로 다른 관점을 접함으로써 사회적 비교를 통해 그들의 도덕적 자아에 관한 보다 깊은 이해를 얻으며, 그들은 이득이 되는 도움을 제공하는 새로운 양식을 관찰하고 실천할 수 있다(Berndt, 1989 ; Furman & Buhrnmester, 1985). 더 나아가 동료들은 지지와 온정의 추가적인 자원(Belle, Burr & Cooney, 1987)을 제공하는데, 그것은 친사회적 행동의 중요한 요소이다. 마지막으로 동료들은 아동들에게 있어서 피드백의 중요한 자원이다(Youniss, 1980). 그들은 아동들에게 있어서 친사회적 행동을 조장하거나 감퇴시킬 수 있는 강화나 처벌인을 제공할 수 있다(Carlo, Fabes 외, 1999). 아동들이 동료들에게 친사회적 행동을 보임에 따라 그들은 친사회적 행동의 호혜적 표현으로부터 이득을 얻기 쉽다(Bukowski & Sippola, 1996). 시간이 지나면서 그러한 호혜적인 친사회적 표현은 보다 큰 친밀성과 신뢰를 낳을 수 있으며, 그것은 긍정적인 도덕발달을 위한 토대를 형성할 수 있다.

비록 연구의 많은 부분이 동료들의 보상 혹은 처벌의 영향에 초점을 맞추었지만 친사회적 발달에서 동료관계가 미치는 영향에 관한 상당한 증거가 존재한다(Eisenberg & Fabes, 1998 참조). 다른 연구자들은 높은 수준의 친사회적 행동을 보이는 아동들이 동료 수용과 지위에서 더 높은 비율을 보이는 경향이 있다는 것을 보여주었다(Schonert-Reichl, 1999 ; Wentzel & McNamara, 1999). 비록 동료들은 아동들이 청소년기로 접어들면서 점차적으로 사회화 동인으로 영향력이 더 커져가게 되지만 부모는 여전히 청소년기에서도 친사회적 발달에 그들의 영향력을 행사한다는 상당한 증거가 있다(Carlo, Roesch 외, 1998 ; Laible & Carlo, 2004 ; Laible, Carlo & Raffaelli, 2000 ; Wyatt & Carlo, 2002). 따라서 오늘날까지의 증거는 아동들의 친사회적 발달에 대한 동료들의 중요성과 일치하고 있다. 그러나 동료들이 그들의 영향력을 행사하는 메커니즘에 관하여 동료 상호작용과 친사회적 행동의 호혜적 · 쌍방향적 효과를 검증하기 위해서는 더 많은 연구가 필요하다.

대중매체. 1970년대에 친사회적 행동에 관한 텔레비전과 영화 모델의 긍정적인 영향을 보여준 여러 편의 연구들이 있었다(Huston & Wright, 1998 ; Staub, 1979 참조). 그 연구에서 연구자들은 친사회적 모델을 관찰하는 아동들은 미래에 친사회적 행동을 나타낼 수 있다는, 특히 가치와 필요의 의사소통이 분명하고 그 모델이 신체적 · 사회적 · 심리적으로 관찰자와 유사한 것으로 지각될 때 더 친사회적 행동을 나타낼 수 있다는 것을 보여주었다. 히어롤드(Hearold, 1986)는 36편의 연구에 대한 메타 분석을 통해 친사회적 행동을 보이는 텔레비전 프로그램을 시청했을 때 아동들의 이타주의(돕는 그리고 주는)에 관한 매우 강력한 효과 크기(effect size, .83)를 발견했다. 더 나아가 친사회적 텔레비전 프로그램을 시청할 때 나타난 전체 효과 크기는 반사회적 텔레비전 프로그램을 시청할 때의 전체 효과 크기보다 두 배 이상 강력했다. 따라서 친사회적 행동을 보여주는 텔레비전 프로그램 시청에 따른 영향에 관한 강력한 증거가 존재할 뿐만 아니라, 그 연구결과들은 친사회적 텔레비전을 시청하는 것이 반사회적 텔레비전 프로그램을 시청하는 것보다 비교적 더 많은 영향력을 미칠 수 있다는 것을 시사한다. 불행히도 그들 초기의 연구 이래로 아동들의 친사회적 행동에 관한 영화의 영향을 검증하는 연구가 거의 수행되지 않았다. 그러나 곤경이나 고통에 놓여 있는 아동들을 묘사한 영화에 대한 아동들의 (그리고 성인들의) 반응을 검증하기 위해 설계된 연구들은 또한 동정 반응을 유도하는 데 있어서 효과적이었으며, 그것은 다음에 친사회적 행동을 촉진시킨다(예컨대 Eisenberg 외, 1989)는 점은 주목받을 가치가 있다. 요약하면, 친사회적 내용을 담고 있거나 곤경에 처한 다른 사람들을 묘사하는 영화에 대한 노출은 아동들의 친사회적 경향성에 영향을 미칠 수 있다는 확실한 증거가 있다.

아동들이 대중매체에 의해 영향을 받을 수 있다는 신념이 광범위하게 인정받고 있음에도 불구하고 학자들은 텔레비전이나 영화 이외의 그 밖의 다른 대중매체의 영향에 관해서도 연구되어야 할 필요성이 있다는 점에 주목하고 있다. 영화와 텔레비전 프로그램들은 아동들의 친사회적 행동에 관한 영향력에서 약한 형식일 수도 있다. 인터넷을 바탕으로 한 매체 및 비디오 게임과 같은 보다 상호작용적인 새로운 형식의 대중매체가 도서, 잡지, 그리고 텔레비전과 같은 비상호적인 대중매체보다 훨씬 더 강력한 영향력을 미칠 수 있다(Brown & Witherspoon, 2002). 다른 한편, 최소한 미국 청소년들 사이에서 잡지와 소설은 최고의 인기 있는 오락매체가 되었다. 출판사들은 아동들과 청소년들을 목표로 정하는 보다 노련한 기술을 보였으며, 남자 청소년들(보통 스포츠와 활동을 중심으로)과 여자 청소년들(보통 패션, 미, 유명인, 그리고 관계를 중심으로)을 대상으로 한 잡지 시장이 성행했다. 선전 캠페인을 목표로 한 엄청난 규모의 투자와 이와 비슷하게 보고된 판매실적은 아동들의 소비행태에 관한 대중매체의 효과성에 대하여 기업가들이 지닌 인식을 반영하는 것이다. 그러나 잡지와 소설의 내용이 친사회적 발달에 영향을 미치는지의 여부에 관한 연구는 부족한 실정이다. 서로 다른 유형의 대중매체가 어떻게 아동들의 친사회적 행동에 영향을 미칠 수 있는가를 이해할 수 있는 잠재력에 대해서는 적절하게 탐구되지 않았다.

전체 요약. 현 시점에서 아동들의 친사회적 행동에 대한 사회화 동인들의 영향에 관한 연구는 자녀 교육의 영향을 검증하는 방향으로 지나치게 기울여져 있다. 연구에서 존재하는 간극에도 불구하고(예컨대 아버지의 영향에 관한 연구, 다변수 연구, 종단적 연구) 일반적으로 아동들의 친사회적 행동에 관한 부모의 중요성에 대해서는 충분한 증거가 있다. 그러나 형제자매, 동료, 그리고 대중매체와 같은 그 밖의 다른 사회화 동인들에 관한 연구는 아동들의 친사회적 행동의 다수준적 체계의 영향을 검증하는 더 폭넓은 연구가 필요하다는 것을 시사한다. 요컨대 사회화 동인들과 아동들 간 친사회적 행동의 호혜적·쌍방향적 영향에 관한 이해가 요구된다.

사회인지적 상호관계

이론가들과 연구자들로부터 많은 주의를 받았던 친사회적 행동에 관한 일군의 상호관계는 사회인지적 기능이다. 이 영역에서 초기 연구의 대부분은 인지발달에서 연령과 관련된 진보가 친사회적 행동에서 연령과 관련된 변화를 설명하는 데 도움을 줄 것이라는 입장을 취했던 인지발달 이론가들로부터 나온다. 친사회적 행동의 중요한 예보자로서 인정받은 사회인지적 기능 가운데 두 가지는 관점 채택과 도덕적 추론이었다(친사회적 행동과 공감 및 동정 간의 연계에 관한 연구는 Eisenberg, 이 책 제19장에서 검토되었다).

관점 채택. 비록 미드(Mead, 1934)가 **역할 채택**(role taking, 즉 관점 채택)이란 용어로 공로를 인정받아 왔지만 관점 채택 기술의 발달에 관한 연구에 박차를 가했던 것은 피아제의 발생적 연구였다(예컨대 Piaget, Botkin, Fry, Wright & Jarvis, 1968). **관점 채택**(perspective taking)은 다른 사람의 상황을 이해하는 것을 언급하는 것이며, 시간이 지나면서 다른 사람들과 자기 사이를 구별하는 능력을 함축한다(Shantz, 1983). 관점 채택과 밀접하게 관련된 것은 "탈중심화"와 "자기중심성"이다(Looft, 1972 참조 ; Piaget, 1926/1959). **탈중심화**(decentration)는 주의를 어떤 사건의 한 측면보다는 여러 가지 측면으로 옮기는 능력을 언급하는 것이며, **자기중심성**(egocentrism)은 사회적 상호작용에서 주체와 객체의 구별이 부족한 것을 언급하는 것이다.

조작적으로 몇몇 관점 채택의 서로 다른 유형이 확인되어 왔다. 이들 관점 채택 유형의 대부분은 최소한 3가지의 독특한, 그러나 이론적으로 관련된 범주로 분류되어 왔다(Eisenberg & Fabes, 1998 ; Ford, 1979 ; Kurdek, 1978 ; Shantz, 1983 ; Underwood & Moore, 1982). 첫째, **사회적 (혹은 인지적) 관점 채택**[social (or cognitive) perspective taking]은 다른 사람의 사고, 의도, 그리고 상황에 관한 점증하는 이해를 언급한다. 둘째, **정서적 관점 채택**(affective perspective taking)은 다른 사람의 정서적 상태를 이해하는 능력으로 정의된다. 셋째, **지각적 (혹은 공간적) 관점 채택**[perceptual (or spatial) perspective taking]은 다른 사람의 문자적 · 시각적 관점을 이해하는 능력이다. 비록 관점 채택이 몇몇 사회적 행동의 발달과 연관될 수 있는 중요한 사회인지적 기능으로 간주되지만 관점 채택에 관한 연구의 대부분은 관점 채택과 친사회적 행동 간의 관계에 초점을 맞추어 왔다.

다른 사람의 상황에 관한 증가된 인식이 흔히 친사회적 행동으로 나아가게 한다는 생각은 사회심리학과 발달심리학 모두에서 상당한 논의가 있어왔다. 몇몇 이론가들(Batson, 1998 ; Eisenberg, Shea, Carlo & Knight, 1991 ; Hoffman, 2000)은 다른 사람의 사고와 감정을 이해하는 것이 동정, 위로하기, 공유하기, 자원봉사와 같은 타자정향적 과정과 행동을 촉진시키며, 이들 과정은 또한 공격적 · 반사회적인 행동형식의 감소로 나아가게 할 것이라고 주장했다(비록 항상 그러는 것은 아니지만 ; Feshbach, 1987 참조). 이 과정은 몇 가지 방식으로 일어날 것이다. 한 가지 관점(예컨대

Batson, 1998 ; Davis, Hull, Young & Warren, 1987)은 관점 채택이 흔히 다른 사람들의 곤경에 대한 동정으로 나아가게 하며, 그것은 이제 다시 다른 사람의 고통을 감소시키는 데 목적을 둔 행동을 촉진시킨다는 것이다. 이들 몇몇 저자에 따르면 관점 채택에 능숙한 개인들은 동정적 반응을 쉽게 보일 수 있는데, 이는 가치나 원리(Hoffman, 2000) 혹은 곤경에 처한 다른 사람을 돕는 것과 일치하는 기본적인 도덕적 인지(Eisenberg, 1986)를 유도할 것이다. 두 번째 관점은 관점 채택이 개인으로 하여금 환경 속에서 고통을 인식한 결과로서 비평형화의 상태(예컨대 Krebs & Russell, 1981)로 나아가게 할 수 있다는 것이다. 이러한 인식은 이번에는 비평형화를 감소시키고자 하는 행동양식(예컨대 돕는 혹은 몇 가지의 다른 친사회적 행동)을 시도하도록 할 것이다. 간접적 증거의 몇 가지 노선은 이들 인과적 추론과 일치한다. 그 중에서도 특히 관점 채택 기능을 증진시키고 조절불량을 감소시키는 데 목적을 둔 훈련 연구(예컨대 Chalmers & Townsend, 1990 ; Iannotti, 1978)에서 그렇다.

관점 채택과 친사회적 행동 간의 관계에 관한 경험적 증거는 혼재되어 있다. 어떤 연구는 관점 채택이 친사회적 행동과 긍정적으로 연관된다는 것을 보여주는 반면 또 다른 연구는 어떤 의미 있는 관계를 보여주지 못한다. 언더우드(Underwood)와 무어(Moore, 1982)는 연구결과에 대한 메타 분석적 비평에서 "이타주의와 관점 채택 척도 간에 신뢰할 만한 관계가 확인되었다 하더라도 그 관계는 대단히 큰 것은 아니다"(p. 169)라고 지적했다. 그러나 그 연구자들은 "예외적으로 신뢰할 만한—적절히 크기만 한다면—관계[관점 채택과 이타주의 간]"(꺾쇠묶음 안의 단어들은 첨가된 것임, p. 169)가 존재한다는 결론을 내렸다. 예를 들면 사회적 관점 채택과 친사회적 행동 간의 전체적인 상호관계는 .28이었다

(Under-wood & Moore, 1982). 더 나아가 그들은 관점 채택과 친사회적 행동 간의 관계가 현저하게 강하거나 약할 수 있는 경우를 묘사할 필요에 대해 주장했다. 그 연구결과에 관해 그 밖의 다른 비평가들은 이들 결론과 의견이 일치했다(EIsenberg & Miller, 1987 참조 ; Krebs & Russell, 1981 ; Kurdek, 1978).

이전의 연구결과들에서 불일치가 나타나는 이유를 설명하고자 한 시도에서 카를로(Carlo)와 동료들(1991)은 관점 채택과 친사회적 행동 간의 보다 일치된 관계가 관점 채택 척도와 친사회적 행동 척도의 과업 특성이 대응할 때 획득될 수 있다는 것을 보여주었다. 더욱이 이어진 연구에서 나이트(Knight), 존슨(Johnson), 카를로(Carlo), 그리고 아인제버그(Eisenberg, 1994)는 만약 관점 채택, 동정, 그리고 과업 관련 인지적 기능(즉 현금 기부 과업을 위해 돈의 가치와 단위를 이해하는 것)의 연합된 영향력이 검증된다면 친사회적 행동이 더 잘 예보될 수 있다는 증거를 제시했다. 그러한 연구들은 과업 특수적인 능력이 친사회적 행동의 중요한 예보자라는(Knight, Bohlmeyer, Schneider & Harris, 1993도 볼 것 ; Midlarsky & Hannah, 1985 ; Peterson, 1983), 그리고 관점 채택은 모든 유형의 친사회적 행동을 예보하는 데 있어서 충분한 것 혹은 단순히 관련된 것으로 간주되어서는 안 된다는 것을 시사한다.

최근 몇 년 동안 연구방향이 매우 어린 아동들의 사회적 인지를 조사하는 쪽으로 향하고 있다. 이 연구는 주로 마음 이론 연구자들에 의해 시행되고 있다(Flavell & Miller, 1998 참조). 최근 연구에서의 초점은 초기 아동기에서 신념, 욕망, 의도, 지각, 사고, 그리고 정서에 관한 이해를 검증하는 데 모아지고 있다(비록 몇몇 연구는 나이 든 아동들에게 초점이 모아졌지만 ; Bosacki & Astington, 1999 참조). 연구자들은 그들의 정신적 상태와 그들의 사회세계와의 관계에 관한 아동들의 사고를 이해하고자 시도한다. 비록 초기의 연구결과들이 전도유망하지만 마음 이론과 친사회적 행동 간의 관계에 관한 연구는 이제 막 시작이다(Cassidy, Werner, Rourke, Zubernis & Balaraman, 2003 ; Ginsburg 외, 2003 ; Moore, Barresi & Thompson, 1998).

도덕적 추론. 사회적 인지와 친사회적 행동 간의 연계에 관한 연구의 두 번째 중요한 영역은 도덕적 추론의 역할에 관심을 갖는다. **도덕적 추론**(moral reasoning)은 정의, 공정, 배려의 이슈가 유력한 딜레마 상황들에서의 사고를 언급한다. 흔히 도덕적 추론에 관한 개인의 양식은 다른 사람들 혹은 그들 자신의 곤경에 대한 정향을 반영한다. 더 나아가 도덕적 추론의 몇 가지 유형에 대한 개인의 선호는 다른 사람들의 곤경에 대한 반응을 촉진하는 가치나 정서(예컨대 동정, 죄의식)와 연결될 것이다. 두 가지 유형의 도덕적 추론, 곧 정의 정향(Kohlberg, 1969 ; Rest, 1983 ; Turiel, 1998), 배려 정향의 친사회적(Eisenberg, 1986) 도덕추론은 도덕발달 연구에서 많은 주목을 받는 초점이 되어왔다. 두 가지 중에서 배려 정향의 친사회적 도덕추론은 친사회적 행동과 가장 강력하게 개념적으로 연결되어 왔다.

친사회적 도덕추론(prosocial moral reasoning)은 형식적 법률이나 규칙의 상대적 부재에서 우리의 곤경이 다른 사람들의 곤경과 갈등을 빚는 딜레마 상황에 관한 사고이다(Carlo, Eisenberg & Knight, 1992 ; Eisenberg, 1986). 친사회적 도덕추론은 연령이 높아지면서 지적으로 더욱 세련되며, 이는 곧 관점 채택, 가설적인 연역적 추론, 추상적 사고, 그리고 깊은 생각을 하는 기술과 같은 인지발달에서의 향상을 가져온다는 것이 이론화되었다(Eisenberg, 1986).

1979년에 아이젠버그(Nancy Eisenberg)는 전 생애를 통한 친사회적 발달만을 검증하고자 오로지 집중되었던 최초의 종단적 연구결과들을 보고한 일련의 보고서 가운데 첫 번째를 발간했다(Eisenberg-Berg, 1979). 오늘날까지 계속되고 있는 이 연구는 학령전기부터 청년기에 이르기까지 걸쳐 있다(Eisenberg 외, 2002 참조). 비록 그 연구가 친사회적 행동과 연관된 몇 가지 이론적으로 관련이 있는 변수를 검증하고 있지만 연구의 초점은 친사회적 도덕추론이다. 아이젠버그는 아동들과 청소년들이 쾌락적인, 인정정향적인, 곤경정향적인, 고정관념적인, 그리고 공감적이고 내면화된 규범이나 원리 이유를 포함하여 다른 사람들을 돕는 특수한 유형의 이유를 지지한다는 것을 발견했다. 표 20.1은 친사회적 도덕추론의 수준을 요약하여 제시한 것이다.

여러 명의 연구자들은 타자정향적인, 보다 높은 수준의 친사회적 도덕추론이 보다 높은 수준의 친사회적 행동과 연관된다는 것을 발견했다(Eisenberg & Fabes, 1998 참조). 예를 들면 아이젠버그(Eisenberg)와 쉘(Shell, 1986)은 타자 정향적인, 그리고 보다 높은 친사회적 도덕추론의 수준 유형이 높은 비용이 드는 그러나 낮은 비용이 들지는 않는 돕는 행동과 연관된다는 것을 발견했다(Eisenberg, Carlo, Murphy & Van Court, 1995도 볼 것 ; Eisenberg 외, 2002 ; Eisenberg, Miller, Shell, McNalley & Shea, 1991). 카를로와 그의 동료들 또한 그러한 유형의 친사회적 도덕추론이 친사회적 행동을 예보한다는 것을 발견했다(Carlo 외, 1996 ; Carlo 외, 2003 ; Wyatt & Carlo, 2002). 최근의 한 연구에서 연구자들은 친사회적 도덕추론이 동정 및 관점 채택과 친사회적 행동 간의 관계를 중재한다는 증거를 제시했다(Eisenberg, Zhou & Koller, 2001). 메타 분석적인 비평은 친사회적 도덕추론과 친사회적 행동 간에 전체적인 긍정적 관계가 있다는 것과 일치했

표 20.1_ 아이젠버그의 친사회적 도덕추론의 수준

친사회적 도덕추론 수준	자주 발생하는 초등학교 전후 기간	특징
쾌락적·실용적 정향	유치원, 초등학교 저학년	행동은 자신의 곤경을 충족시키고 자신을 위해 획득한다.
타인들의 곤경 정향	유치원기, 초등학교	단순한 측면에서 타인들의 물리적·물질적·심리적 곤경에 관심을 갖는다.
고정관념적인, 인정에 초점을 둔 정향	초등학교, 중학교	나쁜 사람들에 관한 고정관념적인 이미지, 타인들의 인정을 획득하고자 하는 관심
공감적 정향	초등학교 고학년, 중학교	추론은 관점 채택과 타인들에 대한 공감적 느낌을 반영한다.
내면화된 가치 정향	소수의 중학생들과 고교생들 그리고 그 이상 ; 초등학생은 없음	내면화된 가치와 규범에 초점 ; 계약상의 의무를 유지하고자 하는 욕망 ; 존엄, 권리, 평등에의 신념

Eisenberg (1982) 로부터 개작한 것임.

다(Underwood & Moore, 1982). 종합적으로 볼 때 친사회적 도덕추론과 친사회적 행동 간의 연합에 대한 실질적인 지지가 존재한다.

그 밖의 다른 사회적 조건. 사회적 인지에 관한 최근의 다른 연구는 귀인과 친사회적 행동 간의 관계에 초점을 맞추었다. 예를 들면 넬슨(Nelson)과 크릭(Crick, 1999)은 애매모호한 상황에서 자애로운 귀인(적의가 있는 귀인과 반대되는 것으로서)을 한 청소년들은 동료들에 의해 상당히 친사회적인 것으로 평가되는 경향이 더 많다는 것을 보여주었다. 이러한 연구는 높은 수준의 친사회적 행동을 나타내 보이는 아동들이 긍정적인 사회적 상호작용을 증진시키는 방식에서 애매모호한 사건을 해석하는 경향이 더 있다는 것을 시사한다. 와이어트(Wyatt)와 카를로(Carlo, 2002)는 그들의 부모가 친사회적 · 반사회적 행동에 대해 적절하게 반응하기를 기대하는 청소년들이 보다 친사회적인 행동과 덜 반사회적인 행동을 보이는 경향이 있다는 것을 발견했다. 흥미롭게도 그 연구결과들은 친사회적 행동상황에 대한 예상된 부모의 반응이 반사회적인 행동에 대한 예상된 부모의 반응보다 청소년들의 사회적 행동과 더 일관되게 관련된다는 것을 시사한다. 이를 함께 고려해 보면 이들 연구는 아동들의 친사회적 행동에 관한 그들의 귀인과 예상의 역할에 대한 매우 유력한 증거를 내놓고 있다(Eisenberg & Fabes, 1998도 볼 것).

친사회적 발달 연구의 미래 방향

아동들과 청소년들에게서 친사회적 행동들의 내력과 그들의 상호관계에 관하여 많은 것이 알려져 있다. 그러나 여전히 더 많은 연구가 필요한 의문과 이슈가 남아 있다. 이 절은 그런 이슈 몇 가지를 논의한다. 첫째, 도덕발달 이론과 연구의 보다 넓은 맥락에서 친사회적 행동들 그 이상으로 통합해야 할 커다란 필요성이 존재한다. 둘째, 인간의 기능작용에 관한 우리의 이해를 더 깊게 할 수 있는 친사회적 행동과 심리학 연구의 그 밖의 다른 영역 간의 연계를 보다 더 확립할 필요가 있다(예컨대 안녕과 병리학). 셋째, 범문화적 연구를 포함한 다양한 맥락들을 아우르는 친사회적 행동에 관한 연구가 현존하는 친사회적 발달 이론에 대해 생태학적 타당성을 제공하는 데 필요하다.

보다 넓은 도덕발달 맥락에서의 친사회적 행동

지난 몇십 년 동안 인지발달 이론은 도덕발달을 이해하는 것과 관련하여 인지에 바탕을 둔 메커니즘에 관한 풍부한 이해를 제공해 왔다. 그러나 많은 학자들은 관련된 정의적 과정을 적절히 설명하지 못하는 도덕성 이론의 한계에 주목해 왔다(Eisenberg, 1986 ; Hoffman, 2000 ; Lapsley, 1996). 도덕발달에 관한 보다 새로운 개념은 도덕적 인지와 정서 간의 상관관계를 기술하기 시작하고 있다(Eisenberg, 1986 ; Gibbs, 2003 ; Hoffman, 2000). 더 나아가 연구자들은 도덕적 기능작용에 관한 정서 조절 메커니즘과 친사회적 행동의 역할을 인정하기 시작했다(Eisenberg, 인쇄 중 ; Kochanska, 1993).

자비 정향 도덕성과 금지 정향 도덕성을 통합할 필요 역시 이와 마찬가지로 중요하다(Gibbs, 1991). 이전의 도덕발달 연구의 대부분은 금지 정향된, 그리고 위반 가능성이 있는 맥락에서 도덕성을 강조했다(Eisenberg, 1982). 즉 이전 연구의 대부분은 확립된 규칙, 법, 그리고 그 밖의 다른 형식적인 사회적 금지가 존재하고 도덕적 의사 결정과 행동을 안내하는 데 도움을 주는 맥락에서, 혹은 아동들이 그러한 사회적으로 금지된 규칙이나 법을 위반하고 못된 짓을 하는 맥락에서 도덕발달 과정에 초점을 두었다. 그러나 이미 언급한 바와 같이 도덕적 결정과 행동은 때때로 금지가 상대적으로 결여된 맥락(예컨대 친사회적 행동 맥락)에서 일어나거나 혹은 자비와 금지 이슈가 갈등하는 맥락에서 일어날 수도 있다. 실제로 가장 어려우며 도전적인 도덕 딜레마의 상당수는 자비와 금지의 관심이 갈등하는 경우이다.

금지 정향된 도덕적 추론을 사정하는 데 사용되었던 고전적인 하인즈 딜레마(Heinz dilemma)를 고찰해 보자. 이 짤막한 장면에서 개인들은 하인즈가 그의 아내의 생명을 구할 수 있는 약을 약국에서 훔쳐야 하는가를 결정하도록 요구받는다. 딜레마의 정서유발 성격을 고양하는 짧은 장면의 여러 측면 가운데 하나는 그것이 하인즈의 아내, 곧 낯선 자가 아니라는 것이며, 그의 아내가 위험에 처해 있다는 사실이다. 정의와 함께 재산권과 인간 생명 존중이 이 딜레마에 내포되어 있으며, 그것은 또한 하인즈가 그의 아내에게 향하는 암묵적인, 관계에 근거한 의무나 책무를 인정하는 것이 중요하다. 그 딜레마는 그의 아내에 대한 하인즈의 책무(배려에 토대한 도덕적 고려사항)와 사회적 법과 금지에 대한 그의 책무(정의에 토대한 고려사항) 간의 갈등이 존재하기 때문에 도전적이다.

금지 정향된, 그리고 친사회적으로 정향된 도덕추론 딜레마 이야기에 대한 개인들의 반응을 검증했던 이전의 연구들에서는 그 결과가 혼재되어 있다. 어떤 연구의 경우 연구자들은 두 맥락을 아우르는 개인들의 추론이 그리 크지는 않지만 상호 연관된다는 것을 발견했다(Eisenberg, Lennon & Roth, 1983 ; Krebs, Denton, Vermeulen & Carpendale, 1991). 반면에 다른 연구자들은 아무런 의미 있는 관련을 발견하지 못했다(Eisenberg 외, 1983 ; Kurdek, 1981). 연구결과는 면담반응이 어떻게 점수화되느냐에 따라 다르게 나타나는 것으로 밝혀졌다(Eisenberg 외, 1983 참조). 정의에 토대한 도덕추론과 친사회적 도덕추론에 대해 객관적 척도(표준화된 점수화와 운영 절차를 사용한)를 사용한 미발행 연구에서 연구자들은 대학생 표본을 대상으로 도덕판단력 검사(Defining Issues Test : DIT)의 종합적인 혼합 지수와 객관적인 친사회적 추론 척도(Possocial Reasoning Objective Measure : PROM) 간에 의미 없는 관계(r = .13)를 보고했다(Carlo, 2001). 따라서 지금까지의 연구결과는 개인들이 친사회적 중심의 도덕적 맥락과 정의 중심의 도덕적 맥락을 서로 구분할 수 있다는 것을 시사한다.

친사회적 정향 맥락과 정의 정향 맥락은 모두 도덕성의 중요한 측면으로서 서로 관련이 있다. 깁스(Gibbs, 2003)와 다른 사람들(예컨대 Lapsley, 1996)이 주목한 바와 같이 자비 중심 접근과 정의 중심 접근의 통합은 도덕발달을 이해하는 귀중한 구조를 제공할 수 있다. 도전은 어떻게 성공적인 통합을 이루어내느냐이다. 비록 인지발달 이론이 도덕적 의사결정 과정을 설명하는 데 유용하지만 많은 학자들은 도덕적 행동을 설명하는 이론의 한계에 주목해 왔다(Balsi, 1980 ; Lapsley, 1996). 물론 도덕적 의사결정을 이해하는 것은 그러한 결정(예컨대 자원을 분배하기, 표현의 자유를 포함하는 결정)이 사회에 심각한 영향을 미칠 수 있으므로 그 자체로 값어치가 있다는 것에 주목하는 것이 중요하다(Rest, 1979). 그러나 도덕발달을 의사결정을 넘어서서 이해하기 위해서는 사회과학자들에게 커다란 요구를 할 수밖에 없다. 도덕발달에 관한 보다 포괄적인 설명을 확보하기 위해서는 인지와 정의뿐만 아니라 도덕적 행동을 설명하는 보다 폭넓은 이론적 관점을 채택할 필요가 있다.

하나의 가능성은 도덕발달에 대한 개인적 · 사회적 맥락의 영향을 통합하는 것을 허용하는 사회인지 이론과 같은 보다 넓은 이론적 구조를 채택하는 것이다(Bandura, 1991 ; Carlo & Randall, 2001 ; Eisenberg, 1986 ; Staub, 1978, 1979). 예를 들면 반두라(Bandura, 1991)의 사회인지 이론은 인지, 정의, 동기, 그리고 맥락의 영향을 설명하는 도덕발달의 연구를 허용할 만큼 충분히 유연하다. 사회인지 이론은 도덕적 행위의 다층적 영향을 인정하기 때문에 도덕발달에 관한 현존하는 연구의 대부분이 그 이론과 양립할 수 있다. 도덕발달의 다층적 영향을 통합할 수 있는 또 다른 가능한 구조는 도덕적 정체성에 관한 연구이다. 도덕적 정체성에 관해서는 매우 다양한 개념이 존재하지만 대부분의 구조에 공통적인 것은 도덕적 정체성이란 개인들이 인지, 정의, 그리고 행동과 관련하여 통합된 윤리적 자아의식을 발달시키는 정도와 관련된다는 생각이다(Blasi, 1983 ; Colby & Damon, 1988 ; Hart & Fegley, 1995 ; Lapsley, 1996). 배려 표본들에 관한 하트(Hart)와 그의 동료들(Hart, 인쇄 중 ; Hart & Fegley, 1995)의 연구는 그것이 동료들로부터 그들의 배려에 토대를 둔 행위를 통해 강력한 도덕적 책임의식을 인격화한 것으로서 인정받는 개인들에 관한 인간과 환경 특징을 이해하는 데 초점을 두기 때문에 특히 주목할 만하다. 비록 이들 접근이 다소 서로 다른 초점과 방법을 지니고 있지만 각 접근은 학자들에게 보다 넓은 도덕발달 분야에 대한 정보를 제공해 준다.

친사회적 행동과 안녕 및 병리

높은 수준의 친사회적 행동을 보이는 아동들과 청소년들은 여러 가지 정신건강 결과로부터 이득을 얻을지도 모른다. 예를 들면 친사회적 행동은 훌륭한 정서 조절과 사회인지적 기능을 요구하므로(Eisenberg & Fabes, 1998) 우리는 그런 특성을 지닌 아동들이 훨씬 덜 행동 및 기분 장애(conduct and mood disorders)를 경험할 것으로 기대할 수 있다. 더 나아가 친사회적 행동은 긍정적이고 지지적인 사회적 관계를 형성하고 유지하는 데 중요하며, 그것은 사회적 지지와 사회적 조절을 고양시켜 줄 것이다. 이번에는 거꾸로 사회적 지지와 훌륭한 사회적 기능은 부적응의 높은 위험에 처한 아동들과 청소년들을 완화시키거나 보호할 것이다. 요컨대 연구자들은 다른 사람들을 도와주는 사람이 긍정적인 분위기에 있을 때 다른 사람을 가장 잘 돕기 쉬우며(Carlson & Miller, 1987), 긍정적인 분위기는 긍정적인 건강결과와 연관된다는 것을 보여주었다(Salovey, Rothman, Detweiler & Steward, 2000).

불행하게도 연구는 친사회적 행동과 정신건강 간의 잠재적 연결로 극히 제한되어 있다. 그러나 친사회적 행동에 개입하는 개인들의 긍정적인 정신적·사회적 결과에 관한 암시적인 증거가 있다(그러나 Hay & Pawlby, 2003 참조). 예를 들면 긍정적인 사회적 조절과 관련하여 높은 수준의 친사회적 행동을 나타내 보이는 아동들과 청소년들은 흔히 사회적 기능을 갖추고 있으며, 인기가 있고 보다 신뢰할 만한 사람으로 간주된다. 또한 높은 학업성취 수준을 보이고, 외로움을 덜 호소하며, 사회적으로 책임감이 있다(Capara, Barbaranelli, Pastorelli, Bandura, Zimbardo & Chen, 2000 ; Rotenberg 외, 인쇄 중 ; Wentzel, 1991 ; Eisenberg & Fabes, 1998 참조). 최근의 연구는 친사회적 행동이 청소년들의 자긍심과 긍정적으로 관련된다는 것을 보여주었다(Laible, Carlo & Roesch, 2004). 연구자들은 또한 그러한 아동들과 청소년들이 특징상 공감적이고 동정적이며, 그것은 공격성, 청소년 범죄, 그리고 외현화 행동과 부정적으로 관련된다는 것을 보여주었다(Miller & Eisenberg, 1988). 요컨대 연구자들은 공격성과 친사회적 행동 간에 그리 크지 않은 부정적 관련이 있다는 것을 보여주었다(Carlo & Randall, 2002 ; Carlo 외, 2003 ; Crick & Gropeter, 1995 ; Wyatt & Carlo, 2002). 아마도 똑같이 중요한 것은 높은 수준의 친사회적 행동을 보이는 위험성이 높은 환경의 아동들과 청소년들에 관한 보다 많은 연구가 필요하다는 것이다(예를 들면 Hart & Fegley, 1995 참조). 이 후자의 연구유형은 우리들로 하여금 역경을 이겨내고 성공한 아동들을 이해하는 데 도움을 줄 뿐만 아니라, 위험성이 높은 환경에 있는 아동들의 특성에 관한 보다 균형잡힌 관점을 제공해 줄 것이다.

민족 및 문화집단 간, 그 집단 내의 친사회적 행동

수년 동안 문화심리학자들은 아동들의 친사회적 행동을 증진하는 서로 다른 사회 출신 사람들에 의한 사회화 관습 차이에 주목해 왔다(Whiting & Whiting, 1975). 예를 들면 어떤 사회에서 어린 아동들은 사회적 책임과 친사회적 행동을 조장하는 가사 의무와 책무를 배당받는다. 다른 사회의 경우 친사회적 행동은 초기 교육 프로그램에서 형식적 교육과정 요건을 통해 격려된다. 초기 교육 프로그램들 간에서조차 강조되는 도덕성의 측면이 서로 다르다. 즉 어떤 사회의 프로그램은 공감과 존중에 초점을 두고 또 다른 것은 추론과 문제 해결에 초점을 둘 수 있다. 이들 및 그 밖의 다른 광범위한 사회화 관습과 서로 다른 사회에서의 친사회적 발달에 관한 경험의 영향은 거의 이해되지 않고 있다.

불행히도 문화 간 연구에서 친사회적 행동의 범위가 어느 정도 제한되어 왔다. 여섯 문화에 관한 그들의 고전적인 연구에서 화이팅(Whiting)과 그의 동료들은 나타내진 친사회적 행동 수준에서 문화적 차이를 발견했다(Whiting & Whiting, 1975 ; Whiting & Edwards, 1988도 볼 것). 예를 들면 보다 높은 수준을 보였던 문화는 대가족을 유지하고 있고, 여성들에게 보다 큰 중요성을 부여하고 덜 전문화된 직업을 갖고 있으며, 덜 중앙집중적인 정부를 가지고 있는 경향이 있었다. 이와 함께 친사회적 행동에서의 성 차이는 가족(예컨대 나이 어린 동생들)의 안녕에 대한 보다 큰 책임감과 매우 이른 시기에 책임 있는, 집안 허드렛일의 배당으로 귀인되었다. 협력적 행동에 대한 최근의 연구자들은 미국 출신의 아동들보다는 브라질 출신의 아동들 간에 더 큰 성 차이를 발견했다(Carlo, Roesch, Knight & Koller, 2001).

친사회적 행동에서의 문화적 다양성에 관한 다른 초기의 심리학적 연구는 협동적 행동과 경쟁적 행동에 관한 국가 간 연구들과 관련되었다. 예를 들면 멕시코인들과 멕시코계 미국인들은 유럽계 미국인들보다 훨씬 더 협동적인 사회적 행동을 선호한다(Knight, Bernal & Carlo, 1995 참조). 스티븐슨(Stevenson, 1991)은 중국과 일본 가족들이 이웃과 교실 동료들을 도우며 그들의 사회를 위해 훌륭한 일을 행하는 것을 지지한다고 지적했다. 나이 든 청소년들을 대상으로 했던 한 연구에서(Ma, 1989) 중국 청소년들은 영국 청소년들보다 다른 사람을 구하기 위해 기꺼이 자신의 위험을 감수하고자 했고, 인간의 감정에 보다 더 정향되었으며, 법을 준수하고자 하는 데 더 정향되어 있었다. 마(Ma, 1989)는 이들 연구결과가 중국 아동들과 청소년들의 인간 감정의 가족주의적 강조, 집합주의, 집단 연대감, 그리고 복종(권위주의적 양식)과 일치한다고 말했다.

친사회적 및 배려에 토대한 도덕추론과 동기에 관한 몇몇 연구 또한 폭넓은 문화적 차이를 제시한다. 예를 들면 연구자들은 브라질 아동들과 청소년들이 유럽계 미국 아동들과 청소년들보다 공감적 및 내면화된 친사회적 도덕추론양식을 덜 선호한다고 보고했다(Carlo 외, 1996). 후기 청소년기에 이르러 유럽계 미국인 청소년들은 브라질 청소년들보다 인정 정향된 친사회적 도덕추론을 더 선호했다(Carlo, Roesch & Koller, 1999). 스퀘(Skoe)와 그녀의 동료들(1999)은 캐나다와 노르웨이 청소년들 간의 배려 정향된 도덕추론에서의 국가 간 차이를 보고했다. 뵌케(Boehnke), 실버레이슨(Silbereisen), 아이젠버그(Eisenberg), 레이코우스키(Reykowski), 그리고 팔모나리(Palmonari, 1989)는 이탈리아와 독일 청소년들이 친사회적 행동에 대한 서로 다른 동기를 보고한다는 것을 발견했다. 파푸아뉴기니(Papua New Guinea) 출신의 아동들과 성인들에 대한 한 연구에서 티첸(Tietjen, 1986)은 그들 아동들과 서구 문화 출신 아동들 간의 친사회적 도덕추론에서 차이를 거의 발견하지 못했다. 그러나 성인들의 친사회적 도덕추론은 서구 문화의 성인들의 그것과는 차이가 있었다.

특히 심리학자들의 관심은 친사회적·도덕적 행동의 모델이 범문화적으로 동등한 것인지의 여부에 있다. 유럽계 미국인들을 대상으로 수행되었던 이전의 연구와 일치하여 브라질 청소년들을 대상으로 수행되었던 연구는 보다 높은 수준의 친사회적 도덕추론이 친사회적 행동과 긍정적으로 관련된다는 것을 지적했다(Carlo 외, 1996 ; Eisenberg 외, 2002). 더 나아가 미국 출신의 표본에서 발견되었던 바와 같이 공공시설에 수용된 브라질 청소년들(청소년 범죄자들과 고아들)은 낮은 사회경제적 지위의, 공공시설에 수용되지 않은 브라질 청소년들보다 친사회적 도덕추론에서 더 낮은 점수를 얻었다(Carlo, Koller & Eisenberg, 1998). 미국과 브라질 출신의 표본을 대상으로 한 친사회적 도덕추론에서의 연령 관련된 차이와 유사하게 이스라엘의 연구자들은 현금 기부에 대한 동기가 연령에 따라 세련 정도가 증가하여 나이가 더 어린 아동들은 순종과 외적 이슈에 더 관련되는 경향이 있는 반면에 나이가 더 든 아동들은 내면적 확은 본질적 동기를 더 보고하는 경향이 있다는 것을 발견했다(Bar–Tal, Raviv & Leiser, 1980 ; Raviv, Bar–Tal & Lewis–Levin, 1980). 미국에서의 이전의 연구들과 일치하는 것으로 그 밖의 다른 연구들은 보다 높은 수준의 친사회적 행동이 더 많은 사회적 수용(핀란드에서)과 더 높은 수준의 학업성취(중국에서 ; Chen, Liu, Rubin, Cen, Gao & Li, 2002 ; Pakaslahti, Karjalainen & Keltikangas–Jarvinen, 2002)와 관련된다는 것을 보여주었다. 다른 문화들에서의 친사회적 발달에 관한 이론적 모델의 문화 간 타당성을 검증하기 위해서는 그 이상의 연구가 필요하다.

미국의 소수민족 집단에서의 친사회적·도덕적 행동에 관한 연구는 지금까지 거의 없다. 라미레즈(Ramirez)와 캐스타네다(Castaneda, 1974) 그리고 스튜어드(Steward)와 스튜어드(Steward, 1973)는 멕시코인 혈통의 부모가 집합주의와 협동의식을 자녀들에게 주입시키려고 시도한다고 지적했다. 윌리암스(Williams, 1991)는 높은 수입의 멕시코계 미국인 가족들이 높은 수입의 유럽계 미국인 가족들보다 다른 사람들이 그들을 돕기 위해 하는 바를 더 높게 가치를 부여한다는 것을 발견했다. 이들 연구결과와 일치하는 것으로 여러 명의 연구자들은 멕시코계 미국인 아동들과 청소년들이 유럽계 미국인 아동들과 청소년들에 비해 경쟁적 행동보다는 협동적 행동을 더 선호한다는 것을 보여주었다(Eisenberg & Fabes, 1998 참조 ; Kinght 외, 1995도 볼 것). 그러나 그 밖의 다른 유형의 친사회적 행동과 다른 소수집단을 대상으로 한 연구는 부족한 실정이다.

요약하면, 친사회적 행동에 관한 문화 혹은 민족 간 연구는 친사회적 행동의 발달적 메커니즘과 차이에 대한 통찰을 제공할 수 있다. 친사회적 행동의 보편성에 관한 의문은 문화 간 방법론을 통해 집중적으로 다루어질 수 있다. 더 나아가 문화 간 연구는 연구자들로 하여금 친사회적 행동과 관련한 지식의 적용 가능성에 대한 매개변수들을 검증하도록 허용한다. 그러나 이 연구영역에서의 진보는 보다 광범위하게 수집된 문화에서의 친사회적 행동과 보다 세련된 연구설계(예컨대 종단적 연구와 다변수 접근), 그리고 친사회적 행동에 관한 문화적으로 타당한 척도의 발달을 활용한 검증에 달려 있다. 요컨대 몇몇 학자들은 친사회적 발달이 문화변수 내 그리고 문화변수 간 두 가지 모두를 동시에 검증하는 방법을 통해 더 잘 이해될 수 있을 것이라고 제안하고 있다(Carlo 외, 2001). 이 후자의 접근은 우리에게 현존하고 있는 문화 내(within-culture) 모델의 한계에 관한 통찰을 제공하고 친사회적 발달의 복잡한, 다수준적 영향을 인정하며, 그리고 친사회적 발달에 관한 생태학적으로 근거된 모델의 발달을 촉진시켜 준다.

《 감사의 말 》

저자는 마리아 드 구즈만(Maria de Guzman), 샘 하디(Sam Hardy), 로라 파딜라(Laura Padilla), 그리고 스테시 스테일(Stacy Steil)의 도움에 대해 대단히 감사한다. 저자는 또한 메라니 킬렌(Melanie Killen)과 주디 스메타나(Judi Smetana)의 유익한 검토에 대해서도 고맙게 생각한다. 이 장을 집필하는 데 필요한 자금 지원은 존 템플턴 재단(John Templeton Foundation), 미국심리학회, 국립과학재단(NSF)으로부터 제공받았다.

참고문헌

Bandura, A.(1991). Social cognitive theory of moral thoght and action. In W. M. Kurtines & J. L. Gewirtz(Eds.), *Handbook of moral behavior and development, Vol. 1 : Theory*(pp. 45–103). Hillsdale, NJ : Lawrence Erlbaum Associates.

Bar–Tal, D., Raviv, A., Leiser, T.(1980). The development of altruistic behavior : Empirical evidence. *Developmental Psychology, 16,* 516–524.

Barnett, M. A.(1987). Empathy and related responses in children. In N. Eisenberg & J. Stayer(Eds.), *Empathy and its development*(pp. 146–162). Cambridge University Press.

Batson, C. D.(1998). Altruism and prosocial behavior. In D. T. Gilbert, S. T. Fiske, & G. Lindzey(Eds.), *The handbook of social psychology, Vol. 2*(4th ed., pp. 282–316). Boston : McGraw–Hill Companies.

Baumrind, D.(1991). The influence of parenting style on adolescent competence and substance use. *Journal of Early Adolescence, 11,* 56–95.

Belle, D., Burr, R., & Cooney, J.(1987). Boys and girls as social support theorists. *Sex Roles, 17,* 657–665.

Berndt, T. J.(1989). Obtaining support from friends during childhood and adolescence. In D. Belle(Ed.), *Children's social networks and social supports*(pp. 308–331). New York : John Wiley & Sons.

Bierhoff, H.(2002). *Prosocial behaviour.* New York : Psychology Press.

Blasi, A.(1980). Bridging moral cognition and moral action : A critical review of the literature. *Psychological Bulletin, 88,* 1–45.

Blasi, A.(1983). Moral cognition and moral action : A theoretical perspective. *Developmental Review, 3,* 178–210.

Blum, L. A.(1980). *Friendship, altruism, and morality.* London : Routledge & Kegan Paul.

Boehnke, K., Silbereisen, R. K., Eisenberg, N., Reykowski, J., & Plamonari, A.(1989).

Developmental pattern of prosocial motivation : A cross–national study. *Journal of Cross–Cultural Psychology, 20,* 219–243.

Bosacki, S., & Astington, J. W. (1999). Theory of mind in preadolescence : Relations between social understanding and social competence. *Social development, 8,* 237–255.

Brown, J. D., & Witherspoon, E. M. (2002). The mass media and American adolescents' health. *Journal of Adolescent Health, 31,* 153–170.

Bukowski, W. M., & Sippola, L. K. (1996). Friendship and morality. In W. M. Bukowski & A. F. Newcomb (Eds.), *The company they keep : Friendship in childhood and adolescence* (pp. 238–261). Cambridge, UK : Cambridge University Press.

Capara, G. V., Barbaranelli, C., Pastorelli, C., Bandura, A., & Zimbardo, P. G. (2000). Prosocial foundations of children's academic achievement. *Psychological Science, 11,* 302–306.

Carlo, G. (2001, April). The cost of following in Kant's footsteps : Moral development embedded in context (title changed). In d. Lapsley (Chair), *Moral Development at the Crossroads : Integrative Approaches.* Symposium at the Society for Research of Child Development, Minneapolis, MN.

Carlo, G., Alen, J. B., & Buhman, D. C. (1999). Facilitating and disinhibiting prosocial behaviors : The nonlinear interaction of trait perspective taking and trait personal distress on volunteering. *Basic and Applied Social Psychology, 21,* 189–197.

Carlo, G., & Bevins, R. A. (2002). The need for proximal mechanisms to understand individual differences in altruism. *Behavioral and Brain Sciences (Commentary), 25,* 255–256.

Carlo, G., Eisenberg, N., & Knight, G. P. (1992). An objective measure of adolescents' prosocial moral reasoning. *Journal of Research on Adolescence, 2,* 331–349.

Carlo, G., Fabes, R. A., Laible, D. J., & Kupanoff, K. (1999). Early adolescence and prosocial/moral behavior II : The role of social and contextual influences. *Journal of Early Adolescence, 19,* 133–147.

Carlo, G., Hausmann, A., Christiansen, S., & Randall, B. A. (2003). Sociocognitive and behavioral correlates of a measure of prosocial tendencies for adolescents. *Journal of Early Adolescence, 23,* 107–134.

Carlo, G., Knight, G. P., Eisenberg, N., & Rotenberg, K. J. (1991). Cognitive processes and prosocial behavior among children : The role of affective attributions and reconciliations. *Developmental Psychology, 27,* 456–461.

Carlo, G., Koller, S., Eisenberg, N. (1998). Prosocial moral reasoning in institutionalized delinquent, orphaned, and noninstitutionalized Brazilian adolescents.

Journal of Adolescent Research, 13, 364–376.

Carlo, G., Koller, S. H., Eisenberg, N., DaSilva, M., & Frohlich, C.(1996). A cross–national study on the relations among prosocial moral reasoning, gender role orientations, and prosocial behaviors. *Developmental Psychology, 32,* 231–240.

Carlo, G., & Randall, B.(2001). Are all prosocial behaviors equal? A socioecological developmental conception of prosocial behavior. In F. Columbus(Ed.), *Advances in psychology research*(Vol. II, pp. 151–170). Huntington, NY : Nova Science Publishers.

Carlo, G., & Randall, B. A.(2002). The development of a measure of prosocial behaviors for late adolescents. *Journal of Youth and Adolescence, 31,* 31–44.

Carlo, G., Roesch, S. C., Knight, G. P., & Koller, S. H.(2001). Between or within–culture variation? Culture group as a moderator of the relations between Individual differences and resource allocation preferences. *Journal of Applied Developmental Psychology, 22,* 559–579.

Carlo, G., Roesch, S. C. & Koller, S. H.(1999). Cross–national and gender similarities and differences in prosocial moral reasoning between Brazilian and European–American college students. *Interamerican Journal of Psychology, 33,* 151–172.

Carlo, G., Roesch, S. C., & Melby, J.(1998). The multiplicative relations of parenting and temperament to prosocial and antisocial behaviors in adolescence. *Journal of Early Adolescence, 18,* 266–290.

Carlson, M., & Miller, N(1987). Explanation of the relation between negative mood and helping. *Psychological Bulletin, 102,* 91–108.

Carter, C. S.(1998). Neuroendrocrine perspectives on social attachment and love. *Psychoneu–roendocrinology, 23,* 779–818.

Cassidy, K. W., Werner, R. S., Rourke, M., Zubernis, L. S., & Balaraman, G.(2003). The relationship between psychological understanding and positive social behaviors. *Social Development, 12,* 198.

Chalmers, J. B., & Townsend, M. A. R.(1990). The effects of training in social perspective taking on socially maladjusted girls. *Child Development, 61,* 178–190.

Chase–Lansdale, P. L., Wakschlag, L. S., & Brooks–Gunn, J.(1995). A psychological perspective on the development of caring in children and youth : The role of the family. *Journal of Adolescence, 18,* 515–556.

Chen, X., Liu, M., Rubin, K. H., Cen, G., Gao, X., & Li, D.(2002). Sociability and prosocial orientation as predictors of youth adjustment : A seven–year longitudinal study in a Chinese sample. *International Journal of Behavioral Development, 26,* 128–136.

Cialdini, R. B., Brown, S. L., Lewis, B. P., Luce, C., & Neuberg, S. L.(1997). Reinterpreting the empathy–altruism relationship : When one into one equals oneness. *Journal of Personality and Social Psychology, 73,* 481–494.

Colby, A., & Damon, W.(1992). *Some do care : Contemporary lives of moral commitment.* Toronto : Free Press.

Crick, N. R., & Gropeter, J. K.(1995). Relational aggression, gender, and social–psychological adjustment. *Child Development, 66,* 710–722.

Davis, M. H., Hull, J. G., Young, R. d., & Warren, W. G.(1987). Emotional reactions to dramatic film stimuli : The influence of cognitive and emotional empathy. *Journal of Personality and Social Psychology, 52,* 126–133.

Dekovic, M., & Janssens, J. M. A. M.(1992). Parents' child–rearing style and children's sociometric status. *Developmental Psychology, 28,* 925–932.

Descartes, R.(1622/1972). *Treatise of man.* Cambridge, MA : Harvard University Press.

De Wall, F.(1996). Good natured : *The origins of right and wrong in humans and other animals.* Cambridge, MA : Harvard University Press.

Dix, T., & Grusec, J. E.(1983). Parental influence techniques : An attributional analysis. *Child Development, 54,* 645–652.

Dunn, J.(1988). *The beginnings of social understanding.* Cambridge, MA : Harvard University Press.

Dunn, J., & Munn, P.(1986). Siblings and the development of prosocial behaviour. *International Journal of Behavioral Development, 9,* 265–294.

Eagly, A. H., & Crowley, M.(1986). Gender and helping behavior. A meta–analytic review of the social psychological literature. *Psychological Bulletin, 100,* 283–308.

Eberly, M. B. & Montemayor, R.(1998). Doing good deeds : An examination of adolescent prosocial behavior in the context of parent/adolescent relationships. *Journal of Adolescent Research, 13,* 403–432.

Eberly, M. B., & Montemayor, R.(1999). Adolescent affection and helpfulness toward parents : A 2–year follow–up. *Journal of Early Adolescence, 19,* 226–248.

Eisenberg, N.(1982). The development of reasoning regarding prosocial behavior. In N. Eisenberg(Eds.), *The development of prosocial behavior*(pp. 219–249). New York : Academic Press.

Eisenberg, N.(1986). *Altruistic emotion, cognition and behavior.* Hillsdale, NJ : Lawrence Erlbaum Associates.

Eisenberg, N.(in press). The development of empathy–related responding. In G. Carlo & C. P. Edwards(Eds.), *The 51st Annual Symposium on Motivation* : Moral motivation. Linclon : University of Nebraska Press.

Eisenberg, N., Carlo, G., Murphy, B., & Van Court, P.(1995). Prosocial development in late adolescence : A longitudinal study. *Child Development, 66*, 1179–1197.

Eisenberg, N., & Fabes, R. A.(1992). Emotion, regulation, and the development of social competence. In M. S. Clark(Ed.), *Review of personality and social psychology : Emotion and social behavior*(Vol. 14. pp. 119–150). Newbury Park : Sage.

Eisenberg, N., & Fabes, R. A.(1998). Prosocial development. In W. Damon(Series Ed.) & N. Eisenberg(Vol. Ed.), *Handbook of child psychology, Vol. 3 : Social, emotional, and personality development*(5th ed., pp. 701–778). New York : John Wiley.

Eisenberg, N., Fabes, R. A., Miller, P. A., Fultz, J., Mathy, R. M., Shell, R., & Reno, R. R.(1989). The relations of sympathy and personal distress to prosocial behavior : A multi–method study. *Journal of Personality and Social Psychology, 57*, 55–66.

Eisenberg, N., Guthrie, I. K., Cumberland, A., Murphy, B. C., Shepard, S. A., Zhou, Q., & Carlo, G.(2002). Prosocial development in early adulthood : A longitudinal study. *Journal of Personality and Social Psychology, 82*, 993–1006.

Eisenberg, N., Guthrie, I. K., Murphy, B. C., Shepard, S. A., Cumnetland, A., & Carlo, G.(1999). Consistency and development of prosocial dispositions : A longitudinal study. *Child Development, 70*, 1360–1372.

Eisenberg, N., Lennon, R. & Roth, K.(1983). Prosocial development : A longitudinal study. *Developmental Psychology, 19*, 846–855.

Eisenberg, N., & Miller, P. A.(1987). The relation of empathy to prosocial and related behaviors. Psychological Bulletin, 101, 91–119.

Eisenberg, N., Miller, P. A.., Shell, R., McNally, S., & Shea, C.(1991). Prosocial development in adolescence : A longitudinal study. *Developmental Psychology, 27*, 849–857.

Eisenberg, N., &Murphy, B.(1995). Parenting and children's moral development. In M. H. Bornstein(Ed.), *Handbook of parenting*(Vol. 4, pp. 227–257). Mahwah, NJ : Lawrence Erlbaum Associates.

Eisenberg, N., Shea, C. L., Carlo, G., & Knight, G. P.(1991). Empathy–related responding and cognition : A "chicken and the egg" dilemma. In W. M. Kurtines & J. L. Gewirtz(Eds.), *Handbook of moral behavior and development Vol. 2 : Research*(pp. 63–88). Hillsdale, NJ : Lawrence Erlbaum Associates.

Eisenberg, N., & Shell, R.(1996). Prosocial moral judgment and behavior in children : The mediating role of cost. *Personality and Social Psychology Bulletin, 12*, 426–

433.
Eisenberg, N., Zhou, Q., & Koller, S.(2001). Brazilian adolescents' prosocial moral judgment and behavior : Relations to sympathy, perspective taking, gender–role orientation, and demographic characteristics. *Child Development, 72*, 518–534.
Eisenberg–Berg, N.(1979). Development of children's prosocial moral judgment. *Developmental Psychology, 15*, 128–137.
Emde, R. N., Pomin, R., Robinson, J., Corley, R., DeFries, J., Fulker, D. W., et al. (1992). Temperament, emotion, and cognition at fourteen months : The MacArthur Longitudinal Twin Study. *Child Development, 63*, 1437–1455.
Fabes, R. A., Carlo, G., Kupanoff, K., & Laible, D.(1999). Early adolescence and prosocial/moral behavior I : The role of individual processes. *Journal of Early Adolescence, 19*, 5–16.
Feshbach, N. D.(1987). Parental empathy and child adjustment/maladjustment. In N. Eisenberg and J. Strayer(Eds.), *Empathy and its development*(pp. 271–291). New York : Cambridge University Press.
Flavell, J. H., Bokin, P., Fry, C., Wright, J., & Jarvis, P.(1968). *The development of role–taking and communication skills in children*. New York : John Wiley.
FlavellJ. H., & Miller, P. H.(1998). Social cognition. In W. Damon(Series Ed.), & D. Kuhn & R. S. Siegler(Vol. Ed.), *Handbook of child psychology, Vol. 2 : Cognition, perception, and language*(5th ed., pp. 851–898). New York : John Wiley.
Ford, M.(1979). The construct validity of egocentrism. *Psychological Bulletin, 86*, 1169–1188.
Freud, S.(1900/1965). *The interpretation of dreams*. New York : Avon Books.
Furman, W., & Buhrmester, D.(1985). Children's perceptions of the personal relationships in their social networks. *Developmental Psychology, 21*, 1016–1024.
Garner, P. W., Jones, D. c., & Palmer, D. J.(1995). Social cognitive correlates of preschool children's sibling caregiving behavior. *Developmental Psychology, 30*, 905–911,
Gibbs, J. C.(1991). Toward an integration of Kohlberg's and Hoffman's theories of morality. In w. M. Kurtines & J. l. Gewirtz(Eds.), *Handbook of moral behavior and development Vol. 1 : Theory*(pp. 183–222). Hillsdale, NJ : Lawrence Erlbaum Associates.
Gibbs, J. C.(2003). *Moral development & reality : Beyond the theories of Kohlberg and Hoffman*. Thousand Oaks, CA : Sage.
Gibbs, J. C., & Schnell, S. V.(1985). Moral development "versus" socialization : A critique. *American Psychologist, 40*, 1071–1080.

Gilligan, C.(1982). *In a different voice : Psychological theory and women's development.* Cambridge, MA : Harvard University Press.

Gimpl, G., & Farenholz, F.(2001). The oxytocin receptor system : Structure, function, and regulation. *Physiological Reviews, 81*, 629–683.

Ginsburg, H. J., Ogletree, S. M., Silakowski, T. D., Bartels, R. d., Burk, S. L., & Turner, G. M.(2003). Young children's theories of mind about empathic and selfish motives. *Social Behavior and personality Development, 31*, 237–244.

Grusec, J.(1991). Socializing concern for others in the home. *Developmental Psychology, 27*, 338–342.

Grusec, J. E., & Goodnow, J. J.(1994). Impact of parental discipline methods on the child's internalization of values : A reconceptualization of current points of view. *Developmental Psychology, 30*, 4–19.

Grusec,J. E., & Redler, E.(1980). Attribution, reinforcement, and altruism : A developmental analysis. *Developmental Psychology, 16*, 525–534.

Hart, D.(in press). The development of moral identity. In G. Carlo & C. P. Edwards(Eds.), *The 51st Annual Symposium on Motivation : Moral motivation.* Lincoln : University of Nebraska Press.

Hart, D., & Fegley, S.(1995). Altruism and caring in adolescence : Relations to self–understanding and social judgment. *Child Development, 66*, 1346–1359.

Hartshorne, H., May, A. A., & Shuttleworth, F. K.(1930). Studies in the nature of character. New York : MacMillan.

Hay, D. F., & Pawlby, S.(2003). Prosocial development in relation to children's and mothers' psychological problems. *Child Development, 74*, 1314–1327.

Hearold, S.(1986). A synthesis of 1043 effects of television on social behavior. In G. Comstock(Ed.), *Public communication and behavior*(Vol. 1, pp. 65–130). Orlando, FL : Academic Press.

Hobbes, T.(1651/1962). *Leviathan*. Ed. M. Oakeshotte. New York : Dutton.

Hoffman, M. L.(1983). Affective and cognitive processes in moral internalization. In E. T. Higgins, D. N. Ruble, & W. W. Hartup(Eds.), *Social cognition and development : A sociocultural perspective*(pp. 236–274). Cambridge, UK : Cambridge University Press.

Hoffman, M. L.(2000). *Empathy and moral development : Implications for caring and justice*. Cambridge, UK : Cambridge University Press.

Hoffman, M. L., & Saltzsten, H. D.(1967). Parent discipline and the child's moral development. *Journal of Personality and Social Psychology, 5*, 45–57.

Hume, D.(1751/1957). *An inquiry concerning the principles of morals*. Indianapolis, IN : The Bobbs–Merrill Co.

Huston, A. C., & Wright, J. C.(1998). Mass media and children's development. In W. Damon (Series Ed.) & I. E. Sigel & K. A. Renninger (Vol. Eds.), *Handbook of child psychology, Vol. 4 : Child psychology in practice*(5th ed., pp. 999–1058). New York : John Wiley.

Iannotti, R. J.(1978). Effect of role–taking experiences on role taking, empathy, altruism. and aggression. *Developmental Psychology, 14*, 119–124.

Jaffe, S., & Hyde, J. S.(2000). Gender differences in moral orientation : A meta–analysis. *Psychological Bulletin, 126*, 703–726.

Kagan, J.(in press). Human morality and temperament. In G. Carlo & C. P. Edwards (Eds.), *The 51st Annual Symposium on Motivation : Moral motivation*. Lincoln : University of Nebraska Press.

Kant, I.(1785/1993). *Grounding for the metaphysics of morals*. Indianapolis, IN : Hackett Publishing Co.

Knight, G. P., Bohlmeyer, E. M., Schnieder, H., & Harris, J. D.(1993). Age differences in temporal monitoring and equal shring in a fixed–duration sharing task. *British Journal of Developmental Psychology, 11*, 143–158.

Knight, G. P., & Chao, C.(1991). Cooperative, competitive, and individualistic social values among 8– to 12–year old siblings, friends, and acquaintances. *Personality and Social Psychology Bulletin, 17*, 201–211.

Knight, G. P., Johnson, L. G., Carlo, G.(1995). Socialization and the development of cooperative, competitive, and individualistic behaviors among Mexican American children. In E. E. Garcia & B. M. McLaughin (Eds.)., *Meeting the challenge of l inguistic and cultural diversity in early childhood education, Vol. 6 : Yearbook in early childhood education*(pp. 85–102). New York : Teachers College Press.

Kohanska, G.(1993). Toward a synthesis of parental socialization and childtemeprament in early development of conscience. *Child Development, 65*, 325–347.

Kohlberg, l.(1969). Stage and sequence : The cognitive–developmental approach to socialization. In D. Goslin (Ed.), *Handbook of socialization theory and research*. Stokie, IL : Rand McNally.

Krebs, D. L., Deton, D. L., Vermeulen, S. C., & Carpendale, J. I.(1991). Structured flexibility of moral judgement. *Journal of Personality and Social Psychology, 6*, 1012–1023.

Krebs, D., & Russell, C.(1981). Role–taking and altruism. In J. P. Rushton & R. M. Sorrentino (Eds.), *Altruism and helping behavior : Social, personality, and developmental perspectives*(pp. 137–165). Hillsdale, NJ : Lawrence Erlbaum Associates.

Krevins, J., & Gibbs, J. C.(1996). Parents' use of inductive discipline : Relations to children's empathy and prosocial behavior. *Child Development, 67,* 3262−3277.

Kurdek, L.(1978). Perspective taking as the cognitive basis of children's moral development : A review of the literature. Merrill−Palmer Quarterly, 24, 3−28.

Kurdek, L.(1981). Young adults' moral reasoning about prohibitive and prosocial dilemmas. *Journal of Youth and Adolescence, 10,* 263−272.

Laible, D. J., & Carlo, G.(2004). The differential relations of maternal and paternal support and control to adolescent social competence, self−worth, and sympathy. *Journal of Adolescent Research, 19,* 759−782.

Laible, D. J., Carlo, G., & Raffaelli, M.(2000). The differential relations of parent and peer support on adolescent adjustment. *Journal of Youth and Adolescence, 29,* 45−59.

Laible, D. J., Carlo, G., & Roesch, S. C.(2004). Pathways to self−esteem : The role of parent and peer attachment, empathy, and social behaviors. *Journal of Adolescence, 27,* 703−716.

Lapsley, D. K.(1996). *Moral psychology*. Boulder, CO : Westview.

Latané, B. & Darley, J. M.(1970). *The unresponsive bystander : Why doesn't he help?* New York : Appleton−Crofts.

Liu, D., Diorio, J., Tannanbaum, B., Caldfi, C., Francis, D., Freedman, A., et al. (1997). Maternal care, hippocampal, glucocorticoid receptors, and hypothalamic−pituitary−adrenal responses to stress. *Science, 277,* 1659−1662.

Looft, W. R.(1972). Egocentrism and social interaction across the life span. *Psychological Bulletin, 78,* 73−92.

Ma, H. K.(1989). Moral orientation and moral judgement in adolescents in Hong Kong, mainland China, and England. *Journal of Cross−Cultural Psychology, 20,* 152−177.

Maccoby, E. E., & Jacklin, C. N.(1974). *The psychology of sex differences*. Stanford, CA : Stanford University Press.

Maccoby, E. E., & Martin, J. A.(1983). Socialization in the context of the family : Parent−child interaction. In E. M. Hethrington(Ed.), *Handbook of child psychology : Vol. 4, Socialization, personality, and social development*(pp. 1−101). New york : Wiley.

Mattews, K. A., Baston, C. D., Horn, J., & Rosenman, R. H.(1981). "Principles in his nature which interest him in the fortune of others …" : The heritability of empathic concern for others. *Journal of Personality, 49,* 237−247.

Mead, G. H.(1934). *Mind, self, and society*. Chicago : University of Chicago Press.

Midlarsky, E., & Hannah, M. E.(1985). Competence, reticence, and helping by children and adolescents. *Developmental Psychology, 21,* 534−541.

Miller, P. A., & Eisenberg, N.(1988). The relation of empathy to aggression and externalizing/antisocial behavior. *Psychological Bulletin, 103*, 324–344.

Moore, C., Barresi, J., & Thompson, C.(1998). The cognitive basis of future-oriented prosocial behavior. *Social Development, 7*, 198–218.

Nelson, D. A., & Crick, N. R.(1999). Rose-colored glasses : Examining the social information-processing of prosocial young adolescents. *Journal of Early Adolescence, 19*, 17–38.

Oliner, S. P. & Oliner, P. M.(1998). *The altruistic personality : Rescuers of Jews in Nazi Europe*. New York : Free Press.

Padilla-Walker, L. M., & Carlo, G.(2004). "It's not fair!" Adolescents' constructions of appropriateness of parental reactions to antisocial and prosocial situations. *Journal of Youth and Adolescence, 33*, 389–401.

Pakaslahti, L., Karjalainene, A., & Kaltikangas-Jarvinen, L.(2002). Relationships between adolescent prosocial problem-solving strategies, prosocial behaviour, and social acceptance. *International Journal of Behavioral Development, 26*, 137–144.

Piaget, J.(1926/1959). *The language and thought of the child*. London : Routledge & Kegan Paul Ltd.j

Piaget, J.(1932/1965). *The moral judgment of the child*. Trans. M. Gabain. London : Kegan Paul.

Peterson, L.(1983). Role of donor competence, donor age, and peer presence on helping in an emergency. *Developmental Psychology, 19*, 873–880.

Ramirez, M., & Castaneda, A.(1974). *Cultural democracy, biocognitive development, and education*. New York : Academic Press.

Raviv, A., Bar-Tal, D., & Lewis-Levin, T.(1980). Motivations for donation behavior by boys of three different ages. *Child Development, 51*, 610–613.

Rest, J. R.(1979). *Development in judging moral issues*. Minneapolis : University of Minnesota Press.

Rotenberg, K. J., Fox, C., Green, S., Ruderman, l., Slater, K., Stevens, K., & Carlo, G. (in press). Construction and validation of a children's interpersonal trust belief scale. *British Journal of Developmental Psychology*.

Rothbart, M. K., Ahadi, S. A., & Hershey, K. L.(1994). Temperament and social behavior in childhood. *Merrill-Palmer Quarterly, 40*, 21–39.

Rosseau, J. J.(1773/1962). *Emile*. New York : Columbia University Press.

Salovey, P., Rothman, A. J., Detweiler, J. B., & Steward, W. T.(2000). Emotional states and physical health. *American Psychologist, 55*, 110–121.

Schonert-Reichl, K. A.(1999). Relations of peer acceptance, friendship adjustment, and social behavior to moral reasoning during early adolescence. *Journal of Early Adolescence, 19,* 249–279.

Seligman, M. E. P., & Csikszentmihalyi, M.(2000). Positive psychology : An Introduction. *American Psychologist, 55,* 5–14.

Shantz, C. U.(1983). Sochila cognition. In P. H. Mussen(Series Ed.) & J. H. Flavell & E. M. Markman(Eds.), *Handbook of child psychology : Vol. 3. Cognitive development.* New York : Wiley.

Skoe, E. E. A., Hansen, K. L., Willy–Tore, M., Bakke, I., Hoffmann, T., Larsen, B., & Asheim, M.(1999). Care–based moral reasoning in Norwegian and Canadian early adolescents : A cross–national comparison. *Journal of Early Adolescence, 19,* 280–291.

Sober, E., & Wilson, D. S.(1998). *Unto others : The evolution and psychology of unselfish behavior.* Cambridge, MA : Harvard University Press.

Staub, E.(1978). *Positive social behavior and morality : Social and personal influences* (Vol. 1). New York : Academic.

Staub, E.(1979). *Positive social behavior and morality : Socialization and development* (Vol. 2). New York : Academic.

Staub, E.(in press). The roots of goodness : The fulfillment of basic human needs and the development of inclusive caring, helping and nonagression, moral courage, active bystandership, and altruism born of suffering. In G. Carlo & C. P. Edwards(Eds.), *The 51st Annual Symposium on Motivation : Moral motivation.* Lincoln : University of Nebraska Press.

Stevenson, H. W.(1991). The development of prosocial behavior in large–scale collective societies : China and Japan. In R. A. Hinde & J. Grovel(Eds.), *Cooperation and prosocial behaviour*(pp. 89–105). Cambridge, UK : Cambridge University Press.

Steward, M., & Steward, D.(1973). The observation of Anglo–, Mexican–, and Chinese–American mothers teaching their young sons. *Child Development, 4,* 329–337.

Stuckas, A. A., & Dunlap, M. R.(2002). Community involvement : Theoretical approaches and educational initiatives(Special Issue). *Journal of Social Issues, 58* (3).

Tietjen, A.(1986). Prosocial moral reasoning among children and adults in a Papau New Guinea society. *Development Psychology, 22,* 861–868.

Tucker, C. J., Updegraff, K. A., Mc Hale, S. M., & Crouter, A. C.(1999). Older siblings as socializers of younger siblings' empathy. *Journal of Early Adolescence, 19,* 176–198.

Turiel, E.(1998). The development of morality. In W. Damon (Series Ed.) & N. Eisenberg (Vol. Ed.), *Handbook of child psychology, Vol. 3 : social, emotional, and personality development*(5th ed, pp. 863–932) New York : John Wiley.

Underwood, B., & Moore, B.(1982). Perspective–taking and altruism. *Psychological Bulletin, 91*, 143–173.

Walker, L.(1984). Sex differences in the development of moral reasoning : A critical review. *Child Development, 55*, 677–691.

Walker, L.(1991). Sex differences in moral reasoning. In W. M. Kurtines & J. L. Gewirtz (Eds.), *Handbook of moral behavior and development, Vol. 2 : Research* (pp. 333–364). Hillsdale, NJ : Lawrence Erlbaum Associates.

Wentzel, K. R.(1991). Relations between social competence and academic achievement in early adolescence. *Child Development, 62*, 1066–1078.

Wentzel, K. R., & McNamara, C. C.(1999). Interpersonal relationships, emotional distress, and prosocial behavior in middle school. *Journal of Early Adolescence, 19*, 114–125.

Whiting, B. B., & Whiting, J. W. M.(1975). *Children of six cultures : A psychocultural analysis*. Cambridge, MA : Harvard University Press.

Whiting, B. B., & Edwards, C. P.(1988). *Children of different worlds*. Cambridge, MA : Harvard University Press.

Williams, F. L.(1991). Interfamily economic exchange : A function of culture and economics. *Lifestyles : Family and Economic Issues, 12*, 235–252.

Wilson, E. O.(1978). *On human nature*. Cambridge, MA : Harvard University Press.

Wyatt, J. M., & Carlo, G.(2002). What will my parents think? Relations among adolescents' expected parental reactions, prosocial moral reasoning, and prosocial and antisocial behaviors. *Journal of Adolescent Research, 17*, 646–666.

Yates, M., & Youniss, J.(Eds.).(1999). *Roots of civic identity : International perspectives on community service and activism in youth*. Cambridge, UK : Cambridge University Press.

Youniss, J.(1980). *Parents and peers in social development : A sullivan–Piaget perspective*. Chicago : University of Chicago Press.

Youniss, J.(1994). Children's friendship and peer culture : Implications for theories of networks and suppor. In F. Nestmann & K. Hurrelmann (Eds.), *Social networks and social support in childhood and adolescence*(pp. 75–88). Berlin : Walter de Gruyter.

Zahn–Waxler, C., Robinson, J. L., & Emde, R. N.(1992). The development of empathy in twins. *Developmental Psychology, 28*, 1038–1047.

제21장

아동들의 도덕적 정서 개념과 표현

아르세니오_William F. Arsenio
골드_Jason Gold
아담스_Erin Adams(예시바 대학교_Yeshiva University)

아동들의 도덕성은 대부분 추론과 거의 직접적인 관련이 없는 두려움, 죄의식, 사랑, 공감과 관련된 초기의 정서적 과정의 결과인가? 아니면 아동들의 도덕성은 대부분 비합리적·비도덕적인 정서적 충동을 억누르기 위해 작용하는 인지적 원리의 결과인가? 도덕발달에 관한 이들 역사적인 정의적 관점과 인지적 관점 간의 긴장을 확인·조정하고자 했던 깁스(Gibbs)와 슈넬(Schnell, 1985)의 중요한 노력 이후에 거의 20여 년이 흘렀다. 그러나 그때 이후 아동들의 도덕발달의 기원을 이해하는 데 있어서 상당한 진보가 이루어졌음에도 불구하고 (Nicci, 2001 참조 ; 재검토를 위해서는 Turiel, 1998) 정의적·인지적 분할을 연결시키고자 한 노력이 아직도 상대적으로 드문 편이다. 우리의 목적은 두 개의 관련된 연구자료를 요약하는 것인데, 우리는 그것이 도덕적 사건에 관한 아동들의 인지와 정서가 도덕발달의 보다 크고 일관된 모델에서 수렴될 수 있는 하나의 중요한 방식을 입증할 것으로 믿는다.

이러한 검토의 대부분은 두 가지 기본적인 의문, 곧 아동들은 다양한 도덕적 행위가 어떤 정서를 산출할 것으로 기대하는가, 그리고 이들 정서적 기대는 아동들의 도덕적 행동에 어떤 영향을 미치는가로부터 나온다. 위해와 손상의 정서적 결과에 대한 아동들의 인식에 이처럼 초점을 두는 것은 정서 및 정서적 과정에 관한 아동들의 이해와 그들의 사회적 능력 간의 관련에 관한 대규모 연구자료의 일부분이다(Denham, 1998 참조 ; 재검토를 위해서는 Saari, 1999). 예를 들면 수많은 연구들은 사회적 사건과 정서적 결과 간의 관련(정서-사건 연결)에 관한 아동들의 개념에서의 변화가 그들의 정신병리학에 대한 위험뿐만 아니라 그들의 사회적으로 유능한 행동에서의 차이와 연관된다는 것을 보여주었다(예컨대 Garner, Jones & Miner, 1994 ; Schultz, Izard & Ackerman, 2000). 이와는 대조적으로 아동들이 고의적인 손상 및 가해와 관련되는 감정 탓으로 돌려진 도덕적 위반의 정서적 결과를 어떻게 생각하는지, 그리고 이들 도덕적 정서-사건 연결이 그들의 관련된 행동에 의미 있는 영향을 미치는지 어떤지에 관해서는 거의 알려지지 않고 있다.

다음의 검토는 이 영역에서의 많은 관련 연구들이 다음과 같은 3가지의 보다 구체적인 의문에 초점을 둔다는 것을 밝힌다 : (a) 왜 어린 아동들과 심지어 어떤 청소년들은 도덕적 가해자가 다른 사람에게 해를 가한 이후에 긍정적인 정서(예컨대 행복)를 느낄 것으로 예상하는가? (b) 아동들은 실제적으로 이러한 맥락에서 긍정적인 정서를 표현하는가? 그리고 (c) "행복한 위해"에 관한 아동들의 개념과 표현에서 개인적 차이는 행동에서의 차이를 예견하는가? 처음에는 도덕적 정서-사건 연결에 대한 일반적 관심으로부터 그 초점을 때때로 "행복한 가해자"라 불리는 것으로 좁혀가는 것이 놀라운 것으로 보일 수도 있다. 그러나 일단 경험적 연구결과와 그의 잠재적 의미가 정교화되면 우리는 왜 "행복한 위해"에 이러한 초점을 두었는가에 대한 이유가 점차 분명해질 것으로 믿는다. 많은 어린 아동들이 도덕적 가해자가 성공적인 위해행위에 뒤이어 행복감을 느낄 것으로 기대한다(도덕적 정서의 개념)는 것을 지적하는 여러 연구가 검토되며, 몇몇 관찰 연구결과는 어린 아동들의 긍정적인 정서를 표현하는 경향성(도덕적 정서의 표현)은 그들의 사회적 능력에 관한 보다 일반적인 측면뿐만 아니라 공격성과도 관련된다는 것을 밝혀준다.

이들 이슈는 일반적인 측면에서, 그리고 이를 아동들과 청소년들의 도덕발달에 적용한 측면에서 정서-사건 연결의 중요성과 심리적 역할에 관한 개념적 개관으로 시작하는 몇몇 주요 절에서 중점적으로 다루어진다. 이러한 개관에 뒤이어 아동들의 행복한 가해자 기대에서 점차 등장하는 개인적 차이와 기준적인 연령 관련된 변화에 관한 연구를 기술하는—여기에는 그들의 잠재적인 이론적 의미와 중요성에 관한 기술이 포함되어 있다—절들이 등장한다. 후속 절은 아동들의 행복한 가해자 기대가 어떤 인지적 제한의 산물(예컨대 마음의 이론과 관련하는)일 수도 있으며, 또는 이 영역에서의 초기 연구들의 방법론적 한계일 수도 있다는 것을 암시하는 연구를 요약한다. 동료들과의 공격적·갈등적인 상호작용이 일어나는 동안 어린 아동들이 표현하는 실제적인 정서에 관한 연구의 검토가 아동들의 도덕적 정서 개념에 관한 이들 연구 요약에 이어 기술된다. 마지막으로 이 장은 행동적으로 파괴적인 청소년들과 비파괴적인 청소년들을 구별하는 데 있어서 행복한 가해자 개념이 지닌 잠재적인 진단적 힘을 보여주는 최근의 연구를 기술하면서 결론을 맺는다.

사회도덕적 정서 개념 : 이론적 구조

> 아동이 기꺼이 학교에 가고자 하는, 치과에 용기 있게 가는, 새로운 친구를 사귀는, 혹은 벌을 받지 않고 도망가고자 하는 마음은 아동이 그러한 상황들에 직면할 때 갖는 느낌에 관한 평가에 근거하고 있다(Harris, 1985, p. 162).

해리스의 인용문은 이 장에 깔려 있는 몇 가지 기본 아이디어, 즉 우리는 가끔 사회적 사건들의 정서적 전례와 결과를 기억하며, 그때 우리는 그러한 정서-사건 관련을 서로 다른 행위과정의 잠재적인 정서적 결과를 기대하는 데 활용할 수 있다. 요컨대 우리는 이들 정서적 결과 기대가 어떤 사람이 다양한 물질적·심리적 이득을 추구하며 다른 사람에게 의도적으로 해를 끼치는 도덕적 위반상황에서 아동들(그리고 성인들)이 갖는 일종의 정서적으로 강렬한 경험이 될 때 특히 유용할 것이라고 주장한다.

아동들의 도덕발달과의 관련(논의되어질)에서 뿐만 아니라 아동들의 내면화 및 외면화 행동에 관한 보다 넓은 양식과의 관계에서(예컨대 관련된 비평에 대해서는 Izard, Fine, Mostow, Trentacosta & Campbell, 2002 참조) 이들 정서-사건 연결 혹은 상황적 정서의 중요성에 관한 연구는 점차 증가하고 있다. 그러나 이들 정서-사건 연결이 어떻게 맺어지는지,

그리고 왜 그것이 장기적인 행동의 예보자가 되는지에 관한 개념적 모델은 매우 애매하다. 다음의 몇 가지 단락은 이들 정서-사건 연결의 중요성을 강조하고 정서와 인지가 어떻게 상호작용하는지에 관한 몇 가지 보다 넓은 의문을 중점적으로 다루기 시작하는 모델에 대해 간략히 언급한다. 이러한 상황적 정서에 관한 일반적 모델에 이어 도덕적 정서-사건 연결의 발달에 관한 보다 구체적인 기술이 언급된다.

상황적 정서

간결한 일반 모델. 다마지오(Damasio, 1994, 2003)와 그의 동료들은 정서와 인지가 어떻게 상호작용하여 행동에 영향을 미치는가에 관하여 생물학적으로 토대를 둔 설명을 발달시켜 왔다. 하나의 핵심적인 이슈는 시간이 제한되어 있는 현실세계의 맥락에서 의사결정 형식의 복잡성을 어떻게 언급할 것인가이다. 즉 우리는 그 모든 상황에서 잠재적으로 무한한 행위과정을 어떻게 처리 가능한 정도로 줄일 수 있는가? 브라운(Brown, 1996, p. 154)은 다음과 같이 기술한다 : "엄격하게 논리적인 결정은 적응하는 유기체들이 직면하는 대부분의 상황에서 불가능하다. … 정서성은 잠정적인 혹은 '적합한' 지식구조를 탐구하는 방법을 제공한다" (1996, p. 154).

다마지오(1994, 2003)는 "체세포 표지"(somatic markers)야말로 정서가 그러한 "적합한"(good enough) 지식구조를 제공하는 한 방법이라고 주장하고 있다. 시간이 지나면서 구체적인 행동과 인지가 긍정적·부정적인 결과와 연관되기 시작함에 따라 체세포 표지 혹은 직감(gut feeling)의 형식이 형성되며, "그것은 당신이 미래에 잃어버리지 않도록 보호하고 … 그리고 나서 당신으로 하여금 극소수의 대안들로부터 선택하도록 허용한다"(Damasio, 1994, p. 173). 달리 말하면 일단 가능한 선택분야가 좁아진다면 사람은 더 높은 수준의 인지적 과정을 훨씬 더 효과적으로 사용할 수 있다.

체세포 표지 모델은 인지적 과정에 제공하는 중요한 역할에도 불구하고 가장 넓은 의미에서 정서 제일을 강조하는 것으로 보인다(이는 Wilson, 1993과 Haidt, 2001에 의한 도덕적 직관주의 설명과 유사하다). 그러나 다마지오는 제1정서와 제2정서 간에 중요한 추가적인 구분을 하고 있다. 기능주의 이론에 의해 기술된 바와 같이(예컨대 Izard, 1991) 사건들의 어떤 넓은 범주(예컨대 목표 달성하기, 어느 누군가에 의해 좌절된 목표 갖기)는 주요한 혹은 분리된 정서를 이끌어내는데, 그것은 특수한 동기 경향성, 안면표정, 그리고 생리적 결과를 포함한다. 종합적으로 이들 핵심 정서(예컨대 행복, 슬픔, 분노, 두려움)는 대부분 타고나며, 이미 조직되어 있는 것으로 간주된다. 그러나 상당히 적응적인 이들 일차적인 정서에 덧붙여 진화론적 의미에서 다음 단계는 "그것을 자극시켰던 대상과의 관계에서 갖는 정서에 관한 느낌"(feeling of the emotion) (Damasio, 1994, p. 132)이다.

대상 "X"와 그의 유형적인 정서적 결과 간의 연계를 지각하게 되는 이러한 인간의 능력은 적응적인 인간 기능작용에서 중추적인 역할을 발휘한다(Damasio, 2003). 예를 들면 키가 큰 "비열한" 동료가 다가오고 있을 때 두려움이 느껴지는 기능적 역할을 상상하는 것은 쉬운 일이다. 의사결정은 정확하게 초점이 맞춰지게 되고(나는 도망가야만 하는가? 숨어야만 하는가?) 생리적 반응은 행위를 위해 작동하기 시작한다. 그러나 구체적인 대상 혹은 사건과 정서 간의 연계를 지각하게 됨에 따라 완전히 새로운 선택들이 유용하게 된다. 예를 들면 그 "약한 자를 못 살게 구는 녀석"과 그 녀석이 이끌어내는 강렬한 두려움 간의 연계를 지각하게 되는 것은 미리 계획을 세우는 것을 가능하게 해주며("그 녀석이 어디에서 놀고 있으며 나는 어떻게 그를 피할 수 있는가?"), 또한 보다 미묘한 차이를 구분하는 것을 가능하게 해준다("그러나 기다리자. 그 녀석은 결코 나처럼 어린 아이들을 괴롭히지 않는다"). 우리의 정서에 관하여 지각하게 되는 이러한 능력, "정서"(emotion)로부터 "느낌"(feeling)으로의 움직임은 행동 유연성에 관한 심원한 새로운 수준을 제공하는 방식으로 우리들이 보다 자동적인 사건-정서 연계를 풀어내는 데 도움을 준다. 그리고 이러한 전이의 핵심적인 특징은 환경적으로 중요한 정서-사건 연결에 관한 우리의 발달하는 이해와 기억이다.

사회도덕적 맥락. 상황과 정서 간의 연계를 이해하는 이러한 일반적인 능력은 아동들의 도덕발달에 어떤 영향을 미치는가? 이전의 연구(Arsenio & Lover, 1995)에서 우리는 사회도덕적 정서 연계(도덕적 사건뿐만 아니라 다소 규범적인 대인관계 한계와 관련되는 그 밖의 다른 사건을 포함하는)가 어떻게 형성되며 아동들의 사회도덕적 추론과 행동을 안내하기 위해 어떻게 작용하는지에 관한 4단계 모델을 개관했다. 간략히 언급한다면 처음 두 단계는 각기 다른 사회도덕적 사건의 유형(예컨대 위해 대 저비용의 도움)은 체계적으로 서로 다른 정서적 결과를 지니는 경향이 있으며, 결과적으로 이들 정서-사건 연계에 관한 아동들의 개념이 이들 차별을 반영한다는 주장을 강조한다. 세 번째 단계는 서로 다른 상황에 따른 이들 정서-사건 연계의 이해 및 적용과 관련되는 것으로 다마지오가

의식적 자각(conscious awareness)이라 기술했던 것이다. 이는 그러한 연계를 보다 충분히 이해하게 하고 유연하게 전개되도록 허용해 준다. 마지막으로 네 번째 단계는 이러한 정서적으로 강렬한 지식이 어떻게 보다 일반적인 도덕적 원리의 형성을 밑받침할 수 있는지를 기술하고자 한 최초의 시도이다. 그러므로 예를 들면 아동들은 불공정하게 희생을 당했던 것으로부터 비롯된 그들 자신의 부정적인 정서적 경험을 다른 사람들도 똑같은 상황에서 보통 비슷하게 느낀다는 것을 관찰함으로써 조정할 것이며, 그 과정에서 상호성과 공정 원리의 토대를 점차 굳혀가게 될 것이다.

비록 아동들의 도덕발달이 유사한 정서–사건 연결들을 단순히 아우르는 "요약" 이상의 확실히 더 복잡한 것이지만, 이러한 접근의 어떤 핵심 측면은 여러 사회도덕 이론가들에 의해 묵시적으로 공유되는 것으로 보인다. 예를 들면 투리엘(Turiel, 1983)은 "희생자들에 대한 결과의 지각으로부터"(p. 35) 등장하는 것으로서의 도덕적 처방에 관한 인지발달적 초점은 아동들의 사회도덕적 발달에 관한 사회화 설명과 양립 가능하다는 것을 인정했는데, 사회화 설명은 "아동과 함께 추론하기, 그리고 그 과정에서 아동의 행위가 그 자신과 다른 사람들에게 미치는 효과를 강조"(p. 176)하는 부모의 유도를 수반한다. 그러나 아동들의 도덕적 정서의 개념(예컨대 도덕적 위반자들은 행복하다는 대부분의 유치원 아동들의 기대)에 관한 연구자료로부터 나온 구체적인 몇 가지 연구결과는—최소한 초기에는—현존하는 사회도덕 이론과 통합하는 데 어려움이 있다.

"행복한 가해"-개념적 개관

도덕적(해악 및 불공정과 관련한)·인습적(대인관계 행동의 매끄러운 조정과 관련한), (주로 자기 자신에 영향을 미치는 이슈와 관련한) 개인 한계의 위반을 포함하는(이들 영역에 관해서는 Turiel, 1998과 Nucci, 2001 참조) 아동들의 사회도덕적 정서-사건 연결 개념의 보다 넓은 측면에 관한 몇 가지 연구가 존재한다(예컨대 Arsenio, 1988 ; Arsenio & Fleiss, 1996). 그러나 사회도덕적 정서-사건 연결에 관한 연구보고의 대부분은 하나의 특별히 놀라운 연구결과—"행복한 가해자" 기대, 즉 가해자들이 성공적인 위해행위에 뒤이어 행복을 느낀다는 많은 아동들의 명백한 신념—에 초점을 모으고 있다. 우리는 위해의 정서적 결과에 관한 어린 아동들의 매우 강력한 긍정적인 관점으로부터 나이 든 아동들의 보다 부정적인 혹은 혼합된 정서 기대로의 연령과 관련된 변화가 아동들의 도덕적 민감성에서의 주요한 전이를 반영할 것이라는 점을 여러 곳에서(Arsenio & Lover, 1995) 주장해 왔다. 이러한 전이 혹은 **도덕적 귀인 전환**(moral attributional shift)의 중심에는 어린 아동들이 처음에는 위해를 두 가지 상대적으로 분리된 일군의 정서적 반응—이득 때문에 행복한 가해자들 그리고 손실과 그러한 행위의 불공정 때문에 아주 부정적으로 느끼는 희생자들—을 서로 뒤얽혀 바라본다는 주장이 있다. 이와는 대조적으로 나이 든 아동들은 이들 반응을 통합함으로써 희생자들의 고통과 부정적 정서가 가해자들이 느꼈을 어떠한 행복을 감소시키고 마침내는 대체하도록 작용한다는 것이다.

행복한 가해자 기대에 대한 이러한 관심의 이론적·실제적 이유는 이해하기가 어렵지 않다. 이론적 수준에서 보면 어린 아동들의 행복한 가해자 기대는 현존하고 있는 사회도덕 이론(예컨대 Hoffman, 2000 ; Turiel, 1998)과 융화하기가 어려워 보인다. 현존 사회도덕 이론은 "희생자 해악에 관한 자각, 공감적 고통의식, 외부 제재에 대한 두려움이 모두 아동들로 하여금 가해자들이 부정적인 정서, 예를 들면 슬픔, 두려움, 그리고 죄의식을 잘 느낄 것이라는 기대로 나아가게 할 것" (Arsenio & Kramer, 1992, p. 916)이라는 신념으로 수렴된다. 비록 어린 아동들조차도 위해로 인해 드러난 손상을 인식하지만 그것은 위해들이 어떻게 느낄 것인가에 관한 그들의 기대에 영향을 미치지 못하는 것 같다. 관련된 실용적 수준에서 보면, 만약 기대가 행동에 적절한 효과라도 미친다면 그때 그러한 기대는 어린 아동들에게서 현재 진행 중인 위해의 양식을 촉진시키기 위해 작용할 수 있을 것이다.

그와 동시에 이러한 행복한 가해자 기대의 심리학적 의미를 의문시하는 많은 이유가 있다. 예를 들면 유치원 연령 아동들은 구체적인 규칙이나 성인 제재의 부재시에도 위해행위를 도덕적으로 나쁜 것으로 간주한다는 것을 보여주는 광범위한 연구가 존재한다(재검토를 위해서는 Turiel, 1998 참조). 그 밖의 다른 연구는 초기의 양심과 죄의식 형성의 측면들이 위해에 관한 단순한 긍정적 관점과 불일치하는 것으로 보이는 방식에서 어린 아동들의 행동에 분명한 영향을 미친다고 제안한다(예컨대 Kochanska, Padavich & Koenig, 1996). 총체적으로 어린 아동들의 공감적 능력, 그들의 도덕적 규칙에 관한 이해, 그리고 타인들과의 강력한 정서적 유대는 그들이 단순하게 가해자들이 위해에 의해 산출된 이득의 결과로서 행복하게 느끼길 기대할 것이라는 것을 믿기 어려운 것으로 만든다. 그러나 그것은 정확히 이 영역에서의 연구 대부분이 제시하는 바이다.

몇몇 연구자는 잠재적인 방법론적 요소와 아동 인지 요소가 이러한 기대를 산출하는 데 있어서 발휘했을 역할을 검증하기 시작했다. 우리는 이러한 기대의 의미가 최초로 주장했던 것(예컨대 Arsenio & Kramer, 1992 ; Nunner-Winkler & Sodian, 1988)처럼 그렇게 간단한 것이 아니라는 그들의 관점을 공유한다. 그러나 또한 이 연구자료의 보다 철저한 검증이 정해진 기준에 따르는 도덕발달뿐만 아니라 몇몇 아동들에게서 공격성과 행위 장애로 나아가게 하는 도덕적 궤도에서의 개인적 차이의 기초가 되는 몇 가지 복잡한 것을 밝혀줄 것이라고 믿는다.

아동들의 도덕적 정서 개념에 관한 연구

최초의 연구-행복한 가해의 개념

행복한 가해자 기대에 관한 최초의 증거는 광범위한 정서-사건 연결에 관한 아동들의 개념을 검증하기 위해 설계된 연구들로부터 등장했다. 하나의 영향력 있는 초기 연구에서(Barden, Zelko, Duncan & Masters, 1980) 유치원 아동들, 3학년, 6학년 아동들에게 다양한 사회적 사건을 제시하고 만약 이들 사건이 실제적으로 그들에게 일어난다면 그들은 어떻게 느낄 것 같은가라고 물었다. 바든(Barden) 외(1980)에 따르면 가장 주목할 만한 연령과 관련된 변화는 아동이 탐나는 어떤 것을 훔치고도 붙잡히지 않는 부정직한 행위와 관련되었다. 부정적인 정서적 결과를 예상했던 3학년과 6학년 아동들과는 달리 거의 절반의 유치원 아동들은 추정컨대 절도로부터 나오는 이득 때문에 행복을 느낄 것으로 기대했다. 또 다른 연구에서 연구자들(Zelko, Duncan, Barden, Garber & Masters, 1986)은 똑같은 사건에 대한 아동들의 상황적 정서와 관련하여 성인들의 기대를 측정했다. 비록 성인들은 일반적으로 그들의 판단에서 정확했지만 유치원 아동들이 들키지 않는 부정직에 대해 갖고 있는 관점에 대한 기대는 아동들 자신의 관점과 현저하게 달랐다. 성인들은 주로 어린 아동들이 겁을 먹거나 화를 낼 것이라고 말할 것으로 기대했으며, 거의 절반의 유치원 아동들에 의해 실제적으로 선택된 행복에 대해서는 거의 언급하지 않았다. 저자들은 이러한 불일치가 어린 아동들에 대한 성인들의 도덕적 사회화에 중요한 함축을 지닐 수 있다고 지적했다. 왜냐하면 그것은 성인들이 어린 아동들이 이러한 위해행위를 어떻게 바라보는가에 관한 매우 정확한 의식을 갖고 있지 못하다는 것을 암시하기 때문이다.

이러한 행복한 가해자 개념을 보다 상세하기 연구하기 위해 설계된 최초의 연구는 넌너 윙클러(Nunner-Winkler)와 소디안(Sodian, 1988)에 의해 수행되었다. 이 저자들은 "예컨대 도덕규칙을 위반한 사람은 자신의 금지된 행위의 성공에서 기쁨을, 자신의 비도덕적 행위에서 죄의식과 수치심, 후회를 경험할 것이다"(p. 1323)라는 가정에서 도덕적 사건이 강렬한, 그러나 갈등하는 정서를 낳는 경향이 있다는 생각으로 시작했다. 그들 또한 위해 이후에 뒤따르는 불쾌한 정서를 느낄 것이라는 아동들의 기대가 그들의 도덕적 동기의 중요한 구성요소라고 주장했다(도덕 발달에서 공감적 과정을 중점적으로 다루는 연구자들에 의해 공유된 관점).

3부로 이루어진 연구에서 그들은 위해행위에 뒤따르는 도덕적 정서에 관한 4세, 6세, 8세 아동들의 개념을 사정했다. 제1부에서 4세 아동의 약 75%와 6세 아동의 약 50%, 그러나 8세 아동의 단지 10%만이 누군가의 사탕을 성공적으로 훔치는 것이 가해자에게 행복을 가져다 줄 것으로 예상했다. 그리고 후속 연구에서 그러한 행위가 희생자들에게 가져다 줄 수 있는 손상을 부각시키기 위한 수차례의 조작에도 불구하고 유사한 결과가 어린 아동들로부터 나왔다. 결론적으로 넌너 윙클러와 소디안은 이들 결과가 어린 아동들의 대부분 결과 정향—"가해자들은 만약 그들이 원하는 것을 얻는다면 행복할 것이다"—으로부터 나이 든 아동들의 보다 근본적인 도덕적 정향—"가해자들은 그들이 희생자들에게 행한 바를 알기 때문에 기분이 나쁠 것이다(그리고 그들은 또한 그에 응당한 고통을 받을지 모른다)"—으로의 도덕적 귀인 전환을 반영한 것이라고 주장했다.

이러한 전이를 설명하는 한 가지 방식은 어린 아동들의 도덕과 무관한 인지적 한계와 관련된다. 예를 들면 어린 아동들이 가해자들은 긍정적 정서와 부정적 정서 모두를 느낄 것으로 기대할 수도 있겠지만 이 이야기들("그는 그네를 원했다. 그래서 그는 다른 친구를 밀쳐내고 그네를 차지했다")의 "결과 주목성"(outcome salience)은 긍정적 정서를 더 유용하게 만들 것이다. 모든 상황에서 혼합된 정서를 인정하는 데 어린 아동들의 인지적 어려움(예컨대 Harter & Buddin, 1987)은—그때 비록 그들의 이들 사건에 관한 완전한 표상이 이들 부정적 정서를 포함한다 하더라도—어떠한 부가적인 부정적 정서에 관한 아동들의 보고를 방해할 것이다. 그러나 넌너 윙클러와 소디안은 이러한 설명을 거부했다. 왜냐하면 가장 극적인 그들의 주목성 조작이 여전히 어린 아동들의 가해자들에 대한 긍정적 정서의 귀인을 변경시키는지 못했기 때문이다.

우리 자신의 보다 앞선 연구결과(Arsenio, 1988 ; Arsenio & Ford, 1985)

는 우리들로 하여금 4–8세 아동들의 도덕적 귀인(우리는 나이가 더 든 아동들에게서 보다 긍정적인 정서를 발견했다)에서 보다 완전한 연령 관련 반전에 관한 넌너 윙클러와 소디안의 기술을 의심하도록 이끈다. 동시에 넌너 윙클러와 소디안이 위해가 가해자에게서 매우 혼합된 정서를 낳는 경향이 있다는 그들의 애초의 관점을 거부하기에는 너무 빠른 것으로 보였다. 한편으로 위해는 그것이 다른 아동의 장난감을 빼앗는 2세 아동이든 혹은 다른 국가의 자산을 강탈하는 국가이든 간에 흔히 탐나는 이득을 얻는 가장 빠르고 가장 쉬운 방법이다. 다른 한편으로 희생을 당하는 것에 대한 우리의 정서적 반응과 이들 반응에 관한 적극적인 인지적 이해에서의 기본적인 인간 공통성은 대부분의 사람들이 위해에 관한 눈에 띄는 긍정적인 관점을 유지하는 것을 어렵게 만드는 게 분명하다. 마음에 이런 생각을 가지고 우리는 어떤 방법론적 제한들이 위해의 정서적 결과에 관한 아동들의 보다 혼합된 관점을 흐리게 하는지 어떤지에 특별한 초점을 두고 어린 아동들의 도덕적 귀인을 좀 더 가까이 바라보았다.

우리는 2부로 된 연구에서 4세, 6세, 8세 아동들에게 위해행위에 관한 있음직한 정서적 결과를 판단하며 희생자와 가해자 모두에 대한 판단의 정당화를 제공하도록 요구했다. 제1부의 결과를 토대로 아동들에게 우선 희생자들의 정서적 반응을 평가하도록 요구했고, 뒤이어 제2부에서 가해자들의 반응을 평가하도록 했다. (위해행위는 누군가의 디저트를 훔치며 다른 아동을 밀치고 나서 그네를 타는 것이었다). 이와 함께 한 조건에서는 그 이야기 주인공들이 서로 좋은 친구로 기술되었으며, 다른 조건에서는 참여자가 희생자의 역할에 놓여졌고 가해자는 희생자의 가장 친한 친구로 기술되었다. 그러나 희생자의 손상을 두드러지게 증대하려는 시도에도 불구하고 4세와 6세 아동들의 거의 모두는 8세 아동들의 약 절반이 그러했듯이 가해자가 행복을 느낄 것으로 기대했다. 놀랍게도 우정 조작(너의 가장 친구에 의해 해를 당하는)은 아동들의 귀인에 아무런 영향을 미치지 못했다.

그러나 이러한 양상은 아동들이 그들의 정서 귀인에 관하여 엄밀한 조사를 받았을 때 변했다. 인지적 한계가 가해자들에 대한 아동들의 정서 기대의 모든 것에 관한 그들의 보고에 영향을 미쳤을 것이라는 우리의 예상을 기초로 참여자들에게 그들의 최초의 판단을 넘어서는 다른 잠재적 귀인을 사정하고자 일련의 엄밀한 조사 물음을 또한 제시했다. 점차 직접적으로 접근해 가는 3가지 조사 물음은 처음에는 단순히 "그 사람[가해자]은 그 밖의 무언가를 느낄 수 있었을까?"로 시작했다. 만약 그 아동이 아무 말도 하지 않는다면 또 다른 조사 물음—"그 사람은 느낄 수 있었을까[애초에 선택된 것과는 정반대의 유발성 정서]?—을 제시했으며, 만약 필요하다면 희생자에 대한 참여자의 주의에 특별히 방향이 잡힌 마지막 물음을 제시했다. 이들 결과는 거의 모든 8세 아동들과 6세 아동들의 3/4이 최소한의 직접적 조사 물음("무언가?")에 반응했던 반면에 4세 아동들의 2/3는 가해자들이 최종 조사 물음에서 희생자에 의해 경험된 손실과 고통에 명백하게 방향이 잡혀진 이후에까지도 행복하게 느낄 수 있을 뿐이라고 주장한다는 것을 밝혀주었다. 요컨대 본질적으로 희생자들의 정서에 대한 똑같은 조사 물음 계열을 사용하는 각기 다른 조절 검사는 아동들의 거의 모두가 그들의 전적으로 부정적인 정서 귀인을 변경하지 않는다는 것을 지적했다. 결과적으로 가해자들에 대한 관찰된 조사 변화는 조사방법론 그 자체의 결과인 것으로 보이지는 않았다.

이 연구에서 4세 아동들에 대한 결과는 우리의 관심을 감안하면 예상하지 못했던 것이다. 그러나 그것은 넌너 윙클러와 소디안의 연구결과와는 아주 일치했다. 또한 희생자들의 정서에 관한 아동들의 개념을 사정했기 때문에(그것은 이들 연구에서 거의 행해지지 않는다) 우리는 4세 아동들이 희생자와 가해자를 이 단일 사건에 대해 두 가지 전혀 상호작용이 없는 일군의 정서적 기대를 지니고 있는 것으로 바라보는 것 같다는 결론을 내렸다. 그러나 6세와 8세 아동들에 대한 연구결과는—비록 이전에 발견된 것보다 훨씬 덜 극적이고 완전한 것이지만—연령과 관련된 도덕적 귀인 전환의 생각을 지지했다. 비록 거의 모든 6세 아동들과 대부분의 8세 아동들이 처음에는 가해자가 행복을 느낄 것으로 기대했지만, 그들은 최소한의 직접적인 조사 물음을 제시받았을 때 부정적인 정서 기대를 또한 내놓았다. 마지막으로 이들 연구결과 모두는 비록 희생자와 가해자가 분명히 긴밀한 친구로 기술되었을 때조차도 등장했으며, 그것은 행복한 가해자 기대가 못살게 구는 녀석(그러한 행위를 잘 할 것 같은)이 어떻게 느낄 것인가에 관한 아동들의 관점을 단순히 반영한다는 흔한 주장을 약화시킨다.

우리는 4세 아동들의 가해자들이 단순히 행복할 것이라는 기대로부터 8세 아동들의 혼합된 정서적 기대로의 이러한 미묘한 전환을 기본적인 도덕적 갈등의 변화하는 자각을 반영하는 것으로 해석했다. 곧 위해를 가한다는 것은 탐나는 결과를 획득하는 것이며 행복을 느낀다는 것이지만 희생을 당한다는 것은 자기 자신의 것을 잃는다는 것이며, 슬픔과 분노, 그 밖의 다른 분명하게 부정적인 정서를 느낀다는 것이다. 넓은 의미에서 우리는 상호성과 공정에 관한 아동들의 이해가 희생자의 고통과 손실이 위해에 의해 산출된 이득과 관련하여 자기 자신의 행복을 조절할 것이라는 것을 이해하고 느끼는 능력과 자발적인 경향성에 의존한다고 주장한다. 그러나 비록 이들 기술이 옳다 하더라도 어떻게, 왜 이러한 전이가 일어나는가에 관한 중요한 의문은 여전히 남는다.

행복한 가해자-다른 문화와 맥락

비록 몇몇 후속 연구들 또한 어떠한 모든 연령 관련된 도덕적 귀인 전환의 시기와 본질에 관한 의문을 일으키지만 그 연구들은 다른 문화와 맥락에서 행복한 가해자 기대에 관한 추가적인 증거를 제공했다. 예컨대 머거트로이드(Murgatroyd)와 로빈슨(Robinson, 1993, 1997)이 행한 두 가지 연구는 참여자들의 연령범위를 성인기까지로 확장시켰으며, 도덕적 정서판단에 관한 목격자들의 동석이 지니는 잠재적 영향을 검증하고자 했다.

그들의 첫 번째 연구에서 머거트로이드(Murgatroyd)와 로빈슨(Robinson, 1993)은 다음과 같은 두 가지 주요 이슈에 초점을 맞추었다. (a)는 행복한 가해자 귀인의 쇠퇴가 8세에 이르면 완료된다(Nunner-Winkler & Sodian, 1988에서 논의된 바와 같이), 그리고 (b)는 그러한 쇠퇴가 주로 도덕적 고려의 결과인가 혹은 외적 제재에 대한 두려움의 결과인가? 연구 가운데 맨 처음 3부에서 그들은 행복한 가해자 귀인이 6-8세에 높게 남아 있으나(약 50%), 놀랄 것도 없이 아동들은 성인 권위자가 위해를 목격했을 것으로 생각할 때에 그들의 귀인을 변경한다는 것을 발견했다. 이러한 목격자 맥락의 경우 4-5세 아동들은 가해자가 슬픔을 느낄 것으로 기대했다. 반면에 7-10세 아동들은 가해자가 두려움을 느낄 것으로 기대했다. 그 결과는 아동들의 도덕적 귀인에서 외적 제재의 중요성을 지지하는 것으로 여겨진다. 비록 이러한 주장이 의문시될 수 있지만, 행위가 발각되는 것에 관한 명백한 방법론적 강조를 가정한다면 그것은 발각된 그리고 발각되지 않는 위해의 정서 개념이 어떻게 통합되는지에 관한 흥미로운 이슈를 불러일으킨다. 아마도 더욱 중요한 것으로 이 연구의 4부에서 대학생 연령 참여자들의 약 1/3이 성인 가해자는 탐나는 장소를 얻기 위해 누군가를 신체적으로 협박한 이후 행복하게 느낄 것이라고 기대했다. 저자들은 "모든 이 연구의 결과는 약간의 아동들과 성인들이 비행자가 행복하게 느낄 것이라고 판단한다는 제안을 강력하게 지지한다" (1993, p. 108)고 결론을 내렸다.

뒤이어 이루어진 연구에서 머거트로이드(Murgatroyd)와 로빈슨(Robinson, 1997)은 목격자(어머니와 교사)의 동석이 참여자들의 도덕적 정서 귀인에 영향을 미친다는 추가적인 증거를 발견했다. 이때 어떤 목격자들은 위해행위의 상황을 그들로 하여금 위해행위를 승인하도록 이끄는 방식에서 오해하게 기술되었다. 이러한 "승인"은 더 많은 아동들과 청소년들로 하여금 가해자가 행복을 느낄 것이라는 기대를 하도록 이끌었다. 그러나 연구의 또 다른 측면으로부터 나타나는 정서 귀인은 참여자들이 부정적 정서를 가해자들에게 귀인시켰을 때, 이들 귀인이 목격자들로부터의 외적 제재의 잠재적 두려움보다는 도덕적 고려에 더 토대를 두고 있다고 제안했다.

로우렌코(Lourenco, 1997)가 실시했던 거의 같은 시기의 연구 또한 연령과 관련된 도덕적 귀인 전환이 학령기 아동들에게서 결코 완료되는 것이 아니라고 제안했다. 로우렌코는 가톨릭 인구가 절대적으로 우세한 포르투갈에서 연구를 수행했는데, 그는 가톨릭이 이득을 위해 다른 사람에게 해악을 끼치는 비도덕성에 관해 강력히 강조한다는 점에서 행복한 가해자 기대의 타당성에 관한 설득력 있는 문화 간 검증을 제공할 것으로 믿었기 때문이다. 90명의 아동들은 4세, 6세, 8세 연령별로 공평하게 분할되었으며, 그들에게 성공적인 위해(사탕을 훔치며 누군가의 그네를 강탈하는 것)행위의 정서적 결과에 관해 물었다. 아동들에게 우선 그 가해자가 좋은 녀석인지 나쁜 녀석인지 그 이유를 물었으며, 이어서 가해자의 정서적 반응에 관한 물음, 곧 이들 정서에 관한 조사 물음(Arsenio & Kramer, 1992가 사용했던 것과 유사한)과 희생자의 정서에 관한 최종적 물음을 제시했다.

연구결과는 비록 모든 아동들이 가해자들의 행위로 인해 그들이 "나쁘다"고 판단했지만 4세와 6세 아동들의 90% 이상, 8세 아동들의 66%가 가해자들이 행복하게 느낄 것으로 기대한다고 밝혔다. 아동들이 이들 귀인에 관하여 엄밀하게 질문을 받았을 때 8세 아동들의 약 절반은 첫 번째 조사 물음으로 그들이 처음에 가졌던 위해에 관한 긍정적인 관점을 변경했다(Arsenio & Kramer, 1992에서는 거의 90%). 더욱이 8세 아동들조차도 대다수가—비록 모든 아동들이 부정적인 정서를 가해자에게 귀인시켰지만—위해에 의해 산출된 긍정적인 결과를 언급함으로써 가해자들의 정서를 정당화했다.

로우렌코는 행복한 가해자 기대가 "진정한, 확고한 혹은 '일차 질서'(firstorder) 현상 … (인공물이 아닌 사실)"(1997, p. 434)이라고 결론을 내렸다. 이들 연구결과는 또한 발달적으로 늦은, 미묘한 도덕적 귀인 전환(즉 Nunner-Winkler & Sodian, 1988의 연구결과보다는 Arsenio & Kramer, 1992, 그리고 Murgatroyd & Robinson, 1993의 연구결과와 더 같은)을 더 지지하는 것으로 간주되었다. 비록 포르투갈의 8세 아동들이 더 어린 동료들보다 가해자들에 관한 다소 덜 긍정적인 관점을 지니고 있었다 하더라도 확실히 대다수 8세 아동은 아직 여전히 가해자들이 행복하게 느낄 것으로 기대했다. 실제적으로 8세 아동들은 혼합된 정서 귀인을 제공하고자 조사 물음을 제시받았을 때 이전에 발견되었던 것보다 위해에 관한 그들의 긍정적인 관점을 심지어 덜 변경하는 경향이 있었다.

그의 논의에서 로우렌코는 최소한 이들 연구결과의 상당수는 아동들의 도덕적 이해의 등장과 관련한 투리엘(Turiel, 1983)의 관점과 일치한다고 주장했다. 특히 아주 어린 아동들조차도 위해는 비도덕적이며(혹은 최소한 "나쁜") 희생자들로 하여금 부정적 정서를 느끼게 만들 것이라고 이해했다. 그리고 아동들의 정서 정당성이 위해의 결과에 초점을 맞추지 않았을 때 이들 설명은 외적 제재에 대한 언급보다는 공정과 해악과 같은 진정한 도덕적 이슈와 관련되었다. 동시에 로우렌코는 희생자들에 대한 아동들의 표면적인 도덕적 관심이 행복한 가해자 기대를 더더욱 이해하기 힘들게 만든다는 것을 인정했으며, 그는 이들 이슈를 중점적으로 다루기 시작하기 위해서는 관찰 연구가 필요하다고 강조했다.

개인적 차이

대부분의 연구들이 아동들의 도덕적 정서판단 기준에 따르는 연령 관련된 변화에 초점을 맞추어 왔던 반면에 다른 연구자들은 이들 개념에서의 개인적 차이가 아동들의 심리적 기능작용의 다른 측면들과 어떻게 관련되는지를 검증하기 시작했다. 예를 들면 아동들의 도덕적 민감성에 관한 종단적 연구의 일부로서 던(Dunn), 브라운(Brown), 그리고 맥과

이어(Maguire, 1995)는 사정내용에 아동들(유치원 아동들과 1년 이후에 1학년이 된 이 아동들을 대상으로)이 친구나 형제자매를 위해한 이후에 어떻게 느낄 것인가를 판단하는 것을 포함했다. 비록 참여자들의 절반 이하만이 그들의 판단에서 행복할 것이라고 기대했지만 아동들의 행복한 가해자 귀인에 1년 동안 안정적인 의미 있는 수준이 존재했으며, 유치원부터 1학년까지 행복한 가해자 귀인에서 전체적인 쇠퇴가 없었다. 흥미롭게도 "그들이 2살 때 형제자매들과 특히 친하게 지냈던 아동들은 [그 결과로서] 위반자들의 감정을 죄책감을 느끼거나 나쁜 것으로 기술하는 경향이 더 있었다" (Dunn 외, 1995, p. 657).

일반적으로 행복한 가해자 기대와 도덕적 정서가 중요한 것으로 여겨져 왔던 또 다른 영역은 학대받는 아동들에 관한 연구이다. 예를 들면 한 연구에서(Smetana 외, 1999a, 1999b) 학대받는 유치원 아동들(신체적 학대 대 방임) 두 집단의 도덕판단과 정서 귀인이 학대받지 않는 동료들의 그것들과 비교되었다. 아동들은 위반이 허용 가능한지 혹은 그렇지 않은지, 이것은 교사가 같이 있느냐에 따라 달라지는지 혹은 그렇지 않은지, 그리고 그 행위는 만약 그 기초가 되는 규칙이 변화된다면 또한 가해자들과 희생자들 모두의 정서적 반응에 관하여 질문을 받는다면 수용 가능한지 어떤지를 판단했다. 이와 함께 아동들은 그들이 누군가를 위해했거나 혹은 희생당했던 실제적인 위반들뿐만 아니라 가설적인 위반들에 관해 질문을 받았다.

종합적으로 보면 두 집단 출신의 아동들이 어떠한 규칙이 존재하지 않는 경우라 하더라도 도덕적 위반을 아주 중대한, 처벌받을 만한, 그리고 잘못된 것으로 평가했다는 점에서 학대받는 아동들과 학대받지 않는 아동들은 그들의 (정서적인 것과 무관한) 도덕판단에서 차이가 없었다.

비록 가설적인 맥락 대 실제적인 맥락, 그리고 위반의 성격(예컨대 신체적 대 언어적)이 아동들의 판단에 체계적인 영향을 미치지만 그들의 학대 지위는 그렇지 않았다. 이와는 대조적으로 비록 다소 복잡한 방식에서지만 아동들의 정서 귀인은 그들의 학대 지위의 기능에 따라 차이가 있었다. 또 다른 관련된 연구결과는 보다 강력한 행복한 가해자 기대(사건들을 통틀어)를 가진 아동들이 도덕적 위반을 "덜 중대한, 덜 보편화 가능하게 나쁜 것으로서 판단하며, 도덕적 위반의 희생자들이 덜 되는 경향이 있다" (Smetana 외, 1999b, p. 279)는 것이다. 아마도 이들 아동들은 그들의 동료들에 의해 잠재적으로 "보다 더 행복한" 가해자들로 여겨졌을 것이며, 결과적으로 다른 아동들은 그들과 갈등을 일으키는 것을 회피했다. 보다 일반적으로 스메타나(Smetana)와 그 밖의 동료들은 학대받는 아동들과 학대받지 않는 아동들 모두 희생자들에 대해서보다는 가설적인 가해자들에게 긍정적인 정서를 더욱 귀인시키는 경향이 있다는 것을 발견했다.

인지적 구속과 그 밖의 다른 이슈들

아동들의 행복한 가해자 기대에서의 규범적 · 개인적인 차이에 관한 연구의 축적에도 불구하고 최소한 부분적으로 이러한 기대는 도덕적 관심과는 거의 관계가 없는 방법론적 한계와 인지적 구속이 상호 결합된 결과라는 강력한 인식이 존재해 왔다. 특히 다음과 같은 두 가지 이슈에 관하여 의문이 제기되었다 : (a) 유치원 아동들은 그들의 행복한 가해자 귀인에 영향을 주기 위한 대부분의 공공연한 시도에 의해서조차도 영향을 받지 않는 것처럼 보이는 연구결과들(예컨대 "만약에 그가 자신의 친구가 운동장에서 울고 있는 것을 보았다면" ; Arsenio & Kramer, 1992), 그리고 (b) 아동들의 가해자 정서에 관한 개념이 도덕적 귀인 전환을 겪는 연령과 정도(예컨대 긍정적으로부터 혼합된/부정적으로). 이 절은 이들 이슈를 중점적으로 다루고자 설계된 몇몇 연구결과를 기술한다.

어린 아동들의 표면적인 "도덕적 둔감성"(moral obtuseness)에 대한 하나의 설명은 어린 아동들이 모든 사건에 대해 혼합된 정서적 반응을 인정하는 데 어려움을 지닌다는 것을 지적하는 연구로 시작한다(예컨대 Harris, 1983 ; Harter & Buddin, 1987). 결과적으로 어린 아동들은 가해자들의 정서적 갈등(즉 그들의 이득으로부터의 행복, 그러나 또한 그들의 비도덕적 행동으로부터의 부정적인 정서)을 인정하는 것이 인지적으로 불가능할지 모른다. 우리는 이러한 주장이 기술되었던 아르세니오(Arsenio)와 크라머(Kramer) 연구(1992, 그러나 Arsenio & Kramer, 1991에 보고되었음)의 일부로서 검증했다. 도덕적 정서 귀인 과업과 더불어 아동들에게 혼합된 정서의 보다 일반적인 이해를 사정하기 위해 개발되었던 도덕과 무관한 이야기들을 제시했다(Harris, 1983). 도덕과 무관한 상황에서의 혼합된 정서를 인정하고자 하는 아동들의 경향성과 첫 번째 도덕적 조사 물음, 즉 "그 사람[가해자]은 그 밖의 무언가를 느낄 수 있었을까?"에 대한 그들의 반응 간에 매우 강력한 관계가 발견되었다. 겨우 두 아동(48명에서)에게 있어서 혼합된 정서를 **도덕과 무관한**(nonmoral) 이야기의 주인공에게 귀인시키는 능력은 **도덕적**(moral) 가해자가 행복한 정서와 부가적인 부정적 정서 두 가지 모두를 느낄 수 있다는 것을 인정하기 위한 전제조건이었다. 그러나 이러한 연구결과는 아직도 여전히 왜 어린 아동들이—희생자들의 손실이 어떻게 두드러지게 만들어지든 상관없이—혼합되지 않은 부정적 정서보다는 단순한(혼합되지 않은) 긍정적인 정서를 가해자들에게 압도적으로 귀인시키는가를 설명하지 못하고 있다.

행복한 가해자 기대에 관한 인지적 구속들의 잠재적 역할을 검증하기 위한 또 다른 시도는 욕망/의도, 결과, 그리고 도덕적 관심과 관계되는 아동들의 마음 이론(Theory of Mind) 관련 능력들에 초점을 맞추어 시작했다. 이러한 다실험(multi-experiment) 연구에서(Yuill, Perner, Pearson, Peerbhoy & van den Ende, 1996) 3-10세 아동들에게 한 아동이 어떤 일을 하고자 의도하는, 그러나 동기의 도덕적 성격(즉 의도적으로 해악을 주는 대 도덕적으로 중립적인)과 결과(성공적인 대 성공적이지 못한)가 다양한 여러 편의 이야기를 제시했다. 예를 들면 이야기들은 다른 아동에게 해악을 끼치고자 의도하고 있으며(좋아하지 않는 아동의 머리에 공을 의도적으로 던지는), 그것이 성공하거나 성공하지 못하는 한 가해자 혹은 도덕적으로 중립적인 행위(또 다른 아동에게 공을 던지는)를 시도하며 그것이 성공하거나 혹은 실패하는 한 행위자와 관련되었다.

5-7세 아동들의 명백한 대다수에게서 나타나는 행복한 가해자 귀인("사악한 욕망"으로 명명된)으로부터 10세에 이르러 가해자들의 정서적 반응에 관한 보다 혼합된 관점으로 전환한 증거가 발견되었다. 그러나 이와 더불어 3세 아동들이 5-7세 아동들보다 가해자들에게 부정적 정서를 더 귀인시키는 경향이 있다는 더 이른 단계의 증거가 밝혀졌다. 유일(Yuill)과 그 밖의 동료들은 이러한 더 이른 단계는 "객관적"(objective) 정향으로부터 나온다고 주장했다. "객관적인 아동들은 결코 … 어떤 나쁜 일을 성취하고서 기쁨을 느끼는 가능성을 인정하지 않으며, 따라서 주인공에게 나쁜 정서 이외에 그 어떤 것을 느낄 자유를 허락할 수 없을 것으로 보이기"(p. 466) 때문에 그러한 정향은 주인공의 도덕적 의도와

는 아무런 관련이 없다는 것이다. 이와는 대조적으로 5-7세 아동들의 정서판단은 의도-결과 대응, 즉 "만약 당신이 원하는 바를 얻는다면 당신은 행복하게 느낀다"의 강력한 영향을 반영했다. 마지막으로 10세 아동들은 가해자들을 정당화할 때 해악과 불공정에 초점을 두는 것에서 보여진 바와 같이 그 행위의 도덕적 성격에 의해 분명히 영향을 받았다.

이 연구는 3-7세 아동들의 도덕적 정서판단에 영향을 주는 것으로 보이는 잠재적인 인지적 제한들에 관심을 집중하고 있다. 특히 5-7세 아동들에게 있어서 그러한 도덕적 관심들이 명백하게 강조되지 않는 한, 도덕적 이슈들은 욕망과 결과 간의 대응보다 덜 두드러졌다. 예를 들면 한 실험에서 3세 아동들과 5세 아동들에게 도덕적 가해자들의 정서적 반응을 판단하기에 앞서 다음과 같은 두 가지 질문, "그것은 소년/소녀가 하기에 좋은 일이었는가?"(도덕적 주목성) 혹은 "그것은 소년/소녀가 일어나기를 바랐던 것이었는가?"(개인적 주목성)를 제시했다. 비록 3세 아동들은 이들 조건에 의해 영향을 받지 않았지만 5세 아동들은 도덕적 주목성 조건에서보다는 개인적 주목성에서 긍정적인 정서를 성공적인 가해자에게 보다 강렬하게 귀인시켰다.

유일(Yuill)과 그 밖의 동료들은 총체적으로 그들의 연구결과가 왜 넌너 윙클러(Nunner-Winkler)와 소디안(Sodian, 1988)이 8세 아동들의 행복한 가해자 귀인에서의 현저한 하락을 이 연구에서 10세에 이르면 혼합된 정서 귀인으로의 보다 미묘한 전환과 반대되는 것으로서 발견했는가를 명료화해 준다고 주장했다. 여기에는 두 가지 이슈가 관련되어 있다. 첫째, 넌너 윙클러와 소디안은 특별히 아동들에게 그들의 정서 귀인을 사정하기 이전에 그 도덕적 행위가 좋은 것인지 아니면 나쁜 것인지를 물었다. 그리고 둘째, 모든 이야기들은 위해와 관련되었다. 달리 말하면 넌너 윙클러와 소디안(1988)의 방법론은 도덕적 정서에 관한 아동들의 판단에서 하나의 매우 중요한 단계를 무시하도록 작동했다. 즉 욕망과 목적(당신이 원했던 바를 얻는 것) 간의 특별한 대응도 심지어 도덕적 요소를 지니는지 어떤지에 관한 판단을 무시하도록 작동했다. 킬렌(Killen)과 누치(Nucci, 1995)는 많은, 아마도 대부분의 개인적 목적은 자아와 다른 사람들 간의 도덕적 갈등과 관련되지 않는다고 주장하고 있다. 만약 이것이 사실이라면 아동들은 우선 먼저 어떤 특별한 행동이 그러한 도덕적 원리를 적용하고자 시도하기 이전에 도덕적 구성요소를 지닌다는 것을 인정할 필요가 있을 것이다.

비록 이러한 도덕적 "인정" 이슈가 분명히 중요하다 하더라도 그것이 어린 아동들의 의사결정을 단순화시킨 이후에조차도(예컨대 바로 도덕적 사건들을 제시함으로써) 그들은 여전히 일상적으로 긍정적인 정서를 그들의 위해가 명백한 물질적·심리적 이득을 산출하는 가해자들에게 귀인시킨다는 사실을 중점적으로 다루는 것은 아니다. 켈러(Keller), 로우렌코(Lourenco), 말티(Malti), 그리고 살바흐(Saalbach, 2003)는 이 문제를 인정했으며, 그리고 그들은 행복한 가해자 귀인의 심리학적 의미에 관한 몇 가지 대안적 설명을 평가하고자 착수했다. 한 가지 목적은 아동들 자신이 가해자의 역할에 있을 때 어떻게 느낄 것인가에 관한 아동들의 기대와 가설적인 가해자와 관련한 아동들의 귀인 간을 구분하는 것이 중요한지 어떤지를 검증하는 것이었다. 만약 아동들이 보다 긍정적인 정서를 그들 자신보다 가해자들에게 귀인시켰다면 켈러(Keller)와 그의 동료들은 이것은 행복한 가해자 기대가 "나쁜 주인공들"[우선 무엇보다 그러한 위반을 저지르곤 하던 부류의 아동들(그러나 Arsenio & Kramer, 1992 참조 ; Barden 외, 1980)]에 관한 암시적인 판단이라는 것을 시사할 수도 있을 것으로 추론했다.

또 다른 목적은 "의무적" 혹은 도덕적 관점["무엇이 규칙위반 이후에 (도덕적으로) 올바른 감정인가" Keller 외, 2003, p. 4]과 "인지적-예측" 정향("주인공은 자신이 바랐던 바를 얻은 이후에 어떻게 느끼는가?" p. 4) 간의 구별, 즉 "당위"와 "존재" 간의 구별을 중점적으로 다루는 것이다. 저자들은 어린 아동들이 가해자들에 대한 그들의 도덕적 귀인에서 "존재"판단을 대답하는 것일 수 있다고 주장했다. 만약 가해자가 X를 하고자 착수했으며 그때 성공했다고 가정한다면 물론 그 사람은 행복하게 느낄 것이다. 그러나 만약 어린 아동들에게 그러한 사람은 어떻게 "마땅히" 행동해야만 하는가에 관하여 묻는다면 그들의 정서판단과 정당화는 그들이 실제적으로 그러한 행동을 받아들일 수없는 것으로서 거부한다는 것을 밝혀줄 수도 있다. 달리 말하면 어린 아동들은, 비록 그들이 도덕적으로 이들 행동을 승인하지 않지만, 가해자들의 정서에 관한 질문을 의도/욕망과 결과 간의 대응에 관한 아동들의 이해를 사정하고자 하는 것으로 이해한다(Yuill 외, 1996에서처럼). 이와는 대조적으로 나이 든 참여자들은 처음에 그 질문을 도덕적 이슈에 초점을 두고자 하는 것으로 바라볼 수 있을 것이다. 그 결과로서 나이 든 아동들은 부정적 정서를 가해자에게 귀인시키거나 혹은 가해자가 "나쁜 주인공"(그들 혹은 대부분의 사람들과 같지 않은)이며 결과적으로 행복하게 느낄 것이라고 추정할 수 있다.

5-6세 아동들의 약 절반, 그리고 8-9세 아동들의 약 절반을 포함하여 120명 이상의 아동들을 대상으로 위해의 행위와 관련하여 면담을 했다(하나는 훔치는 것과 관련되었고 또 다른 것은 깨진 약속과 관련되었다). 아동들의 약 절반은 포르투갈 출신이었으며 나머지 절반은 독일 출신이

었다. 아동들에게 "이것은 X가 행하기에 옳은 것인가?"로 시작하는 위반에 관한 일련의 질문들을 제시했다. 그때 참여자들에게 가해자는 어떻게 느낄 것인가, 그리고 그들(참여자들)은 가해자로서 어떻게 느낄 것인가(균형 잡힌 두 질문들로)를 물었다. 마지막으로 두 가지 추가적인 질문이 제시되었는데, 그것은 가해자가 자신이 느꼈던 방식으로 느끼는 것이 옳은가 혹은 그른가, 그리고 그 이유는 무엇인가, 가해자는 좋은 사람인가 혹은 나쁜 사람인가, 그리고 그 이유는 무엇인가이다.

사실 아동들은 가해자로서 그들 자신에게 귀인시켰던 정서와 가설적 가해자들에게 귀인시켰던 정서를 서로 분명하게 구별했다(중국인 표본으로부터의 연구결과와의 비교를 위해서는 Van Zee, Lemerise, Arsenio, Gregory & Sepcaru, 2000도 볼 것 ; 뿐만 아니라 Keller, Schuster, Fang, Tang & Edelstein, 1996도 볼 것). 어린 아동들의 약 67%와 나이 든 아동들의 약 40%가 긍정적인 정서를 가설적인 가해자들에게 귀인시켰던 반면에 어린 아동들의 약 50%, 그러나 나이 든 아동들의 단지 10%만이 행복하게 느낄 것으로 기대했다. 비록 이것은 몇몇 문화적 차이로 인해 복잡하긴 했지만 가설화된 것과 같이 아동들의 "인지적 예측" 정서판단("x는 어떻게 느낄 것인가?")에 대한 이들 연구결과는 아동들의 의무적 판단("x를 느끼는 것은 옳았는가?")에 의해 중요한 방식에서 완벽해졌다. 나이 든 연령집단에서 두 국가 출신의 거의 모든 아동들은 가해자들이 부정적인 정서를 느낄 것이라는, 그리고 그렇게 느끼는 것이 옳은 방식이라고 판단하거나 아니면 가해자들이 긍정적인 정서를 느낄 수 있지만 그렇게 느끼는 것은 그릇된 방식이라고 판단했다. 나이 어린 독일 아동들의 거의 90% 또한 이러한 도덕적 태도(즉 행복하지 않으며 옳은 일 혹은 행복하지만 옳지 않은 일)를 보였다. 이와는 대조적으로 어린 포르투갈 아동들의 40%는 가해자들이 행복하게 느낄 것이며, 이것은 느껴야 할 옳은 방식이라고 기대했다. 그러나 후속 분석은 포르투갈 아동들이 처음에 보였던 것처럼 위해의 도덕적 함축을 그렇게 인식하지 못하는 것은 아니었다는 것을 지적했다. 이들 모든 포르투갈 아동은 또한 행복한 가해자들을 "나쁜 사람들"로 평가했는바, 이는 어린 포르투갈 아동들 또한 도덕적 정서에 관한 기술적인 판단과 규정적인 판단 간을 구분한다는 것을 시사하는 것이다.

저자들은 "지금까지 가정되어 온 바와 정반대로(Lourenco, 1997 ; Nunner-Winkler & Sodian, 1988) 긍정적 정서에 관한 아동들의 귀인이 반드시 아동들의 정서적 · 도덕적 미성숙 혹은 그들의 도덕적 동기를 나타내는 것은 아니다"(p. 14)고 결론을 내렸다. 포르투갈과 독일 아동들의 판단에서 몇 가지 차이에도 불구하고 어린 아동들과 나이 든 아동들 모두 그들이 가해자의 역할에 놓였을 때 그들은 가설적 가해자보다 덜 행복하게 느낄 것이라고 기대했다. 아마 더 중요한 것으로 아동들이 긍정적인 정서를 가해자들에게 귀인시킬 때조차도(추정컨대 욕망/결과 대응의 주목성에 대한 그들의 초점 때문에) 그들은 결국에 그러한 긍정적 반응을 옳지 않은 것 혹은 나쁜 사람으로부터 나오는 것으로서 거부했다. 발달적 연구결과의 견지에서 볼 때 어린 아동들은 인지적 예측 입장을 더 취하는 경향이 있었으며("그 가해자는 자신이 바랐던 바를 얻은 이후에 어떻게 느끼는가?" Keller 외, 2003, p. 15), 나이 든 아동들은 흔히 도덕적 입장을 취하는 경우가 많았다("주인공은 바랐던 것을 훔친 이후에 어떻게 느껴야만 하는가?", p. 15). 그러나 그들의 최초의 정서 귀인과 상관없이 두 연령집단은 모두 그것을 도덕적 입장에서 해석했을 때 위해를 거부했다.

행복한 위해 기대의 인지적 · 방법론적 설명에 관한 이 연구의 모든 것을 논의하기 이전에 그 밖의 다른 하나의 연구를 언급할 필요가 있다.

이 연구에서 우리는(Arsenio, Ramos-Marcuse & Hoffman, 2005 ; Ramos-Marcuse & Arsenio, 2001) 대부분이 홀어버이, 낮은 사회경제적 지위의 부모를 둔 발달적으로 장애 위험이 있는 4세와 5세의 아프리카계 미국인 아동들과 라틴아메리카 아동들 집단의 도덕적 추론을 검증했다. 이 집단의 약 50%는 조기 행동 장애 때문에 대학교에 치료를 의뢰했으며, 그 아동들의 나머지 절반은 대학병원으로부터 봉사를 받는 같은 지역사회의 유치원 아동들이었다.

우리의 일차적인 목적은 어린 아동들의 도덕적 정서 귀인과 아동들이 장난감과 다른 막대기둥들을 사용하여 그들의 반응을 나타내 보일 수 있는 쌍방향의 방법론을 사용하는 그들의 도덕적 추론의 다른 측면을 검증하는 것이었다. 우리가 사용했던 구체적인 도구(즉 Kochanska 외, 1996의 MacArthur Story Stem Battery의 "도덕적" 버전)는 어린 아동들로 하여금 연령에 적합한 "놀이" 맥락에서 작은 인형들과 그 밖의 다른 상호작용 재료들을 사용하여 그들의 반응을 나타내 보이도록 함으로써 어린 아동들의 주목과 참여를 유도해내고자 구체적으로 구성된 것인데, 이것은 점차적으로 그 수가 많아지고 있는 평가의 일부이기도 하다(Buchsbaum, Toth, Clyman, Cicchetti & Emde, 1992 ; Oppenheim, Emde & Warren, 1997 ; 그리고 Denham, 1998도 볼 것). 우리의 기본적인 관심은 유치원 연령 아동들이 오로지 부적당한 긍정적 정서를 여전히 가해자들에게 귀인시키고 있는지(Arsenio & Kramer, 1992), 혹은 이러한 다른 방법론이 위해에 관한 다른 보다 "혼합된" 관점을 밝혀줄 것인지에 있었다.

아동들에게 위해의 잠재적 행위를 내포하고 있는 4가지 이야기를 제시했다. 예를 들면 한 이야기에서 참여자들에게 그들이 다른 아동의 자전거를 타고 싶어하는데 그 아동이 거부하자 그들이 그 아동을 자전거에서 내리게 한 후 올라탔다고 상상하도록 요구했다. 아동들은 그들의 반응을 연기하고자 연기자들과 막대기를 이용했다. 일련의 차례가 정해진 자극에 대한 반응과 더불어("다음에 무슨 일이 있어나는가?"와 같은) 아동들에게 그들의 위해행위에 뒤이어 어떤 느낌이 드는가, 그리고 왜 그런가를 직접적으로 물었다. 위해행위에 곧바로 뒤이어 어떻게 느낄 것인가에 관한 아동들의 기대는 그들의 후속적인 대화 반응과는 별개로 점수화되었다. 예를 들면 만약 아동이 처음에 "내가 그를 자전거에서 밀쳐내고 탔기 때문에 행복했다"라고 말했다면 이것은 후속적인 조사 질문("다음에 무슨 일이 일어났는가?")에 대한 반응과 별개로 점수화되었다. 아동들의 대화 반응은 다음과 같은 몇 가지 각기 다른 범주로 코드화되었다 : (a) 부덕한 이득(위해에 의해 산출된 물질적 이득에 관한 초점), (b) 규칙 초점(규칙을 깨트리지 않을), (c) 성인 도움(성인에게 도움을 요청하는), (d) 책임 지기(책망 인정하기, 사과하기, 혹은 보상하기), (e) 공격(언어적 혹은 신체적인 의도적 해), 그리고 (f) 죽음/살인(살인 혹은 죽음에 관해 언급하기).

아동들을 대상으로 그들의 표현 언어능력(Gardner, 1990)을 또한 평가했으며, 아동들과 함께 작업하는 부모와 다른 전문가들은 아동들을 대상으로 보다 넓은 내면화와 외면화 행동의 양식을 사정하고자 적절한 아동 행동 체크리스트(Child Behavior Checklist, Achenbach, 1997) 버전을 완성했다. (여기에서 보고되지 않은 그 연구의 다른 측면들은 아동 애착 양식과 부모의 사회적 지지 및 자녀 교육 스타일에 초점을 맞추었다.)

예비적 분석은 임상 아동들과 비임상 아동들 간에 성, 인종/민족, 혹은 그들의 표현 언어능력의 측면에서 차이가 없었으며, 예상했던 바와 같이 임상 아동들이 비교 아동들보다 의미 있게 더 높은 외면화 행동을 보이지만 내면화 행동을 보이지는 않는 것으로 평가된다는 것을 밝혀냈다. 그러나 예상과 정반대로 두 집단은 그들의 최초 정서 귀인 혹은 그러한 정서에 대한 그들의 정당화 측면에서 차이가 없었다. 그 당시의 거의 80% 아동들은 그들이 위해행위에 뒤이어 행복할 것으로 기대한다(4가지 이야기에서 임상 M = 3.15, 비교 M = 3.21)고 말했으며, 아동들은 거의 항상 위해에 의해 산출된 구체적인 이득을 언급함으로써 그들의 정서를 정당화했다. 그래서 맥락화된, 연령에 적절한 자료, 그리고 참여자들을 가해자의 역할에 위치시키기를 활용하는 이들 위해 이야기를 제시하는 시도 이후에조차도 통상의 행복한 가해자 기대가 등장했으며, 그것은 이들 행위들에 의해 산출된 바람직한 이득으로 설명되었다.

그러나 다른 의미 있는 집단 차이는 아동들이 조사 물음(예컨대 "무슨 일이 다음에 일어났는가?")에 뒤이어 제공했던 후속 대화들에서 등장했다. 비록 임상 아동들과 비임상 아동들이 낮은 수준의 공격적 반응("그는 그의 자전거를 붙잡고 그를 때릴 것이다"), 규칙 언급, 부적절한 이득의 언급에서 차이가 없었지만 그 밖의 다른 대화 반응에서는 차이가 있었다. 아마도 가장 중요한 것으로 비임상 아동들은 임상 아동들보다 거의 두 배로(모든 대화 반응의 21% 대 11%) 그들의 희생자들에게 용서를 구하고, 보상을 하고 비난을 감수하는(예컨대 "그러나 나는 그에게 그의 자전거를 되돌려 줄 것이다") 것을 포함하는, 긍정적으로 반응하고자 하는 시도들을 언급했다. 또 다른 중요한 집단 차이는 흔하지는 않지만 의미가 있는 반응과 관련되었다. 임상 아동들의 거의 절반, 비임상 집단의 17%가 네 이야기에 대한 그들의 대화에서 최소한 한번은 죽음 혹은 살인을 언급했다(예컨대 "만약 그가 그의 자전거를 돌려주고자 한다면 나는 그를 죽일 것이다").

행복한 가해자 기대에서 집단 차이가 나지 않는 것은 예상하지 못했던 것이며, 나이 든 아동들(Lemerise, Scott, Diehl & Bacher, 2000)과 청소년들을 대상으로 한 몇몇 연구결과들과도 불일치했다. 그러나 종합적으로 보면 이들 연구결과는 켈러(Keller)와 그 밖의 동료들(2003)과 우리들 자신이 내놓았던 이전의 몇 가지 주장(Arsenio & Lover, 1995), 곧 어린 아동들의 행복한 가해자 기대는 단순히 "사악한 욕망"의 결과 혹은 총체적인 도덕적 미성숙의 또 다른 형식이 아니라는 것에 대한 지지를 제공한다. 그들의 최초의 행복한 가해자 귀인에 수반하는 서로 다른 정당화를 제공하는 두 집단의 경향성과 이들 서로 다른 정당화의 성격은 어린 아동들을 단순하게 "도덕적으로 둔감한" 것으로 바라보는 시각과는 어울리지 않는다. 대신에 우리가 다음에 논의하는 바와 같이 그것은 아마도 어린 아동들이 그들의 초점을 위해에 의해 산출된 두드러진 물질적·정서적 이득으로부터 희생자들에 의해 경험되는 손실들로 전환하는 최초의 인지적, 그리고 때때로 행동적 어려움을 지닌다는 것일 것이다.

종합적으로 보면 이 절에서 기술된 연구들은 왜 대부분의 어린 아동들(5세 이하)은 가해자들이 행복하게 느낄 것으로 기대하는 반면에 나이 든 아동들의 귀인은 연구마다 현저하게 서로 다르게 나타나는가에 대해 다소 다른 설명을 제공한다. 켈러(Keller)와 동료들(1996, 2003)은 이들 이슈를 두 가지 방식으로 설명한다. 하나는 이전의 행복한 가해자 연구결과들은 아동들이 그러한 위반을 저지르는 "약자를 괴롭히는 사람" 혹은 "나쁜 주인공"이 어떻게 느끼고 있는가를 기술하고 있다고 믿는다는 점에서(즉 자아-타인 관점 질문) 대부분 인위적이라는 것이다. 이와 함께 그들은 어린 아동들로 하여금 면담자의 질문을 욕망/의도 대응에 관한 것으로 간주하도록 이끄는 반면에 나이 든 아동들은 처음부터 이들 판단을 도덕적 견지에서 구성하도록 이끄는 연령과 관련된 인지적 변화가 존재한다고 주장한다. 그러나 이들 명백한 연령과 관련된 변화는 가해자들의 긍정적 정서는 결코 받아들일 수 없다는 연령을 초월한 넓은 합의보다는 덜 중요하다. 이 관점은 행복한 가해는 아동들의 실제적인 도덕발달에서 매우 작은 역할을 수행한다는 것을 암묵적으로 시사한다.

이들 주장에 대한 한 가지 반응은 켈러(Keller)와 그 밖의 동료 연구들의 분명한 요구 특징이 이들의 폭넓은 주장을 손상시킨다는 것이다. 이 연구의 아동들은 어떠한 정서판단을 내리기 이전에 항상 그 위반이 "할 만한 옳은 일"인가라는 질문을 제시받았으며, 거의 모든 아동들이 그 질문에 대해 그렇지 않다고 대답했다. 그때 후속 질문은 가해자들의 반응의 옳음과 그름에, 최종적으로는 그 가해자가 좋은가 혹은 나쁜가에 초점을 두었다. 실험자가 지닌 도덕적 관심의 명백한 주목성을 가정한다면 대부분의 아동들이 결국에는 가해자의 긍정적 정서를 단념하게 된다는 것은 놀라운 일이 아니다.

그러나 유일(Yuill)과 그 밖의 동료(1996)가 수행했던 연구는 켈러(Keller)와 그 밖의 동료들이 "사회적으로 바람직한" 것으로 간주되는 바에 관한 아동들의 이해보다 더 중요한 어떤 것을 다루었다고 시사하고 있다. 행복한 가해자 기대를 보는 또 다른 방식은 아동들이 다른 사람들에게 해를 끼치는 것을 요구하는 욕망-결과 대응을 성취하는 것에 우선하여 그들이 실현하기 이전에 어떻게 현저한 도덕적 관심이 시작되어야 하는가의 견지에서이다. 그래서 유일(Yuill)과 그 밖의 동료들이 잠재적인 욕망-결과 대응의 도덕적 주목성이나 혹은 개인적 주목성을 체계적으로 강조했을 때, 그들은 어린 아동들(5세)이 그 가해자가 그에 알맞게 어떻게 느낄 것인가에 관한 그들의 관점을 변경한다는 것을 발견했다. 이와 비슷하게 켈러(Keller)와 그 밖의 동료들(2003)이 그들의 방법론에서 도덕적 이슈의 주목성을 증대시킴에 따라 점점 더 많은 아동들이 위해의 도덕적 측면에 관하여 지각하기 시작하는 것 같았다(Arsenio & Kramer, 1992도 볼 것). 이런 점에 비추어 본다면 행복한 가해자 기대에 의해 야기된 의문은 어린 아동들이 어떠한 도덕적 이해를 지니고 있느냐의 여부—그들은 분명히 어떤 이해를 지니고 있다—가 아니라, 그것이 그들 자신의 경쟁하는 욕망과 잠재적인 갈등을 일으킬 때 무엇이 그들로 하여금 그 이해를 일상적으로 그리고 자동적으로 적용하게 하는가이다.

이들 연구를 토대로 하여 보면 행복한 가해자 기대가 단순히 하나의 방법론적 인공물이라고 결론을 내리는 것은 잘못일 것이다. 그러나 이 개념의 보다 큰 심리학적 의미와 중요성은 아직까지 불분명하다. 다음의 절들에서 우리는 이들 이슈를 명료화하는 데 도움을 줄 수 있는 두 가지 연구유형을 기술한다. 첫 번째 절은 다른 사람들을 위해할 때 아동들이 표현하는 실제적인 정서에 관한 관찰 연구를 요약하고, 두 번째 절은 청소년들이 긍정적 정서를 가해자들에게 귀인시키는 경향성의 개인적 차이가 그들의 행동 현상과 관련이 되는지의 여부에 초점을 맞춘다. 두 가지 연구유형은 특히 "행복한 가해자 현상이 중요한 몇 가지 응용된 맥락에서 약한 자를 못 살게 구는 것에 대한 인지적·정서적 표현과 같은 아동들의 정서적 민감성을 충분하게 탐구하는 것이 필요한 것 같다" (p. 16)는 켈러(Keller)와 그 밖의 동료들(2003)의 관찰과 관련된다.

가해 관련 정서의 관찰 연구들

로우렌코(Lourenco, 1997)와 그 밖의 다른 사람들이 지적했던 바와 같이 아동들의 도덕적 정서의 개념에 관해서는 꽤 많은 정보가 알려져 있지만, 아동들이 이들 맥락에서 표현하는 실제적인 정서에 관해서는 거의 아무 것도 알려져 있지 않다. 가장 일반적인 규범적 수준에서 볼 때 아동들이 실제적으로 다른 사람들을 위해한 이후에 긍정적인 정서를 얼마나 자주 표현하는지에 대해서는 불분명하다. 특히 어린 아동들의 팽배한 행복한 가해자 개념이 제시하는 것과 같이 아동들이 위해에 흔히 수반하여 행복하게 느끼는 것 같지는 않다. 아직도 그들은 실제적인 위해 행위에 뒤이은 "의미 있는" 긍정적 정서의 수준을 표현하는가, 그리고 의미 있는(meaningful)은 어떻게 정의되어야 하는가?

이 주제에 관한 유용한 관찰 연구에 대해 기술하기 이전에 이들 연구의 두 가지 중요한 한계를 인정해야 한다. 첫째, 이 연구는 바로 유치원 아동들에게 초점을 맞추고 있다. 나이 든 아동들의 자연적인 위해행위를 연구하기 위한 몇 가지 새로운 기술의 등장에도 불구하고(Coie & Dodge, 1998 참조) 실용적이고 발달적인 요소들(예컨대 유치원 아동들은 그들의 공격성을 숨기지 않으며 정서표현도 숨기지 않는다)은 지금까지 이 연구를 어린 아동들로 제한해 왔다. 두 번째 한계는 이들 연구의 어느 것도 위해 그 자체를 사정하지 않는다는 것이다. 그 대신에 연구들은 갈등이나 공격에 초점을 두는데, 그 두 가지는 서로 관련이 있지만 반드시 위해 연구와 동일한 것은 아니다.

몇 가지 연구는 갈등과 자극적인 상황 동안 아동들의 분노를 사정하고자 명료하게 설계되었다. 예를 들면 페이브스(Fabes)와 아이젠버그(Eisenberg, 1992)는 유치원 아동들이 분노를 유도하는 상황에 대해 반응하는 다양한 방법(예컨대 감정을 드러내는 반응 대 적극적인 그러나 비공격적인 저항)이 어떻게 사회적 능력의 사정과 관련되는지를 검증했다. 허바드(Hubbard)와 그녀의 동료들(예컨대 Hubbard 외, 2002)은 또한 어린 학령기 아동들의 분노가 공격적 행동들의 특정한 형식과 어떻게 연관되는지를 관찰하여 사정했다. 그러나 비록 이러한 분노에 대한 배타적 초점이 그 자체로 흥미가 있지만 그것은 위해와 연결될 수도 있는 보다 넓은 정서의 범위를 사정하는 것과는 직접적으로 연관이 없다(Lemerise & Dodge, 2000). 그러나 몇 가지 그 밖의 다른 연구는 아동들의 행동에서 다른 위해와 관련된 정서의 역할을 명료화하기 시작한다.

최초의 연구에서 아르세니오(Arsenio)와 킬렌(Killen, 1996)은 4-5세 유치원 아동들을 대상으로 그들이 동료들과 반구조화된 테이블 놀이를 하는 동안 검증했다. 특히 27명의 아동들을 세 집단으로 구분하고(네 번의 기간 동안 각각) 테이블에서 몇 개 안 되는 장난감을 갖고 놀고 있는 동안 그 모습을 비디오로 녹화했다. 아동들이 갈등 이전과 이후의 15초 동안, 그리고 전체 갈등 사건 동안 표현했던 정서뿐만 아니라 아동들의 몇 가지 측면을 코드화했다(AFFEX 체제를 사용했다 ; Izard, Dougherty & Hembree, 1983).

이 연구에서 250회 이상의 갈등이 관찰되었는데, 그 대부분은 갈등 주도자가 대상 물건을 통제하는 물건 다툼이었다. 예상된 바와 같이 참여자들의 정서는 갈등 이전에는 서로 다르지 않았다. 그러나 갈등이 일어나는 동안 주도자들은 행복한 경향이 더 있었던 반면에 공격을 받는 자들은 더 많은 슬픔과 분노, 그리고 경악을 나타냈다. 요컨대 갈등 주도자들은 부정적인 정서를 거의 나타내지 않았으나 이 정서의 유일한 것은 분노 과시였다. 추가적인 분석은 아동들의 정서에서의 개인적 차이와 그들이 갈등에 연관되는 빈도수 간의 관련성을 밝혔다. (분석은 총 시간보다는 아동들이 특정한 정서를 표현한 시간의 비율에 토대를 두었다. 왜냐하면 보다 많은 갈등에 연련된 아동들은 또한 정서를 표현하는 더 많은 유용한 시간을 가질 것이기 때문이다. 관련된 접근은 이 절에서 보고된 모든 연구에 사용된다. 즉 정서결과는 각 아동들의 어떤 유형이 되는 정서의 비율에 토대를 둔다. 이 접근은 각기 다른 아동 표현능력의 수준을 통제하며, 그들의 정서표현에 관한 단순한 빈도수보다 더 강력하게 아동들의 행동을 예견하는 것으로 밝혀져 왔다.)

몇 가지 결과 중에서 보다 갈등을 잘 주도했던 아동들은 갈등 동안에 다소 높은 행복의 비율($r = .28$)을 보였던 반면에 갈등의 목표가 되었던 아동들은 모든 부정적인 정서의 높은 비율을 더 자주 나타냈는데, 특히 분노($r = .57$)가 높게 나타난다는 것이 밝혀졌다. 비록 흥미롭지만 이들 발견은 추가적인 의문을 불러일으켰다. 하나의 관심은 선택된 특정한 관찰 맥락과 관련되었다. 유치원 아동들의 테이블 놀이는 일상적인 일이지만 이 특정한 과업에서 아동들에게 그 어느 누구의 소유도 아닌 재료들을 제시했다(어느 아동도 그 재료를 선택하지 않았었다). 그때 이 과업은 의도적인 해악과 관련이 없는 갈등이나 혹은 불일치로부터 나오는 정서와 반대되는 것으로서 위해와 관련된 정서를 진정으로 사정했는가의 여부가 불분명하다. 또 다른 이슈는 아동들의 갈등 정서와 그들의 갈등 행동 비율 간의 관찰된 연관이 주로 아동들의 갈등 정서 그 자체와 관련되는지, 혹은 보다 일반적인 정서 성향 유형과 관련되는지에 관한 것이다. 예를 들면 어떤 아동들은 모든 상황에서 더 쉽게 분노에 젖을 수 있으며,

이러한 총체적인 적의 있는 성질은 더 많은 갈등 횟수뿐만 아니라 더 적의적인 갈등 정서를 낳을 수 있을 것이다.

이들 이슈를 마음 속에 두고 우리는 아동들의 갈등 관련 정서와 갈등과 무관한 정서, 그리고 보다 자연스러운 환경(즉 비구조화된 자유놀이)에서 행동 간의 연관을 중점적으로 다루기 위해 두 번째 연구(Arsenio & Lover, 1997)를 실행했다. 37명의 유치원 아동들을 대상으로 6주간의 여름캠프 프로그램 과정 동안 관찰했다. 아동들의 "행복한", "슬픈", 그리고 "분노한" 정서표현이 덴햄(Denham, 1986 ; Denham, McKinley, Couchoud & Holt, 1990)의 실시간 활동 코드화 체계를 사용하여 갈등 동안과 갈등과 무관한 시간 동안에 사정되었는데, 여기에서는 아동들의 공격적인 그리고 비공격적인 갈등 또한 기록되었다.

총 76회의 갈등이 목격되었으며, 여기에는 29회의 공격적 갈등과 44회의 비공격적인 갈등이 포함되어 있다. 그러나 1,000회 이상의 정서표현이 관찰되었다. 아동들의 정서와 그들의 갈등 행동 간의 연관 측면에서 보면 공격적인 갈등 동안에 보다 높은 비율의 분노나 행복을 표현했던 아동들이 공격을 더 주도하는 경향이 있었으며, 보다 높은 비율의 기준선 분노(baseline anger, 즉 공격과 관계없는 그리고 비공격적인 갈등)를 표현했던 아동들이 또한 다소 공격을 더 주도하는 경향이 있었다. 이와는 대조적으로 아동들의 정서와 그들의 비공격적 갈등 간에는 거의 연관성이 관찰되지 않았다. 그러나 극소수의 공격적인 행위를 가정한다면 이들 연구결과는 조심스럽게 해석되어야 했다.

그들의 한계에도 불구하고 이들 두 연구는 갈등 분노에 대한 보다 전통적인 초점과 더불어 긍정적인 갈등과 관련된 정서를 사정하는 것의 중요성을 밑받침한다. 이들 연구는 또한 긍정적인 갈등 정서가 유치원 아동들의 공격적·갈등적인 행동에서 개인 차이를 예견하는 데 있어서 특히 중요한 역할을 수행할 수 있다는 것을 보여주기 시작한다. 가해와 관련된 행복이 아동들의 행동에서 중요한 역할을 수행하는지 어떤지와 같은 것을 사정하기 위해 또 다른 보다 광범위한 연구가 필요한 것은 분명했다.

이 세 번째 연구(Arsenio, Cooperman & Lover, 2000)는 4세와 $5\frac{1}{2}$ 사이의 51명의 유치원 아동들(27명은 소녀들이고 24명은 소년들)의 다민족 집단을 대상으로 1년 이상 관찰했다. 정서는 아르세니오와 러버 연구(1997)에서 사용되었던 똑같은 체계로 코드화되었으며, 유치원 아동들의 공격성의 다양한 측면이 또한 기록되었다. **공격**(aggression)은 신체적 해나 언어적 해를 포함하는 것으로 정의되었으며, 그것은 비공격적인 갈등(예컨대 단순한 불일치)과 난폭한 놀이와는 구분되었다. 이들 관찰과 더불어 아동들을 대상으로 (a) 정서와 관련된 지식의 사정(Denham, 1986으로부터 개작된)을 실시했는데, 이는 아동들에게 몇 가지 기본적인 정서를 분류하고 또한 인식하도록, 그리고 몇 가지 익숙한 사건들의 유형에 관한 정서결과를 판단하도록 요구함으로써 이루어졌다. (b) 유치원 아동의 그림에 관한 표준 계량사회학적 사정을 실시했는데, 이는 그들의 동료들에 의해 아동들의 수용 비율을 유도하기 위해 사용되었다.

종합적으로 보면 총 168회의 공격적인 상호작용이 목격되었다. 흔히 발견되는 것처럼(Coie & Dodge, 1998) 비록 대부분의 아동들이 최소한 한 번의 공격을 주도하며($M = 3.29$) 최소한 한 번의 공격목표가 되었지만($M = 3.29$) 아동들의 약 20%가 모든 공격의 거의 절반을 주도했다. 아동들이 나타냈던 정서는 맥락에 따라 현저하게 달랐다. 그들의 공격적인 갈등과 무관한("기준선" 맥락) 동안에 아동들은 아주 행복했으나(그들의 총 기준선 표현의 91%) 그들의 공격적인 상호작용 동안에는 정확히 25%로 하락했다(그들의 총 공격과 관련된 표현의). 그러나 아동들의 공격과 관련된 정서는 그 공격에서 그들의 역할에 따라 아주 달랐다. 공격을 받는 자들은 거의 대부분 분노하거나(그들의 표현의 50% 이상), 슬프거나 중립적인 표현을 보였다. 이와는 대조적으로 공격자들의 정서표현은 비교적 똑같게 분노와 행복 사이로 나뉘어졌다(각각에 대해 약 40%). 흥미롭게도 공격을 받는 자들은 또한 공격자들이 행복했을 때 고통(분노나 슬픔)을 더 받는 경향이 있었다.

다른 분석들은 아동들의 정서 성향(그리고 정서 지식)이 그들의 공격적 행동과 동료 수용 모두와 관련된다는 것을 지적했다. 종합적으로 보면 보다 많은 기준선 분노와 보다 적은 기준선 행복(그들의 기준선 표현의 비율로서)을 보였던 아동들이 보다 공격적이었으며, 그들의 동료들에 의해 덜 수용되었다. 이와는 대조적으로 보다 많은 공격과 관련된 행복을 표현했던 아동들은 그들의 동료들보다 더 공격적이었으며 덜 마음에 들었다. 달리 말하면 아르세니오(Arsenio)와 러버(Lover, 1997)의 연구에서처럼 참여자들의 기준선과 공격 관련 비율 행복은 그들의 사회적 기능작용과 정반대의 연관을 지니고 있었다(그리고 공격 관련 비율과 기준선 행복은 서로 관련이 없었다).

중재 분석은 긍정적인 공격과 관련된 정서의 잠재적으로 유일한 역할에 대한 추가적인 지지를 제공했다. 덴햄(Denham, 1986 ; Denham 외, 1990)이 수행했던 이전의 연구는 아동들의 정서적 성향들, 그리고 그것들이 동료들에 의해 선호되는지 그렇지 않는지 간의 몇 가지 연관성이 간접적인 것이었다고 지적했다. 즉 유치원 아동들의 정서적 경향성은 그들의 친사회적 행동에 영향을 미치며, 역으로 친사회적 행동은 동료들에 의한 그들의 수용에 영향을 미쳤다. 최근의 연구에서 그와 비슷한 결과들을 사정했을 때, 아동들의 동료 수용에 관한 정서적 상관관계의 모든 것들 간의 중요한 연관(정서 지식, 공격과 관련된 행복, 기준선 분노, 그리고 기준선 행복)은 그들의 공격에 의해 중재된다는 것이 발견되었다. 달리 말하면 아동들의 정서와 관련된 능력과 경향성은 공격과 연관되었으며, 이러한 공격과의 연관은 동료 수용에 관한 이들 정서적 변수의 영향에 대한 원인이 되었다. 유일한 예외는 공격과 관련된 행복이었으며, 그것은 다소의 직접적 연관뿐만 아니라 동료 수용과의 간접적인 연관(공격을 통해서) 또한 지니고 있었다. 이러한 연구결과를 논의하는 데 있어서 우리는 "비교적 비공격적인 아동들은 공격 동안에 흔히 행복한 정서를 경험하는 매우 공격적인 동료들에 대해 전형적으로 혐오적인 행위들을 진지하게 받아들이지 않는, 더 나아가 비열해지는 것을 즐기는 존재로 바라볼 수도 있다"(Arsenio 외, 2000, p. 445)는 점에 주목했다. 그러나 아직 알려지지 않은 것은 그 행복이 실제적으로 공격을 즐기는 것으로부터 나오는 것인지 아니면 유치원 아동들의 공격과 흔히 연관되는 물질적 이득(예컨대 원하던 장난감을 얻거나 혹은 기다리지 않고 이용하는 것)으로부터 나오는 것인지이다.

서로 다른 연구집단에 의한 연구는 이들 3가지 관찰 연구에서 보고되었던 연구결과들의 양상에 대해 어느 정도의 지지를 제공한다. 밀러(Miller)와 올슨(Olson, 2000)은 또한 유치원 아동들의 갈등(공격적인 그리고 비공격적인)에 관한 정서적 특질이 아동들의 사회적 능력에 관한 교사 및 동료 평가와 관련되는지의 여부에 관심을 가졌다. 헤드 스타트(Head Start) 유치원에 다니는 4-5세의 60명 집단은 거의 대부분의 아동들이 낮은 임금의 유럽계 미국인 부모 밑에서 자라고 있었다.

연령에 적절한 다양한 장난감을 가지고 놀 때 아동들을 5개 집단으로 나누어 비디오를 촬영했다. 약 15분 수업시간의 대부분은 자유놀이와 관련되었지만 또한 짧은 구조화된 활동도 있었다. 아동들을 연초에 한 번 촬영했고 9개월 후에 다시 촬영했다. 이와 함께 두 번의 시기에서 교사들은 아동들의 파괴적 행동 비율을 평가했고, 아동들은 계량사회학적 절차를 통해 그들 동료들의 부정적인 사회적 지위(파괴성과 싫어해짐의 결합)를 사정했다. 이와 함께 비디오테이프를 아동들이 갈등을 주도했던 빈도수, 그리고 그러한 갈등 동안의 정서적 반응(전형적으로 단 하나의 지배적인 정서적 반응, Arsenio 외, 2000도 볼 것)을 기록하고자 사용했다. 아동들의 정서적 반응은 분노, 약간 긍정적인, 약간 부정적인, 그리고 위해의 행위 동안에 발생하는(예컨대 다른 사람의 사유물을 찢거나 파괴하기) "높은 강도의 부적절한 긍정적 정서" (p. 344), 곧 **매우 기뻐하는 비웃음**(gleeful taunting)으로 불리는 범주로 코드화되었다.

비록 아동들이 시간이 지남에 따라 표현했던 몇몇 정서의 평균 수준에서 변화가 있었지만, 가장 흥미 있는 연구결과는 아동들의 최초로 사정된 정서와 그 이후 사정에서 아동들의 부정적인 행동에 관한 혼합 척도(교사와 동료 사정의 연합으로부터) 간의 연관과 관련되었다. 아동들의 최초의 분노와 약간 긍정적인 정서(그들의 표현의 정도로서)는 그들의 부정적 행동의 혼합 척도와 관련되지 않았다. 이와는 대조적으로 그해의 처음에 보였던 아동들의 매우 기뻐하는 비웃음, 약간 부정적인 정서, 그리고 중립적 정서는 9개월 이후에 보다 부정적인 행동적 비율 평가를 예견했다. 그러나 이들 변수의 특이한 공헌들에 관한 분석은 매우 기뻐하는 비웃음이 약간 부정적인 정서나 혹은 중립적 정서보다 6배 이상 행동 혼합에서의 변화를 예견했다.

비록 매우 기뻐하는 비웃음이 아동들의 갈등 주도를 가장 잘 예견했지만, 아동들의 분노나 혹은 약간 부정적인 정서(갈등 대상들로서)는 갈등의 목표대상이 되는 것을 가장 잘 예견했다. 달리 말하면 "매우 기뻐하는 비웃음은 유치원 아동들 간에 갈등을 부추기는 기능을 발휘할 것이지만(예컨대 장난감을 빼앗고 조롱함으로써, 혹은 잡아 찢기와 관계적 공격의 다른 형식으로써), 반면에 분노와 약간 부정적인 정서는 또 다른 아동의 행위에 대한 정서적 반작용으로 주로 나타날 것이다"(Miller & Olson, 2000, p. 348).

이들 연구결과에 관한 후속 논의에서 밀러(Miller)와 올슨(Olson)은 매우 기뻐하는 비웃음에 대한 그들의 연구결과가 아르세니오(Arsenio)와 그의 동료들의 관찰 연구에서 가해자 행복의 역할과 아주 일치한다고 지적했다. 그들 자신의 단기 종단적 연구결과를 토대로 그들은 매우 기뻐하는 비웃음이 유치원 기간 동안뿐만 아니라 어쩌면 아마도 아동들의 장기 조정에 해로운 결과를 미칠 것이라고 주장했다. 우리가 다음 절에서 보고하듯이 이 마지막 주장과 일치하는 도덕적 정서에 관한 청소년들의 개념과 관련한 자료가 점차 축적되고 있다. 아동들의 분노에 관하여 밀러(Miller)와 올슨(Olson)이 분노 경향성(갈등을 주도할 때)과 갈등 주도 비율 간의 연관을 발견하지 못한 것은 아르세니오(Arsenio)와 러버(Lover, 1997)의 연구보다는 더 포괄적인 아르세니오와 그 밖의 동료들의 연구(2000)와 일치한다.

아동들의 공격적 · 비공격적인 갈등에서 분노의 역할에 관한 완전한 논의는 이 장의 범위와 초점을 넘어선다(그러나 Lemerise & Dogde, 2000 참조). 그러나 이 절에서 기술된 관찰 연구들은 공격에 대한 많은 이론적 · 임상적 접근에서 분노에 관하여(그리고 단지 분노만) 널리 수용되고 있는 초점에 대해 의문을 일으킨다. 미래의 연구를 위한 하나의 주제는 갈등의 맥락 이외에서 일어나는 분노와 갈등 동안에 일어나는 분노를 서로 구분하는 것이다. 공격이 일어나는 동안의 분노와 공격과 무관하게 일어나는 분노를 사정했던 두 가지 관찰 연구에서(Arsenio & Lover, 1997 ; Arsenio 외, 2000) 공격과 무관한 분노가 아동들의 공격 주도와 분명하게 관련되었다. 비록 보다 많은 연구가 이러한 비공격적 분노의 성질을 명료화하기 위해서 필요하지만, 그것은 분노가 공격과 매우 밀접하게 연관된다는 관점을 강력하게 유지하는 데는 공헌할 것이다.

현재의 목적에 비추어 보면 몇 가지는 분명하다. 유치원 아동들은 거의 항상 가해자들이 행복하게 느낄 것이라고 기대한다는 것을 제시하는 몇몇 연구들(예컨대 Arsenio & Kramer, 1992 ; Lourenco, 1997 ; Nunner-Winkker & Sodian, 1992)과 대조적으로 유치원 아동들은 그들의 실제적인 공격적 위해행위의 거의 절반 정도에서만 행복을 표현하는 것으로 보인다(몇몇 연구들에서 가해자로서의 자아 귀인과 개략적으로 비교 가능하다. 예컨대 Barden 외, 1980 ; Keller 외, 2003). 둘째, 행복한 가해자들이 되는 아동들의 경향성을 뒷받침하는 두드러진 개인적 차이가 존재한다. 마지막으로 공격적·비공격적인 갈등 동안 유치원 아동들의 긍정적인 정서표현은 이전에 이해되어 왔던 것보다 훨씬 더 아동들의 사회적 능력과 심리적 조정에 문제가 된다. 아동들의 도덕발달에 관하여 이들 연구결과는 위해의 맥락에서 긍정적인 정서의 중요성에 대한 지지를 제공한다. 비록 어린 아동들의 실제적인 행복한 위해는 행복한 위해에 관한 그들의 개념보다 덜 포괄적이지만 관찰된 행복한 위해는 비교적 공통적이며, 그것은 도덕적 행동에서 중요한 개인적 차이와 연관된다.

서로 다른 공격형식의 정서적 결과에 관한 청소년들의 개념

이 마지막 절에서 우리는 공격과 가해의 다양한 형식에 관한 청소년들의 개념과 관련하여 분노와 행복(다른 정서뿐만 아니라)의 각기 다른 역할을 중점적으로 다루는 한 연구결과에 대해 기술한다. 몇 가지 해결되지 않은 이슈가 이 연구의 기저를 이룬다. 무엇보다 먼저 아동들의 도덕적 정서에 관한 개념 연구의 대부분은 어린 아동들(4-10세)을 대상으로 연령과 관련된 규범적 변화에 초점을 맞추었다. 청소년들의 개념 및 이들 개념에서의 개인적 차이가 행동과 관련되는지 어떤지에 관해서는 거의 알려지지 않았다. 또 다른 덜 분명한 이슈는 아동들의 도덕적 정서의 개념에 관한 대부분의 연구가 분명하게 정당한 이유가 없는 공격의 결과를 검증했다는 것이다. 이와는 대조적으로 명백하게 공격에 관심을 둔 연구자들에 의해 흔히 연구되었던 정당한 이유가 있는 공격과 관련된 아동들의 정서-사건 연결에 관해서는 거의 알려진 것이 없다(정당한 이유가 있는 그리고 정당한 이유가 없는 구분에 관한 보다 일반적인 논의에 대해서는 Arsenio & Lemerise, 2004 참조).

닷지(Dodge), 크릭(Crick) 그리고 그들의 동료들은 인식된(잘못 인식된) 위협과 좌절이 공격으로 저항을 받는 반작용적 공격(reactive aggression), 그리고 탐나는 물질적·심리적 결과가 다른 사람들을 가해함으로써 획득되는 순행적 공격(proactive aggression)을 서로 구분하는 것이 중요하다고 주장했다(예컨대 Dodge & Coie, 1987). 연구는 아동들의 반작용적 공격

(예컨대 "싸움을 하는 다른 사람들을 책망한다" 그리고 "우발적 사건에 대해 지나치게 화를 낸다" ; Dodge & Coie, 1987, p. 1149)에 관한 교사들의 비율평가는 애매한 상황에서 다른 사람들에게 적의적인 의도를 귀인시키는 아동들의 경향성, 즉 "적의적 귀인 편견"과 관련된다고 지적했다. 이와는 대조적으로 순행적 공격(예컨대 "다른 사람들을 위협하고 못 살게 군다" 그리고 "지배하기 위해 신체적 힘을 사용한다")은 다른 사람들의 의도에 관한 오해와 연관되는 것이 아니라 오히려 그들이 공격적이 되는 것이 효과적이라는, 그리고 공격이 바람직한 결과를 산출한다 혹은 "그것이 쉬우며 그것이 효과가 있다"는 아동들의 판단과 연관된다.

비록 반작용적 공격이 "냉혈적인" 공격과 같이 흔히 "성미 급한", 그리고 순행적인 공격으로 기술되지만 이들 두 공격형식의 정서적 상관관계에 관한 연구는 진정으로 이제 시작되었다. 현재까지 허바드(Hubbard)와 동료들(예컨대 Hubbard 외, 2002)은 아동들의 반작용적 공격의 비율과 그들이 "임시로 만든" 보드 게임을 하는 동안의 행동 간에 몇 가지 중요한 관련이 있다는 것을 발견했다. 예를 들면 "반작용적 공격—그러나 순행적 공격은 아닌—은 피부전도 반응성 및 비언어적 분노 행동과 긍정적으로 관련되었다"(p. 1101). 순행적 공격의 경우 단지 하나의 정서적 상관관계가 검증되었다. 그러나 그것은 이 장과 특별한 관련을 가지고 있다. 아동들은 한 동료의 비공격적인 도발에 대해 공격적으로 반응한 이후 그들 자신이 어떻게 느낄 것으로 기대하는가를 5점 척도("매우 나쁜"으로부터 "매우 좋은"까지)상에 때때로 평가해 왔다. 한 연구에서(Dodge, Lochman, Harnish, Bates & Pettit, 1997) 순행적인 공격적 아동들은 반작용적인 공격적 아동들이나 비공격적인 아동들보다 순행적 공격에 뒤이어 보다 더 긍정적으로 느낄 것으로 기대했다. 요컨대 이것은 하나의 특별한 공격의 하위형태와 독특하게 연관되는 유일한 아동들의 사회적 정보 처리(7가지 중에서) 척도였다.

최근의 연구에서 우리(Arsenio, Grossman & Gold, 2003, 2004)는 각기 다른 공격형태의 정서적 결과에 관한 청소년들의 개념을 검증함으로써 닷지(Dodge)와 그 밖의 동료들(1997)의 연구를 확장하고자 했다. 우리의 목적은 이들 기대된 정서적 결과의 규범적인 모습을 얻고 행동 장애를 지닌 청소년들이 그러한 사건들의 결과를 그들의 동료들과 다르게 볼 것인가 어떤가를 검증하는 데 있었다. 또 다른 초점은 반작용적 공격경향을 가진 청소년들과 순행적 공격경향을 가진 청소년들이 특수한 공격유형에 대한 그들의 정서 기대에서 서로 다를 것인지 어떤지를 검증하는 데 있었다.

총 100명의 청소년들(약 2/3가 소년들)이 참여했으며, 거의 모든 청소년들이 경제적으로 여건이 불리한 도시환경에 살고 있는 낮은 사회경제적 지위의 편친가족 출신이었다. 청소년들의 약 2/3는 아프리카계 미국인이었으며 나머지 참여자들의 대부분은 라틴아메리카인이었다. 100명의 참여자들 가운데 절반은 행동 장애 혹은 반항 장애에 대해 DSM-IV(미국정신의학회, 1994, 역자 주 : DSM-IV란 미국정신의학회에서 발행하는 "정신 장애의 진단 및 통계 편람") 준거를 충족시키는 것으로 공식적으로 진단을 받아왔다. 이들은 행동적으로 파괴적인 청소년들을 위한 특수 수업을 받았으며, 그들의 비파괴적인 동료들은 똑같은 공립학교에 다녔다.

청소년들은 개별적으로 다층적 면담을 받았는데, 그것은 반작용적 공격, 순행적 공격, 그리고 우리가 **정당한 이유가 없는 순행적 공격**이라 불렀던 제3의 범주를 포함하는 3가지 다른 공격유형과 관련한 그들의 추론에 관한 사정뿐만 아니라 그들의 언어적 능력에 관한 사정(Peabody Picture Vocabulary Test, 제3판 ; Dunn & Dunn, 2001)도 포함했다. 순행적 공격을 묘사하는 데 전형적으로 사용되었던 이야기들과 달리, 정당한 이유가 없는 순행적 공격은 전혀 사전 도발이 내포되지 않은 위해행위들(예컨대 물질적 이득을 얻기 위해 훔치거나 신체적 해를 가하는)과 관련되었다. 이 마지막 범주는 그것이 기술되었던 행복한 가해자 연구들의 거의 모두에서 사용되었던 위해유형과 일치하기 때문에 추가되었다.

참여자들은 이들 3가지 공격유형 각각을 기술하고 있는 이야기들에서 있을 법한 정서적 결과를 10개의 작은 조각을 이용하여 5가지 정서 범주(행복한, 슬픈, 열광적인, 겁먹은, 그리고 중립적 정서)별로 분류함으로써 판단하도록 요청받았다. 순행적인 그리고 정당한 이유가 없는 공격의 경우 청소년들에게 공격을 주도한 사람의 역할에 있는 그들 자신을 상상하도록 요구했으며, 반면에 반작용적인 공격의 경우 그들은 애매하게 야기된 결과의 목표대상의 역할에 놓여졌다. 이들 정서 귀인과 더불어 참여자들은 각 공격형태의 그 밖의 다른 정의 특징에 관한 판단을 내렸다. 예를 들면 반작용적 공격에 대해 참여자들은 부정적인, 그러나 애매하게 야기된 결과에 대한 "선동가들"의 의도에 관하여 판단을 내렸다. 마지막으로 청소년들의 교사들은 그들의 종합적인 외면화 양식뿐만 아니라(Achenbach, 1991) 참여자들의 반작용적 · 순행적 공격경향에 관한 사정을 완료했다(Dodge & Coie, 1987).

예비 분석들은 두 청소년 집단이 연령, 성, 인종/민족 성분, 사회경제적 지위의 측면에서 다르지 않았다고 지적했다. (그러나 행동적으로 파괴적인 청소년들은 그들의 동료들보다 더 낮은 언어적 능력을 지녔으며, 이것은 후속 분석들에서 가능할 때마다 통제되었다.) 종합적으로 청소년들은 이들 3가지 공격형태에 대한 반응에서 아주 다르게 느낄 것으로 기대했다. 청소년들은 분명하지 않은 이유로 야기된 도발적인 ("반작용적인") 사건은 거의 그들로 하여금 분노를 느끼도록(최고 10 가운데 M=5.82), 그리고 보다 적은 정도로 정확히 중립적 정서(M=3.27)를 느끼도록 만들 것이라고 기대했다. 추가적 분석들은 이러한 분노 혹은 중립적 정서의 선택이 선동가의 가정된 의도에 관한 판단과 관련된다는 것을 지적했다. 즉 만약 참여자들이 보다 더 적의적인 의도(4가지 이야기마다)를 선동가들에게 귀인시켰다면 그들은 성난 사람이 되기를 기대한 것이다. 반면에 만약 그들이 도발을 덜 의도적인 것으로 보았다면 그들은 거의 대부분 다른 정서들의 혼합과 함께(평균적으로 행복한=1.12, 슬픈=1.29, 열광적인=2.20, 그리고 겁먹은=0.24) 보다 중립적 정서(M=5.07)를 느낄 것이 기대되었다. 반면에 정당한 이유가 없는 순행적 공격에 대해(도덕적 가해) 그들은 슬픔(M=3.38), 행복(M=2.35), 그리고 중립적 정서(M=2.19)를 포함한 일련의 정서를 선택했다.

그러나 그 밖의 다른 분석들은 행동적으로 파괴적인 청소년들이 이들 몇몇 정서 귀인에서 그들의 동료들과 차이가 있다고 밝혔다. 비록 두 집단이 반작용적인 혹은 정당한 이유가 있는 순행적 공격에 대한 그들의 정서 조각 판단에서 서로 다르지 않았지만, 행동적으로 파괴적인 청소년들은 그들 자신을 정당한 이유가 있는 공격의 행위에 뒤이어 5점 척도(1=매우 나쁜부터 5=매우 좋은, M=3.14 대 비교 M=2.77)상에 보다 행복하게 느끼는 것으로 평가했다. 행동적으로 파괴적인 청소년들은 또한 그들의 정당한 이유가 없는 위해행위에 뒤이어 그들의 동료들보다 의미 있게 더 행복하게 느낄 것으로 기대했다(행동적으로 파괴적인 청소년들의 정서 조각 M=3.28 그리고 비교집단은 1.42). 이 마지막 차이는 다양한 정서 비교에 대한 통제 이후에 의미가 있었으며, 그 어느 연구결과도 언어적 능력에서의 집단 차이에 의해 영향을 받지 않았다.

정서 조각들을 사용하는 것과 더불어 청소년들은 정당한 이유가 없는 공격과 관련하여 여러 가지 그 밖의 다른 정서와 관련된 판단을 내렸다. 특히 그들은 처음에는 그들 자신을 가해자로서, 그리고 나서는 그들의 희생자로서 그들이 어떻게 느낄 것인가(별개의 정서판단), 그리고 왜(정당화)에 대해 그들 자신의 정서 용어를 만들었다. 비록 두 집단이 부정적 정서를 가해자로서 그들 자신에게 거의 자주 귀인시켰지만, 행동적으로 파괴적인 청소년들은 그들의 동료보다 거의 두 배 이상으로 행복하게 느낄 것으로(27% 대 12%) 기대하는 경향이 있었으며, 단지 절반만이 혼합된 정서(긍정적인 정서와 부정적인 정서 ; 16% 대 29%)를 느낄 것으로 기대하는 경향이 있었다. 더욱 놀라운 일은 비교 청소년들은 그들의 정서를 정당화하는 데 있어서(61% 도덕적 정당화 대 20% 결과 정당화) 결과("나는 내가 원했던 티켓을 가졌다")보다는 도덕적 이슈("그것은 나쁘다", "그것은 공정하지 않다")에 대해 세 배 이상 더 언급하는 경향이 있었다. 이와는 대조적으로 행동적으로 파괴적인 청소년들은 그들의 정서를 잠재적인 도덕적 관심(28% 도덕적 정당화 대 42% 결과 정당화)보다는 가해의 탐나는 결과를 언급함으로써 정당화하는 경향이 더 있었다.

그러나 두 집단은 그들의 희생자들이 이들 사건에 대해 어떻게 반응할 것인가에 관한 관점에서는 차이가 없었다. 두 집단은 그들의 희생자들이 전적으로 분노를(행동적으로 파괴적인 청소년들의 56% 대 비교 청소년 49%), 혹은 분노와 슬픔의 혼합(각각 28% 대 27%)을 느낄 것으로 압도적으로 기대했다. 그리고 희생자들의 정서에 대한 그들의 정당화는 일반적으로 그들의 가해에 의해 야기된 도덕적 관심에 거의 초점을 맞추고 있다는 점에서 매우 비슷했다(행동적으로 파괴적인 그리고 비교 청소년의 각각 47% 대 57%).

이를 함께 고려한다면 이들 연구결과는 청소년들이 이전에 비교되지 않았던 두 가지 형태의 순행적 공격을 포함한 이들 3가지 공격형태의 정서적 결과를 각기 구분한다는 것을 나타낸다. 요컨대 반동적 공격에 대한 결과는 애매한 상황에서 다른 사람들의 의도와 관련하여 청소년들의 추론의 중요성을 확인해 준다. 청소년들이 분명하지 않은 도발이 의도적이라는 것을 믿을 때 그들은 더욱 화가 나는 경향이 있는 반면에, 만약 그들이 도발이 비의도적이라고 믿는다면 그들은 그 사건에 관하여 중립적일 것이라고 말하는 경향이 있었다.

이들 공격형태의 정서적 결과에 관한 청소년들의 개념이 상당히 차이가 났을 뿐만 아니라, 그들의 정서 기대에서 중요한 집단 차이가 존재했다. 그들의 동료들과 비교해 볼 때 행동적으로 파괴적인 청소년들은 그들의 정당한 이유가 있는 공격과 정당한 이유가 없는 공격행위 두 가지 모두에 뒤이어(비록 단지 5단계 척도에서 정당한 이유가 있는 공격에 대해) 보다 행복하게 느낄 것으로 기대했다. 이들 집단 차이는 특히 두 가지 관련된 이유 때문에 인상적이다. 즉 그것들은 공격과 관련된 유일한 정서 차이이며, 절대적인 견지에서 보면 어느 집단도 이들 행위에 뒤이어 특별히 행복하게 느낄 것으로 기대하지 않았다. 정당한 이유가 없는 공격에 대해 행동적으로 파괴적인 청소년들은 10개의 조각 가운데 겨우 세 개 정도만을 행복한 범주로 할당했으며, 단지 중립적으로 느낄 것으로 기대하는 데 할당했다. 달리 말하면 행복한 가해자와 같은 귀인은 청소년들에게 특별히 널리 퍼져 있는 것은 아니지만 그것은 여전히 그들의 행동 지위를 높게 예견했다.

그 밖의 다른 두 가지 연구결과가 눈에 띈다. 분석들은 한 가지 예외 이외에 청소년들의 반동적 · 순행적 공격경향성(교사들에 의해 평가된 것으로)과 그들의 정서 귀인 간의 연관에 대해 거의 아무 것도 밝히지 못했다. 보다 순행적 공격을 보인 것으로 평가되었던 청소년들은 정당한 이유가 없는 공격행위에 뒤이어 보다 정서적으로 긍정적으로 의미 있게 느낄 것으로 기대했으며, 이 연구결과는 청소년들의 행동적 지위에 의해 완화되지 않았다. 달리 말하면 다른 사람들을 위협하고 못 살게 구는 경향이 있는 것으로 간주된 청소년들(그러나 다른 사람들의 애매한 도발에 대해 지나치게 반응하지 않는)은 가해행위에 뒤이어 그들의 동료들보다 더 행복하게 느낄 것으로 기대했다. 다른 주목할 만한 연구결과는 행복한 가해에 대한 두 집단의 기대에서의 차이에도 불구하고 희생자가 위해를 당하는 것으로부터 나오는 불공정과 해악의 결과로서 매우 부정적으로 느낄 것이라는 점에서는 거의 불일치가 없었다는 것이다.

종합해 보면 이들 연구결과는 다음과 같은 점을 시사한다. (a) 비록 행복한 가해자 개념의 전체적 우세가 초기 아동기부터 청소년기에 이르며 쇠퇴하지만 이들 개념은 연령이 높아지면서 완전하게 사라지지는 않는다(Murgatroyd & Robinson, 1993, 1997도 볼 것). 그리고 (b) 행복한 가해자 기대에서의 개인적 차이는 어린 아동들보다는 나이 든 아동들의 행동적 차이와 더 밀접하게 관련된다. 이들 연구결과 또한 해결되지 않은 중요한 의문(Arsenio & Lemerise, 2001), 즉 어떤 공격적인 아동들은 지식이 가해자로서의 그들 자신의 정서적 반응에 영향을 미치지 않는다면 희생자들의 정서적 곤경을 어떻게 이해할 수 있는가(Cohn & Strayer, 1996 ; Hoffman, 2000)라는 의문을 강조하고 있다.

결론

이 장은 두 가지 의문으로 시작했다. 보다 일반적인 형태의 의문은 다음과 같다. 아동들은 사회도덕적 행위들이 어떤 정서를 산출할 것으로 기대하는가, 그리고 이들 기대는 행동에 어떻게 영향을 미치는가? 그리고 보다 구체적인 의문은 다음과 같다. (a) 왜 어린 아동들과 몇몇 청소년들은 도덕적 가해자들이 다른 사람을 가해한 후에 긍정적인 정서(예컨대 행복)를 느낄 것으로 기대하는가? (b) 아동들은 이러한 정황에서 실제로 긍정적인 정서를 표현하는가? 그리고 (c) 아동들의 행복한 가해에 관한 개념과 표현에서의 개인적 차이는 행동적 차이를 예견하는가?

오늘날의 여러 연구결과에 대한 분석은 마지막 두 가지 의문에 대해서는 유용한 대답이 주어질 수 있으나 첫 번째 의문에 대한 대답은 보다 임시적이며 복잡하다고 제안한다. 첫째, 최소한 유치원 아동들은 다른 사람을 가해하는 동안 흔히 긍정적인 정서를 표현하는 것으로 보인다. 비록 유용한 연구들이 공격적인 가해에만 오로지 초점을 두었지만(그리고 행복한 가해자 연구들에서 흔히 사용되었던 발각되지 않는 절도의 행위에 대해서는 그렇지 않은), 유치원 가해자들은 비록 그들이 성인들에 의해 관찰되고 있거나 혹은 비디오로 촬영되고 있다는 것을 안다 하더라도 행복하게 보인다는 일관된 모습이 나타났다. 동시에 이들 긍정적인 표현의 절대 빈도수가 행복한 위해에 관한 유치원 아동들의 개념을 연구한 결과에서 기대되었던 것보다 훨씬 낮았다는 데 주목하는 것은 중요하다(예컨대 Arsenio & Kramer, 1992 ; Lourenco, 1997 ; Nunner-Winkler &

Sodian, 1988). 그러나 흥미롭게도 표현 비율은 유치원 아동들에게 가해자로서 그들 자신의 있을 법한 반응에 관하여 물었던 몇몇 연구와 대체적으로 일치했다(예컨대 Barden 외, 1980 ; Keller 외, 2003 ; 그러나 Ramos-Marcuse & Arsenio, 2001도 볼 것).

그러나 유치원 아동들의 행복한 가해자 표현에 관한 이러한 표준적인 모습은 그러한 표현에서의 주요한 개인적 차이보다 훨씬 덜 드러내고 있다. 마지막 구체적인 의문("행복한 가해에 관한 아동들의 개념과 표현에서의 차이는 행동적 차이를 예견하는가?")에 대한 대답에서 긍정적인 가해자 정서에 관한 유치원 아동들의 표현에서의 변화는 그들의 공격적인 행동에서의 개인적 차이와 분명하게 관련되는 것으로 보인다. 요컨대 긍정적인 위해는 보다 높은 수준의 공격뿐만 아니라 유치원 동료들에 의한 적극적인 거부와도 연관된다(Arsenio 외, 2000 ; Miller & Olson, 2000). 밀러(Miller)와 올슨(Olson)의 연구결과는 매우 기뻐하는 비웃음(gleeful taunting)이 9개월 후에 부정적인 동료 및 교사 평가를 예견했으며, 매우 기뻐하는 비웃음이 다른 그 어떤 정서적 변수(분노를 포함한)보다 부정적인 동료 및 교사 평가에서의 변화를 6배 이상 예견했다는 점에서 놀라운 일이다. 비록 청소년들의 개념에 대한 연구결과들이 다소 덜 극적이지만 그것들 또한 아동들이 가해의 정서적 결과를 어떻게 간주하는 가에서의 차이가 중요한 행동적 차이를 예견한다는 것을 시사한다.

마지막 두 가지 구체적인 의문에 대한 이들 대답은 또한 첫 번째 의문—"왜 어린 아동들과 몇몇 청소년들은 도덕적 가해자들이 다른 사람을 가해한 후에 행복하게 느낄 것으로 기대하는가?"—에 대한 부분적인 대답을 제공한다. 부분적으로 그것은 최소한 몇몇 아동들과 청소년들이 위해가 탐나는 결과를 산출할 것이며, 다음으로 그것은 그들을 행복하게 만들 것이라고 기대하기 때문이다. 그러나 이것은 보다 공격적이며 행동적으로 파괴적인 아동들의 소수에게만 들어맞는다. 나머지 아동들, 특히 대다수의 유치원 아동들에 관해서는 어떤가—그들의 행복한 가해자 개념은 인지적 구속 혹은 방법론적 한계의 결과인가? 어린 아동들이 다른 사람을 가해하는 것의 비도덕적 성질을 반복적으로 회상하지 않는 한(예컨대 Keller 외, 2003), 그들은 희생자의 고통과 손실을 강조하고자 하는 강력한 시도들에도 불구하고 가해에 관한 그들의 거의 배타적인 긍정적 관점(특히 그것이 물질적 이득을 산출할 때)을 변경하는 것에 대해 저항하는 것으로 보인다. 그러나 어린 아동들이 근본적으로 그리고 의지적으로 비도덕적이라는 개념은 매우 설득력이 없는 것으로 보인다.

이 이슈를 중점적으로 다루는 한 가지 방식은 던(Dunn, 1988)과 그녀의 동료들의 독창성이 풍부한 관찰 연구로 시작하는데, 여기에서 그들은 매우 어린 아동들($1\frac{1}{2}$–3세)을 가정환경에서 어머니, 동료, 그리고 형제자매와 관찰했다. 아동들이 24개월이 되었을 때 "아동들이 다른 사람을 해친 것 때문에 호되게 혼나는—가장 분명한 도덕적 이슈—사건과 그들의 환희 간의 연관은 특히 놀라운 일이다"(p. 40)는 것이 주목받았다. 더 나아가 "부모나 형제자매에 의해, 혹은 아동에 의해 표현된 감정은 흔히 높은 주의를 끌었고, 우리가 연구했던 아동들은 3살 때에 그들로 하여금 일찍이 가장 고통스럽고 화나게 했던 그러한 다툼에서 더 판단하는 경향이 있었다. 그들은 또한 위반에 대하여 많은 기쁨과 즐거움을 보여주었다"(p. 180).

던(Dunn)의 관찰은 어린 아동들의 도덕발달이 한 인간으로서의 진보에서 매우 중요한 일이라는 것을 두드러지게 해준다. 형의 장난감을 원하는 것으로부터 친구를 그네에서 끌어내리는 것에 이르기까지 어린 아동들의 욕망은 그들로 하여금 다른 사람의 권리를 파괴하고 가해자에게 "이득을 주는" 때에 고통을 야기하도록 이끈다. 대부분의 어린 아동들에게 있어서 초기의 부모-자녀 상호작용은 아동들이 매우 기뻐하는 위해로부터 보다 도덕적이고 정서적으로 혼합된 가해에 관한 관점으로 별 무리 없이 전이하도록 아동들의 공감적 경향성과 결합할 것이다. 그러나 우리는 여전히 어린 아동들의 가해에 관한 강력한 긍정적 관점이 나이 든 아동들의 보다 혼합된 기대로 연령과 더불어 변화하는 것은 아동들의 도덕발달에서의 주요한 전이를 반영하는 것이지만, 이러한 전이는 모든 아동들에 의해 똑같이 성공적으로 처리되지는 않는다고 주장한다.

결론적으로 우리는 미래의 연구를 위해 몇 가지 매우 짧은 제안을 하고자 한다. 이상하게 가해 관련 정서에 관한 아동들의 개념과 그들의 표현에 대한 관심에도 불구하고 이들 개념과 정서표현 간의 잠재적 연관에 관한 연구는 없다. 예를 들면 도덕적 정서에 관한 아동들의 개념에서의 개인적 차이는 이들 맥락에서 그들의 실제적인 정서표현과 연관이 있는가? 비록 유치원 연령을 지나서 아동들의 정서를 사정하는 것이 매우 어려울 수 있지만, 던(Dunn, 1988)의 관찰(간단한 검토를 위해서는 Kochanska 외, 1996도 볼 것)은 아동들의 도덕발달의 가장 이른 단계, 즉 $1\frac{1}{2}$-3세 사이에 그들을 검증하는 것이 특히 유용할 것이라고 제안한다. 이 연령범위 동안의 종단적 연구들 또한 이후의 연구들과 마찬가지로 도덕적 정서에 관한 아동들의 표현과 개념에서의 초기의 차이가 장기적인 행동적 결과를 예견하는지의 여부를 검증할 필요가 있다.

또 다른 이슈는 아동들의 도덕적 정서 귀인과 그들의 도덕판단 간의 연관과 관련된다. 우리들 중 몇 사람(Arsenio & Lover, 1995)은 아동들의 정서-사건 연관에 관한 이해가 관련된 도덕적 원리의 구성에서 중요한 "원자료"를 제공할 수 있다는 점을 여러 곳에서 주장했다. 예를 들면 거의 모든 사람이 위해를 당하는 것에 대해 유사한 부정적인 정서를 느낀다는 것을 아는 것은 공정과 상호성의 도덕적 원리에 관한 정보를 얻는 데 도움을 줄 수 있을 것이다. 그러나 지금까지 아동들의 도덕적 평가와 관련된 정서 귀인 간의 기대된 연관에 대한 지지(예컨대 Smetana 외, 1996b ; Smetana, Campione-Barr & Yell, 2003)는 기껏해야 혼합되어 왔다. 이 중요한 이슈를 중점적으로 다루기 위해서는 더 많은 연구가 필요하다.

마지막으로 유치원 아동들의 널리 팽배한 행복한 가해자 개념의 심리학적 의미는 여전히 불분명한 채로 남아 있다. 비록 유용한 관찰 연구의 영향력과 나이 든 아동들의 도덕적 정서의 개념에 관한 연구가 행복한 가해자 개념은 단순히 방법론적 인공물이 아니라는 것을 암시하지만 유치원 아동들의 개념에서 변차를 보이지 않는 것은 아직도 수수께끼이다.

거의 대부분에 걸쳐 이 검토(그리고 많은 우리 자신의 연구)에 초점을 두었음에도 불구하고 우리는 아동들의 도덕적 정서의 개념에 관한 연구가 행복한 가해자 이슈를 넘어서서 확장되어야 할 필요가 있다는 점을 제안함으로써 결론을 맺는다. 아동들의 상황적 정서(흔히 종합 정서 지식 과업의 일부로서 정서 확인 과업을 따라 포함된)의 보다 일반적인 측면들에 관한 연구가 점차 증가하고 있으며, 이 연구결과는 아동들의 정서적 결과에 관한 신념에서의 변화가 다양한 내면화 및 외면화 행동을 예견한다는 것을 보여주고 있다(예컨대 Fine, Izard, Mostow, Trentacosta & Ackerman, 2003 ; Schultz 외, 2000). 이와 유사하게 아동들의 사회도덕적 정서 개념에 관한 연구를 확장하고자 하는 최초의 노력(예컨대 Arsenio & Fleiss, 1996 ; Hughes & Dunn, 2000)은 이러한 보다 확장된 초점이 아동들의 사회도덕적 행동에 관한 보다 충분한 이해를 위해 중요하다는 것을 시사한다.

참고문헌

Achenbach, T.(1991). *Manual for the child behavior checklist/4–18 and 1991 profile.* Burlington : University of Vermont, Department of Psychiatry.

Achenbach, T.(1997). *Guide for the caregiver–teacher report form for ages 2–5.* Burlington : University of vermont, Department of Psychiatry.

American Psychiatric Association.(1994). *Diagnostic and statistical manual of mental disorders*(4th ed.). Washington, DC : Author.

Arsenio, W.(1988). Children's conceptions of the situational affective consequences of sociomoral events. *Child Development, 59,* 1611–1622.

Arsenio, W., Cooperman, S., & Lover, A.(2000). Affective predictors of preschoolers' aggression and peer acceptance : Direct and indirect effects. *Developmental Psychology, 36,* 438–448.

Arsenio, W., & Fleiss, K.(1996). Typical and behaviourally disruptive children's understanding of the emotional consequences of sociomoral events. *British Journal of Developmental Psychology, 14,* 173–186.

Arsenio, W., & Ford, M.(1985). The role of affective information in social–cognitive development : Children's differentiation of moral and conventional events. *Merrill–Palmer Quarterly, 31,* 1–18.

Arsenio, W., Gold, J., & Adams, E.(2004). Adolescents' emotion expectancies regarding aggressive and nonaggressive events : Connections with behavior problems. *Journal of Experimental Child Psychology, 8,* 338–355.

Arsenio, W., Grossman, E., & Gold, J.(2003, April). Adolescents' conceptions of aggression and nonaggression emotion–related outcomes : Connections with externalizing behaviors. In E. Lemerise(Chair), *Contributions of Emotion Processes to Social Competence and Adjustment.* Symposium conducted at the biennial meeting of the Society for Research in Child Development, Tampa, FL.

Arsenio, W., & Killen, M.(1996). Preschoolers' conflict–related emotions during peer disputes. *Early Education & Development, 7*, 43–57.

Arsenio, W., & Kramer, R.(1991, April). Happy victimizers and their victims : Children's understanding of moral affect and mixed emotions. Poster presented at the biennial meeting of the Society for Research in Child Development, Seattle, WA.

Arsenio, W., & Kramer, R.(1992). Victimizers and their victims : Children's conceptions of the mixed emotional consequences of victimization. *Child Development, 63*, 915–927,

Arsenio, W., & Lemerise, E.(2001). Varieties of childhood bullying : Values, emotion processes, and social competence. *Social Development, 10*, 59–73.

Arsenio, W., & Lemerise, E.(2004). Aggression and moral development : Integrating the social information processing and moral domain models. *Child Development, 74*, 987–1002.

Arsenio, W., & Lover, A.(1997). Emotions, conflicts, and aggression during preschoolers' freeplay. *British Journal of Developmental Psychology, 15*, 531–546.

Arsenio, W., & Lover, A.(1995). Children's conception of sociomoral affect : Happy victimizers, mixed emotions and other expectancies. In M. Killen & D. Hart (Ed.), *Morality in everyday life : Developmental perspectives*(pp. 87–128). Cambridge, UK : Cambridge University Press.

Arsenio, W., Ramos–Marcuse, F., & Hoffman, R.(2005). Young at risk children's emotionally–charged moral narratives : Relations with behavior problems, parental social support, and family disciplinary techniques. Manuscript in preparation.

Barden, C., Zelkom, F., Duncan. S., & Master, J.(1980). Children's consensual knowledge about the experiential determinants of emotion. *Journal of Personality and Social Psychology, 39*, 968–976.

Brown, T.(1996). Values, knowledge, & Piaget. In E. Reed, E. Turiel., & T. Brown (Eds.), *Values and knowledge*(pp. 137–170). Mahwah, NJ : Lawrence Erlbaum Associates.

Buchsbaum, H., Toth, S., Clyman, R., Cicchetti, D., & Emde, R.(1992). The use of a narrative story–stem technique with maltreated children : Implications for theory and practice. *Development and Psychopathology, 4*, 603–625.

Cohen, D., & Strayer, J.(1996). Empathy in conduct disordered and comparison youth. *Developmental Psychology, 32*, 988–998.

Coie, J. D., & Dodge, K. A.(1998). Aggression and antisocial behavior. In W. Damon (Series Ed.) & N. Eisenberg (Vol. Ed.), *Handbook of child psychology, Vol. 3 : Social, emotional, and personality development*(pp. 779–862). New York :

Wiley.

Damasio, A.(1994). *Descartes' error : Emotion, reason, and the human brain.* New York : Avon.

Damasio, A.(2003). *Looking for Spinoza : Joy, sorrow, and the feeling brain.* New York : Harcourt.

Denham, S.(1986). Social cognition, prosocial behavior, and emotion in preschoolers : Contextual validation. *Child Development, 61*, 1145–1152.

Denham, S.(1998). *Emotional development in young children.* New York : Guilford Press.

Denham, S., McKinley, M., Couchoud, E., & Holt, R.(1990). Emotional and behavioral predictors of preschool peer ratings. *Child Development, 61*, 1145–1152.

Dodge, K. A., & Coie, J. D.(1987). Social–information–processing factors in reactive and proactive aggression in children's peer groups. *Journal of Personality and Social Psychology, 53*, 1146–1158.

Dodge, K. A., Lochman, J. E., Harnish, J. D., Bates, J. E., & Pettit, G. S.(1997). Reactive and proactive aggression in school children and psychiatrically impaired chronically assaultive youth. *Journal of Abnormal Psychology, 106*, 3–51.

Dunn, J.(1988). *The beginnings of social understanding.* Cambridge MA : Harvard University Press.

Dunn, J., Brown, J., & Maguire, M.(1995). The development of children's moral sensibility : Individual differences and emotion understanding. *Developmental Psychology, 31*, 649–659.

Dunn, L., & Dunn, L.(2001). *Peabody Picture Vocabulary Test*(3rd ed.). Circle Pines, MN : AGS.

Fabes, R., & Eisenberg, N.(1992). Young children's coping with interpersonal anger. *Child Development , 63*, 116–128.

Fine, S., Izard, C., Mostow, A., Trentacosta, C., & Ackerman, B.(2003). First grade emotion knowledge as a predictor of fifth grade self–reported internalizing behaviors in children from economically disadvantage families. *Development and Psychopathology, 15*, 331–342.

Gardner, M.(1990). *Expressive one–word picture vocabulary test*(Rev. ed.). Los Angeles : Western Psychological Services.

Garner, P., Jones, D., & Miner, J.(1994). Social competence among low–income preschoolers : Emotion socialization practices and social cognitive correlates. *Child Development, 65*, 622–637.

Gibbs, J., & Schnell, S.(1985). Moral development "versus" socialization : A critique. *American Psychologist, 40*, 1071–1080.

Haidt, J.(2001). The emotional dog and its rational tail : A social intuitionist approach to moral development. *Psychological Review, 108*, 814–834.

Harris, P.(1983). Children's understanding of the link between situation and emotion. *Journal of Experimental Child Psychology, 36*, 490–509.

Harris, P.(1985). What children know about the situations that provoke emotions. In M. Lewis & C. Saarni(Ed.), *The socialization of emotion*(pp. 161–186). New York : Plenum.

Harter, S., & Buddin, N.(1987). Children's understanding of the simultaneity of two emotions : A five–stage developmental acquisition sequence. *Developmental Psychology, 23*, 388–399.

Hoffman, M.(2000). *Empathy and moral development : Implications for caring and justice*. Cambridge, UK : Cambridge University Press.

Hubbard, J., Smithmyer, C., Ramsden, S., Parker, E., Flanaganm K., Dearing, K., et al.(2002). Observational, physiological, and self–report measures of children's anger : Relations to reactive vs. proactive aggression. *Child Development, 73*, 1101–1118.

Hughes, G., & Dunn, J.(2000). Hedonism or empathy? : Hard–to–manage children's moral awareness and links with cognitive and maternal characteristics. *British Journal of Development Psychology, 18*, 227–245.

Izard, C.(1991). *The psychology of emotions*. New York : Plenum.

Izard, C., Dougherty, L. & Hembree, E.(1983). *A system for affect expression identification by holistic judgments*(Affex). Newark : University of Delaware, Instructional Resources Center.

Izard, C., Fine, S., Mostow, A., Trentacosta, C., & Campbell, J.(2002). Emotion processes in normal and abnormal development preventive intervention. *Development and Psychopathology, 14*, 761–787.

Keller, M., Schuster, P., Fang, F., Tong, H., & Edelstein, W.(1996, November). *Cognition and motivation in the development of moral feelings in early childhood*. Paper presented at Conference of the Association for Moral Education, Ottawa.

Keller, M., Lourenco, O., Malti, T., & Saalbach, H.(2003). The multifaceted phenomenon of "happy victimizers" : A cross–cultural comparison of moral emotions. *British Journal of Developmental Psychology, 21*, 1–18.

Killen, M., & Nucci, L.(1995). Morality, autonomy, and social conflict. In M. Killen & D. Hart(Eds.), *Morality in everyday life : Developmental perspectives*(pp, 52–86). Cambridge, UK : Cambridge University Press.

Kochanska, G., Padavich, D., & Koening, A(1996). Children's narratives about hypothetical moral dilemmas and objective measures of their conscience :

Mutual relations and socialization antecedents. *Child Development, 67*, 1420–1436.

Lemerise, E., & Dodge, K.,(2000). The development of anger and hostile interactions. In M. Lewis & J. Haviland(Eds.), *Handbook of emotions*(2nd ed., pp. 594–606). New York : Guilford Press.

Lemerise, E., Scott, M., Diehl, D., & Bacher, B.(2000). *Understanding the emotions of victims and victimizers : Developmental, peer acceptance, and aggression–level effects*. Unpublished manuscript.

Lourenco, O.(1997). Children's attributions of moral emotions to victimizers : Some data, doubts, and suggestions. *British Journal of Developmental Psychology, 15*, 425–438.

Miller, A., & Olson, S.(2000). Emotional expressiveness during peer conflicts : A predictor of social maladjustment among high–risk preschoolers. *Journal of Abnormal Child Psychology, 28*, 339–352.

Murgatroyd, S., & Robinson, E.(1993). Children's judgments of emotion following moral transgressions. *International Journal of Behavioral Development, 16*, 93–111.

Murgatroyd, S., & Robinson, E.(1997). Children's and adults' attributions of emotion to a wrongdoer : The influence of the onlookers' reaction. *Cognition and Emotion, 11*(1), 83–101.

Nucci, L.(2001). *Education in the moral domai*n. Cambridge, UK : Cambridge University Press.

Nunner–Winkler, G., & Sodian, B.(1998). Children's understanding of moral emotions. *Child Development, 59*, 1323–1338.

Oppenheim, D., Emde, R., & Warren, S.(1997). Children's narrative representations of mothers : Their development and associations with child and mother adaptation. *Child Development, 68*, 127–138.

Ramos–Marcuse, F., & Arsenio, W.(2001). Young children's emotionally–charged moral narratives : Relations with attachment and behavior problems and competencies. *Early Education & Development, 12*, 165–184.

Saarni, C.(1999). The development of emotional competence. New York : Guilford.

Schultz, D., Izard, C., & Ackerman, B.(2000). Children's anger attribution bias : Relations to family environment and social adjustment. *Social Development, 9*, 284–301.

Smetana, J., Campione–Barr, N.,& Yell, N.(2003). Children's moral and affective judgments regarding provocation and relataliation. *Merrill–Palmer Quarterly, 49*, 209–236.

Smetana, J., Daddis, C., Toth, S., Cicchetti, D., Bruce, J., & Kane, P.(1999a). Effects of provocation on preschoolers' understanding of moral transgressions. *Social Development, 8,* 335–348.

Smetana, J., Toth, S., Cicchetti, D., Bruce, J., Kane, P., & Daddis, C.(1999b). Maltreated and nonmaltreated preschoolers' conceptions of hypothetical and actual moral transgressions. *Developmental Psychology, 35,* 269–281.

Turiel, E.(1983). *The development of social knowledge : Morality and convention.* Cambridge, UK : Cambridge University Press.

Turiel, E.(1998). The development of morality. In W. Damon(series Ed.) & N. Eisenberg(Vol. Ed.), *Handbook of child psychology, Vol. 3 : Social, emotional, and personality development*(5th ed., pp. 863–932). New York : Wiley.

Van Zee, K., Lemerise, E., Arsenio, W., Gregory, D., & Sepcaru, S.(2000, April). *Developmental and contextual influences on "happy victimizer" expectancies.* Paper presented at the annual Conference on Human Development, Memphis.

Wilson, J.(1993). *The moral sense.* New York : Free Press.

Yuill, N., Perner, J., Pearson, A., Peerbhoy, D., & van den Ende, J.(1996). Children's changing understanding of wicked desires : From objective to subjective and moral. *British Journal of Developmental Psychology, 14,* 457–475.

Zelko, F., Duncan S., Barden, R., Garber, J., & Masters, J.(1986). Adults' expectancies about children's emotional responsiveness : Implication for the development of implicit theories of affect. *Developmental Psychology, 22,* 109–114.

제22장

공격성, 비행, 그리고 도덕성

사회인지적 관점

티삭_Marie S. Tisak
티삭_John Tisak(볼링그린 주립대학교_Bowling Green State University)
골드스타인_Sara E. Goldstein(뉴올리언스 대학교_University of New Orleans)

이 장은 사회적 사고와 사회적 행동을 연결하는 맥락, 특히 공격성, 청소년 범죄, 그리고 도덕성 간의 상관관계에서 공격성과 청소년 범죄에 초점을 맞춘다. 지난 25년 동안 인지발달 모델을 매개로 하여 엄청난 양의 연구가 사회적 사고와 사회적 행동 간의 연관을 탐구했다. 그러나 몇몇 예외(예컨대 Harvey, Fletcher & French, 2001)가 있긴 하지만 공격성, 청소년 범죄, 그리고 도덕성과 관련하여 서로 다른 사회인지적 모델 간의 관련성에 관해서는 아무런 논의가 없었다. 그러므로 우리는 사회영역 모델(Turiel, 1978, 1983), 사회인지 이론(Bandura, 1986), 사회적 정보처리 이론(Crick & Dodge, 1994 ; Dodge & Crick, 1990), 사회인지적 정보처리 이론(Huesmann, 1988, 1998)을 포함한 이들 개념에 초점을 두고 있는 주요 이론상의 사회인지 패러다임들을 기술하고자 한다. 이러한 맥락 내에서 우리는 이들 이론이 서로 나란히, 그리고 종합적으로 사회인지 발달과 공격성 간의 연합에 관한 이해에 기여하는 방식을 논의하고자 한다.

공격성과 도덕성 간의 관련

도덕성을 연구하는 데에는 다양한 정의가 활용되어 온 것이 사실이나(예컨대 Kohlberg, 1969 ; Piaget, 1932/1965 ; Turiel, 1983) 일반적으로 **도덕성**(morality)은 두 가지 차원으로 구성된다. 하나는 타인들에게 이득을 주는 긍정적인 행위와 행동에 관심을 갖는 차원이다. 여기에는 공유하기, 돕기, 그리고 위로하기가 포함되며, 이것들은 보통 친사회적 행동으로 언급된다(Eisenberg, Spinrad & Sadovsky, 이 책 제19장, 그리고 Carlo, 이 책 제20장 참조).

다른 하나는 타인들에게 부정적인 결과를 낳을 수 있는 부정적인 행위와 행동에 관심을 갖는 차원이며, 이는 **억제**(inhibitory) 혹은 **부정적 도덕성**(negative morality)으로 언급된다(Tisak, 1986). 부정적인 구성요소는 누군가를 때리는 것과 같은 개인의 권리와 안녕의 파괴(Turiel, 1978, 1983), 그리고 공정의 파괴(예컨대 줄 서 있는 누군가의 앞에 끼어들기)와 관련한 행위를 포함한다.

공격성은 도덕성의 부정적 구성요소의 일부이다. 공격성의 정의에 관하여 광범위한 논쟁이 있어왔지만(Coie & Dodge, 1998의 비평 참조 ; Parke

& Slaby, 1983) 이 장에서는 **공격성**(aggression)이란 "누군가를 신체적으로나 심리적으로 해를 끼치고자 의도한 모든 행동의 형식"(Berkowitz, 1993, p. 3)으로 언급한다. 버코위츠(Berkowitz, 1993)의 정의는 또한 에론(Eron, 1987)이 "다른 사람을 손상시키거나 화나게 만드는 행위"(p. 435)라고 표현했던 공격성의 정의뿐만 아니라, "다른 사람 혹은 사람들에게 위해나 손상을 주는 데 목적이 있는 행동"(Parke & Slaby, 1983, p. 550)과 같은 그 밖의 다른 서술과 일치한다.

이러한 공격성에 관한 정의는 재산 손실(예컨대 절도, 손해), 직접적인 신체적 행위(예컨대 때리기, 밀치기), 직접적인 언어적 공격(예컨대 위협하기, 욕하기), 그리고 보다 완곡하게 관계적으로 정향된 행동(예컨대 소문 퍼트리기, 관계에 해악을 끼치고자 하는 의도를 가진 사회적 배제)을 포함하는 각기 다른 공격적 행동의 형식에 대해 고려하는 것을 허용해 준다. 비록 관계적으로 정향된 공격이 간접적(Björkqvist, Österman & Kaukiainen, 1992 ; Lagerspetz, Björkqvist & Peltonen, 1988) · 관계적(Crick, 1995) · 사회적(Cairns, Cairns, Neckerman, Ferguson & Gariepy, 1989 ; Galen & Underwood, 1997) 공격성으로서 언급되어 왔지만, 일반적으로 이들 3가지 구성 개념이 유사한 일군의 사회적으로 조작적인 행동(더 깊은 논의를 위해서는 Underwood, Galen & Paquette, 2001a, 2001b 참조)을 언급한다는 데에 주목하는 것이 중요하다. 공격성에 관한 이러한 특성 묘사와 도덕성의 부정적 구성요소에 관한 정의는 개인의 권리와 안녕에 대한 공격자의 파괴에 관심을 갖기 때문에 서로 연관된다(Tisak, 1995 ; Turiel, 1987).

도덕적 행동과 공격적 행동 간의 구분

비록 도덕성과 공격성이 서로 관련되어 있지만 모든 부정적인 도덕적 파괴가 공격성을 내포하지는 않는다는 것을 강조하는 것은 중요하다. 여러 명의 연구자들은 공격성과는 다른 도덕적 파괴를 연구해 왔다. 예를 들면 연구자들은 다른 사람들에게 거짓말하는 것에 대한 아동들의 신념(예컨대 Bussey, 1992 ; Taylor, Lussier & Maring, 2003), 법의 공정성(Helwig & Jasiobedzka, 2001)과 자원 배당의 공정성(Sigelman & Waitzman, 1991)에 관한 청소년들의 신념을 연구했다. 헬위그(Helwig), 젤라소(Zelazo), 그리고 윌슨(Wilson, 2002)은 누군가를 위협하거나 당혹스럽게 하는 것에 관한 아동들의 신념을 연구했다. 다른 사람들은 아동들에게서 편견신념(예컨대 Augoustinos & Rosewarne, 2001 ; Killen, Lee-Kim, McGlothlin & Stangor, 2002 ; Kowalski, 2003)과 고정관념(Horn, Killen & Stangor, 1999)의 발달을 연구했다. 비록 이 모든 것이 도덕적 위반이지만 그것들은 정의상—비록 그것들 모두 타인들의 권리와 안녕의 침해를 수반함에도 불구하고—공격성이 아니다.

공격성과 청소년 범죄 간의 일치와 차이

비록 공격성이 청소년 범죄의 한 형식일 수 있으나 모든 범죄행위가 공격적 행동인 것은 아니다. 청소년 범죄를 정의하는 것 또한 중요하다. 특히 **청소년 범죄**(delinquency)는 법적 용어이다. 즉 청소년 범죄행위는 형사적 위반(18세 이하 청소년들에 의해 저질러진)으로 간주되며, 그 연령은 연방 주에 의해서(Anderson, 2003 ; Kowalski & Wilke, 2001), 혹은 시 법령에 의해(Anderson, 2003) 결정된다. 그러나 코왈스키(Kowalski)와 윌크(Wilke, 2001)가 보고한 바와 같이 몇몇 주는 연령을 17세로(10개 주), 심지어는 16세로(3개 주) 더 낮추었는데, 그것은 몇 가지 함축된 의미를 갖고 있다. 예를 들면 만약 몇몇 주가 그들을 더 이상 청소년으로 간주하지 않는다면(주에 의해서 결정되는 것으로서) 그들은 성인으로 기소될 수 있으며, 이는 다른 형사적 절차와 결과를 낳는다. 원인과 관계없이 18세 이하 청소년들의 2백만 명 이상이 2000년(국립 청소년사법센터 : NCJJ, 2001)과 2001년(연방수사국 : FBI)에 체포된 것으로 집계되고 있다. 이러한 통계는 공격성을 내포하는 이슈에 관한 사회적 사고의 평가에 청소년 범죄자들을 포함해야 한다는 것을 강력하게 시사한다.

청소년 범죄행위는 연방기관들(예컨대 FBI, 1994 ; NCJJ, 1989)에 의해 그 범주가 정의되었다. 주요 범주는 (a) 폭행과 같은 사람들에 대한 범죄, (b) 강도질과 같은 재산에 대한 범죄, (c) 마약 사용과 같은 마약법 위반, (d) 무질서한 행위와 같은 공공질서에 대한 범죄, (e) 태만과 같은 지위 위반, 그리고 (f) 일시정지 하에서의 운행과 같은 자동차 관련 위반 등을 포함한다. 이들 범주에 관한 더 이상의 논의는 티삭(Tisak)과 얀콥스키(Jankowski, 1996), 그리고 티삭(Tisak), 골드스타인(Goldstein, 2004)에 보고되어 있다.

이와 더불어 블랙(Black, 1968)과 위부쉬(Wiebush, 1993)에 의해 주목을 받은 바와 같이 형사 범죄자들은 특정한 범죄범주 내에서 처벌의 엄함, 의도, 그리고 유형에서 다를 것이며, 그것은 범죄를 중죄로 아니면 경범죄로 정의하게 한다. 하나의 예로 강도, 살인, 심한 폭행과 같은 범죄는 사람들에 대한 범죄이며, 보통 중범죄로 분류된다. 그러나 비록 단순 폭행이 사람들에 대한 범죄의 범주 내에 포함된다 하더라도 이러한 폭행 유형은 경범죄로 간주된다. 이와 유사하게 재산에 대한 범죄의 범주 내에 속하는 범죄행위 역시 주거 침입과 같은 경범죄나 강도와 같은 중죄로 분류될 수 있다(Tisak & Jankowski, 1996).

공격이 청소년 범죄행위로 간주되거나 그렇지 않을 수 있다는 것을 인정하는 것은 중요하다. 즉 공격의 가혹성, 공격의 형식, 그리고 그 공격적 행동이 현존하는 법령에 의해 범죄로 지정되는지의 여부에 따라 그 행위는 청소년 범죄로 분류될 수도 있고 그렇지 않을 수도 있다. 한 예로서 관계를 통해 타인들에게 해를 끼치는 것과 관련된 공격적 행동(그것은 간접적·관계적·사회적 공격이 정의되고 작동되는 방식에서 핵심이다)은 전형적으로 청소년 범죄행위가 아니다. 이와 함께 두 가지 언어적 공격, 곧 동료의 용모에 대해 모욕하는 것과 관련된 욕하기, 그리고 동료나 혹은 동료 가족 구성원에게 심각한 위해를 가하겠다고, 특히 무기를 사용하여 위협하는 사건을 고려해 보자. 전자는 청소년 범죄행위로 간주되지 않는 반면에 후자는 간주된다. 그럼에도 불구하고 재산에 대한 범죄뿐만 아니라 사람들에 대한 범죄를 포함하여 수많은 공격적인 행위는 사실 청소년 범죄의 영역에 속하게 된다.

이와 유사하게 모든 청소년 범죄행위가 공격적인 것은 아니다. 예를 들면 어떤 약물 위반은 공격적인 것으로 간주되지 않으며(예컨대 마리화나 사용), 몇몇 비행(예컨대 태만)의 유형도 마찬가지이다. 그러나 발달심리학에서 연구의 대세가 범죄와 무관한 공격적인 행위—그것은 아동이 동료를 밀쳐 넘어뜨리거나 혹은 동료의 점심을 훔치는 것과 같이 학교 환경에서 일어난다—에 초점이 있었다는 데 주목하는 것은 또한 중요하다. 그에 대한 하나의 설명은 연구의 대부분이 초기 및 중기 아동기에, 그리고 전형적으로 학교 환경에서 일어나는 행동에 초점을 맞추었다는 것이다.

사회인지 발달과 사회적 행동의 관계에 관한 이론들

비공격적인, 공격적인, 그리고 비행 청소년들의 사회적 이슈에 관한 평가와 그들의 공격적 행동과의 관계는 서로 다른 많은 이론적 모델들로부터 설명되어 왔는데, 너무나 많아 여기에서 모두 검토할 수가 없다. 이 장은 공격성과 청소년 범죄와 가장 밀접한 관계에 있는 사회인지적 모델들에 초점을 맞춘다. 사회적 사고와 공격성 간의 관계를 탐구했던 수많은 연구를 감안하면 이들 모델을 검증하는 것은 중요하다. 더 나아가 우리는 각 모델에 대하여 도덕성, 공격성, 그리고 청소년 범죄의 공통부분과 가장 관련된 연구를 선택적으로 고려했다.

사회인지 영역 모델

사회인지 발달과 공격성 간의 관계를 이해하는 데 있어서 하나의 중요한 모델은 투리엘(Turiel, 1978, 1983)에 의해 확립된 사회인지 영역 모델이다. 사회영역 모델의 토대는 개념들이 개인과 환경과의 상호작용에서 구성되는 각기 다른 사회적 지식영역 내에서 조직된다는 전제이다(Turiel, 1978, 1983). 특히 3가지 독특한 사회적 영역이 확인되었다. **도덕적 영역**(moral domain, 기술된 바와 같이)은 타인들의 권리 및 안녕과 관련된다. 도덕적 영역 내에 속하는 행동의 예로는 때리기와 훔치기를 들 수 있는데, 이들 행동은 개인의 권리 및 안녕의 파괴와 관련되기 때문이다. **인습적 영역**(conventional domain)은 행위의 자의적 규칙들과 관련되는데, 그것은 개인들의 사회적 조직을 촉진시킨다. 인습적 영역에 속하는 행동의 한 예는 교사를 이름 대신에 그 혹은 그녀의 공식 명칭을 부르는 것과 같은 사회적 호칭이다(Turiel, 1983). **개인적 영역**(personal domain)은 친구의 선택과 같이 주로 개인에게 영향을 주는 행위와 관련되며, 이는 누치(Nucci, 1981 ; Nucci & Turiel, 2000)에 의해 기술되어 왔다.

도덕적 영역과 관련하여 투리엘(1983)은 아동이 도덕적 위반과 관련하여 정보를 얻는 3가지 방식이 있다고 예증한다. 아동은 희생자가 될 수 있으며, 그럼으로써 다치거나 물건을 잃는 것과 같은 그런 행위의 결과를 직접적으로 경험한다. 아동은 선동가가 될 수 있으며, 교사와 부모, 동료들을 포함한 다른 사람들로부터의 반응뿐만 아니라 희생자(울기 혹은 저항하기와 같은 그 혹은 그녀의 반응)로부터 정보를 입수한다. 아동이 부정적인 도덕적 행위의 결과에 관하여 학습하는 세 번째 방법은 목격자가 됨으로써 가능하다. 결과적으로 그 아동은 타인의 한 사람으로서 선동가에 대한 반응뿐만 아니라 희생자에 미치는 영향을 바라본다.

지난 25년 동안 사회영역 이론의 접근을 사용하고 있는 연구의 대다수는 인습적 위반과 비교하여 도덕적 규칙에 관한 아동들의 평가에 초점을 맞추어 왔다(과거의 비평에 대해서는 Helwig, Tisak & Turiel, 1990 참조 ; Smetana, 1995 ; Tisak, 1995 ; 그리고 오늘날 비평에 대해서는 Harvey 외, 2001

참조 ; Smetana, 이 책 제5장 ; Turiel, 이 책 제1장). 전형적으로 사회영역 모델에서 부정적인 도덕성과 관련되는 이야기는 장난감 훔치기, 누군가의 점심 훔치기, 때리기, 혹은 아동을 밀치기와 같은 그러한 신체적 혹은 직접적 위반으로 구성된다.

도덕성과 인습 : 비공격적인 사람들. 기술될 몇 가지 예외가 있지만 사회영역 모델 연구의 대부분은 비공격적인 아동들과 청소년들을 중점적으로 다루어 왔다. 더욱이 대세적인 방법은 개인별 반구조화된 면담이었다. 그 결과들은 3세 정도의 아동들이 공격적 행위를 포함한, 도덕성과 관련된 규칙을 부정하는 것은 그르다고 간주한다는 것을 입증하는 데 있어서 일관되어 왔다. 더 나아가 도덕적 위반은 비록 그 행동을 규제하는 규칙이 존재하지 않는다 하더라도 여전히 나쁜 것으로 간주된다. 이와 함께 부정적인 도덕적 위반은 학교 혹은 지역과 같은 그런 맥락에 상관없이 그르다고 간주된다(Helwig 외, 1990에서의 비평 참조 ; Smetana, 1995 ; Tisak, 1995). 이와는 대조적으로 인습적 규칙은 자의적인 것으로 간주된다. 그것들은 부정될 수 있으며, 인습의 위반은 만약 명료한 규칙이 존재한다면 오로지 그때에만 그르다. 그리고 규칙들은 한 맥락에서 다른 맥락으로 일반화되지 않는다. 이와 함께 도덕성을 규제하는 규칙은 더 중요하며 위반은 인습적 위반보다 더 나쁜 것으로 간주된다.

흥미롭게도 아동들과 청소년들이 부정적인 도덕적 행위에 관한 그들의 평가를 지지하는 데 있어서 제시하는 이유나 정당화가 개인의 권리, 안녕, 그리고 정의와 관련된다. 예를 들면 신체적·심리적 위해에 대한 정당화는 안녕에 초점을 두는 반면 훔치기와 같은 행동은 안녕과 공정의 이슈 두 가지와 관련된다. 타인들에 대한 부정적 결과와 관련한 정당화는 기술되었던 공격성의 정의에 신뢰를 보낸다(Coie & Dodge, 1998 ; Eron, 1987 ; Parke & Slaby, 1983 ; Turiel, 1987). 도덕적 행동에 대해 제시되었던 정당화와 대조적으로 인습적 판단을 지지하는 이유는 제재, 관습, 질서 그리고 권위와 관련되었다(Turiel, 1983).

도덕성과 개인적/자유재량 : 비공격적인 사람들. 사회적 추론영역 모델에 기초한 연구의 또 다른 영역은 인습 및 부정적인 도덕적 행위와 대조적으로 개인적 행위에 관한 아동들의 사고의 평가이다. 지적한 바와 같이 개인적 영역 내에 범주화된 행동은 주로 개인에게 영향을 미치는, 그리고 보통 건강이나 해악을 포함하지 않는 친구의 선택이나 여가활동과 같은 그런 것들이다(Nucci, 1981 ; Nucci & Turiel, 2000). 개인적 위반뿐만 아니라 도덕적 위반, 인습적 위반에 대해 순위를 매겨보라고 요구하면 아동들은 도덕적 위반을 가장 나쁜 것으로 순위를 매기는 반면에 개인적 위반은 가장 최소로 나쁜 것으로 간주된다. 전체적인 연구결과는 어린 연령의 아동들이 친구의 선택과 같은 그러한 행위를 개인적인 관할 하에 있는 것으로, 그리고 사회적 규제 및 도덕적 관련 밖에 있는 것으로 간주한다는 것을 밝혀주고 있다(Helwig 외, 1990에 있는 비평 참조 ; Smetana, 1995 ; Tisak, 1995).

그럼에도 불구하고 자기 자신에 대한 해악을 내포할 수도 있는 개인적 행동들이 존재하는데, 그것들은 **자유재량적 행동**(prudential behaviors)으로 언급된다(Tisak & Turiel, 1984). 따라서 도덕적 행동과 자유재량적 행동은 두 행위의 결과가 해악이나 혹은 상해를 낳을 수 있다는 점에서 유사하다. 그러나 부정적인 도덕적 행동과 자유재량적 행위 간의 주요한 구분은 전자가 사람들 간의 사회적 상호작용과 관련된다(한 아동이 다른 아동을 때리는)는 것, 그리고 자유재량적 행위는 단지 개인에게만 관련된다(자기 자신을 해악의 길로 방치하기)는 것이다. 연구는 유치원 연령 정도의 아동들(Tisak, 1993)이 도덕적 위반을 자유재량적 위반보다 더 나쁜 것으로 간주한다는 것을 보여주고 있다. 더 나아가 비록 유치원 아동들은 엄마들이 도덕적 행위나 자유재량적 행위를 허용하는 것은 나쁘다고 생각하지만, 그들은 엄마들이 그 행위가 일어나도록 허용하는 경우 도덕적 위반을 나쁜 것으로 간주하지만 자유재량적 위반에 대해서는 그렇지 않다.

도덕성, 인습, 그리고 개인 : 다양한 사람들. 사회인지 영역 모델은 또한 사회적 사고와 사회적 행동 간의 관계를 사정해 왔다. 예를 들면 초기의 연구에서 스메타나(Smetana, 1981)는 낙태를 도덕적 이슈(태아의 안녕과 관련되는)보다는 개인적 이슈(주로 엄마에게 영향을 미치는)로 바라보았던 여성들이 낙태를 수용 가능한 것으로 점차 더 언명하는 경향이 있으며 낙태를 더 추구하는 경향이 있다고 보고했다. 나중의 연구에서 스메타나(Smetana, 1984)는 학대를 받았던 아동들이 방임되었던 아동들보다 심리적 고통을 보다 더 보편적으로 나쁜 것으로 간주한다는 것을 발견했다. 그러나 방임되었던 아동들은 학대받았던 아동들보다 자원의 불공정한 분배를 더 보편적으로 나쁜 것으로 간주했다.

공격적인 그리고 범죄를 일으킨 아동들과 청소년들을 대상으로 한 그 밖의 다른 연구는 평가받고 있는 행위의 유형이 공격적인 이른 학령기 연령 아동들(Dodge & Price, 1994), 공격적·비공격적인 청소년들(Crane-Ross 외, 1998), 청소년 범죄자들(Tisak & Jankowski, 1996 ; Tisak, Lewis & Jankowski, 1997 ; Tisak 외, 2004)에 의해 사회적 평가에 영향을 미치는 데 수단이 되고 있다는 것을 입증했다. 예를 들면 누치(Nucci)와 허만(Herman, 1982)은 행동적으로 장애가 있는 것으로 규명된 아동들과 함께 정상적으로 행동하는 것으로 범주화된 학령기 연령의 아동들을 검증했다. 어떤 아동을 행동적으로 장애가 있는 것으로 범주화하는 준거는 안절부절 못하기, 싸우기, 어리광 부리기, 우울해하기, 그리고 망상하기와 같은 그런 일련의 행동에 기초하고 있었다. 연구자들은 두 아동들의 집단이 인습적 위반보다 도덕적 위반을 더 나쁜 것으로, 개인적 이슈와 관련한 규칙의 위반은 가장 최소로 나쁜 것으로 평가한다는 것을 발견했다. 그럼에도 불구하고 누치(Nucci)와 허만(Herman, 1982)은 정상적인 아동들이 행동적으로 장애가 있는 아동들보다 명료한 규칙의 부재시에 도덕적 위반을 더 나쁜 것으로 간주하는 경향이 있다고 보고했다. 이와 더불어 정상적인 아동들은 행동적으로 장애가 있는 아동들보다 개인적 사항들을 개인적 관할 내에 있는 것으로 간주하는 경향이 더 강했다.

누치와 허만(1982)에 의해 보고된 또 다른 흥미로운 연구결과는 도덕적 위반을 고려할 때 행동 장애를 가진 아동들은 그 행동이 희생자에 대해 지닌 부정적 함축 대신에 그 행위의 인습적 구성요소(예컨대 그 행위가 벌을 불러올 수 있다거나 혹은 그 행위가 금지되어 있다)에 초점을 맞추는 경향이 있는 것이다. 이와 관련된 연구에서 아스토르(Astor, 1994)는 폭력적 아동들과 비폭력적 아동들이 정당한 이유가 없는 공격적 상황을 나쁜 것으로 간주했으며, 그들의 반응을 도덕적 정당화(예컨대 안녕 이슈)를 사용하여 옳다고 주장한다는 것을 발견했다. 이와는 대조적으로 단지 폭력적 아동들만이 정당한 이유가 있는 상황(예컨대 욕을 하는 것에 대한 반응으로)에서 공격적 행동을 하는 것은 수용할 만하다고 간주했으며, 또한 그들의 반응을 도덕적 정당화(예컨대 호혜적 정의)에 대해 언급함으로써 옳다고 주장했다.

나이 든 아동들을 대상으로 한 다른 연구는 또한 사회적 사고와 공격성 간의 관계에 주목했다. 특히 크레인 로스(Crane-Ross)와 동료들(1998)은 공격을 받아들일 만하다는 청소년들의 신념이 공격적 행동을 예견하며, 인습적 위반(즉 이름의 형식과 같은, 자의적인 행위 규칙)이 정당하다는 신념은 인습위반적인 행동을 예견한다는 것을 밝혔다.

연구는 또한 청소년 범죄자들의 도덕적·인습적·개인적 규칙에 관한 평가를 탐구하기 위해 영역 모델을 사용했다(Tisak & Jankowski, 1996). 지난 연구와 일관되게 청소년 범죄자들(중죄자들과 경범자들)은 도덕적 규칙과 그의 위반을 인습적 규칙과 위반보다 더 중요한 것으로 그리고 더 나쁜 것으로 간주했다. 게다가 청소년 범죄자들은 권위자에 의해 허용되는 경우 도덕적(공격적) 위반을 보다 더 받아들이기 어려운 것으로, 그리고 인습적 위반과 비교하여 처벌을 더 받을 만한 것으로 판단했다. 또 이전의 연구와 일치하는 것으로 개인적 규칙은 도덕적·인습적 위반보다 덜 중요한 것으로 순위가 매겨졌다.

그러나 이와 동시에 범죄자 지위와 규칙의 영역—특히 인습적 규칙과 개인적 규칙에서—으로 인해 판단에서 차이가 있었다. 특히 경범자들과 대조적으로 중죄자들은 개인적 규칙을 더 중요하게 평가했으며, 인습적 규칙의 파괴자들이 더 처벌을 받을 만하다고 평가했다. 경범자들과 비교해 볼 때 중죄자들은 아마도 다양한 형사 범죄자에게 가해지는 처벌에 대한 훨씬 더 많은 경험을 지니고 있을 수 있으며, 그럼으로써 처벌 이슈에 대해 더 민감할 수도 있을 것이다. 중죄자들은 훨씬 더 다양한 형사범죄 때문에 체포되는 비율이 더 높다(중죄자들에 대한 평균=6.9 ; 경범자들에 대한 평균=2.16, Tisak & Jankowski, 1996).

티삭(Tisak)과 얀콥스키(Jankowski, 1996)는 청소년 범죄자들이 인습적·도덕적(공격적) 행위에 대해 제시했던 이유가 이전의 연구결과들과 일치하지 않는다고 보고했다. 즉 도덕적·인습적 위반에 대한 반응에서 청소년 범죄자들은 도덕적 이유와 인습적 이유 모두를 그들의 판단을 지지하는 데 활용했다. 비록 도덕적 이유들은 희생자의 안녕과 관련되었지만 그것들 또한 법의 실재, 처벌, 그리고 행동이 일어나는 것을 방지하기 위한 명료한 법률의 필요성 등과 같은 다양한 인습적 이유를 활용하는 것이었다.

하비(Harvey)와 동료들(2001)에 의해 그 이상으로 논의된 바와 같이 흔히 공격적인 청소년들은 공격적인 행동을 덜 공격적인 그들의 동료들이 다른 사회적 행동의 유형을 바라보는 방식과 매우 유사하게 바라볼 수도 있을 것이다. 달리 말하면 공격적인 청소년들은 아마도 공격적인 행동을 사회적 인습으로(Tisak & Jankowski, 1996), 혹은 전형적으로 개인적 영역 내에 속하는 문제로(Harvey 외, 2001) 바라보고 있을 수 있다.

범죄행위의 차원들에 관한 평가 : 청소년 범죄자들. 영역 모델의 이론적 전제에 기초해 볼 때, 형사 사법체제에 관련된 청소년들(청소년 범죄자들)이 공격을 둘러싼 행위를 포함한 다양한 청소년 범죄행동을 똑같은 방식에서 평가하지 않을 것으로 기대된다. 최근의 한 연구에서(Tisak 외, 2004) 청소년 범죄자들에게 정부가 범죄행위를 금지하는 법률을 제정하는 것이 정당한 것인가와 관련하여 일련의 행동을 사정하도록 요구했다. 평가된 범죄행동들은 형사 사법체제(예컨대 FBI, 1994, 2001)에 의해 확인된 서로 다른 청소년 범죄 차원들을 대표하는 것으로 입안되었다.

이 전제를 지지하는 결과로 확인 요인 분석은 각기 다른 범죄행위의 차원(즉 가혹한 신체적 해, 성 범죄, 무기 범죄, 절도, 자동차, 재산 손실, 약물, 비행, 그리고 공공질서)을 대표하는 항목들이 단일차원의 척도(각각의 차원에 대한 하나의 요인)를 형성한다는 것을 입증했다. 게다가 저자들(Tisak 외, 2004)은 이들 불법적 행동을 규제하는 법률을 제정하는 것을 받아들일 만하다고 생각하지 않았던 청소년 범죄자들의 비율을 계산했다. 그 결과는 청소년 범죄자들의 16.1%(가혹한 신체적 해)에서 60%(비행)에 이르는 자들이 그러한 행동을 금지하는 법률을 제정하는 것을 받아들일 수 없다고 생각한다는 것을 밝혔다. 그 연구결과들은 청소년 범죄행위의 각기 다른 차원이 존재한다는 것뿐만 아니라, 이들 행동을 규제하는 법률을 제정하고자 하는 정부의 합법성에 관한 청소년 범죄자들의 사고가—보다 많은 범죄자들이 비폭력적인 행위는 법체제의 영역 내에 존재해서는 안 된다고 주장하는—그 차원에 따라 달라진다는 것을 시사한다.

사회인지 모델

반두라(Bandura, 1986, 1991)의 사회인지 이론 또한 공격적·비공격적인 아동들이 사회적 세계에 관한 그들의 사고에서 어떻게 서로 다른가를 검증해 왔다. 사회인지 영역 모델이 피아제의 구성주의에 토대를 두고 있는 반면에(Turiel, 1983) 반두라의 사회인지 이론은 학습 이론에 토대를 두고 있다. 특히 반두라의 이론은 행동과 능력(예컨대 아동들이 어떻게 공격적으로 행동하는 것을 학습하게 되는가?)의 발달, 그리고 행동의 규제(예컨대 어떤 유형의 인지들이 아동으로 하여금 다른 아동을 때리는 것을 막을 수 있을 것인가?)에 초점을 맞추고 있다. 사회인지 이론은 공격성뿐만 아니라 넓은 범위의 행동을 포함한다. 그러나 다음 절에서 논의될 모델들은 공격성에 초점을 두는 사회인지 이론의 특별한 파생물을 대표한다. 그러나 반두라의 사회인지 이론(1986, 1991)이 첫 번째로 논의된다. 왜냐하면 그것은 사회적·도덕적 사고와 사회적 행동 간의 관계를 고려하는 유용한 구조를 제공하기 때문이다.

사회인지 이론(Bandura, 1986, 1991)에 따르면 몇몇 과정이 사회적 행동의 발달과 학습에 관련된다. 하나의 중요한 요소는 **관찰학습**(observational learning)으로, 아동은 성인이나 다른 아동이 어떤 특별한 행동에 개입하는 것을 바라보며 그 행동에 개입하는 방법을 학습한다. 탐구를 위한 활동(예컨대 탐구 놀이)과 언어적 교수(예컨대 부모나 교사의 입장에서 직접 가르치기)는 또한 중요한 학습기회이다. 일단 행동이 학습되면 아동은 이 새로운 행동을 자신의 이미 존재하고 있는 행동 레퍼토리에 통합시킨다. 통합과 인지적 종합의 과정에서 맥락화된 행위를 위한 규칙과 전략(즉 언제 그리고 어디에서 특정한 행동이 있어야만 하며 그리고 나타내져야만 하는가)이 확립된다. 처음에 특정한 맥락에서 새로운 행동에 개입하는 것은 하나의 도전이며, 많은 인지적 노력을 요구한다. 그러나 시간이 지나고 또한 연습과 더불어 그 행동은 일상화되기 시작하며, 높은 정도의 인지적 노력은 더 이상 필요가 없게 된다.

일단 어떤 행동이 특수한 맥락에서 일상화되기 시작하면 **지각된 자기 효능**(perceived self-efficacy) 혹은 자신의 "주어진 재능을 발휘하는 데 요구되는 행위과정을 조직하고 실행하는 능력"(Bandura, 1997, p. 3)에 관한 개인의 신념이 중요하게 된다. 사회인지 이론은 어떤 상황에서의 자신의 능력에 관한 신념이 흔히 다른 상황에서의 능력에 관한 신념으로 일반화된다는 입장을 견지하고 있다. 즉 어떤 활동과 관련한 지각된 자기 효능은 또 다른 활동과 관련한 지각된 자기 효능과 관련된다.

도덕적 사고는 사람들이 행위에 개입할 때 무슨 일이 일어나는가(그들의 결과 기대), 그리고 그러한 결과가 일어나는 것을 바라는지 어떤지에 관한 사람들의 신념과 관련하여 작동하게 된다. 사회인지 이론은 몇 가지 결과 기대 유형이 중요하다고 주장했는데, 그 유형에는 (a) 외면적으로 무슨 일이 일어날 것인가에 관한 신념(예컨대 "만약 내가 어린 아이를 때리면 나는 그의 장난감을 가질 수 있는가?"), (b) 다른 사람들에게 무슨 일이 일어날 것인가에 관한 신념(예컨대 "만약 내가 어린 아이를 때리면 그를 다치게 할까?"), 그리고 (c) 내가 내 자신에 관하여 생각하는 바에 관한 신념(예컨대 "만약 내가 어린 아이를 때리면 나는 내가 비열한, 추잡한 녀석이라고 생각할 것인가?") 등이 속한다. 따라서 만약 개인들이 미리 앞서 생각해 본다면 그들은 다양한 유형의 행동에 개입하는 것에 관하여 느낄 방식을 예상할 수 있으며, 이러한 장래에 대한 깊은 생각은 특정한 행동을 격려하거나 단념시킬 수도 있을 것이다.

반두라와 동료들(Bandura, 1999 ; Bandura, Caprara, Barbaranelli, Pastorelli & Regalia, 2001)은 이러한 과정의 두 가지 측면을 제시했는데, 이는 **도덕적 동인**(moral agency)—억제적 동인과 순행적 동인—으로 언급된다. **억제적 동인**(inhibitive agency)은 다른 사람들에 대한 부정적 방식에서 행위하는 것을 억제시키는 능력에 대해 언급하는 것이며, **순행적 동인**(proactive agency)은 친사회적 혹은 인간적으로 행동하는 능력이다. 일단 사람들이 행위에 개입하게 되면 그들은 부정적으로 아니면 긍정적으로 반응한다. 만약 그들이 다른 사람들을 향해 부정적인 방식으로 행위한다면 그들은 부정적인 자기 평가(예컨대 "그것은 참 비열한 짓이었다. 내가 그를 때렸을 때

나는 실제로 그 어린 아이를 다치게 했다")에 개입하기 쉬우며, 그것은 미래의 유사한 행동을 단념하게 만든다. 이와 비슷하게 긍정적인 자기 평가는 미래의 유사한 행동을 격려한다.

그러나 사회인지 이론에 따르면 공격적인 혹은 다른 유형의 위반 행위에 대한 부정적인 자기 반응(self-reactions) 혹은 자기 제재(self-sanctions)는 그러한 행동을 단념시키기 위해 활성화되어야 할 필요가 있다. 자기 제재가 활성화되지 않을 수 있는 몇 가지 서로 다른 메커니즘이 존재하는데(Bandura, 1991, 1999), 그것은 그럴 경우 공격적·위반적인 행동을 더더욱 그렇게 만들지 모른다. 사람들은 공격성 혹은 그 밖의 다른 위반행동을 값어치가 있는 혹은 도덕적인 것(예컨대 전쟁 중에 살인하기)으로 정당화함으로써 받아들일 수 있는 것으로 만들어 도덕적 정당화에 개입할 수 있다. 사람들은 또한 위반행동을 덜 부정적인 것(예컨대 아동을 때리기보다는 훈육의 한 형식으로서 타임아웃을 사용하기)으로 보이게 만드는 데 그들의 언어를 사용할 수 있다. 이와 함께 사람들은 어떤 부정적인 행위를 보다 정도가 큰 부정적 행위 가운데 하나와 비교하여 그 행위를 상대적으로 좋게 보이도록 만들 수 있다(예컨대 욕하는 것은 누군가를 칼로 위협하는 것과 비교하여 그렇게 나쁘게 보이지 않을 수 있다).

사람들은 또한 자기 자신을 해로운 결과를 야기시키는 일로부터 멀리 떼어놓을 수 있다. 예를 들면 책임을 분산시킴으로써(예컨대 소년들의 집단이 한 동료를 때렸으며, 그들 모두는 자신의 개인적 역할이 그렇게 중요한 것이 아니었다고 느끼고 싶어한다), 혹은 그들의 행위가 야기시켰던 해악을 최소화함으로써(예컨대 한 소녀가 동료를 때리면서 그녀 스스로 "최소한 나는 피 한 방울 흘리지 않게 했어"라고 생각한다) 그것이 가능하다. 사회인지 이론은 희생자를 책망함으로써 부당한 행위를 정당화하듯이(예컨대 식당 테이블 위에 지갑을 놓아두었던 소년은 지갑을 도둑맞아도 싸다) 희생자의 인간성을 말살시키는 것 또한 해로운 행위를 정당화하는 데 도움을 줄 수 있다(예컨대 한 소녀는 과제중의 동료를 못 살게 구는 것은 괜찮다고 생각한다. 왜냐하면 그녀는 실제적 감정을 가진 또 다른 아동이라기보다 일반적 이지가 않기 때문이다)고 지적한다. 따라서 사회인지 이론은 사람들이 대인관계에서 상대에게 해로운 행동의 결과를 정당화하거나 최소화하도록 허용하는 일련의 사고에 개입할 때 해로운 행동이 더 가능해진다는 입장을 견지한다.

사회인지 이론 모델(Bandura, 1991)은 공격적 행동과 관련하여 공격적인 아동들과 비공격적인 아동들이 지닌 그들의 가치와 신념에 대한 사고에 초점을 맞추는 많은 연구를 자극해 왔다(Arsenio, 1988 ; Bear, 1989 ; Boldizar, Perry & Perry, 1989 ; Dodge, Lochman, Harnish, Bates & Pettit, 1997 ; Guerra, Nucci & Huesmann, 1994 ; Hudley, 1992 ; Huesmann & Guerra, 1997 ; Perry, Perry & Rasmussen, 1986). 한 가지 실증적인 예로 아처(Archer)와 헤이(Haigh, 1997)는 보다 높은 도구적 점수(다른 사람들에 대한 통제력을 가지는)가 보다 높은 수준의 보고된 신체적 공격 행위를 예견한다고 보고했다. 더 나아가 그 밖의 다른 연구자들은 공격이 받아들일 만하다는 아동들의 신념과 공격성이 서로 관련이 있다는 것을 보여주고 있다(Guerra & Slaby, 1990 ; Perry & Bussey, 1977 ; Slaby & Guerra, 1988). 요컨대 공격적인 아동들은 비공격적인 아동들과 대조적으로(Crane-Ross 외, 1998 ; Perry 외, 1986) 그들의 공격이 확실한 보상을 가져올 것이라고(예컨대 그들이 원했던 바를 얻는) 더 확신한다.

사회인지 이론에 토대를 두었던 하나의 고전적인 연구에서 볼디저(Boldizar)와 동료들(1989)은 공격적인 아동들과 비공격적인 아동들로 하여금 특정한 결과가 그들의 공격적인 행위로부터 발생했을 때 어느 정도 나쁘게 느낄 것 같은가를 표현해 보도록 요구했다. 공격적인 아동들과 비공격적인 아동들은 공격의 결과에 부여한 가치에서 서로 달랐다. 비공격적인 아동들과 비교해 볼 때 공격적인 아동들은 희생자에 대한 통제력에 가치를 부여했으며, 희생자의 고통과 희생자 편에서의 보복적인 행위에 관해서, 그리고 그들의 공격적인 행동으로 인한 동료 거부의 가능성에 관해서 보다 덜 관심을 가졌다.

관계적 공격성과 관련하여 델비옥스(Delveaux)와 다니엘스(Daniels, 2000)는 관계적으로 공격적인 갈등 해결 전략에 관한 평가와 동료집단 간에 관계를 유지하고자 하는 욕망 및 곤란을 회피하고자 하는 욕망에 관한 사회적 목표 간의 긍정적인 관계를 발견했다. 이들 연구결과와 일치하는 것으로 골드스타인(Goldstein)과 티삭(Tisak, 2004)은 관계가 있는 사람들에 대해 공격적인 청소년들이 그들의 공격적인 행동에 대해 상대적으로 긍정적인 결과 기대를 지닌다고 보고했다. 마지막으로 동료 도발에 간접적인 공격으로 반응하는 것을 비교적 승인하고 있는 청소년들은 그들 스스로 간접적 공격을 사용하는 경향이 더 있다는 것을 시사하는 증거 또한 있다(Musher-Eizenman 외, 2004).

사회적 정보처리 모델

공격성에 관한 사고와 공격적 행동 간의 관계를 연구하는 제3의 패러다임은 닷지(Dodge, Dodge & Crick, 1990)의 사회적 정보처리 모델에 근거하고 있다. 이 모델은 아동들의 사고와 사회적 행동 간의 관계를 이끌어내기 위해 사회학습 이론뿐만 아니라 인지적 · 사회심리적 이론들로부터 도출되었다. 사회적 정보처리 모델에 따르면, 문제가 있는 행동상황(예컨대 매를 맞고 있는)에 대한 아동의 반응은 사회적 정보의 처리에서 일련의 단계를 따르는 하나의 기능이다. 수정된 모델은 일련의 상호작용 6단계를 포함한다(Crick & Dodge, 1994). 첫 번째 단계는 상황적 정보에 토대하여 외면적 · 내면적 단서들을 부호화하는 것과 관련된다(예컨대 선동자가 일어난 일에 놀라워하는 눈치를 보인 것을 주목하기). 그 단서들에 관한 해석(예컨대 그 사람이 과거에는 이를 하지 않았기 때문에 그것은 우연한 일이었다고 판단하기)은 과정에서 두 번째 단계를 정의한다. 세 번째 단계에서 아동들은 바라는 결과나 혹은 목표를 선택한다(예컨대 보복하기 혹은 달아나기).

네 번째 단계에서 크릭(Crick)과 닷지(Dodge, 1994)는 아동들이 기억으로부터 가능한 반응들을 사정한다(예컨대 그들이 과거에 어떻게 반응했는가)고 지적한다. 그러나 새로운 상황에 대해 그들은 특정한 행동적 반응을 낳아야만 할 것이다. 단계 5는 **반응 결정**(response decision)으로 언급된다. 결정과정에 대해 몇 가지 중요한 구성요소가 있다. 예컨대 사회적 행동의 질에 관한 아동의 평가와 같은 것이 있는데, 이는 보통 "도덕적 규칙 혹은 가치"(예컨대 사람을 때리는 것은 하기에 나쁜 일이라는 신념)에 토대를 둔다(p. 89). 반응 결정의 또 다른 측면은 **결과 기대**(outcome expectancies), 즉 그 행동의 결과는 무엇이 될 수 있을 것인가, **자기 효능 평가**(self-efficacy evaluations), 즉 아동이 그 행동을 얼마나 성공적으로 수행할 것인가를 믿는 것과 관련 있다. 그리고 **반응 선택**(response selection) 혹은 실천하기 위한 가장 긍정적인 반응 찾기를 포함한다(pp. 90-91).

마지막으로 아동들은 자신들의 평가를 근거로 하여 최종 단계로 나아가는데, 거기에서 그들은 그 상황에 대해 행동적으로 실천한다. 요약하면 크릭(Crick)과 닷지(Dodge, 1994)에 의해 기술된 바와 같이 아동들은 평가, 결과 기대 분석, 자기 효능 평가, 반응 선택, 그리고 실행하기를 포함하는 사회적 단서에 대한 행동반응을 실행하기 이전에 의사결정 과정을 겪는다.

휴즈만(Huesmann, 1988) 또한 정보처리 구조를 제안했다. 그러나 휴즈만의 모델은 공격적 행동의 발달과 유지에 공헌하는 인지적 메커니즘을 설명하고자 설계되었다. 그러나 보다 최근의 논문에서 휴즈만(1998)은 크릭과 닷지(1994), 그의 초기(1988) 모델을 통합하는 모델을 기술하고 있다. 이 수정된 모델에서 휴스만은 네 단계를 강조한다. 단계 1은 상황적 단서들을 주목하며 그리고 해석하는 것과 관련된다(예컨대 아동은 동료가 자신을 응시하고 있다는 것을 알아차린다. 그리고 그 응시를 별대수롭지 않은 바라봄으로 해석한다). 따라서 크릭과 닷지(1994)의 단계 1과 단계 2가 휴즈만(1998)의 모델에서 단계 1에 포함되는 것으로 나타난다. 휴즈만(1998)의 통합 모델의 단계 2는 각본 검색 및 복구와 관련되는데, **각본**(script)은 사건이 전형적으로 어떻게 발생하는가, 그리고 전형적으로 특정한 사건의 맥락 내에서 발생하는 행동과 반응의 유형에 관한 정신적 표상이다(예컨대 두 동료가 다투게 될 때 전형적으로 무슨 일이 발생하는가에 관한 아동의 개념). 이 과정은 크릭과 닷지의 모델에서 단계 4와 유사하다.

휴즈만(1998) 모델의 단계 3은 각본 평가와 관련되는데, 그것은 그 각본이 특정한 상황에서 수용할 만한 것인지의 여부에 관한 개인의 평가와 관련된다. 그 각본이 수용 가능한 것인지의 여부에 관한 평가는 그 각본이 적절한지의 여부(예컨대 아동은 만약 갈등에 합류된다면 동료를 때리는 것은 괜찮다고 믿는다), 그 각본이 바라는 바의 결과로 나아가게 해줄 것인가의 여부(예컨대 아동은 동료를 때리는 행위가 그 동료가 가지고 놀고 있는 장난감을 획득하게 해줄 것이라고 믿는다), 그리고 그 아동이 그 각본에 의해 의미된 특정한 행동을 실행할 수 있는지의 여부(예컨대 아동은 자신이 동료를 때릴 수 있는지의 여부를 고려한다)를 결정하는 것을 수반한다. 단계 3은 크릭과 닷지(1994)의 모델에서 단계 5의 차원들과 중복되고 있다. 마지막으로 휴즈만(1998) 모델의 단계 4는 행동반응의 결과에 관한 평가뿐만 아니라 행동반응과 관련된다. 예를 들면 아동은 바라는 장난감을 가지고 놀고 있던 다른 아동을 때리고, 자신이 바라던 장난감을 획득하며, 그 사건을 목격했던 교사에게 질책을 받는다. 게다가 그 아동은 그 사건에 대한 환경의 반응을 평가한다(예컨대 그 아동은 교사로부터 특별한 주의를 받은 것으로 인해 기뻤을 수도 있다).

크릭과 닷지(1994)의 모델 뿐만 아니라 휴즈만(1998)의 모델과도 일치하는 것으로 공격적인 아동들은 흔히 그들의 비공격적인 동료들과 다른 방식으로 사회적 상황에 관한 정보를 처리한다는 것을 입증한 연구들이 있다. 즉 여러 연구는 공격적인 아동들이—그들의 비공격적인 동료들과 대조적으로—그들의 사회적 행동을 공격적인 행동의 가능성을 고양하는 방식으로 지각 · 해석 · 평가한다는 것을 보여주고 있다(Boxer & Dubow, 2002 ; Crick & Dodge, 1994 ; Dodge & Crick, 1990 ; Huesmann, 1988, 1998). 그러므로 공격적인 청소년들은 비공격적인 동료들보다 그들의 사회적 정보처리에서 덜 유능한 것으로 간주되고 있으며, 그들이 사회적 정보를 처리하는 방식은 미래에 공격적으로 행동할 가능성에 기여한다.

이를 예증하려면 공격적인 아동들이 어떻게 그들의 환경에서 사회적 단서들을 찾는지 고려해 보면 된다(Crick and Dodge, 1994에서 단계 1과

2 그리고 Huesmann, 1998에서 단계 1). 연구는 공격적인 아동들이—비공격적인 동료들과 대조적으로—그들의 환경에서 훨씬 더 적은 단서를 찾으며 사회적으로 관련된 단서에 주의를 덜 기울인다. 요컨대 공격적인 청소년들은 전형적으로 다른 단서유형보다 적의적인 단서를 더 흔히 기억한다(Dodge & Newman, 1981). 마지막으로 크릭(1995)은 관계적으로 공격적인 아동들이 비관계적으로 공격적인 동료들과 비교해 볼 때 관계적 도발상황에서 훨씬 더 큰 적의를 지각한다는 것을 발견했다.

공격성에 관한 공격적인 아동들의 사고와 비공격적인 아동들의 사고 간의 차별을 더 예증하려면 사회적 상황에 대해 반응하는 것에 관한 서로 다른 효능 신념(Huesmann의 모델의 단계 3, Crick and Dodge의 모델의 단계 5 ; Perry 외, 1986), 사회적 상황에 대한 서로 다른 목표(Huesmann의 모델의 단계 3, Crick and Dodge의 모델의 단계 3 ; 예컨대 Delveaux & Daniels, 2000 ; Erdley & Asher, 1996 ; Lochman, Wayland & White, 1993)를 입증하는 연구, 공격에 대한 결과 기대와 관련한 연구(Huesmann의 모델의 단계 3, Crick and Dodge의 모델의 단계 5 ; 예컨대 Cuddy & Frame, 1991 ; Goldstein & Tisak, 2004 ; Hall, Herzberger & Skowronski, 1998)를 고찰해 보아야 한다.

사회적 처리 이론 : 공격의 희생자로서 동료의 반응들. 비록 연구의 대부분이 공격적인 아동과 비공격적인 아동이 서로 공격적인 혹은 애매한 상황에서 무엇을 할 것인가에 초점을 두어왔지만, 또 다른 중요한 구성요소는 아동들이 공격의 희생자로서 동료들 반응을 어떻게 생각하는가에 관한 연구이다. 앞선 연구에서 아동들이 보복을 동료 공격의 희생자에 대한 정상적인 반응으로 간주한다는 것을 보여주었다(Piaget, 1932/1965 ; Rogers & Tisak, 1996 ; Youniss, 1980). 닷지(Dodge, 1980) 또한 공격적

행위가 의도적인 것으로 지각될 때 비공격적인 소년들뿐만 아니라 공격적인 소년들도 공격과 같은 종류의 반응을 보였다고 보고했다. 일련의 관찰 연구(Nucci & Nucci, 1982 ; Nucci & Turiel, 1978 ; Smetana, 1984 ; Tisak, Nucci & Jankowski, 1996)는 공격이 유치원 환경에서 매우 자주 발생하며, 보복은 공격에 대한 가장 일상적인 반응형식 중 하나라는 것을 발견했다. 이들 자료는 보복이 정당한 이유가 없는 공격행위에 대한 반응에서 정당한 것으로 간주된다는 것을 보여주는 그 밖의 다른 연구를 지지한다(Ferguson & Rule, 1988 ; Rogers & Tisak, 1996).

공격의 희생자로서 동료들의 반응에 관한 아동들의 사고에 영향을 주는 것으로 보이는 몇 가지 요소가 있다. 하나의 요소는 아동들이 실현 가능한 해결책을 내놓을 수 있어야 한다는 것, 그리고 그들은 그 해결책의 효과성을 평가할 만큼 능력이 있어야 한다는 것이다(Crick & Dodge, 1994). 예를 들면 공격적인 아동들은 흔히 용납되지 않는 상황이나 애매한 상황에서 공격성으로 반응한다고 보고되고 있다(Crick & Dodge, 1994). 더 나아가 리차드(Richard)와 닷지(Dodge, 1982)의 연구에서 공격적인 소년들은 하나의 효과적인 반응만을 내놓을 수 있을 뿐이며, 그 밖의 다른 해결책은 대체로 내용에서 적대적이다.

공격에 대한 동료들의 반응에 관한 아동들의 사고를 평가할 때 아동들과 청소년들은 동료들이 하고자 하는 바와 동료들이 해야 하는 바가 서로 다를 수 있음을 인정한다는 것을 고려하는 것 또한 중요하다(Sobesky, 1983 ; Tisak & Turiel, 1988). 사실 여러 편의 연구(Rogers & Tisak, 1996 ; Tisak & Tisak, 1996a, 1996b)는 아동들과 청소년들이 동료들의 기대된(하고자 하는), 동료들의 규정된(해야만 하는) 행동 간에 구분을 한다는 것을 밝혀주고 있다. 예를 들면 로저스(Rogers)와 티삭(Tisak, 1996)은 4학년과

6학년 아동들이 동료들의 안녕에 대한 관심 때문에 동료들이 신체적 해악과 재산 손실의 희생자로서 그 사건을 교사와 같은 권위자에게 보고해야 한다고 지적한다는 것을 보고했다. 그러나 그들은 희생자가 "되돌려주는" 방식으로서 선동가에 대해 보복할 수 있다는 것을 인정했다. 더 어린 아동들(2학년)은 희생자가 거의 틀림없이 권위자에게 말할 것이라고 반응했으며, 그것은 희생자가 해야 할 일이라고 판단했다. 연구자들이 설명하듯이 나이 든 아동들은 동료들이 독립에 대한 필요성 때문에 더 보복할 수 있다. 이들 연구결과는 여러 가지 변수가 공격에 대한 동료들의 반응에 관한 아동들의 평가에 영향을 미칠 것이라는 주장을 더 강화시켜 준다.

아동들이 공격에 대한 동료 반응에 대해 사고하는 데 영향을 미치는 것으로 보이는 세 번째 변수는 논쟁과 관련된 개인들의 관계이다(Dodge & Coie, 1987 ; Pery, Perry & Kennedy, 1992 ; Rogers & Tisak, 1996, Tisak, Maynard & Tisak, 2002 ; Tisak & Tisak, 1990, 1996a, 1996b ; Tisak 외, 1997). 공격적인 아동들과 비공격적인 아동들 모두 어떤 행동을 취해야 할지 불분명할 때는 그 동료의 지난 과거의 행동을 고려한다(Dodge, 1980 ; Dodge & Frame, 1982). 논의된 바와 같이 아동이 특별한 부정적인 사회적 상황(예컨대 현관복도에서 부딪치는)의 원인에 관하여 생각하는 방식은 그 아동이 특별한 사회적 상황에서 공격적으로 반응할 것인지 어떤지를 결정하는 데 중요하다. 만약 선동가의 지난 행동이 신체적으로 공격적이었다면 적의적인 의도가 더욱 추정되기 쉽다(Boxer & Tisak, 2005 ; Dodge, 1980 ; Dodge & Frame, 1982).

한 예로 복서(Boxer)와 티삭(Tisak, 2005)은 초등학교 연령 아동들이 공격성을 모든 시간과 모든 맥락에서 지속되는 것으로 지각된다는 점에서 하나의 특질로서 간주한다고 보고했다. 더 나아가 이 아동들은 공격적인 것으로 생각되는 동료들이 변화될 수 있을 것으로 믿지 않았다. 다른 연구(Goldstein, Tisak, Persson & Boxer, 2004)는 이것이 관계가 있는 사람들에 대해 공격적인 동료들과 관련한 경우에 또한 그럴 것이라고 시사한다. 특히 골드스타인(Goldstein)과 동료들(2004)은 초등학교 연령 아동들이, 친사회적이라고 알려진 동료들과 비교해 볼 때, 관계가 있는 사람들에 대해 공격적이라고 알려진 동료들에게 공격 의도를 더 귀인시키는 경향이 있다고 보고했다.

마찬가지로 일련의 연구는 가해자에 대한 희생자의 지위와 같은(친한 친구인지 혹은 아는 사이인지) 그러한 변수들 또한 공격에 대한 동료들의 반응에 관한 아동들의 사고에서 중요하다는 것을 입증했다(Tisak 외, 2002 ; Tisak & Tisak, 1996a, 1996b). 또한 중요한 것은 공격의 형식이다. 예를 들면 티삭(Tisak)과 티삭(Tisak, 1996b)은 공격적인 행위가 신체적 해와 관련될 때 젊은 청소년들(6학년과 8학년)은 그 희생자가 친한 친구와 아는 사이 모두에 대해 보복하고자 할 것이라고 말한다는 것을 발견했다. 보복이 신체적 해를 끼친 사건 이후에 해야 할 옳은 일인가 어떤가에 대한 반응에서 이들 청소년은 공격자가 친한 친구라면 희생자는 그것을 공격자와 함께 이야기하거나 혹은 공격의 확대를 피하기 위해 자리를 벗어나야 한다고 지적했다. 그러나 아는 사이에 대한 반응에서 청소년들은 해야 하는 옳은 일이란 그 자리를 피하는 것일 거라고 지적했다.

이와는 대조적으로 공격이 친구에 의한 절도와 관련된다면 어린 청소년들은 동료들이 가해자에 맞서 배상을 요구할 것이며, 또한 요구해야 한다고 주장했다. 그러나 가해자가 아는 사이라면 청소년들은 동료들이 권위자, 즉 교사와 관련될 것이 기대되며, 또한 관련되어야 한다고 지적했다(Tisak & Tisak, 1996b). 이들 자료는 더 나아가 공격에 대한 반응을 고려할 때 각 개인은 몇 가지 사회맥락적 변수, 곧 희생자와 가해자와의 관계, 공격적 행위유형, 동료들이 그러한 상황에서 무엇을 하고자 할 것인가와 해야만 하는가에 관한 신념, 그리고 반응선택의 결과를 고려해야 한다는 주장을 지지한다.

사회적 처리 기능 : 청소년 범죄자들. 문헌에 대한 종합적인 검토는 비공격적인 아동들과 비교해 보았을 때 공격적인 청소년들이 다른 방식에서 정보를 처리한다는 것을 암시하는데, 이는 그들의 공격적 행동을 설명해 줄 수 있을 것이다. 대부분의 연구에서 참여자들은 어린 학령기 아동들이었다. 그러므로 이들 공격적인 아동의 대부분은 형사적 범죄를 저지르지 않았다. 그러나 2001년에 있었던 2백만 명 이상의 18세 이하 청소년의 체포(FBI, 2002)에 주목한다면, 청소년들의 사회적 처리 기능(예컨대 공격에 관한 그들의 관점과 공격의 희생자들로서의 동료들의 반응에 관한 그들의 사고와 관련하는)을 평가하는 데 있어서 청소년 범죄자들을 포함시켜야 할 중요한 대상이라는 것을 암시하고 있다. 실제로 과거의 연구는 비공격적인 청소년들의 사회적 사고가 형사범죄에 개입했던 자들과 다르다는 것을 보여주었다(Chandler, 1973 ; Hains, 1984 ; Hoffman, Wolf & Addad, 1997 ; Slaby & Guerra, 1988 ; Tisak & Jankowski, 1996 ; Tisak 외, 1997). 예를 들면 챈들러(Chandler, 1973)는 11세와 13세 연령의 청소년 범죄자들(경찰과 다중적인 교신을 갖는 자들)과 비범죄자들의 역할 채택 기능을 비교했다. 비범죄자 아동들과 비교해 볼 때 범죄자 아동들은 다른 사람들의 관점과 그들 자신의 관점을 구분하는 능력에서 결손을 보였다.

이와 관련된 고전적인 연구에서 슬라비(Slaby)와 구에라(Guerra, 1988)는 세 집단의 청소년(15–18세)을 대상으로 공격에 관한 그들의 신념에 관하여 서로 비교했다. 한 집단은 절도, 강간, 살인을 포함하는 심각한 형사범죄로 인해 투옥된 청소년들로 구성되었다. 그들은 교사들이 공격성에 있어서 높거나 낮은 것으로 평가한 고교생들과 비교되었다. 저자들은 "낮은 공격적인, 높은 공격적인, 그리고 반사회적으로 공격적인 [투옥된] 집단들이 점차 감소하는 사회적 문제 해결 기능의 포괄적인 표현, 그리고 공격과 관련한 비규범적인 신념의 증가된 지지 등 두 가지 모두와 일관되게 관련되는 공격성의 점진적 증가 수준을 대표한다"(Slaby & Guerra, 1988, p. 586)고 보고했다. 예를 들면 낮은 수준의 공격적인 청소년들 및 높은 수준의 공격적인 청소년들과 비교했을 때 투옥된 집단은 공격이 정당하다고, 공격이 그들로 하여금 그들 자신의 부정적인 이미지를 벗어나게 하는 데 도움을 주고 희생자들이 고통을 당하지 않는다고 믿었다. 더 나아가 투옥된 청소년들은 그 상황을 적의적인 것으로 해석하고, 적의적인 해결책을 선택하며, 그 문제를 사정하기 위한 추가적인 사실을 찾지 않은 채 문제를 해결하는 경향이 제일 강했다.

다른 연구자들은 청소년 범죄자들의 문제 해결이 매우 미숙하다는 것을 또한 보여주었다. 티삭(Tisak)과 동료들(1997)은 목격자의 친구 혹은 아는 자가 공격적 행위의 희생자일 때 그 목격자의 역할에 관한 청소년 범죄자들의 사고를 조사했는데 몇 가지 흥미로운 연구결과가 있었다. 첫째, 이들 청소년은 친구가 폭행이나 절도의 희생자일 때—그러나 그 희생자가 아는 사이일 때는 아니다—동료들이 반응할 것이라고 판단했다. 비공격적인 대상자들을 중심으로 한 조사의 경우 청소년들은 목격자와 희생자의 관계와 상관없이 동료들이 반응할 것이라고 말했다(Tisak &

Tisak, 1996b). 둘째, 공격이 때리는 것과 관련되었을 때 대다수는 반응을 일으킬 수 없었거나 혹은 적의적인 반응(예컨대 공격자와 싸운다)을 일으켰다. 그들은 비공격적인 청소년들이 하듯이 협상이나 중재를 거의 제시하지 않았다(Tisak, 1986 ; Tisak & Tisak, 1996a, 1996b). 한 가지 해석은 청소년 범죄자들은 관련된 당사자들이 공격적 충돌을 해결할 수 있을 것으로 간주하지 않는다는 것이다. 이러한 평가는 청소년 범죄자들이 사회적 정보의 처리에서 결손을 드러내는 한 가지 영역을 입증하는 것일 수도 있다(Tisak 외, 1997).

게다가 또 다른 중요한 연구결과는 청소년 범죄자들에게 방관자의 반응이 적절한지 어떤지를 물었을 때와 관련되었다. 그들이 방관자의 행동이 적절치 않다고 말했을 때조차도(예컨대 싸우기 혹은 돈을 빼앗기) 그들은 유용한 해결책을 내놓을 수 없었다.

마지막으로 그 밖의 다른 연구는 청소년 범죄자들이 비범죄자 동료들과 비교해 볼 때 사회적 정보의 처리에서 왜곡을 한다. 예를 들면 리아우(Liau), 바르리가(Barriga), 그리고 깁스(Gibbs, 1998)는 이기적인 인지적 왜곡(예컨대 자기중심적이 되기, 다른 사람들을 비난하기)과 명백한 반사회적 행동(즉 싸우기와 같은 대립적인) 대 은밀한 반사회적 행동(즉 훔치기와 같은 숨겨진 행위) 간의 연합에 관해 범죄자 청소년들과 비범죄자 청소년들 간에 차이가 있는지를 사정했다. 저자들은 "이기적인 인지적 왜곡"과 범죄자들의 반사회적 행동, 그리고 비범죄자 청소년들의 반사회적 행동 간에 강력한 관계가 있음을 보고했다. 더 나아가 명백한 반사회적 행동에 대한 참여자들의 동의(예컨대 "사람들은 때때로 난폭해질 필요가 있다")는 명백한 반사회적 행동과 연관되었다(p. 336). 역으로 은밀한 반사회적 행동에 대한 동의(예컨대 "만약 누군가가 지갑을 분실할 정도로 그렇게 조심성이 없다면 그들은 그것을 잃어버릴 만하다")는 은밀한 반사회적 행동과 연관되었다(p. 336). 흥미롭게도 은밀한 반사회적 행동에 대한 동의와 명백한 반사회적 행동 간에는 아무런 관련이 없었으며, 그 역 또한 마찬가지였다.

결론 및 미래의 연구방향

이 장에서 우리는 공격성, 청소년 범죄, 그리고 도덕성 간의 상호 연관을 논의하면서 몇 가지 사회인지적 패러다임을 고찰했다. 비록 이들 이론적 모델이 병행적으로 이용되고 있지만 그것들은 사회인지 발달과 공격성 간의 연관을 연구하는 중요성을 예증해 준다. 특히 기술되었던 사회인지 이론들은 공격적인 자들과 청소년 범죄자들이 공격적으로 행동하는 것과 일관되는, 그리고 범죄행동에 관련되는 것과 일관되는 방식에서 그들의 사회세계를 지각하고, 해석하며, 평가한다고 가정한다.

이러한 논의는 도덕성과 관련하여 공격적·범죄적인 행동에 관한 우리의 이해를 증진시키고자 사회인지 모델들의 통합에 초점을 맞추는 새로운 연구로 나아가게 한다. 예를 들면 공격과 청소년 범죄의 서로 다른 형식들과 연관되는 가치와 신념에 관한 지속적인 연구들이 정당화되고 있다. 이와 함께 공격성에 관한 아동의 사고를 이해하는 데 정당화 자료를 포함시키는 것은 또한 공격성 및 청소년 범죄와 관련된 이슈에 관하여 그들의 지각, 해석, 그리고 평가에 대한 우리의 이해를 촉진시킬 것이다.

마지막 논점으로서 이들 모델의 통합이 각기 다른 발달적 과정을 이해하는 데 있어서 매우 유용할 수 있다는 데 주목하는 것은 중요하다. 예를 들면 레메라이스(Lemerise)와 아르세니오(Arsenio, 2000)는 발달에서의 정서적 과정을 이해하는 데 있어서 사회적 정보처리 모델(Crick & Dodge, 1994)과 투리엘(Turiel, 1983)의 영역 모델을 통합했다. 그러므로 공격성과 청소년 범죄에 대한 사회인지 모델들 간의 관계를 탐구하는 것과 아울러 이들 모델은 다른 연구자들(예컨대 Harvey 외, 2001 ; Lemerise & Arsenio, 2000)이 입증했듯이 서로 다른 발달적 과정을 사정하는 데에 또한 중요하다.

《 감사의 말 》

우리는 지원, 제언, 그리고 논평을 해준 폴 복서(Paul Boxer)와 데이비드 멀린스(David Mullins)에게 감사한다.

참고문헌

Anderson's Ohio family law handbook(14th ed., 2003). Cincinnati, OH : Anderson Publishing Co.

Archer, J., & Haigh, A. M.(1997). Do beliefs about aggressive feelings and actions predict reported levels of aggression? *British Journal of Social Psychology, 36,* 83–105.

Arsenio, W. F.(1988). Children's conceptions of situational affective consequences of sociomoral events. *Child Development, 59,* 1611–1622.

Astor, R. A.(1994). Children's moral reasoning about family and peer violence : The role of provocation and retribution. *Child Development, 65,* 1054–1067.

Augoustinos, M., & Rosewarne, D. L.(2001). Stereotype knowledge and prejudice in children. *British Journal of Developmental Psychology, 19,* 143–156.

Bandura, A.(1986). *Social foundations of though and action.* Englewood Cliffs, NJ : Prentice–Hall.

Bandura, A.(1991). Social cognitive theory of moral thought and action. In W, M. Kurtines & J. L. Gewitz(Eds.), *Moral behavior and development : Advances in theory, research, and applications*(Vol. 1., pp. 45–103). Hillsdale, NJ : Lawrence Erlbaum Associates.

Bandura, A.(1997). *Self–efficacy : The exercise of control.* W. H. Freeman and Company : New York.

Bandura, A.(1999). Moral disengagement in the perpetration of inhumanities. *Personality and Social Psychology Review, 3,* 193–209.

Bandura, A., Caprara, G. V., Barbaranelli, C., Pastorelli, C. & Regalia, C.(2001). Sociocognitive self–regulatory mechanisms governing transgressive behaviors among normal sixth graders. *Merrill–Palmer Quarterly, 35,* 181–196.

Berkositz, L.(1993). *Aggression : Its causes, consequences, and control.* Philadelphia : Temple University Press.

Björkqvist, K., Österman, K., & Kaukiainen, A.(1992). The development of direct and indirect aggressive strategies in males and females. In K. Björkqvist & P. Niemeliä(Eds.), *Of mice and women : Aspects of female aggression*(pp. 51–64). San Diego, CA : Academic Press.

Black, H. C.(1968). *Black law dictionary*. St. Paul, MN : West Publishing Company.

Boldizar, J. P., Perry, D. G., & Perry, L. C.(1989). *Outcome values and aggression. Child Development, 60*, 571–579.

Boxer, P., & Dubow, E. F.(2002). A social cognitive information processing model for school–based aggression reduction and prevention programs : Issues for research and practice. *Applied and Preventive Psychology, 10*, 177–192.

Boxer, P., & Tisak, M. S.(2005). Children's beliefs about the continuity of aggression. *Aggressive Behavior, 31*, 172–188.

Bussey, K.(1992). Lying and truthfulness : Children's definitions, standards, and evaluative reactions. *Child Development, 63*, 129–137.

Cairns, R. B., Cairns, B. D., Neckerman, H. J., Ferguson, L. L., & Gariepy, J.(1989). Growth and aggression : 1. Childhood to early adolescence. *Developmental Psychology, 25*, 320–330.

Chandler, M. J.(1973). Egocentrism and antisocial behavior : The assessment and training of social perspective–taking skill. *Developmental Psychology, 9*, 326–337.

Coie, J. D., & Dodge, K. A.(1998). Aggression and Antisocial Behavior. In W. Damon(Series Ed.) & N. Eisenberg(Vol. Ed.), *Handbook of child psychology : Vol. 3, Social, emotional, and personality development*(5th ed., pp. 779–862). New York : Wiley.

Crane–Ross, D. A., Tisak, M. S.., & Tisak, J.(1998). Aggression and conventional rule violation among adolescents : Social–reasoning predictors of social behavior. *Aggressive Behavior, 24*, 347–365.

Crick, N. R.(1995). Relational aggression : The role of intent attributions, feelings of distress, and provocation type. *Development and Psychopathology, 7*, 313–322.

Crick, N. R., & Dodge, K. A.(1994). A review and reformulation of social Information–processing mechanisms in children's social adjustment. *Psychological Bulletin, 115*, 74–101.

Cuddy, M. E., & Frame, C.(1991). Comparisons of aggressive boys' self–efficacy and outcome expectancy beliefs. *Child Study Journal, 21*, 135–152.

Delveaux, K. D., & Daniels, T.(2000). Children's social cognitions : Physically and relationally aggressive strategies and children's goals in peer conflict situations. *Merrill–Palmer Quarterly, 46*, 672–692.

Dodge, K. A. (1980). Social cognition and children's aggressive behavior. *Child Development, 51*, 162–170.

Dodge, K. A., & Coie, J. D. (1987). Social–information processing factors in reactive and proactive aggression in children's peer groups. *Journal of Personality and Social Psychology, 53*, 1146–1158.

Dodge, K. A., & Crick, N. R. (1990). Social information–processing bases of aggressive behavior in children. *Personality and Social Psychological Bulletin, 16*, 8–22.

Dodge, K. A., & Frame, C. L. (1982). Social cognitive biases and deficits in aggressive boys. *Child Development, 53*, 620–635.

Dodge, K.A., Lochman, J. E., Harnish, J. D., Bates, J. E., & Pettit, G. S. (1997). Reactive and proactive aggression in school children and psychiatrically impared chronically assaultive youth. *Journal of Abnormal Psychology, 106*, 37–51.

Dodge, K. A., & Newman, J. P. (1981). Biased decision–making processes in aggressive boys. *Journal of Abnormal Psychology, 90*, 375–379.

Dodge, K. A., & Price, J. M. (1994). On the relation between social information processing and socially competent behavior in early school–aged children. *Child Development, 65*, 1385–1397.

Dodge, K. A., & Somberg, D. A. (1987). Hostile attributional biases among aggressive boys are exacerbated under conditions of threats to self. *Child Development, 1*, 213–224.

Erdley, C. A., & Asher, S. R. (1996). Children's social goals and self efficacy perceptions as influences on their responses to ambiguous provocation. *Child Development, 67*, 1329–1344.

Eron, L. D. (1987). The development of aggressive behavior from the perspective of a developing behaviorism. *American Psychologist, 42*, 435–442.

Federal Bureau of Investigation (FBI). (1994). *Uniform crime report for the United States*. Washington, D.C. : U.S. Department of Justice.

FBI. (2002). *Uniform Crime Report for the United States*. Washington, D.C. : U.S. Department of Justice.

Ferguson, T. J., & Rule, B. G. (1988). Children's evaluations of retaliatory aggression. *Child Development, 59*, 961–968.

Galen, B. R & Underwood, M. K. (1997). A developmental investigation of social aggression among children. *Developmental Psychology, 33*, 589–600.

Goldstein, S. E., & Tisak, M. S. (2004). Adolescents' outcome expectancies about relational aggression within acquaintanceships, friendships, and dating relationships. *Journal of Adolescence, 27*, 283–302.

Goldstein, S. E., Tisak, M. S., Persson, A. P., & Boxer, P. (2004). Children's attributions for and reactions to the ambiguous provacation of relationally aggressive, overtly aggressive, and prosocial peers. Manuscript submitted for publication.

Guerra, N. G., Nucci, L., & Huesmann, L. R.(1994). Moral cognition and childhood aggression. In L. R. Huesmann (Ed.), *Aggressive behavior : Current perspectives* (pp. 13–33). New York : Plenum Press.

Guerra, N. G., & Slaby, R, G.(1990). Cognitive mediators of aggression in adolescent offenders : 2 : Intervention. *Developmental Psychology, 26,* 269–277.

Hains, A. A.(1984). Variables in social cognitive development : Moral judgment, role–taking, cognitive processes, and self–concept in delinquents and nondelinquents. *Journal of Early Adolescence, 4,* 65–74.

Hall, J. A., Herzberger, S. D., & Skowronsik, K. J.(1998). Outcome expectancies and outcome values as predictors of children's aggression. *Aggressive Behavior, 24,* 439–454.

Harvey, R. J., Fletcher, J., & French, D. J.(2001). Social reasoning : A source of influence on aggression. *Clinical Psychology Review, 21,* 447–469.

Helwig, C. C., & Jasiobedzka, U.(2001). The relation between law and morality : Children's reasoning about socially beneficial and unjust laws. *Child Development, 72,* 1382–1393.

Helwig, C. C., Tisak, M. S., & Turiel, E.(1990). Children's social reasoning in context. *Child Development, 61,* 2068–2078.

Helwig, C. C., Zelazo, P. D., & Wilson, M.(2001). Children's judgments of psychological harm in normal and noncanonical situations. *Child Development, 72,* 66–81.

Hoffman, H., Wolf, Y., & Addad, M.(1997). Moral judgment by criminals and conformists as a tool for examination of sociological predictions. *International Journal of Offender Therapy and Comparative Criminology, 41,* 180–198.

Horn, S. S., Killen, M., & Stangor, C.(1999). The influence of stereotypes on adolescent moral reasoning. *Journal of Early Adolescence, 19,* 98–113.

Hudley, C. A.(1992). Attributions for pride, anger, and guilt among incarcerated adolescents. *Criminal Justice & Behavior, 19,* 189–205.

Huesmann, L. R.(1998). An information processing model for the development of aggression. *Aggressive Behavior, 14,* 13–24.

Huesmann, L. R.(1998). The role of social information processing and cognitive schema in the acquisition and maintenance of habitual aggressive behavior. In R. G. Green & E. Donnerstein (Eds.), *Human aggression : Theories, research, and implications for social policy* (pp. 73–109). San Diego, CA : Academic Press.

Huesmann, L. R., & Guerra, N. G.(1997). Children's normative beliefs about aggression and aggressive behavior. *Journal of Personality and Social Psychology, 72*, 408–419.

Killen, M., Lee–Kim, J., McGlothlin, H., & Stangor, C.(2002). How children and adolescents evaluate gender and racial exclusion. *Monographs of the Society for Research in Child Development, 67*(4, Serial No. 271).

Kohlberg, L.(1969). Stage and sequence : The cognitive–developmental approach to socialization. In Gosling, D.(Ed.), *Handbook of socialization theory and research* (pp. 347–480). Chicago : Rand McNally.

Kowalski, G. s., & Wilke, A. S.(2001). Juvenile delinquency prediction. In C. D. Bryant(Ed.), D. Luckenbill & D. Peck(Vol. Eds.), *Encyclopedia of criminology and deviant behavior, Vol 11 : Crime and juvenile delinquency*(pp. 352–358). Philadelphia : Runner–Routledge.

Kowalski, K.(2003). The emergence of ethnic and racial attitudes in preschool–aged children. *Journal of Social Psychology, 143*, 677–690.

Lagerspetz, K. M., Björkqvist, K., & Peltonen, T.(1988). Is indirect aggression typical of females? Gender differences in aggressiveness in 11– to 12–year–old children. *Aggressive Behavior, 14*, 403–414.

Lemerise, E. A., & Arsenio, W. F.(2000). An integraded model of emotion processes and cognition in social information processing. *Child Development, 71*, 107–118.

Liau, A. K., Barriga, A. Q., & Gibbs, J. C.(1998). Relations between self–serving cognitive distortions and overt vs. covert antisocial behavior in adolescents. *Aggressive Behavior, 24*, 335–346.

Lochman, J. E., Wayland, K. K., & White, K. J.(1993). Social goals : Relationship to adolescent adjustment to social problem solving. *Journal of Abnormal Child Psychology, 21*, 135–151.

Musher–Eizenman, D. R., Boxer, P., Danner, S., Dubow, E. F., Goldstein, S. E., & Heretick, D.(2004). The relation between self–regulatory and environmental factors and aggressive behavior : Social–cognitive information–processing mediators. *Aggressive Behavior, 30*, 389–408.

National Center for Juvenile Justice(NCJJ).(1989). *Juvenile court statistics*. Washington, D.C. : Government Printing Office.

NCJJ.(2001). *Crime in the United States 2000*. Washington, D.C. : Government Printing Office.

Nucci, L. P.(1981). The development of personal concepts : A domain distinct from moral or societal concept. *Child Development, 52*, 114–121.

Nucci, L. P., & Herman, S.(1982). Behavioral disordered children's conceptions of moral, conventional, and personal issues. *Journal of Abnormal Child Psychology, 10,* 411–426.

Nucci, L. P., & Nucci, M. (1982). Children's social interactions in the context of moral and conventional transgressions. *Child Development, 53,* 403–412.

Nucci, L. P., & Turiel, E. (1978). Social interactions and the development of social concepts in preschool children. *Child Development, 49,* 400–407.

Nucci, L. P., & Turiel, E. (2000). The moral and the personal : Sources of conflicts. In L. Nucci, G. Saxe, & E. Turiel (Eds), *Culture, thought, and development* (pp. 115–140). Mahwah, NJ : Lawrence Erlbaum Associates.

Parke, R. D., & Slaby, R. G. (1983). The development of aggression. In E. M. Hetherington (Ed.) & P. H. Mussen (Series Ed.), *Handbook of child Psychology, Vol 4 : Socialization, personality, and social development* (pp. 567–641). New York : Wiley.

Perry, D. G., & Bussey, K. (1977). Self–reinforcement in high–and low–aggressive boys following acts of aggression. *Child Development, 48,* 653–657.

Perry, D. G., Perry, C., & Kennedy, E. (1992). Conflict and the development of antisocial behavior. In C. U. Shantz & W. W. Hartup (Eds.), *Conflict in child and adolescent development* (pp. 301–329). New York : Cambridge University Press.

Perry, D. G., Perry, L. C., & Rasmussen, P. (1986). Cognitive social learning meadiators of aggression. *Child Development, 57,* 700–711.

Piaget, J. (1932/1965). The moral judgment of the child. New York : Free Press.

Richard. B. A., & Dodge, K. A. (1982). Social maladjustment and problem solving in school–aged children. *Journal of Consulting and Clinical Psychology, 50,* 226–233.

Rogers, M. J., & Tisak, M. S. (1996). Children's reasoning abut responses to peer aggression : Victim's and witness's expected and prescribed behaviors. *Aggressive Behavior, 22,* 259–269.

Sigelman, C. K., & Waitzman, K. A. (1991). The development of distribute justice orientations. Contextual influences on Children's resource allocations. *Child Development, 62,* 1367–1378.

Slaby, R. G., & Guerra, N. G. (1988). Cognitive mediators of aggression in adolescent offenders I. Assessment. *Developmental Psychology, 24,* 580–588.

Smetana, J. G. (1981). Reasoning in the personal and moral domains : Adolescent and young adult women's decision–making regarding abortion. *Journal of Applied Developmental Psychology, 2,* 211–226.

Smetana, J. G. (1984). Toddlers' social interactions regarding moral and conventional transgressions. *Child Development, 55,* 1767–1776.

Smetana, J. G.(1995). Morality in context : Abstractions, ambiguities, and applications. In R. Vasta(Ed.), *Annals of child development*(Vol 10, pp. 83–130). London : Jessica Kingsley.

Sobesky, W. E.(1983). The effects of situational factors on moral judgments. *Child Development, 54*, 575–584.

Taylor, M., Lussier, G. L., & Maring, B. L.(2003). The distinction between lying and pretending. *Journal of Cognition and Development, 4*, 299–323.

Tisak, J., Maynard, A. M., & Tisak, M. S.(2002). AIRA : Measurement of adolescents' judgments regarding intentions to respond to physical and verbal aggression. *Aggressive Behavior, 28*, 207–223.

Tisak, M. S.(1986). Children's conceptions of parental authority. *Child Development, 57*, 166–176.

Tisak, M. S.(1993). Preschool children's judgments of moral and personal events involving physical harm and property damage. *Merrill–Palmer Quarterly, 39*, 375–390.

Tisak, M. S.(1995). Domains of social reasoning and beyond. In R. Vasta(Ed.), *Annals of child development*(Vol. 11, pp. 95–130). London : Jessica Kingsley.

Tisak, M. S., & Jankowski, A. M.(1996). Societal rule evaluations : Adolescent offenders' reasoning about moral, conventional, and personal rules. *Aggressive Behavior, 22*, 195–207.

Tisak, M. S., Lewis, T., & Jankowski, A. M.(1997). Expectations and prescriptions for responding to peer aggression : The adolescent offenders' perspective. *Aggressive Behavior, 23*, 149–160.

Tisak, M. S., Nucci, L., & Jankowski, A. M.(1996). Preschool children's social interactions involving moral and prudential transgressions : An observational study. *Early Education and Development, 6*, 169–180.

Tisak, M. S., & Tisak, J.(1990). Children's conceptions of parental authority, friendship, and sibling relations. *Merrill–Palmer Quarterly, 36*, 347–367.

Tisak, M. S., & Tisak, J.(1996a). My sibling's but not my friend's keeper : Reasoning about responses to aggressive acts. *Journal of Early Adolescence, 16*, 324–339.

Tisak, M. S., & Tisak, J.(1996b). Expectations and judgments regarding bystanders' and victims' responses to peer aggression among early adolescents. *Journal of Adolescence, 19*, 383–392.

Tisak, M. S., & Tisak, J., & Goldstein, S. E.(2004). *Laws governing juvenile criminal activity : Assessing the perspective of the youth offender*. Manuscript submitted for publication.

Tisak, M. S., & Turiel, E.(1984). Children's conceptions of moral and prudential rules. *Child Development, 55,* 1030–1039.

Tisak, M. S., & Turiel, E.(1988). Variation of seriousness of transgressions and children's moral and conventional concepts. *Developmental Psychology, 24,* 353–357.

Turiel, E.(1978). Social regulations and domains of social concepts. In W. Damon (Ed.), *New directions for child development, Vol. 1 : Social cognition.* San Francisco, CA : Jossey–Bass.

Turiel, E.(1983). *The development of social knowledge : Morality and convention.* Cambridge, MA : Cambridge University Press.

Turiel, E.(1987). Potential relations between the development of social reasoning and childhood aggression. In D. Crowell, I. Evans, & C. R. O'Donnell(Eds.), *Childhood aggression and violence : Sources of influence, prevention and control*(pp. 95–114). New york : Plenum.

Underwood, M. K., Galen, B. R., & Paquette, J. A.(2001a). Hopes rather than fears, admirations rather than hostilities : A response to Archer and Björkqvist. *Social Development, 10,* 275–280.

Weibush, R. G.(1993). Juvenile intensive supervision. The impact on felony offenders diverted from institutional placement. *Crime and Delinquency, 39,* 68–89.

Younis, J.(1980). *Parents and peers in social development : A Sullivan–Piaget Perspective.* Chicago : University of Chicago Press.

제7부

도덕교육, 인격발달, 그리고 지역봉사

제7부에 있는 장들은 도덕발달 이론과 지역봉사 및 교육 프로그램 연구의 적용에 초점을 맞춘다. 하트(Daniel Hart), 앳킨스(Robert Atkins), 그리고 도널리(Thomas Donnelly)가 기술한 제23장은 도덕발달에서 지역봉사의 역할에 중점을 두고 있다. 하트, 앳킨스, 그리고 도널리가 주목하는 바와 같이 학자들은 미국 청소년들의 "도덕적 건강"의 한 지표로서 지역봉사를 추적하고 활용해 왔다. 지역봉사는 수행된 도덕적 행위의 한 척도로 간주될 수 있다. 더 나아가 지역봉사는 특히 청소년기에 도덕발달을 촉진시키는 강력한 도구로 공헌할 수 있다. 저자들은 지역봉사를 위한 기회가 근본적인 도덕적 의문, 곧 무엇이 해야만 하는 옳은 일인가, 그리고 훌륭한 사람을 만드는 특질은 무엇인가 등의 의

문을 어떻게 중점적으로 다루게 되는지를 입증한다. 저자들은 도덕적 정체성 형성, 퍼스낼리티 영향, 그리고 지역봉사를 보다 넓은 개념적·발달적 구조에 위치시키는 도덕적으로 전형적인 행위의 준거에 관한 그들의 광범위한 연구, 곧 청소년 발달에서 지역봉사의 전제와 결과를 검증하는 연구를 설명한다.

그 다음의 세 장은 도덕 및 인격교육 프로그램의 효율성을 개발·평가·측정했던 도덕교육 이론가들에 의해 기술된다. 도덕교육에 대한 두 가지 지배적인 접근은 전통적인 인격교육과 반성적 추론을 자극하는 데 초점을 둔 접근—혹은 나베즈(Darcia Narvaez)가 제26장에서 **합리적 도덕교육**(rational moral education)으로 언급하고 있는—의 측면에서 설명될 수 있다. 이들 두 가지 접근은 각기 다른 철학적 입장에서 나온다. 즉 아리스토텔레스(Aristotle)로부터 나오는 **전통적 인격교육**(traditional character education)은 다양한 인격의 특질을 함양시켜 주고자 설계된다. 칸트(Kant)로부터 나오는 **반성적 추론**(reflective reasoning) 접근은 아동들이 "선을 알도록"—이는 흔히 보편주의적인 콜버그 학설의 정의에 관한 6단계 개념의 견지에서 정의된다—격려하는 데 목적이 있다. 이들 두 가지 접근의 장점에 관하여 수년 동안 적지 않은 논쟁이 있어왔다. 그러나 최근에 이르러, 그리고 이 제7부의 여러 장 가운데 두 장에서 반성되었듯이 두 입장의 종합을 통해 화해에 이르고자 하는 시도 또한 존재하고 있다.

제24장에서 누치(Larry Nucci)는 인격교육 의제를 비판하며 사회인지 영역 이론의 관점에서 도덕교육의 발달적 목적을 논의한다. 그는 도덕교육과 교육의 실제에 대해 이 이론적 관점이 함의하는 바를 상세히 설명하는데, 여기에는 교실의 사회정서적 분위기, 학급경영, 갈등 해결, 그리고 학생들을 봉사학습에 참여시키기 위한 시도 등이 포함된다. 누치

는 도덕교육에 대한 발달적 접근의 필요조건을 개략적으로 밝히고 있는데, 여기에는 교육과정 핵심 이슈들의 영역과 학교 과업 내용 간의 일치, 그리고 인지적 반성에의 개입 등이 포함된다. 제25장은 베코위츠(Marvin Berkowitz), 쉐브롬(Stephen A. Sherblom), 비어(Melinda C. Bier), 배티스티쉬(Victor Battistich)가 기술한 것으로, 그들은 긍정적인 청소년 발달에 관한 보다 광범위한 구성에 초점을 둠으로써 인격교육과 반성적 추론 접근 간의 커다란 간극을 연결하고자 시도한다. 건강한 심리사회적 발달로 이끄는 특징들을 확인하고자 하는 목적에서 그들은 청소년 발달에 대한 몇 가지 서로 다른 개념적 접근, 곧 예방학, 사회적 · 정서적 학습, 인격교육의 구성요소들을 분석하고 그의 공통적 특징을 확인하며, 그런 이후 긍정적인 청소년 발달을 자극하는 데 효과적인 것으로 보이는 학교 중심 실천 프로그램들의 구성요소를 평가한다. 제26장은 나베즈(Darcia Narvaez)가 기술한 것으로 혼합 접근의 다른 버전을 제공한다. 그녀의 접근은 최근의 인지과학 연구로부터 나오는 통찰을 포함하면서 또한 도덕 및 윤리교육 접근들의 강점을 토대로 구성된다. 그녀는 그것을 **통합적 윤리교육**(Integrative Ethical Education)이라 부른다. 다른 접근들을 검토한 이후에 그녀는 자신의 모델을 상세히 설명하는데, 그것은 전문적 지식발달의 개념에 근거를 두고 있다. 그리고 그녀는 도덕교육의 자세한 모델을 조심스럽게 그리고 철저하게 설명한다. 이 7부에 있는 네 개의 장은 각기 다른 이론적 전통을 중심으로 논의되고 또한 매우 다른 버전을 지니고 있으나 그들은 이 책의 학자들에 의해 논의된 이론들과 이슈들이 도덕발달 이론을 교실, 학교, 자녀 교육, 그리고 청소년들이 거주하는 다양한 서로 다른 맥락에 어떻게 최선으로 적용하는가에 관한 오늘날 논쟁들의 바로 그 핵심에 있다고 지적한다.

제23장

지역봉사와 도덕발달

하트_Daniel Hart
앳킨스_Robert Atkins
도널리_Thomas M. Donnelly(러트거스 대학교_Rutgers University)

아동들과 청소년들이 참여하는 거의 모든 활동은 도덕적 차원을 지니고 있으며, 그럼으로써 결과적으로 개인들이 개입하는 거의 모든 활동은 도덕적 관점에서 탐구될 수 있다. 몇 가지만 예를 들면, 도덕발달에 관한 연구의 역사 이래로 이러한 조사연구들은 도덕발달과 성적 행위, 약물남용, 학교에서의 사기행위, 그리고 청소년 범죄 간의 관계를 포함해 왔다(동시대의 각기 다른 관점의 문헌에 관한 비평에 대해서는 Blasi, 1980 참조 ; Hartshorne & May, 1928 ; Turiel, 1998). 한 세기에 걸친 연구가 한 문장 안에 정확하게 압축될 수는 없으나 그 증거는 도덕발달과 일상 활동과의 관계가 서로 관련되어 있으며 흔히 식별하기도 어렵다는 것을 시사해 준다.

『도덕성 발달 핸드북』에서 한 장의 전체가 지역봉사를 주제로 다루는 이유에 대해서는 청소년 활동과 도덕발달의 관계에 관한 1백 년의 광범위한 배경이 설명해 줄 수 있을 것이다. 지역봉사와 도덕발달의 관계에 관한 검토를 특히 중요하게 만드는, 그럼으로써 이 장에서 제공된 확장된 고려를 가치 있게 만드는 두 가지 이유가 있다. 첫째는 지역봉사는 흔히 미국 청소년 세대의 도덕적 건강을 사정하는 데 사용되고 있다는 것이다. 예를 들면 푸트남(putnam, 2000)은, 미국에서 민주적인 생활의 행복에 관하여 엄청나게 영향력을 발휘했던 그의 비평에서, 최근의 청소년 집단에서 나타나는 높은 수준의 자발적인 지역봉사가 젊은 미국인들의 시민 생명력을 보여주는 유일한 희망적인 신호일 수 있다고 판단했다. 이와 비슷하게 자발적인 지역봉사의 연령에 따른 변화는 청소년들의 친사회적 행동에서의 변화를 추적하는 데 이용된다(예컨대 Child Trends, 2002). 지역봉사는 미국 청소년들에게 있어서 도덕적 덕에 관한 가장 두드러진 공적 지표들 중 하나이기 때문에 그것은 철저한 조사를 정당화한다. 우리가 이하의 절들에서 탐구하듯이 지역봉사는 항상 친사회적 동기를 반영하는 것은 아니며—예를 들면 청소년들은 대학 입학에 대한 그들의 전망을 개선하고자 자원할 수도 있을 것이다—, 그럼으로써 우리는 지역봉사 참여의 비율을 도덕적 건강의 명백한 지표로 무조건 시인해서는 안 될 것이다. 그럼에도 불구하고 지역봉사는 흔히 공공복리에 이바지하고 도덕적 민감성을 반영하기 때문에 우리는 그것을 윤리적 삶의 중요한 지표가 된다고 판단한다.

둘째, 지역봉사는 도덕적 인격의 전조로서 뿐만 아니라 도덕발달을 촉진시키는 예외적으로 강력한 수단으로 간주된다. 지역봉사의 미덕을 극찬하는 보고서에서 국가봉사학습위원회(National Commission on Service-Learning)는 지역봉사가 "학생들로 하여금 지역사회의 필요에 관한 지식을 증대시키고, 봉사윤리에 헌신하게 하며, 정치와 도덕성에 관한 보다 세련된 이해를 발달시키도록 돕는다"(2001, p. 26)고 결론을 내렸다. 유니스(Youniss)와 예이츠(Yates, 1997)는 청소년들의 지역봉사 참여가 지역사회 문제에 대한 관심을 낳음으로써, 그리고 자신의 능력이 변화에 대한 효과적인 힘이 된다는 신념을 증진시킴으로써 도덕발달에 이바지한다고 제안했다.

지역봉사에 관한 최근의 실질적인 연구의 등장과 결부된 지역봉사에 대한 보다 넓은 관심은 지역봉사와 도덕발달의 철저한 검증을 위한 절호의 순간을 만들어내고 있다. 다음의 절들에서 우리는 지역봉사와 도덕발달이 검증될 수 있는 개념적 구조를 개발하고, 아동들과 청소년들을 지역봉사에로 이끄는 발달경로를 확인하며, 지역봉사가 청소년들의 도덕발달 미치는 영향을 사정한다.

개념적 구조

지역봉사

지역봉사(community service)는 지역사회에 이득을 주는 자발적인 활동을 말한다. 지역봉사와 발달과의 관련을 연구하는 연구자들은 5가지를 구분한다. 첫째, 많은 연구자들은 지역봉사에 대한 동기가 실질적으로 매우 다양하다고 믿는다(예컨대 Omoto & Snyder, 1995). 예를 들면 비록 지역봉사를 하는 많은 사람들이 동료 시민들의 안녕에 공헌하기 위해 그렇게 하지만, 또 다른 사람들은 대학입학의 확률을 증진시킨다는 희망에서 대학지원에 대한 하나의 활동을 첨가하는 것과 같은 수단적 목적으로 지역봉사에 참여하게 된다. 따라서 똑같은 행동—지역봉사—은 엄청나게 다른 동기의 토대를 지닐 수 있다.

둘째, 몇몇 연구자들은 지역봉사의 지속기간이 하나의 중요한 특징이라고 믿는다. 오랜 기간을 거치며 수행된 지역봉사는 우연적인 지역봉사보다는 도덕적 인격의 보다 나은 표지로서 간주된다(예컨대 Hart & Fegley, 1995). 이와 비슷하게 지속기간은 발달에 대한 지역봉사의 영향력을 이해하는 데 있어서 중요하다. 확장된 오랜 기간에 걸쳐 흔히 하는 지역봉사가 드물게 하는 지역봉사보다 발달에 더 큰 효력을 발휘하고 용량효과(dosage effect)가 존재한다는 것을 가정하는 것은 충분히 일리가 있다.

셋째, 지역봉사활동의 유형은 매우 중요할 수 있다. 맥클레란(McClellan)과 유니스(Youniss, 2003)는 이웃 공원을 청소하거나 근린지역 센터(neighborhood center)에서 서류를 정리하는 일에 참여하는 발달적 효과는 무료 급식소에서의 활동결과로부터 나오는 효과와 매우 다를 수 있다고 제안했다. 킬렌(Killen)과 호른(Horn, 2000)은 지역봉사 참여가 도덕적·사회인습적 관심 혹은 개인적 이슈를 반영할 것이라고 지적했으며, 그들은 이들 요소의 도덕발달에 대한 영향이 단일하지 않다는 점을 강조했다.

넷째, 지역봉사가 어느 정도 진정으로 자발적인가 하는 정도는 매우 중요하다(예컨대 Stukas, Snyder & Clary, 1999). 극단적으로 투옥에 대한 대안으로서 수행되는 지역봉사로부터 도출되는 이득은 이상적인 청소년들이 국제사면위원회(Amnesty International)에서 그들의 자발적인 노력으로부터 얻는 것과는 아마도 다를 것이다. 이러한 극단의 맥락에서 청소년들이 학교에 의해 명령된 지역봉사를 통해 이득을 얻을 수 있느냐의 의문에 많은 관심이 쏠리고 있다(예컨대 McClellan & Youniss, 2003).

마지막으로 많은 지역봉사 옹호론자들은 지역봉사가 심리적 발달을 촉진시키기 위해서는 구조화된 반성과 토론이 필요하다고 믿는다(예컨대 Leming, 2001). 이는 지역봉사활동이 내포하고 있는 함축들이 충분하게 드러나지 않을 수 있기 때문이다. 예를 들면 도시 근교의 무료 급식소에 있는 집 없는 성인들에게 음식을 제공하는 것은 정신적 질병과 가난, 사회정의와 같은 이슈를 탐구할 기회가 될 수 있다. 곧 이들 주제에 관한 탐구는 자기 반성과 안내된 토론을 통해 이득을 얻을 수 있다.

지역봉사에 관한 이들 5가지 특질에 대해 두 가지 점이 지적되어야 한다. 첫째, 지역봉사와 관련한 5가지 특질의 중요성에 대한 경험적 토대가 얇다는 것이다. 결과적으로 대부분의 연구가 그러하듯이 이들 특징을 무시하는 경험적 결과를 정확하게 평가하는 것이 불가능하다. 둘째, 이 5가지 특질 모두를 사정해 온 연구가 없다는 것이다. 만약 그러한 연구가 수행된다면 그 연구결과는 확실히 몇 가지 특질의 결합이 도덕발달에 밀접하게 연관된다는, 그리고 다른 결합은 그렇지 않다는 것을 제안할 수 있을 것이다. 이것은 현행 지식상태, 곧 지역봉사와 도덕발달과의 관계가 비교적 약하고 확산적이라는 것을 넘어서는 진보가 될 것이다. 비록 아직까지는 그 구분이 중요하다는, 그리고 그 구분의 몇몇 결합이 서로 관련되며 또한 다른 것들은 그렇지 않다는 것을 입증하는 설득력 있는 증거가 존재하지 않지만 그 구분은 지역봉사가 다면화된 구성이라고 결론을 내릴 만한 충분한 표면적 타당성을 지니고 있다.

도덕적 영역

지역봉사에 대한 옹호자들은 도덕적 악들이 미국의 청소년들을 괴롭히는 일마다 모두 그에 대한 치유책으로 지역봉사를 인정한다. 예를 들면 국가봉사학습위원회(National Commission on Service-Learning)는 지역봉사가 "학생들에게 시민활동에의 참여를 통해 시민정신"을 준비시키고, "폭력과 성적 행위"를 감소시키며, "책임감"(2001, p. 4)을 증진시킬 수 있다고 제안했다. 우리가 앞의 절에서 지적했던 바와 같이 지역봉사는 지속기간이 다양한 여러 활동을 내포하고 있으며, 최소한 이들 중 몇 가지는 국가봉사학습위원회가 언급한 도덕적으로 관련된 결과들의 분류와 연관을 맺고 있다. 그러나 국가봉사학습위원회의 보고, 그리고 그 보고에 반영된 많은 옹호자들의 관점은 지역봉사의 이득이 모든 도덕적 기능작용의 측면에서 발견될 수 있다고 제시하는 것으로 보인다. 그러한 관점은 지역봉사와 도덕적 영역의 서로 다른 독특한 특질을 최소화하는 것 같다. 우리는 만약 지역봉사가 도덕적 영역과 도덕심리학의 차별화된 관점과 관계하여 간주된다면 이해에서의 진보가 가장 그럴 듯하게 이루어진다고 믿는다. 우리의 관점에서 보면 지역봉사는 다른 것들보다 도덕성의 몇몇 측면과 보다 더 밀접하게 제휴된다.

세 가지 도덕적 의문. 윌리엄스(Williams, 1995, p. 551)는 철학자들에 의해 전통적으로 간주된 도덕적 영역이 다음과 같은 3가지의 보다 넓은 의문에 대답하고자 하는 시도로 이루어진다고 제안했다 : (1) 해야 할 옳은 일은 무엇인가? (2) 일의 가장 최선의 가능한 상태는 어떻게 성취되는가? 그리고 (3) 어떤 특질들이 훌륭한 사람을 만드는가? 이들 의문 가운데 해야 할 옳은 일에 초점을 두고 있는 첫 번째는 칸트(Kant, 1964)의 이론과 같은 의무론적 이론의 전통적 영역을 확보하고 있는데, 그것은 인간의 자율성과 개인적 권리의 증진을 추구한다. 공공복리에 관심을 가진 두 번째 의문은 공리주의와 정치철학자들의 주목을 끌어왔다. 마지막으로 아리스토텔레스로부터 오늘에 이르기까지 덕윤리학자들은 도덕적 인간이 되는 데 있어서의 본질적인 특징을 확인하고자 노력해 왔다. 윌리엄스는 비록 3가지 의문이 상당한 정도에서 서로 중복되지만—결과적으로 대부분의 철학 이론들이 3가지 모두에 답하고자 추구한다—각각은 도덕적 삶에 대해 근소하게 서로 다른 정향을 제공한다고 주장한다.

지역봉사는 잠재적으로 3가지 의문 모두와 관련된다. 확실히 지역봉사의 옹호자들은 청소년들의 의무론적 추론, 그들의 좋은 사회에 관한 관점, 그리고 그들의 인격이 지역봉사를 통해 증진될 수 있다고 믿는다. 이 장에 대한 결론을 미리 일러둔다면, 연구문헌에 관한 우리의 검토는 도덕적 삶과 지역봉사 간의 관계에 대한 최선의 증거가 일의 가장 최선의 가능한 상태와 관련된 도덕성의 국면 내에 있다는 것을 제안한다(자원봉사와 연관된 동기에 대한 검토는 Clary 외, 1998 참조).

심리적 토대. 도덕적 행위—지역봉사는 그의 한 가지 형식 또는 한 가지 원천으로 가정되고 있다—는 그의 뿌리를 인지, 정서, 그리고 행동에 두고 있다(논의를 위해서는 Hart, Burock, London & Miraglia, 2003 참조). 인지는 타인들의 감정과 사고, 사회적 규범들에 관한 비교적 습관적인 추론과 관련되며(예컨대 Haidt, 2001), 어떤 행위들을 앞서는, 그리고 습관적 추론들을 구조화하는 심사숙고적인 판단과 관련된다(Hart & Killen, 1995). 정서(emotion)와 정의(affect), 특히 동정과 고통은 친사회적 행동의 동기에서 매우 중요하다(Eisenberg & Fabes, 1998). 마지막으로 일군의 과정은 함께 도덕적 행위를 구성하는 행동들의 시작과 종료를 관리한다. 전형적으로 도덕적 삶의 지표이자 원천으로서의 지역봉사의 중요성을 옹호하는 자들은 도덕적 행위에 내포된 복잡한 심리적 장치를 간과해 왔다. 검토를 진행해 가면서 우리는 지역봉사와 도덕심리학의 서로 다른 구성요소와의 관계를 검증한다.

개관

우리는 두 가지 방향으로 진행한다. 다음 절은 지역봉사가 하나의 결과인 연구를 검토한다. 이 연구의 대부분은 지역봉사가 도덕적 행위의 중요한 표지이며, 결과적으로 목표는 지역봉사에 대한 전조들을 이해하는 것이라고 가정한다. 우리는 이전의 연구에서 개발된 개념적 모델(Hart, Atkins & Ford, 1998, 1999)을 개조하여 이 연구에 통합한다. 이 절은 지역봉사를 도덕발달의 원천으로서 간주하는 연구에 관한 검토로 이어진다. 곧 우리는 다시 우리의 개념적 모델을 그 연구를 통합하고자 사용하지만, 그러나 이 절에서 지역봉사가 단순히 그로부터 뒤따른다기보다는 개념적 모델의 요소들에 어떻게 영향을 미치는지를 추구한다. 마지막 절에서 우리는 결론과 통합적 논평을 제시한다.

지역봉사를 향한 통로들

왜 어떤 사람들은 그들의 개인적 자원(시간, 에너지, 안전, 금전적 재정)을 다른 사람들에게 이득이 되는 행위에 투입하는가? 이 의문에 대한 충분한 대답은 **유기체적**(organismic) 설명을 요구하는 것 같다. 그에 따르면 다수의 개인과 맥락적 요소들이 시간이 지나면서 상호작용을 하며 자발적인 지역봉사를 산출해낸다. 이 절에서 우리는 조직에 대한 개념적 모델을 사용하여 많은 이들 요소들을 논의한다.

개념적 모델

이 장에서 우리는 도덕적 정체성 형성에 관한 우리의 모델을 개작하며(Hart, Atkins & Ford, 1998, 1999), 그것을 특별히 지역봉사에 초점을 맞추도록 한다. 이 모델은 그림 23.1에 묘사되어 있다. 모델의 왼쪽 편에 있는 **성격**(personality)과 **사회적 영향**(social influences)의 특징은 개인들의 행동에 대한 지속적인 영향력이 있는 것으로 가정된다. **성격**은 "우리가 각기 다른 상황에 어떻게 반응할 것인가를 결정하는 사고, 감정, 그리고 행동의 독특한 그리고 유일무이한 양식"(Caspi, 1998, p. 318)으로 정의될 수 있다. 검토의 결과들에 대한 징조를 보이는 것으로 연구는 자신의 정서를 보다 더 잘 규제할 수 있고 다른 사람들과 더 잘 상호작용할 수 있는, 그리고 일반적으로 긍정적인 분위기의 특징을 지닌 사람들이 이런 특징

그림 23.1_ 지역봉사로 통하는 발달경로들

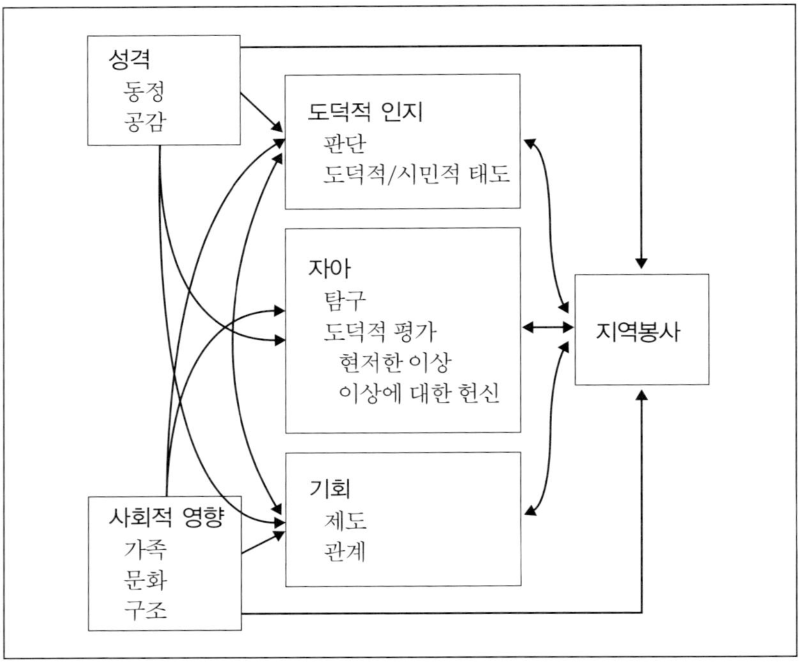

을 지니지 않은 사람들보다 지역봉사에 더 잘 참여하는 경향이 있다고 제안한다.

모델은 또한 지속적인 사회적 영향들이 지역봉사에 참여하는 데 이바지한다는 입장을 견지한다. 예를 들면 연구결과는 부모관계와 가족의 사회적 계층이 지역봉사와 관련된 요소들과 직접적으로 연련된다는 것을 입증한다.

모델의 중앙 종렬에는 지역봉사에 영향을 주는 것으로, 그리고 영향을 받는 것으로 제안된 중개요소들, 곧 도덕적 판단/태도 자아 및 정체성, 그리고 기회가 있다. 유익한 증거는 이 변수들이 모델의 왼쪽 편에 있는 개념들 이상으로 발달하며 변화한다는 것을 보여주고 있으며, 그리고 결과적으로 우리는 중개가 성격과 사회적 영향들에 목표를 두는 것보다는 여기에로 방향을 향할 때 최선이라고 가정한다(Hart, Atkins & Ford, 1998).

도덕적 판단과 도덕적 태도는 도덕적 행위와 연관되는 인지들의 배열을 포함한다. 피아제(Piaget, 1965)와 콜버그(Kohlberg, 1963/1984)의 전통에 있는 발달심리학자들은 도덕판단 발달이 지역봉사와 연관된다는 것을 나타내는 몇몇 증거를 축적해 왔다(Comunian & Gielen, 1995). 사회심리학자들은 보다 빈번히 태도와 가치를 연구해 왔는데, 그것들은 또한 주로 인지적이며 이들 또한 지역봉사와 관련을 맺고 있다(Wilson & Musick, 1997).

자아 개념과 이상 또한 지역봉사로의 통로와 연관이 있다. 도덕적 행위는 친사회적 일에 대해 도전하고자 하는 헌신을 확보하는 이상화된 자아상(self-images)의 채택을 요구할 수 있다. 거꾸로 특별히 긴장이 많은 도덕적 행위들은 헌신을 유지할 수 있게 해주는 자아상에 이바지할 것이다(Hart, Yates, Fegley & Wilson, 1995).

마지막으로 지역봉사에의 참여는 개인들이 도덕적 행위에 참여할 기회를 제공하는 사회적 네트워크와 제도의 구성원일 때 훨씬 더 일어나기 쉽다. 물론 개인적·사회적 영향은 이들 사회적 네트워크 및 제도와의 관계에 영향을 미친다. 예를 들면 지역봉사에 참여하는 많은 사람들은 친구와 가족에 의해 참여하게 되었다고 보고한다(Independent Sector, 1999).

페너(Penner, 2002)는 성인기에서의 지속적인 자발적 봉사를 설명하고자 우리의 것과 유사한 모델을 제안했으며, 아이젠버그(Eisenberg,

Eisenberg & Fabes, 1998 참조)는 우리 모델의 많은 구성요소를 친사회적 행동의 발달과 연관지었다. 페너(Penner)의 모델은 일시적으로 조직화되었으며, 또한 인구통계학적 요소와 퍼스낼리티 특질, 개인적 가치의 배열이 자원봉사를 동기화시키고 지속시킨다고 제안한다. **자원봉사**(volunteering)와 **지역봉사**(community service)는 넓게 보면 동의어이며, 그러므로 페너의 모델과 우리의 모델이 서로 중복되는 것은 놀라운 일이 아니다. 이와 비슷하게 지역봉사는 친사회적 행동의 한 형식으로 간주될 수 있으며(예컨대 Omoto & Snyder, 1995), 결과적으로 지역봉사와 연관된 요소들에 관한 우리의 설명을 보다 충실히 하고자 한다면 친사회적 행동에 관한 광범위한 문헌이 요청될 수 있다.

성격과 친사회적 행동

공감. 다른 사람의 정서적 경험에 대한 자각과 정서적 반응인 **공감**(empathy)은 친사회적 성격에 중요한 구성요소이다. 공감은 두 가지 차원을 지닌다. 공감의 첫 번째 차원인 **관점 채택**(perspective taking)은 아동이 점차 덜 자기중심적이 되며, 타인들의 관점으로부터 세계를 바라볼 수 있는 능력을 발달시킴에 따라 진보하는 인지적 과정이다(Lapsley, 1996). 자발적인 도움은 만약 그 개인이 도움의 필요에 처해 있는 타인들의 관점을 추론할 수 있다면 더욱 더 가능해진다(Unger & Thumuluri, 1997).

공감의 두 번째 차원인 **공감적 관심** 혹은 **동정**(empathic concern or sympathy)은 곤경에 처해 있는 누군가에 대한 관찰자의 관심과 연민의 정서적 반응을 의미한다(Davis 외, 1999). 동정에 대한 성향은 자원봉사와 상호 관련된다(Davis 외, 1999 ; Eisenberg 외, 1989 ; Eisenberg & Okun, 1996). 즉 다른 사람의 관점을 이해하며 곤경에 처해 있는 다른 사람들에 대한 연민을 경험하는 사람들은 그렇지 않은 사람들보다 지역봉사에 더 참여하는 경향이 있다. 예를 들면 페너(Penner), 프리체(Fritzsche), 크레이거(Craiger), 그리고 프리펠드(Freifeld, 1995)는 그들의 친사회적 성격의 척도를 기술하는데, 그것은 **타인정향적 공감**(other-oriented empathy) 혹은 동정, 그리고 **유익함**(helpfulness), 타인들을 돕고자 하는 성향의 등급을 지니고 있다. 이와 비슷하게 선데이(Sunday) 신문 독자들로부터 추출된 대규모 표본에서 페너(Penner, 2002)는 타인정향적 공감에서 높은 사람들이 그렇지 않은 사람들보다 자원봉사자가 되는, 그리고 자원봉사자 역할을 더 오래 지속하는 경향이 더 많다는 것을 발견했다. 똑같은 양식이 유익함에서 높은 개인들에게도 통용된다(Penner & Finkelstein, 1998 ; Penner & Fritzsche, 1993).

정서적 규제와 정서성. 다른 사람들이 곤경에 처해 있는 것을 목격할 때 동정을 경험하는 경향성은 정서적 규제 및 정서적 색조와 연관되는 것으로 보인다. **정서적 규제**(emotional regulation)는 감정과 충동의 적절한 조절에 대한 능력을 언급한다. 낮은 정서적 규제는 효과적인 순응을 방해하고 오래 끄는 악화된 분위기를 낳을 수 있다. 예를 들면 우울은 심각하게 부정적인 정서를 완화시키는 능력의 부족에서 나오는 결과이다. 이와 비슷하게 분노 공격을 자주 분출하는 것은 타인들과의 갈등에서 일어나는 감정을 규제하는 능력이 부족함을 암시한다. 낮은 정서적 규제가 주기적으로 부정적인 기분이나 정서적 색조와 짝을 이룰 때 개인적 고통은 타인들의 곤경에 노출될 때 더 생기기 쉽다. 역으로 긍정적인 정서성과 높은 수준의 정서적 규제를 보이는 경향이 있는 사람들은 고통받고 있는 타인들을 직면했을 때 공감을 더 경험하는 경향이 있다(Eisenberg, 2000 ; Eisenberg & Fabes, 1998).

아동기의 정서적 규제와 긍정적인 정서성은 성인기에서의 친사회적 행동을 예견한다는 것을 시사하는 증거가 있다. 예를 들면 뉴만(Newman), 카스피(Caspi), 모피트(Moffit), 실바(Silva, 1997)가 뉴질랜드 출신의 아동들 표본을 대상으로 수행했던 종단적 연구는 아동기의 성향이 친사회적 행동을 예견한다는 추가적인 증거를 제공한다. 뉴만(Newman)과 그의 동료들(1997)은 다른 아동들과 비교하여 정서적 규제에서 능력이 부족한, 그리고 쉽게 부정적 정서에 젖어드는 아동들이 성인기에 친사회적으로 행동하는 경향이 덜 있다는 것을 발견했다. 하트(Hart), 앳킨스(Atkins), 그리고 포드(Ford, 1998)는 전국청년종단조사연구(National Longitudinal Survey of Youth)의 자료를 활용하여 청소년기에 정서적 규제(내면화와 외면화에 의해 색인된 것으로)와 자원봉사 간의 관계를 검증했다. 어머니의 보고를 통해 사정되었던 청년기의 내면화와 외면화 경향성은 2년 후 지역봉사에의 진입과 역으로 관련되었다.

사회적 기능작용. 친사회적 아동들은 친사회적 경향성에서 낮은 아동들보다 더 외향적이며 사회적으로 유능하다(Eisenberg & Okun, 1996 ; Eisenberg & Fabes, 1998). 요컨대 공감적이고 친사회적인 아동들은 그들의 동료들과 긍정적인 사회적 상호작용을 즐기는 경향이 있다(Farver & Branstetter, 1994). 마지막으로 덜 공감적인 동료들과 비교해 볼 때 친사회적이라고 범주화된 아동들은 또한 공격성과 그 밖의 다른 외면화 행동의 유형에서 더 낮은 경향이 있다(Eisenberg, 2003). 결과적으로 우리는 지역봉사에 참여하는 것을 좋아하는 아동들과 청소년들이 극단적으로 공격적이 되지는 않을 것으로 추론한다.

성격 특질들. 서로 다른 비행청소년후견인제도인 BBS(Big Brothers/Big Sisters, 역자 주 : 비행청소년의 형, 자매, 친구가 되어 선도를 목적으로 행해지는 청년들의 봉사활동) 동인들의 자원봉사자들에 관한 두 가지 연구에서 연구자들은 16가지 성격요소 질문지(Sixteen Personality Factor Questionnaire : 16PF)를 활용하여 프로그램에 아주 잘 어울리는 것으로 판단되는 자원봉사자들과 그렇지 않은 자들 간의 성격 특질에서 의미 있는 차이를 발견했다(Herman & Usita, 1994 ; Spitz & MacKinnon, 1993). 친사회적이라고 범주화된 아동들과 유사하게 성공적인 자원봉사자들은 그렇지 못한 자원봉사자들보다 더 외향적이며 사회적으로 더 유능하다는 것을 시사한 16PF상의 점수를 획득했다(Herman & Usita, 1994 ; Spitz & MacKinnon, 1993). 더욱이 BBS 프로그램에 적합하지 않은 것으로 판단되었던 자원봉사자들은 강직, 사회적 억압, 그리고 불안을 시사하는 16PF상의 점수를 획득하는 경향이 있었다(Herman & Usita, 1994 ; Spitz & MacKinnon, 1993). 연구결과를 검토한 결과 우리는 특정한 성격 측면들이 그 밖의 다른 것들보다 지역봉사로부터 이득을 더 얻는 경향이 있다는 것을 시사하는 그 어떤 증거도 발견하지 못했다.

크루거(Krueger), 힉스(Hicks), 그리고 맥구에(McGue, 2001)는 성인들을 표본으로 한 연구를 근거로 비슷한 결론에 도달했다. 그들은 다차원적 성격 질문지(Multidimensional Personality Questionnaire : MPQ)와 반사회적 행동과 친사회적 행동을 측정했던 여러 가지 질문지를 연구에 사용했다. 크루거(Kruger)와 그의 동료들은 이타적 행동과 반사회적 행동이 서로 다른 기초적인 성격 측면과 연관된다는 것을 발견했다. 이타주의에 높은 점수를 보인 성인들은 MPQ상에서 긍정적 정서성에 대해 높은 점수를 얻었다. 반사회적 척도 상에서 높은 점수를 얻은 성인들은 높은 수준의 부정적 정서성과 낮은 수준의 정서적 규제의 특징을 보였다(Krueger 외, 2001).

요약하면, 성격 특질들과 친사회적 행동에 관한 연구는 전형적으로 심리상태에서 긍정적이고, 정서를 규제할 수 있으며, 자주 동정을 경험하고 타인들과의 상호작용에서 효과적인 능력을 보이는 자들이 지역봉사에 더 참여하게 되는 경향이 있다는 것을 시사한다. 우리는 급기야 이러한 측면이 특이한 것도 아니고 필연적인 것도 아니라는 점에 주목한다. 긍정적인 심리상태, 효과적인 사회적 상호작용, 그리고 정서적 규제는 특수한 성격 특질들의 많은 배열을 특징지을 수 있다. 요컨대 우리의 검토는 성격 특징들이 지역봉사를 촉진시키지만 그것이 필연적인 것은 아니라고 제안한다.

사회적 영향

아동 발달에서 가정환경, 이웃, 그리고 학교와 같은 사회적 영향이 중요하다는 것은 많은 연구자료를 통해 입증되어 왔다(Shonkoff & Phillips, 2000). 따라서 친사회적 행동과 특히 자원봉사에 관한 연구가 지속적인 사회적 영향이 지역봉사에 개입하는 데 영향을 미친다는 것을 시사한다는 것은 전혀 놀라울 일이 아니다.

가족 특징. 다양한 가족 특징은 친사회적 행동에 영향을 미친다. 특별히 자원봉사에 초점을 맞추어 온 연구들은 가족 자원이 청소년들의 지역봉사에 참여할 것인가의 가능성에 영향을 미친다는 점을 시사한다(Hart, Atkins & Ford, 1998 ; Nolin, Chaney & Chapman, 1997). 풍족하고 교육을 잘 받은 가족 출신의 청소년들은 다른 가족 출신의 청소년들보다 자원봉사자가 되는 경향이 더 있다. 뮤직(Musick), 윌슨(Wilson), 그리고 바이넘(Bynum, 2000)이 제시한 바와 같이 낮은 지위의 부모와 비교해 보면 풍족한 부모는 "보다 많은 사회적 접촉을 가지고, 보다 넓은 사회적 이슈의 범위를 인식하며 더 많은 효능감을 느낀다"(p. 1540). 결과적으로 풍족한 부모는 그들의 덜 풍족한 상대들보다 지역봉사와 같은 그러한 친사회적 행동의 모델이 되는 경향이 더 있다(Wilson, 2000).

자녀 교육 방법. 많은 연구는 출생 때부터 자녀-부모 관계의 성격과 특질이 아동들로 하여금 공감적 · 친사회적 인간이 되도록 사회화하는 데 있어서 주요한 역할을 발휘한다고 지적한다. 친사회적 행위에 대한 사회화는 부모가 자녀들의 관심에 정서적으로 민감하며, 반응적인 가족환경에서 가장 성공적으로 성취되는 경향이 있다(Koestner, Franz & Weinberger, 1990). 예를 들면 위기상담 센터(crisis counseling center)에 있는 자원봉사자들을 대상으로 한 클라리(Clary)와 밀러(Miller, 1986)의 연구결과는 자원봉사자 임무를 계속 유지했던 자들이 그들의 부모가 애정을 가지고 보살펴 주었다고 보고하는 경향이 더 있다고 지적했다. 아동들의 도덕적 · 친사회적 발달은 부모들이 규칙에 대한 이유를 설명해 주며, 그들 자녀들의 관점을 주의깊게 들어줄 때 고양된다는 것에 대해서는 많은 연구들이 밝혀냈다(예컨대 Krevan & Gibbs, 1996). **부모의 유도**(parental induction)로서 알려진 이러한 훈육방법은 특히 부모가 자녀의 주의를 그들의 행동이 다른 사람들에게 어떤 영향을 미치는가에 초점을 맞출 수 있을 때 친사회적 반응을 자극하는 데 있어서 더 효과적이다. 행동을 수정하기 위해 체벌과 같은 권력행사적 기법을 사용하는 것은 오히려 친사회적 발달을 저해한다(Eisenberg & Fabes, 1998).

친사회적 역할 모델로서의 부모. 친사회적 행동으로 이끄는 정서적 규제와 긍정적인 정서성에 공헌하는 가정환경을 구축하는 것과 더불어 부모는 그들 자녀들에 대한 모델로서 공헌한다. 노린(Nolin), 체니(Chaney), 그리고 채프만(Chapman, 1997)은 청소년들의 지역봉사 참여는 자원봉사를 하는 부모가 있는 가정에서 증가한다는 것을 발견했다. 부모는 지역봉사에 대한 역할 모델로서 공헌할 뿐만 아니라 또한 행동주의에 대한 모델로서도 이바지한다. 예를 들면 로젠한(Rosenhan, 1970)은 1960년대의 시민권리운동에 참여했던 청년들이 "반응자들의 성격형성 시기 동안에 이타적 운동[들]"(Rosenhan, 1970, p. 262)에 참여했던 부모를 두고 있는 경향이 있었다는 것을 발견했다.

도덕적 추론과 태도

성인들과 청소년들은 흔히 그들의 지역봉사에 대한 참여를 설명하는 데 도덕적 목적과 동기를 제시한다. 예를 들면 오모토(Omoto)와 스나이더(Snyder, 2002)는 AIDS 자원봉사자들이 자주 그들이 일에 참여하게 된 기원을 설명하는 데 있어서 인도주의적인 책무를 언급한다는 것을 발견했는데, 이는 성인 자원봉사자들의 연구에서 역시 등장하는 하나의 연구결과이기도 하다(Hodgkinson & Weitzman, 1992 ; Wilson & Musick, 1997). 국가교육종단연구(National Educational Longitudinal Survey : NELS 1988)[1]를 활용한 우리의 계속되는 연구는 도덕적 태도가 청소년기에 있어서 자원봉사를 동기화하는 데 매우 중요하다는 것을 제시한다. NELS 1988 참여자들은 "나는 지역사회에서 다른 사람들을 돕는 것이 중요하다고 느낀다"라는 자기 묘사(self-descriptiveness) 항목을 판단했다. 이러한 특징이 10학년에 있는 자기를 매우 잘 기술하는 것이라고 판단한 자들은 보다 낮은 수준의 시민 책무를 가진 동료들보다 12학년에서 지역봉사를 더 수행하는 경향이 있었다. 이러한 관계는 다른 변수들에 대한 광범위한 통제 이후까지도 유지되었다. 그 연관은 그림 23.2에 묘사되어 있다. 이 그림에서 명백한 것은 그들의 공동체에서 다른 사람들에 대해 책무감을 가지고 있는 자들이 공공선에 대한 공헌에 별로 가치를 두지 않는 자들보다 2년 후에 지역봉사에 실질적으로 더 참여하는 경향이 있다는 것이다. 플래너건(Flanagan), 보우스(Bowes), 존슨(Jonsson), 카포(Csapo), 그리고 쉬레바노바(Shlebanova, 1998), 예이츠(Yates)와 유니스(Youniss, 1999)는 7개 국가의 5,654명의 청소년들을 대상으로 한 그들의 조사에서 비슷한 연구결과를 보고한다. 그들은 자원봉사자들이 비자원봉사자들과 비교할 때 약자를 돕는 것에, 자신의 사회/국가를 돕는 일에, 그리고 자신의 공동체를 개선하는 일에 대해 보다 큰 중요성을 부여한다는 것을 발견했다. 이는 7개국 모두에서 명백하게 나타난 양식이다.[2]

또 다른 연구 노선은 도덕적 추론의 발달적 정교화와 자원봉사 간의 관련을 연구했다. 가장 흔하게 도덕적 추론에 관한 발달의 정교화는 콜비와 콜버그의 구조(1987)를 사용하여 사정되어 왔다. 콜버그(Kohl-

그림 23.2_ 10학년 지역봉사 수준 및 10학년 시민 헌신 수준별 지역봉사에 자주 참여한 12학년 학생들의 비율

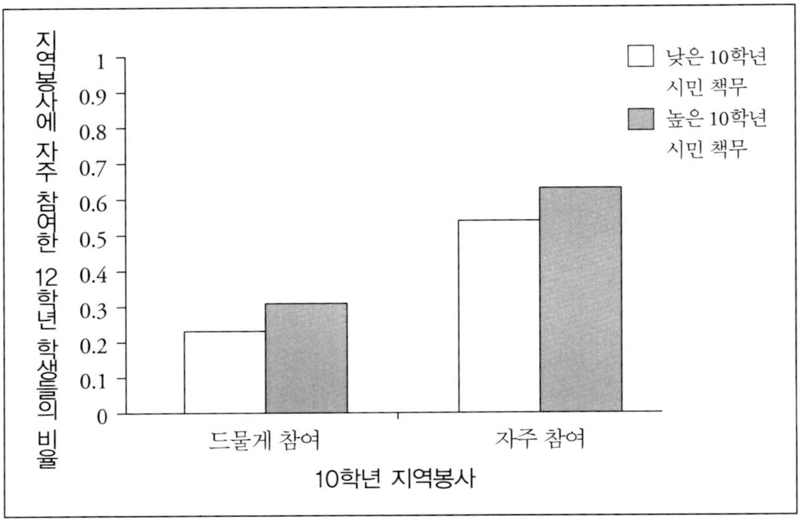

berg, 1963/1984)에 따르면 도덕판단은 6단계의 계열을 통해 발달한다. 가장 이른 단계들(단계 1과 2)은 아동들에게서만 발견되며, 가장 나중의 단계들(단계 5와 6)은 가장 정교화된 성인들 가운데에서만 발견된다. 개인의 도덕발달 단계는 전형적으로 가설적 딜레마에서 적절한 행위과정과 관련한 질문(예컨대 "이야기 속의 주인공은 가게를 부수고 그의 아내의 생명을 구하는 데 필요한 약을 훔쳐야만 하는가?")들과 중요한 도덕적 가치들에 대한 정당화(예컨대 "왜 당신은 약속을 지켜야만 하는가?") 반응을 부호화함으로써 사정된다. 그의 초점이 권리와 적절한 행위에 있기 때문에 콜버그의 척도는 보통 의무론적 추론의 사정으로서 인식된다. 지금은 이러한 전통에 있는 연구가 수천 가지가 있으며, 그 증거는 아동기와 청소년기에서의 발달에 대해, 그리고 발달적 정교화와 행동의 연합에 대해 유력

한 영향력을 발휘하고 있다(논의에 대해서는 Hart, Burock & London, 2002 참조).

비록 지역봉사를 명시적으로 검증한 연구는 거의 없지만, 유용한 연구는 정교화된 도덕발달을 지닌 자들이 도덕추론이 비교적 미성숙한 자들보다 자원봉사자가 되는 경향이 더 있다는 것을 시사한다. 예를 들면 코뮤니안(Comunian)과 길렌(Gielen, 1995)은 자원봉사자들인 청소년들과 그렇지 않은 자들의 도덕적 추론을 사정했으며, 전자가 후자보다 도덕적 추론에서 보다 더 정교화되어 있다는 것을 발견했다.

자아와 정체성

모델에 묘사된 바와 같이 자아는 지역봉사에의 참여를 지지하는 데 있어서 역할을 수행한다. 자아가 지역봉사와 같은 도덕적 행위를 지지하는 데 있어서 발휘하는 역할을 직접적으로 탐구한 경험적 연구는 거의 없다. 그러나 다른 사람을 돕는 일에 우선권을 부여하는 자아 개념을 가진 개인들은 그들의 자아 개념에서 다른 사람들을 돕는 일에 우선권을 부여하지 않는 사람들보다 지역봉사와 같은 다른 사람에게 이득이 되는 행위에 가치를 더 주는 경향이 있을 것으로 추측한다는 것은 근거가 있다. 사실 몇몇 연구는 성인들의 자원봉사자에 대한 책무(Lyndon & Zanna, 1990 ; Reich, 2000), 그리고 자원봉사 행위들(Callero & Pillavin, 1983)은 그 책무가 자아 정체성과 관련되는 정도에 따라 예견된다는 것을 밝혀왔다.

지역봉사에 참여했던 청소년들을 대상으로 했던 자아와 정체성에 관한 몇몇 연구 가운데 하나에서 하트(Hart)와 페그레이(Fegley, 1995)는 지역사회에 기반을 둔 조직에 장기적으로 헌신해 왔던 도시지역 청소년들을 대상으로 자아감의 다양한 측면을 사정했다. 그들은 지역봉사에 깊숙이 참여한 청소년들이 비교집단의 청소년들보다 그들의 실제적인 자신(일상의 삶에서의 그들 자신)을 그들의 이상적 자아에, 부모에 관한 그들의 이미지에, 그리고 과거와 미래의 그들 자신에 보다 밀접해 있는 것으로 지각한다는 것을 발견했다. 하트와 페그레이는 이러한 연구결과를 청소년기의 지역봉사에 대한 지속적인 헌신이 현저한 개인적 이상과 부모의 모델에 의해, 그리고 시간이 지나면서 개인적 정체감에 의해 촉진된다—우리가 현재에 행하는 것은 과거의 자아에 대한 하나의 반영이고 우리가 미래에 무엇이 되고자 하는가에 대한 토대이다—는 것을 시사하는 것으로 해석했다. 비록 그 연구결과가 시사적이기는 하지만 그 연구의 횡단적 설계는 이런 자아와 정체성의 특질이 지역봉사에 앞서 존재하는지 혹은 그것에 의해 창조되는지를 결정하기 어렵게 만든다.

기회

이웃. 이웃이 도덕발달에 미치는 영향에 대한 연구의 대부분은 높은 수준의 빈곤, 낮은 수준의 교육, 높은 실업률과 같은 이웃 조건들이 반사회적 행동의 전달을 촉진시키는 데 있어서 발휘하는 역할을 고찰했다(검토를 위해서는 Jencks & Mayer, 1990 참조). 비록 이웃이 어떻게 자원봉사와 같은 친사회적 행동에 여향을 미치는가에 관한 더 많은 연구가 필요하지만, 검토된 연구의 대부분은 이웃 자원이 감소하면 그에 따라 자원봉사도 감소한다는 것을 보여주었다(Wuthnow, 1998). 예를 들면 하트 외(1998)는 클럽과 팀의 형식에서 이웃 자원을 많이 가진 이웃 가운데에서 성장하고 있는 아동들이 지역봉사를 더 많이 수행하는 경향이 있다는 것을 발견했다. 앳킨스(Atkins)와 하트(Hart, 2003)는 높은 수준의 빈곤을 보이는 도시지역 이웃 가운데 있는 청소년들이 덜 곤궁한, 그리고 도시 교외의 이웃에 사는 그들 상대자들보다 지역봉사를 덜 수행하는 경향이 있다는 것을 발견했다.

최근의 연구는 성인들이 이웃에서 청소년들로 하여금 지역봉사에 참여하도록 기회를 구조화하는 역할 이외에 청소년들의 지역봉사 참여에 대한 이웃의 영향이 또한 다른 청소년들에 의해 영향을 받는다고 제시한다. 두 가지의 국가적으로 대표적인 자료군을 사용하여 하트와 동료들(2004)은 높은 비율의 다른 아동들과 이웃하면서 살고 있는 청소년들, 혹은 **청소년 인구 우위**(youth bulges)는 아동들의 인구 우위가 덜한 지역사회에 사는 그들의 상대자들보다 자원봉사자가 되는 경향이 더 있다는 것을 발견했다. 자원봉사에 관한 청소년 우위 효과가 빈곤비율이 극단적인(40% 이상) 이웃에서는 작동하지 않는다는 점에 주목해야 한다. 이들 이웃에서 극단적 빈곤과 아동들의 높은 집중의 결합은 청소년들이 지역봉사에 참여하는 기회를 구조화하는 이웃의 역량을 압도해 버리는 것 같다(Hart, Atkins, Markey & Youniss, 2004).

학교. 학교는 졸업의 조건 혹은 보다 전형적으로 클럽과 조직의 회원자격 조건으로 청소년들로 하여금 지역봉사에 참여하도록 요구할 수 있으며, 흔히 그렇게 한다. 학교 관리자들은 봉사가 청소년의 학업 및 사회적 발달에 공헌한다고 믿기 때문에 흔히 봉사를 요구하고 있다. 서론에서 언급된 바와 같이 명령된 봉사의 교육적 이득은 비록 자원봉사와 똑같은 이득의 어느 정도를 산출할 수 있을 것이라는 암시가 존재하긴 하지만(Donnelly, Hart & Atkins, 준비 중에 있음) 그 관련 증거가 매우 드물다. 킬렌(Killen)과 호른(Horn, 2000)은 도덕적 추론을 그들의 학교에서 명령한 지역봉사 경험을 기술하는 데 사용했던 학생들이 그 경험으로부터 이득을 더 얻는 경향이 있다는 것을 발견했는데, 이는 우리가 주목하기에 충분할 만큼 흥미롭다.

이 절에서 우리는 오로지 학교 특성과 진정한 지역봉사의 참여 연계와 관련한 연구만을 대상으로 논의한다. 학교 애착이 청소년 자원봉사를 예견한다는 것을 시사하는 증거가 있다(Flanagan, Bowes, Jonsson, Csapo & Shlebanova, 1998). 이들 연구는 학교 환경이 자원봉사에 영향을 미친다는 주장에 대한 신중한 지지를 제공한다. 그러나 자원봉사와 같은 친사회적 행동을 촉진하는 데 있어서 학교의 영향에 관한 보다 충분한 이해를 얻기 위해서는 이 영역에서 더 많은 연구가 요구된다.

학교가 자원봉사에 대해 창출하는 공헌에 관한 제한된 이해에도 불구하고 우리는 산업화된 국가에서 유덕한 모든 청소년들이 그들의 아동기와 청소년기의 상당 부분을 학교의 일정한 형식에서 보낸다는 것을 알고 있다. 더 나아가 청소년들은 친절하며, 애정 어린 마음을 주는 동료 및 성인 역할 모델들과 더불어 다른 사람들을 돕는 것을 강조하는 환경에서 상당히 많은 시간을 보낼 때 친사회적으로 발달한다(Rosenthal, Feiring & Lewis, 1998). 이들 두 가지 사실은 학교가 친사회적 행동에 영향을 미치는 잠재력을 지니고 있다는 것을 시사한다. 실제적으로 도덕발달에 관한 몇몇 연구자들은 청소년들에게 정의, 공정, 그리고 관점 채택과 관련된 도덕적 정체성을 발달시키는 수업을 제공하는 데 있어서 학교의 역할은 계산능력과 문자해독 기능을 증진시키는 만큼 똑같이 중요할 것이라고 제안하고 있다(Lapsley, 1996 ; Moller & Reich, 1999).

요약

그림 23.1에 묘사된 모델과 일관되게 검토된 연구결과들은 복잡한 심리정서적 과정과 제도적 요소들이 지역봉사 참여에 영향을 미친다고 제시한다. 지역봉사를 증진하는 것으로 보이는 요소는 긍정적 정서성, 정교화된 도덕판단, 그리고 지역봉사 참여를 촉진하는 사회적 지지와 같은 성격 귀인을 포함한다.

지역봉사가 도덕발달에 미치는 영향

그림 23.1에 묘사된 모델에 따르면 지속적인 성격과 사회적 특성, 도덕판단과 태도 자아의식, 그리고 도덕적 행위에 대한 기회 이들 모두는 앞에서 논의된 바와 같이 지역봉사의 참여에 영향을 미친다. 이 절에서 우리는 지역봉사가 우리의 (a) 도덕적 추론과 태도, (b) 자아의 발달, (c) 행위 기회, (d) 성격, (e) 사회적 특징에 어느 정도 영향을 미치는가에 관한 증거를 검토한다.

도덕적 추론과 태도

지역봉사에의 참여는 참여자들이 도덕적 의문을 탐구하고, 도덕적 담론에 개입하며, 도덕적 행위를 수행하고, 복잡한 도덕적 이슈를 반성할 수 있는 실제세계 맥락을 제공해 준다. 이것이 지역봉사가 도덕발달을 위한 하나의 맥락으로서 칭송을 받아온 이유이다(예컨대 국가봉사학습위원회, 2001). 비록 지역봉사가 도덕발달을 촉진시키는 잠재력이 분명하다 하더라도 연구 물증은 매우 빈약하다. 우리는 자원봉사 및 지역봉사와 도덕판단 정교화의 관계에 관한 연구를 우선 검토하고, 그런 이후 도덕적 가치와 태도와의 관계를 검토한다.

도덕적 추론. 몇몇 연구는 도덕판단 발달에 관한 지역봉사의 영향력을 사정해 왔다. 앞절에서 지적한 바와 같이 도덕판단 성숙은 흔히 콜버그(Kohlberg, 1963/1984)의 이론적 구조 내에서 사정되는데, 그에 따르면 발달은 점차적으로 정교화되는 단계의 계열을 통해 나아간다. 그러므로 평가 연구들은 지역봉사활동에 참여하는 자들의 평균 단계와 지역봉사 경험이 없는 자들의 평균 단계를 비교한다.

콘래드(Conrad)와 헤딘(Hedin, 1982)은 경험에 토대를 둔 27가지 교육 프로그램을 평가했는데, 그 중 6가지는 통제집단과 대응시켰다. 이들 경험적 프로그램은 4가지 유형, 곧 지역 자원봉사, 직업훈련, 지역사회 연구/정치적 행위, 그리고 모험교육으로 이루어져 있다. 평가된 프로그램들은 그것들이 훌륭한 것으로 간주되었기 때문에 선택되었다. 도덕적 추론에 관한 봉사학습의 효과는 두 실험 프로그램과 한 비교집단으로 평가되었다. 참여자들은 두 가지 봉사학습 프로그램 가운데 하나에 참여하거나 혹은 사회적 · 개인적 책임을 증진시키는 데 목적이 있는 사회과 수업(대응된 통제집단)에 참여했다. 모든 참여자들은 콜버그(1963/1984)의 이론에 근거를 두고 있는 도덕판단력 검사(DIT)를 통해 프로그램 전후에 검사를 받았다. 봉사학습 프로그램에 참여한 자들은 의미 있는 DIT 점수를 획득한 반면에 통제집단에 참여한 자들은 그렇지 않았다. 이러한 양상은 적극적 반성을 하는(잘 운영되는 프로그램에서) 봉사학습이 도덕적 추론 발달을 증진시킨다는 것을 시사한다.

바첼더(Batchelder)와 루트(Root, 1994)는 대학 학부생들의 소규모 집단(48명의 봉사학습 집단, 48명의 통제집단)을 대상으로 봉사학습의 효과를 검증했다. 봉사학습에 참여하는 학생들은 또한 그들의 경험에 관하여 일기를 썼다. 사회적 문제 해결(문제의 복잡성, 극복방법, 정보수집 계획의 견지에서 사회적 문제들에 관하여 사고하는 것과 관련하는), 친사회적 의사결정(필요에 관한 해석, 돕는 능력, 동기, 의도와 관련하는), 그리고 친사회적 추론의 수준(Eisenberg와 Fabes, 1998의 모델에 토대하는데, 그것은 콜버그의 모델과 많은 유사점을 갖고 있다)이 두 집단에서 사정되었다. 바첼더(Batchelder)와 루트(Root, 1994)는 봉사학습 학생들이 비봉사 학생들보다 더 높은 수준의 사회적 문제 해결의 몇몇 측면을 지닌다는 것을 발견했다. 그들은 또한 봉사 학생들의 마지막 주 수업의 일기 제목들이 그들의 첫 번째 일기 제목들과 비교해 보았을 때 더 높은 친사회적 추론을 보인다는 것을 발견했다. 이와 함께 그 연구결과들은 도덕판단의 발달에 관한 봉사의 촉진적인 영향을 시사한다.

보스(Boss, 1994)는 윤리수업을 받는 두 학생집단에 있어서 도덕적 추론 능력의 변화를 연구했는데, 그 두 학급은 똑같은 교육과정을 가지고 똑같은 강사가 가르쳤다. 단지 한 집단의 학생들은 20시간의 지역봉사를 실행하고 그들의 경험을 일지로 기록할 것이 요구되는 점만 달랐다. 도덕적 추론 능력은 DIT로 측정되었다. 보스(Boss)는 지역봉사 집단이 통제집단의 1.74(10.04 표준 편차) 증가와 비교해 볼 때 의미 있게 높은 DIT 평균 증가 8.61(12.39 표준 편차)을 갖는다는 것을 발견했다. 보스(Boss, 1994)는 그녀의 연구결과가 지역봉사와 윤리적 담론이 도덕판단 발달을 촉진시키기 위해서는 모두 다 필요함을 나타낸다고 결론을 내렸다.

정치적 활동은 정치적·사회적 목적을 위해 자신의 자유시간을 투입한다는 점에서 지역봉사의 극단적인 형식으로 간주될 수 있다. 젊은 성인기의 정치적 활동은 증진된 성인의 도덕적 추론과 행동으로 나아가게 한다는 몇 가지 증거가 있다. 나씨(Nassi, 1981)는 1964년과 1965년에 버클리(Berkeley)에서 언론자유운동에 참여했던 행동주의자들을 대상으로 15년 후 비교집단으로서 같은 해에 버클리에 있었던 총학생회 학생들 및 학생들의 대표 일단과 더불어 설문조사를 했다. 콜버그의 단계에 기초를 둔 척도를 사용하여 나씨(Nassi)는 학부생으로서 행동주의자였던 자들이 15년 후에 더 높은 수준의 도덕적 추론을 지니고 있다는 것을 발견했다. 물론 대학 졸업 후 15년이 지난 뒤에 탐지된 도덕판단에서의 개인적 차이가 저항활동으로부터 나온 것이라기보다는 오히려 그것을 선행할 수도 있다는 것은 가능한 일이다.

프란츠(Franz)와 맥크릴랜드(McClelland, 1994)는 1960년대 사회운동에 참여했던 31명의 성인들과 사회운동에 참여하지 않았던 동연령의 47명의 성인들로부터 수집된 기록 보관 자료를 사용했다. 그들은 행동주의자들이 도덕적 추론에 있어서 비참여자들보다 더 높은 점수를 얻는다는 것을 발견했다. 이것은 비행동주의자들과 비교해 볼 때 정치적 행동주의자들이 인생의 나중에 더 높은 수준의 도덕적 추론능력을 지닌다는 또 다른 예이기도 하다.

도덕적 태도. 지역봉사에의 참여는 우리의 도덕적 추론 능력을 증진시킬 수 있을 뿐만 아니라 또한 우리의 도덕적 태도를 긍정적으로 변화시킬 수 있다. 보스(Boss, 1994)는 학생들이 그들의 자원봉사 경험에 관하여 결론에서 내렸던 몇 가지 놀라운 진술을 발견했다. 몇몇 학생은 그들의 타인들에 대한 태도, 특히 그들과 다른 사람들에 대한 태도가 더 좋게 변화했다고 지적했다. 예를 들면 한 여학생은 나이가 든 시민들에 대한 부정적인 고정관념이 "고집스럽고 지루한"으로부터 "훌륭한"으로 변했다. 또 다른 학생은 무료 급식소로 가는 사람들에 대해 "미치광이이거나 아니면 바보"라는 느낌으로부터 그들은 "아주 정상적"이라는 믿음으로 바뀌었다.

앞절에서 기술되었던 콘래드(Conrad)와 헤딘(Hedin, 1982)의 평가는 지역봉사가 도덕판단 발달을 촉진시킬 뿐만 아니라 도덕적 태도에도 영향을 미친다는 것을 발견했다. 그들은 학생들의 개인적 책임감, 타인들의 안녕에 대한 관심, 효능, 그리고 책임 있게 행동하는 능력을 측정하고자 사회적 · 개인적 책임 척도(Social and Personal Responsibility Scale : SPRS)를 창안했다. 콘래드와 헤딘은 지역봉사 참여가 SPRS상의 증가와 연관된다는 것을 발견했다. 특히 그들은 27개 지역봉사 집단 가운데 23개 집단이 SPRS상에서 증가했고, 6개 통제집단에서 증가가 없거나 감소한 것을 발견했다. 이것은 특히 놀라운 일이다. 왜냐하면 통제집단들은 도덕적 태도를 증진하고자 목적을 둔 사회과 과정에 참여했던 학생들로 구성되었기 때문이다. 콘래드와 헤딘(1982)은 도덕적 태도 변화는 직접적인 교수를 통해서보다는 행동을 변화시킴으로써(학생들로 하여금 지역봉사에 참여하도록 격려함으로써) 더 쉽게 영향을 받는 것으로 추론했다.

해밀턴(Hamilton)과 펜젤(Fenzel, 1988)은 청소년들의 도덕적 태도에 관한 지역봉사의 서로 다른 효과를 검증했다. 44명의 참여자들을 대상으로 한 자료가 유용했다. 그들 또한 도덕적 태도 변화를 측정하기 위하여 SPRS를 사용했다. 하위척도들은 SPRS로부터 창안되었는데, 하나는 사회적 책임과 나머지 다른 하나는 개인적 책임과 상응한다. 지역봉사 참여자들은 사회적 책임 하위척도에서 작지만 의미 있는 증가가 있었다.

레밍(Leming, 2001)은 잘 설계된 연구를 통해 도덕적 민감성에 관한 구조화된 윤리적 추론 반성과 결합된 학교 주관의 지역봉사에 참여한 고등학교 상급학년 학생들의 효과를 검증했다. 프로그램에 참여하는 자들은 봉사에 참여하지만 윤리적 반성을 위한 기회를 거의 갖지 못하는 상급학년 학생들, 그리고 지역봉사 경험도 없고 윤리적 반성 기회도 없는 상급학년 학생들과 비교되었다. 학생들은 지필평가와 질문지를 이용하여 사정되었다. 3가지의 "옳음 대 옳음" 딜레마에 대한 반응이 3가지 차원에서 부호화되었다. 곧 윤리적 자각, 책임의 수용, 그리고 적절한 언어/구조의 사용으로 이슈 구성하기[의사결정 기능(Building Decision Skill) 교육과정에 의해 가르쳐진 바와 같은] 차원에서 부호화되었다. 9가지 경우(세 가지 차원에 의한 3가지 딜레마) 가운데 7가지 경우에서 구조화된 윤리적 추론집단이 제한된 반성집단보다 의미 있게 더 높은 점수를 얻었다. 9가지 가운데 한 가지에서 제한된 반성집단이 비봉사집단보다 의미 있게 더 높은 점수를 획득했다. 이러한 연구를 기초로 볼 때, 구조화된 윤리적 추론 반성은 그러한 훈련을 받지 않은 학생들과 비교해 학생들의 도덕적 추론 능력을 증진시키는 것으로, 그러나 지역봉사를 수행하는 것만으로는 도덕적 추론 능력을 증진시키지 못하는 것으로 보인다. 이처럼 도덕적 추론 능력을 증진시키는 것이 윤리적 추론 훈련만인지 아니면 지역봉사를 수행하는 것과의 혼합 때문인지는 불분명하다. 왜냐하면 지역봉사를 하지 않은 채 단지 구조화된 윤리적 추론만이 주어진 집단이 없었기 때문이다.

제닝스(Jennings, 2002)는 1965년 고등학교 학급의 저항자들과 비저항자들의 전국 표본을 대상으로 자료를 분석했다. 그 자료는 1973, 1982, 그리고 1997년(그들이 대략 50세였을 때)에 316개 4파별 대학교의 대학원 반응자들—그들의 30%는 저항자들이었다—로부터 후속적인 조사연구가 진행되었다. 그는 시간이 지나면서 두 집단 간의 도덕적 태도 차이에 관한 몇 가지 함축을 발견했다. 예를 들면 저항자들은 항상 학교에서 기도에 대해 높은 수준의 반대를 보였는데, 그러나 그 차이는 실질적으로 저항 경험의 결과로서 증대하는 것으로 나타났다(학교에서 기도에 대해 반대했던 저항자 비율에서 비저항자 비율을 빼면 1965, 7% ; 1973, 22% ; 1982, 30% ; 그리고 1997, 26%). 또한 저항자들은 모든 기간에 보다 더 높은 수준의 시민적 관용을 보였으나(높은 수준의 시민적 관용을 가진 저항자들의 비율에서 비저항자들의 비율을 빼면 1965, 3% ; 1973, 19% ; 1982, 24% ; 그리고 1997, 14%) 일단 다시 그 차이는 저항활동에 뒤이어 증가했다. 이 연구는 지역사회 참여가 저항활동들을 선행하는 도덕적 태도에서 작은 차이를 확대시킨다는 것을 시사한다.

앞에서 논의했던 NELS 1988을 중심으로 한 우리의 연구는 지역봉사가 도덕적 태도를 변화시킬 수 있다는 것을 제안한다. 특히 우리는 지역봉사 경험이 지역 사회에 대한 청소년들의 책임 판단("나의 지역 사회

그림 23.3_ 10학년 지역봉사 수준 및 10학년 시민적 책무 수준별 지역봉사에 매우 헌신적인 12학년 학생들의 비율

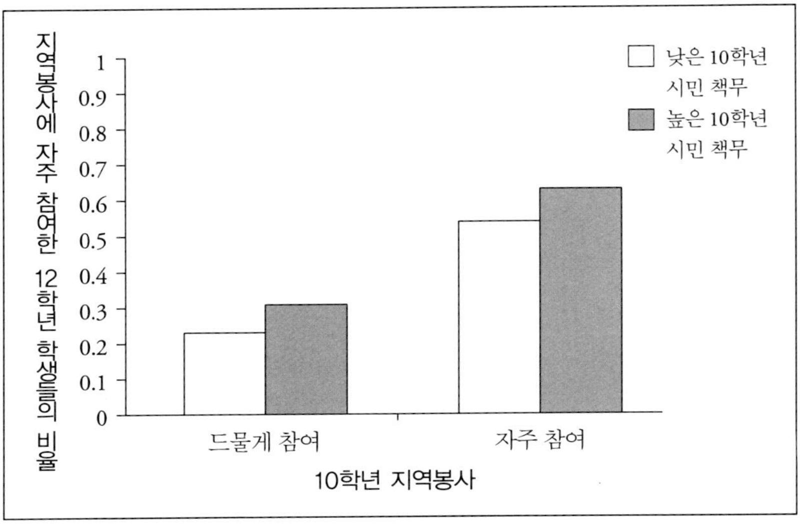

에 있는 다른 사람들을 돕는 것은 중요하다")[3]을 심화할 것이라고 예견했다. 청소년들은 상당히 헌신적인 혹은 약하게 헌신적인의 범주로 구분되었다. 그림 23.3이 예증하듯이 10학년에서 지역봉사에 자주 참여하는 자들은 지역봉사에 적극적이지 않은 자들보다 10학년 시민적 책무를 통제한 후에까지도 12학년에서 매우 헌신적이 되는 경향이 더 있다.

자아의 발달

유니스(Youniss)와 예이츠(Yates, 1997)는 청소년들의 자아의식과 정체성이 자아를 현재 널리 유행하고 있는 사회역사적 맥락에 연결시킴으

로써, 그리고 선험적인 개인적 의미의 구성을 통해 발달할 수 있다고 제안한다. 자아를 맥락에 연결시키고 초월적 의미를 확인하는 이러한 과정은 사회적 관계와 사회적 집단에서 발생한다. 유니스와 예이츠는 지역봉사 활동이 흔히 특별한 영향력 있는 관계와 사회적 집단의 네트워크 내에서 발생하며, 이러한 이유로 인해 지역봉사는 정체성 발달에 강력한 기여자가 될 수 있다고 주장한다.

유니스와 예이츠는 소위 말하는 **초월성**(transcendence)을 연구했는데, 이는 청소년들의 지역봉사 경험과 관련한 지필 및 구두 논평에서 확인될 수 있는 정체성의 특질이다. 곤경에 처해 있는 다른 사람들을 돕는 그들의 지역봉사 경험을 그들 자신의 곤란한 처지를 온전하게 책임질 수 있는 개인들과 관련되는 것으로, 그리고 결과적으로 자아와 거의 공통점을 갖지 않는 개인들로 기술하는 청소년들은 어떤 초월성도 입증하지 못한 것으로 특징된다. 반성적 숙고를 통해 곤경에 처해 있는 다른 사람들은 여러 요소들의 합류로 꼼짝 못 하고 있는 개별 인간들이라고 지적하는 그런 청소년들은 어느 정도의 초월성을 반영하는 것으로 간주된다. 마지막으로 곤경에 처한 자들과의 경험이 개인적 책임을 부정의(injustice)에 관한 지각과 연결시키는 결과를 낳는 청소년들은 높은 정도의 초월성을 성취하는 것으로서 간주된다.

유니스와 예이츠는 지역봉사에 참여하는 고등학교 학생집단에서 초월성 발달을 연구했다. 그들은 지역봉사의 경험이 1년의 과정이 지나면 학생들에게서 초월성의 발달을 증진시킨다는 것을 발견했다.

유니스와 예이츠의 연구에 의해 영감을 받았던 한 연구에서 호퍼(Hofer, 1999)는 38명의 청소년 소방경찰(Youth Fire Police)과 청소년 적십자(Youth Red Cross) 구성원, 그리고 대응된 비교집단으로 독일의 작은 도시 출신의 38명의 청소년을 초월성과 정체성에 관한 봉사의 효과를 검증하기 위해 연구했다. 참여자들은 두 가지 가상적인 상황에 관한 질문에 응답했으며, 그 응답은 예이츠와 유니스(1999)에 의해 개발된 3가지 수준의 초월성 범주 체계를 통해 부호화되었다. 호퍼(Hofer, 1999)는 자원봉사자들이 비교집단보다 더 높은 점수(1.45 대 1.02)를 획득한다는 것을 발견했다. 호퍼 또한 마르시아(Marcia, 1980)의 구조를 활용하여 참여자들의 정체성 지위를 사정했다. 마르시아(Marcia, 1966)에 따르면 4가지의 정체성 지위가 존재한다. 그것은 곧 확산(diffusion, 우리는 이데올로기에 따라 헌신하지 않으며 어떠한 정체성 위기를 갖지 않는다), 봉쇄(foreclosure, 우리는 단순히 우리 부모 혹은 사회의 이데올로기만을 채택한다), 정지(moratorium, 우리는 적극적으로 우리의 정체성과 투쟁하는 동안 이데올로기에 대한 헌신을 정지한다), 그리고 성취(achievement, 고려와 투쟁 후에 우리는 정체성 의식을 달성한다)이다. 확산은 빈약한 조정을 반영하는 반면에 정체성 성취는 최선의 발달적 결과와 연관된다. 호퍼는 자원봉사자들이 비교집단의 사람들보다 정체성 성취자로서 특징지어지는 경향이 더 있으며, 비교집단의 사람들은 자원봉사자들보다 확산 상으로 분류되는 경향이 더 있다는 것을 발견했다.

행위 기회

지역봉사에의 참여는 개인들의 사회적 네트워크에서의 지속적인 변화에 영향을 미치고, 이는 거꾸로 미래에 지역봉사에의 참여 가능성을 높여주는 것으로 보인다. 예를 들면 윌슨(Wilson)과 뮤직(Musick, 1997)은

1986년에 미국에 사는 25세와 그 연령 이상의 사람들을 대상으로 조사했던 자료와 그 이후 1989년에 후속적으로 조사했던(n=2,846) 미국인의 변화하는 삶 패널조사(American's Changing Lives panel survey, House, 1995)로부터 나온 자료를 분석했다. 그들은 형식적인 자원봉사 색인(지난해 자원봉사자 일의 유형을 집약) 및 비형식적인 도움 색인(지난해 도움의 유형을 집약)과 관련된 요소들의 관계를 검증했다. 특별한 관심은 1986년의 형식적 자원봉사와 비형식적 도움의 관계, 그리고 3년 후에 측정된 똑같은 변수에 대해서이다. 윌슨(Wilson)과 뮤직(Musick, 1997)은 이들 변수 간의 관계를 검증하기 위해 구조 방정식(structural equation) 모델링을 사용했고, 1986년의 형식적 자원봉사가 명백하게 2년 후의 비형식적 도움에서의 증대로 이끌었다는 증거를 발견했다.

사회과학 유형의 수업이 실제적인 봉사와 결합된 봉사학습은 미래의 지역봉사에 대해 어느 정도의 긍정적인 단기적 · 장기적 효과를 지니고 있다. 국가봉사학습 프로그램(National Learn and Serve America School and Community Based Program)의 최근 평가는 지역봉사가 미래의 자원봉사 참여의 가능성을 증가시킨다는 것을 시사한다(Melchior 외, 1999). 참여자들 및 공동체에 대한 영향은 7개 중학교와 10개 고등학교, 그리고 대략 1,000명의 봉사학습 참여자들과 통제자들을 검증함으로써 사정되었다. 전형적인 참여자는 70시간의 직접 봉사에 개입했으며, 참여자들의 76%는 봉사 수혜자들과 직접적 접촉을 가졌다. 또한 참여자들의 67%는 수업에서 그들의 지역봉사를 논의했으며 44%는 일지를 기록했다. 반응자들 가운데 80%는 그들이 봉사에서 변화를 가져왔다고 느꼈다.

프로그램 사후 평가는 교육성과와 태도 시민적 · 사회적 태도 자원봉사, 그리고 위험한 행동에의 연루 등과 같은 20가지 척도에 근거했다.

프로그램 참여자들의 결과와 비교집단과의 관계에 관한 분석은 기준선 점수와 특징에서의 차이를 통제하면서 회귀 분석으로 수행되었다. 이와 관련하여 1년 후 진행된 후속 연구는—비록 중학교에서는 참여자들과 통제자들 간에 차이가 없었지만—프로그램에 참여했던 고등학교 학생들이 봉사학습 프로그램에 참여하지 않았던 자들보다 두 배 많은 자원봉사 시간을 제공한다는 것을 발견했다. 이것은 미래의 지역봉사에서의 증가로 유도하는 지역봉사의 또 다른 예이다.

맥아담(McAdam, 1988)은 자원봉사를 했던 사람들, 그리고 신청이 받아들여졌지만 흑인 유권자들의 자유 여름(Freedom Summer) 1964 등록(역자 주 : 1964년 6월 미국 미시시피에서 흑인들의 투표권을 위해 일어났던 흑인민권운동)과 공립학교들이 미시시피에서 폐쇄되었던 자유학교(Freedom School, 역자 주 : 흑인 아동들을 위해 민권운동가들이 설립한 학교)의 운용에 전혀 모습을 드러내지 않았던 자들을 대상으로 조사했다. 이러한 사회운동에의 참여는 지역봉사의 극단적 버전으로 간주될 수 있다. 그는 자원봉사자들의 46%와 모습을 보이지 않았던 자들(신청했으며 자원봉사에 대해 승인을 받았던, 그러나 나타나지 않았던)의 33%가 현재 최소한 한 가지의 사회정치적 운동에 적극적으로 참여하고 있는 것을 발견했다. 또한 자원봉사자들의 70%와 모습을 보이지 않았던 자들의 50%는 정치단체의 일원이었다.

성격

지역봉사에의 참여는 우리의 성격에 영향을 미칠 수 있다는 것 또한 가능하다. 만약 성격이 자아, 정체성, 도덕성을 포함하는 것으로 폭넓게 이해된다면 그때 우리는 지역봉사에의 참여가 성격을 변화시킬 수 있다고 이해할 수 있다. 그러나 이 검토에서 성격의 영역은 지속적인 특질과 기질적 행동으로 제한된다. 앞의 절에서 우리는 동정, 긍정적인 분위기, 정서적 조절, 그리고 사회적 솜씨에서 높은 사람들이 지역봉사에 참여하게 되는 경향이 가장 강하다는 것을 입증한 연구를 제시했다. 우리가 아는 한 성격 특질에서의 변화에 관한 지역봉사의 효과를 사정하는 연구들은 없다. 이 주제에 관한 연구가 부족한 것은 성격에서의 변화를 연구하는 데 있어서의 엄청난 어려움을 반영하는 것일 수도 있다. 이는 성격에서의 근본적인 안정성(검토를 위해서는 Roberts & DelVecchio, 2000 참조)과 성격에서의 변화를 산출하는 특수한 요소를 격리하는 데 있어서의 어려움(Hart, Atkins & Fegley, 2003)으로부터 결과하는 문제이다. 비록 이들 장애가 실제적이라 하더라도 우리는 미래의 연구가 지역봉사와 성격에서의 변화의 관계에 대하여 이루어지는 것이 정당화된다고 믿는다. 지역봉사에 깊숙이 참여했던 사람들의 삶을 조사해 왔던 연구자들은 행동주의자들이 그들의 경험에 의해 심오하게 영향을 받으며(예컨대 McAdam, 1989 ; Nassi, 1981), 결과적으로 작은 규모의 성격 변화가 지역봉사에 어느 정도 이상 헌신을 하는 사람들에게서 일어날 수도 있다는 것을 가정하는 것은 온당하다고 정식으로 보고한다.

사회적 특징

지역봉사에의 참여는 가정과 계층의 모체에서 우리의 위치에 영향을 줄 것이다. 펜드리치(Fendrich, 1993)는 지역봉사와 명백한 관계가 있는 활동인 인종 분리에 저항했던 플로리다 A&M 대학교(Florida A&M University)의 흑인 동창회를 연구했으며, 비교집단은 총학생회에서 활동적이었던 동창생들로 구성했다. 펜드리치는 저항했던 자들이 단순히 총학생회의 구성원이었던 자들보다 더 고급학위를 추구했으며 돕는 직업을 선택하는 경향이 더 있다는 것을 발견했다. 나씨(Nassi, 1981)의 연구는 이전의 버클리 언론자유운동 행동주의자들과 통제자들에 관한 조사와 관련되기 때문에 그 설계에서 유사했다. 그녀는 저항 경험 이후 15년 후에 측정해 본 결과 행동주의자들이 비행동주의자들보다 돈을 대략적으로 9,400달러 덜 벌었다는 것을 발견했다. 그러나 대부분의 다른 사회적 특징, 곧 교회 출석, 결혼 상황, 그리고 직업 헌신 등은 행동주의자들과 비행동주의자들이 서로 비슷했다. 이와 비슷한 연구에서 프란츠(Franz)과 맥크릴랜드(McClelland, 1994)는 60명의 행동주의자들이 비행동주의자들보다 더 교육을 받았다(각각 16.1년 대 14.6년)는 것을 발견했다. 행동주의자들은 비행동주의자들보다 자녀수가 더 적었다(참여자들의 경우 31세와 41세에 각각 평균 0.8명과 1.6명 대 비참여자들의 경우 31세와 41세에 각각 1.2명과 2.1명). 따라서 지역봉사가 지속적인 사회적 관계, 가족구조, 그리고 사회적 계층에 영향을 미친다는 것을 시사하는 여러 증거가 존재한다.

결론

지역봉사 참여는 쉽게 측정되고 도덕교육에 대한 그의 장점이 쉽게 파악되기 때문에 청소년의 도덕성에 관한 공적인 논의는 자원봉사, 봉사학습, 그리고 지역봉사를 계속적으로 연상시킬 것이다. 예측할 수 있는 미래의 지역봉사는 미국 청소년들의 시민적 건강과 도덕적 안녕의 중요한 지표를 유지할 것이며, 많은 사람들이 청소년의 비도덕성의 문제에 대해 제공하는 해결책으로서 여전히 오래 남을 것이다.

이러한 관점은 여러 연구결과에 관한 우리의 검토로부터 충분한 지지를 받는다. 우리는 아동기, 청소년기, 성인기에서의 지역봉사와 연관된 많은 특질이 도덕발달과 관련된 것임을 나타내는 상당한 증거를 발견했다. 대부분의 사람들이 도덕적 인격에 중요한 것으로 동의할 특질들, 곧 동정, 친사회적 태도, 도덕적 판단의 정교화, 정체성 통합에서 높은 사람들은 지역봉사에의 참여와 연관된다. 결과적으로 지역봉사에의 참여는 이러한 도덕적 인격의 측면들을 간접적으로 나타낸다.

그러나 우리의 검토 또한 도덕과 무관한 요소들이 지역봉사에의 참여에 중요한 영향을 미친다는 것을 발견했다. 예를 들면 정서적 조절, 사회계층, 교육적 성취, 이웃·학교·사회제도에 의해 제공되는 기회 등 이들 모두가 지역봉사에의 참여에 영향을 미친다. 더구나 오늘날 연구 기반의 상태는 이러한 도덕과 무관한 일군의 요소들의 지역봉사에 대한 상대적 중요성의 존중을 허용하지 않고 있다. 마지막으로 지역봉사 참여에 대한 도덕적 요소 및 도덕과 무관한 요소의 상대적 중요성이 세대에 따라 다를 수 있다는 것은 주목할 만한 가치가 있다. 예를 들면 지난 몇십 년이 지나면서 일어나고 있는 청소년 자원봉사의 꾸준한 증가는 근본적으로 도덕적 특질에서의 변화에 의해 촉발된 것도 있지만, 또한 단과대학과 종합대학의 입학허가 과정에서 높은 가치를 인정받는 경험을 얻고자 하는 욕망에 의해 촉발되었다. 배려는 자원봉사를 일대 청소년들의 도덕적 안녕의 지표로서 사용할 때에 보증된다.

우리의 검토 또한 지역봉사가 도덕발달에 유효한 영향을 미친다고 제안했다. 그 증거는 도덕판단 및 태도에 관한, 그리고 미래에 지역봉사의 참여 가능성에 관한 지역봉사의 긍정적인 영향에서 가장 분명하다. 그림 23.1의 개념적 모델의 견지에서 보면 연구 증거는 지역봉사의 자아 및 정체성에 관한, 성격에 관한, 그리고 지속적인 사회적 맥락에 관한 영향에 있어서 설득력이 약하다. 이 모델의 구성요소들은 도입부에서 언급되었던 도덕철학의 전통적인 영역을 대략적으로 배치하고 있다. 예를 들면 발달에 대한 지역봉사의 공헌은 주로 옳은 (의무론적) 행위에 대한 인식을 심화하는데, 이는 주로 콜버그의 이론을 반영하는 도덕판단 평가에서의 변화로 입증되었다. 그리고 모든 가능한 세계에서 최선의 것을 창조하는 공리주의적 관심에 초점이 모아진 것으로 보인다. 지역봉사가 덕을 심화시킨다는, 혹은 개인들에게서 더 깊은 윤리적 인격을 산출하도록 체계적인 변화에 영향을 미친다는 것을 나타내는 연구 증거는 거의 없다. 그러나 연구 문헌에서의 이러한 양상은 넓은 도덕적 영역에 대한 지역봉사의 특수한 효과를 반영하는 것일 수도 있고 관심이 있는 개념들에 대한 연구자들의 선호를 반영할 수도 있을 것이다. 앞으로 지역봉사가 도덕적 인격의 발달에 영향을 준다는 것을 입증하는 연구가 분명히 나올 수 있다.

도덕심리학의 견지에서 보면 지역봉사의 효과는 인지와 행위에서 가장 분명하다. 지적한 바와 같이 최소한 콜버그의 척도에 의하면 지역봉사는 의무론적 추론의 발달을 촉진시키고 공공선에 대한 헌신감을 심화시킨다는 것을 암시하는 상당히 많은 연구가 존재한다. 게다가 연구결과는 지역봉사에 참여하게 된 사람들이 그렇지 않은 사람들보다 미래에 자원봉사자 되는 경향이 더 있다는 것을 일관되게 입증한다. 그러나 우리는 지역봉사가 동정, 관점 채택, 성격 특질에 영향을 미친다는 것을 나타내는 어떠한 증거도 발견하지 못했다. 이러한 결론은 또 다시 연구결과의 양상에서처럼 무엇이 연구되어 왔는가에 의존한다. 곧 미래의 연구는 지역봉사가 도덕적 정서에 영향을 미친다는 것을 입증할 수 있을 것이다.

추가적인 연구에 대한 필요성은 지대하다. 지금까지 검토하는 내내 우리는 매우 소규모 표본을 대상으로 했던 연구들, 편의에 의해 선택된 표본(convenience sample)을 대상으로 한 연구들, 그리고 매우 짧은 기간 동안의 발달을 추적한 연구들에 의존했다. 연구결과를 대중에게 일반화시키는 데 있어서 확신을 심어주는 엄밀함과 규모를 드러내 주는 그러한 연구는 거의 없다. 이와 비슷하게 이 장에서 검토되었던 그 어떤 연구도 지역봉사가 도덕발달 중재의 강력한 형식이라는 결정적인 지지가 되지는 못한다.

도입부에서 우리가 검토했던 지역봉사의 5가지 특질, 곧 자발적 봉사 대 강제적 봉사, 지역봉사의 지속기간, 봉사의 유형, 봉사에 대한 동기, 그리고 반성의 중요성을 중점적으로 다루는 엄격한 연구가 필수적으로 요구된다. 소수의 연구가 이들 특질 가운데 하나 혹은 그 이상을 다루어 왔지만 흔히 그 연구들은 특히 도덕적 특질에 초점을 맞추지 않았고,

소규모의 표본을 대상으로 했거나 혹은 갈등을 일으키는 결과로 나아갔다. 예를 들면 요구된 지역봉사가 도덕발달을 촉진시킬 수 있는지의 여부에 관한 이슈를 고려해 보자. 메츠(Metz)와 유니스(Youniss, 2003)는 지역봉사에 참여하도록 요구받지 않았던 일군의 청소년들을 봉사에 참여하도록 요구받은 더 최근의 같은 고등학교 출신의 청소년들과 비교했으며, 시민적 발달에 대한 지역봉사의 이득이 그에 참여하도록 하는 요구에 의해 명백하게 감소되지는 않는다는 것을 발견했다. 다른 연구자들은 회의적이며(예컨대 Stuka 외, 1999), 또한 비슷한 효과들이 도덕적 특질에 대해서 발견되는지의 여부는 알려지지 않고 있다. 이와 비슷하게 비록 도덕발달에 관한 자발적인 지역봉사의 이득은 그에 개입되는 시간의 총량과 수행된 봉사의 유형에 따라 직접적으로 다르다는 것이 그럴 듯하지만, 연구가 너무나 없어서 청소년 발달에 있어서 지역봉사의 가치에 관한 이들 요소의 중개 영향을 정확하게 평가하기가 어렵다.

우리의 검토는 이들 이슈 가운데 마지막 것, 곧 지역봉사에 대한 필요한 부속물로서 반성과 논의의 중요성에 관한 많은 연구를 발견했다. 몇몇 연구자는 반성과 논의가 없는 지역봉사는 단지 제한된 가치만을 갖는다고 보고한다(예컨대 Leming, 2001). 사실 실질적인 변화는 지역봉사에 실제적으로 시간을 소비한 프로그램보다는 반성과 논의에 소비된 시간이 훨씬 더 많은 프로그램에 참여하는 청소년들에게서 일어나는 것으로 보일 수 있다(예컨대 Youniss와 Yates, 1997에 의해 연구된 청소년). 참여자들이 봉사에 소비한 시간보다 더 많은 시간을 논의와 반성에 소비한 프로그램에서조차도 봉사활동은 결정적으로 중요한 것으로 나타난다. 도덕판단 발달은 단지 도덕적 이슈들을 반성하고 논의하는 참여자들에게서는 거의 일어나지 않으며(Boss, 1994), 태도는 봉사의 구성요소가 없는 공민 수업에서 거의 변화가 일어나지 않는다(Conrad & Hedin, 1982). 결과적으로 다른 검토자들처럼 우리는 반성과 논의가 지역봉사를 도덕발달을 촉진시키기 위해 사용하는 프로그램에서 중요한 구성요소라고 결론을 내렸다.

비록 지역봉사와 청소년 발달에 관하여 더 많은 것이 알려져야 하지만 현재의 연구상태는 아동들과 청소년들에 대한 그의 가치에 관한 낙관주의를 지지한다. 우리는 자원봉사와 지역봉사가 청소년들에게 해를 끼친다고 제안했던 연구를 발견하지 못했으며, 우리의 검토가 제안하듯이 많은 연구들은 지역봉사가 발달을 촉진시킬 수 있다는 것을 발견한다. 확실히 아동들과 청소년들의 도덕적 발달을 촉진시키는 데 있어 유일한 길은 없다. 그러나 우리의 검토는 자신이 소속한 지역사회에 이득을 주는 활동에 청소년들을 참여시키는 것이 윤리적 발달을 증진시키기 위한 포괄적 방안이 될 수 있다고 제안한다.

참고문헌

Atkins, R., & Hart, D.(2003). Neighborhoods, adults and the development of civic identity in urban youth. *Applied Developmental Science, 7,* 156–165.

Atkins, R., & Hart, D.(2004). Moral identity development and school attachment. In D. Lapsley & D. Narvaez(Eds.), *Morality development : The self and identity* (pp. 65–82). Mahwah, NJ : Lawrence Associates Erlbaum.

Batchelder, T. H., & Roots, S.(1994). Effects of an undergraduate program to integrate academic learning and service : Cognitive, prosocial cognitive, and identity outcomes. *Journal of Adolescence, 17,* 341–355.

Blasi, A.(1980). Bridging moral cognition and moral action : A critical review of the literature. *Psychological Bulletin, 88,* 593–637.

Boss, J. A.(1994). The effect of community service work on the moral development of college ethics students. *Journal of Moral Education, 23,* 183–190.

Callero, P. L., & Pillavin, J. A.(1983). Developing a commitment to blood donation : The impact of one's first experience. *Journal of Applied Social Psychology, 13,* 1–16.

Caspi, A.(1998). Personality development across the life–course. In N. Eisenberg(Vol. Ed.), *Handbook of child psychology, Vol. 3 : Social, emotional, and personality development*(pp. 311–388). New York : Wiley.

Child Trends.(2002). Volunteering. Retrieved June 24, 2003, from http://www.childtrendsdatabank.org/socemo/prosocial/20Volunteering.htm0

Clary, E. G., & Miller, J.(1986). Socialization and situational influences on sustained altruism. *Child Development, 57,* 1358–1369.

Clary, E. G., Snyder, M., Ridge, R. D., Copeland, J., Stukas, A. A., Haugen, J., & Miene, P.(1998). Understanding and assessing the motivations of volunteers : A functional approach. *Journal of Personality and Social Psychology, 74,* 1516–1530.

Communia, A., & Geilen, U.(1995). Moral reasoning and prosocial action in Italian culture. *The Journal of Social Psychology, 135,* 699–706.

Conrad, D., & Hedin, D.(1982). The impact of experiential education on adolescent development. In D. Conrad & D. Hedin,(Eds.), *Child and Youth Services, special issue Youth participation and experiential education, 4,* 57–76.

Curtin, T. R., Ingels, S. J., Wu, S., & Heuer, R.(2002). *National Education Longitudinal Study of 1988 : Base–Year to Fourth Follow–up Data File User's Manual* (NCES 2000–323). Washington, D. C. : U. S. Department of Education, National Center for Education Statistic. Retrieved Jan 23, 2005, from http://nces.ed.gov/pubs2002/2002323.pdf

Davis, M., Mitchell, K., Hall, J., Lothert, J., Snapp, T., & Meyer, M.(1999). Empathy, expectations, and situational preferences : personality influences on the decision to participate in volunteer helping behaviors. *Journal of Personality, 67,* 469–503.

Donnelly, T. M., Hart, D., Youniss, J., & Atkins, R.(in prep.). *High school predictors of adult civic engagement : The roles of volunteering, civic knowledge, extracurricular activities, and attitudes.*

Eisenberg, N.(2000). Emotion, regulation, and moral development. *Annual Review of Psychology, 51,* 665–697.

Eisenberg, N.(2003). Prosocial behavior, empathy, and sympathy. In M. Bornstein & L. Davidson(Eds.), *Well–being : Positive development across the life course. Cross–currents in contemporary psychology*(pp. 253–265). Mahwah, NJ : Lawrence Erlbaum Associates.

Eisenberg, N., & Fabes, R.(1998). Prosocial development. In N. Eisenberg(Vol. Ed.), *Handbook of child psychology, Vol. 3 : Social, emotional and personality development*(pp. 701–778). New York : Wiley.

Eisenberg, N., Miller, P., Schaller, M., Fabes, R., Fultz, J., Shell, R., & Shea, C.(1989). The role of sympathy and altruistic personality traits in helping : A reexamination. *Journal of Personality, 57,* 41–67.

Eisenberg, N., & Okun, M.(1996). The relation of dispositional regulation and emotionally to elders' empathy–related responding and affect while volunteering. *Journal of Personality, 64,* 157–183.

Farver, J. M., & Branstetter, W. H.(1994). Preschoolers' prosocial responses to the peers' distress. *Developmental Psychology, 30,* 334–341.

Fendrich, J. M.(1993). *Ideal citizens : The legacy of the Civil Rights movement.* Albany : State University of New York Press.

Flanagan, C., Bowes, J., Jonsson, B., Csapo, B., & Shlebanova, E.(1998). Ties that bind : correlates of adolescents' civic commitments in seven countries. *Journal of Social Issues, 54*, 457–477.

Franz, C. F., & McClelland, D. C.(1994). Lives of women and men active in the social protests of the 1960s : A longitudinal study. *Journal of Personality and Social Psychology, 66*, 196–205.

Haidt, J.(2001). The emotional dog and its rational tail : A social intuitionist approach to moral judgment. *Psychological Review, 108*, 814–834.

Hamilton, S. F., & Fenzel, L. M.(1988). The impact of volunteer experience on adolescent social development : Evidence of program effects. *Journal of Adolescent Research, 3*, 65–80.

Hart, D.(2005). The development of moral identity. In G. Carlo & C. P. Edwards(Eds.), *Nebraska symposium on motivation : Moral motivation trough the lifespan : Theory, research, & application, 51*. Lincoln : University of Nebraska Press.

Hart, D., Atkins, R., & Fegley, S.(2003). Personality and development in childhood : A person–centered approach. *Monographs of the Society for Research in Child Development, 68*(1, Serial No. 272).

Hart, D., Atkins, R., & Ford, D.(1998). Urban America as a context for the development of moral identity in adolescence. *Journal of Social Issues, 54*, 513–530.

Hart, D., Atkins, R., & Ford, D.(1999). Family influences on the formation of moral identity in adolescence : Longitudinal analyses. *Journal of Moral Education, 28*, 375–386.

Hart, D., Atkins, R., Markey, P., & Youniss, J.(2004). Youth bulges in communities : The effect of age structure on adolescent civic knowledge and civic participation. *Psychological Science, 15*, 591–597.

Hart, D., Burock, D., & London, B.(2003). Prosocial tendencies, antisocial behavior, and moral development in childhood. In A. Slater & G. Bremner(Eds.), *Introduction to Developmental Psychology*(pp. 334–356). Oxford : Blackwell.

Hart, D., Burock, D., London, B., & Miraglia, A.(2003). Moral development in childhood. In M. Bornstein, L. Davidson, C. Keyes, K. Moore(Eds.), *Well–being : positive development across the life course*(pp. 355–371). Mahwah, NJ : Lawrence Erlbaum Associates.

Hart, D., & Fegley, S.(1995). Prosocial behavior and caring in adolescence : Relations to self–understanding and social judgment. *Child Development, 66*, 1346–1359.

Hart, D., & Killen, M.(1995). *Morality in everyday life : Developmental perspectives*(pp. 1–20). New York : Cambridge University Press.

Hart, D., Yates, M., Fegley, S., & Wilson, G.(1995). Moral commitment among inner–city adolescents. In M. Killen & D. Hart (Eds.), *Morality in everyday life : Developmental perspectives* (pp. 317–341). New York : Cambridge University Press.

Hartshorne, H., & May, M. A. (1928). *Studies in deceit*. New York : McMillan.

Herman, K. C., & Usita, P. M. (1994). Predictive validity of the 16 PF in screening volunteers for Big Brothers/Big Sisters. *Psychological Reports, 74*, 249–250.

Hodgkinson, V., & Weitzman, M. (1992). *Giving and volunteering in the United States*. Washington, D. C. : Independent Sector.

Hofer, M. (1999). Community service and social cognitive development in German adolescents. In M. Yates & J. Youniss (Eds.), *Roots of civic identity : International perspectives on community service and activism in youth* (pp. 114–134). New York : Cambridge University Press.

House, J. S. (1995). *American's changing lives : Waves I and II, 1986 and 1989*. Ann Arbor, MI : Inter–university Consortium for Political and Social Research.

Independent Sector. (1999). *Giving and volunteering in the United States : Findings from a national survey*. Retrieved September 11, 2003, from http://www.independent sector.org/GandV/default.htm

Jencks, C., & Mayer, S. (1990). The social consequences of growing up in a poor neighborhood. In L. E. Lynn & M. McGeary (Eds.), *Inner city poverty in the United States* (pp. 11–186). Washington, D. C. : National Academy Press.

Jennings, M. K. (2002). Gengeration units and the student protest movement in the United States : An intra–and intergenerational analysis. Political Psychology, 23 (2), 303–323.

Kant, I. (1964). *The metaphysical principal of morals*. Indianapolis : Bobbs–Merrill Co.

Killen, M., & Horn, S. (2000). Facilitating children's development of morality, community, and autonomy : A case for service–learning experiences. In W. van Haaften, T. Wren, & A. Tellings (Eds.), *Moral sensibilities and educations II : The schoolchild* (pp. 89–113). Bemmel, The Netherlands : Concorde Publishing House.

Koenstner, R., Franz, C., & Weinberger, J. 1990. The family origins of empathic concern : A 26–year longitudinal study. *Journal of Personality and Social Psychology, 58*, 709–717.

Kohlberg, L. (1963/1984). *The psychology of moral development : The nature and validity of moral stages*. San Francisco : Harper & Row.

Krena, J., & Gibbs, J. C. (1996). Parents' use of inductive discipline : Relations to children's empathy and prosocial behavior. *Child Development, 67*, 3263–3277.

Krueger, R. F., Hicks, B. M., & McGue, M. (2001). Altruistic and antisocial behavior :

Independent tendencies, unique personality characteristics, distinct etiologies. *Psychological Science, 12,* 397−402.

Leming, J. S.(2001). Integrating a structured ethical reflection curriculum into high school community service experiences : Impact on students' sociomoral development. *Adolescence, 36,* 33−45.

Latané, B., Liu, J. H., Nowak, A., Benevento, M., & Zheng, L.(1995). Distance matters : Physical space and social impact. *Personality and Social Psychology Bulletin, 21,* 795−805.

Lapsley, D. K.(1996). *Moral psychology*. Boulder : Westview Press.

Lydon, J. E., & Zanna, M. P.(1990). Commitment in the face of adversity : A value−affirmation approach. *Journal of Personality and Social Psychology, 58,* 1040−1047.

Marcia, J. E.(1966). Development and validation of ego−identity status. *Journal of personality and Social Psychology, 3,* 551−558.

McAdam, D.(1988). *Freedom summer*. New York : Oxford University Press.

McAdam, D.(1989). The biographical consequences of activism. *American Sociological Review, 54,* 744−760.

McClellan, J., & Youniss, J.(2003). Two systems of youth service : Determinants of voluntary and required youth community service. *Journal of Youth and Adolescence, 32,* 47−58.

Melchior, A., Frees, J., LaCava, L., Kingsley, C., Nahas, J., Power, J., et al.(1999). *Summary report : National evaluation of Learn and Serve America school and community based programs*. Waltham, MA : The Center for Human Resources : Brandeis University.

Metz, E., & Youniss, J.(2003). September 11 and service : A longitudinal study of high school students' views and responses. *Applied Developmental Science, 7,* 148−155.

Moller, S., & Reich, R.(1999). Fmilies and schools as compensating agents in moral development for a multicultural society. *The Journal of Moral Education, 28,* 283−298.

Musick, M. A., Wilson, J., & Bynum, W. B.(2000). Race and formal volunteering : The differential effects of class and religion. *Social Forces, 78,* 1539−1571.

Nassi, A.(1981). Survivors of the sicties : Comparative psychosocial and political development of former Berkeley student activists. *American Psychologist, 36,* 753−761.

National Commission of Service−Learning(2001). *Learning in deed : The power of service−learning for American schools*. Retrieved June 24, 2003, from http://ser

vicelearningcommission.org/slcommission/report.html
Newman, D., Caspi, A., Moffitt, T., & Silva, P.(1997). Antecedents of adult interpersonal functioning : Effects of individual differences in age 3 temperament. *Developmental Psychology, 33,* 206–217.
Nolin, M. J., Chaney, B., & Chapman, C.(1997). *Student participation in community service activity.* Washington, D. C. : U. S. Department of Education, National Center for Educational Statistics.
Omoto, A. M., & Snyder, M.(1995). Sustained helping without obligation : Motivation, longevity of service, and perceived attitude change among AIDS volunteers. *Journal of Personality and Social Psychology, 68,* 671–686.
Omoto, A. M., & Snyder, M.(2002). Considerations of community : The context and process of volunteerism. *American Behavioral Scientist, 45,* 846–867.
Penner, L.(2002). Dispositional and organizational influences on sustained volunteerism : An interactionist perspective. *Journal of Social Issues, 58,* 447–467
Penner, L. A., & Finkelstein, M.(1998). Dispositional and structural determinants of volunteerism. *Journal of Personality and Social Psychology, 74,* 525–537.
Penner, L. A., & Fritzsche, B. A.(1993). *Measuring the prosocial personality : Four construct validity studies.* Toronto, Canada : American Psychological Association.
Penner, L. A., Fritzsche, B. A., Caiger, J. P., & Freifeld, T. R.(1995). Measuring the prosocial personality. In J. Butcher & C. D. Spielberger(Eds.), *Advances in personality assessment*(vol. 10). Hillsdale, NJ : Lawrence Elbaum Associates.
Piaget, J.(1965). The moral judgment of the child. New York : Norton.
Putnam, R.(2000). Bowling Alone in America : *The Collapse and Revival of American Community.* New Yori : NY : Simon and Schuster.
Reich, W.(2000). Identity structure, narrative accounts, and commitment to a volunteer role. *Journal of Psychology, 134,* 422–432.
Roberts, B. W., & Delvecchio, W. F.(2000). The rank–order consistency of personality traits form childhood old age : A quantiative review of longitudianl studies. *Psychological Bulletin, 126,* 3–25.
Rosenhan, D. L. 1970. The natural socialization of altruistic autonomy. J. Macaulay & L. Berkowitz(Eds.), *Altruism and helping behavior*(pp. 251–268). New York : Academic Press.
Rosenthal, S., Feiring, C., & Lewis, M.(1998). Political volunteering from late adolescence to young adulthood : patterns and predictors. *Journal of Social Issues, 54,* 477–494.
Shonkoff, J., & Phillips, D.(Eds.).(2000). *From neurons to neighborhoods : The science of early childhood development.* Washington, D. C. : National Research Council.

Spitz, R., & MacKinnon, J.(1993). Predicting success in volunteer community service. *Psychological Reports, 73,* 815–818.

Stukas, A., Snyder, M., & Clary, E. G.(1999). The effects of "mandatory volunteerism" on intentions to volunteer. *Psychological Science, 10,* 59–64.

Turiel, E.(1998). The development of morality. In N. Eisenberg(Ed.), *Handbook of child psychology : Social, emotional, and personality development*(5th ed., pp. 863–932). New York : Wiley.

Unger, L., & Thumuluri, L.(1997). Trait empathy and continuous helping : the case of voluntarism. *Journal of Social Behavior and Personality, 12,* 785–800.

Walker, L., Taylor, J. H.(1991). Family interactions and the development of moral reasoning. *Child Development, 62,* 264–283.

Williams, B.(1995). Ethics. In A. C. Grayling(Ed.), *Philosophy : A guide through the subject*(pp. 546–582). New York : Oxford University Press.

Wilson, J.(2000). Volunteering. *Annual Review of Sociology, 26,* 215–240.

Wilson, J., & Musick, M.(1997). Who cares? Toward an integrated theory of volunteer work. *American Sociological Review, 62,* 694–713.

Wuthnow, R.(1998). *Loose connections : Joining together in America's fragmented communities.* Cambridge, MA : Harvard University Press.

Yates, M., & Youniss, J.(1999). *Roots of civic identity : International prespectives on community service and activism in youth.* New York : Cambridge University Press.

Youniss, J., & Yates, M.(1997). *Community Service and Social Responsibility in Youth.* Chicago : The University of Chicago Press.

주

1. 여기에 제시된 분석들은 1988 국가교육종단연구 데이터베이스(NELS : 88)를 이용한다(자세한 것은 Curtin, Ingels, Wu & Hoyer, 2002 참조). 약 25,000명의 학생들은 1988년 미국의 8학년 학생들의 대표 표본이다. 1988-2000년 사이에 총 5번의 자료수집이 있었다. 그 자료들은 대표 학생이 8학년, 10학년, 12학년, 그리고 고교를 중퇴한 후 2년과 8년이었을 때 수집되었다(어떤 학생들은 대표 학년에 있지 않았거나 혹은 학교를 중퇴했을 수도 있다는 점을 주목하라). 10학년과 12학년의 경우 각 학년의 국가 대표 표본에 새로운 학생들이 추가되었다. 여기에 제시된 분석은 관련된 변수에 대한 자료를 놓치지 않았던 2000년에 조사된 사람들을 기초로 하고 있다(각각 두 가지 분석을 위해 2000년에 조사된 12,144명 중에서 7,889명 혹은 8,339명). 지수형 회귀분석(logistic regression)을 사용하여 우리는 (a) 12학년에서 빈도가 높은 지역봉사(그림 23.2 참조), 그리고 (b) 빈도가 높은 지역봉사에 관한 12학년에서의 시민적 책무의 수준(그림 23.3 참조)과 10학년에서의 시민적 책무의 수준, 8학년에서 인종, 성, 종교, 부모의 사회경제적 지위, 그리고 그들 부모 가운데 어머니의 지위를 10학년과 비교하면서 각각 종속변수가 독립변수에 결합되는 정도를 조사하였다. 첫 번째 회귀 분석에서 −2 log 우도는 8543.339, 모델에 대한 Cox와 Snell의 r의 제곱은 .125였다. 두 번째 회귀 분석에서 −2 log 우도는 9727.455, 모델에 대한 Cox와 Snell의 r의 제곱은 .108이었다.
2. 애초의 저자들의 표를 사용하여 우리는 각 국가별로 차이 점수(difference scores, 자원봉사자 점수에서 비자원봉사자 점수를 뺀다)를 계산하였으며, 그런 이후 각 지표 당 7개 국가를 통틀어 차이 점수의 평균을 구하였다.
3. 우리는 이러한 차이(원 논문에 제시된 표들을 토대로 한)를 총학생회와 일단의 대표적인 비행동주의자들의 평균을 남성과 여성 각각으로 구하고 이

들과 남성 및 여성 행동주의자들 간의 차이 점수를 입수함으로써, 그리고 이들 차이 점수를 평균화함으로써 평가하였다.

제24장

도덕발달을 위한 교육

누치_Larry Nucci
(일리노이 대학교 시카고 캠퍼스_University of Illinois at Chicago)

도덕교육에 대한 발달적 연구의 대부분의 응용은 콜버그와 그의 동료들의 연구에 뿌리를 두고 있다(Lapsley, 이 책 제2장 ; Power, Higgins & Kohlberg, 1989a). 콜버그의 이론에서 기술된 것처럼 도덕발달은 자기 이익과 사회적 규범이 한데 얽혀 있는 도덕성의 초기 단계들로부터 정의가 도덕판단의 토대로서 사회적 인습과 구별되며 이를 대체하는 도덕성의 보다 성숙한 단계들로 이동한다. 1960년대와 1970년대 초기 동안 이러한 도덕발달에 관한 기술을 지지하는 상당히 많은 증거가 쏟아져 나왔다(Kohlberg, 1984). 이 연구에서 기술된 바와 같은 도덕적 성장의 일관된 방향성과 외면적 보편성은 가치 명료화(Raths, Harmin & Simon)의 상대주의를 회피하길 희망하고 사회화에 대한 전통적 접근의 한계를 지각한 교육자들 사이에서 상당한 호소력을 지녔다. 전통적 가치 교육이 사회의 규범에 대한 학생들의 깨우침을 강조했던 반면에(Ryan, 1989), 콜버그에 의해 옹호된 도덕적 추론의 강조는 교사들이 아동들을 사회 내의 이런저런 문화적·종교적 집단에 의해 선호되는 어떤 특정한 가치체계 안으로 이끌어야 하는 부담으로부터 벗어날 수 있도록 해방시켜 주었다. 동시에 콜버그의 위계순서는 교사들에게 학생들의 도덕적 입장에 대해 이의를 제기하는 것에 대한, 따라서 가치 명료화의 가치중립성으로부터 벗어나는 것에 대한 명확한 이론적 근거를 부여했다. 1970년대 중반에 콜버그 접근법은 교육자 중 한 사람인 프랭켈(Frankel, 1976)로 하여금 "콜버그 주도 시대"에 관한 글을 쓰도록 할 만큼 충분한 관심을 불러일으켰다. 그러나 1980년대 중반에 이르자 도덕교육에 대한 콜버그 접근법은 점차 세간으로부터 그 관심을 잃어가기 시작했다(Power, Higgins & Kohlberg, 1989b ; Turiel, 1989).

부분적으로 콜버그 중심 도덕교육으로부터의 이탈 움직임은 결과 위주적인 교육적 실제를 계발하는 이론 및 연구 토대의 한계들로 귀인될 수 있다. 이 장은 콜버그를 초월하여 움직이고 있는 발달적 연구 노력을 검증하는 맥락에서 그 이슈들에 관하여 논의한다. 그러나 다음 절에서 논의된 바와 같이 1980년대 동안에 일어났던 콜버그로부터의 이탈 움직임은 진보주의 교육과 정치적 자유주의의 지적 토대를 형성했던 모더니스트 전통에서 보다 일반적으로 나타나기 시작했던 균열과 틈의 반영이었다.

이 장은 콜버그 이후 도덕교육에 대한 발달적 접근의 현 상황을 검토한다. 도덕교육 분야에 영향을 미쳐온 최근의 경향을 개략적으로 검토한 이후 이 장은 도덕교육의 발달적 목적의 수립과 교실교육의 실제(classroom practices)의 산출에 관하여 최근의 발달적 연구가 지니고 있는 함축을 탐구한다. 후자와 관련해 이 장은 우선 학생들의 사회적 상호작용에 직접적으로 초점을 두는 실제에 관한 논의를 제시한다. 이것은 학생들로 하여금 봉사학습에 참여토록 하는 최근의 노력뿐만 아니라 교실의 사회정서적 분위기의 확립, 발달적으로 적절한 학급경영과 갈등 해결의 형식을 포함한다. 이들 각 실제는 아동들이 도덕적 행위에 참여하는 능력뿐만 아니라, 도덕성과 사회적 규범에 관한 그들의 개념을 구성할 때 채택하는 경험적 정보의 원천에 도움이 되는 것으로 여겨진다. 이 장은 정규 도덕교과 교육과정의 활용에 대한 발달적 접근을 검토하면서 결말을 맺는다. 마지막 절은 학생들의 도덕성 및 사회체계의 개념 발달을 학생들로 하여금 보다 큰 사회에 대한 비판적인 도덕적 반성에 참여하게 하는 교육실제와 연합시킨 최근의 연구를 탐구한다.

최근의 경향

콜버그(1984) 도덕 이론은 어린 아동들의 도덕발달에 관한 피아제(Piaget, 1932)의 발생학적 연구의 연장이었다. 피아제의 이론처럼 콜버그는 아동들이 부모와 교사 혹은 그 밖의 다른 사회화 동인들로부터 도덕적 가치를 직접적으로 획득하기보다는 그들의 도덕성을 구성한다고 가정했다. 또한 콜버그는 피아제처럼 도덕성이 자신의 행위를 지휘하는 도덕판단을 하는 데 있어서 발달단계들의 계열을 통해 더욱 적절한 방식을 향해 점차적으로 움직이는 것으로 보았다. 그 시대 대부분의 심리학자들과 달리 콜버그는 그의 도덕심리학의 철학적 함의를 분명하게 인정했다. 따라서 콜버그(1981)는 그의 도덕심리학의 신칸트주의적 토대, 도덕적 성장의 보편적 단계 계열을 확인했다는 그의 주장을 뒷받침하는 경험적 · 철학적 논증과 관련하여 광범위하게 기술했다.

콜버그의 이론에 대한 보다 중요한 도전 가운데 몇 가지는 칸트의 보편적 실재에 대한 그의 헌신, 그리고 발달에 관한 진보적 시각을 문화적으로 설정된 인류와 사회역사의 개념에 뿌리를 두고 있는 것으로 바라보았던 비평가들로부터 나왔다. 콜버그 도덕 이론을 뒷받침하는 칸트의 철학적 버팀목들은 대서사적 계몽 이론으로 언급되는 것들의 유기를 주장한 로티(Richard Rorty, 1973, 1979, 1988)와 같은 포스트모더니스트들로부터 비난을 받았다. (콜버그 이론의 칸트의 가정들에 대한 보다 상세한 논의는 Lapsley가 쓴 이 책 제2장에 수록되어 있다.) 비슷한 맥락에서 문화인류학자인 쉬웨더(Shweder, 1982)는 콜버그의 전집 가운데 제1권(1981)에 대해 **운명으로서의 자유주의**(Liberalism as Destiny)란 제목을 붙여 비평했는데, 그는 가정된 보편적인 콜버그 단계 계열을 통해 서구 계몽 가치들을 문화적으로 편견을 갖고 부과한다고 비난했다. 비평의 맥락에서 쉬웨더(1982)는 맥킨타이어(MacIntyre, 1984)가 롤스(John Rawls, 1971)의 『정의론』(*A Theory of Justice*)을 "계몽 프로젝트"의 종말과 그리고 심리학에서는 피아제와 콜버그의, 그 자신의 분야인 인류학에서는 레비 스트로스(Levi Strauss)의 구조주의를 떠받쳐 주었던 보편주의 욕구의 종말을 예고하는 것으로 지적했던 비판을 환기시켰다. 개략적으로 이와 같은 시기에 길리간(Carol Gilligan, 1982)은 『다른 목소리로』(*In a Different Voice*)라는 책을 출간했는데, 이것은 여성들의 도덕판단에 관한 그녀의 연구결과를 보고한 것이다. 남성들과 여성들의 도덕적 정향에서의 기본적인 차이(이 연구에 관한 포괄적인 검토는 Turiel, 1998 참조. 또한 Walker, 이 책 제4장)에 관한 과감한 주장을 지지해 주는 후속적 연구가 나타나지 않았음에도 불구하고 길리간의 연구는 도덕성에 관한 보편적 해명보다는 다원적 해명을 위한 시작을 구성하는 것으로서 여전히 주목받고 있다.

물론 모든 사람이 포스트모더니즘의 다원적 생각을 옹호하는 것은 아니다. 그 대신 모더니티의 종말에 의해 열려지게 된 공간은 대부분 전통에로의 복귀에 대한 요구에 의해 채워져 오고 있으며, 그와 함께 인격교육에 대한 대중적 관심의 급속한 증가로 우리는 라이언(Ryan, 1996)이 언급했던 바와 같이 "인격교육 주도 시대"의 한가운데에 서 있게 되었다. 이러한 새로운 주도 시대는 위니(Wynne, 1986)가 "교육에서의 위대한 전통"이라 불렀던 것을 가장 최신으로 구체화한 것이며, 광범위하게 공유된 사회적 가치의 전수에 관한 강조, 사회집단에 대한 애착을 통해 아동들에게 "덕"을 주입하고 점진적으로 친사회적 행위의 습관 형성을 강조하는 것으로 규정되고 있다. 이러한 인격교육에 대한 요구는 일반적으로 사회적 부패와 도덕적 위기에 관한 주장에 의해 수반된다(Bennett, 1992, 1998 ; Bloom, 1988 ; Himmelfarb, 1994 ; Putnam, 2000, 2003). 따라서 전통 및 사회화의 전통적 형식으로의 회귀는 우리들을 보다 사정이 좋았던 시대로 데리고 감으로써 정당화된다. 위니(Wynne)가 "많은 기준으로 볼 때 청소년들의 행위는 1955년에 최고로 좋았다"(1987, p. 56)고 말했을 때 그는 어쩌면 이러한 정서를 가장 잘 붙잡았는지도 모른다.

사회적 부패에 관한 주장들이 논의되어 왔으며, 청소년의 도덕적 위기의 증거는 기록된 역사 전체를 통해 그동안 죽 그러한 주장들이 순환되고 있다는 것을 지적한 저자들에 의해 역사적 맥락으로 해석되어 왔다(Turiel, 2002). 그것들은 우리가 현재 경험하고 있는 것과 같은 급속한 사회적 변화의 기간 동안에 일어나는 경향이 있다. 과학기술, 세계화, 시민인권운동과 여성운동의 성과를 통해 초래되었던 과거 59년 동안의 사회생활에서의 변화는 광범위한 결과를 가져왔다. 따라서 우리의 도덕적 지주들에 대해 주의를 가질 것을 요청하는 것은 객관적인 근거를 가지며, 그리고 일반 대중의 불안과 어울려 힘을 얻고 있다. 미국 상황에 국한해서 볼 때 사회적으로 불안하고 급격한 사회적 변화를 겪는 시대는 기독교 복음주의의 관심과 영향이 고조하는 것과 관련되어 왔다(Fogel, 1999). 미국이 경험한 처음 3세기는 각각 "대각성"(Great Awakenings)으로서의 종교적 열정 숙지의 기간으로 특징되었다. 20세기 후반 제2의 천년기에 접근했을 때 팔웰(Jerry Falwell), 로버트슨(Pat Robertson)과 같은 복음주의자들은 네 번째의 "대각성"을 야기시키기 위한 노력을 취했다(Fogel, 1999). 1960년대 후반에 시작되었던 가장 최근 시기의 종교적 부활의 효과는 인격교육에 대한 요청을 포함하여 미국 사회 전체에 계속적으로 울려퍼지고 있다. 그의 가장 극단적인 형태로 공립학교에서의 인격교육에 대한 옹호는 학교의 벽에 십계명을 부착하고, 학생들이 성경공부에 참여할 수 있는 기회를 제공하며, 학교에서 예배를 보게 해달라는 요구를 통해 현대 이전의 시대로 향하는 역주행적인 자세를 취한다. 현재 미국의 교육부 장관인 페이지(Rod Paige)는 테네시(Tennessee)에서 인터뷰할 때 다음과 같이 말했다.

> 모든 것이 동등하다 할 때 나는 차라리 아동이 강한 믿음을 갖도록 교육을 받는, 기독교 공동체의 가치들을 강력히 존중하는 학교의 아동을 선택할 것이다. … 기독교 학교들과 기독교 대학들이 성장하고 있는 이유는 강력한 가치체계의 결과이다. 종교적 환경 안에서 그 가치체계는 어울

린다. 서로 다른 종류의 가치를 지니고 있는 그렇게 많은 다른 아동들이 존재하는 공립학교의 경우는 상황이 다르다(Brummett, 2003, p. A15).

페이지 장관의 관점은 포스트모더니티의 도전에 대한 하나의 반동을 반영한다. 그러나 대부분 인격교육 요청에 대한 학교 체계의 반응은 미국 실용주의의 깊은 원천으로부터 도출되었으며, 본질적으로 무엇이 학생들 사이에 폭력을 줄이고 친사회적 행위와 공동체 의식을 증진시키는 데 "영향을 미칠 것인가"에 관한 탐색에 초점을 맞추어 왔다(Murphy, 1998 ; Ryan & Bohlin, 1998). 요약하면 인격교육의 주요 흐름은 "훌륭한 사람"을 창조하는 데 있으며, 레스트(Rest), 나베츠(Narvaez), 비바우(Bebeau), 그리고 토마(Thoma, 1999)가 "개인 상호 간 도덕성"으로서 언급한 바를 강조하는 것이다. 그러나 이러한 실용주의로 인해 도덕교육은 콜버그의 이론과 같은 그러한 모더니스트 발달 이론들이 제안했던 진보적인 도덕적 시각을 상실한다. 따라서 일반 시민이 후인습적인 원리화된 도덕적 정향(Kohlherg & Mayer, 1972)에 도달할 수 있도록 하는 것으로서의 도덕교육의 보다 넓은 목적은 도덕적 현상에 대한 순응으로 한정되어 가는 위험에 놓이게 된다. 자명한 일로서 그러한 인습적인 도덕적 정향은 분명히 어떤 도덕적 결점이 현재의 사회적 합의 내에 존재하는지를 검토하지 않는다. 결과적으로 도덕적 덕이라는 미명 하에 도덕적 맹목성을 보증하는 하나의 처방이다.

마침내 혼합적인 노력들이 콜버그와 전통적 인격교육 간의 "차이를 분해하여 제거"하고자 하는 시도로 착수되었다(Berkowitz, 2002 ; Lickona, 1991). 그러한 실용주의자들의 손에서 콜버그 접근법은 도덕적 판단을 발달시키는 데 목적을 둔 교육 실제를 위한 전진기지가 된다(Berkowitz, 2002). (이러한 혼합적 접근에 관한 하나의 탁월한 검토는 Narvaez, 이 책 제26장을 보라.) 그처럼 서로 다른 근원적인 가정을 지닌 패러다임들을 일체화시키고자 하는 노력은 항상 어렵고 일반적으로 문제가 있다(Overton, 1998). 도덕교육 분야에서 혼합 접근들은 점차 시간이 지나면서 발달적 연구와의 연계를 상실하며, 전통적 인격교육의 핵심에 놓여 있는 질서와 순응에 대한 관심을 충족시키는 교육 실제들과 가치들을, 그리고 사회제도로서의 학교의 인습적 가치들을 향해 움직이는 경향이 있다. 예를 들면 이들 혼합 접근 가운데 가장 영향력 있는 최근의 한 가지 견해로서 리코나(Lickona, 2004)는 인격의 내용을 형성하는 "10가지 본질적 가치"를 제시했다. 성실, 겸손, 감사, 그리고 용기(지혜는 제1의 가치로서, 정의는 제2의 가치로서 목록에 실린다)를 포함하는 이러한 새로운 "덕목들의 수합"과 함께 하나의 덕을 일주일, 한 달, 심지어는 일 년간 덕 주제로 삼고 접근할 것을 권고하기에 이르렀다. 후자는 학년 수준에 따라(예를 들면 유치원에서는 질서, 1학년에서는 노력, 2학년에서는 친절) 이들 덕을 어떻게 배열할 것인가에 관한 발달적 제안과 함께 등장한다. 그것은 발달적 연구에서의 근거나 도덕적 성장에 대한 어떠한 인식 가능한 연계도 없는 하나의 배열이다.

콜버그를 넘어서 : 총체적 단계로부터 영역으로

모더니즘의 종말로 인해 초래되었던 변화와 정치적 보수주의의 순환적 상승은 콜버그로부터의 이탈과 전통적인 인격교육에로 향하는 반동적인 이탈 움직임에 어느 정도 원인을 제공한다. 그와 더불어 지적·사회적 조망에서의 큰 변화는 도덕적 성장에 관한 콜버그의 설명이 지니고 있는 한계를 파헤친 지식기반에서의 진보이다(Rest 외, 1999 ; Turiel, 1998). 콜버그 이론에 대해 대두되는 두드러진 문제들 가운데 도덕교육과 관련한 현재의 논의와 연관되는 것으로는 상황마다 각 개인이 표현하는 도덕적 단계가 불일치한다는 점(Carpendale & Krebs, 1992 ; Teo, Becker & Edelstein, 1995), 도덕적 성장에 관한 콜버그의 사정과 비서구 문화권 출신 사람들의 도덕적 판단이 서로 잘 들어맞지 않는다는 점(Dien, 1982 ; Snarey & Keljo, 1991), 그리고 콜버그 단계에 의해서 정의된 도덕적 추론과 행동이 일반적으로 서로 일치하지 않는다는 점(Blasi, 1980 ; Colby & Damon, 1992)이다.

비록 도덕심리학과 관련한 콜버그(1984)의 이러한 문제들이 몇몇 사람들로 하여금 전체적인 발달적 기획이 "주전원"(epicycle, 역자 주 : 큰 원의 중심을 회전하는 작은 원) 양상(Shweder, 1982)에 놓여 있다는 결론으로 나아가게 했다 하더라도, 도덕발달에 관한 철학적(Laden, 2001) 연구와 심리학적 연구는 모두 다원주의와 맥락에 대한 주의에 관심을 집중하는 방식으로 나아가고 있다. 이러한 보다 최근의 연구는 콜버그 연구의 중심이었던 합리적이자 구성주의적 정향으로부터 여전히 인간 도덕성에서의 공통점을 탐색하고 있다. 그러나 발달을 하나의 보편적인 도덕적 종점을 향해 결연하게 움직이는 것으로 묘사했던 것—여기에서는 의사결정이 단 하나의 원리화된 도덕적 판단의 인지구조에 의해서 이루어지는 것으로 설명된다—은 보다 이질적이자 다면적인 도덕적 추론과 사회적 추론의 개념으로 대체되었다(Rest 외, 1999 ; Sokol & Chandler, 2004 ; Turiel, 2002). 이 장의 대부분은 **사회인지 영역 이론**(social-cognitive domain theory)으로 언급되는 최근의 연구가 도덕교육에 대해 내포하고 있는 함의에 집중한다(Smetana, 이 책 제5장 ; Turiel, 1983, 1998 ; Turiel & Davidson, 1986). 사회적 발달에 관한 이 시각은 아동들이 질적으로 다른 사회적 상호작용의 국면으로부터 산출되는 별개의 발달구조(frameworks) 내에서 사회적 개념을 구성한다고 주장한다. 이 책의 다른 장들에서 기술된 바와 같이 영역 이론은 인간 복지 및 공정의 문제들과 관련한 사회적 관계의 비자의적인, 그런 까닭에 보편적인 특징을 지닌 도덕적 개념과 상황에 의존적이며 어떤 주어진 사회체계의 사회적 규칙과 조화하는 사회적 인습의 개념을 서로 구분한다(Turiel, 1983). 도덕성과 인습의 영역은 프라이버시와 개인적 판단의 자유와 같은 개인적 문제의 개념과도 또한 구분된다(Nucci, 1996). 발달에 관한 콜버그의 시각—여기에서는 도덕성이 도덕적 판단을 내리는 기반으로서 점차적으로 인습과 구별되고 결국에는 그것을 대체하게 된다—과 대조적으로 영역 이론은 도덕성과 인습의 개념이 발달과정 전체를 통하여 내내 분리된 개념적 구조로서 공존한다고 주장한다. 이들 영역은 피아제(1985)가 하나의 전체로서의 마음에 관하여 부분 체계들로 언급했던 바와 일치한다. 각 부분 체계는 정당한 이유가 없는 해악에 관한 도덕적 판단의 경우에서처럼 그 자체로 작동할 수 있는, 혹은 전통 사회에서 여성들에 대한 남성들의 특권을 부여하는 사회적 인습의 시시비비와 관련한 판단의 경우에서처럼 영역 상호 간 조정을 요구하면서 다른 체계들과 상호작용할 수도 있는 내적으로 균형잡힌 구조를 형성한다(Neff, 2001 ; Turiel & Wainryb, 2000 ; Wainryb & Turiel, 1994). 따라서 영역 이론은 도덕판단을 내리는 데 있어서 도덕적 고려사항과 도덕과 무관한 고려사항에 주어진 중량이 상황에 따라, 그리고 문화적 환경에 따라 변화할 수 있다는 콜버그의 단계 이론이 하

지 않은 방식을 예견한다(Turiel, Hildebrandt & Wainryb, 1991).[1)]

도덕교육의 발달적 목적 재규정하기

도덕적·사회적 발달에 관한 이러한 보다 복잡한 설명은 도덕교육의 발달적 목적에 관한 진술에서 그에 상응하는 변화로 나아가게 했다(Nucci, 1997, 2001 ; Turiel, 1989). 단 하나의 도덕적 추론의 발달 계열을 통한 움직임을 고무하는 단순한 목적(Kohlberg & Mayer, 1972)과 대조적으로 보다 최근의 관점들은 아동들의 사회적 추론에서의 작동에 이질성을 인정한다. 발달적 관점에서 볼 때 도덕교육의 핵심적인 초점은 여전히 공정, 인간 복지와 권리에 관한 학생들의 개념, 그리고 그러한 도덕적 이해의 일상생활 이슈에 대한 적용에 있다(Nucci, 1997). 이것은 사회적 관습의 공정에 관한 개념의 발달뿐만 아니라(Thorkildsen, 2000) 개인 상호간 관계에서 도덕성에 관한 이해의 구성을 포함한다(Damon, 1988).

그러나 도덕적 영역에서의 발달에 대한 관심과 더불어 도덕교육은 또한 사회적 지식의 그 밖의 다른 영역(예컨대 사회적 인습, 개인적인 것)에서의 개념의 발달에 대해서도 초점을 두고 있는데, 그러한 개념의 발달은 맥락화된 사회적 가치와 행위의 도덕적 구성요소와 도덕과 무관한 구성요소를 조정하는 학생들의 능력에 영향을 미칠 것이다(Nucci, 2001 ; Turiel, 1989). 예를 들면 인습을 도덕적 결정에 도달하는 데 있어서 하나의 열등한 토대로서 취급했던 고전적인 콜버그의 방식과 대조적으로 인습의 개념은 학생들이 현존하는 사회체계에 대해 비판적인 도덕적 반성을 할 수 있는 능력뿐만 아니라 그들이 공공의 사회적 규범을 이해하는 데 필수적인 것으로서 인정된다. 아동들의 사회적 발달에 관한 이 접근은 일상의 사회적 상호작용을 조직하는 데 있어서 인습이 매우 중요함을 인정하면서 학생들로 하여금 공통적으로 공유된 사회적 규범을 이해하도록 하는 데 기여한 전통적 교육의 몇몇 기본적 관심에 역점을 두고 있다. 인습은 자녀와 부모 사이에(Smetana, 2002), 그리고 학생과 교사 사이에(Smetana, 2005) 흔히 갈등을 일으키게 만드는 의상의 기준, 응답형식, 그리고 사회적 "매너"를 포함한다. 비록 대부분의 아동들이 이른 초등학교 시기에 사회인습의 내용을 습득하지만 그러한 규칙의 목적은 쉽게 이해되지 않는다. 아동들이 사회체계의 구성요소로서 인습에 관한 종합적인 이해를 발달시키는 것은 청소년 중기에서 후기에 이르러서야 가능하다(Nucci, Becker & Horn, 2004 ; Turiel, 1983). 이와 함께 인습의 개념에 관한 구성의 발달과정은 아동들과 청소년들이 그러한 합의에 의하여 결정된 사회적 표준의 중요성과 심지어 그 필요성에 대해 의문을 갖는 단계들과 관련된다(Lapsley, 이 책 제2장을 보라). 그러므로 그렇게 광범위하게 뒷받침하고 있는 인습의 개념에 관한 발달과 구성에 대하여 어떠한 주의를 기울이지도 않은 채 그러한 가치를 직접적으로 주입시키고자 하는 전통적인 노력들이 완전히 실패로 끝난 것으로 보이는 것은 전혀 놀라운 일이 아니다.

아동들이 발달의 모든 시점에서 행위와 사회적 규범을 도덕적 측면에서 평가할 수 있다는 증거는 교육자들이 학생들을 모든 학년 수준에서 비판적인 도덕적 반성에 참여시켜도 좋다는 것을 의미한다. 도덕교육의 목적은 점차 높은 사회적 추론과 도덕적 추론의 단계를 향하도록 자극(Kohlberg & Mayer, 1972)하는 데 국한되는 것이 아니라, 다면적인 사회적 이슈에 관하여 도덕적 요소와 도덕과 무관한 요소를 평가하고 조정하는 학생들의 능력과 경향성을 증진시키는 보다 복잡한 과업으로 확장된다(Nucci, 2001 ; Turiel, 1989). 이것은 특히 동료 문화 혹은 사회의 규범이 대부분 도덕과 중복되는 상황에서 중요하게 된다. 예를 들면 사회적 배제와 학교에서 약자를 괴롭히는 행위에 관한 이슈는 공정과 해악에 대한 관심뿐만 아니라 인습과 개인적 선택에 관한 학생들의 개념을 이끌어낸다(Horn, 2003 ; Killen, Stangor, Price, Horn & Sechrist, 2004). 그러한 경우에 교사들은 학생들이 문화적 관습의 도덕적 측면에 주의를 기울이는 정도에 영향을 미치는 책임과 능력 두 가지 모두를 지닌다. 이렇게 진술된 도덕교육의 목적은 학교 폭력과 같은 그 행위의 도덕적 지위에 관하여 상당한 정도의 성인들의 합의가 존재하는 그러한 이슈들에 적용될 때 모순적이지 않다. 그러나 일단 학생들을 비판적인 도덕적 반성에 참여시키는 목적이 학교 교육과정에 의해서 다루어진 사회적 규범과 관습의 넓은 모체로 확장되기 시작하면 교육자들에게 있어서 그 일은 매우 복잡해진다. 현존하는 사회적 관습의 도덕성에 대한 그러한 주목은 불가피하게 결과적으로 논쟁을 유발시키며, 교육자로 하여금 도덕적 근거에 입각하여 현재 널리 받아들여지고 있는 공동체 표준에 대한 학생들의 의심을 지지하는 입장에 놓이게 할 수도 있다. 그러나 도덕교육이 "훌륭한 사람"을 창조하고자 하는 공유된 목적을 넘어서서 학생들에게 현명하게 도덕적 삶을 영위하게 하도록 권능을 부여하는 윤리적 책무를 향하여 움직일 수 있는 것은 정확하게 바로 그 접점으로부터이다(Schubert, 1997).

도덕교육의 실제

이 장의 나머지 절들은 교육의 실제적 접근에 초점을 맞춘다. 언급한 바와 같이 이 장의 구성은 사회인지 영역 이론에 관한 최근의 연구이다. 그러나 모든 발달적 접근은 도덕적 성장이 성인들과 사회의 입장 및 관습에 대한 단순한 적응이 아니라, 세계를 이해하는 방식에 관한 아동의 점진적 구성을 통해 나타난다는 공통 관점을 공유한다. 이러한 이유 때문에 피아제와 콜버그의 고전적인 패러다임에서의 교육 연구를 통해 등장했던 특정한 실제들의 대부분(예를 들면 berkowitz & Gibbs, 1983 ; DeVries & Zan, 1994 ; Lind, 2003 ; Power 외, 1989a, 1989b)은 서로 관련이 있으며, 그리고 이 검토에서 통합된다. 논의 또한 도덕교육과 관련이 깊은 그 밖의 다른 발달적 관점(예를 들면 Noddings, 2002 ; Watson, 2003)의 적용으로부터 등장한 관련된 실제들을 통합한다. 교육의 실제에 관한 논의는 두 주요 절로 구분된다. 첫 번째 절은 학교가 직접적인 사회적 경험을 통하여 학생들의 도덕적 · 사회적 성장에 공헌할 수 있는 방법을 탐구한다. 이 절은 학교와 교실의 정서적 분위기와 관련한 이슈, 학급경영과 훈육에 대한 발달적 접근, 그리고 봉사학습의 조건을 검토한다. 두 번째 절은 학과 교육과정의 활용을 통한 도덕교육에 대해 탐색한다.

학교 중심의 사회적 상호작용과 도덕적 성장

사회인지 영역 이론(그리고 콜버그의 이론)을 유도했던 구조발달 심리학의 기본 전제는 아동의 지식이 행위로부터 구성된다는 것이다(Inhelder & Piaget, 1969 ; Piaget, 1965). 학교, 가정, 그리고 자유롭게 지내는 환경에서 아동들과 성인들에 대한 관찰 연구는 도덕성과 관련된 사회적 상호작용의 형식은 아동들이 사회적 인습과 개인적 특권의 일에 관한 기본적인 이해를 구성하는 데 활용하는 사회적 상호작용과는 질적으로 다르다는 일단의 일관된 증거를 제공해 왔다(포괄적인 검토를 위해서는 Nucci, 2003a를 보라). 도덕성과 관련된 상호작용은 그 행위가 다른 사람들의 안녕에 미치는 영향에 초점을 맞추는 경향이 있다. 도덕적 사건의 경우에서 아동들은 그러한 상호작용을 희생자, 범죄자, 제3의 방관자로서 경험한다. 이와는 대조적으로 사회적 인습과 관련된 상호작용은—규범의 사회조직적 기능(예를 들면 학급 질서를 유지하는 것)에 관한 피드백과 더불어—적용하는 규범 혹은 규칙에 초점을 맞추는 경향이 있다. 보다 상세히 논의하고자 하는 경우 이들 사회적 상호작용의 영역 관련 유형들은 정서적 경험과 정서적 표현의 각기 다른 형식과 또한 연합된다(Arsenio & Lover, 1995). 학교의 정서적 분위기, 동료와 학생-교사 상호작용의 유형은 그때 학교가 부지불식간에 혹은 의식적으로 학생들의 사회적 · 도덕적 발달에 공헌하는 기본적인 상황을 형성한다(Hansen, 1995). 첫 번째 절의 후속 절들은 정서가 아동의 도덕적 지식의 구성에 통합되는 방식과 그 과정이 도덕적 신뢰 분위기의 확립으로 인해 어떻게 영향을 받는지를 검토한다. 교실에서의 신뢰 확립의 과정은 학생들의 도덕적 · 사회적 성장에 기여하는 데 있어서 발달적 훈육과 그의 역할에 관하여 토론할 때 좀 더 자세하게 설명된다. 학교 규칙과 관련된 이슈들은 청소년 저항의 특별한 경우 그러한 표준적인 저항이 교육의 실제에 대해 지닌 함의에 관한 논의로 나아가게 한다. 끝으로 이 장의 일부는 봉사학습과 연합된 직접적인 사회적 경험을 통하여 학생들의 도덕적 · 사회적 발달에 영향을 미치는 최근의 노력을 탐구한다.

도덕적 신뢰 분위기 확립하기. 최근 몇 년 동안 도덕적 정서의 주제는 상당한 주목을 받아왔는데, 이는 학교 교육의 실제가 도덕적 기능작용의 정서적 구성요소를 촉진할 수 있을 것이라는 제안과 더불어 수반되었다. 불행하게도 그동안 기술되어 왔던 것 가운데 상당수가 인지와 정의는 독립적으로 작동한다는 오해를 더 확장시키는 데 이바지했다. 예를 들면 후기 정의주의자들은 도덕적 사건에 대한 사람들의 반응이 일군의 타고난 정서적 제륜장치(triggers)에 의해 지시를 받으며, 그리고 도덕적 추론은 우리들 자신에 대한 우리 자신의 반응을 설명하는 하나의 수단으로서 그 사실 이후에 발생한다고 주장했다(Green & Haidt, 2002 ; Haidt, 2001 ; Izard, 1986). 그러한 모델은 인간이 분노, 슬픔, 기쁨과 같은 그러한 기본적 정서를 다른 사람들에게 표현하고 또한 그들에게서 인지하는 많은 타고난 능력을 소유하고 있으며(Ekman, 1993), 유아들이 타인들의 고통에 대해 공감적으로 반응할 준비가 되어 있는 것으로 보인다(Emde, Hewitt & Kagan, 2001 ; Ludemann, 1991 ; Sternberg, Campos & Emde, 1983)고 지적하는 연구로부터 정립된다. 진화론적 · 적응론적 지능관에서 보면 우리는 그러한 기본적인 정서적 구조가 우리의 진화론적 유산의 일부일 수도 있는 사회적 문제들에 대해 "임시변통"(quick and dirty)의 반응을 제공한다고 주장할 수 있을 것이다. 그러나 조정되지 않은 원래 그대로의 정서는 사회세계에 거의 적응하지 못한다. 비평가들은 그러한 정의주의 모델이 한 사람의 일생을 거쳐 구성된 인지가 정의의 조정을 변경시키거나 그에 길들여지는 방식, 그리고 사회적 상황에 관한 최종적 평가를 적절히 설명하는 데 실패했다고 주장한다(Pizarro & Bloom, 2003). 요컨대 그러한 정의주의 이론가들은 정의와 인지가 서로 연합되는 방식, 심지어는 그러한 타고난 정의 반응체계에 대해서조차 부정확하게 말하고 있다(Damasio, 1996).

아동들의 도덕적·사회적 발달과 관련한 것으로서 정의의 역할에 관한 하나의 대안적이면서 논의의 여지가 있는 보다 포괄적인 이론은 아시니오(Arsenio, 1988)와 그의 동료들에 의해 제안되었다(Arsenio & Lover, 1995). 아시니오의 연구는 아동들이 각기 다른 감정을 사회적 사건의 각기 다른 영역과 연합시킨다는 것을 입증한다. 사회적 인습의 이슈들은 일반적으로 아동들 편에 "침착한" 혹은 중립적인 정서를 이끌어낸다. 이것은 위반뿐만 아니라 순종의 행동을 유지시킨다(Arsenio, 1988). 아동들이 "격렬한" 정서를 경험하는 정도는 때때로 아동들의 인습적 위반에 대해 분노로 반응하는 성인들 편에 달려 있다(Shweder, Mahapatra & Miller, 1987). 그러나 도덕성의 이슈들은 위반의 희생자들에게는 분노, 공포, 슬픔의, 그리고 도덕적 상황이 공정하게 끝나는 경우에는 모든 편에게 행복의 "격렬한" 정서가 충만되는 것으로 학생들에 의해 간주된다(Arsenio, 1988).

정서는 일상적으로 사회인지적 표상을 이루는 구성의 일부로서 저장된다(Arsenio & Lover, 1995). 비슷한 정서적 결과를 지니는 사건들과의 반복된 경험은 아동들로 하여금 일반화된 사회적 각본을 형성하도록 해

준다(Karniol, 2003). 이들 각본은 도덕적 행위에 관한 정보 이론 설명에서 기술된 절차적 지식의 기판을 구성하며(도덕발달과 교육의 정보처리 관점에 관한 설명은 Navaez, 이 책 제26장 참조), 몇몇 연구자들의 관점에서 볼 때는 우리의 도덕적 인격의 시작이 된다(Kochanska, 1993). 정서가 실린 이러한 사회적 각본들을 조정하면서 아동들은 그들의 경험에서 공통점을 추출해내어 공정 혹은 괴롭힘의 도덕적 개념을 산출한다. 잘 알려진 도덕적 사건에 대해 적어도 표면상 자동적으로 보이는 반응은 도덕적 판단과 추론의 보다 광범위한 개념적 구조와 연합된 절차적 지식 혹은 각본의 정서 제륜장치(affective triggers)로부터 나온다. 따라서 감정은 익숙한 상황에서 행위의 빠른 선택을 스스로 발견하게 하는 학습법으로서 공헌한다(Gilovich, Grifffin & Kahneman, 2002). 우리가 도덕적 행위의 의미에서 관찰하는 범문화적 공통점은 사람들이 도덕적 사건을 동반하는 정서에 귀인시킨다는 점에서 기본적인 유사성들이 존재하므로 부분적으로 설명될 수 있다.

사회적 구성에서 정서가 하는 그러한 역할은 아동들의 정서적 경험에서의 개인적 편차가 또한 그들의 도덕적 정향에 반영된다는 것을 의미한다. 예를 들면 초기의 도덕적 구조를 구성하는 데 있어서 아동들의 기질에서의 차이(Kochanska, 1993), 아동들의 위반행위에 대한 반응으로서 성인들이 나타내는 분노의 정도, 혹은 아동들의 친사회적 행위에 대한 반응으로서의 따뜻함(Cumberland-Li, Eisenberg, Champion, Gershoff & Fabes, 2003 ; Emde, Birigen, Clyman & Oppenheim, 1991)과 같은 편차들은 아동들이 사회세계에 관한 기본 개념을 구성하는 방식과 더불어 개인 상호 간의 상황에서 반응하는 방법에도 영향을 미치는 것으로 보인다. 도덕성의 핵심은 도덕적 상호주의에 참여하는 능력이다. 정서적으로 지지적인 환경 속에서 성장하는 아동의 경우 도덕적 가역성(공정)의 구성은 공정한 상호성의 행위로부터 나오는 "선의지"의 경험에 의해 지지를 받는다(Aresnio & Lover, 1995). 이러한 선의지는 아동들이 친사회적 행위의 활동에 참여할 때 그들이 경험하는 긍정적인 감정과 행복을 보완해 준다(Eisenberg, 1986). 대조적으로 장기적인 희생과 일종의 왕따(peer rejection)를 경험하는 아동들은 다른 사람들에 대한 공격적 행동을 옹호하여 도덕적 상호성의 구성을 왜곡시키는 "악의지"의 유형을 형성하는 경향이 있다(Arsenio & Lover, 1995). 학급 교사들의 관점에서 보면 이러한 초기 정서적 경험의 결과는 동료들에게 반응하는 학생들의 경향성에서 공정하고 배려하는 방식이나 공격적 방식 등 그 다양성을 설명하는 데 도움을 준다. 그것은 또한 교사가 아동들의 도덕적 및 사회적 성장에 접근하는 데 있어서 하나의 중요한 요소는 학생들이 학교생활에서 선의지를 경험할 가능성을 극대화시키는 교실 분위기와 교사 수업의 확립이다.

도덕성의 구성에서 지지적인 정서적 환경이 중요하다는 점에 대해 도덕교육의 옹호자들이 그동안 잊어왔던 것은 결코 아니다. 몇몇 교육자들에게 있어서는 배려하는 환경과 전면적인 "배려 윤리"의 확립이 도덕교육의 가장 본질적인 구성요소가 되고 있다(Noddings, 2002). 배려 정향의 확립에 있어서 결정적인 것은 다른 사람들로부터 배려를 수용하는 능력이다. 이것은 학생들이 정서적으로 솔직하게 노출될 수 있는, 그리고 그러한 솔직한 정서적 노출이 다른 사람들에 대한 친절과 관심의 활동에의 참여를 기꺼이 감행하고자 하는 학생들의 자발성으로까지 미치는 학교와 교실 분위기를 필요로 한다(Noddings, 2002). 이러한 배려 윤리에 관한 개념은 신뢰에 바탕을 둔 관계의 확립을 중심으로 하는 학교와 교실 환경의 보다 일반적인 개념화와 관련된다(Watson, 2003). 신뢰는 배려의 정서적 결합을 동반하는데, 이는 도덕적 상호성과 연속성에 의해 조정된다. 따라서 신뢰는 본질적으로 아시니오(Arsenio)와 러버(Lover)가 "선의지 정향"으로서 기술한 것과 일치한다. 신뢰는 또한 학교에서의 친사회적 행위의 주요 예보자 중 하나인 전반적 학교 혹은 교실 공동체 의식의 구성에 기초가 된다(Battistich, Solomon, Watson & Schaps, 1997). 신뢰는 효율적인 학급경영에서 뿐만 아니라 보다 일반적으로 전체적인 학교 개혁을 하고자 하는 노력이 성공하는 데 있어서 중심적인 역할을 부여받고 있다(Bryk & Schneider, 2002).

발달적 훈육. 교실에서 신뢰를 확립하는 문제는 왓슨(Watson)의 연구의 초점이 되어왔는데, 그녀는 이를 **발달적 훈육**으로서 설명하고 있다(Watson, 2003). 발달적 훈육의 기본적인 목적은 학생들이 그들 자신의 이성에 입각하여 도덕적 행위에 참여할 수 있도록 돕고자 자율성 및 사회적 연대를 향한 아동들의 내적 동기를 적극적으로 유발하는 것이다(Deci, 1995). 비록 왓슨(2003)의 발달적 훈육 접근이 애착 이론에 근거를 두고 있다고는 하지만, 실제적인 수준에서 보면 그것은 드브리스(DeVries)와 잰(Zan, 1994)이 피아제와 콜버그에 관한 그들의 학식을 바탕으로 한 유치원 환경을 지지하는 학급경영의 실제와 많은 공통점을 갖고 있다. 두 발달적 접근은 배려하는 성인으로부터의 정서적인 따뜻함을 행동적 변화 및 도덕적 성장을 위한 하나의 도구로서의 도덕적 논의와 반성의 활용에 대한 강조와 통합시킨다. 이들 접근에는 도덕적 발달이 단순히 성인 규범과 가치를 그대로 전수받는 것이 아니라, 공정에 관한 학생들 자신의 이해를 구성하는 것을 요구한다는 인식이 존재한다.

발달적 훈육을 채택하는 교사들은 강압적인 언설의 사용을 최소화하며, 그 대신에 학생들로 하여금 그들의 행위가 다른 사람들에게 미치는 영향뿐만 아니라 그들 자신의 동기와 감정에 대한 반성에 개입하도록 하는 노력에 초점을 맞춘다. 따라서 교사의 반응들은 학생들이 도덕적 이해의 구성에서 도덕적 행위를 둘러싸고 산출되는 정서 정보와 결과 정보를 통합하는 것을 권장하도록 설계된다. 갈등은 교사가 부과하는 해결책에 의존하기보다는 학생들 간의 담론과 그들 자신의 해결책을 발견하도록 하는 격려를 서로 조절함으로써 해결된다. 이 접근은 유치원과 초등학교 연령의 아동들이 성인이 부과한 해결책을 받아들이기보다는 그들 스스로 도덕적 논쟁의 해결책을 발견하는 것을 더 선호한다는 증거와 일치한다(Killen, Breton, Ferfuson & Handler, 1994). 위반자들은 교사로부터 처벌을 당하기보다는 그들이 불러일으킨 해악 혹은 부정의에 대해 보상을 할 수 있는 방법을 찾도록 권장 받는다.

왓슨(Watson)뿐만 아니라 드브리스(DeVries)와 잰(Zan, 1994)은 학교에서의 행동을 통제하는 규칙의 구성이나 수정에 학생들의 참여를 주장한다. 왓슨(2003)의 경우 교실의 관례를 정하는 과정에 학생들이 참여하는 것은 전반적 신뢰 분위기 형성에 이바지하는 공동체 건설의 한 양상이다. 피아제(1932)의 뒤를 이어 드브리스와 잰(1994)은 아동들이 학교 규칙을 평가하고 또한 수정하는 데 참여함으로써 자율적 도덕성의 구성을 촉진하며, 성인들의 영원하고 신성불가침적인 구성으로서의 규칙과 규범에 관한 그들의 타율적 개념으로부터 이탈 움직임을 촉진시킨다고 주장한다. 그러나 보다 최근에 이르러 그들은 자신들의 피아제식 입장을 조정하여 그들이 인간과 동물의 공정한 대우 및 재화의 분배와 관련되는 것으로 기술한 도덕적 규범과 교실 행동요령 및 약속과 관련한 임의적인 규범을 서로 구분하고 있다(DeVries & Zan, 2003).

이들 발달론 교육자들이 취하는 보다 최근의 입장(DeVries, Hildebrandt & Zan, 2000)은 사회적 규범 영역에 대한 주의가 교실교육 실제의 효과성에 있어서 하나의 중요한 변수임을 지적하는 연구와 일치한다. 규칙 파괴의 상대적 빈도수를 중심으로 1-8학년까지의 학생들을 대상으로 수행된 관찰 연구들은 거의 대다수의 비행이 도덕적 위반의 형태라기보다는 인습의 파괴와 관련이 있다는 것을 일관되게 지적했다(Blumenfield, Pintrich & Hamilton, 1987 ; Nucci & Nucci, 1982). 이것은 모든 학급경영 이슈를 도덕성으로 융합하게 되면 도덕적 논증을 주로 인습의 문제들인, 그리고 교실 상호작용이 학생들의 인습에 관한 사고를 유발하는 하나의 방법으로 구체화될 수 있는 정도를 제한하는 이슈들을 중심으로 향하게 한다는 점에서 도덕 논증이 지닌 위력을 감소시킬 위험을 내포한다는 것을 지적해 준다. 유치원(Killen 외, 1994)과 초등학교 2-7학년 아동들(Nucci, 1984)을 대상으로 수행된 면담 연구들은 학생들이 위반에 대한 교사 반응을 행위의 특징들을 규정하는 영역과 일치하는 시각에서 평가한다고 지적한다. 줄에서 벗어나거나 자기의 손을 말하기 전에 들지 않는 것과 같은 그러한 학교 혹은 교실 관례의 위반에 대한 영역 일치적인 반응들은 통제 규칙에 대해 언급하는 교사의 진술, 혹은 학생들로 하여금 그 위반으로부터 결과하는 교실 조직이나 사회적 기능작용에 대한 혼란을 생각해 보도록 하는 진술로 이루어진다. 다른 한편, 학생들로 하여금 그런 행위가 다른 사람들의 안녕에 미치는 결과를 생각해 보도록 이끄는 것은 도덕적 위반과 일치하는 반응이다. 학생들은 어떤 학년 수준에서든 영역 불일치 반응(예를 들면 인습적 위반에 대해 도덕적 반응을 제공하는 것 ; Killen 외, 1994 ; Nucci, 1984)보다는 영역일치 반응을 더 높게 평가하고 있음이 발견되었다. 5학년과 그 이상 학년의 학생들은 위반에 대한 반응의 평가를 그들의 교사에 관한 평가로까지 확장시키는데, 영역일치 방식에서 위반에 대해 일관되게 반응한 교사를 일관되게 영역 불일치 반응을 제공한 교사보다 더 지식이 풍부하고 유능한 교사로 평가했다(Nucci, 1984).

학생들의 친사회적 행위에 대한 발달적 훈육의 효과성에 관하여 수행된 연구는 대체적으로 지지적이었다(Battistich 외, 1997). 그러나 발달연구 센터(Developmental Studies Center)가 그들의 교사 훈련 과목에서 발달적 훈육을 삭제하고자 한 최근의 결정은 학급경영에 대한 학생 중심 접근의 실행 가능성과 관련해 몇 가지 중요한 의문을 일으키고 있다. 2002년까지 학급경영과 훈육에 대한 왓슨의 접근은 아동발달 프로젝트(Child Development Project, Watson, Solomon, Battistich, Schaps & Solomon, 1989) 과제의 결정적인 요소였으며, 아마도 교육에 대한 전통적인 접근과 발달적 접근을 통합하는 혼성 노력 가운데 가장 성공적인 것에 속할 것이다. (이 프로그램에 관한 개관은 Narvaez, 이 책 제26장에 수록되어 있다.) 발달연구 센터가 도달한 결정(왓슨에 의해서 시인된 것은 아닌)은 교사들을 발달적 훈육에 효과적으로 종사하도록 훈련시키기 위해서는 그들의 교사 현직 연수 강좌들이 지닌 실용성을 넘어서는 노력이 필요하다는 결론에 토대를 두고 있다(Watson, 개인적 교신, 2003, 11). 이러한 일군의 사건은 혼합 프로그램의 주창자들이 교육에 대한 발달적 접근의 일반적인 폐기 경향을 반영하는 것이며, 그리고 오로지 현직 교사 세미나와 재교육의 메커니즘만을 통해 교사들로 하여금 도덕교육에 참여하도록 준비시키는 노력이 실제적으로 효과가 있는지에 대해 의문을 불러일으킨다. 교사 준비의 이러한 이슈는 교과 교육과정의 활용에 관한 논의에서 다시 다루어진다.

학교 규칙, 저항, 그리고 청소년들의 특수한 사례. 교실 상호작용과 도덕적 성장에 관해 수행된 연구의 대부분은 초등학교 환경에서 이루어져 왔다. 그러나 청소년기, 특히 중학교와 고등학교 1학년 시기에 대해서는 분리하여 독립적으로 관심이 집중되어야 할 필요가 있는 일련의 과제와 기회를 제기한다. 이 연령시기를 특징짓는 발달적 변화 가운데 사회적 인습과 개인적 영역에 관한 추론에서 두 가지 광범위한 변화가 존재한다. 사회적 인습에 관하여 어린 청소년들은 아동기 중기에 이르기까지 인습을 지지했던 토대를 의문시하는 국면으로 접어든다(Nucci 외, 2004 ; Turiel, 1983). 어린 청소년들은 기본적인 질서 유지라는 목적의 옹호에서 확립된 권위의 규범을 반영하는 것으로서 인습(예컨대 아동들이 복도에서 뛰지 않도록 하는 것)을 지지해 왔으나 점차 인습적 규칙의 임의성을 다시 생각하고 그것은 "단순히 권위의 임의적인 명령"(Turiel, 1983)이라고 결론을 내리면서 그러한 지지가 사라지게 된다. 많은 경우에서 이 발달 수준에 있는 학생들은 여전히 교사들과 원만한 관계를 유지하거나 제재를 피하기 위하여 인습을 고수한다. 그러나 이 수준에 있는 학생들은 인습 그 자체에 대한 개념적 정당성을 확보할 수 없다(Nucci 외, 2004). 따라서 발달상 이 지점에 위치해 있는 학생들이 학교 인습의 파괴에 개입할 경향성이 매우 크다(Geiger & Turiel, 1983 ; Nucci & Nucci, 1982). 약 15세 혹은 고등학교 2학년 시기인 청소년 중기에 이르면 대부분의 미국 청소년들은 사회적 인습에 관한 다음 수준의 추론으로 넘어간다(Nucci 외, 2004). 이 수준에서 인습은 수직적 관계를 구조화하는, 그리고 한 사회 혹은 학교와 같은 사회적 조직의 구성원들 사이의 상호작용을 조정하는 사회체계의 하나의 구성요소로서 관조된다(Turiel, 1983).

인습 개념에서의 이러한 발달적 변화와 동시에 일어나는 것은 청소년들이 인습과 그리고 그들이 개인적 특권 및 프라이버시의 문제라고 생각하는바 사이의 경계를 긋는 방식에서 발생하는 기본적인 변화이다(Smetana, 2002). 가정과 학교의 인습 및 규범이 개인적 표현(의상, 헤어스타일), 개인적 교제(우정), 개인적 의사소통(전화, e-메일), 정보에 대한 접근(인터넷), 그리고 개인적 안전(약물 사용, 성행위)과 경계를 접하고 있는 영역은 청소년들이 자율성과 관할을 강하게 주장하는 논쟁의 지대가 된다. 문화를 초월하여 가정에서 일어나는 논쟁은 청소년들이 부모의 영향과 통제의 범위에 속했던 영역으로부터 개인적 지배의 영역을 좀 더 확보하여 소유하고자 하는 그러한 이슈를 둘러싸고 주로 벌어진다(Smetana, 2002). 학교 환경에서 학생들은 또한 개인적 프라이버시와 특권의 지대를 주장한다(Smetana & Bitz, 1996). 그러나 그들은 또한 학교 환경 안에서 학교와 실제적으로 무관한 개인적인 것으로 간주되는 공공연한 애정표현(공공연히 키스하기)과 같은 그러한 행위를 규제하는 인습을 기꺼이 수용하고자 한다(Smetana & Bitz, 1996). 그럼에도 불구하고 개인적인 영역을 확장하며 인습을 부정하는 이러한 상호 연합된 발달 국면은 초기 청소년기의 학생들에게 제도로서의 학교 규범과 싸우는 것과 같은 힘겨운 변화를 제공한다.

이러한 초기 청소년기 변화가 지닌 교육적 함축에 대해 논의하면서 스메타나(Smetana, 2005)는 에크리스(Eccles)와 그녀 동료들의 연구가 현재 이러한 규범적 이슈들을 둘러싸고 학교와 어린 청소년들 사이에 존재하는 부정합(mismatch)을 들여다 볼 창문을 제공하고 있다고 말한다. 이 연구자들(Eccles 외, 1993 ; Eccles, Wigfield & Schiefele, 1998)은 청소년들이 부쩍 성숙하고 있음에도 불구하고 많은 중학교와 하급 고등학교가 교사의 통제와 훈육을 보다 더 강조하고 있으며, 의사결정, 선택, 자기 관리에서 초등학교 교실보다 더 학생 참여의 기회를 제공하지 않는다는 증거를 제시했다. 따라서 에크리스와 그녀 동료들(1998)은 청소년들이 보다 큰 자율성을 손에 넣고자 기울이는 노력과 학교가 학생들에 대한 통제를 더욱 증대하고자 기울이는 노력 간의 부정합이 결국 하급 고등학교 학생들의 내적인 동기와 흥미를 쇠퇴시키는 결과를 낳았다고 보고했다.

발달적 관점에서 보면 이러한 변화의 기간에 학교가 보이는 반응은 발달적 폭풍을 방관한 채 지나가기를 기다리며 제도의 위세를 통해 질서를 유지하고자 하는 일종의 방어작전에 다름 아니다. 에크리스(Eccles 외, 1993, 1998)가 추천한 하나의 대안적 접근은 학교가 학생들로 하여금 교실교육의 실제를 통제하는 규범들에 개입할 수 있는 더 많은 기회를 포함시켜야 한다는 것이다. 보다 엄밀하게 말하면 스메타나(Smetana & Bitz, 1996)의 연구와 학생 위반에 관한 몇몇 관찰 연구(Geiger & Turiel, 1983 ; Nucci & Nucci, 1982)는 그러한 학생 참여와 논의의 초점이 사회적 인습과 개인적 특권의 문제에 모아져야 한다고 지적한다. 인습의 이슈들과 관련한 발달적 논의가 미치는 영향을 탐구했던 또 다른 연구는 그러한 토론이 규범의 사회적 기능에 관한 학생들의 이해의 수준에 효과적으로 기여할 수 있다는 것을 입증하고 있다(Nucci & Weber, 1991). 따라서 학교와 교사들은 교육제도로서의 학교의 원만한 기능뿐만 아니라, 학생들의 사회적 발달에 이바지할 논의에 학생들을 참여시킴으로써 그들로 하여금 은신처로부터 나올 수 있도록 해야 할 것이다.

비록 청소년 비행의 대부분이 인습의 이슈들과 관련되지만 자율성과 정체성을 확립하고자 하는 일부 노력은 위험 채택 및 도덕적 위반에의 개입을 수반한다(Lightfoot, 1997). 스위스 발달론자인 오제르(Oser, 2005 ;

Oser & Veugelers, 2003)는 교육자들이 그러한 도덕적 비행을 도덕적 성장을 위한 본질적인 구성요소로서 이해하고 도덕적 위반을 그가 "진실감이 우러나는 논의"로서 설명한 바와 같은 그러한 기회로 잘 활용해야 한다고 주장했다. 오제르(인쇄 중)의 입장은 수학수업에서의 실수와 같은 "소극적 도덕성"은 진정한 도덕적 인식론과 도덕적 정향이 발생하는 토대를 함유하고 있다는 것이다. 청소년의 도덕적 비행에 대한 그의 접근은 학생들이 서로의 실제적인 비행과 그의 동기에 관한 해석, 그리고 그 행위의 결과를 도덕적 논의의 주제로 직접 다루는 것이다(Oser & Veugelers, 2003). 오제르의 접근은 "정의 공동체"(Power 외, 1989a, 1989b)로 언급된 바와 같은 콜버그 전통에서 행해진 이전의 연구로부터 확립되었다. 이러한 토론수업을 진행하는 교사들은 참여자들로 하여금 도덕발달로 이끌고자 한 이전의 연구에서 확립된 교류적 논의 형식(transactive forms of discourse)에 참여할 수 있도록 격려한다(Berkowitz & Gibbs, 1983 ; Oser, 1991). 교사들은 화자가 이전의 화자가 펼친 논증의 논리를 확장하고 그 논증의 가정을 반박하며 경쟁하는 입장 간의 공통성의 요점을 제공하는 노력을 수반하는 논의의 형식을 지지한다. 오제르에 의해 옹호된 과정들은 콜버그의 전통(Blakeney & Blakeney, 1991)에서 행동적으로 난잡한 아동들과 청소년들을 대상으로 비행과 상습적 범행을 고쳐주고자 노력하는 여러 사람에 의해 상당히 성공적으로 활용되고 있다.

청소년들의 많은 도덕적 갈등은 도덕적 영역에만 제한된 간단한 문제가 아니다. 왕따와 시달림의 이슈는 학생들에게 의상과 행동의 동료 인습에 관한 개념, 개인적 교제 및 교우관계의 선택과 관련한 개인적 영역 이해, 그리고 해악과 공정에 관한 도덕적 개념을 요구한다(Horn, 2003 ; Killen, Lee-Kim, McGlothlin & Stangor, 2002). 학생들이 주어진 왕따 상황에 관하여 논의할 때 도덕과 무관한 측면에 주의를 기울이지 않으면 그러한 이슈를 둘러싸고 전개하는 도덕적 논의의 효과가 떨어지기 마련이다. 예를 들면 사회적 신분과 위계의 동료체계는 의상과 행동의 인습을 집단 동료의식의 표지로 사용한다(Horn, 2003). 사회체계의 구성요소로서 인습에 관한 이해를 이제 막 구성한 청소년 중기의 학생들은 또한 의상이나 행동이 그들 동료의 인습과 조화를 이루지 못하는 동료에 대한 왕따를 초기 혹은 후기 청소년들보다 십중팔구 더 정당화하는 경향이 있을 것이다(Horn, 2003). 관련된 공정 혹은 위해에만 오로지 초점을 맞추게 되면 어린 사람들이 주장하는 왕따에 대한 동기와 정당화에 대해서는 무시하게 되는데, 어린 사람들은 집단 동료의식과 정체성 신분에 초점을 두는 동료 인습을 중요하게 여긴다. 그러한 다면적인 사회적 이슈를 중심으로 하는 효과적인 논의는 집단 동료의식, 사회적 신분, 그리고 개인적 정체성을 규정하는 양식으로서 인습의 추정적 중요성에 관한 검토로 시작한다(Horn, 2005). 학생들이 집단 동료의식을 규정하는 인습의 의미와 그의 파급효과에 대해 충분히 탐색할 기회를 가진 이후에만 오로지 그러한 왕따의 도덕적 함의에 관한 논의는 효과가 있다.

봉사학습 : 사회적 경험과 공동체와의 연결. 도덕교육에 대한 접근 가운데 새롭게 등장하는 하나의 경향은 공동체 봉사활동을 포함하는 학교 중심의 사회적 경험을 확대하는 것이다. 공동체 봉사에 청소년 참여를 증진시키고자 하는 노력이 새로운 것은 아니며, 미국에서는 보다 넓은 공동체와 국가에 대한 봉사를 "전쟁에 상응하는 도덕적 등가물"(Moral Equivalent to War, Killen & Horn, 2000)로 여겼던 제임스(William James)에게로 거슬러올라갈 수 있다. 공동체 봉사는 "봉사학습"이란 호칭을 붙여

명령된 요구의 형식으로 학교 교육과정과 연결된다. 봉사학습을 위한 프로그램은 다양하며, 개인교수나 청소년 스포츠 지도로부터 지역 공동체의 무료 급식시설에서 일을 하는 것까지 다양한 활동을 포함한다. 이러한 이유 때문에 봉사학습의 영향에 대해 평가하는 것이 쉽지 않았다. 그럼에도 불구하고 잘 운영된 봉사학습 프로그램은 시민 참여의 수준을 높이는 데 도움이 되며(Anderson, 1998 ; Youniss, McLellan & Mazer, 2001 ; Youniss & Yates, 1997), 긍정적인 도덕적 행위의 증가 및 비행비율의 감소와 관련된다는 것을 지적하는 결론들이 나오기 시작했다(Hart, Atkins & Ford, 1998).

봉사학습이 학생들의 사회적 성장에 긍정적으로 영향을 미치는 데 있어서 최소한 두 가지 요소가 중요한 것으로 보인다. 첫째는 학생이 특정한 활동에 참여하고자 하는 자발적 선택의 정도는 그 활동이 긍정적인 유익함을 갖는 데 중요한 것으로 보인다는 것이다(Anderson, 1998 ; Barker & Eccles, 1997 ; Leming, 1999). 선택의 중요성은 정체성 형성뿐만 아니라 학생 동기와도 연결된다. 이런 점에서 레밍(Leming, 1999)은 프로그램이 학생들로 하여금 소위 말하는 자발적 봉사활동에 강제로 참여하도록 할 때, 그 프로그램은 학교가 그들을 특별한 종류의 인간으로 만들고자 뻔뻔스러운 시도를 하는 것으로 인식하는 청소년들 사이에서 멀어지는 결과를 낳는다고 보고했다.

두 번째 중요한 요소는 봉사학습 활동이 반성의 시간과 연결되어야 한다는 것이다(Andersen, 1998 ; Youniss 외, 2001 ; Youniss & Yates, 1998). 반성의 정도는 한 페이지의 보고서를 작성하는 것과 같은 최소 활동으로부터 매일 일기를 작성하는 것과 같이 프로그램마다 다양하다(Killen & Horn, 2000). 반성이 중요한 까닭은 그것이 학생들에게 감정과 경험을 공유하게 하며, 그러한 경험을 그들 자신의 사회적 가치 및 자아의식과 연결시킬 수 있는 기회를 제공해 준다는 데 있다(Anderson, 1998). 킬렌(Killen)과 혼(Horn, 2000)은 그러한 반성이 학생들로 하여금 도덕적 성장을 촉진하는 공정과 사회적 불평등의 이슈를 고려하는 데 개입하도록 해주며, 또한 인습적인 고정관념이 가난한 불구자와 같은 그러한 외집단을 강제하는 방식들을 고려하게 할 것이라고 제안한다. 봉사활동에 관한 반성의 기회는 또한 학생들로 하여금 다른 사람들과 자신과의 관계를 발견하게 하고 책임감과 효능감을 동시에 의식하게 할 수도 있다(Killen & Horn, 2000). 끝으로 도덕적 행위와 개인적 정체성 간의 연결을 조장하는 봉사학습의 효과성은 학생 자신이 봉사기관의 이념적 가정에 관하여 반성하고 학생 개인에 의해 유지되고 있는 가치와 관련한 봉사활동의 도덕적 영향에 관하여 반성할 때 생겨난다고 제안되고 있다(Youniss 외, 2001 ; Youniss & Yates, 1997).

교육과정을 통한 도덕교육

지금까지 논의의 초점은 학급경영 전략, 학교의 사회적·정서적 분위기와 구조, 그리고 봉사학습 기회의 제공과 같은 직접적인 사회적 경험을 통한 학생들의 도덕적·사회적 성장에 대해 학교가 할 수 있는 공헌에 집중되어 왔다. 체험(lived experience)에 관한 반성을 통해 도덕적·사회적 가치에 영향을 미치고자 하는 이러한 노력은 도덕적 인격의 확립에서 본질적이라 할 수 있는 개인 상호 간 도덕성의 발달에 기여한다. 직접적인 사회적 경험을 통해 구성된 도덕적·사회적 이해는 또한 교과 교육과정을 통해 제시된 도덕적·사회적 사건에 관한 숙고를 통해 이루어질 수 있다. 인격교육에 대한 전통적 접근의 경우 교육과정은 도덕적 가치의 사례를 제공하고 학생들이 역사적·문학적 사건 혹은 인물에 제시된 도덕적 교훈을 추출하는 기회를 제공하는 데 활용되어 왔다. 예를 들면 베넷(Bennett, 1996)은 책임, 용기, 동정, 충성, 정직, 우정, 끈기, 근면 수양, 그리고 신뢰의 덕을 체현하고자 했던 워싱턴(Booker T. Washington)과 같은 미국의 역사적 인물들의 삶에 관한 기술뿐만 아니라, 성경과 그 밖의 다른 문학적 출처들로부터 이야기들을 모은 대중용 책자를 제공했다. 베넷(1996)이 관심을 기울였던 특정한 덕들에 대한 의문은 차치하고라도, 교육과정의 활용에 대한 이러한 접근의 영향을 탐구하고 있는 연구는 도덕적 이야기들의 단순한 제시로는 아동들의 도덕발달에서 의도한 바의 효과를 거두지 못한다는 것을 입증하고 있다(Narvaez, 2002). 교과서에 제시된 그러한 도덕적 이야기들은 도덕에 관한 아동들의 개념에서의 차이로 인해 주어진 교실의 아동들 각자에게 서로 다르게 이해된다. 아동들은 작가에 의해 의도된 바와 같은 혹은 교수자에 의해 가정된 바와 같은 도덕적 이야기 주제를 일반적으로 이끌어내지 않는다(Narvaez, 2002). 따라서 그럴 듯한 도덕적 내용에 대한 학생들의 단순한 노출은 도덕발달을 촉진시키지 못한다.

도덕적 성장의 증진을 위한 교육과정의 효과적인 활용은 특정한 교훈이나 문제 내에 내포된 도덕적·사회적 가치의 선택, 그리고 중심적인 이슈를 둘러싼 반성적 논의의 유발과 관련된다(Lockwood & Harris, 1985 ; Simon, 2001). 그 수업은 또한 학생들이 폭넓게 활동학습에 참여하도록 학습 역할놀이, 시뮬레이션, 그리고 작문(written work)을 활용할 수 있을 것이다. 교육과정의 효과적인 활용 또한 도덕적·사회적 가치 수업의 내용과 교사의 교육목표 간의 일치를 요구한다(Higgins, 1991). 도덕적·사회적 발달을 자극하기 위한 교육과정의 효과적 활용에서 결정적인 요소들은 (a) 그 수업의 중심 이슈(들) 영역과 논의 혹은 작문 과제 내용 간의 일치(Nucci, 2001), 그리고 (b) 학생을 인지적 반성에 참여하도록 요구하는 과업의 사용(Lind, 2003 ; Oser, 1991)이다. 후자와 관련하여 비판적 반성은 위에서 그리고 그 밖의 다른 출처(Cazden, 2003)에서 기술된 교류적 논의형식 또는 작문 과제를 통해 자극될 수 있다(Oser, 1991). 두 경우 학생들의 반성에 대한 자극은 학생들에게 그들 자신의 해결책을 제시해 보라는, 그리고 다양한 관점의 통합을 요구하는 교사 질문의 형태에서 나온다(Lind, 2003 ; Rest, 1986).

도덕적 성장을 위한 교육과정 활용의 발달적 접근 또한 광범위한 도덕교육 목적에 대해 도덕적 내용의 교육과정 자료가 발휘하는 독특한 역할을 인정한다. 학생들이 보다 넓은 사회체계들의 도덕성 개념, 특히 그들이 물려받은 체계의 문화적 가정과 가치에 대해 의심을 품는 일은 직접적인 개인적 경험을 능가할 것을 요구한다. 교과 교육과정을 통하여 학교는 학생들을 자연계의 사실적 가정, 인간과 문명의 역사, 그리고 인간이 문학과 예술을 통해 삶의 경험에 부여했던 반성과 해석 등 지식의 보고로 안내한다. 그와 같이 교과 교육과정은 학교가 도덕교육을 기본적인 개인 상호 간 도덕성을 함양하는 목적을 넘어서서 일상의 사회적 상호작용을 구성하는 사회체계 및 관습에 관한 비판적인 도덕적 반성을 할 수 있는 보다 넓은 능력으로 확장할 수 있는 주요 수단을 제공해 준다(Schubert, 1997). 원래 콜버그 이론의 맥락에서 보면 이러한 후자의 목적은 원리화 된 도덕판단 단계, 곧 후인습적 단계로 나아가고 있는 것으로 이해되었다(Kohlberg & Mayer, 1972). 그러나 도덕과 인습이 서로 다른 독특한 개념적·발달적 구조(frameworks)를 구성한다고 지적하고 있는 연구(Turiel, 1998)는 학생들이 발달의 모든 지점에서 사회적 관습을 평가할 때 그들의 도덕적 이해를 활용하도록 격려받아야 할 것이라는 제안으로 나아가게 했다(Nucci, 2001).

초점이 되는 이슈의 영역과 비판적 반성을 창출할 수 있는 의도된 질문이나 과제가 서로 일치되려면 교사들은 그 수업영역 관련 특징에 대해 자세히 분석해야 할 것이다(Nucci, 2001). 영역일치 가치교육의 적용에 관한 실제적인 사례는 누치에 의해 제공되고 있다(Nucci, 2001). 사회적 인습을 중심으로 한 토론에 사용되었던 하나의 사례는 미국 역사에서 추출한 단원인데(pp. 180-181), 조지 워싱턴(George Washington)은 영국 왕 조지 2세(King George II)가 대통령으로서의 워싱턴보다는 한 인간으로서의 워싱턴(Mr. George Washington)에 초점을 두고 썼다는 이유로 그의 편지를 거부한 내용이었다. 그 역사 단원 수업에 참여하는 학생들은 왜 조지 워싱턴이 그 편지를 되돌려보냈는지, 그리고 그의 행위가 미합중국을 영국 정부로부터 한 국가로서 공식적인 인정을 받는 데 어떤 의의를 지니고 있는지를 생각하도록 지도를 받는다. 그 영역일치 수업은 여러 공식 직함을 제정하는 인습이 사회적 지위와 사회적 위계의 측면에서 사회체계의 구성원들을 분화시키는 데 공헌하는 기능에 초점을 맞추었다. 이 경우에 그 어떤 논의도 공정이나 인간 안녕 등의 도덕적 이슈에 집중되지 않는다.

이러한 인습의 사례와는 대조적으로 존 브라운(John Brown)의 캔사스(Kansas) 습격을 둘러싼 사건을 탐구하는 역사 단원은 정의와 복수의 이슈에 초점을 두는 도덕수업의 기반을 형성했다(Nucci, 2001, pp. 184-185). 존 브라운과 그의 아들들이 노예 반란을 선동하고자 한 노력에서 보인 행위들은 학생들로 하여금 노예를 해방시키고자 한 노력이 브라운과 그의 아들들이 범했던 살인을 정당화할 수 있는지의 여부를 생각하도록 방향을 유도하는 질문들의 근간을 이루었다. 이 경우에서는 그 어떤 논의도 통제하고 있는 규칙이나 인습을 탐구하지 않았으며, 대신에 공정과 안녕의 도덕적 요소에 초점이 모아졌다.

8학년 학생들을 대상으로 영역 일치적인 도덕적·사회적 가치교육의 영향을 탐구했던 한 연구는 학생들이 공정과 인간 안녕의 고려에 초점을 둔 도덕적 이슈에 대하여 교실 토론과 후속적인 작문 과제에 참여할 때 그들의 도덕적 추론을 효과적으로 향상시킬 수 있음을 발견했다(Nucci & Weber, 1991). 다른 한편으로, 토론과 후속적인 작문 과제를 행위를 둘러싸고 있는 규칙과 규범, 그리고 통제하는 규칙의 변화로부터 야기될 사회체계에 대해 다루도록 함으로써 도덕적 이슈를 인습의 문제로 다루는 것은 학생들의 도덕적 추론의 수준에 아무런 영향을 미치지 못했다. 역으로 학생들로 하여금 인간 복지, 권리, 그리고 공정에 관하여 사회적 인습이 미치는 영향을 고려해 보도록 함으로써 사회적 인습을 도덕화하는 것은 인습에 관한 그들의 추론에 영향을 주지 못했던 반면에, 이와 똑같은 인습적 이슈를 둘러싼 토론을 통제하는 규칙과 규범의 사회제도적 기능 중심으로 전개하는 경우에는 학생들의 사회적 인습 및 사회체계의 개념을 발달시켰다(Nucci & Weber, 1991). 아마도 가장 중요한 것으로 영역 일치적인 교수는 여성 참정권과 같은 도덕과 인습 간의 중복의 문제를 안고 있는 사회적 이슈들에 대해 학생들이 도덕적 요소와 인습적 요소를 자발적으로 일치시키고자 하는 경향성의 빈도를 높여주었다는 것일 것이다(Nucci & Weber, 1991). 영역을 교차하여 일치시키는 이러한 능력은 학생들이 사회적 관습에 관하여 비판적인 도덕적 평가를 할 수 있는 핵심적인 요소이다. 아동들의 정치체계 개념에 대한 최근의 연구는 초등학교 연령의 아동들조차도 다양한 정부형태의 도덕성에 관한 의미 있는 고려에 참여할 수 있음을 지적하고 있다(Helwig, 1998). 요컨대 아동들은 시민들이 국가통치에 참여할 개인적 권리와 기회를 제공하는 민주적 체계에 대해 자발적으로 열정을 보내는 경향이 있다(Helwig, 1998). 따라서 영역일치 도덕교육을 통해 학생들이 비판적인 도덕적 반성에 참여하도록 하는 교육적 노력은 다원주의 민주주의에서 학생들을 대상으로 한 폭넓은 시민교육의 목적과 일치한다.

일반적으로 도덕교육의 형식적 구성요소로서 통합되지 않는 하나의 이슈는 행위의 도덕성에 관한 우리의 관점을 특징짓는 데 정보 가설(informational assumptions)이 발휘하는 역할이다(Wainryb, 2000). 예를 들면 체벌이 아동들에게 올바른 행동을 교육시키는 효과적인 방법이라고 믿는 부모는 그러한 처벌이 아동에게 고통스럽다는 인식을 하지 않으며, 체벌의 행위를 도덕적으로 수용 가능한 것으로 바라보는 경향이 있다(Wainryb, 1991). 그러한 부모들에게 체벌이 그 밖의 다른 훈육형식보다 덜 효과적이라는 믿을 만한 사회과학 정보를 제공해 주면 이 부모들은 체벌이 아동에게 야기하는 고통과 해악 때문에 그들의 입장을 변경하며 그것을 나쁜 것으로 평가한다(Wainryb, 1991). 요약하면 체벌의 도덕적 지위는 사람들이 그 행위의 효과에 관하여 구성하는 가설에 따라 변화한다. 다른 문화의 구성원들에 의해 보존된 정보 가설에 관한 인식은 아동들과 청소년들이 다른 문화의 구성원들에 의해 보존된 문화적 관습에 대한 관용을 보이는 경향성에 있어서 또한 결정적이다(Wainryb, Shaw & Maianu, 1998 ; Wainryb, Shaw, Langley, Cottam & Lewis, 2004). 예를 들면 여성들의 성기 음핵을 절제하는 문화적 관습을 지닌 집단들에 관한 도덕적 평가는 사실상 우리가 다른 문화의 구성원들이 그러한 절단을 장기적으로 해악을 끼치는 결과를 산출하는 것으로 해석한다고 믿느냐 혹은 그렇지 않느냐에 따라 영향을 받는다(Nussbaum, 1999 ; Shweder, 2003). 아동들과 청소년들은 일단 정보 가설에서 차이가 명료해지면 행위의 도덕성에 대한 그들 자신의 평가와 다른 문화 구성원들의 도덕적 평가를 서로 확실히 구별해낼 수 있다(Wainryb 외, 1998).

비판적인 도덕적 반성의 교육은 교사를 중심으로 어떤 주어진 교육과정 과제의 이슈에 대해 사회 인지 영역을 분석해야 할 뿐만 아니라, 초점이 되는 이슈의 도덕성에 관한 불일치가 학생들과 보다 넓은 사회 구성원들에 의해 보존된 정보 신념에서의 차이로 인한 것인지의 여부에 대한 탐구가 있어야 한다. 예를 들면 2002년 일리노이(Illinois) 주지사에 의한 사형집행 정지로 학생들에게 매우 부각되었던 이슈인 사형을 둘러싼 토의를 전개하고자 하는 노력에서(Nucci & Multack, 2003) 우리는 이 이슈의 도덕적 측면들이 다음과 같은 사실적 문제들, 곧 사형은 무기형에 비해 비용이 덜 드는지, 사형은 중요범죄의 유발을 억지시키는지, 사형은 비합리적으로 소수인종에 부과되는지, 그리고 라이언(Ryan) 주지사가 일리노이에서 사형집행의 정지를 공표하면서 제시했던 이유(Ryan, 2003)인 사형 유죄판결에서 많은 과실이 범해지는지 등에 대해 지녔던 불일치로 인해 흐려져 버린다는 것을 발견했다. 사형의 도덕성에 관한 토의에 참여하기 위해서는 그 수업에 참여하는 학생들로 하여금 도서관과 인터넷을 통해 그 주제와 관련하여 밑에 깔려 있는 이러한 사실적 불일치들에 대해 어느 정도의 합의에 도달하도록 하는 것이 무엇보다 필요하다.

현재 이 시점에서 도덕교육에 대한 영역 중심 교육과정 접근의 적용은 그의 실행을 요구하고 있는 지역구들의 실연 프로젝트들(demonstration projects)로 제한되고 있다(Nucci, 2000). 비록 이 프로젝트들이 연구자, 교사, 행정가, 지역구 학부모들로부터 성공적이라고 간주되고 있긴 하지만(Nucci, 2003b) 이 교육과정 접근을 광범위하게 실행하거나 채택하는 데에는 여러 가지 장애에 직면하기 쉽다. 영역 중심의 사회 및 도덕교육이 직면하고 있는 주요 과제는 발달적 연구를 도덕교육에 적용하고자 하는 작금의 모든 노력, 즉 교육의 실제를 도덕적·사회적 성장과 연합시키고자 하는 교사의 준비성과 관련되어 있다. 최근의 발달적 훈육의 운명과 관련하여 기술된 바와 같이(Watson, 2003) 발달적으로 기반을 둔 교수는 현재의 예비교사 교육을 통해 일반적으로 제공되지 않는 일군의 기능을 요구한다. 최근에 교사들이 인격교육과 관련하여 그들 자신의 효능감을 어떻게 지각하고 있는가를 고찰했던 한 연구는 대부분의 교사들이—도덕 및 사회교육에 대한 발달적 접근에서 요구되고 있는 교육의 실제는 차치하고라도—전통적인 인격교육과 관련된 가장 기본적인 교육의 실제조차도 구사할 준비가 덜 되어 있음을 느끼고 있다고 지적했다(Milson, 2003). 영역 중심 도덕교육의 경우에 이런 일군의 기능은 학생들로 하여금 이질적인 이슈들의 영역 구성요소들을 조정하도록 돕는 능력뿐만 아니라, 도덕적·인습적·개인적 이슈들에 대응하는 교육과정상의 이슈들을 확인하는 능력을 포함한다. 현재 시카고의 일리노이 대학교에서 예비 대학생 초등교사 인증 프로그램을 통해 교과 교육과정 활용에 필요한 이러한 능력들을 가르치는 일이 얼마나 효능이 있는지를 사정하는 노력이 진행 중에 있다(Nucci, Drill, Larson & Brown, 2005). 그러나 교사 준비과정에서의 이러한 노력이 효과가 있는지 없는지를 결정하는 데에는 수년이 걸릴 것이다.

결론

아동들의 도덕발달에 관한 연구는 콜버그(Power 외, 1989a, 1989b)가 최초로 발달 이론을 도덕교육에 적용하고자 시도한 이래 상당히 진척되어 왔다. 이 연구는 우리가 살아 있는 도덕체계들의 다양성과 이질성에 주의를 기울이면서도(Laden, 2001) 도덕교육에 관한 콜버그의 진보적 시각(progressive vision, Kohlberg & Mayer, 1972)을 유지할 수 있다는 것을 입증해 주고 있다. 교육 연구는 개인 상호 간 도덕성, 매끄러운 사회적 담론과 사회체계들의 조직을 구성하는 인습 및 규범에 대한 존중(Nucci, 2001)과 더불어 기본적인 인간의 예의범절(DeVries & Zan, 1994 ; Noddings, 2002 ; Watson, 2003)을 함양하는 교실의 정서적 분위기와 사회적 상호작용 간의 통합과 관련된 작업을 포함한다. 그러나 이 장의 기본적인 전제는 개인 상호 간 도덕성의 구성(Rest 외, 1999) 그 자체는 교육의 실제가 학생들에게 그들이 물려받은 규범체계의 도덕성을 의문시하는 도덕적 이해를 채택하도록 준비시키는 윤리적 필요조건들에는 속하지 않는다는 것이다. 따라서 도덕교육은 학생들이 현상을 의문시할 기회를 포함할 필요가 있다. 그러한 기회는 학교와 교실을 구조화하는 규범들에 대해 학생의 입장에서 의심할 과제를 생기게 할 수 있다. 그러나 교과 교육과정 또한 학생들이 그들 자신을 포함한 다양한 사회체계들의 도덕적 모순을 탐구할 기회와 더불어 사회체계들을 구조화하는 데 있어서 인습의 중요성과 기능을 고려하도록 하는 훌륭한 기회를 제공한다고 주장되고 있다.

이 장에서 검토되었던 연구는 어떤 특정한 종류의 인간이나 도덕적 인격을 함양하는 교수에 관해서는 직접적으로 다루지 않았다. 그러나 도덕적 행위(moral agency) 그리고 자아의 도덕적 측면들의 구성은 검토된 각각의 실제에 들어 있다. 도덕적 자아에 관해서는 많은 기술이 있어 왔으며, 랩스레이(Lapsley)와 나베츠(Narvaez, 2004)는 이 개념을 둘러싸고 있는 이슈들에 관하여 포괄적으로 다루고 있다. 그러나 우리가 도덕성의 구성을 자아의 구성과 분리할 수 있는지에 대해서는 의문의 여지가 있다(Nucci, 2004). 철학자 프랑케나(Frankena, 1978)가 주장하듯이 우리가 도덕적 원리의 형식에서 구성하는 도덕성, 그리고 "행위와 존재"(doing and being, p. 53)의 도덕성은 모든 원리에는 그와 일치하여 행위하고자 하는 대응성향 혹은 경향성이 존재한다는 점에서 서로 똑같은 도덕성의 보완적 측면들이다. 교육과정의 발달적 이용으로 인해 나타나는 도덕적 반성 및 구성뿐만 아니라, "발달적 훈육"을 통해 아동들로 하여금 그들 자신의 행위 및 다른 사람들과의 관계의 본질에 관하여 의미 있는 반성을 할 수 있도록 하면서 우리는 학생들이 지니고 있는 다름 아닌 그 가치들의 개념과 그들의 개인적 구조를 구성하는 사회세계에 관한 추론 방식에 대해 묻고 따지는 과정에 개입한다. 우리는 아동들의 도덕적·사회적 발달에 관한 지난 30년 동안의 연구결과로부터 학생들이 도덕적 논쟁, 복잡성, 그리고 이질성을 다룰 수 있도록 준비시키는 여러 가지 방식이 혼합된 접근을 허용하기에 이르렀다. 이것은 현 교육부 장관과 같은 가치 단순성과 일관성을 바라는 그러한 정치적 인물들의 가슴에 긍정적으로 다가설 것 같은 그런 종류는 아니다. 그러나 그것은 도덕적 기능작용의 실재(reality)와 진정한 민주시민을 위한 필수요건에 훨씬 더 가까이 다가서는 것이다(Helwig, 1998).

참고문헌

Anderson, S. M.(1998). Service learning : *A national strategy for youth development.* Position Paper issued by the Task Force on Education Policy. Washington, D. C. : Institute of Communitarian Policy Studies, George Washington University.

Arsenio, W.(1988). Children's conceptions of the situational affective consequences of sociomoral events. *Child Development, 59*, 1611−1622.

Arsenio, W., Lover, A.(1995). Children's conceptions of socio−moral affect : Happy victimizers, mixed emotions, and other expectancies. In M. Killen and D. Hart(Eds.), *Morality in everyday life*(pp. 87−130). New York : Cambridge University Press.

Barker, B., & Eccles, J.(1997, April). *Student council volunteering, basketball, or marching band : What kind of extracurricular involvement matters?* Symposium : Adolescent involvement in community. Biennial meeting of the Society for Research in Child Development. Washington, D. C.

Battistich, V., Solomon, D., Watson, M., & Schaps, E.(1997). Caring school communities. *Educational Psychologist, 32*, 137−151.

Bennett, W.(1992). *The de−valuing of America : The fight for our culture and our children.* New York : Simon & Schuster.

Bennett, W.(1996). *The book of virtues for young people : A treasury of great moral stories.* Carmichael, CA : Touchstone Books.

Bennett, W.(1998). *The death of outrage : Bill Clinton and the assault on American ideals.* New York : Simon & Schuster.

Berkowitz, M. W.(2002).. The science of character education. In W. Damon(Ed.), *Bringing in a new era in character education.* Stanford, CA : Hoover Institution Press.

Berkowitz, M., & Gibbs, J.(1983). Measuring the developmental features of moral discourse. *Merrill–Palmer Quarterly, 24*, 399–410.

Blakeney, C., & Blakeney, R. (1991). Understanding and reforming moral misbehavior among behaviorally disorder children. *Journal of Behavioral Disorders, 16*, 135–143.

Blasi, G. (1980). Bridging moral cognition and moral action : A critical review of the literature. *Psychological Bulletin, 88*, 1–45.

Bloom, A. (1988). *The closing of the American mind*. New York : Simon & Schuster.

Blumenfeld, P. C., Pintrich, P. R., & Hamilton, V. L. (1987). Teacher talk and students' reasoning about morals, conventions, and achievement. *Child Development, 58*, 1389–1401.

Brummett, J. (2003, April 13). United Christian States of America [column]. *Las Vegas Review–Journal*, A15.

Bryk, A. S., & Schneider, B. (2002). *Trust in schools*. New York : Russell Sage Foundation.

Carpendale, J., & Krebs, D. (1992). Situational variation in moral judgment : In a stage, or on a stage? *Journal of Youth and Adolescence, 21*, 203–224.

Cazden, C. (2003). *Classroom discourse : The language of teaching and learning* (2nd ed.). Portsmouth, NJ : Heinemann Press.

Colby, A., & Damon, W. (1992). *Some do care : Contemporary lives of moral commitment*. New York : Free Press.

Cumberland–Li, A., Eisenberg, N., Champion, C., Gershoff, E., & Fabes, R. A. (2003). The relation parental emotionality and related dispositional traits to parental expression of emotion and children's social functioning. *Motivation and Emotion, 27*, 27–56.

Damasio, A. (1996). *Descartes' error : Emotion, reason and the human brain*. New York : Avon.

Damon, W. (1988). *The moral child*. New York : The Free Press.

Deci, E. (1995). *Why we do what we do : The dynamics of personal autonomy*. New York : G. P. Putnam.

DeVries, R., Hildebrandt, C., & Zan, B. (2000). Constructivist early education for moral development. *Early Education & Development, 11*, 9–35.

DeVries, R., & Zan, B. (1994). *Moral classrooms, moral children : Creating a constructivist atmosphere for early education*. New York : Teachers College Press.

DeVries, R., & Zan, B. (2003). When children make rules. *Educational Leadership, 61*, 64–67.

Dien, D. S. (1982). A Chinese perspective on Kohlberg's theory of moral development. *Developmental Review, 2*, 331–341.

Eccles, J. S., Midgley, D., Wigfield, A., Buchanan, C. M., Reuman, D., Flanagan, C., & Mac Iver, D.(1993). Developmental during adolescence : The impact of stage-environment fit on adolescents' experiences in schools and families. *American Psychologist, 48*, 90-101.

Eccles, J. S., Wigfield, A., & Schiefele, U.(1998). Motivation to succeed. In W. Damon(Ed.), & N. Eisenberg(Vol. Ed.), *Handbook of child psychology, Vol. 3 : Social, emotional, and personality development*(5th ed., pp. 1017-1095). New York : Wiley.

Eisenberg, N.(1986). *Altruistic emotion, cognition and behavior*. Hillsdale, NJ : Lawrence Erlbaum Associates.

Ekman, P.(1993). Facial expressions and emotion. *American Psychologist, 48*, 384-392.

Emde, R., Birigen, Z., Clyman, R., & Oppenheim, D.(1991). The moral self of infancy : Affective core and procedural knowledge. *Developmental Review, 11*, 251-270.

Emde, R., Hewitt, J. K., & Kagan, J.(2001). *Infancy to early childhood : Genetic and environmental influences on developmental change*. Oxford, UK : Oxford University Press.

Fogel, R. W.(1999). *The fourth great awakening and the future of egalitarianism*. Chicago : University of Chicago Press.

Fraenkel, J. R.(1976). The Kohlberg bandwagon : Some reservations. *Social Education, 40*, 216-222.

Frankena, W. K.(1978). *Ethics*. Englewood Cliffs, NJ : Prentice-Hall.

Geiger, K., & Turiel, E.(1983). Disruptive school behavior and concepts of social convention in early adolescence. *Journal of Educational Psychology, 75*, 677-685.

Gilligan, C.(1982). *In a different voice : Psychological theory and women's development*. Cambridge, MA : Harvard University Press.

Gilovich, T., Grifffin, D., & Kahneman, D.(2002). *Heuristics and biases : The psychology of intuitive judgment*. New York : Cambridge University Press.

Greene, J., & Haidt, J.(2002). How(and where) does moral judgment work? *Trends in Cognitive Sciences, 6*(12), 517-523.

Haidt, J.(2001). The emotional dog and its rational tail : A social intuitionist approach to moral judgment. *Psychological Review, 108*, 814-834.

Hanse, D. T.(1995). Teaching and the moral life of classroom. *Journal for a Just & Caring Education, 2*, 59-74.

Hart, D., Atkins, R., & Ford, D.(1998). Urban America as a context for the development of moral identity in adolescence. *Journal of Social Issues, 54*, 513-530.

Helwig, C.(1998). Children's conceptions of fair government and freedom of speech.

Child Development, 69, 518–531.
Higgins, A.(1991). The just community approach. In W. M. Kurtines, & J. L. Gewirtz(Eds.). *Handbook of moral behavior and development, Vol. 3 : Applications* (pp. 111–142). Hillsdale, NJ : Lawrence Erlbaum Associates.
Himmelfarb, G.(1994). *One nation, two cultures*. New York : Knopf.
Horn, S. S.(2003). Adolescents' reasoning about exclusion from social groups. *Developmental Psychology, 39*, 71–84.
Horn, S.(2005). Adolescents' peer interactions : Conflict and coordination between personal expression, social norms, and moral reasoning. In L. Nucci(Ed.), *Conflict, contradiction, and contrarian elements in moral development and education*(pp. 113–127), Mahwah, NJ : Lawrence Erlbaum Associates.
Inhelder, B., & Piaget, J.(1969). The early growth of logic in the child. New York : W. W. Norton.
Izard, C.(1986). Approaches to developmental research on emotion–cognition relationships. In D. Bearison, & H. Zimiles(Eds.). *Thought and emotion : Developmental perspectives*(pp. 21–38). Hillsdale, NJ : Lawrence Erlbaum Associates.
Karniol, R.(2003). Egocentricism versus protocentrism : The status of self in social prediction. *Psychological Review, 110*(3), 564–580.
Killen, M., Breton, S., Ferguson, H., & Handler, K.(1994). Preschoolers evaluations of teacher methods of intervention in social transgressions. *Merrill–Palmer Quarterly, 40*, 399–415.
Killen, M., & Horn, S.(2000). Facilitating children's development about morality, community and autonomy : A case for service–learning experiences. In W. van Haaften, T. Wren, & A. Tellings(Eds.). *Moral sensibilities and education II : The schoolchild*(pp. 89–115). Bemmel, The Netherlands : Concorde Publishing.
Killen, M., Lee–Kim, J., McGlothlin, H., & Stangor, C.(2002). How children and adolescents evaluate and racial exclusion. *Monograph of the Society for Research in Child Development, 67*(4, Serial No. 271).
Killen, M., Stangor, C., Price, B. S., Horn, S., & Sechrist, G. B.(2004). Social reasoning about racial exclusion in intimate and non–intimate relationships. *Youth and Society, 35*, 293–322.
Kochanska, K.(1993). Toward a synthesis parental socialization and child temperment in early development of conscience. *Child Development, 64*, 325–347.
Kohlberg, L.(1981). *Essays on moral development, Vol. 1 : The philosophy of moral development*. San Francisco : Harper and Row.
Kohlberg, L.(1984). *Essays on moral development, Vol. 2 : The philosophy of moral*

development. San Francisco : Harper and Row.

Kohlberg, L., & Mayer, R.(1972). Development as the aim of education. *Harvard Educational Review, 42*, 449–496.

Laden, A. S.(2001). *Reasonably radical : Deliberative liberalism and the politics of identity*. Ithica, NY : Cornell University Press.

Lapsley, D. K., & Narvaez, D.(Eds.).(2004). *Moral development, self, and identity*. Mahwah, NJ : Lawrence Erlbaum Associates.

Leming, J.(1999). *The impact of integrating a structured ethical reflection program into high school service–learning experiences of students' sociomoral development*. Unpublished manuscript, Southern Illinois University, Carbondale, II.

Lickona, T.(1991). *Educating for character : How our schools can teach respect and responsibility*. New York : Bantam Books.

Lickona, T.(2004). *Character matters : How to help our children development good judgment, integrity, and other essential virtues*. Carmichael, CA : Touchstone Books.

Lightfoot, C.(2004). *The culture of adolescent risk–taking*. New York : Guilford.

Lind, G.(2003). *Moral ist lehrbar. Handbuch zur theorie und praxis moralischer und demokratischer bilung*. [Morality can be taught. Handbook on theory and practice of moral and democratic education.] Munich, Germany : Oldenbourg–Verlag.

Lockwood, A. L., & Harris, D. E.(1985). *Reasoning and democratic values : Ethical problems in United States history*. New York : Teachers College Press.

Ludemann, P.(1991). Generalized discrimination of positive facial expressions by 7–month old infants. *Child Development, 62*, 55–67.

MacIntyre, A.(1984). *After virtue*(2nd ed.). Notre Dame, IN : University of Notre Dame Press.

Milson, A. J.(2003). Teachers' sense of efficacy for the formation of students' character. *Journal of Research in Character Education, 1*(2) 89–106.

Murphy, M. M.(1998). *Character education in America's blue ribbon schools : Best practices for meeting the challenge*. Lancaster, PA : Technomic Publishing.

Narvaez, D.(2002). Does reading moral stories build moral character? *Educational Psychology Review, 14*, 155–171.

Neff, K. D.(2001). Judgements of personal autonomy and interpersonal responsibility in the context of Indian spousal relationships : An examination of young people's reasoning in Mysore, India. *British Journal of Developmental Psychology, 19*, 233–257.

Noddings, N.(2002). *Educating moral people : A caring alternative to character*. New York : Teachers College Press.

Nucci, L.(1984). Evaluating teachers as social agents : Students' ratings of domain appropriates and domain-inappropriate teacher responses to transgressions. *American Educational Research Journal, 21*, 367-378.

Nucci, L.(1996). Morality and the personal sphere of actions. In E. Reed, E. Turiel, & T. Brown(Eds.), *Values and knowledge*(pp. 41-60). Hillsdale, NJ. : Lawrence Erlbaum.

Nucci, L.(1997). Moral development and character formation. In H. J. Walberg & G. D. Haertel(Eds.). *Psychology and educational practice*(pp. 127-157). Berkeley, CA : McCutchan.

Nucci, L.(2000, May). *Discovering ethical leadership*. Invited plenary address, Fifth annual Wallace Research Symposium on Talent Development. Iowa City : The University of Iowa.

Nucci, L.(2001). *Education in the moral domain*. Cambridge, UK : Cambridge University Press.

Nucci, L.(2003a). Social interaction and the construction of moral and social knowledge. In J. I. M. Carpendale & U. Muller(Eds.). *Social interaction and knowledge*. Mahwah, NJ : Lawrence Erlbaum Associates.

Nucci, L.(2003b). *Discovering ethical leadership program evaluation : Year 4*. Unpublished technical report, University of Illinois at Chicago.

Nucci, L.(2004). Reflections on the moral self construct. In D. K. Lapsley, & D. Narvaez(Eds.). *Moral development, self, and identity*(111-132). Mahwah, NJ : Lawrence Erlbaum Associates.

Nucci, L., Becker, K., & Horn, S.(2004, June). *Assessing the development of adolescent concepts of social convention*. Paper presented at the annual meeting of the Jean Piaget Society, Toronto, CA.

Nucci, L., Drill, K., Larson, C., & Browne, C.(2005). Integrating character education into the preparation of urban teachers : Implementation and evaluation. Unpublished manuscript, University of Illinois at Chicago.

Nucci, L., & Multack, N. V.(2003). *Middle-school moral and social values lessons : Park Ridge, IL District 64*. Unpublished document, University of Illinois at Chicago.

Nucci, L., & Nucci, M. S.(1982). Children's social interactions in the context of moral and conventional transgressions. *Child Development, 53*, 403-412.

Nucci, L., & Weber, E.(1991). Research on classroom applications of the domain approach to value education. In W. Kurtines & J. Gewirtz(Eds.), *Handbook of moral behavior and development : Vol. 3, Applications*(pp. 251-266). Hillsdale, NJ : Lawrence Erlbaum Associates.

Nussbaum, M.(1999). *Sex and social justice*. Oxford, UK : Oxford University Press.

Oser, F. K.(1991). Professional morality : A discourse approach. In W. Kurtines & J. Gewirtz(Eds.). *Handbook of moral development, Vol. 2 : Research*(pp. 191−228). Hillsdale, NJ : Lawrence Erlbaum Associates.

Oser, F.(2005). Negative morality and the goals of education. In L. Nucci(Ed.) *Conflict, contradiction, and contrarian elements in moral development and education*(pp. 129−153.). Mahwah, NJ : Lawrence Erlbaum Associates.

Oser, F. K., & Veugelers, W.(2003). *Teaching in moral and democratic education*. Bern : Peter Land Verlag.

Overton, W. F.(1998). Developmental psychology : Philosophy, concepts, and methodology. In R. M. Lerner(Ed). *Theoretical models of human development, Vol 1 : Handbook of child psychology*(5th ed. pp. 107−188). New York : Wiley.

Piaget, J.(1932). *The moral judgment of the child*. New York : Free Press.

Piaget, J.(1965). *The child's conception of number*. New York : W. W. Norton.

Piaget, J.(1985). *The equilibration of cognitive structures*. Chicago : University of Chicago Press.

Pizzaro, D. A., & Bloom, P.(2003). The intelligence of moral intuitions : Comment on Haidt(2001). *Psychological Review, 110*, 193−196.

Power, C., Higgins, A., & Kohlberg, L.(1989a). *Lawrence Kohlberg's approach to moral education*. New York : Columbia University Press.

Power, C., Higgins, A., & Kohlberg, L.(1989b). The habit of the common life : Building character through democratic community schools. In L. Nucci.(Ed.). *Moral development and character education : A dialogue*(pp. 125−144). Berkeley, CA : McCutchan.

Putnam, H. D.(2003). *Better together : Restoring the American community*. New York : Simon & Schuster.

Putnam, R. D.(2000). *Bowling alone : The collapse revival of American community*. New York : Simon & Schuster.

Raths, L., Harmin, M., & Simon, S.(1976). Selection from Values and teaching. In D. Purpel & K. Ryan(Eds.). *Moral education … it comes with the territory*(pp. 75−115). Berkeley, CA : McCutchan.

Rawls, J.(1971). *A theory of justice*. Cambridge, MA : Harvard University Press.

Rawls, J.(1993). *Political liberalism*. New York : Columbia University Press.

Rawls, J.(2001). *Justice as fairness : A restatement*. Cambridge, MA : Harvard University Press.

Rest, J., Narvaez, D., Bebeau, M., & Thoma, S.(1999). *Postconventional moral thinking : A neo−Kohlbergian approach*. Mahwah, NJ : Lawrence Erlbaum Associates.

Rest, J. R.(1986). *Moral development : Advances in research and theory*. New York : Praeger.

Rorty, R.(1973). Criteria and necessity. *Nous, 7*, 313–379.

Rorty, R.(1979). *Philosophy and the mirror of nature*. Princeton, NJ : Princeton University Press.

Rorty, R.(1988). *Contingency, irony, and solidarity*. Cambridge, UK : Cambridge University Press.

Ryan, G.(2003, January 11). *I will not stand for it*. Invited address to the Northwestern University College of Law, Evanston, IL.

Ryan, k.(1989). In defense of character education. In L. Nucci.(Ed.). *Moral development and character education : A dialogue*(pp. 3–17). Berkeley, CA : McCutchan.

Ryan, K.(1996). Character education in the United States : A status report. *Journal For a Just and Caring Education, 2*, 75–84.

Ryan, K., & Bohlin, K. E.(1998). *Building moral character in schools*. San Francisco : Jossey–Bass.

Schubert, W.(1997). *Curriculum, perspective, paradigm, and possibility*. Upper Saddle River, NJ : Prentice–Hall.

Shweder, R.(1982). Liberalism as destiny : Review of Lawrence Kohlberg's *Essays on moral development, Vol. 1 : The philosophy of moral development. Contemporary Psychology, 27*, 421–424.

Shweder, R.(2003). What about female genital mutilation? And why understanding culture matters. In R. Shweder(Ed.). *Why do men barbeque?*(pp. 168–216). Cambridge, MA : Harvard University Press.

Shweder, R., Mahapatra, M., & Miller, J.(1987). Culture and moral development. In J. Kagan & S. Lamb(Eds.). *The emergence of morality in young children*. Chicago : University of Chicago Press.

Simon, K.(2001). *Moral questions in the classroom*. New Haven, CT : Yale University Press.

Smetana, J. G.(2002). Culture, autonomy, and personal jurisdiction in adolescent–parent relationships. In H. W. Reese and R. Kail(Eds.). *Advances in child development and behavior*(Vol. 29, pp. 51–87). New York : Academic Press.

Smetana, J. G.(2005). Adolescent–parent conflict : Resistance and subversion as developmental process. In L. Nucci(Ed.), *Conflict, contradiction, and contrarian elements in moral developmental and education*(pp. 69–91). Mahwah, NJ : Lawrence Erlbaum Associates.

Smetana, J., & Bitz, B.(1996). Adolescents' conceptions teachers' authority and their relations to rule violations in school. *Child Development, 67*, 1153–1172.

Snarey, J., & Keljo, K.(1991). In a Gemeinschaft voice : The cross–cultural expansion of moral development theory. In W. M. Kurtines & J. L. Gewirtz(Eds.), *Handbook of moral behavior and development*(Vol. 2, pp. 395–424). Hillsdale, NJ : Lawrence Erlbaum Associates.

Sokol, B., & Chandler, M.(2004). A bridge too far : On the relations between moral and secular reasoning. In Carpendale, J., & Muller, U.(Eds.). *Social interaction and the development of knowledge*(pp. 155–174). Mahwah, NJ : Lawrence Erlbaum Associates.

Sternberg, C., Campos, J., & Emde, R.(1983). The facial expression of anger in seven month old infants. *Child Development, 54*, 178–184.

Teo, T., Becker, G., & Edelstein, W.(1995). Variability in structured wholeness : Context factors in L. Kohlberg's data on the development of moral judgment. *Merrill–Palmer Quarterly, 41*, 381–393.

Thorkildsen, T. A.(2000). Children's coordination of procedural and commutative justice in school. In W. van Haaften, T. Wren, & A. Tellings(Eds.). *Moral sensibilities and education II : The school age child*(pp. 61–88). Bemmel, Netherlands : Concorde Publishing House.

Turiel, E.(1983). *The development of social knowledge : Morality and convention*. Cambridge, UK : Cambridge University Press.

Turiel, E.(1989). Multifaceted social reasoning and educating for character, culture, and development. In L. Nucci(Ed.). *Moral development and character education : A dialogue*(pp. 161–182). Berkeley, CA : McCutchan.

Turiel, E.(1998). The development of morality. In W. Damon(Ed.) & N. Eisenberg(Vol. Ed.). *Handbook of child psychology, Vol. 3 : Social, emotional, and personality development*(5th ed., pp. 863–932). New York : Academic Press.

Turiel, E.(2002). *The culture of morality : Social development, context, and conflict*. Cambridge : UK : Cambridge University Press.

Turiel, E., & Davidson, P.(1986). Heterogeneity, inconsistency, and asynchrony in the development of cognitive structures. In Iris Levin,(ed.), *Stage and structure : Reopening the debate*. New Jersey : Ablex.

Turiel, E., Hildebrandt, C., & Wainryb, C.(1991). Judging social issues : Difficulties, inconsistencies and consistencies. *Monographs for the Research in Child Development, 56*(Serial No. 224).

Turiel, E., & Wainryb, C.(2000). Social life in cultures : Judgments, conflicts, and subversion. *Child Development, 71*, 250–256.

Wainryb, C.(1991). Understanding differences in moral judgments : The role of informational assumptions. *Child Development, 62*, 840–851.

Wainryb, C.(2000). Values and truths : The making and judging of moral decisions. In M. Laupa(Ed.). *New directions for child development : Rights and wrongs : How children evaluate the world*(pp. 33–46). San Francisco : Jossey–Bass.

Wainryb, C., Shaw, L. A., Langley, M., Cottam, K., Lewis, R.,(2004). Children's thinking about diversity of belief in the early school years : Judgments of relativism, tolerance, and disagreeing persons. *Child Development, 75*, 687–703.

Wainryb, C., Shaw, L. A., & Maianu, C.(1998). Tolerance and intolerance : Children's and adolescents' judgments of dissenting beliefs, speech, persons, and conduct. *Child Development, 69*, 1541–1555.

Wainryb, C., & Turiel, E.(1994). Dominance, subordination, and concepts of personal entitlements in cultural contexts. *Child Development, 65*, 1701–1722.

Watson, M.(2003). *Learning to trust : transforming difficult elementary classrooms through developmental discipline*. San Francisco, CA : Jossey–Bass.

Watson, M., Solomon, D., Battistich, V., Schaps, E., & Solomon, J.(1989). The child development project : Combining traditional and developmental approaches to values education. In L. Nucci.(Ed.). *Moral development and character education : A dialogue*(pp. 51–92). Berkeley, CA : McCutchan.

Wynne, E.(1986). The great tradition in education : Transmitting moral values. *Educational Leadership, 43*, 4–9.

Wynne, E.(1987). Students and schools. In K. Ryan & G. F. McLean(Eds.), *Character development in schools and beyond*(pp. 97–118). New York : Praeger.

Youniss, J., McLellan, J. A., Mazer, B.(2001). Voluntary service, peer group orientation, and civic engagement. *Journal of Adolescence Research, 16*, 456–468.

Youniss, J. & Yates, M.(1997). *Community service and social responsibility in youth*. Chicago : University of Chicago Press.

주

1. 영역 이론으로부터 등장한 맥락화된 도덕적 의사결정의 관점은 롤스(John Rawls, 1993, 2001)의 후기 저작들로부터 확립되고 있는 최근의 도덕 철학과 많은 공통점을 지닌다. 보다 최근의 공식화에서 공정으로서의 정의에 관한 합리적이며 보편적인 도덕적 핵심은 페미니즘과 정체성 정치학의 다원론자 주장과 통합된다(Laden, 2001). 그러한 국소적인 주장들을 보편적 윤리학과 아주 대조적인 것으로 바라보기보다는, 공정으로서의 정의는 사회적 가치에 관한 지배적인 설명이라기보다는 다원론자의 논증에서 핵심적인 것으로 간주된다. 도덕적 입장에 도달하기 위한 합리적이고 비자의적인 기반에 대한 계몽주의적 관심은 모더니티의 소멸과 함께 끝나지 않았다. 대신에 도덕적 추론의 적용은 현상을 기꺼이 비판적으로 검토하고자 하는 의지와 함께 지역적 전통 및 관습에 대한 존중과 일치하는 합리적인 도덕적 해결책에 대한 추구를 안내하는 것과 같이 보다 새로운 철학적 논법에서 바뀌어졌다(Laden, 2001).

제25장

긍정적인 청소년 발달을 위한 교육

베코위츠_Marvin W. Berkowitz
쉐브롬_Stephen A. Sherblom
비어_Melinda C. Bier
배티스티쉬_Victor Battistich
(미주리 세인트루이스 대학교_University of Missouri-St. Louis)

역사를 통해 보면 각 문화는 어떻게 하면 아동들을 잘 길러서 그들이 잘 살며 훌륭한 사람이 되도록 할 것인가라는 문제와 씨름하고 있다. 우리 사회의 영속, 우리 삶의 방식, 우리 국가의 건강은 모든 아동들의 건강한 발달에 달려 있다. 사회과학은 다양한 형식으로 긍정적인 청소년 발달을 지원하는 최선의 방법을 제안하고 있다. 학문 간, 이론가들과 실천가들 간에 활발히 일어나고 있는 담론은 발달과 관련된 다양한 접근법의 몇몇 전통적인 한계와 제한을 넘어서도록 하는데 도움을 준다. 활발한 담론은 사람들과 프로그램들을 공통의 목적, 언어와 전문용어에서의 차이, 그리고 개념적 구조의 호환성과 관련한 대화에 끌어오는 기회를 제공한다. 이 장은 청소년 발달의 긍정적인 측면에 초점을 두고 있는 학문들에 관한 개념적 개관과 그의 교육적 함축에 관한 논의를 중심으로 기술한다.

사회과학에서 아동들의 성장 및 행복과 관련한 연구와 교육의 몇몇 분야는 아동들의 건강한 발달과 관련한 비슷한 관점을 발달시켜 왔다. 젊은이가 긍정적인 발달을 하는 데 무엇이 필요하며 그것을 어떻게 개념화할 것인가에 관한 초기 합의가 점차 뚜렷해지고 있다. 이들 탐구 분야는 인격교육(Berkowitz & Bier, 2004 ; Lickona, 1991), 사회-정서학습(Collaborative for Academic, Social, and Emotional Learning : CASEL, 2002 ; Weissberg & O'Brien, 2004), 그리고 예방학(Catalano, Berglund, Ryan, Lonczak & Hawkins, 2002 ; Greenberg, Domitrovich & Bumbarger, 2001)을 포함한다(그러나 이에 제한되는 것은 아니다). 각 학문은 긍정적 발달에 대한 총체적 접근을 옹호하기에 이르렀는데, 왜냐하면 그들이 지지하는 청소년 발달과 관련한 그 어떤 측면도 다른 측면들의 성과에 의존하며, 결국 전인으로서의 아동(whole child)의 성과에 의존한다는 것을 이해하기 때문이다. 이들 탐구 및 자녀 지도의 교육 관련 영역과 더불어 청소년 발달과 관련하여 경험적 지지를 제공하는 다양한 심리학 연구 영역이 존재하며 발달하고 있는 중이다. 여기에는 긍정심리학(Aspinwall & Staudinger, 2003 ; Seligman & Csikszentmihalyi, 2000), 응용발달심리학(Lener, Wertlieb & Jacobs, 2003), 사회심리적 성장발달 자산목록(Scales & Leffert, 1999) 등이 포함된다. 여기에서는 긍정적인 청소년 발달에 대한 이들 각각의 접근법을 검토하고 그의 교육적 함축에 대해 서로 논의한다.

겉으로 보기에는 전혀 이질적인 이들 연구 노선 가운데 지적 관련성을 개념화하는 두 가지 방식이 있다. 하나는 각기 다른 학문 가운데 중복된, 공통적인, 그리고 공유된 목적을 확인하고 그 공통적 핵심에 초점을 맞추는 것이다(Reese, 2000). 이런 종류의 통합의 예는 **시민 인격 선창**(Civic Character Initiative, Character Education Partnership, 2003)이다. 인격교육 파트너십(Character Education Partnership)과 자유 포럼(Freedom Forum)이 "봉사학습", "사회-정서학습", "인격교육", "시민교육"의 지도자 집단이 서로 함께 그들의 공통 목적을 명확히 하도록 이러한 노력을 주도했다.이 학자들과 실천가 집단은 공동으로 아동이 건설적인 의미의 시민 인격을 지니기 위해 발달시킬 필요가 있는 일련의 특질을 내놓았다. 이들 특질은 정직, 존중, 사회적·정서적 능력, 공감과 동정, 사회정의를 위한 지도력, 그리고 비판적 사고를 포함한다. **시민 인격**(Civic Character)의 발달 모델은 이들 각 분야가 수년 동안 연구해 오면서 인정했던 중대성의 그 어느 것도 포함하지 않는다. 오히려 그 모델로 인해 두드러진 공통성은 그들이 모두 동의할 수 있는 발달의 구성 개념이라 할 수 있다. 이 개념은 지역적·국가적·세계적으로 안전하고 정의로운, 그리고 자유로운 사회를 건설하고자 행동하는 책임감이 있으며 배려할 줄 아는 시민을 육성하는 것과 관련된 개인적 특질의 발달을 의미한다.

이 접근과는 대조적으로 이 장의 저자들은 발달의 모델이 더 유연하며 훨씬 더 먼 범위까지 영향을 미칠 수 있어야 유용할 것이라고 제안한다. 그것은 단순히 그들의 중복된 점들만 반영하는 것이 아니라 모든 관련된 접근법에 의해 강조된 기능과 관심을 포함해야 한다. 여기에서 우리가 검토하는 모든 운동—비록 각 접근이 그 나름의 말투와 강조점을 지니고 있지만—은 궁극적으로 아동들의 긍정적인 발달과 관련된다. 예방학과 관련된 것은 건강한 행동과 삶의 방식을 선택하는 아동들의 능력과 경향성에 초점을 맞춘다. 사회-정서학습과 관련된 것은 아동들의 사회적·정서적 능력의 발달에 거의 배타적으로 관심을 기울인다.

인격교육자들은 아동들의 도덕적 인격과 행동에 관한 다양한 측면의 발달에 초점을 맞춘다. 긍정심리학은 청소년들이 발달시켜야 할 필요가 있는 심리적 힘(strengths)을 범주화하며, 응용발달학은 아동들의 발달을 이해하는 데 유용한 발달심리학 내의 여러 가지 이론적 관점을 통합한다. 모두 다 긍정적인 청소년 발달에 관한 잘 마무른 이해를 창출하는 데 필요하다.

이러한 포괄적 시각에 대한 하나의 제목으로 긍정적인 청소년 발달을 선정하는 것은 확실히 부족한 점이 있다. 첫째, 그것은 어떤 특정한 교육과정의 이름으로 사용되는 등(Caplan 외, 1992) 다른 사람들에 의해서 다양한 목적으로 사용되어 왔으며 현재도 사용되고 있다(Blum, 2003 ; Moore & Halle, 2000 ; Roth, Brooks-Gunn, Murray & Foster, 1998 ; Wertlieb, Jacobs & Lerner, 2003). 둘째, 긍정적이란 어구는 매우 다양한 해석이 가능하며, 이러한 애매함은 혼돈을 낳을 수도 있다. 그러나 이러한 애매함이 지닌 또 다른 측면은 아동들의 발달이 부정적이라기보다는 긍정적이어야 한다는 일치를 발견하기가 어렵지 않다는 것이다. 우리는 어린이들이 어느 정도 동정적이어야 하며, 그들 자신의 이익 이전에 다른 사람들의 이익을 고려할 수 있는 어느 정도의 능력을 지니고 있어야 한다는 것에 동의할 수 있지만, 그들이 심리학적으로 훌륭한 인격을 소유한 건강한 사람이 되기 위해서는 특별히 그들이 어느 정도만큼의 동정을 느껴야 하는지, 혹은 그들이 어느 정도만큼 관대하고 사심이 없어야 하는지에 관하여 논의하는 것은 전적으로 또 다른 문제이다. "최상의 발달"을 위해 덕들이 어떻게 통합되어져야 하는가에 대해서는 중요한 철학적·이데올로기적인 문제들이 존재한다. 그러나 그 토론은 이 장의 범위를 넘어서며, 그리고 이들 각 분야에서 역점적으로 다루어지고 있는 바를 넘어설 것을 요구한다. 이 장의 목적을 위해 긍정적인 **청소년 발달**은 여기에서 기술된 몇 가지 접근의 누적 이상(cumulative ideals)을 통합하는 용어이며, 그의 정확한 의미는 더 많은 토론에 열려 있는 채로 남아 있다.

긍정적인 청소년 발달을 특징적으로 기술하는 접근들

아동들이 심리학적으로 건강한 존재가 되기 위해 어떻게 하면 가장 잘 발달할 수 있는가를 기술한 것에 대한 권리를 주장할 수 있는 몇 가지 전통이 있다. 예방학, 사회-정서학습, 그리고 인격교육 모두 청소년 발달을 지원하고자 이론을 창안하고 조사 연구를 수행했으며 지도방안을 정교화했다. 각 접근의 기본적인 개념을 언급한다.

예방학

다양한 예방분야에서 청소년 범죄, 조기 약물사용 및 남용, 행동 장애, 십대 임신, 학교 낙제, 중퇴와 같은 그러한 특수한 문제 행동을 예방하고자 하는 목적으로 많은 연구가 추진되고 있다(Albee & Gullotta, 1997). 연구기금이 문제가 되어 아동의 행복을 위한 보다 총체적인 평가나 지도를 격려하지 않는 경향이 있어왔다(Maggs & Schulenberg, 2001). 이런 현상은 변화하기 시작했다.

1996년 9월, 워싱턴 대학교 사회과업 대학(School of Social Work)의

사회발달 연구집단(Social Development Research Group)은 지금까지 존재하고 있는 청소년 발달 프로그램에 관한 평가들을 검토하며 그 분야의 현황을 집약하기 시작했다(Catalano 외, 2002). 그들은 긍정적인 청소년 발달의 두드러진 특징들을 향한 움직임, 그리고 청소년들의 문제 행동과 연결된 위험요인과 보호요인 간의 공통성을 입증 또는 기술했다. 또한 긍정적인 청소년 발달의 이론적 정의와 경험적 정의를 모두 조사했고, 지도방안에 관한 평가들을 확인했으며, 이들 프로그램과 평가에서 성공이나 실패에 기여하는 요소들을 개략적으로 밝혔다.

그들은 긍정적인 청소년 발달과 관련한 75개 프로그램을 평가했으며, 이들 프로그램 가운데 25개를 "효과적인" 것으로 지적했다. 25개의 효과적인 프로그램은 공동체, 학교, 가정환경 등 모든 곳에서 골고루 발견되었는데, 그 가운데 8개는 단지 하나의 환경에서만 시행되었으며, 17개는 두 환경 혹은 세 환경 모두에서 전략들을 겸하고 있었다. 효과적인 프로그램들은 여러 가지 영역, 즉 대인관계 기능, 동료와 성인관계의 특성, 자제력, 문제 해결력, 인지적 능력, 자기 효능감, 학업에 대한 의무감, 학업성취에서 청소년 행동에 긍정적인 변화를 보였다. 비록 일련의 전략이 이들 변화를 낳는 데 사용되었지만 성공적인 프로그램들의 공통 주제는 사회적 · 정서적 능력을 강화시키는 방법, 예컨대 건강한 유대감을 증진시키고 긍정적인 행동을 하는 청소년들에게 여러 가지 기회와 인정을 제공하고 가족과 공동체가 청소년들에게 기대 및 규범과 관련하여 통일된 메시지를 전달하도록 돕는 방법 등을 포함했다. 그 연구는 긍정적인 청소년 발달 프로그램들이 부모 기능 훈련과 부모의 프로그램 실행 참여를 통해, 그리고 부모의 실제 프로그램 설계의 참여를 통해 가족을 참여시킨다는 것을 입증했다.

가장 중요한 부분을 검토해 보면 그 분야는 기존 개별적 접근방식(past piece-meal approach)보다 더욱 망라하는 예방전략을 증진하는 방향으로 움직여 왔다(Catalano 외, 2002 ; MacDonald & Valdivieso, 2000). 이 문헌은 **긍정적인 청소년 발달**(positive youth development : PYD)이란 용어를 건강하고 친사회적인, 그리고 개인적으로 성공적인 발달에 필수적인 것으로 판단되는 과정과 결과로 사용했다. 이것은 (a) 도덕성, 규범적 행동, 정의, 동료관계에 관한 사회적 인지, (b) 여가시간의 효과적 이용에 관한 평가, (c) 긴밀한 관계에서 우정 및 감정 조절과 관련된 사회적 기능과 의사소통 능력, (d) 직업적 · 교육적 · 사회적 정체성, 그리고 (e) 시민정신 및 공동체 개선과 관련된 활동에의 적극적인 참여를 포함한다(Bumbarger & Greenberg, 2002). 전략에서의 변화는 그 분야를 위험 절감의 "결손 모델"(deficit model)로부터 건강 증진을 중점적으로 강조하는 능력 고양 모델로 움직이도록 의도되었다. 건강 증진은 능력, 자긍심, 행복을 일반적으로 고양하는 것을 강조하고 발달에 대한 보다 총체적 · 발달적 · 생태학적 접근을 장려한다. 범바거(Bumbarger)와 그린버그(Greenberg, 2002)는 청소년 종교집단, 스카우트, 클럽, 청소년 스포츠 팀, 자원봉사 기회, 그리고 공동체를 중심으로 한 그 밖의 다른 후원들이 전통적으로 어떤 문제들을 중점적으로 다루고 "문제 아동들"을 일차적으로 다루고자 설립된 것은 아니라고 지적한다. 오히려 그것들은 "훌륭한" 시민을 보다 훌륭하게 만들고 선한 아이들을 선하게 남아 있도록 돕는 것으로 이해되었다. 이러한 전통에 비추어 볼 때 예방학 분야는 건강과 능력의 증진을 향하여 진화하고 있는 것으로 이해될 수 있다(Albee & Gullotta, 1997).

배티스티쉬(Battistich, 2001)는 효과적인 지도란 전형적으로 핵심 능력, 곧 "자기와 다른 사람들에 관한 이해, 의사소통과 사회적 상호작용기능, 그리고 비판적으로 사고하고 개인 상호 간 문제를 해결하는 능력과 같은 다양한 상황에서의 성과와 관련되는 성향과 수완”(p. 3)을 지원하는 것이라고 주장한다. 이러한 핵심 능력을 고양하는 지도방안은 삶의 다양한 스트레스 요인을 다루는 역량을 강화시켜 주기 쉽다. 그린버그(Greenberg)와 동료들(2001)은 어떤 자녀 교육이 학령기 아동들에게서 정신병리의 징후를 감소시키는 데 효과적이었던 것으로 판명되었는지 알아보고자 주요 예방 프로그램들을 고찰했다. 그들이 요약한 “최고의 교육의 실제”는 이러한 예방분야의 방향에 대해 분명한 암시를 제공해 준다. 그들은 단기 교육보다는 장기 교육, 발달적으로 늦은 시기보다는 조기 교육, 문제 행동에 초점을 맞추기보다는 위험과 예방요인에 방향을 맞춘 프로그램, 그리고 인간 그 자체가 아니라 제도와 환경을 변화시키는 데 목적이 있다는 것을 강조했다. 그들은 또한 개개 프로그램을 넘어서는 통합된 일군의 전략을 추천했으며, 그리고 학교, 가정, 공동체를 아우르는 통합된 자녀 교육 모델의 강점을 인정했다.

학교를 중심으로 한 범죄 예방은 비슷한 변화가 존재하는 예방학의 또 다른 영역이다. 연방정부는 폭력 감소 프로그램을 통한 안전하고 약물 없는 학교 지원, 무기 해제, 갈등 해결 증진, 그리고 약물과 알코올 사용 억제에 점진적으로 관여하고 있다. 1986년 약물 없는 학교와 공동체 조례(Drug-free Schools and Communities Act) 입법조치는 학교 중심 약물 예방 프로그램을 개발하고 작동시키도록 각 주에 기금을 제공했으며, 1994년에 이 입법조치는 학교 중심 폭력 예방 프로그램에 대한 예산지출을 승인하도록 확대되었다.

고트프레드슨(Gottfredson, 2001)의 효과적인 청소년 범죄 예방 프로그램에 관한 논평은 개별 학생에 초점을 맞추는 것보다는 전체 학교와 관련되는, 수용 가능한 행동에 관한 규범을 전달하는 데 있어서 일관성과 명료성을 달성하는, 그리고 일련의 사회적 능력 기능에 초점을 맞추는 포괄적인 교수 프로그램을 선호하는 방향으로 향하는 학교 중심 범죄 예방에서 비슷한 경향을 열거하고 있다. 이들 사회적 능력 기능은 자제력을 발달시키며 스트레스 관리, 책임 있는 결정 내리기, 사고하기, 사회적 문제 해결하기, 그리고 의사소통 기능을 배우는 것을 포함한다. 프로그램은 단발식 자녀 교육보다는 장기적인 관여를 향하는 경향이 있다.

요약하면, 많은 사회과학처럼 예방학은 보다 총체적이 되었으며, 청소년 발달을 주변의 사회적 환경에 생태학적으로 위치시킨다. 지도의 초점이 목표가 정해진 개인의 행동 문제로부터 보다 큰 공동체 건강 이슈로, 그리고 예방에 초점이 모아진 결손 모델로부터 자긍심, 자제력, 개인 내적 및 상호 간 기능, 친구 및 제도와의 관계, 친사회적 정향, 그리고 긍정적 정체성의 발달을 증진하는 적극적 모델로 움직이고 있다.

정서지능과 사회-정서학습

정서지능(emotional intelligence)은 간학문적·다면적 분야이며(Bar-On & Parker, 2000), 그것은 다니엘 골만(Daniel Goleman)의 베스트셀러인 『정서지능』(*Emotional intelligence*, 1995)의 등장과 더불어 대중화되기 시작했다. 그러나 하나의 심리학 개념으로서 정서지능은 현재의 노력을 지지하는 일단의 이론적·경험적 문헌을 갖고 있다(Bar-On & Parker, 2000 ; Cohen, 1999). 정서지능은 역사적으로 볼 때 때때로 **사회적 능력**(social competence)으로 불리기도 하는, 그리고 쏜다이크(Thorndike, 1905), 켈리(Kelly,

1955), 로저스(Rogers, 1961), 로터(Rotter, 1966)를 포함한 심리학의 오랜 전통에 뿌리를 두고 있는 사회지능(social intelligence)의 일부로 여겨져 왔다. 사회적 능력은 "주환경과 문화에서 가치가 있다고 여겨지는 사회적 과업과 결과를 성취하고자 사고, 감정, 행동을 통합하는 능력의 소유 및 활용"(Topping, Bremner & Holmes, 2000, p. 3)으로 정의된다. 이러한 정의로 인해 정서지능 혹은 능력은 오늘날 사회-정서학습으로 표현되고 있는 바에서 실로 대단한 하나의 원동력으로 이해되고 있다.

정서 능력에 관한 풍부한 문헌은 사회-정서학습의 정서적 측면을 이해하는 데 크게 공헌하고 있다. 사르니(Saarni, 1999)는 정서 능력의 발달을 재검토했는데, 정서 능력의 발달은 세 가지 주요한 유인요소를 지닌 것으로 이해된다. 그것은 자신의 자아 혹은 자아 정체성, 자신의 도덕감 혹은 인격, 그리고 자신의 발달 역사이다. 인격교육과의 중복은 여기에서 분명해지는데, 도덕감은 정서적 성장의 원천으로 여겨진다. 정서 능력의 구성요소들은 특히 정서를 유도하는 관계에서 감정을 관리하고, 자긍심을 고양하며, 그리고 원기를 곧 회복하고 적응해 가는 능력인 자기 효능적이 되는 데 필요한 그러한 기능들이다.

정서가 각각 핵심적인 관계 주제와 연관된다는 라자러스(Lazarus, 1991)의 이론은 아동들이 정서와 관련하여 무엇을 배워야 하는가를 개념화할 수 있는 내용을 제공해 준다(Saarni, 1999). 예를 들면 화는 관계의 측면에서 볼 때 나와 나의 것을 상대로 하는 지각된 공격을 통해 등장한다. 불안은 불확실한 위협 혹은 이미 알고 있는 위협의 도전에 관한 불확실성을 지각함으로써 등장한다. 공포, 죄의식, 수치심, 슬픔, 질투, 시기, 혐오, 행복, 자존심, 안심, 희망, 그리고 사랑과 같은 그러한 정서는 모두 그것이 발생하는 관계적 맥락에서 가장 잘 이해된다. 그래서 사회-정서

학습의 정서적 부분은 아동들이 그들의 삶과 관계에서, 그리고 그들 자신의 기질에서 정서가 하는 역할을 이해하도록 교육해야 한다. 공감(누군가와 함께 느끼기), 동정(누군가를 위해 느끼기), 죄의식(여러분이 나쁜 혹은 그릇된 어떤 일을 행했을 때 책임을 수용하는 것)의 영역에 있는 정서 능력은 직접적으로 도덕적 지각에 강한 영향을 미치게 됨으로써 아마도 여러분은 다른 사람들이 그러한 곤경에 처했을 때 그들에게 반응할 것이다(Eisenberg, 1982 ; Eisenberg & miller, 1987 ; Hoffman, 1978, 1982 ; Saarni, 1999). 정서 능력의 발달에서 인격교육과의 이러한 중복 및 상보성은 보다 넓게 인식되는 사회-정서학습으로 미룬다.

코헨(Cohen, 2001)은 **사회 및 정서교육**(social and emotional education)을 "다른 사람들과 우리 자신을 읽는, 그런 이후 이 정보를 유연한 문제 해결자와 창조적인 학습자가 되도록 하는 데 사용하는 능력을 고양시키는 기능, 이해, 그리고 가치를 학습하는 것"(p. xiii)이라고 정의한다. 이것은 우리의 경험과 삶에 관한 사회적 · 정서적 측면들을 처리 · 관리 · 표현하는 것을 학습하는 가운데 이루어진다. 이것은 일반적으로 명백한 학업적 측면 효과를 지닌 학습 기반, 그리고 자기 반성적인, 책임 있는, 배려하는, 협동적인, 유능한 사회문제 해결자가 되도록 하는 학습을 통한 도덕 발달의 기반을 제공한다고 주장된다. 아동들의 사회적 · 정서적 역량은 듣고 의사를 전달하는, 집중하는, 인정하는, 이해하는 그들의 능력과 세상의 문제 해결에 강력하게 영향을 미치며, 그들 자신의 정서상태를 조절함으로써 그들은 정서에 의해서 지배되지 않으며 또한 갈등을 적절하게 해결한다(Cohen, 2001, pp. 3-4).

CASEL(역자 주 : 학교와 가정에서 아동의 성장을 위한 사회적 · 정서적 · 학문적 학습을 추구하는 단체)은 사회-정서학습, 그리고 학교 교육과정 및 실천에서 그의 지위와 관련한 교육자, 연구자, 정책 수립자에게 리더십을 제공하고자 1994년에 설립되었다(CASEL, 2002). 그들은 사회-정서학습을 "감정을 인정하고 관리하며 다른 사람들에 대한 배려와 관심을 발달시키는, 책임 있는 결정을 내리고 긍정적인 관계를 수립하는, 그리고 도전적인 상황을 효과적으로 조절하는 능력을 발달시키는 과정" (2002, p. 3)으로 규정한다. 이러한 긍정적인 결과들은 다섯 가지 핵심적인 사회적·정서적 능력의 발달에 의해 뒷받침된다.

1. 자기 인식(self-awareness) : 각 상황에서 자기 자신의 감정을 알고 자신의 능력을 실제적으로 평가하기
2. 사회적 인식(social awareness) : 다른 사람들이 무엇을 느끼고 있는가를 인식하고 다른 사람들의 관점을 취할 줄 알기. 다양한 집단에 쉽게 접근할 수 있도록 해주는 문화적 인식은 이러한 사회적 인식의 일부분이다.
3. 자기 관리(self-management) : 자제력, 만족의 지연, 그리고 자신의 감정을 조절하는 것은 모두 사람들이 도전 혹은 실패에 직면하여 인내하도록 돕는다.
4. 관계기능(relationship skills) : 건강하고 의미 있는 관계 수립하기, 협동적이 되기, 갈등 절충에 참여하기, 일반적인 "인간기능" (people skills) 입증하기. 아울러 "동료 압력"과 같은 그러한 사회적 압력에 직면하여 자신의 자율성을 유지할 수 있는 것은 하나의 관계기능이다.
5. 책임 있는 결정 내리기(*responsible decision making*) : 정보에 근거한 결정을 내릴 때 위험을 평가하고 관련된 사실과 예상되는 결과를 고려하는 능력. 이것은 타인들을 존중하는 것(그들의 관점을 고려하는 것에), 그리고 자기 자신의 선택 및 행위에 대해 책임을 지는 것과 서로 관련한다.

CASEL(2002)은 안전하고, 배려하며, 지지적인 학습환경을 강조한다. 이러한 종류의 환경을 갖추고 있을 때 얻는 학업적 이득은 학생의 학교에 대한 보다 강력한 애착과 학습에 대한 보다 큰 동기를 포함한다. 그들은 "각각의 최고로 입증된 프로그램이 많은 공통점을 지니고 있다" (2002, p. 11)고 제시하면서 사회-정서학습과 인격교육 사이의 중복을 인정한다. 사회-정서학습 구성요소를 편입시키는 인격교육 프로그램은 사회-정서학습 구성요소가 없는 프로그램보다 더 효과적이라고 주장된다.

인격교육

여기에서 검토된 모든 접근처럼 인격교육은 젊은이들에게서 어떤 특질의 발달을 증진시키는 데 관심이 있다. 다른 것들과 달리 인격교육은 명백히 도덕적 관점으로부터 시작하며, 솔직하게 도덕적 능력을 증진시킨다. 비록 이 장에서 논의된 대부분의 접근이 이런저런 방식에서 도덕적 능력과 관련된 힘들을 발달시키지만 그들의 영향력은 위험한 행동을 예방하고 정서적 능력을 증진시키거나 혹은 사회-정서학습을 지원하는 그들의 일차적 목적에 비해 대부분 이차적이다.

인격교육은 미국 역사를 통틀어 학교 교육과정의 중요한 부분이 되어왔다. 스탠호프(Stanhope, 1992)는 1901년에 전미교육협회(National Education Association)가 "학교의 모든 체계에 관한 근본적인 고려는 도덕적 인격의 발달에 있다"(p. 10)고 진술하면서 학교에서의 인격훈련을 찬성했다고 보고했다. 인격교육은 학교에서 채택되기 전에 종교에 바탕을 둔 교육에서 주도적으로 발달되었으며, 나중에 대학 교수들에 의해 연구되기 시작했다. 그의 본질과 범위는 변화되기 전까지 계속 유지되었다. 미국에서의 인격교육에 대한 학문적 활동은 이면으로 사라지기 전까지 인기를 얻었던 1920년대와 1930년대로 거슬러올라갈 수 있다(Dewey & Tufts, 1932 ; Hartshorne & May, 1928 ; Kilpatrick, 1925 ; Maher, 1933). 현재 논의되고 있는 대부분의 인격교육은 1980년대와 1990년대에 다시 등장하여 인기를 회복한 일부이다(Berkowitz & Bier, 2003 ; Lickona, 1991).

다른 연구분야에서처럼 인격교육은 사람마다 그 의미가 약간씩 서로 다르다. 매릴랜드 가치교육위원회(Maryland Value Education Commission)는 학생들의 발달에 대한 공통 목적을 적절하게 대표하는 10가지 인격목표를 창안했다.

1. 진리, 지적 호기심, 배움에 대한 애정을 존중하는 데 근거를 둔 개인적 성실과 정직
2. 자기, 가족, 학교, 공동체에 대한 의무감
3. 자신의 잠재력에 대한 인정에 근거한 자긍심
4. 인종, 종교, 성, 나이, 신체적 조건, 정신적 상태와 상관없이 모든 사람들의 권리에 대한 존중
5. 경쟁하는 의견에서 판단을 내리는 능력과 연관되는 것으로 서로 다른 관점을 간직하고 표현하는 다른 사람들의 권리에 대한 인정
6. 정의감, 청렴, 페어 플레이, 그리고 그것들에 대한 서약
7. 다른 사람들에 대한 이해, 공감, 관심, 그리고 동정의 성향
8. 자신의 일에 대한 규율의식과 자긍심 그리고 다른 사람들의 성취에 대한 존중

9. 공공 자산을 포함해 자신의 소유물과 다른 사람들의 소유물에 대한 존중
10. 자신의 확신을 표현하는 용기

인격교육에 의해 표명된 그 밖의 다른 덕은 훌륭한 시민성, 시간과 재능의 생산적인 사용, 공정, 신뢰, 법 존중, 사려, 성실, 책임, 자제력, 겸손, 인내, 지혜, 적극적 태도, 배려, 그리고 사회도덕적 추론 능력을 포함한다(Bennett, 1991 ; Benninga, 1991 ; Berkowitz, 1997 ; Goble & Brooks, 1983 ; Josephson, 2004 ; Lickona, 1991, 2004 ; Noddings, 2002). 비록 인격교육자들이 아동들은 특정한 일련의 덕을 발달시켜야 한다는 믿음에 따라 서로 다양한 개념적 구조를 지니고 있지만 그들의 차이를 기술하는 것은 이 장의 범위를 넘어선다. 그러나 우리는 인격에 관한 보다 넓고 또한 한층 높은 심리학적 설명을 하고자 하는 하나의 시도인 베코위츠(Berkowitz, 1997)의 "해부학적 도덕구조"에 대해 기술하고자 한다.

해부학적 도덕구조. 도덕발달과 인격교육 분야 또한 긍정적인 청소년 발달에 무엇이 필요한가에 대한 윤곽을 그리는 방향에서 변화를 보여주고 있다. 우선 그러한 기획의 목적 혹은 결과로서 도덕적 인간을 규정할 필요가 있다는 것은 다른 곳에서 주장되어 왔다(Berkowitz, 1997). 도덕심리학, 특히 도덕적 추론과 관련되는 인지발달 능력에 관한 연구(예컨대 Damon, 1988 ; Kohlberg, 1976, 1984 ; Narvaez, 1999 ; Nucci, 2001 ; Piaget, 1932/1965 ; Turiel, 2002)는 도덕적 기능작용의 이슈를 사회과학의 전면으로 이끌어 오는 데 주요 동력이 되었다. 이러한 관점은 듀이(John Dewey, 1908/1960)의 이론적 연구에 근거를 두고 있으며, 도덕발달은 아동들이 성장하고 교육을 받는 기관, 특히 학교의 사회적 문화에 의해 크

게 영향을 받는다고 주장한 진보주의적 교육 접근과 밀접하게 관련되어 있다. 우리는 발달이 함의하고 있는 바를 이해함이 없이, 그리고 발달시키고자 설계된 인간에 관한 어떤 기본 모습을 간직하지 않고서 긍정적인 청소년 발달을 위한 교육을 착수해서는 안 된다. 예를 들면 콜버그는 도덕적 추론의 성격, 통로과정, 그리고 종착점을 확인하는 것이 도덕적 추론의 발달을 조장하고자 하는 시도에 있어서 가장 중요하다고 주장했다(Kohlberg & Mayer, 1972).

"해부학적 도덕구조"는 이러한 개념적 필요에 대한 또 다른 반응이다. 이 구조의 밑바탕에 있는 아이디어는 우리가 도덕심리학을 상대적으로 동질적인 구성으로 고려함으로써 도덕심리학을 너무 지나치게 간소화한다는 것이다. 사실 도덕심리학은 도덕적 존재의 전체를 포함하는 다양한 구성에 관한 하나의 복합 세트이다. 해부학적 도덕구조는 도덕적 존재의 구성요소를 부분으로 잘게 자르는 하나의 시도이다. 최적으로 발달된 사람은 도덕적 기능작용에 영향을 미치는 다음을 포함한 일련의 넓은 심리적 기능과 특징을 지녀야만 한다.

- 책임 있는 개인적·친사회적 행동. 이것은 도덕적(행동, 행위)으로서 자격이 있는 개인적 선택을 의미한다.
- 친사회적 상호작용의 습관과 인격. 이것은 도덕적 상호작용에 참여하고 덕들을 드러내 보이는 지속적인 경향을 언급하는 것이다(성격, 습관).
- 정서 능력(emotional competency) : 자기와 다른 사람들을 성공적인 사회적 상호작용을 위한 토대로 이해하기, 사회도덕적 상황에 대한 적절한 정서적 반응, 적절히 성숙한 정서적 통제 능력(정서 능력 ; 정서적 자제력).
- 친사회적 가치와 태도(prosocial values and attitudes) : "인격"과 연합된 가치와

덕에 대한 서약. 이것은 도덕적 이슈에 관하여 정서적으로 충전된 인지를 의미한다.

- 사회도덕적 추론 능력(sociomoral reasoning competency) : 삶의 도덕적 측면과 실생활의 도덕적 맥락의 복잡성을 인지하고, 다루고, 논리적으로 해결하는 연령에 적절한 인지적 능력(인지 ; 추론).
- 성숙한, 통합된 자아체계 소유하기(possessing a mature, integrated self-system) : 도덕적 정체성에서의 중심적 역할 포함하기(예컨대 "윤리적 · 도덕적 인간", "사랑하는 부모", "종교적 · 영적으로 헌신하는 사람"). 이것은 도덕적 자아에 대한 서약과 더불어 하나의 도덕적 존재로 지각된 자아의식으로 이끄는 자기 반성을 포함한다.
- 본래적으로는 도덕적 개념이 아닌 친사회적이며 책임 있는, 배려하는 기능작용을 지원하는 기본 기능(예를 들면 관점 채택, 공감, 인내, 용기, 충성).

이것들은 도덕적 행위의 토대를 제공한다.

이 모델은 긍정적인 인격과 긍정적인 발달이 가드너(Gardner, 1983)의 다중지능에 관한 개념과 유사하게 복잡한 다면적인 현상이라고 제안한다. 가드너가 지능이란 단일한 구조가 아니라 오히려 각 개인마다 그러한 능력의 단면을 지니고 있는 다중 지능의 배열이라고 주장하듯이, 해부학적 도덕구조는 긍정적인 청소년 발달이 병렬적인 일련의 심리적 능력을 포함하며, 각 개인은 하나의 독특한 단면을 지닌다고 제안한다.

그것은 더 나아가 긍정적인 청소년 발달을 위한 교육(혹은 부모들이 하는 교육)은 복잡하면서도 다면적인 교육적 전략을 필요로 한다고 제안한다. 어느 하나의 전략이나 제한된 일군의 전략은 최적으로 발달된 인간을 상정하는 모든 다양한 심리학적 범주에 영향을 미칠 수는 없다. 예를 들면 사회도덕적 추론의 발달을 증진시키기 위해서는 최소한 동료들과 구조화되고 안내된 방식으로 사회적·도덕적 문제를 토론할 기회를 제공할 것을 요청한다. 사회도덕적 추론은 인식의 방식에 관한 상호적인 구성과정을 통해 발달하며, 이것은 자기 자신과 다른 사람들 사이에서 만드는 의미의 상호 침투의 결과로부터 기인한다. 그러므로 도덕적 이슈들을 중심으로 한 동료 간의 상호작용은 그러한 발달을 증진시키는 이론적으로 정당화된, 그리고 경험적으로 근거를 둔 수단이다(Berkowitz, 1985). 그러나 이것은 성격에 영향을 미치지 않거나 혹은 정서 능력에 거의 영향을 미치지 않을 수 있다. 왜냐하면 그것은 다른 메커니즘을 통해 발달하는 이론적으로 서로 다른 심리학적 구성이기 때문이다. 예를 들면 직접적인 기능 훈련은 사회적 및 대인관계 능력, 갈등 해결 혹은 분노 관리의 측면에서는 필요할지 모른다. 이와 비슷하게 민주적 참여와 같은 어떤 행동의 형태는 직접적 경험을 요구하며, 설교적인 전략은 확실히 그에 부적절하다는 것이 입증될 것이다. 반면에 설교적 전략은 매너와 사회적 규범과 같은 그러한 주제에 관하여 사회적·도덕적 지식을 전달하는 데 있어서는 적절할 것이지만 그러한 사실에 근거한 행동을 장려하는 데는 부적절할 수 있다. 콜버그가 자신의 도덕심리학 이론을 교육에 적용하고자 시도했던 초기에 그는 그러한 설교적 접근을 비판했다. 그러나 나중에 그는 보다 포괄적이면서도 다면적인 접근을 채택했으며, 가치 발달을 위해 사회적 옹호와 모델링의 힘을 인정했다(Power, Higgins & Kohlberg, 1989).

이 모델의 핵심은 서로 다른, 심지어는 정반대로 보이기까지 하는 이론들이 도덕심리학적 기능작용의 복잡성과 다양성을 설명하기 위해서는 통합되어야 할 필요가 있다는 것이다. 장님과 코끼리의 인도 우화와 매우 흡사하게(Berkowitz, 1997) 우리가 단 하나의 이론적 구조 혹은 단 하나의 심리적 구성으로부터 출발할 때 흔히 긍정적 발달에 관한 커다란 그림을 이해하지 못한다. 비록 세밀하게 정교화된 교육적 전략이 편의상 요구될지 모르지만, 결국 어느 학교도 자기 학교가 배출하는(졸업시키는) 학생들이 부분적으로 발달된 학생들이라면 이에 만족하지 않을 것이다. 교육자들은 거짓말하고 속이는 이타적이면서 배려하는 졸업생들에게 만족을 느낄 것인가? 혹은 힘이 약한 다른 사람들을 가학적으로 못 살게 구는 정직한 학생들에게 만족을 느낄 것인가? 그래서 최소한 이상적으로는 긍정적인 청소년 발달을 위한 교육은 포괄적이고 다면적이며, 그리고 방법적으로 다양해질 필요가 있다. 긍정적인 발달을 개념화하는 많은 접근이 심리학 분야, 특히 아동 발달의 분야에서 점차 발달하고 있다.

긍정심리학과 응용발달학

긍정심리학은 지적 에너지를 인간 발달과 경험의 긍정적인 측면에 대한 연구로 초점을 옮기기 위한, 그리고 기능 장애의 연구로 향하는 임상심리학의 전통적인 편견에서 벗어나고자 하는 심리학 내의 한 운동이다. 인본주의 심리학자들(Allport, 1960 ; Maslow, 1962 ; Rogers, 1961)과 다양한 다른 발달론(Greenberger & Sorenson, 1974) 및 예방정향적 심리학자들(Jahoda, 1958)에 의해 일찍이 주장된 논거를 입수하면서 긍정심리학자들은 우리의 전문적인 주의를 문제가 있는 발달로부터 건강한 발달의 필요조건과 기대(Seligman, 1999)로 초점을 다시 맞추기를 희망한다. 그 희망은 인간 삶의 이러한 측면들에 관한 보다 좋은 이해는 우리들로 하여금 문제 있는 발달의 결과로서 나타나는 병리현상들을 예방할 수 있도록 해줄 것이라는 것이다. 연구는 지혜, 용기, 미래지향 의지, 낙천주의, 영성, 희망, 대인관계 기능과 같은 어떤 인간의 힘(strengths)은 심리적 문제에 대한 완충기로서 작용할 수 있다는 것이다(Peterson & Seligman, 2004 ; Seligman, 2002).

긍정심리학 네트워크(Positive Psychology Network, Seligman & Csikszentmihalyi, 2000)는 이러한 심리학의 무시된 영역에 관심을 집중하고자 한 하나의 통합된 연구 노력이다. 긍정심리학은 세 가지 영역, 곧 주관적인 행복, 긍정적인 인격, 긍정적인 제도로 범주화된다(Cameron, Dutton & Quinn, 2003). **주관적 행복**(subjective well-being)은 삶의 만족, 성취, 그리고 행복, 기쁨, 감탄과 같은 그러한 긍정적 정서를 포함한다. **긍정적 인격**(positive character)은 최적의 발달에 필요한 성격 특질과 대인관계 기능을 포함하며, 인격교육의 목적 및 모델과 많은 공통점을 지닌다. **긍정적 제도**(positive institutions)는 단체와 기관이 시민 참여를 장려하고 구성원들에게 발언권을 부여함으로써 긍정심리학을 지원할 수 있는 방법에 초점을 맞춘다. 긍정적 제도는 개인적 책임, 양육, 이타주의, 그리고 노동 윤리를 지원한다(Gilham & Seligman, 1999).

발달될 필요가 있는 것의 목록을 작성하는 것은 긍정심리학 운동의 핵심 프로젝트 중 하나이다. 덕과 인격발달에 관한 세계의 문헌을 검토한 것을 바탕으로 피터슨(Peterson)과 셀리그만(Seligman, 2003)은 여섯 가지 핵심적인 긍정심리학 특징의 집합을 확인했는데, 그것은 전통적으로 덕이라 불리는 것으로 지혜와 지식, 용기, 사랑, 정의, 절제, 초월 등이 이에 속한다. 각각의 덕은 그의 발달에 이바지하는 몇몇 인격 강점(character strengths)을 지니고 있다.

1. **지혜와 지식**(wisdom and knowledge) : 지식의 획득과 사용을 수반하는 긍정적 특질 ; 창의성, 호기심, 열린 마음, 그리고 관점 채택의 계통을 포함함.
2. **용기**(courage) : 내적·외적 모두의 반대에 직면하여 용맹, 끈덕짐, 그리고 성실의 계통으로 목적을 성취하고자 하는 의지의 발동을 포함하는 긍정적 특질.
3. **사랑과 겸손**(love and humanity) : 명백하게 개인 상호 간에 초점을 둔 긍정적인 특질—사랑, 친절, 그리고 사회적 지능.
4. **정의**(justice) : 명백하게 시민에 초점을 둔 긍정적 특질—시민성, 공정, 그리고 리더십.
5. **절제**(temperance) : 우리들이 정서적으로 과도하게 나아가는 것을 막아주는 긍정적인 특질—용서와 자비, 겸손과 예의, 사려, 중요, 자기 규제.
6. **초월**(transcendence) : 우리들을 보다 큰 우주와 연결시켜 주는 긍정적인 특질—미의 감상, 감사, 희망, 유머, 그리고 영성(Peterson & Seligman, 2003).

인격 강점과 덕을 범주화하는 이러한 노력을 통해 긍정심리학은 연구 공동체에서의 논의를 용이하게 하며 우리가 윤곽을 그리고 있는 합의에 기여한다.

긍정적 발달 접근을 지원하는 심리학에서의 또 다른 경향은 **응용발달학**(applied developmental science)이라 불리는 것이다(Lerner, Werlieb & Jacobs, 2003). 응용발달학은 발달심리학 내의 여러 가지 이론적 관점과 유기체-상황 관계에 대한 역동적(혹은 체계) 접근, 전 생애 인간 발달 관점, 그리고 브론펜브레너(Bronfenbrenner, 1979 ; Lerner, Fisher & Weinberg, 2000)에 의해 처음으로 제안된 생태학적 발달 관점을 통합한 것으로 설명되고 있다. 응용발달학은 아동 발달에 관한 연구결과를 아동들이 발달하는 상황에 관한 풍부한 이해와 연결시키고자 노력하며, 또한 문제를 개선하는 데 있어서든 아니면 긍정적인 발달을 지원하는 데 있어서든 그 상황을 역점을 두어 다루는 공공 정책을 공식화하고자 두 분야의 연구결과를 모두 활용하고자 노력한다(Roth & Brooks-Gunn, 2003). "이 관점에서 보면 정책과 프로그램 노력은 기초적인 연구 증거가 수집된 이후에 행해지는 이차적인 작업 혹은 파생적 응용이 되지 않는다. 그와 아주 반대로 정책 개발과 실행, 그리고 프로그램 설계와 전달은 연구의 빠질 수 없는 구성요소가 된다" (Lerner, Fisher & Weinberg, 2000, p. 12). 응용발달학의 노력은 때때로 긍정적인 청소년 발달을 증진시키는 것으로 언급되고 있다. 예방학처럼 응용발달학은 초점을 특수한 문제의 예방(약물남용, 위험한 성적 행위 등)으로부터 "긍정적인 발달의 원인이 되는 특징과 요인" (Lerner, 2001, p. 254)을 확인하는 방향으로 변화시키고 있다. 이것은 전형적으로 건강한 발달을 밑받침하는 사회적·심리적 자산의 윤곽을 그리는 회복력 증진의 "자산 모델" (assets model)과 잘 어울린다(Scales, Benson, Leffert & Blyth, 2000).

능력발굴연구소(Search Institute)의 『발달 자산』

능력발굴연구소는 청소년들의 건강한 발달을 지원하고자 그들에게 필요한 자원에 관한 과학적 연구의 종합체로서 『발달 자산』(*Develop-*

mental Assets)을 발간했다(Scales & Leffert, 1999). 이 작업은 광범위한 발달 및 사회과학 연구로부터 사회적 병에 대한 회복력과 "면역력"에 공헌하는 것으로 밝혀진 4가지의 내적 자산과 외적 자산의 세트를 이끌어낸다. 첫 번째 외적 자산은 자신의 가족, 공동체, 학교에서 성인들과 지지적이면서도 긍정적인, 그리고 성취적인 관계를 맺는 것이다. 두 번째 자산은 **능력 부여**(empowerment)라 불리는데, 이것은 청소년들 자신이 사회와 공동체에 대한 공헌자로서 긍정적으로 인식되고 있다는 것을 느끼도록 하는 것을 포함한다. 세 번째 외적 자산은 자신의 가족과 공동체가 자신에게 기대하는 바가 무엇인지를 분명하게 인식하는 것과 관련된다. 가족과 공동체 간의 이러한 연속성은 청소년들에게 훌륭한 선택을 하고 그들 자신의 행동을 규제하는 데 필요한 안내를 제공해 준다. 마지막 외적 자산은 청소년들이 다양한 경험과 책임에 안전하게 노출되도록 허용해 주고 참여할 활동과 기회를 풍부하게 준비를 갖춘 공동체를 갖는 것이다.

내적 자산으로서 청소년은 학습에 헌신할 수 있도록 되어야 하며, 이 가치는 가족, 공동체, 그리고 학교 전 직원으로부터 강력하게 지원을 받아야만 한다. 이 자산은 아동들의 성취동기를 발달시키고 그들의 학교 참여를 지원하며, 숙제를 완성할 것을 일관되게 요구하고 그들의 학교와의 유대감을 장려하는 것을 포함한다. 두 번째 자산을 구현하기 위해서는 아동들이 그들의 선택과 행위를 위한 토대로 공헌하는 일군의 긍정적인 가치를 소유할 수 있도록 해야 한다. 이것은 배려와 평등, 사회정의, 성실, 정직, 그리고 개인적 책임에 가치를 부여하는 것을 포함한다. 세 번째 내적 자산은 청소년들이 그들로 하여금 새로운 상황에 직면하고 또한 다른 사람들과 효과적으로 상호작용하도록 해주는 사회적 능력을 발달시킬 것을 요구한다. 대인관계 능력은 공감적이며 감수성이 예민해지고, 그것에 의해 긍정적인 우정을 북돋우며, 자신의 하위문화에서 문화적으로 유능하게 되는 것을 포함한다. 갈등 해결 또한 사회적 능력의 한 형태이다. 네 번째와 마지막 내적 자산은 긍정적인 자아 개념을 개발하고 그들로 하여금 그들 자신에 관한 통합된 관점을 갖도록 해주는 신념을 동반하는 것과 관련된다. 이것은 개인적 능력감, 자긍심, 목적의식, 그리고 긍정적인 그들의 개인적 미래관에 공헌한다. 독립적으로 그리고 집합적으로 이들 자산은 긍정적인 청소년 발달을 지원한다. 이러한 합의와 관련된 교육적 함축은 다음 절에서 논의된다.

긍정적인 청소년 발달을 위한 교육

지금까지 청소년들에게 무엇이 발달되어야 할 필요가 있으며 그러한 발달의 영역이 어떻게 지원될 수 있는가에 관한 몇 가지 관점을 검토했는데, 우리는 이제 이 과정에서 교육자들의 역할에 관심을 집중하고자 한다. 긍정적인 청소년 발달을 위한 교육에서 효과적인 실제의 핵심적인 특징을 확인하는 일은 중요하다. 면밀히 살펴보아야 할 두 가지의 관련 증거가 있다. (a) 긍정적인 청소년 발달에 관한 자녀 교육의 효과에 관한 연구와 (b) 긍정적인 청소년 발달을 위한 교육의 우산 아래 모이는 다양한 교육 운동에 관한 연구가 그것이다.

긍정적인 청소년 발달을 위한 자녀 교육

아동의 결과에 대한 학교의 영향에 관해서보다는 아동의 결과에 대한 부모 행동의 영향에 관해 경험적으로 훨씬 더 많이 알려져 있다. 다행히도 가정교육과 학교교육 사이의 유사성은 분명하며 타당하다. 교사들은 최소한 부분적으로 학생들에게 부모의 대리인이며, 부모는 아동들의 최초의 교사이다. 부모처럼 교사들은 아동들에 대해 관리인, 보호자의 책임을 가진 성인이며, 정서적 애착에 대한 기회를 제공하는 사람이다. 아울러 부모와 교사들은 모두 다 아동들에게 그들의 능력, 호감, 그리고 가치와 관련한 피드백을 제공하며, 때로는 아동들의 자긍심에 극적으로 영향을 미치기도 한다. 그들은 명시적으로 가르치고 그들의 모델이 됨으로써 뿐만 아니라, 그들과의 관계 그 자체를 통하여 아동들의 광범위한 발달결과에 강력한 영향을 미친다. 그러므로 아동 발달에 긍정적으로 영향을 미치는 것으로 밝혀진 부모의 많은 교육방법 또한 교사들의 행위에 적용될 수 있다는 것을 가정하는 것은 온당하다(Damon, 1988). 그러한 병렬에 관한 경험적 증거가 있다. 벤첼(Wentzel, 2002)은 효과적인 가정교육과 병렬되는 행동을 나타내 보인 중학교 교사들이 행동적으로 보다 규율 바르고 보다 나은 학업결과를 성취한 학생들을 담당하고 있다는 것을 입증했다. 특히 그러한 교사들은 학교 업무에 대한 동기에 모범을 보이고 학생들에게 보다 애정 있는, 그리고 덜 부정적인 메시지를 사용하고 제한과 규칙을 거의 설정하지 않으며, 학생들로부터 보다 많은 것을 기대한다.

이러한 8가지 긍정적인 청소년 결과(이타주의, 사회적 정향, 자제력,

순종, 자긍심, 도덕적 추론, 양심, 그리고 공감)에 초점을 둔 가정교육 연구의 검토에서 베코위츠(Berkowitz)와 그리취(Grych, 1998)는 그러한 결과를 가장 분명하게 증진시키는 5가지의 핵심적인 부모 행동을 확인할 수 있었다.

1. **유도**(induction) : 부모가 아동의 선택과 행위의 결과에 대해 아동에게 개요를 밝혀주는, 그들의 훈육적 행동을 설명하는 과정. 이것은 사회적 이해를 확립하도록 돕는 동안 아동에게 공감, 이타심, 그리고 도덕적 추론을 발달시키도록 도와준다.
2. **애정이 깃든 양육**(nurturance) : 따뜻함과 애정, 세심함, 그리고 아동의 경험에 대한 개방성을 포함하는 가정교육의 특징. 이것은 아동들의 자긍심과 소속감을 지원해 준다.
3. **많은 요구**(demandingness) : 높은 수준을 성취하는 데 필요한 지원을 제공하고 그들의 진행을 추적하는, 아동을 위한 높은 그러나 현실적인 표준을 간직하는 과정. 이것은 일련의 기간 동안 깊은 수준에서 아동의 참여를 요구한다.
4. **모델링**(modeling) : 자신의 아동이 바라는 본보기가 되어 모범으로 가르치는 과정. 아동들은 흔히 성인의 행동과 언어, 심지어는 말로 드러나지 않은 태도와 신체 자세까지 모방한다.
5. **민주적인 가족 과정**(democratic family processes) : 아동들을 가족의 의사결정에 포함시키는 것은 그들에게 스스로 결정을 내리도록 권능을 주고, 그들이 경청하고 또한 다른 사람의 관점을 채택하길 요구받는 협상에 그들을 관련시키며, 그들이 자발적으로 선택한 결정과 표준을 준수하는 데 관심을 갖도록 해준다.

이들 각각은 쉽게 교사 행동으로 적용될 수 있다(Berkowitz & Grych, 2000 ; Wentzel, 2002). 바움린드(Baumrind, 1971, 1991)는 이들 가운데 두 가지—요구하기(높은 기대)와 양육하기(사랑, 긍정)—를 가장 신뢰할 만한 자녀 교육으로 확인된 두 가지 특징으로 규정했다. 이와 함께 또한 신뢰할 만한 자녀 교육은 광범위한 연구결과에서 일련의 긍정적인 발달 결과를 산출하는 것으로 입증되고 있으며, 긍정적인 청소년 발달과 직접적으로 연관된다(Berkowitz & Grych, 1998 ; Damon, 1988). 벤첼(Wentzel, 2002)은 중학교 학생들의 친사회적 행동, 친사회적 태도, 그리고 학업성취에 대한 가장 강력한 예견자는 높은 기대(요구하기)와 낮은 횟수의 부정적 메시지(양육)라고 보고했다. 이러한 연구결과는 신뢰할 만한 교수-학생 관계가 긍정적인 청소년 발달과 학업 성공을 증진시킨다는 것을 제시하는 것이다. 더 나아가 왓슨(Watson, 2003)은 긍정적인 아동 발달을 증진시키는 훈육 이슈와 관련하여 교사 행동을 위한 모델을 설계하는 데 있어서 부모-아동 애착에 관한 연구결과에 의존했다.

분명히 학교는 긍정적인 청소년 발달을 위한 교육방법에 관하여 가정교육 연구결과 자료로부터 많은 것을 배울 수 있다(Berkowitz & Grych, 2000). 유도하는 훈육과 칭찬, 민주적인 학교와 교실 경영, 긍정적인 사회적 유대의 증진, 그리고 높은 수준의 실행을 기대하고 또한 효과적으로 지원하기와 같은 그러한 행동에 초점을 맞추어 교사 훈련 기준을 창안하는 것은 적절하다. 더군다나 그들 자신의 생활, 행위, 그리고 말씨의 힘을 아동들의 긍정적인 발달을 위한 촉매로서 교육자들이 이해할 것을 강조하고 가르쳐 길들이는 것은 유능한 교사를 준비시키는 데 있어서 하나의 중요한 특징이다(Sizer & Sizer, 1999).

인격교육에서 효과를 발휘하는 것

긍정적인 청소년 발달을 위한 효과적인 교육의 특징들을 이해하는 것과 관련한 또 다른 원천은 인격교육에 대한 연구로부터 나온다. 인격교육의 경험적 연구에 관한 최근의 조사는 인격교육에서 “무엇이 효과를 발휘하는 가”에 관한 결론을 내렸으며, 연구가 필요한 영역을 확인하고 그 분야를 위한 연구의제를 설정했다. 인격교육은 이 프로젝트에서 광범위하게 정의되었다(Berkowitz & Bier, 2003). 사실 그것은 여기에서 긍정적인 청소년 발달을 위한 교육으로 언급되어 왔던 것과 본질적으로 유사하다. 그러므로 여기에서 그 프로젝트의 예비적 결론은 학교가 학생들에게서 폭넓은 훌륭한 인격의 발달을 어떻게 효과적으로 증진시킬 수 있는가에 대한 포괄적 접근의 창구로서 제공된다.

문헌 검토는 학생들의 긍정적 발달을 증진시키기 위해 설계된 101가지의 학교 중심 프로그램에 관한 경험적 연구를 포함했다. 이들 프로그램은 인격교육, 위험 감소, 사회-정서학습, 봉사학습 주도를 중심으로 하여 거의 한정되었다. 과학적 엄격함의 준거들이 각 연구에 적용되었는데(Berkowitz & Bier, 2003), 긍정적인 인격교육을 위한 교육의 항목으로 분류되고 효과가 있다는 증거를 확보한 33가지 프로그램을 대상으로 66가지 연구가 있었다. 이러한 일군의 연구로부터 프로그램의 공통적인 실제와 수행전략과 보고된 발달 결과에 관한 결론이 내려졌다.

효과적인 프로그램들의 공통적인 실제

효과에 관한 경험적 증거를 가진 것으로 확인된 긍정적인 청소년 발달을 위한 33가지 교육활동은 많은 수행전략을 공유하고 있었다. 그러나 이들 전략에 관한 결론은 발달 결과의 인과관계의 측면에서보다는 오로지 사용 빈도수의 측면에서 주장될 수 있다. 달리 말하면, 해부학적 도덕구조에 관한 논의에서 언급되었듯이 그것들은 긍정적인 청소년 발달을 조장하는 다면적인 교육적 접근이다. 그 연구 가운데 어떤 것도 단일한 전략의 독립적 효과를 검증하지 않았다. 오히려 그 연구의 모든 것은 특별한 교육 프로그램을 포함하는 일련의 전략에 관한 누적적 영향을 평가하고자 설계되었다. 그러므로 어떠한 특별한 전략이 관찰된 학생의 발달.결과의 효과적인 원인이라는 결론이 도출될 수가 없다. 우리는 다만 어떤 특별한 수행 전략이 청소년 발달을 증진시키는 데 있어서 효과적이었음을 보여준 프로그램들에서 하나의 구성요소로 자주 등장한다고 주장할 수 있다. 그럼에도 불구하고 이것은 우리가 효과적으로 바라던 결과를 증진시킬 수 있다는 것을 제안하는 데 충분하다.

빈도수로 볼 때 가장 공통적으로 공유된 수행전략은 학생 중심의 동료 토론, 교실 미팅 · 학생 자치 · 관점 채택 경험에 기여하는 동료 교습과 같은 상호작용 전략, 문제 해결 및 의사결정 훈련, 사회적 · 정서적 · 개인적 관리 기능의 직접적 훈련(갈등 해결 혹은 분노 관리와 같은), 협동학습, 자기 관리 기능 훈련 및 자각, 부모 훈련과 참여, 분담된 독서/스토리텔링, 그리고 게임/꼭두각시 인형 등 창안을 실행시키기 위한 전문적 개발이다.

이와 더불어 이런 창안들은 교육과정의 내용(예를 들면 문학에서 책임 있는 관계에 초점을 두고 사회와 과학에서 윤리적 이슈들에 대한 일체화와 반성), 그리고 교육과정을 인도하기 위해 사용한 교수법(예를 들면 협동학습, 안내된 교실 토론, 구성주의) 두 가지 모두의 측면에서 교과 교육과정의 전반에 통합되어야 한다. 창안은 학교와 학생 발달에 대한 하나의 공통적인 통합적 시각 아래에서 함께 엮여진 다양한 그러한 전략을 포함해야 한다.

이들 전략을 활용하는 프로그램에서 빈도수로 볼 때 가장 자주 발견된 결과는 개선된 사회도덕적 인지였다. 이는 친사회적 행동과 태도, 문제 해결 기능의 발달, 폭력과 공격의 감소, 약물사용의 감소, 정서적 능력의 발달, 위험한 태도의 완화, 개선된 학교 행동, 증진된 학업성취와 학업목표 설정, 개선된 자기 기대와 동기 등이다. 이들 발견은 그 밖의 다른 연구와 프로그램 검사의 제안들로 보완될 수 있다(예를 들면 Blum, 2003 ; CASEL, 2002 ; Nation 외, 2003 ; Park & Peterson, 2003 ; Solomon, Watson & Battistich, 2001). 긍정적인 청소년 발달을 위한 최적의 교육은 또한 (a) 학교의 바라는 인격목표와 학교의 목적에 관한 공유된 비전을 포함한 명확히 표현된 철학 선언문, (b) 프로그램을 완전하게 그리고 충실하게 수행할 수 있는 적절하게 훈련된(그리고 진행 매너를 적절하게 갖춘) 헌신적인 지도자, (c) 동료 갈등 해결, 학생 자치, 그리고 협력적 문제 해결과 같은 그러한 학생 권능 부여 전략, (d) 봉사학습, 공동체 봉사, 그리고 학교 중심의 책무와 같은 그러한 타인들에 대한 봉사 기회, (e) 발달 훈육, 즉 바람직하지 않은 행동의 즉시적인 중단을 가져오고자 처벌적인 행동을 사용하기보다는 학생 인격과 기능의 장기적 개선에 초점을 둔 훈육전략, (f) 바람직한 학생 결과가 성취되고 있다는 것을 확인시키고 수행과정을 끊임없이 개선하기 위한 자료의 지속적인 평가와 피드백, (g) 학교와 지역 수준 모두에서 충분하고 지속적인 수행에 대한 지도부 서약, (h) 학생-교사 관계를 강화시켜 주고 그들이 소속한 하나의 배려 공동체로서 학교에 관한 학생들의 인식을 증진시켜 주는 실제 등을 혼합하여 구성해야만 한다.

결론

여기에서 논의된 다양한 연구분야 간에 약간의 중복이 있다. 이들 분야는 일반적으로 긍정적인 청소년 발달의 비전으로 한데 모아지고 있으며, 인간의 성장과 변화를 이해하는 보다 포괄적인 모델을 향하여 나아가고 있다. 이들 사회과학의 각각은 청소년의 완전한 모습을 묘사하는 방향으로 움직이고 있는데, 이는 그들 자신의 주요 연구와 교육을 보다 유용하게 만드는 것으로 논의되었다. 이들 접근에 대한 보완으로서 그들의 다양한 전문용어, 통찰, 그리고 실제를 종합하기 위해서는 많은 개념적 작업이 행해질 필요가 있다.

그러나 이들 접근 사이의 지속적인 대화는 긍정적인 청소년 발달을 위해 어떻게 교육할 것인가에 관한 훨씬 더 풍부하며 더 완전한 이해를 약속해 준다. 우리가 인용했던 연구는 언제 부모, 교육자, 그리고 학교가 청소년 발달에 관한 이들 국면을 지원할 능력을 갖는지, 언제 아동들이 잘 자라는지, 그리고 언제 학교 그 자체가 번영하는지를 암시해 준다.

참고문헌

Albee, G. W., & Gullotta, T. P.(1997). Primary prevention's evolution. In G. W. Albee & T. P. Gullotta(Eds.), *Primary prevention works*(pp. 3–32). New York : Sage.

Allport, G.(1960). *Personality and social encounter*. Boston : Beacon.

Aspinwall, L. G., & Staudinger, U. M.(2003). *A psychology of human strengths : fundamental questions and future directions for a positive psychology*. Washington D. C. : American Psychological Association.

Bar–On, R., & Parker, J. D.(2000). *The handbook of emotional intelligence*. San Francisco : Jossey–Bass.

Battistich, V.(2001). Commentary on "Preventing mental disorders in school–aged children." *Prevention & Treatment, 4*, Article 3, posted March 30, 2001.

Baumrind, D.(1971). Current patterns of parental authority, *Developmental Psychology Monographs*, 4.

Baumrind, D.(1991). The influence of parenting style on adolescent competence and substance use. *Journal of Early Adolescence, 11*, 56–95.

Bennet, W.(1991). Moral literacy and the formation of character. In J. S Benninga (Ed.), *Moral character and civic education in the elementary school*(pp. 131–138). New York : Teacher's College.

Benninga, J. S.(1991). *Moral character and civic education in the elementary school*. New York : Teacher's College.

Berkowitz, M. W.(1985). The role of discussion in moral education. In M. W. Berkowitz & F. Oser(Eds.), *Moral education : theory and application*(pp. 197–218). Hillsdale, NJ : Lawrence Erlbaum Associates.

Berkowitz, M. W.(1997). The complete moral person : anatomy and formation. In J. M. Dubois(Ed.), *Moral issues in psychology : personalist contributions to selected problems*(pp. 11–41). Lanham, MD : University Press of America.

Berkowitz, M. W. & Bier, M. C.(2003). *What works in character education.* Presentation at the Character Education Partnership National Forum 2003, Washington, D.C.

Berkowitz, M. W. & Bier, M. C.(2004). Research-based character education. *Annals of the American Academy of Political and Social Science, 591*, 52-85.

Berkowitz, M. W., & Grych, J. H.(1998). Fostering goodness : Teaching parents to facilitate children's moral development. *Journal of Moral Education, 27*, 371-391.

Berkowitz, M. W., & Grych, J. H.(2000). Early character development and education, *Early Education and Development, 11*, 55-72.

Blum, R. W.(2003). Positive youth development : a strategy for improving adolescent health. In F. Jacobs, D. Wertlieb, & R. Lerner(Eds.), *Handbook of applied developmental science, Vol. 2 : Enhancing the life chances of youth and families* (pp, 237-252). Thousand Oaks, CA : Sage.

Bronfenbrenner, U.(1979). *The ecology of human development.* Cambridge, MA : Harvard University Press.

Bumbarger, B., & Greenberg, M. T.(2002). Next steps in advancing research on positive youth development. [Electronic version.] *Prevention & Treatment, 5*, article 16. Retrieved June 24, 2002, from http://jounals.apa.org.prevention.wolume5/pre0050015a.html

Cameron, K. S., Dutton, J. E., & Quinn, R. E.(2003). Foundations of positive organizational scholarship. In K. S. Cameron, J. E. Dutton, & R. E. Quinn(Eds.), *Positive organizational scholarship : Foundations of a new discipline*(pp. 34-47). San Francisco : Berrett-Koehler.

Caplan, M., Weisberg, R. P., Grober, J., H., Silvo, P. J., Grady, K., & Jacoby, C.(1992). Social competence promotion with inner city and suburban young adolescents. *Journal of Consulting and Clinical Psychology, 60*, 56-63.

Catalano, R., Berglund, L. M., Ryan, J., Lonczak, H., & Hawkins, D.(2002). Positive youth development in the United States : Research findings on evaluations of positive development programs [Electronic version]. *Prevention & Treatment, 5*, Article 15. Retrieved Aug, 1, 2003 from http://journals.apa.org/prevention.volume5/pre0050015a.html

Character Education Partnership(2003). Pathways to civic character : *A shared vision for America's schools.* Unpublished manuscript, Washington D.C. : Character Education Partnership.

Cohen, J.(1999). Social and emotional learning past and present : A psycho-educational dialogue. In J. Cohen(Ed.), *Educating hearts and minds : Social emotional learning and the passage into adolescence*(pp. 3–23). New York : Teachers College Press.

Cohen, J.(2001). *Caring classrooms/intelligent schools : The social emotional education of young children*. New York : Teacher's College Press.

Collaborative for Academic, Social, and Emotional Learnig(CASEL) (2002). *Safe and sound : An educational leader's guide to evidence–based social and emotional learning programs*. Chicago : CASEL.

Damon, W.(1988). *The moral child : Nurturing children's natural moral growth*. New York : Free Press.

Dewey, J.(1908. 1960) *Theory of the moral life*. New York : Holt, Reinhart, and Winston.

Dewey, J., & Tufts, J. A.(1932). *Ethics*(rev. ed.). New York : Henry Holt.

Eisenberg, N.(Ed.) (1982). *The development of prosocial behavior*. New York : Academic Press.

Eisenberg, N., & Miller, P. A.(1987). The relation of empathy to prosocial and related behaviors. *Psychological Bulletin, 101*, 91–119.

Gardner, H.(1983). *Frames of mind : The theory of multiple intelligences*. New York : Basic Books.

Gilliham, J. E., & Seligman M. E. P.(1999). Footsteps on the road to positive psychology. *Behavior Research and Therapy, 37*, 163–173.

Goble, F., & Brooks, B. D.(1983). *The case for character education*. Ottawa, IN : Green Hills Publishing.

Goleman, D.(1995). *Emotional intelligence*. New York : Bantam.

Gottfredson, D. G.(2001). *Schools and delinquency*. Cambridge, UK : Cambridge University.

Greenberg, M. T., Domitrovich, C., & Bumnarger, B.(2001). The prevention of mental disorders in school–aged children : Current state of the field. *Prevention & Treatment, 4*, article 1.

Greenberger, E., & Sorenson, A. B.(1974). Toward a concept of psychosocial maturity. *Journal of Youth and Adolescence, 3*, 329–358.

Hartshorne, H., & May, M. A.(1928). *Studies in deceit*. New York. : Macmillan.

Hoffman, M. L.(1978). Toward a theory of empathic arousal and development. In M. Lewis & L. Rosenblum(Eds.), *The development of affect*(pp. 227–256). New York : Plenum.

Hoffman, M. L.(1982). Development of prosocial motivation : empathy and guilt. In N. Eisenberg(Ed.), *Development of prosocial behavior*(pp. 281–313). New York : Academic Press.

Jahoda, M.(1958). *Current concepts of positive mental health*. New York : Basic Books.

Josephson, M.(2004). The hidden costs of unethical behavior. Retrieved June, 2004 from http://www.josephsoninstitute.org/

Kelly, G. A.(1955). A theory of personality : *The psychology of personal constructs*. New York : Norton.

Kilpatrick, W. H.(1925). *Foundations of method*. New York : Macmillan.

Kohlberg, L., & Mayer, R.(1972). Development as the aim of education. *Harvard Educational Review, 42*, 449–496.

Kohlberg, L.(1976). Moral stages and moralization. In T. Lickona(Ed.), *Moral development and behavior*(pp. 31–53). New York : Holt, Reinhart and Winston.

Kohlberg, L.(1984). *The Psychology of Moral Development*. San Francisco : Harper & Row.

Lazarus, R. S.(1991). *Emotion and adaptation*. New York : Oxford University Press.

Lerner, R.(2001). Promoting promotion in the development of prevention science. *Applied Developmental Science, 5*, 254–257.

Lerner, R., Fisher, C. B., & Weinberg, R. A.(2000). Toward a science for and of the people : Promoting civil society through the application of developmental science. *Child Development, 71*, 11–20.

Lerner, R. M., Wertlieb, D., & Jacobs, F.(2003). Historical and theoretical base of applied developmental science. In R. M. Lerner, D. Wertlieb, & F. Jacobs (Eds.), *Handbook of applied developmental science*(vol. 1, pp. 1–30). Thousand Oaks, CA : Sage Publications,

Lickona, T.(1991). *Educating for character : How our schools and teach respect and responsibility*. New York : Bantam.

Lickona, T.(2004). *Character matters : How to help our children develop good judgment, integrity, and other essential virtues*. New York : Simon & Schuster.

MacDonald, G. B., & Valdivieso, R.(2000). Measuring deficits and assets : how we track youth development now, and how we should track it. In *Youth development : Issues and challenges*. Philadelphia : Public/Private ventures.

Maggs J. L., & Schulenberg, J.(2001). Editors' introduction : prevention as altering the course of development and the complementary purposes of developmental and prevention sciences. *Applied Developmental Science, 5*, 196–200.

Maslow, A. H.(1962). *Toward a psychology of being*. Princeton, NJ : Van Nostrand Co.

Maher, M.(1933). *Psychology*. New York : Longmans, Green, & Co.

Moore K. A., & Halle, T. G.(2000). *Preventing problems vs. promoting the positive : What do we want for our children?* Washington, D.C. : Child Trends.

Narvaez, D.(1999). Using discourse processing methods to study moral thinking.

Educational Psychology Review, 11(4), 377–393.

Nation, M., Crusto, C., Wandersman, A., Kumpfer, K., Seybolt, D., Morrissey–Kane, E., & Davino, K.,(2003). What works in prevention : Principles of effective programs. *American Psychologist, 58,* 449–456.

Noddings, N.(2002). *Educating moral people : A caring alternative to character education.* New York : Teacher's College Press.

Nucci, L. P.(2001). Education in the moral domain. Cambridge, UK : Cambridge University Press.

Park, N., & Peterson, C.(2003). Virtues and organizations. In Cameron, K. S., Dutton, J. E., & Quinn, R. E.(Eds.), *Positive organizational scholarship*(pp. 33–47). San Francisco : Berrett–Koehler.

Peterson, C., & Seligman, M. E. P.(2003). *The values in action classification of strengths and virtues.* Washington, D.C. : American Psychological Association.

Peterson, C., & Seligman, M. E. P.(2004). The positive psychology of youth development, Paper presented at Annenberg/Sunnyland Positive Youth Development Conference. March, 2004, Annenberg Foundation Trust at Sunnyland.

Piaget, J.(1932/1965). *The moral judgment of the child.* New York : Free Press.

Power, F. C., Higgins, A., & Kohlberg, L.(1989). *Lawrence Kohlberg's approach to moral education.* New York : Columbia University Press.

Reese, W. J.(2000). Public schools and the elusive search for the common good. In L. Cuban & D. Shipps(Eds.). *Reconstructing the common good in education*(pp. 13–31). Sanford CA : Stanford University Press.

Rogers, C.(1961). *On becoming a person.* New York : Houghton Mifflin.

Roth, J. L., & Brooks–Gunn, J.(2003). What is a youth development program? identification of defining principles. In F. Jacobs, D. Wertlieb, & Lerner(Eds.), *Handbook of applied developmental science*(vol. 2, pp. 197–224). Thousand Oaks, CA : Sage.

Roth, J., Brooks–Gunn, J., Murray, L., & Foster, W.(1998). Promoting healthy adolescents : synthesis of youth development program evaluations. *Journal of Research on Adolescence, 8,* 423–459.

Rotter, J. B.(1966). Generalized expectancies for internal versus external control of reinforcement. *Psychological Monographs, 80,* 1–28.

Saarni, C.(1999). *The development of emotional competence.* New York : Guilford.

Scales, P. C., Benson, P. L., Leffert, N., & Blyth, D. A.(2000). Contribution of developmental assets to the prediction of thriving among adolescents. *Applied Developmental Science, 4*(1), 27–46.

Scales, P. C., & Leffert, N.(1999). *Developmental assets : A synthesis of the scientific research on adolescent development*. Minneapolis : Search Institute.

Seligman M. E. P.(1999). Teaching positive psychology. *APA Monitor Online, 30*(7). Retrieved October 1, 2003 from www.apa.org/monitor.julaug99.speaking.html

Seligman, M. E. P.(2002). Positive psychology, positive prevention, and positive therapy. In C. Snyder & S. Lopez(Eds.), *Handbook of positive psychology*(pp. 3–9). New York : Oxford University Press.

Seligman, M. E. P. & Csikszentmihalyi, M.(2000). Positive psychology : An introduction. *American Psychologist, 55*, 5–14.

Sizer, T., & Sizer, N. F.(1999). *The students are watching : Schools and the moral contract*. Boston : Beacon Press.

Solomon, d., Watson, M. S., & Battistich, V. A.(2001). Teaching and schooling effects of moral/prosocial development. In V. Richardson,(Ed.), *Handbook of research on teaching*(4th ed., pp. 566–603). Washington, D.C. : American Educational Research Association.

Stanhope, R.(1992). *Character education : a compilation of literature in the field from 1929 to 1991*. Unpublished Dissertation, University of Pittsburgh.

Thornedike, E. L.(1905). *The elements of psychology*. New York : A. G. Seiler.

Topping, K., Bremner, W., & Holmes, E. A.(2000). Social competence : The social construction of the concept. In R. Bar–On & J. D. Parker(Eds.), *The handbook of emotional intelligence*(pp. 28–39). San Francisco : Jossey–Bass.

Turiel, E.(2002). *The culture of morality : Social development, context, and conflict*. New York : Cambridge University Press.

Watson, M.(2003). *Learning to trust*. San Francisco : Jossey–Bass.

Weissberg, R. P., & O'Brien, M. U.(2004). What works in school–based social and emotional learning programs for positive youth development. *Annals of the American Academy of Political and Social Science, 591*, 86–87.

Wertleb D., Jacobs F., & Lerner R. M.(Eds.).(2003). *Handbook of applied developmental science, Vol. 3 : Promoting positive youth and family development : Community systems, citizen, and civil society*. Thousand Oaks, CA : Sage Publications.

Wentzel, K. R.(2002). Are effective teachers like good parents? Teaching styles and student adjustment in early adolescence. *Child Development, 73*, 287–301.

제26장

통합적 윤리교육

나베츠_D. Narvaez(노트르담 대학교_University of Notre Dame)

최근 몇십 년 동안 도덕교육에 관한 대부분의 논쟁은 아동들의 도덕형성에 대한 두 가지 지배적인 교육적 접근의 장단점에 집중되어 왔는데, 그것은 다름 아닌 **전통적인 인격교육**(traditional character education)과 **합리적인 도덕교육**(rational moral education)이다. 전통적 인격교육은 교육의 적절한 목적으로서 인격의 덕성을 고취하는 데 초점을 두는 반면에 합리적 도덕교육은 자율적인 도덕판단의 발달과 논쟁을 해결하고 공정의 규범에 따라 합의에 도달하는 능력을 촉진시키고자 한다. 첫 번째 접근은 인격의 형성에 공헌하는 교육적 요구에 관심을 갖는 반면에 두 번째 접근은 추론과 자율성의 발달에 관심을 갖는다. 불행히도 이에 관한 논쟁은 공통적인 토대와 통합의 가능성을 모호하게 만드는 양자택일의 특질에 모아져 왔다. 이 장에서는 소위 말하는 **통합적 윤리교육**(integrative ethical education)이라고 불리는 제3의 방법을 소개한다. 이것은 한편으로는 민주적 공동체의 발달을 위해서 요구되는 반성적인 추론과 정의에 대한 책무를 계발하는 목적을 인정하면서, 또 다른 한편으로는 다원주의적 민주주의에서 요구하는 시민성과 신중한 민주적 절차에 참여하는 능력이 어떤 종류의 인격을 소유하는 것에 의존한다는 것을 인정하는 윤리교육에 대한 총체적 접근이다.

이 장에서는 두 가지 지배적 접근인 도덕교육과 인격교육에 관한 중요한 주제들이 검토된다. 이들 원형은 각기 아리스토텔레스, 칸트와 연관된 철학적 입장과 잘 어울린다. 최근의 모델들이 어떻게 그들을 통합하려고 시도하고 있는가를 포함해서 도덕교육과 인격교육에서 채택된 특수한 교육적 전략과 이들 원형과의 관계가 논의된다. 통합적 윤리교육은 이 두 가지 전통의 가장 좋은 점을 토대로 확립되었을 뿐만 아니라 인지과학적 지식, 최고의 실제적 교수법, **탁월성**(techne)과 **행복**(eudaimonia)에 관한 고대 그리스의 관념을 통합한 하나의 관점으로 소개된다.

이들 논쟁은 역사적 맥락에서 놓고 보았을 때 더욱 잘 이해된다. 첫 번째 절은 전통적 인격교육과 합리적 도덕교육(인지발달 접근) 간의 논쟁과 관련한 요소들을 확인하는 무대로 구성된다.

다원적 민주주의에서의 도덕교육

거트만(Gutman, 1987)은 가정이 아동들의 도덕 및 인격형성에서 일차적으로 책임을 진다는 보편적인 합의를 지적하고 있다. 그럼에도 불구하고 민주국가는 시민들의 도덕성 형성에 깊은 관심을 갖는다. 비록 가정이 자녀를 교육시키는 데 있어서 일차적인 우선권을 지니지만 국가는 그 나름대로 관심을 갖는다. 왜냐하면 민주주의는 기능을 갖추고 있으며 능동적인 시민을 필요로 하기 때문이다. 사실 거트만(1987)에 따르면 "민주주의에서의 도덕[1]교육은 가정생활의 가치와 민주 시민성의 가치를 함께 존중하는 모든 사람에게 서로 이득을 주는, 가정과 국가의 공유된 하나의 신뢰로서 가장 잘 이해된다"(p. 54).

도덕적 형성에 대한 국가의 관심은 국가의 대리자라 할 수 있는 교사들이 그들의 어린 학생들에게서 시민정신(citizenship)과 시민참여(civic engagement)를 장려하는 공립학교를 통해 주로 나타난다. 그럼에도 불구하고 학교의 도덕적 의제는 미국 교육의 역사에서 특히 사회적 다양성이 증가함에 따라 논쟁이 되어왔다. 국가가 역사의 과정에서 문화적으로 점차 더 이질화되어 감에 따라 공립학교가 가르쳐야 할 것으로 명백하게 보이는 가치들이 다원적 민주사회의 성격과 학교교육의 목적에 관한 근본적인 논쟁으로 인하여 급속히 모호하게 되었다. 가정은 인격교육의 적절한 역할을 학교에 위임하기를 꺼려하게 되었다. 실제적으로 어떤 사람들은 교사보다는 부모가 가치를 가르쳐야 할 사람들이라고 주장하고 있다. 리코나(Lickona, 1991b)는 다음과 같이 말했다.

> 학교는 가치를 가르쳐야 하는가? 단지 몇 해 전만 해도 만약 여러분이 그 질문을 다른 사람들에게 했다면 논쟁이 시작될 게 확실했다. 만약 어느 누군가가 학교는 아동들에게 가치를 가르쳐야 한다고 말했다면 다른 어느 누군가는 누구의 가치를 가르쳐야 한다는 것인가라고 즉각적으로 반박

했을 것이다(p. 3).

20세기 이전에는 인격발달이 교육의 주요 목적 중의 하나였다. 학교는 도덕적 삶에 관한 사실들을 포함한 사실적 정보를 전달해 주는 장소로 간주되었다. 그러나 20세기가 지나면서 학교의 목적은 "기본적인 것"(예컨대 읽기, 쓰기, 셈하기)을 가르치는 것으로 협소화되었으며, 교육자들은 종교적·도덕적 가치에 관한 논쟁으로부터 벗어나고자 노력했다. 마치 그 진공상태를 채우기라도 하듯이 새로운 도덕적 인격형성 접근법들이 등장했다. 1960년대에 보다 개방적이면서 덜 지시적인 가치교육 접근법들로 아동이 교실에서 동의하는 가치를 지지하는 가치 명료화(예를 들면 Raths, Harmin & Simon, 1976), 그리고 공정에 관한 비판적 사고와 도덕적 추론의 발달을 증진시키는 도덕적 딜레마 토론(예를 들면 Power, Higgins & Kohlberg, 1989)과 같은 접근법이 시도되었다. 이러한 접근법들은 가혹하게 비판을 받았다. 전통적인 인격교육을 주창하는 자들은 그러한 접근법들이 전통주의자들이 성인들의 특권이라고 생각하는 의사결정에 학생들이 참견할 권리를 허용한다는 점에서, 그리고 전통주의자들이 생각하기에 훌륭한 인격을 배양하는 데 더 적절한 강력한 금지와 보상을 회피한다는 점에서 비판했다(예를 들면 Wynne, 1991). 사실 1950년대 이래로 전통적 도덕주의자들은 청소년의 행동(예를 들면 범죄, 거짓말, 약물남용, 임신)을 대중매체, 물질주의, 사생활중심주의, 이혼과 더불어 가치중립(예를 들면 Ryan과 McLean, 1987)과 "가치로부터 자유로운 미국"(de-value America) (Bennett, 1992)을 전달하는 학교의 자유주의적 프로그램 탓으로 여겨왔다. 문화적 쇠퇴를 중단시키기 위한 수단으로 전통주의자들은 지시적 인격교육을 다시 들고 나왔다(Nash, 1997을 보라). 그후 그들은 정치가, 대통령, 주 의회를 설득하여 인격교육을 실시하도록 요구했다. 21세기가 시작되면서 인격교육 프로그램을 채택하는 학교의 숫자가 증가했다. 즉 47개 주가 인격교육을 위한 연방정부의 지원을 받았으며, 14개 주는 지원을 요구했다(*Los Angeles Times*, 2003).

도덕교육이 교육과정의 명시적이며 의도적인 요소이든 아니든 상관없이 가치교육은 교실과 교수활동의 구조 속에 깊이 관여되어 있다. 예를 들면 교사들이 학생들을 다루는 방식(DeVries, Hildebrandt & Zan, 2000)과 교사들이 시행하는 정책과 절차에, 그들이 사용하는 교수전략(Solomon, Watson & Battistich, 2002)과 교사들이 기준을 설정하고 지지하며, 점수를 결정하고 문화적 차이를 존중하는 방식(Kessler, 2001)에 도덕적 고려가 분명히 존재한다. 달리 말하면 도덕적 고려는 "잠재적 교육과정"을 고취한다(Jackson, 1968 ; Jackson, Boostrom & Hansen, 1998). 가치는 불가피하게 학교 및 교실생활과 연관된다. 지역사회의 대리인이자 아동과 사회를 연결하는 일차적 연락원인 교사들에게 아동들이 긍정적이고 적극적인 시민성을 증진시키는 인격기능을 발달시키도록 도와주는 권위가 부여되어야만 한다. 왜냐하면 가정과 마찬가지로 지역사회 또한 훌륭한 시민을 육성할 책임이 있기 때문이다(Gutmann, 1987).

교육자 자신들이 실용적인 이슈를 제기한다. 그들이 학생들에게 과학, 문학, 비판적 사고의 기초 지식을 전하고자 고군분투할 때 가치를 어떻게 가르칠 수 있는가? 물론 곧바로 똑같은 대답이 적용된다. 즉 학교는 원하든 그렇지 않든, 의도적이든 그렇지 않든 간에 이미 가치를 가르치고 있다는 것이다. 새로운 과정을 추가할 필요도 없다. 여기서 옹호된 해결책은 스타래트(Starratt, 1994)가 잘 표현하고 있다.

> 교사들은 새로운 윤리과목을 첨가하기보다 현재까지 주목받아 오지는 않았지만 교육과정에서 윤리적으로 의미심장한 풍부한 재료를 활용할 수 있다. 그것은 보다 많은 시간을 학습하는 문제가 아니라 현재 정상적인 학교생활에서 일어나고 있는 모든 인간 상호작용의 질을 개선하는 보다 세련된 학습의 문제이다(pp. 11–12).

만약 시민들이 도덕교육은 학교교육에서 필수적인 요소라는 것과 교육자들이 시험지를 채점하는 것과 같이 가치를 가르칠 수 있다는 것에 동의할 수 있다면, 우리는 무엇이 가르쳐져야 하고 또한 어떻게 가르쳐져야 하는지에 관하여 의견의 일치를 볼 수 있다. 달리 말하면 어떤 도덕교육이 효과가 있는 것으로 보이는가? 반드시 그런 것은 아니다. 이것은 역시 논쟁적이다. 사실 이것은 문제의 핵심이다. 우리는 다음 절에서 논쟁의 근거를 검토한다. 아동들의 인격형성에 대한 두 가지의 논쟁적인 접근법은 인격발달에 관한 각기 다른 철학적 가정의 측면에서 개략적으로 검토된다.

두 가지 논쟁적인 패러다임

도덕교육 논쟁은 두 철학적 관점 간의 인지된 충돌이 특징이다(O'-Neill, 1995). 하나는 덕 혹은 인격윤리학과 관련한 특수주의적 주장을 대표하며(MacIntyre, 1981 ; Noddings,[2] 2002), 또 다른 하나는 정의와 추론

(Frankena, 1973 ; Kant, 1949) 혹은 규칙윤리학과 관련한 보편주의적 주장을 대표한다. 두 형태의 이론은 상호 배타적인 것이 아니라 두 이론이 강조하는 데 있어서, 그리고 도덕성을 정의하는 방식에서 다른 것이다(O'Neill, 1995). 이러한 서로 다른 점에 대한 초점은 각기 다른 전제, 결론, 그리고 적용으로 발전한다.

규칙윤리학

규칙윤리학 접근은 어떤 특수한 도덕적 상황에서 어떻게 하는 것이 옳은 일인지에 초점을 맞춘다(예를 들면 Frankena, 1973 ; Hare, 1963 ; Rawls, 1971). 규칙윤리학은 도덕성을 의무적 행위로 제한하며, 그러한 행위에 관한 추론에 의해 전개된다. 잘 알려진 바와 같이 칸트의 경우 이것은 타인들에 대한 존중에 준해서 행위하는 것을 의미한다(Kant, 1949). 도덕적 행위란 어떤 특수한 상황에 대하여 적용 가능한 원리와 일치하는 것으로 보편화 가능한 의무와 일치하는 원리는 비슷한 상황에서 자기 자신의 천분을 깨닫는 모든 사람에게 필요하다(예를 들면 칸트의 정언명법).

앞으로 논의될 고전적인 인격윤리학과 비교할 때 규칙윤리학은 두 가지 의미에서 최소 이론(minimalist theory, Norton, 1991)이다. 첫째, 도덕성은 단순화되며 개인들에게 어떠한 요구도 가해지지 않는다. 규칙윤리학은 삶의 거대한 부분을 도덕적 평가로부터 자유롭게 놓아두며, 인간 생활의 좁은 부분에서 책임에 관한 의무론적 판단에 주목한다. 그것은 친구, 직업, 그리고 여가활동에 관한 우리의 선택과 같은 것들을 도덕적 삶의 전조로부터 배제시킴으로써 도덕성의 범위를 협소화시킨다(그것은 자유재량의 지휘에 속하며, 그것은 칸트가 생각했던 바와 같이 도덕성과는 별개다). 둘째, 그것은 인간 경험의 거대한 부분들을 도덕적 평가로부터 방어하기 때문만 아니라, 도덕적 의무를 보편적 도덕원리와 관련하여 공식화될 수 있는 것으로 축소시키기 때문에 최소한이다. 도덕성은 보편적으로 적용 가능한 것이 된다.

> 현대의 도덕성은 규칙들을 "보편화 가능성"과 "불편부당"의 필요조건 하에 모든 사람에게 균일하게 적용 가능한 것으로 이해한다는 점에서 최소한이다. 만약 어떤 사람에게 옳은 것이라면 적절하게 비슷한 상황에 있는 모든 사람에게 옳아야만 하며, 그때 옳은 것은 발달된 도덕적 인격을 거의 소유하지 않은 사람들에 의해 인정되고 또한 행동으로 옮겨질 수 있는 것과 같은 그러한 것이어야 한다(Norton, 1991, p. xi).

따라서 이 최소 공통분모는 모든 사람에게 요청되는 것이 된다. 규칙윤리학은 오로지 규칙을 준수하는 행동에 필요할 때만 인격발달에 주목한다. 대조적으로 인격윤리학에서 덕스러운 개인들로부터 기대된 행위—훌륭한 삶을 살기(예를 들면 용기와 사려 신장시키기)—는 여분으로 생기는 것이지 도덕적 행위자에게 요구되는 것이 아니다.

인격윤리학

인격윤리학의 핵심적인 관심은 훌륭한 삶의 본질과 훌륭한 삶을 살기 위해 필요한 특성들이다(예를 들면 Anscombe, 1958 ; Hursthouse, 1999 ;

McDowell, 1997). 중심적인 질문은 "나는 어떤 인간이 되어야 하는가?"와 "나는 나의 인생을 어떻게 살아야 하는가?"이다. 그러므로 그 초점은 행위자에게 있다. 이러한 관심은 직접적으로 인격발달의 문제로 나아가게 한다. 왜냐하면 도덕적 인격의 특성은 태어날 때 나타나는 것이 아니기 때문이다. 덕 혹은 탁월성은 계획적으로 신중하게 양성되어져야 한다. 비록 고전적 이론은 필수적인 도덕적 인격을 소유하지 못한 사람들이 그들의 행동을 안내하기 위해 규칙이 필요하다는 것을 무시하지는 않지만 규칙은 인격발달에 종속되며, 그 목적에 대하여 수단으로 간주된다.

규칙윤리학 관점과 대조적으로 인격윤리학은 삶에서 그 어떤 것도 도덕적 의미가 결여된 것이 없다고 주장한다. 모든 인간 행위는 도덕적 관련을 갖는다. 우리가 모든 영역에서 하는 선택은 우리의 인격발달에 영향을 미치며 그리고 반영한다. 요컨대 끊임없는 도덕적 성장이 개인들에게 요구되며, 그 상한선이 없다. 개인은 그 자신의 자아실현과 훌륭한 인격을 유지하는 데에 책임을 지닌다. 규칙윤리학과 인격윤리학을 서로 분리시키는 대표적인 두 가지 영역이 있다. 그것은 도덕적 인간의 본질과 공동체의 중요성이다.

도덕적 인간의 본질

두 철학적 패러다임은 도덕적 인간을 "얇게" 바라보느냐 혹은 "두껍게" 바라보느냐의 방식으로 구분될 수 있다(Williams, 1985). 규칙윤리학은 행위에 초점을 두며, 개인을 타인들이 옳은 행위를 통해 존중해야만 하는 권리의 소유자로 정의한다(O'Neill, 1995). 여기에서 도덕적 인간은 올바른 행위를 택하지만 그에게 요구된 보편화 가능한 행위규칙은 소극적 의무(예컨대 해를 끼치지 않는 것)를 의미하며, 자비 및 자아발달 책임과 같은 그러한 적극적 의무를 배제하는 자로서 얇게 정의된다. 한편, 인격윤리학은 행위 그 자체보다는 행위자의 특질과 개인적 특성의 본래부터 타고난 도덕적·사회적·정치적 측면을 강조한다. 이 관점에서는 인간이란 덕, 가치, 그리고 책임에 토대를 둔 본질적으로 도덕적인 존재로서 두껍게 정의된다(Hursthouse, 1999). 개인은 어떤 덕들과 가치들이 자신에게 천부적으로 내재되어 있는지를 발견하고 그것들을 계발할 책임이 있다. 도덕적 행위는 도덕적 인격으로부터 파생된다. 그때 분명히 규칙윤리학은 인간으로 하여금 기능을 발휘하게 하는 인간에 관한 단지 얇은 개념만을 요구한다. 이에 반해 덕 윤리학은 우리가 살아야 할 훌륭한 삶을 살아가는 데 있어서 덕이 어떻게 공헌하는지에 관하여 무언가를 말하는 두꺼운 개념, 곧 인간에 관한 완전한 명세서를 요구한다(Cunningham, 인쇄 중).

공동체를 향한 요구

규칙윤리학과 달리 인격윤리학은 도덕적 인간의 발달에서 공동체의 지원을 강조한다. 개인은 자아실현의 과정에서 지지와 격려를 제공하는 공동체 안에 속해 있다. "그러니까 폴리스(polis)의 개념은 개인들로 하여금 가치를 최대로 실현하게 함과 더불어 실현된 가치를 최적으로 이용할 수 있도록 설계가 된 제도화된 사회적 조직이다"(Norton, 1991, p. 14). 이것은 **행복**(eudaimonia, 번영)의 본질요소이다. 이러한 아리스토텔레스적인 관점에서 보면 모든 개인은 친구, 동료, 그리고 하나의 전체로서의 사회로부터 필요한 지원을 받아 자신의 내부에 덕을 실현한다. 따라서 인격윤리학은 공동체를 인간의 덕과 인간의 번영에 반드시 필요한 것으로 간주한다. 이와는 대조적으로 칸트적인 행위자에게 있어서 공동생활은 가정되지 않으며, 또 필요로 하지도 않을 것이다(Norton, 1991). 비록 추상화된 공동체가 원리와 행위를 결정하는 데 이용되지만 규칙윤리학은 구체적인 공동체를 거의 개인의 융성에 대한 하나의 장애물로 보는 것 같다. 생물학적 · 심리학적 증거는 전자의 관점, 곧 인격윤리학의 관점이 정확한 관점이라는 것을 시사하고 있다. 개인들은 홀로 번영할 수 없다.

다음 절은 윤리학의 두 지배적인 패러다임이 도덕 및 인격교육 접근을 어떻게 실증적으로 설명하는지 논의한다. 합리적 도덕교육 접근은 콜버그(Kohlberg)와 인지발달 전통과 연관되며, 칸트의 규칙윤리학과 일직선상에 놓여 있다. 반면에 전통적 인격교육은 인격윤리학과 일직선상에 놓여 있다. 이와 함께 각각의 철학적 패러다임의 측면을 조화시키고자 하는 몇 가지 통합적인 교육적 접근들이 기술된다.

도덕교육과 인격교육에 대한 접근

이들 두 가지 철학적 관점, 곧 규칙윤리학과 인격윤리학은 도덕교육과 인격교육 접근에서 어떻게 구체적으로 드러나고 있는가? 여기에서는 각각의 철학적 관점에 의해 영향을 받은 고전적인 교육적 접근이 예시되며, 이어 몇 가지 통합적 접근에 관한 간략한 기술이 뒤따른다.

콜버그의 인지발달 접근

보편주의의 규칙윤리학 관점을 옹호하는 사람들(예를 들면 콜버그, 1981 ; Power 외, 1989)은 교육자가 정의와 공정에 관한 반성적 추론의 발달을 촉진시켜야 한다고 주장한다. 이러한 관점은 이성과 의도를 강조하는 규칙윤리학뿐만 아니라 아동들이 어떻게 도덕적 관점을 구성하고, 서로 맞서는 선택들을 통하여 사고하며, 딜레마를 해결하고 결론을 정당화하는지를 강조하는 피아제의 단계 이론에 의해 영향을 받았다(Kohlberg, 1981, 1984). 합리적 도덕교육 접근은 "인지발달" 접근으로 알려진 것으로, 이의 공통적인 교수방법은 도덕적 딜레마 토론이다. 토론의 목적은 아동들이 보다 높은 도덕적 추론 단계로 나아가는 것을 돕는 것이다. 내부적인 적절성의 준거가 있는데, 그것은 보다 높은 단계의 관점으로부터 구성된 도덕적 추론이 보다 복잡한 사회적 문제를 더 잘 해결할 수 있다는 것이다. 도덕적 관점에 관한 강렬한 토론은 보다 높은 도덕적 추론의 단계로의 발달을 자극시키는 비평형화 경험을 제공한다.

합리적 도덕교육 접근에서 성인은 도덕적 딜레마에 관한 동료 토론과 그 밖의 다른 관점 채택 기회를 포함한 계획적 활동을 통해서 학생들의 발달을 촉진시키는 자로 행동한다. 가장 중요한 것은 모든 사람의 안녕을 똑같이 고려하고, 이기주의를 벗어버리고 원리에 입각하여 행위하며, 기꺼이 자신의 원리를 보편화하고자 하는 불편부당한 도덕적 관점을 채택하는 것을 학습하는 것이다(Frankena, 1973, p. 114). 인지발달 접근의 목적은 역할 채택 기회와 교실의 일상적인 생활에서 발생하는 다른 실제적인 사회도덕적 경험의 제공을 통하여 아동들이 보다 높은 이해의 수준으로 이동하도록 하는 것이다(Oser, 1991). 발달은 학생들 사이에서 밑으로부터 위로 올라가는 방식으로 일어난다. 즉 동료들과의 상호작용은 관점 채택을 하게하고 인지적 비평형화를 초래하는데(Piaget, 1932/1965), 인지적 비평형화는 학생들로 하여금 더욱 더 적절하며 보다 복잡한 추론과 관점 채택으로 나아가도록 추진시키는 새로운 이해를 확립할 수 있게 압력을 가한다.

반성적 추론은 보다 높은 정의의 요구에 헌신적인 합리적 행위자들로 기능할 수 있는 자율적인 도덕적 행위자들을 양성함으로써 윤리적 행동과 시민정신에 기여하는 적절한 태도와 행동을 초래하는 것으로 여겨진다(Oser, 1991). 사실 다음의 두 가지 효과가 비록 크지는 않지만 도덕적 딜레마 토론을 이용하는 교육이 도덕판단 점수에 긍정적으로 영향을 미치며(Blatt & Kohlberg, 1975 ; Rest, 1986), 도덕판단은 도덕적 행위를 예견하는 데 일관되게 기여한다(Thoma, 1994).

합리적 도덕교육 접근은 때론 간접적인 도덕교육 접근으로 설명되는데(예를 들면 Solomon, Watson, Battistich, Schaps & Delucchi, 1992), 왜냐하면 아동들이 무엇을 믿어야 할 것인가, 그리고 어떻게 행동해야 할 것인가에 관하여 직접적으로 가르침을 받는 것이 아니라 보다 높은 단계의 복잡한 관점으로부터 만들어진 논쟁의 견해들에 맞서 그들의 관점을 시험하며 그 관점의 타당성을 검토하도록 장려되기 때문이다. 교사의 역할은 토론을 촉진시키고, 보다 높은 단계에로 논쟁을 끌어올리며, 다양한 관점이 발표되도록 하는 것이다. 그 목적은 내용이 아닌 사고의 과정을 강조함으로써 신념이 아닌 구조를 변화시키는 것이다. 학생들은 타인들의 관점을 채택하고, 좋은 결정을 내리며, 보다 복잡한 개념적 이해를 창출하는 추론과정 속에서 도덕적으로 발달한다. 정의에 관한 추론과정을 강조하는 것으로 인해 누구의 가치가 가르쳐지고 있는가에 관한 문제는 의미가 없어져 버린다(Kohlberg, 1981).

원래 콜버그는 도덕적 추론을 증진시키기 위하여 순수한 딜레마 토론에 초점을 맞추었다. 즉 학교 분위기를 포함하여 그 밖의 다른 어떤 것에 대해서도 주의를 기울이지 않았다. 그러나 콜버그의 학교교육의 제2세대에서 "정의 공동체"(just communities)의 이행은 모든 사람이 어떻게 함께 어울리며 살아가는가에 대한 명백한 관심을 요구했다. 학생들은 정의롭게 대우받고 정의롭게 행동하기를 요구받음으로써 "정의를 이해하고 또한 느끼는 것"을 배우는 환경 속에서 생활했다(Power 외, 1989, p. 25). 도덕적 문화영역을 부가함으로써(Durkheim, 1925/1973) 정의 공동체 접근은 행동의 내용(예를 들면 시간을 어기지 마라, 싸우지 마라 ; Power, 2004)에 상응하는 특수한 도덕적 규범을 지지했다. 정의 공동체 학교는 "도덕발달을 증진"시킬 "도덕적 환경에 정의의 원리가 구체화되도록" 의도되었다(Reed, 1997, p. 194). 딜레마 토론은 공동체 구성원들이 정의롭고 또한 민주적인 공동체를 창조하는 데 사용하는 필수적인 도구가 되었다.

콜버그의 접근법은 아동 중심적인 것으로 여겨져 왔으며, 선한 행동과 나쁜 행동을 직접적으로 가르치는 것과 같은 성공적인 전통적 교육방법을 경시했다고 비판받아 왔다(Benninga, 1991). 합리적 도덕교육은 분명한 내용이 결여되어 있다는 점에서, 또한 규칙 위반에 대한 처벌과 같은 분명히 협상할 수 있는 것과는 거리가 멀고 어른에게 전적으로 권리가 주어진 규칙에 관한 의사결정을 아동들이 간여하도록 허용함으로써 아동들에게 너무 많은 권한을 부여했다는 점에서 비판받아 왔다

(Wynne, 1991). 예를 들면 위니(Wynne)와 라이언(Ryan, 1993)은 "학교와 교실을 보다 민주적으로 만든다는 것은 학생들에게는 보다 많은 권한을 부여하고 교사들에게는 보다 적은 권한을 부여하는 것"(p. 16)이라고 공공연히 비난하며 또한 "질서를 유지하기 위한 하나의 도구로서 변명이 필요 없는 적절한 처벌의 사용에 대하여 보이는 적의"(p. 21)를 통탄해한다.

두 가지 부가적인 비판이 추가된다. 콜버그의 이론에 관한 가장 심한 비판 중의 하나는 도덕적 판단과 행위 사이의 경험적 간극이다(Blasi, 1980). 즉 개인들은 흔히 그들의 추론과 일치하여 행동하지 않는다는 것이다. 달리 말하면 도덕판단만으로는 도덕적 행위를 하는 데 불충분하다. 콜버그는 결국 도덕적 행위에 역할을 발휘하는 것으로는 정의추론 이외에 그 밖의 다른 요소들이 존재한다는 것을 인정했다(Kohlberg, Levine & Hewer, 1983). 두 번째는 그 근원을 가정하면 별로 놀랄 것도 없는 것으로, 콜버그의 접근은 인격에 관한 얇은 개념을 받아들이고 도덕성의 모든 그 밖의 다른 측면들을 넘어서 추론을 강조함으로써 행위의 성격적 차원을 소홀히 한다. 조금 전을 주목해 보면(Blasi, 1980) 콜버그의 이론은 인격윤리학이 제공하는, 그리고 다음 절에서 기술되는 도덕적 인간에 관한 보다 광범위한 강조(예를 들면 정체성)를 소홀히 한다.

합리적 도덕교육에 관하여 특별하게 평가할 수 있는 것은 지식이란 인지적 경험을 자극함으로써 구성되고(Piaget, 1932/1965), 성인의 지도와 학생의 발달이 함께 맞물려 나아가며(DeVries & Zan, 1999), 사려 깊은 추론기능들이 시민참여에 필수적이라는 것이다(Gutmann, 1987 ; Gutmann & Thompson, 1996). 콜버그의 접근은 옳은 행위를 강조했다는 점에서, 그리고 정의를 강조하면서 상대주의를 회피했다는 점에서 칭찬을 받을 만하다. 누치(Nucci, 이 책 24장, 2001)는 도덕적 교실 분위기를 지원하기 위해 영역 접근법을 적용하는 방법, 예를 들면 인습과 도덕성에 관한 딜레마 토론을 통한 접근에 관한 다양한 아이디어를 제공함으로써 콜버그의 본래의 인지발달 접근의 후속적 접근을 설명하고 있다.

전통적인 인격윤리학 접근

합리적 도덕교육에서와 마찬가지로 전통적인 인격교육에 대한 오로지 하나의 지배적인 방법론적 접근이 존재하는 것은 아니다. 그보다도 훌륭한 인격교육으로 보이는 다양한 관점이 존재한다. 즉 광범위하게 공유된, 그럼으로써 어느 정도 합의가 존재하는 관점들을 확인하는 것이 가능하다. 보편적인 출발점은 가르쳐야 하는 보편적인 핵심 가치들이 존재한다는 가정이다. (전통주의자들에 따른 세계의 사정에 관한 특별한 통찰력 있는 토론에 대해서는 Nucci, 이 책의 제24장을 보라.)

대부분의 전통적인 인격교육 프로그램에서 전통, 권위, 순종은 추론, 자율성, 사회정의보다 더 강조된다. 전통적 접근의 추종자들은 교육자가 공동체의 전통과 일치하는 습관 및 성향의 발달을 강조해야 한다고 믿는데, 위니(Wynne)는 그러한 대표자 중 한 사람이다(Wynne, 1991 ; Wynne & Ryan, 1993). 반복적인 방법과 인습적인 내용에 뿌리를 두고 있는 전통적 인격교육 관점은 아동들이 사회문제를 어떻게 추론 또는 해결하는가에 관심을 별로 두지 않고 그들이 덕스러운 행동을 배우며 도덕적 인격의 특성을 확실하게 나타내는 일에 더욱 관심을 갖는다(예를 들면 Wynne & Ryan, 1993). 여기서 인격교육의 결과는 탁월하다. 도덕성의 내용은 인지발달 접근과 정반대로 도덕적 추론과정보다 더 강조된다. 궁극적인 목적은 개인들로 하여금 적절하게 행동하도록 사회화시키는 것이다. 천성적으로 선한 삶을 사는 덕스러운 사람들이 강력한 공동체를 창출한다고 가정한다.

위니와 라이언(Wynne & Ryan, 1993)은 "우리의 학교를 교정"하기 위해서는 학교가 하나의 전체가 되어 범교적으로 학생들에게 도덕적 인격에 관하여 일관된 메시지를 전달해야 하며, 공동체는 학생들에게 기대했던 적절한 태도와 행동에 대해 보답해 주어야 한다고 권고한다. 인격을 도야하는 학교는 그의 모든 교육활동에서 "핵심 가치"를 강조한다(예를 들면 Ryan & Bohlin, 1999). 성인들은 분명히 맡은 바 책임을 지니고 있으며, 아동들이 배워야 하는 지식을 간직하고 있다. 가르침과 지식은 성인으로부터 아동으로 곧 위에서 밑으로 내려오는 것으로 도덕적 실제의 상호 구성이 존재하는 합리적 도덕교육과는 다르다. 그보다는 성인들은 아동들이 주로 금지된 행동으로부터 멀어지도록, 그리고 적절한 개인적인 태도, 성향, 행동을 향하도록 안내하고 조언한다. 위니(Wynne, 1991)가 말한 바와 같이 성인들은 "젊은이의 당면한 행동을 구체화하고 결정해주기를, 그들에게 훌륭한 인격을 형성시켜 줄 것을"(p. 143) 요청받고 있다.

위니(Wynne, 1997)는 만약 정책, 인간, 그리고 환경이 훌륭한 인격을 형성하는 데 도움이 된다면 그것들을 "친인격"(for-character)이라는 이름을 붙인다. 그는 친인격 방법들이 오랜 기간 동안 유지되어 왔으며, 문자 이전의 문화에서도 발견되고 있다고 말한다. 위니는 자신이 제시한 교수의 사례에서 "정교한 행동주의"(sophisticated behaviorism, 1997, p. 65)를 주장하고 있는 것이 분명한데, 왜냐하면 그는 "학습자의 내적 상태는 그의 행동을 지시함으로써 주로 형성된다"(p. 65)고 주장하기 때문이다. 위니(1997)가 가장 강조하고 있는 것은 훌륭한 인격을 지지하는 환경을 설계하는 것과 관련한 것이다. 친인격교육자들은 "환경이 인격형성에 어떻게 도움을 주는지 혹은 어떻게 해를 끼치는지 확인"(P. 64)할 필요가 있다. 그들은 학교와 교실환경이 훌륭한 인격형성에 어떻게 도움이 되는지의 측면에서 분석하고, 만약 필요하다면 환경을 부모, 동료, 학생, 공동체 구성원들의 도움을 받아 재구성한다. 그의 관점에서 보면 교사 성적 매기기 및 교수정책과 같은 환경적 요소들은 애국심을 증진시키는 내용에 초점을 맞추는 것과 마찬가지로 중요하다. 교사가 하는 모든 활동은 가치를 전달하고 있다는 분명한 인식이 존재한다.

위니(1991)는 친인격 학교는 몇 가지 특징을 갖고 있다고 말한다. 예를 들면 이러한 학교에서는 성인들이 훌륭한 인격의 모델이 되며, 학교 가치를 강조하는 의식을 통해 학교에서 공통적인 목적의식을 유지하도록 돕는다. 학교 공문서는 학교의 정책을 분명하게 그리고 정당화를 갖추어 기술한다. 훌륭한 행동과 재빠른 훈육이 강조된다. 비록 학업이 일차적이며 잦은 시험과 시상이 강조되지만 재미있는 경험을 위한 시간 또한 마련되어 있다. 학생들은 학교 내외에서 타인들에게 여러 가지 종류의 봉사활동에 참여할 기회를 갖는다. 부모의 행동이 그들의 자녀에게 해로울 때는—만약 필요하다면—부모를 불러 대면한다. 위니(1991, p. 146)에 따르면 미발행된 한 연구는 "몇몇 학교에서 인격에 초점을 두는 것과 학업을 강조하는 것 사이에 유의미한 통계적 관계가 존재한다"(Wynne & Iverson, 1989)는 것을 발견했다.

흔히 교사중심적이며 직접적 교수접근이라 불리는(Benninga, 1991 ; Solomon 외, 2002) 전통적 인격교육 접근은 매우 피상적이고, 교육활동의 진보적 변화에 대한 적응 능력이 부족하며, 부적당한 문제들을 해결하고자 노력한다는 이유로 비판가들이 유감으로 생각한다(Kohn, 1997a, 1997b ; Nash, 1997). 예를 들면 콘(Kohn)은 행동에 관하여 충분히 입증된 사회적 맥락의 영향(예를 들면 Harman, 1999 ; Mischel, 1990)을 무시하고 개인들의 인격을 변화시킴으로써 사회적 · 정치적 · 경제적 문제를 해결하고자 노력한다는 점—"아동들의 탓으로 돌리는" (fix-the-kids) 접근—때문에 전통주의자들을 비판한다. 둘째, 콘(Kohn)은 훈계, 기념식, 그리고 처벌과 같은 비효과적이고 시대에 뒤진 교수방법, 사람들이 어떻게 배우는가에 관한 그릇된 가정을 하게 만드는 방법을 사용하는 것을 비웃는다(Anderson, 1989). 셋째, 콘은 전통주의자들이 공감(Hoffman, 2000)과 같은 긍정적인 인간 특성보다는 자기 통제를 강조하는 데에서 분명하게 드러나듯이, 마치 인간은 본래적으로 자기중심적이고 공격적인 존재인 양 인간의 본성에 관하여 묵시적인 부정적 관점을 지니고 있다는 이유로 비난을 쏟아낸다. 이러한 이유 때문에 발달심리학자들은 전통적 접근의 다양한 한계를 지적해 왔는데, 그 중 하나는 친사회적 행동을 증진시키는데 있어서 지속적인 효과가 부족하다는 것이다(Leming, 1997). 그 접근은 도덕적 훈계에 순간적인 순응을 보일는지는 모르지만 경험적인 증거는 그러한 접근이 도덕적 동기화나 혹은 도덕적 추론에 지속적인 효과를 발휘하지 못한다는 점을 아주 흔히 지적하고 있다(Solomon 외, 2002).

콜버그(1981)는 몇 가지 방식으로 전통주의자들을 비판하고 있다. 그는 성인들이 교화를 사용하며 성인들이 설정한 규칙에 대하여 보상과 처벌을 활용하여 순응하도록 하는 것을 비판한다. 그는 그들이 공동체를 권위에 대한 복종으로서 해석하는 것을 못마땅해 한다. 무엇보다 그는 두 가지 이유에서 "덕목수합" (bag of virtues) 접근에 이의를 제기한다. 첫째, 비록 개인들이 일련의 바람직한 덕들의 목록에 동의할지는 모르지만 그들은 사실 그 덕들이 관계하는 바와 전혀 다른 이해를 지닐 수 있다. 둘째, 우리는 마치 **행복**(eudaimonia)이 약 10%의 사람들에게만 예약되어 있다는 고대 그리스인들의 경우처럼 부정의(injustice)를 유발하거나 혹은 유도하는 일군의 덕을 강조할 수 있다. 가장 근본적으로 콜버그는 윤리적 상대주의를 조장하는 것, 그리고 그 어떤 일군의 핵심적인 혹은 "긍정적인 가치"도 근본적인 것이 될 수 있다고 주장하는 위험에 관심을 기울였다(Kohlberg, 1984). 우리는 또한 전통주의자들이 "덕이란 어떤 특정한 사람의 능력과 조건 내에서 두 극단 간에 심사숙고하여 결정된 중용으로서 옳은 행위" (G. Zecha, 개인적 교신, 8월 14일, 2004)이며, 그것은 **행복**(eudaimonia) 혹은 인간 번영과 일치한다는 아리스토텔레스 이론의 목적론적 관점을 충분히 채택하지 않았다는 이유로 비판할 수도 있었을 것이다.

전통적 인격교육 접근이 강조하는 것 가운데 두 가지는 자세히 검토해 볼 가치가 있다. 첫째, 내용의 중요성이다. 진보주의 전통은 예컨대 사실의 암기보다는 비판적 사고에 초점을 두는 것과 같이 흔히 학습의 내용을 무시하는 반면에 학습의 과정을 강조해 왔다(예를 들면 Dewey, 1913). 그러나 인지과학자들은 보다 최근에 전문가의 지식이 보다 많은, 그리고 보다 낫게 조직화된 지식을 소유하는 내용과 그 지식을 어떻게 그리고 언제 적용할 것인가를 아는 전략적 혹은 과정적 지식의 연합이라는 것을 여실히 보여주고 있다(Hogarth, 2001). 전문가들은 오로지 더 잘 생각만 하는 것이 아니라 생각할 것을 보다 더 많이 갖고 있다(Alexander, 1992). 물론 전문가들이 학습하는 내용이란 것이 그저 이런저런 모든 내용은 아니다. 그것은 그 영역에서 수행하는 데 중요한 내용이며, 그것은 발달적으로 적절한 방식에서 학습된다.

둘째, 전통적 인격교육자들은 행동을 형성하는 데 있어서 환경의 중요성을 강조한다. 비록 이러한 관점에 반영된 행동주의 패러다임이 오랫동안 평판이 좋지 않았지만, 발달심리학은 인간과 그들의 결과를 형성하는 데 있어서 인간과 상황 사이의 생태학적 힘과 역동적인 상호작용을 인정하고 있다(예를 들면 Bronfenbrenner, 1979). 인간 발달은 아동의 필요를 갖춘 환경 속에서 가장 잘 일어난다.

검토한 바와 같이 합리적 도덕교육과 전통적 인격교육 접근은 그 나름의 강점과 약점을 지니고 있다. 합리적 도덕교육은 구성주의와 성인지도(coaching)를 채택하고, 시민으로서의 참여를 위한 추론을 조장하며, 상대주의를 회피하는 반면에 딜레마 토론이든 혹은 정의 공동체이든 도덕적 행위를 위해서 불충분하며, 도덕적 행동에서 도덕적 정체(moral identity)의 중요성을 놓치는 도덕적 추론에 관해서만 너무 협소한 강조를 하고 있다는 비판을 받을 수 있다. 전통적 인격교육은 내용과 환경의 영향에 관한 중요성을 올바르게 강조한다. 그러나 전통적 인격교육은 상대주의라는 비판에서 벗어나기 어려운 일군의 변화하는 핵심 가치들 때문에, 자율성의 중요성을 경시하기 때문에, 그리고 문제가 있는 교수법 때문에 비난을 받을 수 있다. 따라서 몇몇 연구심리학자들은 통합 모델을 구축하려는 시도를 해왔다. 우리는 이제 그들에게 관심을 돌린다.

통합적 접근

합리적 도덕교육 접근과 전통적 인격교육 사이의 갈등에 관한 논의는 흔히 양극화된다. 사실 동일한 하나의 표준에 관해 두 진영은 이론적 혹은 이념적 공약을 반영하는 데 있어서 서로 어울리지 않게 보이거나 혹은 서로 다른 이해의 구조를 불러일으키는 용어를 사용한다. 예를 들면 콜버그(1981)는 교화를 싫어했던 반면에 전통주의자들(Ryan & Bohlin, 1999 ; Wynne, 1985/1986)은 교화는 좋은 것이라고 주장했다. 몇몇 연구자들은 그 분계의 연결을 옹호해 왔다(예를 들면 Benninga, 1991 ; Berkowitz, 2002 ; Lickona, 1991). 다음에서는 3가지 통합구조들이 간략하게 기술된다.

해부학적 도덕구조. 베코위츠(Berkowitz, 1997 ; 이 책 제25장)는 도덕적 인간에 관한 다차원적인 통합적 모델이자 여러 심리학 문헌들에 의해 알려진 도덕교육에 대한 포괄적 접근을 제안했다. 그 어느 누구보다 더 베코위츠는 도덕적 정체(moral identity)와 성격(personality)을 인격교육 모델에 통합하고 있다. 그는 해부학적 도덕구조를 제안하는데, 그것은 7가지 도덕적 인간의 필수요소로 이루어진다. (그의 논문에서 그는 그 요소들에 이름을 붙이지만 꼭 그것을 밝힐 필요는 없다.)

베코위츠는 모든 다른 구성요소들의 목적이자 결과인 구성요소, 곧 도덕적 행동으로 시작한다. 인간은 도덕적으로 행동하지 않는다면 도덕적 존재로서 설명될 수 없다. 둘째, 도덕적 인간은 도덕적 인격을 소유해야만 하는데, 도덕적 인격이란 습관적이지만 반성적인 행위로부터 유래하는 "옳은 행동을 낳는 내면화된 경향"(1997, p. 16), 기질적이면서 성격적인 행동의 측면이다. 세 번째의 핵심적인 구성요소는 도덕적 가치들로서, 그것들은 "행동의 옳고 그름과 관련하여 정서적으로 적재된 신념 혹은 본래 잠재적으로 해로우며, 그들의 규정성에서 보편적이자 변경이 어려운 종국 상태" (1997, p. 18)이다. 넷째, 도덕적 추론은 무엇이 옳고 그른가를 결정하는 능력, 곧 도덕적 권능을 포함한다. 다섯째, 도덕적 감정은 가치와 이성을 통합하면서 행동을 위한 힘을 공급하며, 그리고 두 가지 형식으로 나타난다. 하나의 형식은 타인들에 대한 정서적 반응으로 설명될 수 있을 것이다. 이러한 친사회적 감정은 공감, 동정, 연민을 포함한다. 또 하나의 형식은 수치심, 죄의식, 후회와 같은 자기 비판적 감정으로 이루어진다. 여섯째, 도덕적 정체는 단지 최근에 연구된 것으로 도덕적 본보기에 반드시 필요한 것으로 보이는 하나의 양상이다. 마지막으로 도덕적 인간은 또한 효과적인 도덕적 기능을 발휘하기 위해 메타 도덕적 특징을 편입시킨다. 이들 요소는 자기 훈육 및 인내와 같은 그러한 것을 포함한다.

베코위츠는 해부학적 도덕구조를 도덕교육에 어떻게 적용하는가? 도덕교육은 명시적인 학교의 과업으로 추진되어야만 하며, 총체적인 학교 개혁의 맥락에 스며들어 있어야 한다(Berkowitz & Bier, 인쇄 중). 교육자들은 역할 모델로서 헌신해야 하고 민주적 관리구조를 채택해야 하며, 동료 규범을 적극적으로 촉구하도록 시도해야 한다. 베코위츠는 동료 도덕적 딜레마 토론, 공동체 모임, 그리고 도덕적 행동을 위한 기회를 통해 인격을 계발하는 것을 옹호한다. 베코위츠(Berkowitz), 쉐브롬(Sherblom), 비어(Bier), 그리고 배티스티쉬(Battistich, 이 책 제25장)는 여기에서 더 나아가 해부학적 도덕구조를 긍정적인 청소년 발달에 대한 간학문적 접근과 통합한다.

베코위츠는 합리적 도덕교육과 전통적 인격교육 사이를 조절하는 접근을 지지한다. 그는 자신의 접근에 대한 명백한 경험적 증거도 없이 도덕적 인간을 감정, 행동, 추론과 같은 몇 가지 요소로 구분한다. 그는 해부학적 구조의 각 요소에 관하여 자세한 내용을 거의 제공하지 않고 있다. 즉 어떠한 요소에 대해서도 정밀하게 기술하지 않는다. 요컨대 그는 일반론적 입장에서 교수법에 관하여 말한다. 그 결과로 무엇을 가르쳐야 하며 어떻게 가르쳐야 하는가의 내용과 과정이 대부분 명기되지 않는다. 그의 관점은 리코나(Lickona)의 관점을 닮고 있는데, 이는 다음에 논의된다.

인격교육. 리코나(1991a, 1991b)는 플라톤의 사고에 토대를 둔 옳은 사고와 아리스토텔레스의 사고에 토대를 둔 옳은 행동을 혼합시키는 통합 모델을 제안했다. 그는 인격교육의 목적이 소위 말하는 덕목이라는 훌륭한 인격의 특질을 확립하는 것이라는 데에 동의한다. 덕은 3가지 요소, 곧 도덕적 지식, 도덕적 감정, 도덕적 행동으로 이루어진다. 잘 행동하는 것만으로는 불충분하다. 우리는 정의가 무엇인가를 알아야 하며, 다른 사람들과 관계할 때 그것이 의미하는 바가 무엇인가를 알아야 한다. 또한 정의에 관심을 가져야 하며, 부정의에 대항해야 한다. 그리고 정의롭게 행동해야 한다. 인격교육은 지식, 존중, 실천, 혹은 머리, 가슴, 그리고 손에 관한 것이다. 예를 들면 리코나(2004, p. xxv)는 가르쳐야 할 10가지 본질 가치(지혜, 정의, 인내, 자기 통제, 사랑, 긍정적 태도, 근면, 성실, 감사, 겸양)를 목록으로 만들었으며, 그는 도덕적 딜레마에 관한 토론을 이끌어 가는 방법을 자세히 설명하고 있다(1991b, 제13장과 14장).

리코나(1997)의 인격교육에 대한 포괄적 접근은 "총체적인 학교 도덕생활"(p. 46)을 통하여 덕을 계발하는 것을 옹호한다. 리코나는 인격교육을 위한 포괄적 전략을 위해 12가지 상호 지지적인 전략을 설명한다. 처음 9가지는 교실에 초점을 두고 나머지 3가지는 학교에 초점을 둔다. 첫째, 교사는 학생들과의 관계에서 보호자, 도덕적 모델, 그리고 도덕적 스승이다. 교사는 학생들을 존중으로 대하며 그들 주변의 세계에서 일어나고 있는 도덕적으로 중요한 사건들에 대해 토론한다. 교사는 학생들이 다른 사람들에게 해를 끼칠 때 이를 교정하는 피드백을 제공하는 등 스토리텔링과 토론을 통하여 학생들에게 직접적인 도덕적 가르침을 제공한다. 둘째, 교사는 높은 기대, 긍정적 덕들에 관한 토론, 덕을 실천하도록 하는 지도를 통해 긍정적인 동료 공동체를 형성함으로써 배려 교실 공동체를 창조한다.

셋째, 교사들은 도덕적 훈육을 사용한다. 이것은 훈육이 인격발달을 위한 하나의 도구로서 학생들이 존중, 추론, 자기 통제를 발달시키는 데 도움이 되도록 사용된다는 것을 의미한다. 규칙은 가치(예를 들면 배려)와 타인들의 필요에 토대를 둔다. 규칙이 위반되면 결과는 다른 사람들을 향한 의무, 그리고 자신과 타인들에 대한 그 규칙의 이득을 강화한다. 넷째, 교사들은 교실 이슈에 관하여 의사 결정을 내릴 때 학생들이 공동으로 참여하는 민주적 교실 공동체를 창조한다. 민주적 공동체를 창조하기 위한 가장 중요한 수단은 학생들이 자신들의 관심을 토로할 수 있으며, 그리고 함께 생활하는 문제를 해결할 수 있는 학급 회의를 개최하는 것이다.

다섯째, 교사들은 "학교 교육과정이 지니고 있는 도덕적 잠재력을 발굴함으로써"(p. 53), 그리고 출판된 인격교육 자료들을 활용함으로써 교육과정을 통해 가치를 장려한다. 여섯째, 교사들은 학생들이 서로 잘 어울려 지내는 것을 배우며 공동체 의식을 깊게 하는 데 도움이 되는 협동학습을 활용한다. 일곱째, 교사들은 높은 기대와 높은 지지를 결합시킴으로써 "장인정신"(conscience of craft, Green, 1999)을 발휘한다. 여덟째,

교사들은 학생들이 타인들의 관점에 관하여 숙고하고, 덕들의 구체적인 요구와 그들의 실천을 고려하며, 사려 깊은 결정을 내리고 그들 자신을 비평하도록 도움으로써 윤리적 반성을 장려한다. 아홉째, 교사들은 학생들이 갈등 해결 기능을 발휘하여 갈등을 평화롭게 해결하도록 돕는다.

인격교육 전략은 또한 학교 수준에서도 적용된다. 첫째, 학교는 모든 구성원들이 서로에 대한 존중심을 지니도록 촉진하고 덕의 발달을 지원하는 실제를 분명하게 채택함으로써 긍정적인 도덕적 문화를 창조한다. 둘째, 학교는 학생들이 봉사학습과 다른 사람과 함께 얼굴을 맞대고 학습하는 경험을 통하여 공동체에서 배려를 베풀 기회를 개발한다. 셋째, 학교는 상호 지원을 통한 인격교육 운동이 전개되도록 학부모와 지역 공동체 구성원들을 파트너로 모집한다. 학교는 학부모와 공동체 구성원들에게 인격이 어떻게 형성되며 이러한 운동에 있어서 모든 성인들이 얼마나 중요한지에 관하여 교육해야 한다. 학교는 학교의 인격교육 교육과정을 지원하는 학교 중심 또는 가정 중심의 가족활동을 제공할 수 있다. 리코나의 존중과 책임 센터(Center for the Fourth and Fifth Rs)는 해마다 수백 명의 교사들에게 이들 원리에 관한 워크숍을 제공한다.

만약 리코나가 몇 가지 핵심 가치를 강조하고자 선정한다면 그는 "덕목수합" 접근에 빠지는 것으로 보일 것이지만 그는 도덕적 추론 발달을 강조함으로써 이를 상쇄시킨다. 아울러 그는—비록 이러한 기능작용의 구분이 심리학에 근거를 두는 것은 아니지만—도덕적 기능작용의 요소(도덕적 지식, 감정, 행동)를 구분하여 설명함으로써 더 체계적이도록 노력한다. 그는 교사들을 아동들의 발달에 대한 역할 모델이자 촉진자로 봄으로써 교육에 대한 중간 입장의 접근을 취한다. 그는 다음에 논의되는 아동발달 프로젝트(Child Development Project)와 달리 체계적인 교수법을 제공하지 않는다.

아동발달 프로젝트. 발달연구 센터는 아마도 이 나라에서, 어쩌면 아마도 세계에서 인격교육에 대한 최고의 접근을 제공하고 있는지도 모른다. 비록 그것이 1980년대 초에 소위 말하는 아동발달 프로젝트(Solomon 외, 1988) 가운데 사회적 · 윤리적 발달을 증진시키기 위한 목적에서 학교개혁운동으로 시작되었지만 발달연구 센터 프로그램은 급속히 확장되면서 학업발달, 특히 읽고 쓰는 능력을 포함하게 되었다. 그 시작부터 발달연구 센터는 발달심리학과 동기 이론에 강력하게 뿌리를 박은 연구에 근거한 교수법을 발달시켜 왔다. 인격교육에 대한 분명히 진보적인 접근을 취하면서 스캅스(Schaps), 배티스티쉬(Battistich), 그리고 솔로몬(Solomon, 1977)은 인간 본성에 관한 그들의 관점을 명백하게 밝힌다.

> 우리의 기본적인 가정은 아동들의 필요가 학교 공동체 안에서 구성원들을 통하여 충족될 때 그들은 정서적으로 더욱 유대를 갖게 되고, 또한 학교에 헌신하기 쉬우며, 그럼으로써 학교가 표현한 목적과 가치를 확인하고 그에 일치하여 행동하는 경향이 있다는 것이다(p. 127).

발달연구 센터 집단은 개인들이 3가지 기본적인 욕구—자율성, 소속감, 능력—를 지니고 있는데, 그 욕구가 충족되는 정도에 따라 개인이 학교에 참여하는 수준에 영향을 미친다는 데치(Deci)와 라이언(Ryan, 1985)의 입장에 동의한다. 센터에 따르면(예를 들면 Battistich, Solomon, Watson & Schaps) 이러한 욕구는 "동일시와 서약에 대한 주요 관심"(p. 138)

을 제공하는, 그리고 학생들이 "공유된 목적을 지닌 응집력 있고 배려하는 집단, 곧 공동체"(p. 138)에 적극적으로 참여할 수 있는 집단 환경에서 가장 잘 충족된다. **배려 공동체**(caring community)는 구성원들이 타인들로부터 관심을 받고 있다는 것을 느끼며, 타인들에게 관심을 기울이고, 집단활동을 촉구하고, 집단과 관련한 의사결정에 함께 참여하고, 공통 가치와 규범, 목적을 소유하며 집단에 대한 소속감과 일체감을 느끼는 공동체이다. 발달연구 센터는 다른 사람들에게 도움 제공하고 받기, 사회적 능력 실천하기, 그리고 교실생활과 관련한 의사결정을 내림으로써 자율성 연습하기 등 공동 학습목표를 서로 협력하여 실행하도록 하는 것과 같은 활동을 통해 공동체 의식을 확립한다. 학생들은 타인들의 경험을 토론할 다양한 기회를 제공받는데, 그것은 공감과 관점 채택 기능을 확립하는 데 도움을 준다. 학생들은 공정, 존중, 사회적 책임과 같은 친사회적 가치에 비추어 그들 자신의 행동을 반성하도록 안내받는다.

발달연구 센터 프로그램은 소위 "안내된 자율성"(guided autonomy, Solomon 외, 2002)이라 불리는 직접적 · 간접적 방법을 통해 아동들의 지적 · 사회적 · 윤리적 발달에 폭넓게 영향을 미치도록 설계된다. 이러한 통합적 방법론은 교사들이 3가지 영역, 곧 사회적 · 윤리적 · 지적 영역에서 이해를 구성하고 결정을 내리도록 학생들을 지도하는 사실에서 분명해진다. 성인들은 직접적으로 학생들이 자율성을 확립하도록 안내하며, 학생들이 배려하고, 원칙에 입각하고, 자신을 훈육하는 사람이 되도록 도와준다. 간접적 방법은 지적 · 사회적 · 도덕적 영역에서 장기적인 학습과 성숙이 요구되는 두 가지의 "본질적 조건", 즉 학습자들의 배려 공동체에 대한 참여와 참여하는 학습 경험에 대해 정당성 의심해 보기 등에 반영된다. 활동은 사회적 자각과 기능 발달을 증진시킨다. 그 접근은 아동을 교실과 학교뿐만 아니라 방과 후 활동과 부모의 참여를 포함하는 통일성 있는 배려 공동체에 몰두하도록 한다. 발달연구 센터 프로그램은 교사 훈련과 전문적인 개발을 포함해 그 프로그램을 완전하게 이행하고자 하는 헌신을 입증하는 학교에서만 오로지 실행된다.

아동발달 프로젝트 수행에 관한 조사연구들은 통제 학교와 비교하여 볼 때, 학생들이 목표로 삼은 영역에서 긍정적인 증진을 이룬다고 지적하고 있다. 교실 관찰, 개별 면담, 학생 설문지를 활용한 결과, 프로그램에 참여한 학생들은 교실에서 보다 많은 친사회적 행동(Solomon, Watson, Delucchi, Schaps & Battistich, 1988), 보다 많은 민주적 가치들과 대인관계 이해(Solomon, Watson, Schaps, Battistich & Solomon, 1990), 그리고 사회적 문제 해결과 갈등 해결 기능을 보여주었다(Battistich, Solomon, Watson, Solomon & Schaps, 1989). 아동발달 프로젝트를 실시하는 학교의 학생들은 교실을 그들로 하여금 두드러진 교실 가치를 고수하며 보다 자율적이고 타인지향적인 도덕적 추론을 통해 가설적인 친사회적 딜레마에 반응하도록 유도해 주는 공동체로 바라볼 경향이 훨씬 더 높다(Solomon 외, 1992).

아동발달 프로젝트 프로그램에 참여함으로써 긍정적으로 영향을 받는 가장 중요한 변수는 학생들의 공동체 의식이다. 이 변수는 타인들에 대한 자기 보고적 관심, 갈등 해결 기능, 이타적 행동, 내재적인 친사회적 동기, 교사들에 대한 신뢰와 존중, 학업참여뿐만 아니라 타인들이 학습하는 것을 돕는 기쁨 등에서 이전보다 증가하는 등 다양한 긍정적 결과와 실제적으로 관련된다(Battistich, Solomon, Watson & Schaps, 1996 ; Watson, Battistich & Solomon, 1997).

아동발달 프로젝트 접근은 여기에서 개략적으로 검토된 것들 가운데 가장 포괄적이며 체계적인 것이다. 그것은 공동체의 중요성을 크게 부각시킨 동기 이론에 근거를 두고 있다. 프로젝트는 안내된 자율성의 활용으로 최선의 직접적 · 간접적 교수를 이끌어낸다. 그러나 그것은 학생들이 구성적으로 학습하는 데 있어서 단지 소수의 구체적 기능만을 제시하고 있다.

리코나, 베코위츠, 그리고 발달연구 센터의 통합적 접근들은 중요한 문헌들에 관한 최상의 통찰을 가지런히 모아놓아 다차원적이며 흥미로운 방식으로 전통적인 인격교육과 합리적 도덕교육 사이의 간극을 매개시킨다. 새로운 접근인 통합적 윤리교육(Integrative Ethical Education)은 이와 같은 특징들 가운데 몇 가지를 공유하고 있다. 그것은 인격과 교육 두 가지 모두에 관한 체계적인 관점을 제공함으로써 이들 접근법을 확장시킨다. 요컨대 통합적 윤리교육(IEE)은 공동체에서의 인간 번영으로서 최근에 긍정심리학 운동에 의해 채택된 강조점인 **행복**(*eudaimonia*)뿐만 아니라 전문기술, 곧 **탁월성**(*techne*)에 관한 고대 그리스의 관념을 통합하고자 노력한다(Seligman & Csikszentmihalyi, 2000 ; Snyder & Lopez, 2002). 이러한 노력은 오로지 지금의 행동과학의 진보로 인해 가능하게 된 것이다.

통합적 윤리교육

최근에 인격교육에 대한 대안적 접근이 전통적 인격교육과 합리적 도덕교육에 관한 통찰을 최근의 조사연구와 조화시키고자 하는 시도에서 제안되었다(Anderson, Narvaez, Bock, Endicott & Lies, 2003 ; Narvaez, 2005 ; Narvaez, Bock & Endicott, 2003 ; Narvaez, Endicott, Bock & Lies, 2005). 그 이론적 모델은 **통합적 인격교육**(*Integrative Ethical Education*)이라 불리며, 이는 앞 절에서 논의된 고려사항들을 결합하고 있다. 이 모델에 관한 3가지 기본적인 아이디어가 논의되며, 각 실제에 대한 두 가지의 함의가 뒤따른다. 첫 번째 아이디어는 도덕적 전문지식에 관한 개념으로 무엇을 가르칠 것인가에 관한 특수한 내용을 제공한다. 두 번째 아이디어는 변화로서의 도덕교육으로 아동의 변화를 동반해야만 하는 교수와 환경에서의 필수적인 변화에 초점을 맞춘다. 세 번째 아이디어는 협동적이자 자아를 실현하는 존재로서의 인간 본성으로 도덕적 성장을 위한 특수한 맥락에 역점을 두고 다룬다.

기본 아이디어 1 :
도덕발달은 전문기술을 발달시키는 것이다

통합적 윤리교육 모델은 전문기술의 발달에 관한 개념을 바탕으로 확립된 것이다. **전문기술**(*expertise*)이란 실천과 행위에서 분명히 나타나는 정련된, 깊은 이해와 관련한다. 그것은 기교적 능력(Hansen, 2001)을 말하지 않으며 단순한 지적인 능력을 말하는 것도 아니다. 전문기술은 행위로 덕을 표현하기 위해 목표지향적인 방식에서 모든 체계가 동시에 함께 작용하여 "흐르고 있는", 개인의 모든 역량을 동력화한다. 우선 전문기술은 일반적 방식에서 기술되며, 그 다음에 도덕성의 영역에서 기술된다.

전문가와 초심자는 3가지 기본적인 방식에서 서로 다르다. 우선 어떤 특수한 영역의 전문가는 초심자보다 더 많은, 그리고 더 훌륭하게 조직화된 지식을 갖고 있다(Chi, Glaser & Farr, 1988 ; Sternberg, 1998). 전문가의 지식은 실제에서 상호작용하는 몇 가지 종류로 구성되는데, 예를 들면 선언적(무엇을) · 절차적(어떻게) · 조건적(언제 그리고 얼마나 많이) 종류가 있다. 둘째, 전문가는 초심자가 놓치는 세부사항과 기회에 주목하는 등 세계에 대해 다르게 지각하고 또한 반응한다. 셋째, 전문가는 다르게 행동한다. 초심자가 문제를 해결하기 위하여 의식적이고 억지스런 방법을 사용하는 반면에 전문가의 기능은 고도로 자동적이며 자연스럽다. 전문지식은 영역에 대한 일상의 통상적인 노출 정도를 넘어서는 상당한 실제를 요구한다. 그러므로 그것은 신중히 계발되어야 한다(Ericsson & Charness, 1994).

도덕적 전문가는 4가지 과정 가운데 하나 혹은 그 이상에서 총체적 정향을 드러낸다. 윤리적 민감성의 전문가들은 보다 빠르고 정확하게 도덕적 상황을 읽으며, 어떠한 역할을 해야 좋을지 더 잘 결정한다. 그들은 다른 사람들에게 도덕적으로 반응하는 사람이 되고자 하는 노력에서 역할을 채택하고 개인적 편견을 통제한다. 윤리적 판단의 전문가들은 복잡한 도덕적 문제를 해결하기 위한 많은 도구를 갖추고 있다. 그들은 의무와 결말, 책임, 그리고 윤리적 규칙에 관하여 추론한다. 윤리적 초점의 전문가들은 윤리적 목표의 우선순위를 결정하도록 그들을 유도하는 윤리적 자기 규제를 계발한다. 그들은 삶을 존중하고 책무를 깊게 하도록 그들을 유도하는 윤리적 정체성을 조장한다. 윤리적 행동의 전문가들은 그들로 하여금 과업에 주목하고 그 윤리적 의무를 행하도록 하는 필요한 발걸음을 옮길 수 있도록 해주는, 그들의 "목표를 주시하는 눈"을 유지하는 방법을 안다. 그들은 용기 있게 끼어들며, 다른 사람들에게 솔선을 보일 줄 안다. 특별한 탁월성의 전문가들은 그것에 관하여 보다 많은 그리고 보다 잘 조직화된 지식을 갖추고 있고, 그것에 대한 고도로 조정된 지각 기능을 소유하고 있으며, 그것을 향한 깊은 도덕적 열망과 고도로 자동화된, 자연스런 반응을 지니고 있다. 요약하면, 그들은 보다 많은 내용 지식과 보다 많은 과정 지식을 소유하고 있다(Ryan과 Lickona, 1987 또한 도덕적 행위자에게 내용과 과정 지식 둘 모두가 중요하다는 것을 지적했다는 점도 주목받아야 한다).

함의 1 : 교육자들은 도덕적 행동의 과정과 기능을 가르쳐야 한다. 도덕적 행동은 성공적인 완수를 하는 데 모두 4가지 과정을 요구한다. 곧 윤리적 민감성, 윤리적 판단, 윤리적 초점, 윤리적 행위가 그것이다(Rest, 1983에 기초하고 있다). 도덕적 행동을 완수하는 사람들은 이들 각 영역에서 기능을 적용한다. 그들은 도덕적 필요에 주목하고, 무슨 행동을 취할 것인가를 상상하고 또한 추론하며 행동을 취하는 데 주의를 기울이며, 그리고 끝까지 완수하여 마무리를 짓는다. 각 과정은 일련의 기능을 포함한다. 여기에서 "기능"에 관한 개념은 일상적인 의미에서의 특질과 같은 뜻이 아니다. 일상적 의미에서의 특질은 우리가 어디를 가든 휘장이나 반점처럼 드러내기 용이하다. 그러한 개념은 경험적으로 지지를 받지 못한다(Mischel, 1990). 그보다는 기능은 행동이 사회적·맥락적 기대를 포함한 사람–환경 특징의 조화로운 집합에 대응하는 상황과 일관성이 있다는 경험적 연구결과와 일직선상에 있다(Cervone & Shoda, 1999). 즉 한 개인은 비슷한 상황에서 같은 방식으로 행동한다. 기능은 뇌–마음–신체 체계 전체를 활용하고 행동에서 분명하게 드러나는 총체적이자 맥락화된 이해, 곧 구체화된 인지를 형성한다(Varela, Thompson & Roach, 1991).

표 26.1에 목록화된 대표적인 기능들은 각 전문기술 과정의 세부사항을 전형적으로 나타낸다(다른 곳에서 3가지 하부기능이 각 기능별로 제시되고 있다). 28가지 기능은 도덕성, 발달, 시민성, 그리고 긍정심리학에 대한 학문적 검토뿐만 아니라 도덕적 모범인물(예를 들면 Martin Luther King, Jr.)로 간주되는 사람들로부터, 그리고 고전적 가치(예를 들면 사려, 용기)와 현대적 가치(예를 들면 주장, 쾌활)로부터 추출되었다. 기능은 정의, 자기와 다른 사람들, 개인과 공동체의 번영을 증진시키는 것들을 포함하고 있다. 다원적 민주주의가 번창하기 위해서는 이들 기능에 관한 최소한의 능력이 성인 시민들에게 요청된다.

함의 2 : 교육자들은 도덕적 덕과 도덕적 추론 두 가지 모두를 가르쳐야 한다. 도덕적 전문기술은 추론, 덕, 자율성, 그리고 탁월성을 포함한다. 이성은 개인이 두 극단 사이의 중용에 따라 행동을 결정하도록 안내해 주는데, 중용은 그 상황 또는 그 개인에게 적절한 것이다(G. Zecha, 개인적 교신, 8월 14일, 2004). 그러나 심리학에 비추어 볼 때 추론과 덕에 관한 공통적인 이해가 불충분하다. 추론과 덕이 각각 차례로 기술되고 또한 재구성된다.

신중한 도덕적 추론과 의사결정은 성숙한 도덕적 판단에 반드시 필요하다. 신중한 추론은 도전을 받을 수 있으며, 개정되고 평가받고 수용될 수 있는 객관적 정당성을 제공할 수 있다(Gutmann & Thompson, 1996). 정의에 관한 성숙한 추론은 흔히 오랫동안 지속되고 있는 문화적 관습에서 변화를 이끌어내며 노예제도의 폐지와 인권의 장려와 같은 그

그림 26.1_ 통합적 윤리교육 : 윤리적 기능들

윤리적 민감성
감정적 표현 이해하기
다른 사람들의 관점 취하기
다른 사람들과 관계하기
다양성에 응답하기
사회적 편견 통제하기
상황들 해석하기
효과적으로 의사소통하기

윤리적 판단
윤리적 문제들 이해하기
규칙들을 사용하고 판단 준거 확인하기
일반적으로 추론하기
윤리적으로 추론하기
결말 이해하기
과정과 결과에 관하여 반성하기
극복하고 일어나 쾌활함 되찾기

윤리적 초점
다른 사람들 존중하기
양심 계발하기
책임 있게 행동하기
다른 사람들 돕기
삶에서 의미 발견하기
전통과 제도 존중하기
윤리적 정체와 성실 발달시키기

윤리적 행위
갈등과 문제 해결하기
공손하게 주장하기
리더로서 솔선수범하기
결정 완수하기
용기 계발하기
참고 견디기
근면하기

러한 핵심적인 개혁을 초래했다(Rawls, 2001). 콜버그가 옹호했듯이(1981, 1984) 도덕성을 계발하는 프로그램은 성숙한 도덕적 판단을 육성해야 한다.

그러나 사회과학에서 오랫동안 지속되고 있는 관점, 곧 의식적인 신중한 추론은 일차적이고 무의식적인 사고는 이차적이라는 관점은 패러다임의 전환을 맞고 있으며, 이 관점을 뒤집고 있다(Lakoff & Johnson, 1999 ; Varela, 1999). 의식적인 마음은 다수의 무의식적인 의사결정 체계에 대한 하나의 이차적인 장치로 보인다(Damasio, 1996, 1999 ; Hogarth, 2001 ; Reber, 1993 ; Varela 외, 1991). 합리적 행위자로서의 인간에 관한 통속적 관점은 현재 도전받고 있으며, 최근의 심리학 연구는 인간이 고전적 의미의 합리적 행위자가 아니라는 것을 입증하고 있다(예를 들면 Bargh & Ferguson, 2000). 인간은 의식적인 합리적 마음의 원리에 의해 가동되는 존재라기보다 결정을 내리는 데 잠재의식의, "그것으로 충분한" 스스로 찾아내는 발견적 지도법을 사용하는 "제한된 합리성"을 지닌 존재이다(Gigerenzer & Selten, 2001 ; Kahneman, 2003). 발견적 지도법은 암묵적인 기억체계 속에 저장된 반복된 경험으로부터 형성된 직관이며, 그것은 언어적으로 표현이 가능할 수도 있고 그렇지 않을 수도 있다(Hasher & Zacks, 1984 ; Keil & Wilson, 1999). 많은 결정은 추론이 전혀 없이, 그러나 어떠한 일정한 유형 인식에 기초하여 이루어지는데, 이것은 마치 전문가들의 기능이 자동화되어 있는 것과 같다(Bargh & Ferguson, 2000). 사실 지각과 행동은 밀접하게 상호 연계되어 있으며(Hurley, 2002), 그럼으로써 지각적 경험으로부터 형성된 생화학적·심리적 변화와 "신체의 자동식별 기구"가 결정을 내리고 그에 따라 행위를 추진한다(Damasio, 1999).

만약 대부분의 인간 행동이 의식적으로 통제되는 것이 아니라 자동적이라면(Bargh & Chartrand, 1999 ; Bargh & Ferguson, 2000) 이는 인간의 도덕성에 관한 기술과 연구에 대해 함의하는 바가 있다(Lapsley & Narvaez, 2004, 2005 ; Narvaez & Lapsley, 2005). 도덕적 결정은 의식적 체계와 함께 의식적 지각 밖에 존재하는 체계에 의해서 이루어지며, 각 체계는 도덕적 결정과 행위에 기여한다. 베리라(Varela, 1999)는 전문가로서의 도덕적 행위자가 갖추고 있는 이들 체계의 상호 연계에 대해 기술하고 있다.

> 현명한(혹은 유덕한) 사람은 무엇이 선임을 알며 그것을 자발적으로 행하는 사람이다. 우리가 비판적으로 검토해 보고자 하는 것은 이러한 지각과 행위의 밀접성이다. 이러한 접근은 윤리적 행동을 연구하는 일상적 방식과는 확연히 대조적인 위치에 서는 것으로 이는 행위의 의도적인 내용을 분석함으로써 시작하며, 특정한 도덕적 판단의 정당성을 평가하는 것으로 끝낸다(p. 4).

베리라(Varela)의 덕에 관한 정의는 라이언(Ryan)과 리코나(Lickona)가 제시했던 한겨울 미네소타에서 시내버스를 탔던 한 중년 여성에 대한 14세 소년의 반응에 관한 사례를 생각나게 한다. 그녀는 얇은 코트를 입었고, 신발을 신지 않았으며, 닳아빠진 양말을 신고 있었다. 그 소년은 그녀가 미터기에 동전을 집어넣고 있을 때 버스 앞을 걷고 있었고, 자기보다 그녀가 신발이 더 필요하다고 말하면서 자신의 신발을 벗어 그녀에게 건네주었다. 도덕적 지각과 행동의, 의식적 판단과 직관적 판단의 통합은 자신의 공동체에서 인간의 필요에 대한 빠른 반응을 보이는 행동으로 덕을 드러내는 그러한 경우에 분명하다.

덕이란 무엇인가? 흔히 덕에 관한 지배적인 해석은 바람직한 행동을 자주 되풀이함으로써 획득되는 습관 혹은 행동양식을 의미한다. 물론 이것은 과도하게 단순화한 것이며, 아리스토텔레스(1988)가 덕의 본질과 덕이 어떻게 획득되는가를 이해했던 방식 가운데 한 가지만을 나타낸다. 아리스토텔레스의 관점에 관하여 다소 덜 지배적인 해석은 덕/탁월함이란 실천, 노력, 그리고 외부의 안내가 불필요할 때까지 부모, 교사, 그리고 스승으로부터의 안내로 발달된 행동의 양식이라는 것이다(Urmson, 1988). 달리 말하면 덕 발달은 다른 사람들의 안내 하의 도제를 필요로 한다. 요컨대 덕들은 맹목적인 복종이나 기계적인 방식의 기억화를 통해서가 아니라 안내된 숙고를 통해서 양성된다.

덕 양성의 결과 혹은 목적은 가장 넓은 의미에서 플라톤의 **탁월성**(techne)으로 표현되는데, 이는 성공적인 숙련공, 정치가, 혹은 공정한 사람에 의해 입증된 노하우(know-how)의 유형이다(플라톤, 『공화국』). 이러한 노하우 혹은 전문기술은 절차적 지식 그 이상이다. 즉 그것은 인간의 존재 전체를 포함한다(Hursthouse, 2003). 예를 들면 어떤 전문가는 그 영역에서 탁월함을 바란다. 이와 비슷하게 유덕한 사람은 덕에 있어서 탁월함을 바란다. 따라서 그런 바람은 행동에서 뿐만 아니라 선호와 선택에서도 반영된다. 곧 그것은 그 사람이 하고자 원하는 것이다(Urmson, 1988). 따라서 덕을 양성하는 것은 행동뿐만 아니라 발달적으로 적절한 방식으로 지각과 욕망을 형성하는 것을 필요로 한다. 부모와 교사들로부터의 초기의 안내는 반동과 반응적 행동(습관적 반응)뿐만 아니라 욕망과 동기(지각과 민감성)를 설득하여 이끌어내는 것을 포함한다. 점진적으로 개인은 자아 내에 이들 반응을 형성하게 된다. 인격발달은 자기창조적 · 독자적 구성이 된다(Maturana & Varela, 1980).

기본 아이디어 2 :
교육은 변혁적이며 쌍방향적이다

교육은 최소한 두 가지 방식에서 혁신적이며 상호적이다. 첫째, 아동들은 환경에 대해 반응하는 가운데 그에 대해 영향을 미침으로써 스스로를 변화시킨다(Verela 외, 1991). 오늘날 인간은 능동적인 경험으로부터 지식과 이해를 구성한다는 것은 일반적으로 받아들여지고 있다(Anderson, 1989 ; Piaget, 1952). 경험으로 보면 개인들은 한층 더한 경험을 통해 형성·변화하는 도식(감정-인정-행동 개념으로 구성된 일반화된 지식 구조)을 구성한다(Piaget, 1952, 1970). 이들 도식은 정보처리를 촉진하고, 주의를 유도하며, 일련의 예상과 기대를 가동시키고 사건과 목적에 관한 이해를 조직한다(Taylor & Crocker, 1981). 도식은 그 사람이 소중하다고 배워온 바에 기초하여 자극을 여과하며, 의미 있는 경험을 바탕으로 기대한다(Higgins, 1996 ; Kirsch, 1999). 도식은 지도를 받은 경험(심사숙고하는 마음에 영향을 미치는)뿐만 아니라 우연적인 경험(직관적인 마음에 또한 영향을 미치는)으로부터 형성된다. 예를 들면 자신의 행위가 타인들의 행복에 미치는 영향에 늘 관심을 기울이는 아동은 매력적인 외모에 관심을 갖는 아동의 도식과는 다른 일군의 도식을 발달시킨다.

구성주의의 개념은 어떻게 인지가 "자리 잡는지" 혹은 맥락화되는지(Derry & Lesgold, 1996), 어떻게 인지가 행동과 환경 간의 역동적인 상호작용 체계를 형성하는지(Thelen & Smith, 1994), 어떻게 인지가 복잡한 생리화학적 체계에 궁극적으로 구체화되는지(Damasio, 1999), 그리고 어떻게 마음이 신체 및 환경과 불가피하게 연결되는지(Lakoff & Johnson, 1999)

등에 관한 이해가 증대되면서 더욱 정련되고 있다. 지능은—도덕적 지능을 포함하여(Varela, 1999)—행위로 구체화되며, 그것은 교실 공동체를 포함한 공동체 내에서 계발될 수 있다.

교육은 두 번째 방식에서 혁신적이며 상호적이다. 아동들은 사회적 환경이 소속감, 능력, 그리고 자율성에 대한 그들의 필요를 충족시킬 때 번영하며 고도로 동기화된다(Deci & Ryan, 1985 ; Eccles, 2004). 결론적으로 학생들의 전문기술(어떠한 영역이든)을 계발하기 위해서는 성인들은 환경과 교수를 일반적으로 학생들의 발달 수준과 영역 내에서 그들의 필요에 토대를 두도록 변화시켜야 한다.

함의 1 : 교육자들은 적합한 윤리적 직관을 육성하는 잘 구조화된 환경을 조성해야 한다. 인간의 이해는 두 가지 형식으로 구분될 수 있는데, 노력 없이 자동적으로 배우는 **적응성 무의식**(adaptive unconscious)의 형식(Hasher & Zacks, 1984 ; Wilson, 2002)과 노력이 드는 과정을 통하여 배우는 **숙고성 마음**(deliberative mind)의 형식이 그것이다(Hogarth, 2001). 전자는 이 절에서 논의된다. 인간이 아는 것의 대부분은 명시적인 마음이 아닌 적응성 무의식 속에 존재한다. 환경은 행동하고 반응하는 방법에 관하여 자동적으로 우리의 직관을 교육시킨다(Hogarth, 2001). 마음은 환경 속의 인간과 대상 속에 존재하는 구조적 규칙성으로부터 배운다(Frensch, 1998). 정기적으로 되풀이되는 양식은 뇌의 보다 원시적인 요소(자동적인 정보처리에 관한 최소한 3가지 형태—기본적 · 본원적, 그리고 정교한 형태—확인되고 있다)에 의해 어렵지 않게 주목을 받으며(Hogarth, 2001 참조) 기록된다. 지각은 환경과의 반복된 주의 깊은 상호작용으로부터 훌륭하게 조율된다. 우리가 아는 바의 대부분은 일이 어떻게 작동하는가에 관한 직관을 포함한 무언의 지식 속에 존재한다(Sternberg & Torff, 2001). 예컨대 아동들은 그들의 문화적 집단의 구성원들과 반복적인 사회적 상호작용을 통해 누군가와 가까이 지내는 방법, 누군가와 함께 응시하는 방법, 집단의 상이한 요소들을 다루는 방법 등을 배운다(Hall, 1981). 이러한 문화적 행동의 상당부분은 명시적인 교수 없이 배우게 되고 별 노력 없이 자동화되어 간다.

우리 행동의 많은 부분이 암묵적 지식 혹은 직관에 기초하므로(Hogarth, 2001 ; Sternberg, 2001) 성인들은 올바른 직관이 아동들에게서 제 기능을 발휘할 수 있는 환경을 창조해야 한다. 환경은 분위기 혹은 풍토를 포함하는데, 그것은 넓은 그리고 구체적인 의미 모두에서 사회적 환경의 문화를 뜻한다. 넓은 의미에서 풍토는 환경의 구조, 보상과 처벌의 명시적 · 잠재적 체계, 환경의 목적과 열망, 그리고 목적에 관한 일반적 논의를 포함한다. 구체적 의미에서 풍토는 사람들이 서로를 어떻게 대하는가, 어떻게 함께 일하는가, 그들이 어떻게 함께 결정을 내리는가, 어떤 감정이 격려받는가, 그리고 어떤 기대가 양성되는가와 관련된다. 긍정적인 풍토는 아동의 필요를 충족시키고 보다 큰 집단에 대한 소속감을 장려한다(Baumeister & Leary, 1995).

친사회적 행동은 번영을 조장하는 분위기와 쾌활함을 지원하는 "발달 자산"에서 길러진다(Benson, Leffert, Scales & Blyth, 1998 ; Wang, Haertel & Walberg, 1998). 사실 배려하는 학교와 교실은 학생들에 대한 다양한 긍정적인 결과와 연관되는 특수한 특징을 지니고 있다. 솔로몬(Solomon)과 동료들(2002)에 따르면 배려하는 학교와 교실 공동체는 다음과 같은 특징을 갖고 있다 : (a) 학생 자율성, 자발성, 감화력, (b) 학생 상호작용, 협동, 열린 토론에의 참여, (c) 교사 온정, 수용, 지지, 모범, (d) 사회적 기능의 훈련, (e) 타인들을 돕는 기회. 인격을 가르치기 위한 잘 구조화된 환경은 이러한 특징을 지니고 있다.

함의 2 : 교육자들은 학생들이 윤리적 노하우에서 천진함으로부터 능란함으로 나아가도록 교수를 설계해야 한다. 도덕적 전문기술은 심사숙고하는 마음과 직관적인 마음 두 가지 모두의 협력을 구하는 총체적 집중훈련 접근을 체계적으로 사용하는 가운데 확립될 수 있다. 마샬(Marshall, 1995)에 근거하여 통합적 윤리교육은 완전히 발달된 개념적 그물망 혹은 도식에서 4가지 수준의 지식을 제안한다. 영역이나 혹은 기능에서 명시적 교수(심사숙고하는 마음을 발달시키기 위한)와 집중훈련(직관적인 마음을 발달시키기 위한)을 통해 학생들은 영역 문제를 해결하는 것을 배운다. 첫째, 그들은 수많은 사례를 접함으로써 그 영역의 커다란 그림을 보는 것을 배우는 **정체확인 지식**(identification knowledge)을 확립한다. 예를 들면 약한 자를 못 살게 구는 것을 중지시키는 방법을 학습할 때 학생들은 약한 자를 못 살게 구는 다양한 사례(예컨대 다른 사람들과 과업으로 이루어진 각기 다른 맥락에서 다르게 보일 수 있는)에 초점을 맞춰 주목하게 된다. 일단 학생들이 커다란 그림에 관한 의식을 지니게 되면 그들은 **정교한 지식**(elaboration knowledge)을 확립한다. 그들은 그 영역에 관한 그들의 초기 직관을 정교화하기 위하여 그 영역에서 핵심적인 사실과 특수한 세부사항에 관심의 초점을 모은다. 예를 들면 학생들은 특정한 상황에서 약한 자를 못 살게 구는 자들에게 말로 하는 반응을 실천하도록 지도를 받는다. 셋째, 학생들은 그 영역에서 **절차적 지식**(procedural knowledge)을 확립함으로써 적용하고 실천할 수 있는 특수한 일련의 절차를 배운다. 예를 들면 학생들은 약한 자를 못살게 구는 것에 대한 전조(예컨대 욕구불만)에 관하여 보다 많이 알게 됨으로써 다른 사람들을 못 살게 구는 것을 회피하는 학습을 할 수 있다. 그들은 존중하는 방식에서 감정을 표현하는 기능을 배운다. 마지막으로 학생들은 다양한 맥락에서 각기 다른 종류의 문제를 해결할 때 서술적·절차적·조건적 지식을 잘 조율함으로써 **실행 지식**(execution knowledge)을 구성한다. 예를 들면 학생들은 교실 밖에서 적절한 반응을 실천하며 서로를 지도해 줄 수 있다. 학생들이 이러한 도식 확립 수준을 통하여 순환함에 따라 이론은 잘 구조화된 풍토와 환경 안에서 집중훈련을 통해 형성하는 직관과 제휴하여 통합된다.

어떤 것에 관한 복잡하고 정교한 지식을 발달시키고자 한다면 어떤 하나의 집중적인 방식에서 광범위하게 지도를 받으며 실천을 할 수 있어야 한다(Ericsson & Charness, 1994 ; Ericsson & Smith, 1991). 훌륭한 지도는 학생이 문제를 해결하는 데 필요한 꼭 그 정도만큼의 안내를 제공하며, 기능이 발달하면 "철거하는", 브루너(Bruner, 1983)의 "비계설치"를 활용한 비고츠키(Vygotsky, 1935)의 "근접발달지대" 안에서 작동한다. 안내를 받아 아동들은 다양한 맥락을 교차하여 도덕적 반응을 확립하며, 그들의 삶을 통하여 죽 적용하는 도식과 반응의 레퍼토리를 축적하게 된다. 아동들은 그들의 맥락화된 지능 혹은 구체화된 인지를 적용될 예정인 맥락 안에서 계발한다(예를 들면 Rogoff, 1990 ; Rogoff & Lave, 1984). 예를 들면 자원봉사자로서 안내된 지도와 집중적 실천을 경험한 아동들은 성인이 되어서도 계속 자원봉사자가 된다(Youniss & Yates, 1997).

윤리교육은 학교가 운영하는 것에 더해지는 것이 아니라 모든 것에 통합되어야 한다(Simon, 2001). 교사들은 인격을 그때그때 편의적으로 가르치기보다 윤리적 기능을 체계적·규칙적으로 강조하기 위해서라도 그들의 교과수업을 어느 정도 변경해야 한다(Starratt, 1994). 기능들은 교육자가 교수하는 동안 한 개 혹은 몇 개에 초점을 맞출 수 있고 획득하는 데 어느 정도 진보했는가를 평가할 수 있는 그러한 방식에서 분석된다.[3] 학교에서 이들 기능에 관한 환경과 심사숙고적인 교수를 권장하지 않는다면 많은 아동들은 결코 그것을 발달시킬 수 없을 것이다.

직접적 · 간접적 교수방법은 각 기능과 함께 사용된다. 즉 직접적으로는 자기 규제에 대한 설명과 메타 인지적 안내(심사숙고하는 마음을 가르치는 것), 그리고 간접적으로는 기능을 증진시키는 환경에서의 집중훈련(직관적인 마음을 가르치는 것)과 같이 사용된다(Hogarth, 2001). 예를 들면 교사는 정중한 행동을 모범을 보이면서 기대하며(집중훈련) 학생이 그렇게 되도록 명시적으로 지도한다. 어떤 기능을 배운다는 것은 그 기능을 의식적 · 직관적으로 충분히 구현하는 그런 종류의 사람이 되도록 자기 자신을 변화시키는 것을 의미한다. 기능은 의미론적 · 절차적 · 조건적 지식뿐만 아니라 우리의 관점, 관심, 욕망, 그리고 직관을 풍부하게 하고 변화시킨다. 기능은 과정에 집중하도록 하는 동시에 내용을 풍부하게 하며 우리의 삶을 통해 단계적으로 정련되어 간다.

기본 아이디어 3 :
인간의 본성은 협동적이며 자아를 실현한다

사람들은 나이와 더불어 거의 변화하지 않는 특정한 심리적 · 사회적 환경 아래에서 성장한다. 예를 들면 아동들과 청소년들은 관계, 능력, 자율성의 적절한 균형을 획득할 때 잘 자란다(Deci & Ryan, 1985 ; Watson

& Eckert, 2003). 요약하면, 협동적인 행동에 대한 사람들의 자연적 성향은 공동생활 환경에서 발달된다. 본성상 도덕적 전문기술은 관계적이다. 그것은 공동체 내에서 발달하고 공동체 내에서 공유된다. 덕, 추론, 그리고 공동체는 최근의 관점이 때때로 암시하는 것처럼 분리가 가능한 것이 아니다. 서로가 다른 상대 없이 산다는 것은—만약 비인간이 아니라면—불완전한 삶을 사는 것이다. 사실 진화심리학은 공동 가치가 우리의 유전인자와 종 기억장치 속에 구체화되어 있다고 제안하는 인간의 본성에 관한 사실을 밝혀내고 있다(de Waal, 1996). 인간은 본성상 협동적이며 사회적 동물이다(Fiske, 2004 ; Ridley, 1996). 다윈(Darwin)은 인간의 이기성에 관해서보다는 오히려 인간의 도덕적 감수성에 관하여 더 많이 기록했다(Loye, 2002). 의미심장하게도 1974년에 마지막으로 출간된 다윈의 개인 노트는 그의 자연도태 이론의 정점으로서 도덕적 행위자 이론을 공표했다(Loye, 2002). (물론 우리의 천성이 종족이 아닌 다른 구성원들의 희생으로 종족 충성심을 증진시키기 때문에 외부인들에 대한 편견의 통제는 윤리적 인간의 필요한 기능이 된다.)

함의 1 : 교육자들은 학교 안팎에 공동체를 건설하도록 도와야 한다. 아동들의 삶에 커다란 영향을 미치는 두 가지 형식의 공동체가 존재하는데, 학교 공동체와 지역 공동체가 그것이다. 성공적인 학교와 교실은 배려 공동체를 형성한다(Bryk & Schneider, 2002). 실제로 학업성취를 위한 내면적인 동기는 소속감, 능력, 자율성을 길러주는 환경에서 가장 강하다(Deci & Ryan, 1985). 교사들이 이들 3가지 특징을 가진 분위기를 조장하는 교육전략을 사용할 때 그들은 학업성취와 더불어 도덕적 발달을 촉진시킨다(Mullen, Narvaez & Turner, 2005 ; Turner, Narvaez & Mullen, 2005).

지역 공동체의 중요성은 아무리 언급해도 지나치지 않는다. 인격 발달은 두 가지 방식으로 공동체를 요구한다. 첫째, 아동의 공동체는 인격을 학습하는 적소이다. 공동체는 환경을 만들고 보다 많은 전문지식을 가진 사람들에 의해 역할 모델과 필요한 지도를 제공한다. 둘째, 아동의 공동체는 인격을 표현하는 캔버스이다. 그곳은 인격의 기능이 실천되고 구체화되는 장소이다. 우리는 텔레비전을 시청하거나 책을 읽음으로써 유덕한 존재가 될 수는 없다. 우리는 공동체 내에서 다른 사람들과의 상호작용을 통해, 즉 반응을 형성하고 그것을 적용하는 가운데 배워야 한다. 덕은 행위이며(Aquinas), 그것은 공동체 내에서의 행위를 통해 발달된다(Aristotle).[4)]

통합적 윤리교육은 그 실행에 상의하달 방식(top-down) 원리를 제공함으로써 지역 공동체의 필요에 대한 하의상달 방식(bottom-up) 적응 형태와 균형을 맞추고 있다. 상의하달 방식 부분은 최적 기능작용(28가지 기능)에 대한 일군의 지침이며, 초심자 대 전문가(novice-to-expert)식 교수이다. 검토해 본 바와 같이 일련의 지침은 학교교육의 목적(효과적인 세계 시민을 양성하는 것)에 관한 근본적인 가정과 개인들이 공동체에서 배우는 일련의 기능(번영을 위하여)을 포함한다. 일련의 지침은 다음에 모델의 하의상달 방식의 몫을 대표하는 교사들과 공동체 구성원들에게 제시된다.

그 모델의 하의상달 방식의 측면은 기능들의 구조가 공동체 맥락에서 갖는 필수적인 지역적 적응이다. 각 공동체는 특정한 공동체 관점, 필요, 그리고 다양성의 견지에서 구조를 논의하며, 도덕적 존재에 관한 그 자체의 공통적 이해에 따라 그것을 적응시킨다. 예를 들면 공동체 소리(Community Voices)와 인격교육 프로젝트에서 소규모의 교육자 집단은 윤리적 발달을 위한 지역적 비전을 개발하고자 공동체 구성원과 만났다. 그들은 기능을 가르치는 것을 교과영역, 범교적 프로젝트, 그리고 학급회의/충고의 시간에 어떻게 배분할 것인가를 결정했다. 교육자와 공동체 구성원들이 포함되어 있는 학교 리더십팀은 학생들로 하여금 공동체 구성원들과 더불어 학습할 것을 요구하는 활동을 창안했다(예를 들면 어떤 기능이 그들의 문화에 어울리는 가에 관하여 연장자들과 부모에게 인터뷰하는 것). 공동체 참여 접근을 활용할 때 학생들은 그 기능들에 관해서 뿐만 아니라 집단이 어떻게 똑같은 근원적인 가치를 반영하면서도 서로 다른 관습을 갖게 되는지(Fullenwider, 1996), 혹은 관습이 어떻게 도덕적 차이보다는 전통적 차이를 반영하는지를 보여주는(Nucci, 2001), 그 기능들이 적용되는 방식에 있어서의 다양성에 관한 대화의 배경을 제공하는 정보를 지역 공동체로부터 교실로 가지고 돌아오게 된다.

통합적 윤리교육 접근에서 보편적 원리와 기능은 지역적 특수성을 충족시키며 공동체 그 자체에 의해 함께 융합된다. 따라서 최적의 기능작용은 개인과 그 사람의 공동체의 특수한 상황에 근거를 둔다. 이러한 상의하달 방식과 하의상달 방식의 조화는 각 공동체가 어떤 제한된 범위 내에서 지침을 적응시키도록, 곧 다원적 민주주의에서 최적의 기능작용을 가능하게 해준다.

함의 2 : 교육자들은 학생들과 공동체 구성원들에게 자기 규제를 키워주어야 한다. 플라톤은 인간 존재란 본질적으로 자기에 대한 문제이며, 특히 그것은 정체성 문제라고 믿었다. 플라톤에게 있어서 "그것은 무엇이 되고자 하는가를 결정하며 그것이 되고자 노력하는 문제이다" (Urmson, 1988, p. 2). 다른 말로 하면 인격발달을 위한 최종 책임은 개인에게 달려 있다. 그들의 선택과 행위, 정향과 시간 할애에서 개인들은 그 문제, 곧 나는 어떤 사람이 되어야만 하는가를 다루고 있다. 통합적 윤리 교육 환경에서 학생들은 인격형성에서의 자기 규제를 위한 도구를 제공받는다.

개인들은 기능과 전문기술에서 뿐만 아니라 특수한 영역에서 자기 효능과 자기 규제를 지도받을 수 있다(Zimmerman, Bonner & kovach, 2002). 가장 성공적인 학생들은 문제를 해결하기 위하여 사용하는 전략의 효용성을 점검하고 필요할 때는 성공을 위해 전략을 변경하는 것을 배운다(Anderson, 1989). 자기 규제를 지도하는 것은 심사숙고하는 마음이 직관적인 마음을 돕도록 적극 참여시키는 것을 요구한다. 예를 들면 이론적 지식으로 무장된 심사숙고하는 마음은 직관적인 마음이 효과적인 행동을 학습하는 환경을 선택함으로써, 그리하여 암묵적 학습을 가속화시킴으로써 학습에서 중요한 역할을 수행한다(Hogarth, 2001, 예컨대 서로 다른 직관은 폭력적인 비디오 게임을 할 때보다는 오히려 좋은 책을 읽을 때 발달된다). 요컨대 심사숙고하는 마음은 실제적으로 해롭거나 혹은 잘못된 방향의 충동을 무시하고 그것을 사회적으로 적절한 행동으로 대체함으로써 뇌기능 불량을 수정하는 데 역할을 발휘한다(Schwartz & Begley, 2002).

개인적 행위에 관한 지각은 우리의 자기 규제 기능으로부터 형성되며, 자아의식의 핵심에 놓여 있다(Zimmerman, 2000). 짐머맨(Zimmerman, 2000)에 따르면 자기 규제는 단계에 따라 획득되는데, 그것은 근접발달지대에서 비계 학습의 과정과 공통점이 있다. 첫째, 아동은 모델을 바라봄으로써 관찰을 통하여 대리로 기능을 유도한다. 둘째, 아동은 도움을 받아 모델을 모방한다. 셋째, 아동은 구조화된 조건 하에서 그 기능을 독립적으로 발휘한다. 마지막으로 아동은 그 기능을 변화하는 상황과 요구에 따라 활용할 수 있다. 자아실현을 향한 길을 확인하는 데 있어서 성인들의 지도를 받아 학생 각자는 윤리적 기능 발달을 점검하고 특정한 일련의 전문가 기능을 연마할 수 있다. 유덕한 개인은 자신의 행동과 선택을 점검할 수 있을 정도로 충분히 자율적이어야 한다. 일단 발달되면 덕들은 적절한 친구와 환경의 선택을 통하여 유지되어야 한다(Aristotle, 1988).

진정한 민주적인 윤리교육은 참여하는 모든 사람들—교육자, 공동체 구성원, 학생—에게 권능을 부여하는데, 왜냐하면 그들이 개인적인 실현과 더불어 공동체 실현을 위해 윤리적 기능과 자기 규제를 발달시키는 학습 공동체를 함께 형성하기 때문이다(Rogoff, Turkanis & Bartlett, 2001). 윤리적 행동의 목적은 공동체에서 훌륭한 삶을 사는 것이다. 공동체 구성원들이 함께 우리는 공동체에서 어떻게 지내야 하는가? 우리는 어떻게 우리의 공동체를 만드는가? 우리는 어떻게 서로가 번영하도록 돕는가? 등과 같은 기본적인 의문을 풀어간다. 인간은 살아 있는 생태학적 상황에서 살아가는데(Bronfenbrenner, 1979), 그곳에서 이론적으로 보면 모든 공동체는 윤리적 기능을 함께 도야한다.

공동체 소리와 인격교육 프로젝트

언급했던 바와 같이 통합적 윤리교육 모델은 미네소타 공동체 소리(Minnesota Community Voices)와 인격교육 프로젝트(Character Education Project)[5]가 진행되는 기간 동안 행해졌던 작업으로부터 나온 생성물이다. 프로젝트의 마지막 해에 지각, 태도, 행동에 관한 자기 보고 질문지를 사용하여 중학교 학생들과 교사들에 관한 효과를 평가했다. 모델의 적용이 지역적으로 통제되었기 때문에 각 지역의 실행은 독자성을 띠었으며, 서로 비교될 수 없었다. 따라서 특정한 실행을 위해 테스트를 받은 구성원들은 소규모였다. 그럼에도 불구하고 학생 반응을 위해 우리는 프로그램을 시행한 학교와 비교집단(그 프로젝트에 참여하지 않았던 다른 학교로부터)을 비교했으며, 우리는 그 프로젝트에 높은 열성의 활동을 보인 학교와 낮은 열성의 활동을 보인 학교를 비교했다. 광범위하고(교육과정, 범교적 프로젝트, 충고/학급회의) 상당히 철저하게(비록 모든 교사는 아닐지라도 거의 모든 교사가 참여) 수행했던 3개의 학교가 있었다. 우리는 높은 열성으로 실행한 학교(n=151)와 낮은 열성으로 실행한 학교(n= 183)의 학생들을 비교했다. 높은 열성으로 실행한 학교의 학생들은 학교에 대한 연고의식, 그리고 교사의 태도와 행동에 관한 긍정적 지각과 같은 몇 가지 변수에서 낮은 열성으로 실행한 학교에 다닌 학생들보다 의미 있는 높은 점수를 보였다($p < .01$). 높은 열정으로 실행한 학교의 학생들은 타인들에 대한 관심에서 의미 있는 점수를 보였던 반면에 낮은 열정으로 실행한 학교의 학생들은 낮은 점수를 보였다($p < .01$). 높은 열정으로 실행한 학교 가운데 두 학교는 시간의 대부분을 윤리적 민감성 기능에 보냈다고 보고했다. 통제 학교와 비교해 볼 때 이들 두 지역의 학생들은 윤리적 민감성 척도 중 타인들에 대한 관심에서 의미 있는 높은 점수를 보였다. 따라서 윤리적 기능 수업을 철저하고 광범위하게 실행한 학교의 학생들은 긍정적인 의미 있는 효과를 보인 반면에 최소한도로 실행했던 학교의 학생들은 거의 긍정적 효과를 보지 못했다(narvaetz, Endicott, Bock & Lies, 2005).

결론

> 잘 사는 일은 윤리 이론들을 우리의 과학적 유산의 기본적 요소로 다시 짜넣는 것에, 그러한 프로젝트가 삶을 사는 방식과 우리의 공동적 직관을 조직하는 방법에 대해 앞으로 가질 수많은 결과를 경청하는 것에 달려 있다.
>
> 카스비어(Casebeer, 2003, p. x)

이 장의 목적은 인지과학을 인격발달에 대한 전통적·진보적 접근과 통합하는 인격교육의 모델을 제시하는 것이었다. 통합적 윤리교육 구조가 소개되었는데, 그것은 개인과 공동체 번영, 합리적 도덕교육, 전통적 인격교육 관점을 인간의 학습과 인지에 관한 인지과학 관점과 결합시킨다. 다른 통합적 접근들과 비교해 보면 그것은 보다 응집력 있고 체계적인 구조를 제공한다. 요컨대 통합적 윤리교육은 고대 그리스의 윤리학에 관한 이해를 오늘날까지 아직 관련되는 것으로 본다. 즉 윤리학은 공동체 생활을 위해, 그리고 공동체의 안내 하에서 학습된 실천적·도덕적 지혜이다.

인격형성의 영역에서 아직 연구되어야 할 많은 의문이 존재한다. 첫째, 우리는 윤리적 전문지식의 각 영역에 관하여 더욱 많이 알아야 할 필요가 있다. 시몬(Simon, 1995)은 현상을 연구하기 위해서는 우리가 그 문제 영역에 관한 지적 표상을 가져야 한다고 주장했다. 에릭슨(Ericsson)과 스미스(Smith, 1991)는 모든 전문적인 영역에 있어서 연구자들이 일상적인 전문가 수행의 본질을 명확히 설명함으로써 우수한 수행의 본질을 분명하게 알아야 한다고 제안한다. 피터슨(Peterson)과 셀리그만(Seligman, 2004)은 체계적인 선택방법을 사용하여 그 대부분이 도덕적인 24가지의 인격 강점과 미덕의 집합을 확인함으로써 그 가능성을 열어주었다. 그 다음에 이들 강점을 입증하고 있는 전문가들은 그들의 기능의 성격과 그 기능들이 어떻게 발달되는지를 결정하기 위해서 연구되어야 할 필요가 있다.

둘째, 교수 및 획득과 관련한 수많은 이슈가 존재하는데, 그 가운데 많은 것은 교과영역에서의 이슈와 중복한다. 예를 들면 우리는 어떻게 학생들이 윤리적 발달에 있어서 자기 규제를 발달시키도록 도울 수 있는가? 알렉산더(Alexander), 쿠리코위치(Kulikowich), 그리고 슐츠(Schulze, 1994)는 한 영역에서의 발달이 기능(지식)과 전율(관심)의 상호작용의 결과로 발생한다는 것을 발견했다. 교육자들은 학생들이 윤리적 기능 발달에 장기적으로 오랫동안 투자하도록 하기 위해서는 도덕성의 천부적인 전율을 가볍게 건드릴 필요가 있다(Klinger, 1978). 예를 들면 도덕적 딜레마 토론은 도덕적 판단에 대한 학생의 관심을 끌어들인다. 교사들은 도덕적 행동과 관련된 그 밖의 다른 과정을 끌어들이기 위한 방법을 개발할 필요가 있다.

셋째, 큰 공동체 이슈들은 마찬가지로 검토해 보아야 할 문제를 안고 있다. 인격발달에 대한 성공적인 접근은 학교와 이웃에 공동체를 형성하고 유지할 것을 요구한다(Damon, 1997 ; Selznick, 1992). 우리는 어떻게 오늘날 사회에서 유지할 수 있는 응집력이 있는 상호 지지적인 공동체를 장려하는가? 우리는 어떻게 공동체로 하여금 이른 나이 때부터 아동들의 총체적인 인격의 구성에 책임을 갖도록 동기를 부여하는가? 더 나아가 아동들에 대한 잘 구조화된 환경은 아동들이 노출되는 문화의 측면들을 규제하는 것도 포함한다. 오늘날 우리의 사회는 미덕 혹은 자기 통제의 발달에 별로 기여하지 못하고 있다(Baumeister & Exline, 1999). 그 대신에 21세기에 아동들에게 가장 큰 영향을 미치는 것 중 하나인 대중매체는 경제적 이익을 위해 아동들을 활용하는 일을 확대하고 있으며(Ouart, 2003), 아동들에게 많은 부정적인 효과를 미치고 있다(Strasberger & Wilson, 2002). 우리는 과도한 소비주의(Kasser, 2002)와 폭력(Anderson 외, 2003 ; Huesmann, Moise-Titus, Podolski & Eron, 2003)을 증진시키는 것과 같은 젊은이들에 대한 나쁜 효과를 방지하기 위해 어떻게 대중매체를 규제하는가(Steyer, 2002)?

끝으로 아동들이 훌륭한 인격을 발달시키도록 지도하기 위해 우리는 훌륭한 인격을 계발한 성인들이 필요하다. 우리는 교사들이 훌륭한 인격을 정립하고 계속적으로 이를 유지하고자 도전하는 정향을 개발하도록 어떻게 돕는가? 캠벨(Campbell, 2004)은 교사들의 과업정신과 교실 전략 그리고 윤리적 지식과 지도를 위한 그들의 필요에 대해 귀중한 통찰을 제공한다. 교사들을 위한 직업 윤리학 강좌는 여기에서 개략적으로 검토된 통합적 윤리교육 원리에 준하여 설계되어도 좋을 것이다. 그러나 교사들이 아동들의 도덕적 형성을 위해 교육하는 유일한 성인이 아니다. 부모와 공동체 구성원들 또한 인격지도자들이다. 자유로운 사회에서 우리는 유덕한 인간성을 어떻게 부모와 공동체 구성원에게서, 그리고 서로 개인과 공동체 번영을 지원하는 방식에서 계발하며 지원하는가? 이러한 그리고 그 밖의 다른 의문들은 연구자들이 앞으로 연구할 충실한 의제를 제공한다.

《 감사의 말 》

나는 초고에 대해 좋은 논평을 해준 댄 랩스레이(Dan Lapsley), 게하드 제카(Gerhard Zecha), 클라크 파워(Clark power) 그리고 노트르담 대학교 윤리교육 센터와 2003년과 2004년 동안 이레스머스 연구소(Erasmus Institute)에 있던 나의 동료들, 나의 학생들, 그리고 편집자들에게 감사의 말을 전하고 싶다. 1년 동안 집필을 지원해 준 이레스머스 연구소(Erasmus Institute) 측에 감사한다.

참고문헌

Alexander, P. A.(1992). Domain knowledge : Evolving themes and emerging concerns, *Educational Psychologist, 27,* 33−51.

Alexander, P. A., Kulikowich, J. M., & Schulze, S. K.(1994). How subject−matter knowledge affects recall and interest. *American Educational Research Journal, 31,* 313−337

Anderson, C., Narvaez, D., Bock, T., Endicott, L., & Lies, J.(2003). *Minnesota Community Voices and Character Education : Final evaluation report.* Roseville : Minnesota Department of Education.

Anderson, C. A., Berkowitz, L., Donnerstein, E., Huesmann, L. R., Johnsons, J. D., Linz, D. et al.(2003). The influence of media violence on youth. *Psychological Science in the Public Interst, 4*(3), 81−110.

Anderson, L. M.(1989). Learners and learning. In M. C. Reynolds(Ed.), *Knowledge base for the beginning teacher*(pp. 85−99). Oxford : Pergamon Press.

Anscombe, G. E. M.(1958). Modern moral philosophy. *Philosophy, 33,* 1−19.

Aristotle.(1988). *Nicomachean ethics*(Trans. W. D. Ross). London : Oxford.

Bandura, A.(1978). Social learning theory of aggression. *Journal of Communication, 28*(3), 12−29.

Bargh, J. A., & Ferguson, M, J.(2000). Beyond behaviorism : On the automaticity of higher mental processes. *Psychological Bulletin, 126,* 925−945.

Bargh, J. A., & Chartrand, T.(1999). The unbearable automaticity of being. *American Psychologist, 54,* 462−479.

Battistich, V., Solomon, D., Watson, M., & Schaps, E.(1996). *Enhancing students' engagement, participation, and democratic values and attitudes.* Ann Arbor, MI : Society for the Psychological Study of Social Issues.

Battistich. V., Solomon, D,. Watson, M., & Schaps, E.(1997). Caring school communities. *Educational Psychologist, 32,* 137−151.

Battistich, V., Solomon, D., Watson, M., Solomon, J., & Schaps, E.(1989). Effects of an elementary school program to enhance prosocial behavior on children's social problem–solving skills and strategies. *Journal of Applied Developmental Psychology, 10*, 147–169.

Baumeister, R., & Leary, M.(1995). The need to belong : Desire for interpersonal attachments as a fundamental human motivation. *Psychological Bulletin, 117*, 497–529.

Baumeister, R. F., & Exline, J. J.(1999). Virtue, personality and social relations : Self–control as the moral muscle. *Journal of Personality, 67*, 1165–1194.

Bennett, W. J.(1992). *De–valuing of America : The fight for our culture and our children*. New York : Touchstone.

Benninga, J. S.(1991). *Moral, character, and civic education*. New York : Teachers College Press.

Benson, P., Leffert, N., Scales, P., & Blyth, D.(1998). Beyond the "village" rhetoric : Creating healthy communities for children and adolescents. *Applied Developmental Science, 2*(3), 138–159.

Berkowitz, M. W.(1997). The complete moral person : Anatomy and formation. In J. DuBois(Ed.), *Moral issues in psychology : Personalist contributions to selected problems*. Lanham, MD : University Press of America.

Berkowitz, M. W.(2002). The science of character education. In W. Damon(Ed.), *Bringing in a new era in character education*. Stanford, CA : Hoover Institution Press.

Berkowitz, M., & Bier, M.(in press). The interpersonal foots of character education. In D. K. Lapsley & F. C. Power(Eds.), *Character psychology and character education*. Notre Dame, IN : University of Notre Dame Press.

Berliner, D. C.(1994). Expertise : The wonder of exemplary performances. In J. N. Mangieri & C. C. Block(Eds.), *Creating powerful thinking in teachers and students*. Fort Worth, TX : Harcourt, Brace College.

Blasi, A.(1980). Bridging moral cognition and moral action : A critical review of the literature. *Psychological Bulletin, 88*, 1–45.

Blatt, M., & Kohlberg, L.(1975). The effects of classroom discussion upon children's level of moral judgment. *Journal of Moral Education, 4*, 129–161.

Bronfenbrenner, U.(1979). *The ecology of human development*. Cambridge, MA : Harvard University Press.

Bruner, J.(1983). *Child's talk : Learning to use language*. New York : Norton.

Bryk, A., & Schneider, B.(2002). *Trust in schools : A core resource for improvement*. New York : Russell Sage.

Campbell, E.(2004). *The ethical teacher*. Maidenhead, PA : Open University Press.
Casebeer, W. D.(2003). *Natural ethical facts : Evolution, connectionism, and moral cognition Cambridge*, MA : MIT Press.
Cervone, D., & Shoda, Y.(1999). Social-cognitive theories and the coherence of personality. In D. Cervone & Y. Shoda(Eds.), *The coherence of personality : Social-cognitive bases of consistency, variability and organization*(pp. 3-36). New York : Guilford Press.
Chi, M. T. H., Glaser, R., & Farr, M. J.(1988). *The nature of expertise*. Hillsdale, NJ : Lawrence Erlbaum Associates.
Cunningham, M.(in press). Classical moral theory focuses on what is a good life for a human being to live. In D. K. Lapsley & F. C. Power(Eds.), *Character psychology and character education*. Notre Dame, IN : University of Notre Dame Press.
Damasio, A.(1996). *Descartes' error : Emotion, reason and the human brain*. New York : Avon.
Damasio, A.(1999). *The felling of what happens*. New York : Harcourt and Brace.
Damon, W.(1997). *The youth charter*. New York : Free Press.
Deci, E., & Ryan, R.(1985). *Intrinsic motivation and self-determination in human behavior*. New York : Academic Press.
Derry, S., & Lesgold, A.(1996). Towards a situated social practice model for instructional design. In D. C. Berliner & R. C. Calfee(Eds.), *Handbook of educational psychology*(pp. 787-806). New York : Simon Schuster MacMillan.
DeVries, R., Hildebrandt, C., & Zan, B.(2000). Constructivist early education for moral development. *Early Education & Development, 11*, 9-35.
Devries, R., & Zan, B.(1999). Moral classrooms, moral children : *Creating a constructivist atmosphere in early education*. New York : Teachers College Press.
de Waal, F.(1996). Good natured : *The origins of right and wrong in humans and other animals*. Cambridge, MA : Harvard University Press.
Dewey, J.(1913). *The school and society*. Chicago : University of Chicago Press.
Durkheim, E.(1925/1973). Moral education : *A study in the theory and application of the sociology of education*. New York : Free Press.
Eccles, J. S.(2004). Schools, academic motivation, and stage-environment fit. In R. M. Lerner, & L. Steinberg(Eds.), *Handbook of adolescent psychology*(2nd ed.). New York : Wiley.
Ericsson, K. A., & Charness, N.(1994). Expert performance : Its structure and acquisition. *American Psychologist, 49*, 725-747.
Ericsson, K. A., & Smith, J.(1991). *Toward a general theory of expertise*. New York :

Cambridge University Press.
Fiske, S.(2003). *Social beings*. New York : Wiley.
Frankena, W. K.(1973). *Ethics*. Englewood Cliffs, NJ : Prentice-Hall.
Frensch, P. A.(1998). One concept, multiple meanings : On how to define the concept of implicit learning. In M. A. Stadler, & P. A. Frensch(Eds.), *Handbook of implicit learning*. Thousand Oaks, CA : Sage.
Fullinwider, R. K.(1996). "Multicultural education : Concepts, policies, and controversies. In R. K. Fullinwider(Ed.), *Public education in a multicultural society*(pp. 4-6, 16). New York : Cambridge University Press.
Gigerenzer, G., & Seltem, R.(2001). *Bounded rationality : The adaptive toolbox*. Cambridge, MA : MIT Press.
Green, T. E.(1999). *Voices*. Notre Dame, IN : University of Notre Dame Press.
Gutmann, A.(1987). *Democratic education*. Princeton, NJ : Princeton University Press.
Gutmann, A., & Thompson, D.(1996). *Democracy and disagreement*. Cambridge, MA : Harvard University Press.
Hall, E. T.(1981). *Beyond culture*. New York : Doubleday.
Hansen, D. T.(2001). Teaching as a moral activity. In V. Richardson(Ed.), *Handbook of research on teaching*(4th ed., pp. 826-857). Washington, DC : AERA.
Hare, R. M.(1963). *Freedom and reason*. New York : Oxford University Press.
Harman, G.(1999). Moral philosophy meets social psychology : Virtue ethics and the fundamental attribution error. *Proceedings of the Aristotelian Society New Series, CXIX*, 316-331.
Hasher, L., & Zacks, R. T.(1984). Automatic processing of fundamental information, *American Psychologist, 39*, 1372-1388.
Higgins, E. T.(1996). Knowledge activation : Accessibility, applicability and salience. In E. T. Higgins & A. W. Kruglanski(Eds.), *Social psychology : Handbook of basic principles*(pp. 133-168). New York : Guilford Press.
Hoffman, M. L.(2000). *Empathy and moral development : Implications for caring and justice*. New York : Cambridge University Press.
Hogarth, R. M.(2001). *Educating intuition*. Chicago : University of Chicago Press.
Huesmann, L. R., Moise-Titus, J., Podolski, C., & Eron, L. D.(2003). Longitudinal relations between children's exposure to TV violence and their aggressive and violent behavior in young adulthood : 1977-1992. *Developmental Psychology, 39*, 201-221.
Hurley, S. L.(2002). *Consciousness in action*. Cambridge, MA : Harvard University Press.
Hursthouse, R.(2003, Fall). Virtue ethics. In E. N. Zalta(Ed.), *The Stanford encyclop-*

edia of philosophy. Retrieved March 31, 2005 from http://plato.stanford.edu. archives/fall2003/entries/ethics-virtue/

Jackson, P.(1968). *Life in classrooms*. New York : Holt, Rinehart & Winston.

Jackson, P., Boostrom, R. E., & Hansen, D. T.(1998). *The moral life of schools*. San Francisco : Jossey-Bass.

Kahneman, D.(2003). A perspecive on judgment and choice : Mapping bounded rationality. *American Psychologist, 58*, 697-720.

Kant, I.(1949). *Fundamental principles of the metaphysics of morals*. New York : Liberal Arts Press.

Kasser, T.(2002). *The high price of materialism*. Cambridge, MA : MIT Press.

Keil, F. C., & Wilson, R. A.(1999). Explaining explanations. In F. C. Keil & R. A. Wilson(Eds.). *Explanation and cognition*(pp. 1-18). Cambridge MA : Brandford MIT Press.

Kessier, R.(2001). Soul of students, soul of teachers : Welcoming the inner life to school. In L. Lantieri(Ed.), *Schools with spirit : Nurturing the inner lives of children and teachers*(pp. 107-131). Boston : Beacon Press.

Kirsch, I.(Ed.).(1999). *How expectances shape experience*. Washington, DC : American Psychological Association.

Klinger, E.(1978). Modes of normal conscious flow. In K. S. pope & J. L. Singer (Eds.), *The stream of consciousness : Scientific investigations into the flow of human experience*(pp. 225-258). New York : Plenum.

Kohlberg, L.(1981). *The philosophy of moral development : Essays on moral development* (vol. I). New York : Harper & Row.

Kohlberg, L.(1984). *The philosophy of moral development : Essays on moral development* (vol. II). New York : Harper & Row.

Kohlberg, L., Levine, C., & Hewer, A.(1983). *Moral stages : A current formulation and a response to critics*. Basel : Karger.

Kohn, A.(1997a). The trouble with character education. In A. Molnar(Ed.), *The construction of children's character*(pp. 154-162). Chicago : University of Chicago Press.

Kohn, A.(1997b). How not to teach values : A critical look at character education, *Phi Delta Kappan, February*, 429-439.

Lakoff, G., & Johnson, M.(1999). *Philosophy in the flesh : The embodied mind and its challenge to Western thought*. New York : Harper Collins Publishers.

Lapsley, D., & Narvaez, D.(2004). A social-cognitive view of moral character. In D. Lapsley & D. Narvaez(Eds.), *Moral development : Self and identity*(pp. 189-212). Mahwah, NJ : Lawrence Erlbaum Associates.

Lapsley, D., & Narvaez, D.(2005). Moral psychology at the crossroads. In D. Lapsley & Power, C.(Eds.), *Character psychology and character education*(pp. 18–35). Notre Dame, IN : University of Notre Dame Press.

Leming, J.(1997). Ressearch and practice in character education : A historical perspective. In A. Molnar(Ed.), *The construction of children's character*(pp. 31–44). Chicago : University of Chicago Press.

Lickona, T.(1991a). An integrated approach to character development in the elementary school classroom. In J. Benninga(Ed.), *Moral, character, and civic education*(pp. 67–83). New York : Teachers College press.

Lickona, T.(1991b). Educating for character. New York : Bantam.

Lickona, T.(1997). Educating for character : A comprehensive approach. In A. Molnar (Ed.), *The construction of children's character*(pp. 45–62). Chicago : University of Chicago Press.

Lickona, T.(2004). *Character matters*. New York : Touchstone.

Loye, D.(2002). *The moral brain*. Brain and Mind, 3, 133–150.

MacIntyre, A.(1981). *After virtue*. London : Duckworth.

Marshall, S. P.(1995). *Schemas in problem solving*. Cambridge, UK : Cambridge University Press.

Maturana, H. R., & Varela, F. J.(1980). *Autopoiesis and cognition*. Dordrecht : Reidel.

McDowell, J.(1997). Virtues and vices. In R. Crisp & M. Slote(Eds.), *Virtue ethics* (pp. 141–162). Oxford, UK : Oxford University Press.

Mischel, W.(1990). Personality dispositions revisited and revised : A view after three decades. In L. A. Pervin(Ed.), *Handbook of personality : Theory and research*(pp. 111–134). New York : Guilford.

More schools make ethics part of curriculum(2003, Nov. 5). *Los Angeles Times*.

Mullen, G., Narvaez, D., & Turner, J.(2005). *Student perceptions of climate influence character and motivation*. Paper presented at the American Educational Research Association, Montreal.

Narvaez, D.(2005). *Educating moral intuition*. Manuscript in preparation.

Narvaez, D., Bock, T., & Endicott, L.(2003). Who should I become? Citizenship, goodness, human flourishing, and ethical expertise. In W. Veugelers & F. Oser (Eds.), *The positive and negative in moral education*(pp. 43–63). New York : Peter Lang.

Narvaez, D., Endicott, L., & Bock, T., Lies, J.(2005). Minnesota's Community Voices and Character Education Project. *Journal of Research in Character Education*.

Narvaez, D., & Lapsly, D(2005). The psychological foundations of every day morality and moral expertise. In D. Lapsley & Power, C.(Eds.), *Character psychology and character education*(pp. 140–165). Notre Dame, IN : University of Notre Dame Press.

Nash, R. J.(1997). *Answering the "virtuecrats."* New York : Teachers College Press.

Noddings, N.(2002). *Educating moral people*. New York : Teachers College Press.

Norton, D.(1991). *Democracy and moral development : A politics of virtue*. Berkeley : University of California Press.

Nucci, L.(2001). *Education in the moral domain*. New York : Cambridge University Press.

O'Neill, O.(1995). *Towards justice and virtue : A constructive account of practical reasoning*. Cambridge, UK : Cambridge University Press.

Oser, F. K.(1991). Professional morality : A discourse approach. In W. Kurtines & J. Gewirtz(Eds.), *Handbook of moral development, Vol. 2 : Research*(pp. 191–228). Hillsdale, NJ : Lawrence Erlbaum Associates.

Peterson, C., & Seligman, M. E. P.(2004). *Character strengths and virtues*. New York : Oxford University Press.

Piaget, J.(1952). *The origin of intelligence in children*. New York : International University Press.

Piaget, J.(1932/1965). *The moral judgment of the child*(Trans. M. Gabain). New York : Free Press.

Piaget, J.(1970). *Genetic Epistemology*(Trans. E. Duckworth). New York : Columbia University Press.

Power, C., Higgins, A., & Kohlberg, L.(1989). *Lawrence Kohlberg's approach to moral education*. New York : Columbia University Press.

Quart, A.(2003). *Branded : The buying and selling of teenagers*. New York : Penguin Books.

Raths, L., Harmin, M., & Simon, S.(1976). Selections from Values and teaching. In D. Purpel & K. Ryan(Eds.), *Moral education … it comes with the territory*(pp. 75–115). Berkeley, CA : McCutchan.

Rawls, J.(1971). *A theory of justice*. Cambridge, MA : Harvard University Press.

Rawls, J.(2001). *Justice as fairness*. Cambridge, MA : Harvard University Press.

Reber, A. S.(1993). *Implicit learning and tacit knowledge : An essay on the cognitive unconscious*. New York : Oxford University Press.

Reed, D. R. C.(1997). *Following Kohlberg : Liberalism and the practice of democratic community*. Notre Dame, IN : University of Notre Dame Press.

Rest, J.(1983). Morality. In J. Flavell & E. Markham(Eds.), *Cognitive development*. From P. Mussen(Ed.), *Manual of child psychology*(vol. 3, pp. 556–629). New

York : Wiley.
Rest, J. R.(1986). *Moral development : Advances in research and theory*. New York : Praeger.
Ridley, M.(1996). *The origins of virtue : Human instincts and the evolution of cooperation*. New York : Viking Press.
Rogoff, B.(1990). *Apprenticeship in thinking : Cognitive development in social context*. New York : Oxford University Press.
Rogoff, B., & Lave, J.(1984). *Everyday cognition : Its development in social context*. Cambridge, MA : Harvard University Press.
Rogoff, B., Turkanis, C. G., Bartlett, L.(2001). *Learning together : Children and adults in a school community*. New York : Oxford University Press.
Ryan, K., Bohlin, K. E.(1999). *Building character in schools*. San Francisco : Jossey-Bass.
Ryan, K., & Lickona, T.(1987). Character development : The challenge and the model. In K. Ryan & G. F. MacLean(Eds.), *Character development in schools and beyond*(pp, 3–35). New York : Praeger Press.
Ryan, K., & MacLean, G. F.(1987).(Eds.) *Character development in schools and beyond*. New York : Praeger Press.
Schaps, E., Battistich, V., & Solomon, D.(1997). School as a caring community : A key to character education. In A. Molnar(Ed.), *The construction of children's character*(pp. 127–139). Chicago : University of Chicago Press.
Schwartz, J. M., & Begley, S.(2002). *The mind and the brain : Neuroplasticity and the power of mental force*. New York : Harper Collins.
Seligman, M., & Csikszentmihalyi, M.(2002). Positive psychology : An introduction. *American Psychologist, 55*(1), 5–14.
Selznick, P.(1992). *The moral commonwealth*. Berkeley : University of California Press.
Simon, H. A.(1995). The information-processing theory of mind. *American Psychologist, 50*, 507–508.
Snyder, C, R., & Lopez, S. J.(2002). *Handbook of positive psychology*. New York : Oxford University Press.
Solomon, D., Watson, M. S., & Battistich, V. A.(2002). Teaching and school effects on moral/prosocial development. In V. Richardson(Ed.), *Handbook for research on teaching*. Washington, DC : American Educational Research Association.
Solomon, D. Watson, J., Battistich, V., Schaps, E., & Delucchi, K.(1992). Creating a caring community : Educational practices the promote children's prosocial

development. In F. K. Oser, A. Dick, & J.-L. Patry (Eds.), *Effective and responsible teaching : The new synthesis* (pp. 383-396). San Francisco : Jossey-Bass.

Solomon, D., Watson, M., Delucchi, K., Scaps, E., Battistich, V. (1988). Enhancing children's prosocial behavior in the classroom. *American Educational Research Journal, 25*, 527-554.

Solomon, D., Watson, Schapes, E., Battistich, V., & Solomon, J. (1990). Cooperative learning as part of a comprehensive program designed to promote prosocial development. In S. Sharan (Ed.), *Cooperative learning : Theory and research* (pp. 231-260). New York : Praeger.

Starratt, R. J. (1994). *Building and ethical school : A practical response to the moral crisis in schools*. London : The Falmer Press.

Sternberg, R. (1998). Abilities are forms of developing expertise, *Educational Researcher, 3*, 22-35.

Sternberg, R. J. (1999). Intelligence as developing expertise. *Contemporary Educational Psychology, 24* (4), 359-375.

Sternberg, R. J. (2001). Why schools should teach for wisdom : The balance theory of wisdom in educational settings. *Educational Psychologist, 36*, 227-245.

Sternberg, R. J., & Torff, B. (2001). *Understanding and teaching the intuitive mind : Student and teacher learning*. Mahwah, NJ : Lawrence Erlbaum Associates.

Steyer, J. P. (2002). *The other parent*. New York : Atria Books.

Strasburger, V. C., & Wilson, B. J. (2002). *Children, adolescents, and the media*. New York : Sage.

Taylor, S. E. & Crocker, J. (1981). Schematic bases of social information processing. In E. T. Higgins, C. P. Herman, & M. P. Zanna (Eds.), *Social cognition : The Ontario symposium* (vol. 1, pp. 89-134). Hillsdale, NJ : Lawrence Erlbaum Associates.

Turner, J., Narvaez, D., & Mullen, G. (2005). Student *Perceptions of Climate Influence Character and Motivation*. Manuscript in preparation.

Varela, F. (1999). *Ethical know-how : Action, wisdom, and cognition*. Stanford, CA : Stanford University Press.

Varela, F. J., Thompson, E., & Rosch, E. (1991). *The embodied mind : Cognitive science and human experience*. Cambridge, MA : MIT Press.

Vygotsky, L. S. (1935). *The mental development of children in the process of learning*. Oxford, UK : Uchpedgiz.

Wang, M. C., Haertel, G. D., & Walberg, H. J. (1998). Building educational resilience. *Phi Beta Kappa Fastbacks, 430*, 7-61.

Watson, M., Battistich, V., & Solomon, D.(1997). Enhancing students' social and ethical development in schools : An intervention program and its effects. *International Journal of Educational Research, 27*(7), 571–586.

Watson, M., & Eckert, L.(2003). *Learning to trust.* San Francisco : Jossey–Bass.

Williams, B.(1985). *Ethics and the limits of philosophy.* Cambridge, MA : Harvard University Press.

Wilson, T. D.(2002). *Strangers to ourselves : Discovering the adaptive unconscious.* Cambridge, MA : Harvard University Press.

Wilson, T. D.(2003). *Strangers to ourselves : Discovering the adaptive unconscious.* Cambridge, MA : Belknap Press.

Wynne, E. A.(1985/1986). The great tradition in education : Transmitting values. *Educational Leadership*, 6.

Wynne, E. A.(1991). *Character and academics in the elementary school.* New York : Teachers College Press.

Wynne, E. A.(1997). For–character education. In A. Molnar(Ed.), *The construction of children's character*(pp. 63–76). Chicago : University of Chicago Press.

Wynne, E. A., & Ryan, K.(1993). *Reclaiming our schools.* New York : Merrill.

Youniss, J.., & Yates, M.(1997). *Community service and social responsibility in youth.* Chicago : University of Chicago Press.

Zimmerman, B. J.(2000). Attaining self regulation : A social cognitive perspective. In M. Boekaerts, P. Pintrich, & M. Zeidner(Eds.), *Handbook of self–regulation* (pp. 13–39). New York : Academic Press.

Zimmerman, B. J., Bonner, S., & Kovach, R.(2002). *Developing self–regulated learners.* Washington, DC : American Psychological Association.

주

1. 도덕(moral)과 윤리(ethical)란 말이 상호 교환되어 사용될 수 있다는 점에 주목해야 한다.
2. 나딩스(Noddings)에 의해 분명해진 배려 관점은 행위자 중심의 덕보다는 관계를 강조하는, 그리고 좋은 관계를 위한 조건들을 확립하는 것을 강조하는 특수주의의 한 변형이다.
3. 비록 어떤 기능들은 중복되거나 혹은 다양한 범주에 위치될 수 있겠지만 우리는 교실에서의 실용적 목적을 위해 묘사를 간략화하려고 노력했다.
4. 물론 도덕적 개인은 다양한 공동체들에서 기능을 발휘할 수 있고 또한 후인습적 사고에서처럼 자신의 전통의 관점을 넘어서서 나아갈 수 있어야 한다.
5. 활동지침과 교사가 설계한 수업계획을 포함한 자료들은 미네소타 교육학과(Minnesota Department of Education) 혹은 윤리교육 센터(Center of Ethical Education) 웹사이트(http://cee.nd.edu)로부터 이용이 가능하다.

역자 후기

도덕성 발달에 관한 연구는 그동안 인지발달 이론과 같은 발달심리학 분야를 중심으로 이루어져 왔다. 근래에 인격교육이 부활하면서 교육학 분야가 관심의 초점이 되기도 하였지만, 넓게 보면 두 접근 모두 도덕성의 발달과 교육이라는 같은 주제를 축으로 하는 심리학적 접근의 범위 내에 위치해 있다고 볼 수 있다. 다만, 전자가 발달에 더 비중을 두는 반면에 후자는 교육에 더 비중을 두는 차이가 있을 뿐이다. 우리나라에서 도덕성에 관한 논의가 반세기 이상의 세월이 흐르면서도 늘 같은 이야기를 반복하고 있는 듯한 인상을 주는 것은 이처럼 매우 제한된 주제를 다루고 있기 때문이다.

위에 언급된 말은 일반적인 학문적 경향성을 요약한 것이 아니다. 더군다나 권위 있는 이 분야의 어느 유명 인사가 한 말은 더더욱 아니다. 그동안 이 분야에 관심을 갖고 있던 내가 평소에 품고 있었던 생각이자 일단의 불만이기도 하다. 인간의 도덕성에 관한 보다 근원적이면서도 다양한 시각이 없을까, 그리고 그저 관념상의 논의를 넘어서는 실증적인 접근이 없을까 하는 아쉬움이 늘 남아 있었다. 이런 생각의 저 밑바닥에는 '나' 라는 인간의 비도덕적 행태의 근본에 대한 지적 갈증이 자리하고 있었다. 그럴 듯하게 포장된 가면의 이면에 도사리고 있으면서 언제든 꿈틀거릴 준비가 되어 있는 그 지독한 도덕성을 어떻게 해석해야 할 것인가?

이 책은 인간의 도덕성 발달에 관한 다양한 접근을 소개하고 있다. 이 분야는 우리가 자율성이냐 덕이냐의 논란에 휘말려 있던 지난 20여 년 동안에 연구의 주제뿐만 아니라 이론적 관점에서 크게 확장되었다. 이 분야의 주제는 문화, 정서, 공감, 양심, 사회화, 집단 간 관계, 교육, 권리, 가치, 자연, 이타주의, 공격성, 성, 청소년 범죄, 생물학, 영장류 동물학, 상호성, 인격교육, 지역 봉사, 그리고 청소년 발달 등으로 넓혀졌다. 그리고 인류학, 사회학, 정치학, 윤리학, 철학을 포함한 사회과학 분야의 학문뿐만 아니라 사회심리학, 인지심리학, 그리고 신경과학을 포함한 그 밖의 다른 심리학 영역에서의 일반적인 발달을 고찰하는 데까지 확장되었다. 나는 이 책을 통하여 그동안 미처 생각하지 못했거나 혹은 소홀히 했던 주제와 이론적 관점을 만날 수 있었다. 이 책에 등장하는 여러 학자들의 체취는 나의 지적 목마름에 대한 하나의 작은 폭포수였다.

참으로 지난한 과정이 지났다. 누군가가 말했듯이 길고 어두웠던 터널을 빠져나온 느낌이다. 겨울 하늘엔 태양이 빛난다. 그럼에도 찬란한 태양이 오히려 부담스럽게 눈부신 까닭은 작업을 완벽하게 해냈다는 자신감이 부족하기 때문일 것이다. 좀 더 시간과 정열을 쏟아부으며 붙들고 늘어졌어야 하는데 하는 아쉬움이 밀려온다. 그래서 뒤를 돌아본다. 이제 막 빠져나온 터널 입구가 시커먼 입을 벌린 채 나를 집어삼켜 버릴 것 같은 기세로 버티고 서 있다. 차마 그곳으로 다시 들어갈 용기가 나지 않는다. 번역과 관련된 그 모든 오점은 아마도 나에게 시지푸스(Sisyphos)의 형벌이 되어 가슴에 남을 것이다. 결과란 자신의 사고와 행위능력의 범위에서 이루어진다는 평소 신념을 되씹으면서 이 작업을 마무리한다.

방대한 분량임에도 불구하고 꼼꼼한 교정과 함께 읽기 좋게 편집해 준 인간사랑 편집부 여러분께 감사드린다. 그리고 심각히 어려운 출판계 현실에도 불구하고 묵묵히 책을 출간해 주신 여국동 사장님께도 진심으로 감사드린다.

끝으로 제자인 이재호 선생에게 특별히 감사의 마음을 전한다.

2010년 3월

옮긴이 김태훈

• **김태훈**(hoon@gjue.ac.kr)

약력
서울교육대학 졸업
중앙대학교 문리대 영어영문학과 졸업
서울대학교 대학원 국민윤리교육과 졸업(석사 · 박사)
미국 조지아 대학교 연구교수
현재 공주교육대학교 윤리교육과 교수

저서
『민주시민을 위한 윤리 · 도덕』(공저, 형설출판사, 1992)
『인격교육과 덕교육』(공역, 배영사, 1995)
『세계의 도덕 · 윤리교육』(공저, 교육과학사, 1998)
『도덕 · 윤리 교과교육학 개론』(공저, 교육과학사, 1998)
『덕 교육론』(양서원, 1999)
『윤리학과 덕교육』(공저, 한국정신문화연구원, 2001)
『공동체주의 교육』(공저, 교육과학사, 2002)
『도덕과 교육의 이론』(공저, 인간사랑, 2004)
『도덕과 교육의 실제』(공저, 인간사랑, 2005)
『새로운 시대의 인격교육』(공역, 인간사랑, 2008)
『도덕성 발달이론과 교육』(인간사랑, 2004 초판, 2008 수정판 발행)

도덕성 발달 핸드북 -2-

초판1쇄 / 2010년 3월 30일

엮은이 **멜라니 킬렌/쥬디스 스메타나**
옮긴이 **김태훈**
펴낸이 **여국동**
펴낸곳 **도서출판 인간사랑**
인 쇄 **백왕인쇄**
제 본 **바다제책**

출판등록 1983. 1. 26. / 제일 3호

(411- 815) 경기도 고양시 일산구 백석동 1178-1
TEL (031)901-8144, 907-2003
FAX (031)905-5815
e-mail/igsr@yahoo.co.kr / igsr@naver.com

정가 35,000원

ISBN 978-89-7418-002-7 93370
978-89-7418-000-3 (전2권)